제5판

질적 연구자 되기

Corrine Glesne 지음 | 안혜준 옮김

아카데미프레스

Becoming Qualitative Researchers: An Introduction, 5th Edition
by Corrine Glesne

Authorized translation from the English language edition, entitled BECOMING QUALITATIVE RESEACHERS: AN INTRODUCTION, 5th Edition ISBN: 9780133859393 by GLESNE, CORRINE, published by Pearson Education, Inc, publishing as Pearson, Copyright © 2016

역자 서문

이 책은 버몬트 대학(University of Vermont)의 교수였던 Corrine Glesne이 쓴 「Becoming Qualitative Researchers: An Introduction」(Pearson, 2016)의 제5판을 우리말로 옮긴 것이다. 이 책은 초판부터 여러 나라의 언어로 번역되어 세계 각국의 초보 연구자들에게 도움을 주고 있다.

오래전에 역자가 유학 중이던 박사과정에서 필수로 최소한 두 과목의 질적 연구 방법 수업을 들어야만 했고, 최근 국내 대학원에서도 매 학기 질적 연구 과목이 개설되는 것을 보면 국내외에서 질적 연구에 대한 관심이 많이 높아진 것을 느낄 수 있다. 실제로 유아교육학, 교육학, 간호학, 사회학, 사회복지학 등의 전공분야 학술지에 질적 연구물들이 게재되고 있다. 이처럼 질적 연구에 대한 관심이 뜨겁지만, 학생들이 답답해하는 질적 연구에 대한 질문들에 대해 정답까지는 아니더라도 좋은 가이드가 되어 줄 교재는 부족하다는 생각이 들었다.

역자는 펜실베이니아 주립대학에서 박사과정을 밟던 중 질적 연구 수업에서 이 책을 교재로 만나게 되었다. 이 책은 서너 권의 주 교재 중에서 대학원생 수준에서 궁금한 점을 가장 쉽게 풀어 썼으며, '독자에게 친절한 글쓰기'를 한 책이라고 생각했다. 무엇보다도 실제 대학원생들의 연구 계획서나 경험을 많이 담고 있어서 간접 경험을 제공한 점이 마음에 들었다. 귀국 후 이 책을 교재로 하여 여러 학교의 대학원 수업에서 질적 연구를 강의했는데 어쩐지 학생들은 이 책의 좋은 점을 나만큼 느끼지 못한다는 생각이 들어 아쉽기만 했다. 이런 내 생각을 토로하자 한 학생이 나에게 "그럼 교수님이 번역해 주세요. 아무래도 원서라 쉽게 다가갈 수가 없네요."라고 말한 것이 이 책을 번역한 계기가 되었다.

"You never know until you try"라는 말이 있다. 처음 이 책의 3판을 번역하면서 이 말을 얼마나 자주 떠올렸는지 모른다. 학생들의 과제를 내가 떠맡은 듯한 억울한(?) 기분이 들었다가, 번역서를 너무나 쉽게 평가했던 나 자신을 반성하기도 했다. 한 글자 한 글자를 번역하는 가운데 Glesne과 그녀의 학생들의 연구 경험 속에서 나온 고통과 보람을 함께 느끼며 질적 연구에 대해 많이 배운 것이 번역 과정에서 얻은 가장 큰 소득이었다.

3판을 번역한 지 거의 10년 만에 5판을 번역하게 되었다. 5판은 Glesne이 10년간 질적 연구 방법의 변화를 반영한 만큼 많은 부분이 개정되었기에, 3판과 5판 원서를 나란히 놓고 한 줄 한 줄 차이를 찾아가면서 처음 번역하는 과정과는 또 다른 어려움을 경험했다. 번역하는 과정에서 10년간 연구자로서 내 모습을 반성하기도 하고 처음 번역했을 때 연구자로서 가졌던 열정을 다시금 상기하는 기회로 삼기도 했다. 변화가 많은 한국 대학교육에서 교수이자 연구자로 살아가는 고충을 핑계 댄다 하더라도 더 좋은 연구를 수행하지 못했다는 자책감이 들었다.

이 책에서 한 학생이 질적 연구 방법의 중요한 과정인 글쓰기를 '내 마음 속의 연인'이라고 표현한 부분이 있다. 하지만 나는 질적 연구 과정 자체가 내 마음 속의 연인이라는 생각이 든다. 질적 연구를 하고 있을 때 연구자는 연구가 삶을 지배하고 있음을 느낄 것이다. 어디에서 무엇을 하더라도 마음속에 늘 자리 잡고 있는 사랑하는 사람처럼, 질적 연구는 우리의 삶 속에 있다. 내가 수행한 연구는 '내가 누구'이며, '나는 어떤 사람이 되고자 하는가'를 알게 해 주며 독자들과 나를 연결되게 해 주어 인쇄된 지면을 통해 관계를 형성할 수 있도록 한다. 덧붙여 우리가 야심차게 계획한 연구의 결과물은 언제나 부분적 이해만을 가져오며, 완벽한 연구란 있을 수 없으나 그 과정에서 최선을 다해야만 한다는 말을 학생들에게 해 주고 싶다.

좋은 질적 연구자가 되려면 연구 과정에 대한 일반적인 지식을 갖추어야 하며 이것을 어떻게 자신의 개인적 특성과 연구 상황의 측면에 적용해서 연구를 어떻게 잘 수행할 수 있을지를 배워야만 한다. Glesne은 연구 수행에 필요한 지식과 이해를 위해서는 '읽기, 반성하기, 실제로 행하기'라는 3차원이 필요하다고 한다. 그런 면에서 이 책은 학생들의 경험, 필자 자신의 연구에서 나온 지식, 질적 연구에 대한 수업에서 나온 경험을 온전히 실었기에 질적 연구자의 길을 걸으려고 첫발을 내딛는 학생들에게 큰 도움이 되리라고 믿는다.

이 책은 모두 10장으로 구성되어 있다. Glesne이 우려했듯, 이렇게 각 장을 나누면 독자들이 질적 연구의 역동적이고 순환적인 특성을 간과할 수도 있으나 장별로 구분함으로써 각 연구 측면을 집중적으로 조명할 수 있을 것이다. 우선 1장에는 질적 연구의 철학적 기초를 소개하고 후기경험적 접근(양적 연구)과 해석적 접근(질적 연구)을 대비하고 몇 가지 질적 연구의 형식을 선보였다. 2장에는 전반적인 연구 설계인 연구 주제 선정, 연구 문제 쓰기, 연구 장소 및 연구 참여자 선정 등 연구 실행 이전에 계획해야 할 부분에 대해 썼다. 3장과 4장에는 각각 참여 관찰 및 면담에 대해 자세히 설명했으며, 5장에는 질적 연구에서 가장 중요하다고도 볼 수 있는 현장에서의 관계, 래포, 성찰성에 대해 다루었다. 윤리적 문제를 다룬 6장도 연구 참여자의 인권에 대한 배려 측면에서 간과할 수 없는 내용이다. 7장에는 자료 분석에 대해 설명했다. 자료의 디스플레이 같은 부분은 다른 교재에서는 찾아볼 수 없는 매우 유용한 정보라고 추천하고 싶다.

8장과 9장은 예술과 과학이 만나는 글쓰기 과정에 대해 쓴 것이다. 특히 5판에서는 비교적 새로운 분야인 예술 기반 연구를 소개했다. 10장에서는 연구의 결과물을 어떻게 공유할 것인지에 대한 실제적인 정보를 주기도 한다. 이 책을 읽고 나면 질적 연구자가 되기 위해 필요한 지식과 정보에 대한 감을 확실히 잡을 수 있으리라고 믿는다. 물론 이 지식을 실제 자신의 연구 관심사에 어떻게 적용하고, 연구 과정에서 발생하는 크고 작은 문제들과 심리적 부담에 어떻게 대처하는가 하는 것은 여러분 개인의 몫이다.

끝으로 5판을 번역할 기회를 주시고 채근하신 아카데미프레스 홍진기 사장님을 비롯해 원고를 여러 번 꼼꼼히 읽어 주신 직원 여러 분께 진심으로 깊은 감사를 드린다.

2017년 행원동산에서 안혜준

저자 소개

질적 연구 방법론 연구자이며 교육인류학자인 코린 글레스닌(Corrine Glesne)은 세인트 빈센트(Saint Vincent)와 그레나딘(Grenadines), 코스타리카(Costa Rica), 멕시코(Mexico) 및 미국 등지에서 문화기술지 연구를 수행해 왔다. 그녀가 쓴 「Becoming Qualitative Researchers」는 여러 나라의 언어로 번역되었다. 그녀는 버몬트 대학(University of Vermont)의 교수로 17년간 재직했다. 학교를 떠난 후에는 국제 교육 프로그램의 방문교수로서 학부생들과 함께 인도, 필리핀, 멕시코, 뉴질랜드, 영국에 가서 가르쳤다. 2011년, 그녀는 사무엘 에이치 크레스 재단(Samuel H. Kress Foundation)의 지원을 받아 '모범적인' 대학 미술관에 관한, 1년간의 다중 장소에서의 질적 연구를 수행한 결과 「The Exemplary Museum: Art and Academia」(2013)라는 책을 쓰게 되었다. 코린은 어바나 샴페인(Urbana-Champaign)에 있는 일리노이 대학(University of Illinois)에서 박사 학위를 받았으며 현재 노스 캐롤라이나(North Carolina)의 애쉬빌(Asheville)에 살고 있다.

서언: 무언가 올 것 같은 느낌

질적 연구에서 연구자는 삶을 텍스트로 해석한다. 정확한 해석이 아니라 거울 이미지이지만 연구자가 관찰한 삶을 통해 생명을 얻은 것들, 연구자로서 당신이 연구 장소와 연구 상호작용에 가지고 들어간 것에 의해 영감을 받은 것들이다. 내 친구는 에밀리라는 조카랑 나눈 대화를 말해 주었다. 에밀리는 필수과목으로 문학수업을 들었는데 한 여성과 폭풍에 대한 시를 읽고 나서 에세이를 써야 했다고 한다. "그 시는 여기 네브라스카에서 발생했던 큰 폭풍에 대해 생각하게 만들었고 나는 평야를 가로질러 다가오는 폭풍에 대해서 썼어요."라고 에밀리는 말했다. "그런데 그건 모두 틀린 거였어요."라고 에밀리가 말하자 이모는 무슨 소리냐고 물었다. 에밀리는 한숨을 쉬면서 "이모는 그 시에서 폭풍이 불륜을 의미하는 거 알았어요? 저는 방향을 완전 잘못 잡았던 거지요."라고 답했다.

에밀리는 자신이 겪은 네브라스카의 폭풍 경험을 시에 가져왔다—에밀리의 시와 관련된 경험이 매우 제한적이었다. 만약 에밀리가 더 많은 시를 읽고 (그리고 쓰면서) 시적 해석에서 추가적인 교육을 받는다면 에밀리는 분명히 매우 다른 에세이를 쓸 수 있게 될 것이다. 반드시 옳고 그름이 있지는 않으나 어떤 묘사는 다른 것보다 더 많은 정보를 제공해 준다. 이 책은 당신으로 하여금 당신의 연구 경험—당신의 관찰과 면담—을 정보가 풍부하며 유용한 텍스트로 분석하고 해석함을 통해 연구 경험을 잘 해석할 수 있도록 도움을 주려고 한다.

이 책에서 새로워진 점

"연구에 대한 책을 개정하는 데 필요한 일은 무엇이니?" 학계에 있지 않은 한 친구가 내게 이렇게 물었다. "연구를 하는 과정이 바뀌었겠니?"

나는 방법론적 시각은 지속적으로 변화하며, 특히 질적 연구에서 각 접근은 다양성과 복합성이 특징적이며 특히 차이, 다양성, 정의, 그리고 의미가 우리의 관심을 요구하는 이런 시대에서는 더욱더 그렇다고 답변했다. 이 책의 초판이 나왔을 때 (1992년)에는 문화인류학 분야를 제외하고는 질적 연구 방법에 관한 텍스트가 많지 않았다. 23년이 지난 후엔 질적 연구 문헌이 방대해졌으며 1990년대 초반에는 거의 상상도 불가했던 주제에 관한 두터운 핸드북이 나올 정도였다. 이런 발전은 다양한 학문분야에 있는 많은 사람들이 사회적인 삶의 여러 측면을 탐색하고 이해하기 위한 수단으로 질적 탐구를 바라보게 되었다는 면에서 흥분되는 일이다. 그러나 이런 과정에서 질적 연구 방법에 대한 비판도 많이 생기게 되었다. 이러한 팽창은 개론서를 쓰는 나와 같은 저자에게는 부담이 되기도 한다.

하나의 텍스트로 질적 연구의 모든 이슈를 다룰 수는 없다. 내가 할 수 있는 바는 이 책이 질적 이론과 방법론 가운데 어디에 위치하고 있음을 분명하게 해서 독자인 당신이 이 책을 읽는 동안 얻을 수 있는 것이 무엇인지 알려 주는 것이다. 나는 다른 책들과 저자들을 언급해서, 이 책에서는 간략히 소개되었으나 당신의 관심 주제의 지식을 확장할 수 있도록 돕도록 했다. 또한 나는 이 책에서 논의된 방법과 절차에 대해 숙고함으로써 이론과 실제에서 도전점을 주는 방식을 제시하고자 했다. 또한 다른 개론서에서는 많이 언급되지 않는 질적 연구의 새로운 측면을 소개했다(예를 들면 예술기반 연구).

마지막 판(2011) 이후 이 책의 구체적인 변화는 다음과 같다.

1. 책 전체에 새로운 내러티브, 표, 그림, 그리고 시각적 이미지를 추가해서 함께 제시된 논의에 대한 사고를 자극하고 예시가 되도록 했다.
2. 질적 연구 방법의 다양한 가능성에 대해 설명하기 위해 이 책은 본문과 부록에 보다 많은 방법론을 포함시켰다.
3. 2장을 재조직하여 연구 계획서를 구성하는 단계를 통해 초보 연구자들에게 더 많은 도움을 주고자 했다.
4. 3장에는 새로운 예시와 함께 현장기록지에 대한 논의를 더 포함시켰다.
5. 4장에서는 면담 질문을 개발하는 부분이 확장되었다.
6. 연구 윤리에 관한 6장은 재조직하여 기관윤리위원회의 역사와 우려를 다루도록 확장되었다. 미국과 그 외 지역에서 다양한 학문분야의 윤리강령을 다루

었다.

7. 자료 분석에 관한 7장에서는 새로운 예시와 함께 코딩 절차에 보다 많은 신경을 썼다.
8. 글쓰기에 관한 8장에서는 연구 표현에 관한 부분을 포함시켰고 "표현의 위기"와 연관된 이슈를 탐색했다.
9. 9장은 예술기반 연구에 중점을 두어 개정했고 질적 연구에 접근하거나 표현하는 다양한 창의적인 접근을 포함했다.
10. 학회 발표에 관한 부분과 출판에 관한 논의는 확장시켜서 마지막 장에 포함시키고 새로운 연구자들이 그들의 연구를 널리 공유할 수 있도록 지지했다.

이 책의 활용을 위한 제언

각 장은 사고를 구분하기에 — 예를 들면 자료 수집이 자료 분석과 구별되는 과정이라는 인상을 준다 — 질적 탐구 활동이 지속적이고 겹쳐지기는 하지만 내가 각 장으로 구분한 이유는 한 번에 하나의 연구 측면에 집중하기 위해서이다. 이 책을 쓰면서 주된 원칙은 질적 연구를 시작하는 연구자를 돕기 위한 주요 교재로 사용하고 싶은 책을 만들자는 것이었다. 따라서 이 책은 철학적 기초에 관한 장(1장), 연구 설계에 대한 장(2장), 참여관찰과 문서 수집(3장), 면담(4장), 자료 분석(7장), 글쓰기(8장)로 나누어져 당신을 각 연구 과정으로 안내할 것이다. 그 외 장들에서는 현장에서의 관계, 래포, 그리고 성찰성 이슈에 집중(5장)하고 연구 윤리(6장), 그리고 비교적 새로운 분야인 예술기반 연구(9장)를 다루었다. 마지막 장에서는 연구 절차가 연구자 자신과 타인에게 도움을 주고 적용될 수 있는 방식을 요약하고 방향성을 제시했다.

일부 독사들은 이 책의 장들의 순서를 재조직하여 모든 "기초직인" 것들(예를 들면 철학적인 것에 관한 1장, 설계에 대한 2장, 그리고 현장에서의 관계에 대한 5장, 윤리를 다룬 6장)이 앞쪽에 나오도록 해야 한다는 의견을 제시하기도 했다. 논리적인 흐름이었고 이 책이 쉽게 읽히거나 그 순서대로 가르치기가 용이하다고 생각했다. 그러나 나와 동료들은 학기당 시간 제한과 이 책의 순서가 제시하는 대로 파일럿 프로젝트 과제를 포함시키고 싶은 마음으로 순서를 그대로 두게 되었다. 연구 설계에 대한 장들 다음에 연구 방법에 대해 읽게 되면서 학생들은 보다 빨리 파일럿 프로젝트에 대한 계획을 세울 수 있고 연구 장소에 대한 접근을 시작해서 자료 수집을 위한 시간을 계획하며 수업에서는 현장에서의 관계와 연구 윤리에 대한 장을 읽고 논의할 수 있기 때문이다.

각 장은 나와 학생들, 동료들이 고투했던 어려움, 문제점, 이슈를 제기한다. 내 수업을 들은 학생들은 눈치 챘겠지만, 질적 탐구에서 제기되는 질문들에 내가 가장 흔하게 답하는 말은 "경우에 따라서"이다. 내가 수업에서의 토론과 이 책에 제공한 것은 해결책이 아니며 절대적인 것도 아니다. 나의 목적은 질문을 제기하고 따라서 무엇이 문제이며, 당신이 직면할 수 있는 복잡한 이슈를 다루고 이런 이슈에서 배울 수 있도록 하기 위해 당신의 판단력을 기르기 위한 지침을 제시하는 것이다. 유능한 연구자가 되기 위해 당신은 연구 과정과 관련된 일반적인 지식을 갖추어야 하며 당신의 개인적 특성과 연구 상황의 측면에서 당신의 연구를 어떻게 최상으로 수행할 수 있을 것인가에 대해 배워야만 한다.

여러분 중 많은 사람이 논문이나 박사학위 논문을 써야 할 것이므로 나는 정기적으로 당신이 마주칠 수 있는 특정한 문제에 대해 밝혔다. 여기에 나온 많은 사례는 교육학적 배경에서 발췌되었지만 이 책이 학교나 교육학자의 요구에만 국한된 것은 아니다. 사례들은 학생들의 경험, 내가 수행한 탐구, Alan Peshkin(내가 이 책의 초판 공저자로 초대했던 분)의 연구, 출판된 연구물에서 인용한 것이다. 나는 특히 학생들에게 가장 큰 빚을 진 것 같다; 이들은 질적 탐구에 대해 내게 많이 가르쳐 주었다. 이들의 허락하에 나는 그들의 이름을 실명 혹은 가명으로 밝히고 그들의 사례를 이 책에 담았다.

내 관점에서 질적 연구의 수행에 필요한 지식과 이해를 얻는 것은 3차원이다: 읽기, 반성하기, 실제로 행하기. 이 셋이 동시에 일어나서 각각의 결과가 지속적으로 상호작용하는 것이 가장 좋다. 당신의 주제에 대해 그리고 연구 과정을 통한 탐구 행위에 관해 넓고 깊게 읽어라. 각 장의 끝 부분에 있는 "추천 읽을거리"에서 시작할 수도 있다. 질적 연구 수행에 대해 읽으면서 당신에게 중요한 문제점들에 대한 질적 연구 기법을 연습해 보라; 이상적으로 수업은 예비연구를 위한 기회이다. 현장 저널을 기록하고 동료, 슈퍼바이저들, 연구 참여자들과의 토론을 통해 당신의 연구 여정의 각 단계 전후에서 반성해 보라.

좋은 연구를 하는 데 있어 당신의 현장 저널을 기록해서 당신이 하는 일과 이런 실행에 대해 비판적으로 반성해 보는 것은 매우 중요하다. 사실 현장 저널은 읽기,

반성, 연구 수행의 상호작용에서 결과적으로 오는 통찰을 포함하는 개인적인 방법론에 대한 책이 된다. 연구하는 현상뿐만 아니라 당신의 행동과 사고에 대해 반성하는 법을 배우는 것은 끊임없이 더 좋은 연구자가 되는 수단이 된다. 더 좋은 연구자가 되어 가기는 과정의 역동적인 성격을 포착한다. 연구를 수행하는 것은 가르치기 혹은 춤추기처럼 향상될 수 있다; 하지만 마음대로 구사할 수 있을 정도로 습득되는 것은 아니다.

개인적인 위치매김: 나의 방법론적 배경

나의 배경과 경험은 참여자 실행연구와 협력적 연구를 포함한 다양한 유형의 실행연구뿐만 아니라 문화기술지, 사례연구와도 관련되어 있다. 나는 세계 여러 곳에서 살며 그 곳에서 일했고 개발과 세계화이론에 지속적 관심을 가지고 있다. 비록 나 자신에게 친숙하지 않은 질적 연구의 방법론과 패러다임을 배우고 있으면서도 질적 연구 전체를 올바로 평가할 수 없으며 일부를 정당하게 다루기도 어렵다. 따라서 여기에서 이 책의 한계점을 제시하고자 한다.

이 책은 질적 연구의 해석적 전통에 근거하고 있다. 이 책에 비판적 전통, 포스트모던/후기구조주의적 전통을 간략하게 소개했지만, 이 책은 이런 패러다임 안에서 연구를 수행하고자 하는 사람들에게 적절한 도움이 되는 조언을 제공할 수 있기는 해도 이들을 위한 방법론 책은 아니다

해석학적 전통에서 다른 연구 접근이 역사적, 지리적, 그리고 사회학(상징적 상호작용주의, 근거이론), 심리학(현상학), 문화인류학(문화기술지)을 포함해서 학문 분야별로 발전되어 왔다. *문화기술지*는 아마도 가장 광범위하게 사용되는 용어인데 정확성을 떠나서 해석학적 전통의 연구를 일컫는 말로 쓰인다. 문화기술지는 식민지적 문화기술지와 연관되는 짐을 지고 있기도 하다. 그럼에도 불구하고 문화기술지와 연관된 연구 방법(현장작업, 면담, 관찰, 문서 수집)은 많은 다른 질적 연구 방법에서 사용된다(비록 현장작업에 대한 기대, 면담 질문의 종류, 분석 기술 등은 매우 다양하지만). 이 책은 현재의 비판, 도전, 그리고 변화를 포함한 문화기술적 연구에서 사용되는 방법에 집중한다.

나는 일리노이의 농촌이든지 멕시코 시티의 도시구역이든지 그 지역 사람들의

지혜를 믿는다; 나는 모든 곳에 "근본적인" 지식인들이 있으며 이들은 전통을 전수하기 위해 또는 변화하는 미래를 만들기 위해 일한다고 믿는다. 나는 연구 참여자들을 연구에 참여시키는 것을 좋아하는데, 가장 중요한 연구 문제를 찾아내고 연구 참여자들에게 도움이 되는 연구 설계를 특히 좋아한다. 나는 또한 전통적인 질적 연구 방법에서 많은 것을 배울 수 있으며 기본적인 기법을 배우고 연습할 수 있으며 따라서 당신의 연구 기술과 당신을 이끄는 성향에 적용할 수 있다고 믿는다. 따라서 이 책은 자료 수집, 분석, 그리고 글쓰기라는 문화기술지 연구 기법에 관한 개론서의 성격을 띤다. 그러나 나는 이런 실제를 탐색하고 복잡하게 하려는 의도에서 기본 사항에 일부를 추가해서 쓰기도 했다.

질적 탐구의 과정에 대해 이야기하는 것은 몇 년 전 수영을 가르치면서 느낀 것과 비슷한 보람을 준다. 매 학기가 끝났을 때(더 좋은 것은 2학기를 마친 후에) 학생들은 자료 속에 빠지는 것에 두려움을 느끼지도 않고, 자료 속에서 익사하는 무모한 위험을 택하지도 않는다. 비록 가끔씩 폭풍우가 오는 날도 있겠지만 연구자들은 조심스럽고 분명하게 노를 저으며 자료 수집, 분석, 그리고 글쓰기까지 진보해 갈 수 있다. 학생들은 논문 수준을 넘어선 유용한 기술을 얻게 되고 대신 나는 질적 연구 수행 과정과 학생들의 논문 주제 분야에 대해 배울 수 있다. 예를 들면 학생들은 내게 발달 장애의 사회적 구성이라든지 중학교에서의 효율적인 파트너 팀 티칭에 대해 가르쳐 주었다. 나는 질적 연구가 더 좋은 프로그램이 되게 하고 연구자들, 소외된 사람들이 목소리를 내게 도와주며, 참여자들이 세상을 새로운 방식을 보게 만들어 주는 성찰과 의사소통의 포럼을 제공해 준다고 믿는다. 의견, 제안 혹은 질문은 ceglesne@yahoo.com으로 보내 주길 바란다.

Corrine Glesne

차례

제1장

질적 탐구와의 만남

소피는 모든 사람은 이야기를 갖고 있고, 심지어 집조차도 사람이 노력한다면 알 수 있는 삶을 소유한다고 믿었고, 그것을 내게 가르쳐 주었다. 누군가가 스스로에게 혹은 다른 사람들에게 들려준 이야기들은 세상을 변화시킬 수 있다. 타인들에게 그들의 이야기를 해 달라고 부탁하고 이야기가 나오기를 기다리는 일 혹은 이야기를 하도록 돕는 것은 그 어떤 사람도 완전히 우둔하다고 생각해서는 안 된다는 것을 의미하고, 관심만 가져 준다면 사람들이 사는 어떤 곳이라도 회복 가능성의 희망이 있다는 것을 뜻한다.

(Myerhoff, 1979, p. 240)

시작하기

인류학자인 Barbara Myerhoff는 자신을 키워 주었고 사람들의 이야기에 대한 애정을 통해 자신의 인생의 진로를 정하는 데 영향을 준 할머니에 대해 이야기한 적이 있다. 다른 사람의 이야기를 잘 들어 주고, 이야기를 해석하고 다시 이야기하기를 배우는 것은 여러 종류의 질적 연구에 있어서 중요하다.

질적 연구자들은 행위와 내러티브와 그들의 교차방식을 이해하려고 노력하기에, 나는 나와 질적 연구와의 연관성에 대한 이야기를 먼저 하겠다. 당신이 내 이야기를 알게 된다면, 이후에 나올 이야기를 더 잘 이해하고 해석할 수 있을 것이다. 이런 도입방식은 방법론적인 조언과 반성을 설명하기 위해 이 책에 나올 내 삶의 경험들과 여러 연구 프로젝트를 소개하게 된다.

나는 질적 탐구를 "발견"했다고 생각하지는 않는다. 그러나 질적 연구의 과정은 오랜 세월을 거쳐 내게 친숙해졌다. 나는 모든 마을 사람이 교회에 가고(유대교 예배당이나 회교 사원은 없는) 거의 모든 사람이 유럽인의 선조를 가진(나의 선조는 노르웨이와 웨일즈인이다) 중서부의 작은 시골에서 자랐다. 나는 자라면서 나와 다른 삶을 살고 있는 사람들에게 관심을 가졌다. 매달 〈내셔널 지오그래픽〉 잡지를 읽으면서 밤마다 세계 이곳저곳의 민간 신화에 대해 생각했다. 부모님의 책장에서 꺼내온 「북극의 야생(Arctic Wild)」(Crisler 1958)과 「방 없는 방주(No Room in the Ark)」와 같은 책들은 도서관에서 빌려온 Genghis Khan으로부터 Amelia Earhart 같은 여행자, 탐험가, 모험가에 대한 책들을 보완해 주었다.

나는 학부 때부터 인류학에 자연스럽게 이끌려서 사람들이 살아가는 다양한 방식에 대해 계속해서 배우게 되었다. 인류학자로서 현장작업—타인의 삶에 존재함—은 다른 문화를 배우는 방법이다. 더 많이 읽을수록 나는 다른 곳에서의 삶을 경험하고 싶어졌다. 그래서 웨일즈(Wales)로부터 아프가니스탄(Afghanistan)까지 가서 일을 하게 된 졸업후과정(postgraduate)을 밟게 되었다. 나는 이스라엘의 키부츠에서 사탕수수 가루받이, 바나나 가지치기, 자몽따기 작업을 하면서 열대농업에 점점 더 많은 관심을 갖게 되었다. 이후엔 예루살렘에 거주하면서 1년 동안 고고학자 팀에 합류하게 되었다. 북부 케냐에서 고고학 작업을 계속하면서, 일만 년 전에 나일강에서 남쪽으로 이주한 사람들의 흔적을 발견하는 작업을 돕게 되었는데, 코뿔소와 사자의 길을 따라 걷고 건조한 하상에서 야영을 하기도 했다. 이 기간에 나는 저널을 계속 썼다. 지금 그 저널을 읽으면 그 때 내가 배우고 있었던 것에 대한 즐거움과 내가 했던 경험들을 어떻게 이해해야 할지에 대한 좌절감이 그대로 전해진다. 나는 일을 하는 다양한 방식과 그것을 이해하는 여러 가지 방법에 대해 끊임없이 자극을 받아 들떠 있었고 내가 한 경험 이상의 것을 해 보고 싶은 마음이 간절했다. 이와 같은 갈망으로 나는 인류학을 교육학에 접목시키려는 계획을 갖고 대학원에 진학하게 되었다. 나는 나름대로 해 왔던 방식에 대해 이론과 구조를 제공해 주는 과목들을 선택했다.

나의 첫 질적 연구 프로젝트였던 석사논문은 토지를 경작하는 일리노이의 시골 아낙들에 대한 면담과 기록연구였다. 박사과정 중엔 근본주의 기독교 학교에 대한 문화기술지 연구를 한 Alan Peshkin의 연구를 돕기도 했다. 연구를 위해 Peshkin은 근본주의 지역사회로 이사를 했다. 나와 다른 조교들은 1년간 1주일 중 이틀을 학교에서 보내면서 교실 뒤에서 하는 관찰과 교사와 학생들과 여러 번의 면담을 계속했다.

박사논문 연구를 시작하기 전에, 나는 세인트 빈센트(St Vincent)와 그레나딘스(Grenadines)에서 Michael Quinn Patton[1]의 지도하에 캐리비안 지역 농업 관련 프로젝트에 실행연구자(이 장 후반에 설명될 것임)로 일하게 되었다. 그곳에서 나는 다양한 농부 집단의 대표자와 농업 조직을 도와 전국적 농업 조직을 구성하는 일을 했다. 박사논문을 위해 나는 세인트 빈센트로 돌아와 한 시골 마을에서 젊은이들과 농업, 교육에 대한 문화기술적 연구를 수행했다.

버몬트 대학의 교수가 되어서는 질적 연구의 다양한 과목들을 가르치기 시작했다. 소설가들과 시인들은 만약 그들이 글쓰기를 가르친다면 실제로 글을 쓸 시간이 부족함을 탄식한다. 같은 일이 질적 연구에도 적용된다. 내 연구는 안식년 기간으로 제한되고(첫 번째 안식년은 코스타 리카에서, 두 번째는 멕시코의 오악사카(Oaxaca)에서 보냄) 생애사 연구나 단기간의 질적 평가 연구로 그쳤다. 나는 전통적인 문화기술적 방법을 배웠음에도 불구하고 1993년에 코스타 리카에 갔을 때 *타인들에 대한* 연구가 아닌 *타인들과 함께* 하는 연구(전통적인 연구 방법과 보다 협력적 연구 방법은 이 장에서 논의될 것임)를 하고 싶었다. 나는 연구 기술을 이용하여 자원봉사를 하기로 하고 내가 살고 있던 작은 지역사회의 환경운동가 그룹과 함께 일하기 시작했다. 7년 뒤 다음 안식년에도 이런 형식의 연구를 오악사카에서 계속할 수 있었다(2장에서 이야기할 것임).

2002년에는 교환교수 자격으로 현재는 the School for International Training과 제휴된 해외유학 프로그램인 International Honors Program(IHP)과 일할 기회를 갖게 되었다. 9개월 동안 30명의 학생들과 세 명의 교수들은 여섯 나라에 살면서 각 국의 코디네이터, 활동가들, 환경론자들, 지식인들의 지도를 받아 그 나라의 문화, 생태, 정의 문제에 대해 공부했다. IHP와는 학기 프로그램을 책임지거나 버몬트 대학을 위해 멕시코 오악사카에서 강의를 맡는 등 다양한 일을 12년 이상 함께 해 왔다. 2011년에는 Samuel H. Kress 재단의 후원으로 7개의 학술적인 예술박물관을 1년 동안 연구했고 교수들과 박물관 관계자들이 생물학부터 음악까지 아우르는 주제들을 가르치기 위해 미술을 활용하며 협력하는 모습에 영감을 받기도 했다(Glesne, 2012, 2013 참고).

다양한 경험과 타인의 통찰을 통해 내가 특별히 민감해지고 관심을 둔 부분은 연구자들과 연구 참여자들의 상호작용과 관계이다. 탐구의 목적이 연구 참여자들을 위한 봉사에 집중하는 것이 아님을 기꺼이 인정하지만, 나는 개인적으로 참여자들이 결정하며 그들의 삶에 기여하는 연구에 마음이 이끌렸고 나의 이러한 관점은 이 책을 읽는 과정에서 분명히 드러날 것이다. 이 책은 주로 해석적 전통 안에서 질적 연구 접근법에 중점을 두었다—해석주의(interpretivism) 내의 도전점과 난처한 입장도 자주 언급될 것이다. 「The Tao of Painting」에서 인용한 아래의 글은 질적 연구의 수행 학습에 대한 나의 견해를 보여 준다.

> 어떤 이는 방법에 매우 큰 가치를 두는 반면 다른 이들은 방법이 없는 것을 자랑스러워한다. 방법이 없는 것은 통탄할 만하지만 방법에 완전히 의존하는 것은 더 나쁘다. 당신은 처음에는 규칙을 충실하게 관찰하는 것을 배워야 한다; 이후엔 그 규칙을 당신의 지력과 능력에 따라 변용해야 한다.
>
> (Sze & Wang, 1701/1963, p. 17)

질적 연구 수행을 배우는 것은 그림 그리기를 배우는 것과 같다. 거장들에 대해 공부하고, 테크닉과 방법을 배우고, 성실하게 연습하고, 당신에게 영향을 끼친 사람들의 업적과 당신의 변용이 창조한 새로운 가능성에 대해 설명할 수 있을 정도로 충분히 알게 되었을 때, 당신만의 신념에 따라 테크닉과 방법을 변용시키는 것이다.

찾아내기

사전을 찾아보면 연구(research)는 조심스럽고 부지런한 찾기(search)라고 정의되어 있다. 우리 모두는 특정한 유형의 연구는 말할 것도 없이, 그 과정을 딱히 연구라고 부르지는 않았더라도 다양한 형태의 조심스럽고 부지런한 찾기를 해 왔다. 우리 가족의 가계에 대한 어머니의 관심이 이러한 찾기의 한 예가 될 것이다. 가계도를 만들기 위해 어머니는 대고모와 6촌들에 대해 질문했고; 친척들이 서로 주고받은 편지와 앨범을 요청했고, 선조들이 살았던 마을의 공동묘지를 둘러보았으며; 병원, 시청, 교회에 서류들을 요청하셨다. 어머니는 이와 같은 조상들의 기록을 기초로 조심스럽고 부지런히 우리 가족사, 주요 사건(생일, 결혼, 죽음)이 발생한 날짜와 어머니가 들은 이야기에 대한 기록을 더듬어 가셨다. 예를 들면 Thomas Pettit는 1600년대 초에 보스턴의 "자유사상가"가 되어 Anne Hutchison 지지자들을 만나 서부로 이동하기 전까지 지역 청교도들에게 고난을 받은 이야기를 찾아내셨다.

학생으로서 여러분 중 일부는 아마도 시켜서가 아니라 자의적으로 이런 찾기를 해 보았을지도 모른다. 예를 들면, 기숙사에 거주하는 학부생들은 식당에서 제공되는 음식에 점점 더 불만을 갖게 되었을 수도 있다. 학생들이 항의했지만 달라진 것은 아무것도 없었다. 특별히 더 불만족스러웠던 식사를 두고 학생들은 기숙사 거주 학생들에게 몇 개의 문장과 '완전히 동의한다'에서부터 '완전히 동의하지 않는다'는 범위를 가진 5점 척도로 이루어진 설문지를 돌리기로 결정했다. 타이핑을 마친 후 설문지에 대해 기숙사 미팅에서 토론하고 기숙사 관리인에게 설문지를 복사하도록 요청한 뒤 편지함에 배포했다. 응답자들에게 정해진 날짜까지 정해진 상자 안에 설문지를 넣어 줄 것을 부탁했다. 그 날이 되어 설문지들을 수합해 점수를 계산하기 시작하면서 기숙사 학생 중 얼마가 응답했고 그들이 음식 서비스의 특정 부분에 대해 어떻게 느끼는지 알게 되었다. 숫자들이 포함된 요약본을 학교 신문사, 대학총장, 음식 서비스 관계자들에게 돌렸다.

당신은 전문가적 입장에서 찾기를 수행할 수도 있다. 한 중학교 영어교사는 매해 9월 두렵고 불안해하는 유형의 신입생들에게 충격을 받는다. 교사는 교사나 행정가들, 상급생들이 이 전이를 편안하게 하기 위해 무엇인가 할 수 있다는 직감은 있었지만 그것이 무엇인지에 대한 확신은 없었다. 그래서 그 교사는 6, 7, 8학년 학급에 들어가 6학년에 처음 들어와서 첫 며칠간 어떻게 느꼈는지, 무엇이 좋은 경험이었고 나쁜 경험이었는지 또한 더 나은 경험이 되도록 하기 위해 달라져야 할 점에 대해 에세이를 쓰도록 했다. 그런 다음 그 교사는 학생들과 함께 작업하여 6학년들의 중학교 전이를 돕도록 학교가 취할 수 있는 조치를 직원들과 행정가들에게 제안하는 보고서를 작성했다.

이 세 가지의 예에서 사람들은 연구를 수행했다. 그들은 특정한 목표를 갖고 자료 수집에 착수했다. 세 가지 사례 모두에서 자료를 보다 주의깊게 수집할 수 있었겠지만, 중요한 점은, 그들이 사용하고 있는 방법을 명명하지 않거나 과정을 개선해서 연구 결과의 신뢰를 높이고 따라서 더 유용하게 사용되도록 하는 것에 대해 인식하지 못했더라도, 그들이 모든 종류의 연구를 수행했다는 것이다. 우리는 여러분이 질적 연구를 사려 깊고 유용한 방식으로 접근할 수 있도록 도우려고 이 책을 쓴 것이다.

여러분 중 일부는 연구를 당연히 설문지 같은 도구를 사용해서 다수의 사람들을 포함시키고 자료를 숫자로 감환하는 과정이라고 생각할 수도 있다. 기숙사 음식 설문지의 예에서 보여 주는 이런 탐구 형식은 *양적* 연구 방법을 사용한 것이다. 중학교 교사의 예와 가계 탐색에서는 연구자가 소수의 사람들과 이야기를 하고 다양한 문서를 모았고, 중학교의 예에서는 행동을 관찰했다. 이 경우에는 *질적* 접근법이 사용되었다.

이 두 가지 탐구 형식은 자주 대조된다. 그러나 양적 연구자들과 질적 연구자들은 연구를 할 때 유사한 요소들을 사용한다. 그들은 목표를 진술하고 문제를 제시하거나 질문을 던지고, 연구 모집단을 정의하고, 연구 방법을 선정하고, 시간의 틀을 정하고, 자료를 수집하고 분석하고, 결과를 제시한다. 또한 이론에 (분명하게 혹은 암시적으로) 의존하고 연구의 엄밀함에 신경을 쓴다. 연구 패러다임에 관한 부분에서 논의되겠지만, 그럼에도 불구하고 연구자들이 어떻게 이런 요소들을 조합하느냐 하는 것은 연구 과정과 연구 결과에 있어서 독특한 차이점을 만든다.

앎의 방식: 연구의 패러다임

> 패러다임은 과학적 커뮤니티가 그 구성원에게 중요한 문제나 이슈를 결정하고, 그 정의된 문제를 푸는 데 수용할 만한 이론이나 설명, 방법, 테크닉을 정하는 데 있어 지침이나 지도와 같은 기능을 하는 틀이다.
>
> (R. Usher, 1996, p. 15)

연구 패러다임의 개념은 1962년 「과학혁명의 구조(The Structure of Scientific Revolutions)」를 펴낸 Thomas Kuhn의 글에서 생겨났다. Kuhn은 이론물리학자로 훈련받았고 철학에도 깊은 관심을 갖고 있었다. 박사과정 중에 Kuhn은 역사가 어떻게 과학 철학에 영향을 주었는지에 대해 매료되었다(Loving 1997). 이런 탐색의 결과로 나온 그의 책은 과학을 행하는 데 있어 철학적 혁명을 야기했다. 이 책의 출판 전에는 서구 과학자들은 연구가 그 자체로 성립되며 우리가 세상이 어떻게 돌아가는지 알 때까지 급진적으로 '지식의 몸체'를 불려 간다고 믿는 경향이 있었다. **논리적 실증주의**(logical positivism)라고 불리는 이 패러다임은 지식은 "이론에서부터 논리적으로 연역된 것, 조작적으로 측정된 것, 실험적으로 복제될 수 있는 것으로 제한된다."고 주장한다(Patton, 2002, p. 92). 당시 과학이 객관적이고 중립적이고 가치에 구애받지 않는 것으로 간주되었지만, Kuhn은 과학이 때로는 아이디어와 설명이 경쟁하고(경제적, 정치적, 사회적 등등으로) 가장 큰 힘을 가진 과학자들이 이기는 경향이 있는 이데올로기적 전쟁터임을 보여 주었다. Kuhn과 다른 학자들은 "자료와 관찰은 이론에 의해 유도되어야 하고, 이론은 패러다임에 의해 유도되어야 하고, 패러다임은 역사적, 문화적으로 자리잡아야 한다."는 논쟁을 하게 되었다(R. Usher, 1996, p. 16).

패러다임(paradigm)은 실재의 속성과 진실에 대한 가정을 하며, 탐색하기 위한 질문의 종류와 어떻게 탐색할 것인가에 관한 과학의 철학 또는 틀을 말한다. **존재론**(ontology)이란 용어는 실재에 관한 믿음 또는 무엇이 세상을 구성하는가에 관한 신념을 일컬을 때 사용된다. Potter(1996)가 정의한 "존재론"은 세계가 존재하는지, 그렇다면 어떤 형식으로 존재하는지에 대한 관심이다"(p. 36). 예를 들어 세상을 관찰 가능하며 측정 가능한 대상으로 생각하는 이도 있겠고, 세상을 정신이 어떻게 인식하고 분류하고 해석하느냐에 따라 형성되는 것으로 보는 사람도 있을 것이다. 실재의 속성에 대해 무엇을 믿느냐에 따라 던지게 될 질문의 종류도 영향을 미치게 될 것이며 이는 무엇을 지식으로 간주할 것인지에도 연쇄적으로 영향을 줄 것이다. **인식론**(epistemology)은 지식의 속성에 관한 학문을 말하는 용어이다. 지식이 무엇이 되어야 하는지에 대한 믿음은 연구자의 방법론, 지식에 대해 어떻게 접근해야 하는가 하는 이론적인 시각을 정당화하는 기능을 한다.

따라서 모든 연구는 연구자들의 실재와 지식의 속성에 대한 가정에 철학적 이론적 가정이 스며들어 있기 때문에, 연구자들이 그 영향을 인지하지 못하더라도 철학적, 이론적 가정에 따라 특징지어진다. 연구자의 의무 중 하나는 어떤 철학적, 이론적 관점에 따라 연구자가 선택한 연구의 종류가 특징지어지는지를 파악하는 것이다(그림 1.1 참조). 이것은 과정을 시작하는 것에 불구하다. 연구자가 연구를 특징짓는 철학적, 이론적 관점의 용어와 개념에 좀 더 익숙해질 수 있게 돕기 위한 자료는 이 장의 후반부에 제시되어 있다.

나는 사회과학자들의 연구를 이끄는 철학적 기초를 네 개의 패러다임군인 후기

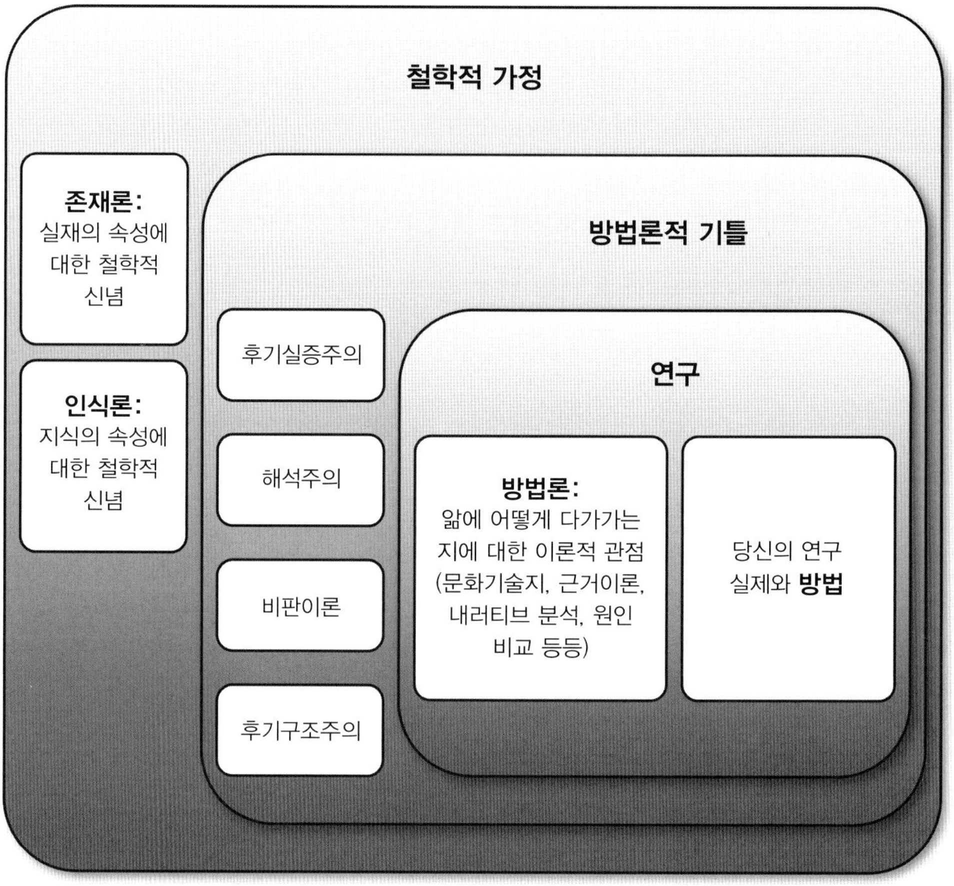

[그림 1.1] 연구의 기초(foundation of a study)

실증주의(postempiricism), 해석주의(interpretivism), 비판이론(critical theory), 후기구조주의(poststructural)로 분류했다. 각 패러다임군은 느슨하게 경계 지어진 것으로 보아야 하며 여러 개의 연관성 있는 사고의 학파를 포함하고 있다고 간주해야 한다. 이 네 개의 패러다임군은 절대로 고정되거나 잘 정의된 범주는 아니다. 연구자들은 패러다임을 다른 명칭으로 부르기도 하며 어떤 용어는 다양한 패러다임과 연관되어 있다는 면에서 더욱 복잡하기도 하다. 얼마나 많은 패러다임이 있으며 연관된 방법론이 어떻게 구분되어야 하는지에 대해서도 사회과학자들 사이에 일치된 바가 없다. 내가 여기에 범주를 사용하는 목적은 연구를 수행하는 서로 다른 목적과 의미를 형성하는 제 각각의 방법을 제공하는 신념체계에 숨겨진 연구에 대해 보다 더 분명하게 이해하도록 돕기 위함이다.

〈표 1.1〉 패러다임, 목적, 방법론/분석

패러다임*	다른 용어 또는 명칭	연관된 이론가 또는 철학자	주요 연구 목적	연관된 연구 방법론 또는 분석
실증주의	논리적 경험주의 후기실증주의** 후기경험주의	August Comte	예측	실험 유사실험 인과 비교
해석주의	구조주의 자연주의 현상학적 해석학	Clifford Geertz Jurgen Habermas Edmund Husserl Immanuel Kant George Herbert Mead	이해	문화기술지 현상학 상징적 상호작용주의 내러티브 분석 근거이론
비판이론	페미니스트 이론 비판적 인종이론	Karl Marx Antonio Gramsci Max Weber Herbert Marcuse Luce Irigaray	해방	비판적 문화기술지 페미니스트 연구 참여적 실행연구(Freire) 비판적 담화 분석
후기구조주의	포스트모더니즘 탈식민주의 탈포드주의	Michel Foucault Jacques Derrida Jean F. Lyotard Gayatri Spivak Edward Said Arjun Appadurai Homi K. Bhabha	해체	해체(Derrida) 족보학(Niezsche, Foucault) 근원 분석(Deleuze, Guattari) 배리 정당화(Lyotard)

*철학적인 기틀의 군을 일컫는 데 자주 쓰이는 용어
**후기실증주의라는 용어는 실증주의보다는 덜 경직된 유형을 일컫거나 초기 실증주의 유형 이외의 것들을 일컬을 때 쓰인다. 후자의 경우 초기 실증주의 이외의 모든 패러다임은 후기실증주의 사고의 유형에 속할 것이다.

앞으로 소개될 다양한 패러다임에 대해 숙고하면서 이와 연관된 목적, 방법론, 분석 등을 소개한 표 1.1이 유용함을 알게 될 것이다. 이 표의 일부는 Patti Lather와 Elizabeth St. Pierre의 연구에서 발췌했다(Lather, 2007, p. 164).

논리적 실증주의(Logical Positivism)/논리적 경험주의(Logical Empiricism)와 후기경험주의(Postempiricism)

경험주의는 중세 종교의 힘에 대한 반향으로 르네상스(1450~1600) 시대에 발전하고 번성했다. 경험주의는 종교적인 텍스트에 기초한 설명보다는 관찰과 실험을 통한 진실의 발견과 세상에 대한 이해를 믿었다. 계몽주의 시대(1600~1800)에 경험주의는 유럽에서 물리학과 자연과학 분야의 지식을 빠르게 확장시키는 데 기여하는 유일한 방식으로 여겨졌다.

실증주의라는 용어는 19세기 프랑스 철학자인 Auguste Comte에게서 시작되었다. 그는 사회과학에서 "더 나은 세상으로 변화시키도록 행동하기 위한 믿을 수 있고 구체적인 지식을 얻기 위한 시도에 *긍정적인*"(O'Reilly, 2005, p. 45) 접근을 창조하는 자연과학에서 사용되는 모델링 연구를 옹호했다. 다양한 전공 분야의 사회과학자들은 타당도, 신뢰도, 객관성, 일반화가능성과 같은 실증주의적 방법과 개념을 연구에 적용했다. 그러나 1930년대와 1940년대에는 정해진 실재가 존재하며 측정 가능하다는 논리적 실증주의에 기초한 존재론(ontology)이 엄청난 비판을 받기 시작했다. 오늘날 이 패러다임을 따라 연구하는 사람들 대부분은 세상을 확신을 갖고 알 수 있지 않으며 측정은 틀리기 쉽다는 것을 받아들인다. 또한 완전한 객관성은 불가능하며 모든 연구자들은 자신의 역사적 맥락과 사회문화적 경험에 따라 편견을 가질 수 있음을 인정한다. 그럼에도 불구하고 이들은 과학적 방법과 연관된 절차와 용어에 가치를 두고 지속해서 사용하고 있으며 과학은 사회적 행동과 관련된 예측과 일반화를 돕는 객관적 사실에 가까운 결과를 드러낼 수 있다고 주장한다. **후기실증주의(postpositivism)**라는 용어는 논리적 실증주의가 휩쓸고 난 이후 발전된 모든 패러다임적인 틀을 일컫는다. 이와 같은 혼란을 피하기 위해 나는 "논리적 실증주의의 엄격한 경험주의가 몰락한"(Schwandt, 2007, p. 233) 이후 과학과 탐구를 바라보는 수정된 방식을 칭하기 위해 *후기경험주의(postempricism)*라는 용어를 사용한다.

후기경험주의자들의 존재론적 신념에는 인간의 외적인 실재는 측정 가능하며 어느 정도 정확하게 이해 가능하다는 믿음이 포함된다. 왜냐하면 세상은 최소한 대략적으로는 알 수 있으며, 연구자들은 사회적 현상에 대한 일반화를 하고 현상의 원인에 대한 설명을 찾기 위해 또한 이런 사회 현상과 관련된 예측을 하기 위해 연구를 하기 때문이다, 연구자들은 최대한 객관적인 관찰, 측정, 세심하게 계획된 실험을 통해 이런 지식을 얻기 위해 연구를 하게 된다. 연구 방법은 일반적으로 관심을 두고 있는 현상에 대한 이론에서 시작된다. 연구자들은 이론을 사용해서 몇 개의 가설을 세우고 객관적으로 설계된 방법을 통해 이런 가설을 시험하고 최대한 피험자의 영향을 받아 연구자가 행동이나 반응을 하지 않도록 거리를 두게 된다. 이렇게 수집된 자료는 숫자로 된 지수 또는 양화될 수 있는 정보로 감환되어서 통계적으로 분석된다. 이와 같은 절차를 **양적 방법**(quantitative methods)이라고 부른다.

해석주의(Interpretivism)

해석주의라는 개념은 그리스와 로마 철학자들에게서 시작된 부분도 있으나 사회과학의 형식으로 18세기 독일 철학자 Immanuel Kant로부터 파생되었으며 이후 Wilhelm Dilthey, Max Weber, Edmund Husserl 등에 의해 확장되었다. 이들 철학자들은 **이상주의자**로 불렸는데, 세계가 인식아(the knower)와 독립적으로 존재한다고 믿는 **실존주의자**들과 달리 이상주의자들은 세계가 정신 혹은 생각과 별개해서 존재할 수 없다고 믿었다. "이상주의자들은 반드시 자연적, 사회적 세계가 비현실적이거나 존재하지 않는다고 믿는 것은 아니지만 세상에 대한 직접적인 이해가 없다"(Schwandt, 2007, p. 143). 오히려 세상은 해석되어야 한다는 것이다. 인간 이해에 관한 해석적 이론은 *해석학(hermeneutics)*이라고 부르기도 한다. 해석학은 보편적인 법칙을 배격하며 인간 상호작용과 앎에 있어서 해석이 매우 중요하다고 믿는다(Schwandt, 2007). 사회과학자의 역할은 특정한 사회 현상, 자신과 다른 사람의 행동과 의도 해석에 접근하는 것이다.

해석주의의 다양한 전통이 만들어졌다. 예를 들면 독일의 Edmund Husserl은 Immanuel Kant의 철학을 정교화하여 *현상학*을 발전시켰다. 19세기 후반과 20세기에 Alfred Schutz, Hans-Georg Gadamer, George Herbert Mead와 같은 탁월한 사상가들은 현상학적 이론을 더욱 발전시켰다. 해석주의 개념은 다양한 학문분야에 정착하면서 다양한 욕구와 관심을 충족시키는 방식으로 성장했다. 예를 들면, *민족사회학적 방법론(ethnomethodology)*과 *상징적 상호작용주의*는 사회학에서 일상생활의 측면들을 해석하는 방법론으로 발전했지만, 문화인류학에서 *문화기술지*는 문화를 이해하고 해석하는 방식으로 발전했다. 그러나 이들은 모두 특정한 맥락과 보다 광범위한 문화에서 인간의 생각, 행동, 상호작용을 이해하고자 하는 목적을 공유한다.

따라서 해석적 전통에 따르는 인식론적 믿음은 실재가 사회적으로 구성되고, 복잡하며, 계속해서 변화하는 세상을 그려 낸다는 것이다. 사람들이 대상, 사건, 행위, 인식을 어떻게 해석하고 어떤 의미를 두는지가 연구자가 알아내야 할 중요한 내용이다. 그러나 이렇게 구성된 실재는 개인의 생각 안에 존재하는 것뿐만 아니라 **사회적 구성**으로 존재하는 것으로 보는데, 이는 개인적 관점은 더 큰 사회의 사고, 언어와 상호작용하기 때문이다. 따라서 어떤 현상에 대한 같은 집단 내 여러 사람들의 관점을 측정하는 것은 집단 전체의 사고와 행위의 문화적 유형을 제시해 줄 수 있다.

세상 속에 있는 배우들의 관점에서 사회적 세계를 이해하려는 연구 목적을 갖고 사람들의 사회적 맥락 내에서 상호작용하고 그들의 인식에 대해 이야기하는 연구 방법을 따르게 된다. 연구자의 철학적 기초가 해석학이라면 연구 설계는 대개 한 군데나 몇 군데에서 적합한 사람들과의 깊이 있는 장기간의 상호작용에 초점을 두기 마련이다. 특정 장소에 대한 가설은 연구의 결과일 수도 있지만 연구자들은 가설에서 출발하기보다는 일어날 수 있는 여러 이슈들과 견지들에 대해 탐색적이고 열린 마음을 갖는다. 연구자 자신은 관찰하고 질문하고 연구 참여자들과 상호작용하면서 주요한 연구 도구가 된다. 질적 연구자들은 종종 유형을 찾기도 하지만 그들이 추구하는 것은 여러 해석을 일반 표준으로 감환하려는 것이 아니다. 최종 보고서는 성격상 서술적이 되고 숫자로 된 색인을 최소한도로 사용하게 된다. 이와 같은 방법은 **질적 연구 방법**이라고 불린다.

후기경험주의 전통에 익숙한 연구자는 이 전통이 해석적 전통과 어떻게 다른지 알고 싶을 수 있기에 그림 1.2에 이에 대해 정리해 두었다. 여기에 소개된 차이점은 고정된, 엄중한 구분이 아니라 서로 다른 탐구 접근법의 경향으로 받아들여야 할 것이다.

비판이론(Critical Theory)

비판이론은 해석학자들이 의도하는 "있는 그대로"의 기술을 넘어서서 "무엇이 되어야 할지"를 추구한다(Thomas, 1993). 비판이론에서 *비판적(critical)*이라는 용어는 "인간의 자유, 정의, 민주주의를 제한하는 신념과 관행을 찾아내고 폭로함"을 칭한다(R. Usher, 1996, p. 22). 비판이론 연구에서는 억압의 역사적, 구조적 조건을 비판하고 이와 같은 조건을 변형시키고자 한다.

비판이론 연구는 *역사적 리얼리즘(historical realism)* 존재론을 따른다. 즉, 삶은 "사회적, 정치적, 문화적, 역사적, 인종적, 성적으로 시간의 흐름에 따라 결정된 가치들에 따라 조형된 실질적인 리얼리티(virtual reality)"라는 것이다(Lincoln & Guba, 2000, p. 168). 비판이론 연구의 주요 개념은 이데올로기가 실재를 왜곡시키는 작용을 한다는 것이다. 비판이론가의 역할은 이처럼 왜곡된 이데올로기와 이와 연관

후기경험적 접근(양적 접근)	해석적 접근(질적 접근)
가정	**가정**
■ 사회적 사실들은 객관적 실재를 지닌다	■ 실재는 사회적으로 구성된다
■ 변인은 파악될 수 있고 관계는 어느 정도 정확히 측정된다	■ 변인은 복잡하고, 서로 얽혀 있고, 측정하기 어렵다
연구 목적	**연구 목적**
■ 일반화	■ 맥락화
■ 인과관계 설명	■ 이해
■ 예측	■ 해석
연구 접근법	**연구 접근법**
■ 이론과 가설에서 시작	■ 가설과 이론으로 종결
■ 형식적인 도구 사용	■ 연구 도구로서의 연구자
■ 실험적	■ 자연주의적
■ 연역적	■ 귀납적
■ 요인 분석	■ 패턴 찾기
■ 표준 찾기	■ 다양성, 복합성 추구
■ 데이터를 숫자 색인으로 감환	■ 숫자 색인을 최소한 사용
■ 글쓰기에 있어서 추상적 언어 사용	■ 서술적 글쓰기
연구자의 역할	**연구자의 역할**
■ 분리	■ 개인적 관여
■ 객관적 묘사	■ 감정이입적 이해

[그림 1.2] 연구에 대한 후기경험적 및 해석적 접근의 경향

된 구조, 메커니즘, 이를 유지하도록 돕는 과정을 비판하고 드러내는 것이다(Prasad, 2005). 특히 사회적, 역사적 맥락에서 억압받은 집단의 경험과 관점을 찾아내고 억압의 조건들이 특정한 집단의 사람들에게만 제공되었는지 드러내고자 한다. 더 많은 예시는 Denzin, Lincoln, Smith(2008)에서 찾아볼 수 있다.

비판이론 연구자들은 *입장적 인식론(standpoint epistemologies)*을 사용하거나 다른 사람들이 입장적 인식론을 인식하도록 한다. 입장적 인식론은 여성, 게이, 레즈비언, 유색인종, 식민지 피지배 민중처럼 전통적으로 억압되었거나 배제되었던 사람들의 집단의 경험, 가치, 관심에 뿌리를 두고 있다. 이 입장의 연구자들은 지배적 집단의 내러티브를 비판하고 재구성하여 그들이 인종차별주의자, 남권주의자, 이성애자, 유럽중심 등이었음을 드러낸다(Schwandt, 2007). 입장적 인식론의 두 가지 예로는 비판적 인종이론과 동성애 이론(queer theory)이 있다. **비판적 인종이론(critical** race theory)은 인종차별주의가 우리 사회에 내재되어 많은 사람들에게 정상인 것처럼 보이고, 사람을 분류하고 구분하는 사회적으로 구성된 수단으로 그려지는 방식에 초점을 둔다. 비판적 인종이론은 권력의 사회적, 정치적 유형에 강조점을 두고 어떻게 권력이 유색인종을 수용하고 배제하는지 지켜본다(Madison, 2012; Schram, 2006). **동성애 이론(queer theory)**은 이성애가 상호작용의 정상(그리고 합법)이 되어야 한다고 믿는 관점인 이성애규범성(heteronormativity)에 도전한다. 비판적 인종이론에서 인종의 개념에 대한 처방처럼 동성애 이론은 이성애를 사회적 구조로 보고 지배적인 사회가 이를 "정상"이라고 간주하는 모든 관점에 의문을 제기하도록 만든다(Madison, 2012).

비판이론 연구가 어떤 특정한 연구 방법을 따르는 것은 아니지만 아래의 몇 가지 일반적인 연구 설계는 특징적이다.

- 비판적 문화기술지 연구자들은 연구를 정치적 행위라고 보는데 이는 연구가 가치체계에 의존할 뿐만 아니라 가치체계에 도전하기 때문이다(R. Usher, 1996). 비판이론 연구는 힘과 지배의 문제에 초점을 두며 착취당하거나 억압받는 사람들의 관점에서 이해할 것을 옹호한다.
- 비판적 문화기술지 연구자들은 언어 혹은 "무엇을 말해야 하는가 혹은 어떤 것을 말해선 안 되는가, 누가 권위라는 축복을 빌어 말을 하고 누가 듣는 자가 되는가, 어떤 이의 사회적 구성이 정당하며 누구의 그것이 오류이고 중요치 않은가에 대한 암묵의 규칙"(Kinchelow & McLaren, 2000, p. 284)에 중점을 둔다. 그 결과 그들의 관심은 사회적, 역사적으로 구성된 담화와 어떻게 이 담화가 불평등, 억압, 착취의 조건을 유지하고 지지하는가를 드러내는 데 있다.
- 비판이론 연구자들은 사고와 행위, 이론과 실제 사이의 관계 혹은 **실천**에 관심을 둔다. 어떤 이들은 연구 과정의 일부로 대화와 비판적 반성을 결합하여 지배적 문화집단의 억압을 돕는 설명을 수용하는 방식과 참여자들 사이에 검증되지 않은 가정을 드러내고자 한다. 이 과정은 "사람들로 하여금 학습된 제약, 강제 혹은 습관의 명령"(Higgs, 2001, p. 49)에 도전하게 하며 현재의 관계나 구조를 변화시키는 방법을 알려 준다.

Weis와 Fine(2004)은 비판연구와 연관된 가능성의 매력적인 예시를 보여 준다. 그들은 어떻게 연구를 통해 특정 집단이 지배받는 방식을 드러내고 그 과정에서 참여자들 사이에 인식을 고양시킬 수 있는가를 보여 주었다. Weis와 Fine의 연구 중 하나에서는 다양한 인종, 계급, 민족 배경, 성을 가진 뉴욕시 고등학생들을 모집해 "연구 캠프"를 만들었다. 이 캠프에서 학생들은 연구 방법뿐만 아니라 비판적 인종이론에 대해서도 배웠다. 학생들은 학교 설문지를 만들어 돌리고 자료를 분석하고 해석했다. Weis와 Fine은 비판적 인종이론을 이용해 학생들로 하여금 스스로 분석을 통해 어떻게 지배적 관점을 영속시키며 어떻게 특정 집단이 이 과정에서 침묵하게 되는지 살펴보도록 촉구했다. 많은 학생들에게 연구 작업은 그들이 권위를 얻고 학교의 부당함과 사회적 불공정에 대해 소리 높여 이야기할 수 있는 자신감을 갖게 해 주었다.

페미니스트 이론은 각 패러다임의 연구를 이끌 수 있지만, 페미니스트 연구는 종종 비판이론 연구와 연합을 하기도 한다. 페미니스트 연구의 근원적 가정은 여성들이 압제와 착취를 경험하고 있으며 이 경험은 개인이 지니고 있는 다양한 자아정체성을 고려할 때 가지각색이란 것이다(Maguire, 1996). 비판적 문화기술지 연구자들처럼, 페미니스트 문화기술지 연구자들 역시 정의와 힘의 문제에 초점을 두고 억압을 야기하고 유지하는 힘을 밝혀내고 이해하려고 온 힘을 기울인다(Maguire, 1996). 그들은 연구의 주요 초점을 비대칭적인 힘의 관계의 변형에 두고 특히 여성문제에 이를 적용시킨다. 그러나 이것이 오로지 성의 문제에 초점을 둔다는 것은 아니다. 왜냐하면 "성에 대한 억압은 다른 억압과 별개로 경험되거나 구조화되는 것이 아니기 때문이다"(Maquire, 1996, p. 108). 여성의 정체성은 *교차적(intersectional)*인 것으로 이해되어야 하므로(McCall, 2005), 페미니스트 연구에서 인종, 계층, 문화, 민족, 성에 대한 기호, 다른 정체성의 분석 및 고려 역시 중요한 역할을 하게 된다.

페미니스트 관점에서는 연구 주제에서부터 시작해 여성과 관련된 연구가 여성에 관심을 두고 여성에게 중요한 연구 문제를 던져야 한다고 본다(Bloom, 1998). 둘째, "페미니스트 방법론의 가장 중요한 요소이며 가장 차별되는 특징은 연구 관계와 현장연구 과정에서 래포의 정의를 확대하는 데 있다"(Bloom, 1998, p. 150). 페미니스트 연구자는 개개의 연구 참여자와의 관계가 존재하며 이 관계를 존중하도록 작업해야 함을 인정한다. 셋째, 페미니스트 연구자들은 연구자 자신의 역할, 자신의 역사, 가치, 연구 관계에 있어서의 가정에 대해 비판적 자기반성을 옹호한다. 페미니스트 연구자들은 연구자와 참여자 간의 상호작용에 대한 관심을 연구 과정에서 권력과 권위의 역할로까지 확장한다. 넷째, 페미니스트 연구자는 스스로를 연구 과정에서 실천하는 운동가의 자세에서 그들의 지위를 활용해서, 특히 가장 혜택받지 못하는 사람들을 위한 사회적 정의 목적의 연구에 헌신하고자 한다(Bloom & Sawin, 2009).

페미니스트 연구는 어떻게 일반적으로 질적 탐구가 수행되는지에 대해 지속적인 변화를 가져오고 있다. 페미니스트 연구자들은 위계를 벗어나 협력적 연구 관계를 추구하기 때문에 다른 패러다임의 연구자들도 연구 참여자들과 함께하는 관점으로 변화되고 어떻게 연구 관계의 성질이 연구에 영향을 미치는가에 대한 새로운 질문을 던지기 시작하게 되었다. 페미니스트 연구는 연구 과정에서 연구자들의 행위, 상호작용, 권력, 권위에 대해 따져 묻기 시작하면서 연구에서의 반성에 대한 담론에 기여했으며 대부분의 질적 탐구의 형식으로 통합에 대한 기대감이 생기기도 했다(이 주제에 관해서는 5장에서 살펴볼 수 있다).

더욱더 복잡한 것은 패러다임 범주가 변화하지 않는 것이 아니라 다른 범주로 스며든다는 점이다. "많은 현 시대의 비판적 페미니스트 연구자들의 연구는 후기구조주의 사고의 방향으로 이동하고 있다"(Hatch, 2002, p. 17). 이 말이 무엇을 의미하는지는 다음에서 논의될 것이다.

포스트모더니즘/후기식민주의/후기구조주의

> 서양 백인 남자들인 우리가 더 이상 진리로 정의하지 않을 때 우리는 진실이 없다고 주장한다.
>
> (Bruner, 1993, p. 23)

> 연구가 수행될 때마다 내 문화의 일부가 지워진다.
>
> (Dunbar, 2008, p. 91에서 인용된 원주민의 말)

포스트모더니티(postmodernity)라는 용어는 모더니티로부터의 단절을 의미하며 부분적으로는 산업화로 대별되는 역사적 시기를 의미한다. 모더니티의 특징은 형식적 논리가 사고력, 사회의 관료체제화에 필수불가결하다는 믿음과 과학과 기술을 문제 해결의 수단으로 보는 믿음이다(Harker, 1993). 포스트모더니티는 세계화, 정보기술의 확대, 국가주의의 분열로 특징지어진다. **포스트모더니즘**하에서 어떻게 사회가 돌아가고 사람들이 발전하고 상호작용하는가에 대해 설명해 준다고 사람들이 의존했던 거대이론은 비판과 불신을 받게 되었다(Schwandt, 1997, p. 120). 이는

Sokolowski(2000)가 말했듯 "현대의 연구 핵심이 지식의 전달 측면에서 이성이 작용하는 것이 아니라 의지, 규칙에 대한 의지, 권력에 대한 의지의 작용임이 점점 더 분명해지고 있기"(p. 202) 때문이다. "포스트모더니즘은 모든 연구자들이 인간사회에 근거하고 있고 지역적이고 역사적으로 부분적인 특정한 식견만 주기 때문에 발견할 보편적인 진리는 없다고 주장한다."(Delamont, 2002, p. 157). 후기경험자들처럼 인과관계에 대한 의문, 해석주의자들처럼 의미에 대한 의문과 같이 포스트모더니즘과 관련된 개념에는 복수, 분열, 불확정성이 포함된다(Prasad, 2005).

포스트모던 사고의 영향을 받은 연구 패러다임을 *포스트모던*, *후기구조주의*, *후기식민주의*, *포스트-포디스트* 등으로 다양하게 부른다. 이들은 각각 다르면서도 유사한 관점 혹은 철학을 공유하기 때문에 때때로 상호 교환되어 쓰이기도 한다. 이 전통을 따르는 연구자들은 "현대적 서양 사고 전체 측면에서 안팎으로 급진적인 비판을 제공한다."(Prasad, 2005, p. 213).

후기식민주의 이론은 유럽과 미국 내뿐만 아니라 전 세계적으로 이전에 식민 국가였던 곳에서 부상했다. 후기식민주의는 식민주의의 유산과 어떻게 식민주의가 "인종과 지리에 기초해서 전체 사람들을 정복하는지에 관심을 둔다"(Prasad, 2005, p. 212). 후기식민주의는 식민주의가 사람들의 일상의 삶 속에서 지속되고, 저항받으며, 도전되는 다양한 방식(언어, 가치, 관습, 권력의 지위, 경계)에 집중한다. 후기식민주의는 서구식 사고(자유주의적 인본주의와 모더니스트 이상)가 전 세계 사람들의 삶을 지배하는 방식을 비판하며 소외된 사람들의 목소리를 가운데로 끌어내고 서구적 헤게모니를 대체하기 위해 노력한다. 중요한 후기식민주의 학자로는 Edward Said, Gayatri Spivak, Homi Bhabha, Arjun Appadurai가 있다.

후기구조주의에 관한 대부분의 사고는 특히 Jacques Derrida와 Michel Foucault의 업적 등 프랑스의 지적 사고에서 부상했다. 사회적 상호작용과 문화를 이해하기 위해 언어학적 부호 혹은 문법을 탐구했던 구조주의자들의 사회언어적 연구에 대한 반향으로 후기구조주의자들은 어떻게 텍스트가 "질서와 체계화"(Prasad, 2005, p. 238)에 저항하는지에 관심을 두었다. 텍스트 산물에 문어뿐만 아니라 구어와 인간 행동까지 포함하는 후기구조주의자들은 어떻게 텍스트가 체계적으로 인간과 사고를 내포하거나 배제하는지를 보여 주며 텍스트 해체화를 주장한다. 미국내 자유 민주주의와 진보에 대한 개념과 같이 한 사회의 중심을 차지하고 있는 모든 것은 통제와 권력의 담론 주제가 된다. 후기구조주의자들은 이런 사고방식을 다르게 보고 약

Albrecht Dürer (German,1471–1528), *Lot and His Daughters,* 1496/1499, Samuel H. Kress Collection, The National Gallery of Art.

체화시키고자 한다. 이런 중심 담론은 방심할 수 없이 대부분의 사회적 사고의 곳곳에 침투해 있기 때문에 연구자들은 자신의 사고와 행위 모두를 따져 물어야 한다: "후기구조주의는 우리의 일상적 활동 밖의 비난할 다른 곳을 찾게 하는 것이 아니라 우리 스스로가 사회적 불공정을 유지하게 하는 데 공모하고 연루되어 있는지를 살펴보도록 요구한다"(St. Pierre, 2000, p. 484).

이들 다양한 후기 전통의 중요한 목적은 **해체(deconstruction)**로 설명될 수 있다. Jane Flax(1990)는 "포스트모던 담론은 현대 서구 문화를 정당화하는 데 이용되고 당연시되어 온 진실, 지식, 권력, 자아, 언어에 관한 신념을 의심케 하고 그로부터 거리를 두도록 한다는 면에서 모두 해체적이다"(p. 41). Elizabeth St. Pierre(2000)는 다음과 같이 상세히 설명한다.

> 해체의 가장 의미 있는 효과는 언어가 단순히 이미 존재하고 있는 사물과 생각을 가리키는 것이 아니라 사물과 생각을 구성하고 이를 확장해 우리가 알고 있는 세상을 만들어 나감에 있다. 바꿔 말하자면 우리는 세상을 말로 표현한다. "있는 그대로"는 "자연스러운 것"이 아니다. 우리는 언어와 문화적 실제를 통해 그대로 구성해 왔으며 우리는 이를 해체할 수도 있고, 재구성할 수도 있다.(p. 483)

Albrecht Dürer의 작품은 어떻게 가정과 지배적인 틀이 연구를 실현하는지에 관한 시각적 은유를 제공한다. 1400년도의 서유럽에서 그림은 주로 종교적 이야기를 전달하거나 지배자와 기증자에게 경의를 표하기 위해 사용되었다. Dürer는 1471년에 태어나 1528년에 사망한 독일 화가이자 조각가, 판화 제작가, 수학자였다. 대부분의 그의 작품은 그 당시에 전형적이었던 종교적 인물과 장면에 관한 것이었다. 그러나 Dürer는 부르주아들이 귀족과 교회와 더불어 후원자가 되었을 때 변화를 시도했다. 새로운 후원자들은 새로운 예술 형식에 관심을 가지면서 Dürer가 판화와 수채 풍경화로 확장하도록 했다. 포스트모더니즘, 후기구조주의, 후기식민주의는 계몽주의 이후 발전되어 왔던 서양 철학과 과학의 모든 측면에 도전했으며 Dürer처럼 우리가 또 다른 변화의 시작점에서 살고 있음을 상기시킨다.

통합적 방법(Mixed Methods)

> 당신이 패러다임의 가정에 의해 만들어진 논리의 순환 내에 서 있을 때 다른 패러다임의 연구자가 취하는 입장은 단순히 이해되지 않을 것이다.
>
> (Thomas Kuhn, Hatch, 2002, p. 19에서 재인용)

연구에 대한 논의 중에 떠오르는 질문 한 가지는 연구자가 한 연구 내에서 양적 연구와 질적 연구를 함께 할 수 있는가 하는 접근의 결합에 관한 것이다. 이 질문에 답하기 위해 나는 *방법론(methodology)*과 *방법(methods)*이라는 용어를 분명히 설명해 보겠다. Schwandt의 유용한 질적 탐구 용어 사전에서 **방법론**은 "어떻게 연구가 진행되어야 하는가에 대한 이론"이다. **방법**이라는 용어는 일반적으로 "탐구자가 데이터를 수집하고 분석하기 위해 사용하는 절차, 도구, 기법"을 칭한다(Schwandt, 2007, p. 193). 만약 당신이 실험적 설계와 같은 양적 연구 방법에 비중을 둔 후기실증주의 방법론과 문화기술지와 같은 질적 연구 방법에 비중을 둔 구성주의 방법론을 조합하려고 시도한다면 당신은 두 가지의 연구를 하게 될 것이다. 각 방법론은 세계의 본질과 중요한 지식이 무엇인가에 대해 다른 가정을 하는 패러다임에서 도출된다. 이런 방법론은 세계의 본질에 대해 다른 질문을 던지고 필요한 자료의 유형을 찾기 위해 다른 절차를 요구한다.

그러나 만약 당신이 양적 · 질적 방법이나 기법을 조합하려고 한다면 가능한 일이다. 실험적 연구자들도 면담을 하고 때로는 문화기술지 연구자도 설문지를 사용한다. 그러나 한 방법은 지배적인 자료 수집 유형에 부수적으로 따르는 경향이 있다. 즉, 문화기술지를 한다면, 나는 수량화될 수 있는 설문지를 내 연구에 포함시킬 수도 있겠지만 대부분 내 연구 방법은 질적인 것이 될 것이다. 질적 방법과 양적 방법을 어떤 식으로든 함께 사용한다고 해도, 궁극적으로 우리는 우리가 세상을 바라보는 방식과 일치하는 특정 연구 패러다임을 선택할 것이다.

위의 논의가 하나의 방법론적 접근이 다른 방법론적 접근 위에 세워질 수 없다는 것을 암시하는 것은 아니다. Charles Darwin의 진화이론은 관찰, 기술적인 자료, 귀납에서 시작하여 “과학적” 실험 관찰 후에 나온 것이다. 다른 연구 패러다임에서 나온 이슈를 바라보는 연구자들, 다른 전문성을 지닌 연구자들 간의 협력을 배제하지도 않는다: “그러나 명백한 것은 단지 대안적 방법이 아니라 다른 이론적 방법을 찾는 것이 현상을 탐색하기 위해 어떤 목적, 어떤 방식, 어떤 척도를 사용하든지 생산적으로 통합될 수 있는 방식을 찾고자 하는 도전점이다”(Green, Camili, & Elmore, 2006, p. xvii).

방법론, 연구 문제, 방법: 상호작용

여기에서는 어떻게 연구 철학과 방법론이 연구 문제의 종류와 연구 방법을 형성하게 되는지에 대해 보다 분명하게 보여 주겠다. 비교를 위해 나는 해석주의에 기초한 두 가지 방법론과 비판이론, 비판적 문화기술지에 근거를 둔 방법론에 집중하겠다 — 문화기술지와 지역사회에 기초한 실행연구.

나는 1992년부터 1993년까지 코스타 리카에서 8개월 동안 지냈다. 이 기간의 대부분의 시간 동안 나는 작은 어촌 마을에서 지역 환경주의자 집단을 도왔다. 그들은 젊은 남녀를 자연 가이드로 훈련시켰고 그 지역의 환경과 문화에 대해 지역사회 사람들뿐만 아니라 국내외에서 온 관광객들을 교육시키는 일을 했다. 이 환경운동집단은 지역의 환경을 지키려는 노력의 일환으로 지역 사람들에 의해 만들어진 일반 대중집단(grassroots)이었다. 이 모임의 수장은 원주민 남자가 맡았고 그 지역의 모든 인종적, 문화적 집단에서 온 회원을 선발했다: 아프리칸 캐리비안계, 원주민, 스페인계, 유럽계.

상호 교섭을 거친 후, 나는 이 환경조직과 함께 연구를 진행할 수 있는가에 대해 이야기하기 위해 조직의 회장에게 소개되었다. 그는 내게 모임의 위원회를 위해 연구 계획서 초안을 잡아 제출하라고 제안했다. 나의 연구 계획서는 받아들여졌고 나는 마을 안에 있는 작은 집에 세를 얻었다. 이 집단, 한 연구 장소 안에서 내 연구는 다양한 형태를 취할 수 있었다.

나는 전통적 문화기술지를 수행할 수도 있었다. 한 달이나 그 이상 동안 집단과 함께 일하고 어울린 후에 나는 집단의 지도자들이나 활동주의자들을 여러 다른 문화적 또는 가치 체계의 '다리'로 보기 시작했다. 내 저널에 전통적인 문화기술지 연구 진술문들을 쓰기 시작했다: 내가 이해하고자 하는 것은 (1) 더 큰 이익을 위해 자신을 바치는 사람들의 동기와 그들이 인식한 보상; (2) 이처럼 다양하고 재능 있고 헌신적인 개인들의 모임을 생기게 하고 성장시킨 문화적, 역사적 맥락; (3) 지도자들과 활동주의자들의 철학적 경향에서 나온 비교문화적 경험의 역할이었다.

전통적 문화기술지 연구에서 나는 지도자/활동주의자의 선정을 위한 준거를 만들었을 것이고 그들의 행동과 상호작용을 관찰하기 위해 모임과 '어울리기'를 계속했을 것이다. 지도자들의 사회문화적 배경을 더 잘 이해하기 위해 그들의 가족이나 그들의 삶에 중요한 사람들과 면담을 할 수도 있다. 궁극적으로는 면담과 관찰 자료를 분석해서 패턴과 테마를 찾고 활동주의자/지도자들에 대한 학문적인 이해에 이바지하기 위한 묘사적인 기술을 쓰게 될 것이다. 나는 이런 연구 문제들이 흥미롭기는 했지만, 전통적 문화기술지를 선택하지는 않았다.

나는 비판적 문화기술지를 수행했을 수도 있다. 대부분의 그 지역 거주자들은 아프리칸-캐리비안 전통을 가진 사람들이거나 원주민이었다. 인종적, 민족적 탄압은 미국과 코스타 리카에서 다른 형태로 나타났지만 아프리칸 캐리비안들과 원주민들은 인종차별로 고통받고 있었다. 마을에 있는 동안 나는 지역주민들이 전통적으로 땅의 소유권을 가졌음에도 불구하고 법적인 권리증서가 없기 때문에 타지인들(코스타 리카인들과 외국인들)이 토지를 손에 넣기 시작한다는 이야기를 접하게 되었다.

나는 땅의 소유권에 대한 지역적 관습과 땅의 소유에 대한 코스타 리카의 법령에 대한 이해를 위한 연구를 할 수도 있었다. 그러고 나서 다음과 같은 비판적 문화기술지 연구 진술을 적었을지도 모른다. (1) 나는 현재 특권 체계(계층, 인종, 성)가 지역주민들의 연안 및 다우림 토지에 대한 권리를 상실하게 했는지에 대해 알고 싶다. (2) 땅에 대한 그들의 지배권을 되찾을 수 있는 전략을 개발하기 위해 지역 집단과 함께 일할 것이다. 연구 방법으로는 토지 소유권과 소유권이 묶여 있을 때 땅을 팔라고 하는 압력에 관한 경험, 권리를 방어하고 땅을 소유할 수 있게 하는 전략에 대해 토론할 수 있는 대화 모임 등이 있을 것이다. 내가 할 수 있는 역할은 모임의 촉진자나 자원을 제공하는 사람으로서 필요한 곳에 적법성에 대한 정보를 주는 일이 될 것이다. 중요한 나의 의도는 바로 계속되는 토지 상실에 맞설 수 있는 방안에 대한 인식을 높이고 전략을 개발하도록 돕는 것이다. 토지 소유권이 중요하다고 판단했지만, 나는 비판적 문화기술지를 선택하지는 않았다.

비판적 문화기술지는 실행연구의 일종이긴 하지만 언제나 실행연구가 되는 것은 아니다. 실행연구의 본질은 무엇인가를 변화시키고 행동을 취하고 문제를 해결하려는 의도에 있다. 환경집단과의 예비 토론을 거친 지역사회 기반의 실행연구는 선호되는 연구 방식이다(이 장의 후반부에 보다 자세히 소개된다). 만약 내가 그 집단의 사람들과 연결된다면 그들은 나의 연구자로서의 기술을 활용해서 그들의 조직을 돕기를 바라지 그들에 대한 연구를 해서 다른 곳에 쓰기를 원하지 않을 것이다. 그리고 나는 내가 함께 살고 있고, 배우고 있는 사람들에게 도움이 되고 싶었다. 나는 이러한 내 역할을 *자원봉사 연구자*로 기술한다.

우리는 위원회가 원했던 소규모의 연구 프로젝트에 관해 이야기를 나누기 위해 일련의 모임을 정했다. 나는 다른 한두 명의 회원과 함께 여러 개의 이런 프로젝트를 맡게 되었다. 예를 들면 모임의 교육적 임무의 일부로 그들은 나에게 방문객이 자주 질문하는 다우림의 토착적인 이용과 같은 구체적 정보를 포함한 그 지역의 환경적, 문화적 역사와 다양성을 조사해 줄 것을 부탁했다. 이런 프로젝트는 지역 집단의 인가를 받아 지역주민들에게 접근해서 그들의 경험에 대해 이야기를 나눌 수 있어서, 나로서는 지역에 대해 배울 수 있는 적절한 기회였다. 나는 지역주민과 동행해서 일상적인 작업과 그들이 보여 주는 다우림을 산책하며 특정한 식물상과 동물상의 관계에 대한 논의를 할 수 있었다. 결과 문서는 지역 미술가가 그림을 그리고 영어와 스페인어로 작성되어 방문객들이 이용할 수 있게 만들어졌다.

나의 연구는 하나의 큰 프로젝트로 완결되지 않았다; 여러 개의 작은 프로젝트에 대해 협의하는 지속적인 과정이었다. 예를 들면 그 집단이 내게 도움을 청했던 이슈는 조직 경영의 영역에 보다 가까웠다. 그들은 프로그램 관련된 프로젝트에 우선순위를 두는 부분과 회원들이 대부분 무급으로 일했기 때문에 발생하는 시간 조정 문제에 있어 조력을 요청했다. 나는 집단 전체, 소집단 토론, 개인별 면담을 이끌고 기록을 도와서 구성원들의 관심과 기여도, 가능한 스케줄을 반영한 연중 사업 계획의 초안 작업을 마쳤다. 이것은 실행가능한 것으로 받아들여지기까지 전체 모임에서 반복적으로 계속 검토되었다.

위의 예시에서 보여 주듯이 연구는 같은 맥락에서도 다양한 유형으로 진행될 수 있다. 이런 가능성은 연구를 시작하려는 사람에게 혼란을 줄 수 있다. 어떤 연구자들은 잘 수행된 연구는 패러다임, 방법론 혹은 방법이 무엇이 되었든지 간에 기여도가 있으며 가치 있다고 본다. 이에 반해 다른 연구자들은 전통적인 현장작업을 버리고 다음 부분에서 논의되는 것처럼 연구자 자신의 경험에 초점을 두는 것을 통해 사회와 문화를 탐구하기도 한다. 연구자의 책임은 연구 수행에 있어서 어떤 철학적, 정치적 관점에 설 것인가를 이해함에 있다. 연구자의 자리는 연구자가 무엇을 연구할지뿐만 아니라 연구를 어떻게 설계하고 어떤 연구 기법과 방법을 사용할지를 결정하는 데까지 도움을 준다. 이 책은 해석주의 패러다임 내에서 질적 연구에 초점을 두기 때문에 이 장의 나머지 부분에서는 해석주의 연구에 대해 좀 더 소개하겠다.

질적 탐구의 해석주의 전통

> 초보 연구자들은 해석적 연구에 대한 문헌을 접할 때면 혼란스럽다. 왜냐하면 문헌에서 개념적으로 난해하며 이질적일 수 있고 상충되는 용어가 사용되기 때문이다.
>
> (Higgs & McAllister, 2001, p. 34)

이 시점에서 여러분이 앞의 인용에 놀라지 않았을 것이라고 생각한다. 연구자들은 다양한 유형의 해석적 연구 유형을 구분하지만 이 접근들은 다양하고 차이점이 명료하지 않을 수 있다. 예를 들면 당신은 본인의 연구 접근을 사례연구, 대화 분석, 인지적 인류학, 담화 분석, 교육학적 감정, 문화기술지, 문화방법론, 민족과학, 근거

〈표 1.2〉 일반적인 초점과 학문분야에 따라 분류된 질적 연구 방법*

방법론	주요 초점	일반적으로 연관된 학문분야
문화기술지	행동과 문화의 유형을 기술하고 해석	문화인류학 교육 간호학
내러티브 연구 구술사 생애사	이야기 혹은 내러티브를 통해 삶과 문화를 이해—이야기의 내용과 말하기 둘 다 강조	문화인류학 문학평론 사회과학 사회학
인지적 인류학 민족과학	문화의 여러 측면이 어떻게 언어에 반영되며 생각에 조직화되는지 탐색	문화인류학 사회언어학
민속방법론	*매일의* 활동과 상호작용을 이해	문화인류학 교육학 사회학
의사소통의 문화기술지 미시문화기술지 구성적 문화기술지	언어적, 비언어적 면대면 사회적 상호작용의 유형과 이 유형이 더 큰 문화 사회조직적 맥락과 어떻게 연관되는지 조사	문화기술지 사회언어학 사회학
대화 분석 담화 분석 기호학	단어와 행동을 신호와 텍스트로 인식하고 분석함을 통해 사회적 상호작용에 수반되는 의미 형성 과정을 연구	의사소통 심리학 사회언어학
근거이론	체계적인 비교 현장작업에서 나온 이론의 개발	간호학 사회학
상징적 상호작용	사회적 장소에서 타자들이 어떻게 상징의 의미와 행동을 의미화하는지 이해	철학 사회학
현상학 발견적 탐구	현상의 주관적 의미와 다른 사람들이 한 경험의 정수를 탐색	간호학 철학 심리학

* 주의: 이 표는 대략적 분류로 간주해야 한다. 다양한 연구 접근의 측면은 때로 연구에서 통합되기도 하고 다양한 학문분야에서 사용된다.

이론, 발견적 탐구, 생애사, 내러티브 분석, 구두사, 현상학, 상징적 상호작용주의 혹은 다른 이름으로 부를 것이다. 표 1.2에서 보여 주듯이 각 접근은 철학적 가정을 가지고 있으며 특정한 초점(문화, 언어 등)을 강조하고 특정한 학문분야(사회학, 인류학, 심리학 등)와 연관성이 있거나 자료 수집과 분석에 있어서 특정한 방법(심층 면담, 교차 사례 분석 등)에 의존하는 경향이 있다. 그럼에도 불구하고 각 연구 접근법은 연구 참여자들의 관점에서 사회 현상을 주로 이해하고 서술한다는 측면에서 질적 연구의 다양한 유형을 전혀 다른 범주로 보기보다는 경향성으로 파악하는 것이 최선일 것 같다.

이제 문화기술지, 자문화기술지, 실행연구라는 세 가지 해석적 연구 방법 내에서 발견할 수 있는 복합성과 역사에 대해 다루려고 한다. 여기에서는 모든 해석적 방법론을 다루기보다는 패러다임 내에서 약간의 다양성과 연구 문제에 대한 답변을 찾기 위해 사용하는 특정한 연구 방법의 근원을 찾는 데 필요한 부분을 말하고자 한다. 이 세 가지 연구 방법론을 강조하는 이유는 이 책 전반에 걸쳐 가장 많은 참고문헌을 실었기 때문이다. 네 가지 연구 방법론(내러티브 연구, 근거이론, 현상학, 사례 연구)에 대한 간략한 설명은 부록 A에서 찾아볼 수 있다.

문화기술지

과학과 그들의 사회는 … 서로를 공동 구성한다.

(Harding, 1998, p. 2)

내게 가장 익숙한 해석적 전통은 교육학, 사회학, 간호학과 같은 학문분야뿐만 아니라 문화인류학에서도 광범위하게 쓰이는 *문화기술지*이다. 이 책 전반에 걸쳐 문화기술지를 언급하기 때문에 문화기술지에 대해 좀 더 자세하게 쓰고자 한다. 문화기술지에 대한 독자들의 이해를 돕고 문화기술지에 대한 비평을 고려해 보라는 의미에서 문화기술지가 어떻게 사용되는지에 대한 역사적 맥락 역시 제시한다.

그리스어로 "사람이나 문화적 집단"을 의미하는 *ethnos*와 "묘사하다"는 의미의 *graphein*에서 나왔다. 그러므로 *문화기술지(ethnographic)*는 말 그대로 "사람이나 문화 집단에 대한 묘사"를 의미한다. 집단을 묘사하고 연구하는 이론적 틀로 *문화*를 사용하는 문화기술지의 기원은 인류학, 사회학과 어느 정도는 연관성을 갖고 있다. 사회과학자들이 문화가 무엇인가에 대해 동의하는 것은 아니지만, 그들은 문화기술지를 하는 데 문화가 조직원리가 된다고 본다. 예를 들면, 어떤 이들은 한 집단 안에서 공유되는 의미에 중점을 두는 반면 다른 사람들은 어떤 상황에서 적절히 행동하기 위해 알아야 할 것에 초점을 둔다. 연구자는 현장에서 오랜 기간 전념을 하고 주로 참여관찰과 면담을 통해 자료를 수집하고, 어떻게 한 사회 집단 내에서 의미를 구성하고 공유하고 협의하는지 알기 위해 필요한 **두터운 기술**(thick description)

(Geertz가 1973년에 만든 용어)을 만들어 간다.

문화기술지의 역사적 배경. 많은 형태의 서구과학은 식민정책을 통해 팽창되었고 진보해 왔다. 예를 들면, 식민지에 대한 관심은 항해에 관한 지식과 지도제작법 개발을 필요로 하게 되었다. 식민지 건설로 탐험가, 관료, 정착민들이 새로운 질병에 노출되게 되었고, 열대 의학이 발달했다. 식민지 개척자들이 옥수수, 감자, 사탕수수 같은 새로운 식물을 접하게 되면서 농업 지식도 확장되었다. 이런 새로운 과학은 유럽인들의 본국에서의 생활수준 향상에 혜택을 주었다. 식민주의자들이 담배 재배와 같은 지역 지식을 착취한 반면 이들은 자신들이 정복한 사람들에게 자기들 방식의 지식을 강요했다. 식민주의자들이 지역 산업, 교역, 문화적 전통을 파괴하면서, 비서구화된 과학의 성장을 효과적으로 둔화시켰다(Harding, 1998).

식민화 기간에 걸쳐 탐험가, 선교사들, 식민지 행정가들은 만나는 사람들에 대한 기술이나 보고서를 썼으나 그들이 더 관심을 가졌던 것은 삶의 방식에 대한 기술보다는 어떻게 하면 새로운 영토와 사람들의 노동력을 가장 잘 착취할 수 있을까 하는 것이었다. 대부분은 "세상을 교화시키려는 임무를 굳게 믿는 대표자들에 의한 정복적인 문명화의 시각에서 쓰인 것이다"(Vidich & Lyman, 2000, p. 41).

빅토리아 시대의 후반부(1800년대 후반)에는 인류학이 하나의 학문으로 발달했다. 이 *이론뿐인 인류학(armchair anthropology)* 시기에는 학자들이 식민지 보고서, 선교사들, 탐험가-학자들로부터 얻은 정보로 사람들의 문화에 대한 기술을 편집했다. 초기 인류학자들은 1859년에 나온 다윈의 「종의 기원」에 영향을 받아 사회적 진화이론을 신봉하는 경향이 있었다. 이 이론은 사회적 발달을 '원시'에서부터 '문명화'에 이르는 연속체로 가정한다. 문화인류학자들은 사회적 발전 연속체를 따라 사람들과 그들의 사회를 다른 단계에 놓는 지표를 결정하기 위해 문화적 정보를 수집하고 비교한다. 놀랄 것 없이, 유럽은 "문명"의 기준이 되고 이 인류학적인 "과학"은 종종 이후의 유럽중심주의라는 인종주의에 사용되었다(Vidich & Lyman, 2000).

고전적인 인류학 시기는 1920년대에 Bronislaw Malinowski가 1914년부터 1918년까지 뉴 기니와 트로비안드 제도에서 장기간의 현장작업(그는 이를 문화기술지라고 불렀다)을 수행한 이후 시작되었다. 곧 현장작업은 문화인류학적 연구와 연결되었다. 이 기간 초반의 주요 학자에는 미국의 A. L. Kroeber, Margaret Mead, Ruth Benedict, 영국의 Malinowski와 Alfred Radcliffe-Brown이 포함된다. 20세기 초반에는 세계의 대부분이 식민지화되어 있었기 때문에, 인류학자들의 저작들은 유럽이나 미국에서 온 젊은이들이 세상에서 멀리 떨어진 곳에서 "원주민들" 혹은 "부족들"을 연구하기 위해 출발하면서 식민화 사업과 깊이 연관되어 있었다. 하지만 그들의 식민정책의 역할에 대한 태도는 광범위하게 다양했다. 일부 고전적 인류학자들은 문화적, 정치적 자기 결정을 지지한 반면, 다른 이들은 식민지화된 곳에 살고 있지만 현대화되어 가는 세상에서 생존하기를 원하는 사람들에게는 동화가 피할 수 없는 미래의 방향이라고 보았다. 인류학의 역사가 식민정책과 연관되어 있고 수많은 공포이야기가 회자되지만, 일부 인류학자들이 인종차별주의 이론을 반박하고, 비서구화 가치를 지지하고, 서구의 국가 발달 모델에 반대하는 공헌을 했음을 인정해야 한다 (Benthall, 1995).

2차 세계대전이 끝날 즈음과 세계 대부분에서 식민 통치가 끝나갈 무렵, 인류학자들은 사회적 진화이론을 버렸다. 그러나 학문분야는 식민정책과의 연결성을 두고 집단적 죄의식이라는 고통을 경험하게 되었다. 이 죄책감과 식민화되지 않은 국가에 접근하는 것의 어려움이 주된 이유가 되어서 많은 인류학자들은 시카고 대학의 사회학자 집단이 이미 수행했던 식의 자기 사회 내의 "색다르고" "주류 사회에서 내몰린" 자기 주변의 사람들을 찾기 시작했다.

*시카고 학파(Chicago School)*라고 불렸던 시카고 대학의 사회학자들은 그들이 단순히 **현장작업(fieldwork)**이라고 불렀던 일에 착수했다(Tesch, 1990). 시카고 학파는 영국으로부터 사회적 인류학의 영향을 받아 참여관찰 기법을 자기 지역사회 내 집단들을 연구하는 데 적용하기 시작했다. Robert Park나 Ernest Burgess는 1920년과 1960년 사이에 많은 젊은 사회학자들을 매료시켰던 시카고 학파 운동을 이끈 영향력 있는 두 학자였다. 시카고를 실험실로 본 젊은 사회과학자들은 개인, 집단, 조직에 초점을 둔 도시 현장작업을 수행하고 지금은 고전이라고 여겨지는 「The Hobo」(Anderson, 1923), 「The Taxi-Dance Hall」(Cressey, 1932/2008), 「The Jack Roller」(Shaw, 1930/1966), 그리고 「The Gold Coast and the Slum」(Zorbaugh, 1929/1983)과 같은 문화기술적 텍스트를 썼다.

현재의 문화기술지. 문화인류학자들의 사회적 맥락과 시간이 바뀌었으며 그들이 누구인가에도 변화가 생겼다(Tedlock, 2000). 문화기술지 연구자들은 남자보다는 여자가 많았고, 부유층보다는 다른 사회경제적, 인종적, 동성연애적, 제3세계 출신인 경향이 있었다. 연구자들의 다양성과 더불어 문화기술지를 하는 이유도 다양해졌다. 특히 식민주의와 역사적인 연관을 언급하는 측면에서 문화인류학 내에서의 담화와 도전은 해석적, 비판적, 후기구조주의적 패러다임 안에서 비판, 새로운 생각과 새로운 실제를 가져오는 데 이바지해 왔다. 예를 들면 식민지화의 과거 주제는 문화에 대해서 무엇을 썼는가만이 아니라 문화기술 연구자들이 "외부자"의 가정을 드러내고 해석과 표현의 문제를 강조하는가까지도 이슈화해 오고 있다. 문화인류학자들과 문화기술지 연구자들은 표현이 일종의 픽션이며 저자의 이론적 렌즈와 경험, 학문적 수사법, 현장에서의 관계 등에 따라 영향을 받을 수 있다는 이야기를 공론화하여 앞장서 하고 있다.

어쩌면 문화기술지가 전통이 깊은 질적 연구 접근법의 하나라는 이유로, 문화기술지 수행 여부에 상관없이, 참여관찰 방법과 심층면담을 문화기술적 현장 방법이라 일컫기도 한다. 나는 굵은 붓으로 긋듯이 포괄적으로 사용되는 용어를 쓰는 경향이 있다. 이 책 전반에 걸쳐 사람들의 실제에 대한 구성을 해석하고 그들의 입장과 행동 패턴을 찾아내는 행위를 칭할 때 *문화기술적*이란 용어를 *질적*이란 용어와 혼용해서 사용할 것이다.

자문화기술지

자문화기술지는 일종의 내러티브 연구로 간주될 수 있다. 연구 방법론으로서 자문화기술지에 대한 관심이 높아지고 있기 때문에 여기에서 강조하고자 한다. **자문화기술지(autoethnography)**라는 용어는 다양하게 사용되어 오고 있다: 문화 혹은 인종집단의 일원이 만들어 낸 한 문화 혹은 인종집단의 내러티브를 기술하기; "타인"의 문화기술지를 기술하지만 작가가 텍스트에 개인적인 경험을 끼워 넣기; 자서전에 더 가까운 것, 연구자의 고유한 혹은 다른 문화의 사회적 맥락 내에서 자기를 연구하기(Reed-Danahay, 1997). 여기서 *자문화기술지*는 자신을 사회문화적 맥락의 일부로 탐구하는 글쓰기 종류로 칭해 사용된다.

자문화기술지는 자기 자신, 개인적 전기에서 시작하게 된다. 연구자는 자신의 내러티브를 이용해서 심리적 관점보다는 사회학적 관점에서 더 큰 문화적 장소와 학문적 담화에 대해 계속 이야기한다. Carolyn Ellis와 Arthur Bochner(1996, 2000)는 자문화기술지의 선두주자로 개별적으로 텍스트를 만들기도 하고 함께 만들기도 하면서 사회문화적 환경을 탐색하기 위해 자신들의 삶을 깊이 탐색할 것을 권장했다. 자문화기술지를 다른 해석적 방법론과 구분하는 하나의 방법은 자문화기술지는 경험을 극적으로 묘사하기 위해 문학적 기법을 사용하는 경향이 있다는 것이다. Ellis(2004)는 심지어 자문화기술지 방법에 대한 책을 "방법론적 소설"의 형식으로 쓰기도 했다.

자문화기술지는 특히 개인적 트라우마, 영성, 통찰 혹은 중요한 삶의 기록에 초점을 둔 연구 문제를 다루는 데 효과적이다(Leavy, 2009). 연구자들은 슬픔, 질병, 억압, 개인적 오명 등을 탐색하기 위해 자문화기술지 기반 기법을 사용해 왔다. 이런 연구는 자신의 과거 사건에 대해 글쓰기를 하고, 그 후에 이런 사건, 감정, 더 넓은 사회문화적 맥락에 대한 저항 또는 효과에 대한 반성을 하게 된다. 타인을 면담하고 기억을 돕기 위한 문서 수집도 이루어질 수 있으나 초점은 자신의 경험이다(Ellis, Adams, & Bochner, 2011). Ellis(2009)는 자문화기술지가 이바지할 수 있는 종류에 대한 희망을 다음과 같이 말한다.

> 나는 내 이야기가 사회적 조건에 영향을 주고 이를 개선시킬 수 있는 가능성을 지니길 바란다. 나는 사회적 정의 또는 이익집단 간의 연결, 이데올로기, 정당 정치에 명시적인 초점을 둘 뿐만 아니라 한 번에 하나씩 삶을 조사하고 한 사람씩 목소리를 드러내도록 격려했고 이런 가능성이 실현될 수 있게 했다.(p. 15)

자문화기술지에 대한 예시와 논의는 9장에서 더 찾아볼 수 있다.

실행연구

앞서 말했듯이 방법론은 특정한 연구 패러다임과 연관되어 있다. 그러나 이들은 서로 투과할 수 있는 범주들임을 기억하라. 패러다임의 사고와 범주는 역사적 시기에 대한 반응과 세계와 지식에 대한 사고방식에 대한 도전에 따라 변화되어 왔다. 마찬가지로 방법론은 변치 않는 존재가 아니며 방법론과 연관된 사고와 절차가 학문분야와 장소, 시간에 따라 변화한다. 따라서 같은 명칭이라고 할지라도 시간 혹은 연구자에 따라서 연구를 수행하는 다른 여러 가지 방식을 일컬을 수 있다. 실행연구는 그 좋은 예이다.

실행연구(action research)는 1900년대 중반 Kurt Lewin의 연구에서 성장했다. 사회체제를 변화시키려고 이론의 개발과 실행을 결합한 시도는 당시에는 급진적이긴 했지만 그의 실행연구 모델은 연구자와 연구 대상자를 분명히 분리하고 발견, 개입, 평가의 순환되는 논리적 경험주의 패러다임에 뿌리를 둔다(Bray, Lee, Smith, & Yorks, 2000; Bryant, 1996). 실행연구는 특히 사업을 보다 효과적으로 하려는 산업 연구에서 이용되었다.

실행연구는 특히 교육분야에서 교육 실제를 향상시키는 방법으로 그 인기가 다시 부상했다. 그러나 해석주의에 기초해서 연구의 순환이 관찰하고, 성찰하고, 실행하는 것으로 전개되었다(Kemmis & McTaggart, 1988; Stringer, 2013). 우선 정보를 질적 방법으로, 때로는 양적 방법으로 수집한다. 성찰기에는 자료를 해석하고 다양한 견해를 관여한 사람들(the stakeholders)과 나누고 의사소통을 한다. 이후에 오는 실행기에는 어떤 행동을 해야 할 것인가에 대한 토론, 그 이후에 계획, 실행, 평가가 이루어진다.

이런 형태의 실행연구에서 연구자는 다른 사람들과 변화의 주선인으로 함께 일하게 된다. 여러 다양한 실행연구의 범주가 포괄적인 형태로 존재한다. Stringer(2013)는 집단, 지역사회, 조직이 문제를 정의하고 상황을 파악하도록 돕고 문제점들을 해결하기 위한 행동을 취하게 조력하는 연구를 지역사회에 근거한 실행연구(community-based action research)라고 칭하고 이에 대해 상술한 바 있다. 연구과정에서 연구자는 연구의 순환이 계속될 수 있도록 촉진자의 역할을 하면서 모든 주요 이해관계자들을 참여시킨다. 여기에서는 두 가지 형태의 실행연구를 소개한다: 참여적 실행연구와 협력적 연구.

참여적 실행연구(Participatory Action Research: PAR)는 지역사회에 기반을 둔 실행연구를 다르게 부르는 말처럼 들리며 실제로 일부는 그렇게 사용되기도 한다. 그러나 참여적 실행연구는 브라질의 행동주의자이며 교육자인 Paolo Freire(1970/2000)의 이론, 연구와 연관된다. 1970년대 초반부터 발전해 온 참여적 실행연구는 실행연구가 소외된 사람들과 권리를 빼앗긴 사람들의 적극적인 참여를 통해 사회적 변형을 꾀한다는 측면에서 비판이론과 연결된다. 예수회의 해방신학에 영향을 받아 Freire의 연구에는 의식화 운동 또는 의식 고양의 목적이 포함된다. 집단의 사고와 실재의 변형을 돕는 방식으로 집단 내에서 자료를 생성하고 분석하고 성찰하게 된다(Kindon, 2005). 참여적 실행연구의 기원 측면에서 참여적 실행연구는 시각 자료에 의존하는데 연구가 문맹집단에서 이루어지는 경향이 있기 때문이다. “토론을 유도하는 도구”(Gubrium & Harper, 2013, p. 32)로 사진과 그림을 사용한다. 참여적 실행연구는 1970년대부터 1980년대 중반에 걸쳐, 미국에서도 어느 정도는 유행을 했다. 최근에는 특히 시각적 연구의 일부로 다시 인기를 얻고 있다. 3장에서는 참여적 실행연구와 시각적 연구에 대해 더 알아볼 수 있다.

협력적 연구는 실행연구에서 나왔으나 참여자들이 "개인적 변화, 조직적 변화, 보다 대규모의 사회적 변화와 같은 변화를 위한 촉매"(Bray et al., 2000, p. 3)가 되는 *이해*와 *지식*을 개발한다는 면에서 다르다. 모든 참여자들은 연구 문제를 만들고 연구를 설계하고 자료를 수집하고 자료의 의미를 찾아내고 그 의미를 공유하는 연구 과정에서 완전한 파트너가 된다(Hatch, 2002). "동시에 각 참여자는 경험의 합쳐진 분석과 의미형성을 위한 통찰을 제공하기 위해 개인적 경험을 연구 집단의 내부와 내부에서 끌어내는 공동 연구대상자가 된다"(Bray et al., 2000, p. 7). 각각의 참여자가 공동 연구자이자 공동 연구대상자가 되기에 두 가지 조건은 연구의 초점을 형성하는 데 도움을 준다: 각 사람은 연구 주제에 대한 개인적 경험을 갖고 있고 "연구 문제에 응답하는 능력 측면에서 다른 사람과 비교했을 때 유사하다"(Bray et al., 2000, p. 12). 따라서 협력적 연구에서 연구 문제는 연구 참여자의 개인적인 발전이나 실행의 측면을 다루는 경향이 있다. 참여적 실행연구와 실행연구는 그 성격상 협력적이지만, 협력적 연구가 참여적 실행연구에서처럼 항상 힘의 문제 혹은 대화과정에 초점을 두는 것은 아니다. 참여적 실행연구와 실행연구에는 둘 다 한 명 혹은 두 명과의 위계 또는 최소한 촉진자로 행동하는 계급이 수반된다. 협력적 연구에서는 누구도 권위를 더 가진 사람이 없다.

일반적으로 실행연구에서는 연구자/촉진자가 지역사회 혹은 조직의 외부자라면 연구 초점을 정의하고 공식적인 조직이 존재하지 않는 곳에서 실행집단을 형성하고 연구 프로젝트를 언제 어떻게 종료하고 떠날지 등 연구 수행 측면에서 어려움을 겪게 된다. 실행연구와 연관되는 문제와 장점은 연구자로서의 실행자 개념(예를 들면 교사, 간호사, 사회복지사 등)을 제언하게 되는데, 이들은 지역사회 내에서 "뒤뜰"연구를 수행할 가능성이 있다. 연구 이론과 기법을 행위 지향적 방식으로 연결하는 내부자들은 협력적이며 반성적인 자료 수집으로 자신 또는 지역사회의 실제를 분석함으로써 그들이 머무르는 사회정치적 맥락에 기여할 수 있다.

질적 탐구의 가능성

실제로는 연구 패러다임이나 방법론은 깔끔하게 나누어지지 않는다. 연구 패러다임이나 방법론을 담화 속의 철학 그리고 일반적인 지적, 문화적 사고로 여기기 바란다. 각 패러다임은 다른 패러다임의 이론과 접근법에 지속적으로 영향을 주어 왔고 앞으로도 그러할 것이다. 각 패러다임은 장점, 도전점, 가능성을 지닌다. 이 책의 나머지 부분이 질적인 해석적 전통에 내재되어 있기에 나는 이 장의 마지막을 각 연구가 제공할 수 있는 잠재적 기여도의 일부를 (특정한 순서 없이) 나열함으로써 마무리짓도록 하겠다.

- 탐구를 통해 연구자는 사회적 상황의 어떤 측면에 관한 연구자 자신뿐만 아니라 타인의 관점을 찾아내고 해석하고 공유하게 되어 목소리의 다양성, 지식의 복수성에 기여한다.
- 연구자가 무시되었거나 침묵을 강요받았던 사람들의 삶과 이야기를 목격는 연구를 할 때 타인의 세계를 이해할 수 있을 때까지 경청하고 그 세계를 표현하는 것은 급진적인 행위가 될 수 있다.
- 연구자의 해석은 표현을 통해 중요성, 의미, 비판을 지적할 수 있으며 사람들이 다른 방식으로 인식하고, 존중하고 행동하도록 고무할 수 있다.
- 연구자의 맥락이 아닌 곳을 해석하면서 연구자는 자신에 대해 더 잘 알게 된다. 연구자의 가정, 편견, 주관성에 대해 보다 쉽게 볼 수 있게 된다.
- 해석적 탐구는 연구자의 감각을 주변의 삶의 풍부함, 사람들의 행동, 말의 복잡성과 특이성에 조율시킨다. 이런 존재방식은 연구자가 누구인가의 일부가 되고 연구자의 자아를 뛰어넘는다.
- 이상적으로는 Maria Lugones의 "경쟁과 젠체함을 던져 버리는" "명랑한" 개념(Madison, 2012, p. 121)을 취할 수 있는 상황에서 연구를 수행한다. 기대하지 않고 연구자는 연구자 주변에서부터 배움으로써 연구자 자신을 기꺼이 내주게 된다. 이런 과정에서연구자는 의미 있는 관계를 발전시킬 수 있는 것이다.

무엇이 올 것인가

석사논문을 위해 한 학기 동안 자료 수집을 마친 환경과학전공의 수잔(Susan)은 "나는 너무나 많은 새로운 질문들이 떠올라서 전체 프로젝트를 던져 버리려고 했어요.

이 과정이 나를 압도했어요. 마치 나는 되돌아가서 처음부터 모두 다시 해야 할 것 같았어요."라고 말했다. 수잔이 옳았다. 무엇을 찾아야 할지, 어떤 질문을 해야 할지, 연구 종반에 어떤 방법을 사용해야 할지 가장 잘 아는 유일한 사람은 바로 당신이다. 종국으로 가는 과정은 결국 전체적으로 더 분명해지긴 하지만 더 상세히 빽빽해지는 영역을 거치게 된다. 자기만의 탐구, 현장 저널, 이 텍스트 읽기의 도움을 받아 연구의 현상을 보다 분명하게 이해하고 질적 탐구의 선물인 복잡성에 대한 감을 잡을 수 있을 것이다.

질적 연구의 개방적이고 발현적인 성격은 규격화의 부족을 의미한다; 연구 단계를 깔끔하게 포장할 분명한 준거가 없다. 개방성은 때로는 근심에 압도되게 하는 모호성뿐만 아니라 이해를 위한 장을 제시한다; "누구를 만나야 하지?" "어떤 다른 것을 질문해야 하나?" "모든 조각들을 어떻게 의미 있는 것으로 조합할 수 있을까?" 개방성은 연구자가 사회적 상호작용의 얽키고설킴에 접근하게 하고, 복잡성에 경의를 표하며 그것을 제대로 존중하게 한다. 복잡성을 바르게 평가하기 위해 연구자는 사회적 현상을 단순화하는 것을 피하고 대신 행동의 범위를 탐색해야 한다. Eisner(1981)는 "장미를 라틴어 이름으로 알지만 그 향기를 잃는 것은 장미의 대부분 의미를 잃는 것이다"(p. 9)라고 말했다.

이 장에서는 질적 연구의 철학적, 이론적 맥락을 소개했다. 이후에 나올 장에서는 질적 연구에서 사용되는 방법, 과정에 초점을 둔다. 윤리에 대한 토론뿐만 아니라 연구 설계, 자료 수집, 자료 분석, 글쓰기 등 절차에 대해 알게 될 것이다. 또한 그림 그리기나 수영을 배우는 것과 같이 연습을 통해서만이 좋아질 수 있는 기술에 대해서도 배우게 될 것이다. Wolcott(2009)는 "질적 접근은 보기에 자연스럽고, 간단하고 심지어 '명확해서' 성취하기 쉽다는 생각에 유혹적이다. 질적 연구를 개념화하고 연구를 수행하고 분석하고 글쓰기에 있어서의 복잡성이 아니라면 아마 질적 연구는 성취하기 쉬울 것이다"(p. 3). 우리가 이제 눈을 돌리려고 하는 것이 연구 개념화의 복잡성이다.

추천하는 읽을거리

패러다임과 방법론에 대한 역사적, 이론적, 철학적 소개

Crotty, M. (1998). *The foundations of social research.* Thousand Oaks, CA: Sage.

Prasad, P. (2005). *Crafting qualitative research: Working in the postpositivist traditions.* Armonk, NY: M. E. Sharpe.

Willis, J. (2007). *Foundations of qualitative research.* Thousand Oaks, CA: Sage.

해석적 그리고 응용/실행연구(Interpretivist and Applied/Action Research)

Creswell, J. (2012). *Qualitative inquiry and research design: Choosing among five approaches* (3rd ed.).Thousand Oaks, CA: Sage.

Hatch, J. A. (2002). *Doing qualitative research in education settings.* Albany: State University of New York Press.

Patton, M. Q. (2002). *Qualitative research and evaluation methods* (3rd ed.). Thousand Oaks, CA: Sage.

Pelto, P. J. (2013). *Applied ethnography: Guidelines for field research.* Walnut Creek, CA: Left Coast Press.

Stringer, E. (2013). *Action research* (4th ed.). Thousand Oaks, CA: Sage.

비판적 연구, 페미니스트 질적 연구(Critical and Feminist Qualitative Inquiry)

Hesse-Biber, S. N. (Ed.). (2007). *Handbook of feminist research: Theory and praxis.* Thousand Oaks, CA: Sage.

Madison, D. S. (2012). *Critical ethnography: Method, ethics, and performance* (2nd ed.). Thousand Oaks, CA: Sage.

Thomas, J. (1993). *Doing critical ethnography.* Newbury Park, CA: Sage.

후기구조주의, 탈식민주의 연구(Poststructuralist, Postcolonial Inquiry)

Foucault, M. (1979). *Discipline and punish: The birth of the prison* (A. Sheridan, Trans.). New York, NY: Vintage Books. (Original work published 1975)

Lyotard, J. G. (1984). *The postmodern condition: A report on knowledge* (G. Bennington & B. Massumi, Trans.). Minneapolis: University of Minnesota Press. (Original work published 1979)

Said, E. (1978). *Orientalism.* New York, NY: Vintage Books.

연습문제

1. 비판적, 페미니스트, 후기구조주의, 탈식민지 접근에 대한 이해를 넓혀라. 개인별 혹은 소집단으로 이런 접근 중 하나와 연결된 이론과 철학에 대해 읽고 이를 수업에서 나누어라.

2. 해석적, 질적 탐구의 다양성에 대한 이해를 넓혀라. 개인별 혹은 소집단으로 문화기술지가 아닌 질적 연구 전통(현상학, 내러티브 분석, 상징적 상호작용주의 등)을 선정해서 그 접근에 대해 읽어 보라. 문화기술지와 비교, 대조해 보라. 당

신이 이해한 바를 수업에서 나누어라.

주석

1. Michael Quinn Patton은 평가와 사회학과 관련된 그의 업적으로 다수의 상을 받았다. 그는 「Qualitative Research and Evaluation Methods」(2002)와 같이 질적 연구에 대한 가이드를 제공하는 뛰어난 평가와 연구에 관한 책들을 저술했다.

제2장

연구 설계와 연구 전에 해야 할 일: 연구자에게 도움이 되는 일 하기

나의 예비 프로젝트에 변화가 일기 시작했다. 나는 연구의 초점, 연구 문제, 표본 추출전략을 바꿨다. 연구 문제를 작성하고, 말을 만들고, 순서를 정했던 방식과 내 주제에 대해 내가 생각했던 것과 나를 동기화했던 것을 바꿨다. 내 연구를 보기 위해 사용했던 이론적 렌즈를 바꾸자 결국 모든 것을 다시 바꿔야만 했다.

(Tabitha, 버몬트 대학생)

1999년 후반에 나는 안식년 연구를 위해 멕시코 남부에 갈 계획을 하고 있었다. 학생들을 오악사카에 데리고 가 있었던 몇 년 후에 나는 내가 연구하고 싶은 *장소*, 모호하지만 *무엇*(지역사회의 풀뿌리 조직과 비형시적 교육), 일반적으로 *어떻게*(협력적인 시도)에 대해 대략 알고 있었다. 안식년 연구 계획서를 작성하면서, 연구 설계의 문제에 대해 생각해 보고 연구의 초점을 찾을 수 있었다. 연구의 맥락을 소개하면서 나는 이렇게 썼다.

「일반대중 포스트 모더니즘(Grassroots Post-Modernism)」에서 Esteva와 Prakash(1998)는 지역적 사고와 행동을 촉구했다. 이들은 일반 대중 노력의 힘이 지역사회 안에 존재하는지 보여 주었다. 이 책은 궁극적으로 어떻게 "2/3세계"("제3세계"라는 용어 대신에 제시한 용어)의 지역사회들이 "개발"에 대한 서구적 의견에 저항하고 자신들의 고유한 문제에 문화적으로 적합한 해결책을 만들려고 애썼는지에 대한 것이다. Esteva와 Prakash는 멕시코와 인도에서의 예시를 들면서 독자로 하여금 "좋은 삶"에 대한 가정을 검토하고 "개발된다"는 것이 무엇을 의미하는지 재고해 보도록 한다.

이 서론은 연구 계획에 대해 토론을 계속해 왔던 Esteva와 나의 관심에 기초한 연구 문제를 만들기 위해 고투하는 동안 내가 계획한 연구의 개념적 틀을 선정하고 "문화적으로 적합한 해결책"의 개념의 초점을 잡는 데 도움을 주었다. 나는 세 개의 질문을 만들었다.

1. 다양한 일반 대중 프로젝트(이구아나 농장이나 원주민 언어로 된 학교 교재의 개발)들이 어떤 방식으로 지역의 지식과 관습을 반영하는가?
2. 의사결정 과정과 프로젝트의 실행 절차는 어떻게 지역의 지식과 관습을 반영하는가?
3. 일반 대중적 노력이 지배적 이데올로기(서구, 자본주의, 개인주의 등)에 반대하며 일으키는 철학적(경제적 · 사회정치적) 도전은 무엇인가?

나는 연구 계획서에 Esteva를 소개하고 어떻게 우리의 대화가 연구를 위한 무대를 제공했는지를 설명했다.

Esteva는 내가 그와 함께 작업하는 지역사회에 도움이 되는 연구를 하면서 연구에 "자원봉사" 한다는 면에서 나의 공동작업자가 될 것이다. 그의 지도나, 내가 일반 대중적 노력을 기록하면서 시간을 보내게 될 다양한 지역에 대한 그의 소개가 없다면 이 연구는 불가능하다.

정확히 어떤 지역사회들을 얼마나 많이 선정할지는 결정하지 않았었다. 대신에 나는 최소한의 개수를 보여 주었다.

연구 장소는 지역의 이슈들에 대해 혁신적으로 역점을 두어 다루는 풀뿌리 조직이 있는 오악사카 주 내의 다양한 원주민 지역사회가 될 것이다. 멕시코 남부에 있는 지역사회에 거주하면서 공동작업을 하고 있는 Esteva와 그의 동료들이 연구 장소를 파악할 것이다. 연구할 장소의 수는 접근성과 각 장소에서 소요될 시간에 따라 결정될 것이다. 나는 최소한 여섯 군데의 다른 지역사회를 포함할 것을 예상하고 있다.

연구 계획서는 자료 수집 방법, 자료 분석 기법, 있을 수 있는 결과물과 기여도를 설명하면서 계속 이어진다. 연구 계획서를 여러 번 검토하면서, 시간이 지나면서 계획이 변경될 수 있는 여러 갈래의 길이 보였다. 나는 Esteva와 버몬트 대학생들을 위한 그의 프로그램을 통해 만난 청소년 모임과 함께 일하기 시작했다. 그 모임은 다른 청소년 모임들을 도와서, 젊은이들이 일을 찾기 위해 타지로 이주하지 않고 고향에 남을 수 있도록 현금을 모을 수 있는 프로젝트를 모색하는 일을 돕고 있었다. 우리는 함께 실행연구에 참여해서 여러 모임에서 일어나는 일들을 살펴보고 서로를 지원해 줄 수 있는 방법을 제시하도록 했다. 이 일을 통해 나는 10개의 다른 지역사회에 있는 청소년과 상호작용을 했고 각각의 연구 문제를 역점을 두어 다룰 수 있었다. 이 모든 일이 연구 계획서 없이 가능했을까? 어쩌면 가능했을 수도 있을 것이다. 그러나 연구 계획서가 있었어도, 나는 오악사카에서의 첫 몇 달 동안에 견고한 연구 지대를 찾으려고 이리 저리 흔들린 기분이 든다. 연구 계획서와 방향감이 없었다면 나는 더욱 버둥거려 깊은 수렁에 빠지고 말았을 것이다.

서론과 맥락

연구자들은 현장작업을 시작하기 전에 수많은 결정을 한다. 이런 결정들은 일반적으로 논문준비, 논문심사위원회, 연구비 제공기관을 위한 연구 계획서에 포함된다. 이 장의 목적은 연구자들이 연구 설계를 하고 연구 계획서를 작성하며 현장으로 떠날 준비를 할 때 필요한 일반적인 결정에 대해 준비하도록 하는 데 있다. 연구자가 하는 구체적인 선택은 연구자의 방법론적 선택을 포함해 다양한 요소에 따라 달라진다. 그림 2.1은 연구 전에 할 일에 대한 개요를 보여 준다.

물론 질적 연구에 대해 잘 모른다면 연구 계획서를 쓰기 전에 연구 방법에 대해 더 알아야 하며 이 책의 목적이 바로 그것이다. 당신은 이 장에서 알게 된 정보를 예비연구를 설계하는 시작점으로 삼고 연구 주제와 연구 과정에 대해 좀 더 알게 되고 연구 계획서를 작성할 준비가 되었을 때 다시 이 장으로 돌아온다. 예비연구는 연구

제목	연구의 핵심에 도달하는 실용적인 제목으로 변형시켜라.
서론	■ 연구 목적 ■ 연구 진술문(당신이 의도한 탐구를 설명하는 한 문장의 진술문을 만들어라. 명료하고 집약된, 실행할 수 있는 것으로 만들어라. 연구 계획서에서 당신의 계획을 이야기할 때 이 문장을 재사용하라.) ■ 연구의 종류(문화기술지, 비판적 문화기술지, 실행연구 등)와 간략한 적합한 이유
개념적 틀	■ 연구와 개인적 경험과 지식의 관련성 ■ 연구와 선행이론과 연구의 관련성 ■ 예비연구가 연구자가 가진 현재의 사고와 제안된 접근법에 제공한 공헌도
연구 문제	■ 당신의 연구가 이해/탐구하고자 하는 주요 질문을 기술 ■ 연구 문제와 선행연구, 이론, 당신의 경험, 연구 목적 간의 관계
연구 방법 (질적 연구에 대한 텍스트와 논문을 이용하여 당신이 계획하고 있는 절차에 친숙함을 보여 줄 수 있도록 각 선택을 기술하고 정당화하라.)	■ 연구 장소 혹은 사회적 맥락의 설명 ■ 연구 유형에 대한 토론(근거이론, 문화기술지 등) ■ 연구 장소 및 연구 참여자 ■ 연구 결과(연구자가 연구 참여자들과 어떤 관계를 예상하는지에 대한 논의) ■ 자료 수집 방법 ■ 자료 분석 절차
타당도와 윤리	■ 연구 신뢰성에 대한 잠재적인 위협요소 ■ 이런 위협요소에 연구자가 어떻게 대처할 것인가 ■ 발생가능한 윤리적 이슈에 대한 고려
연구의 함의 (중요성과 공헌도)	■ 지식(이 연구가 이론이나 지식에 공헌하는 바가 무엇인가?) ■ 정책(이 연구가 어떻게 정책에 공헌할 것인가?) ■ 실제(이 연구가 어떻게 실제 혹은 실행가들에게 이바지할 것인가?) ■ 참여자(이 연구가 어떻게 연구 참여자와 그들이 속한 지역사회에 도움을 줄 수 있나?)
참고문헌	
부록	■ 시간표 ■ 연구 정보 편지 ■ 동의서 ■ 면담 질문

[그림 2.1] 질적 연구 계획서의 개발 지침[1]

1 이 개요는 융통성 없이 고정된 틀이 아닌, 가이드로 사용하라는 의미이다.

의 여러 측면을 시도해 볼 때 유용하다. 예비연구를 통해 내가 관심 있는 연구 주제가 연구 참여자들의 관심도 끄는지에 대해 알 수 있다. 예비연구는 연구 주제에 대한 연구자의 가정을 찾아내고 도전점이 무엇인지 찾기 시작하게 한다. 최종적으로 예비연구는 연구 방법을 시험해 보는 중요한 장이 된다. 따라서 연구 계획을 발전시키는 것은 반복적인 과정이다. 예비연구는 수정을 돕는 연구 프로젝트를 계획하는 데에서 시작한다. 예비연구는 이 장의 후반에서 더 다루게 된다.

지금 바로 쓰는 데 익숙해지도록 연구저널을 쓰기 시작한다. 당신이 하고 싶어하는 바에 대한 생각과 아이디어를 만들어 내고 추적하는 데 연구저널을 이용하라. 이와 같은 노트는 연구 **메모** 혹은 나에게 쓰는 메모라고 불린다. 이는 연구자가 생각하고 새로운 아이디어를 만들어 내고 아이디어를 통해 작업하도록 돕는 기록이다. 연구저널에 쓰는 많은 말들이 연구 계획서 혹은 최종 연구로 저절로 이어지는 길은 아니지만 연구 계획서와 최종 연구에 도달하도록 돕는 기록이며 때로는 좀 더 형식적인 글쓰기를 시작할 때 도움이 되기도 한다.

Thomas Schram의 「Conceptualizing and Proposing Qualitative Research」(2006)와 Joseph Maxwell의 「Qualitative Research Design: An Interactive Approach」(2013)가 연구 설계에 도움을 줄 것이다. Schram의 책은 이론적, 철학적 접근을 생각하는 데 도움을 주며 어떻게 이런 관점이 연구자가 선택한 연구 방법, 방법론과 상호작용하는지 볼 수 있게 도와준다. Maxwell의 책은 잘 설계된 연구를 만들어 내는 데 도움을 주고 유용한 연습이 많이 수록되어 있다. 이들 책은 이 장에서 얻게 될 정보를 보완하고 확장해 준다.

연구 주제

연구의 첫 번째 결정은 당신이 연구하고 싶은 것을 정하는 것이다. 다른 사람이 생각해 낸 프로젝트를 하지 않는 한 어떤 이슈, 불확실성, 딜레마 혹은 모순이 당신의 호기심을 자극하는지를 찾아내야만 한다. 어떤 측면은 본질적으로 다른 것보다 더 흥미 있는 것이지만 선택한 주제에 대한 당신의 열정이 다양한 연구 절차를 거치는 동안 동기화 요소가 될 것이다. 당신의 관심에 맞는 주제를 찾기 위해 열정의 일부인 당신의 주관성을 활용해야 한다. 그러나 주제가 너무나도 개인적이어서 다른 사람들에겐 전혀 흥미 없는 것이 되어서는 안 된다. 또는 현저하게 두드러진 감정적인 근심거리 분야가 연구 주제가 되어서는 안 된다. 즉, 어떤 현상을 이해하려는 당신의 열정과 해결책이 필요한 매우 개인적 이슈에 지나치게 관여하는 것 사이에 선을 그을 수 있어야 한다.

연구 주제와 치료 주제의 차이를 구분하는 것이 언제나 쉬운 것은 아니다. 예를 들면, 작은 대학의 시간강사인 한 학생이 강사 재계약이 되지 않았다는 말을 들은 것은 연구 방법론 수업을 수강하고 있던 때였다. 그가 화나고 마음의 동요가 인 것은 당연했다. 그는 이 문제에 너무 사로잡힌 나머지 자신의 연구 주제로 그 학교에 있는 사람들을 면담해서 왜 그가 해고되었는지에 대해 더 잘 이해하고 싶었다. 수업을 같이 듣는 학생들은 그런 연구가 제한된 범위를 가졌으며 면담 대상자들로부터 정직하고 완전한 답변을 얻어내기 힘들 것이라는 말로 그를 설득했다. 결국 그는 다른 관심사, 즉 수감자들의 개인적 개별지도에 대한 감독 간수들의 태도를 탐색했다. 그가 자료를 모으고 분석하면서 보니 후속연구의 가능성이 넘치는 매력적인 주제였다.

당신이 계획한 연구가 당신의 생애사와 교차되는지 또한 이미 진실이라고 믿는 어떤 것을 증명하려고 시작하는 것은 아닌지 스스로에게 질문해 봄으로써 특정한 결과에 대한 당신의 감정적 애착을 점검할 수 있다. 초등학교 교장인 켄(Ken)은 이전에 여러 교장직을 맡았었고 직무 스트레스와 행정직 이직의 관계에 대해 연구하고 싶었다. 그는 연구 주제와 자신의 삶의 교차점을 숙고하면서 이렇게 썼다.

> 내 주제는 완벽하다고 생각했다. 학교 행정직 이직률은 믿을 수 없이 높았고, 나는 주제에 대해 직접적으로 알았고, 현장에 수십 명의 연줄이 있었고, 스트레스는 공적인 면에서나 사적인 면에서 모든 사람들의 문제였다.
>
> 그러니 문제가 될 것이 무엇이 있겠나? 나는 결과에 너무나 열정적으로 신경을 썼던 것이다. 나는 너무도 절박하게 학교 위원회나 감독자들이 교장들에게 동정심을 보여 주어야 한다는 것을 증명하는 연구를 하고 싶었다. 나는 교장이란 직업을 좌절하게 만드는 인력, 자원, 지급품의 부족을 납세자들이 인식하길 원했다. 나는 부모들이 학교와 가정의 협력이 자기 자녀를 위한 최선이 일임을 깨닫기를 원했다. 나를 박해하고, 비판하고, 괴롭히고 몰아대던 속 좁은 고집불통들이 틀렸다는 것을 증명해 보이고 싶었다. 이것은 분명 연구의 시작은 아니었다.

켄은 자신의 경험을 정당화하고 싶었다. 연구 주제에 흥미를 가질 필요가 있지만 감정적인 애착은 좋은 자료 수집과 분석에 반드시 필요한 개방적 학습자로서의 태도에 방해가 될 수도 있다.

감정적인 애착은 다른 방식으로 그 자체를 드러내기도 한다. 만약 연구 참여자들에게 접근한다는 생각 그 자체만으로 심각한 불안반응이 생긴다면, 스스로에게 그 이유를 물어보아야 한다. 새 학교와 학군에 오게 된 특수교사인 데비(Debbie)는 행정가들과 감독자들을 면담해야 하는 예비연구를 계획하면서 마음이 매우 불편해졌다. 결국 그녀는 초보 연구자의 역할을 그녀의 상사들에게 노출시킨다는 생각에 위협을 느낀다는 것을 깨닫게 되었다. 그녀는 초점을 옮긴 대안책을 고려하게 되었고, 행정가들이 아닌 교사들로부터 자료를 수집하는 연구를 하게 되었다.

모든 사람이 같은 조건하에서 효과적으로 일할 수 있는 것은 아니다. 만약 당신이 현장에 나간다는 생각을 했을 때 지나치게 겁을 먹게 된다면, 당신의 연구를 보다 하고 싶은 생각이 들도록 새로운 모양으로 바꾸어 계획해 볼 일이다. 당신이 느끼는 위협 중 어떤 것은 극복해야 할 문제나 감정 때문일 것이다; 어쩌면 구제할 수 없는 당신 능력 밖의 문제나 감정 때문일 것이다. 질적 탐구 과정은 그 성격상 연구자가 의식하지 못한 채 더 많은 것을 하려는 것 외에도 긴장을 일으키는 일들로 가득 차 있다.

시간과 돈 같은 현실적 문제 역시 고려해야만 한다. 계획한 연구가 학문적인 면에서는 적절하지만 실제적인 제한점들 때문에 실행 불가능한 것일 수도 있다. 범위가 너무 방대해서 이성적으로 생각했을 때 시간이나 금전적인 면에서 끝낼 수 없는 주제는 시작도 하지 말라.

연구 주제를 위해 계획한 범위가 현실적이어야 하기 때문에 너무 광범위하거나 너무 좁아서도 안 되겠지만, 연구자는 자료 수집이 진행될 때까지 어디까지가 이상적인 범위인지 알지 못한다. 예를 들면 Purvis(1985)는 애초에 19세기 영국 노동자계층 여성들을 위한 모든 형태의 성인교육기관에 대한 역사적 연구를 계획했었다. 그녀가 문서를 수집하고 검토하면서 연구 범위를 좁혀야 함을 깨달았지만 연구에 어떻게 초점을 두어야 할지는 분명치 않았다. 중류층을 위한 성인교육의 유형만 살펴보아야 할까? 모든 유형의 성인교육기관을 살펴보아야 할까? 아니면 특정 분야에 집중해야 할까? 시골 지역이나 도시 지역의 교육으로 제한해야 할까? 아니면 지역적 차이를 다루어야 할까? Purvis의 선택의 범주는 당신이 연구의 초점을 고려하면

대안들이 가능하다는 것을 시사한다; 연구의 동일한 일반적 분야 내에서 다른 많은 초점을 지지할 만한 좋은 논거를 찾을 것이다. 관련된 문헌으로서 연구에 필요한 개념적 틀을 발전시킴으로써 연구의 초점을 쉽게 발전시킬 수 있다. 문헌 고찰이 연구 시작의 일부이기 때문이다.

개념적 틀

> 선입관은 어떤 과학적 연구에도 유해하지만 전조가 되는 문제는 과학적인 사색가의 재능이며 이 문제들은 그의 이론적 연구에서 관찰자에게 처음으로 드러난다.
>
> (Malinowski, 1922, p. 9)

> 이해하는 것(have a grip)과 현존하는 이론에 사로잡히는 것(being in the grip)을 구분하라.
>
> (Schram, 2006, p. 61)

관련 문헌을 아는 것은 당신이 이미 세상에 알려진 결과와 이론 이상의 연구를 계획하고 중요한 연구 분야를 제안함에 있어서 도움이 된다. 과거에 일부 질적 연구자들은 문헌 고찰을 자료 수집 시작 전에 하는 것을 반대했는데 이것은 다른 사람들의 이론, 연구 설계가 당신의 연구에 지나친 영향을 주는 것을 막기 위해서였다. 최근 연구자들은 문헌 읽기가 자료 수집 이전의 검색을 포함해서 연구 과정에 걸쳐 이루어져야 함에 동의하는 경향이 있다. 이 관점은 우리가 연구를 "백지상태"로 시작하지 않으며 우리가 완전히 인식하지 못한다고 하더라도 이론과 가정을 연구에 끌고 들어감을 인정한다.

관련 문헌 찾기

당신의 연구에 있어서 다른 사람들의 연구를 읽는 것이 유용하려면 특별한 마음가짐을 가져야 한다. 당신이 타당한 주제를 선택했음을 증명할 수 있는 문헌을 선택하고 세세히 주의깊게 읽어라. 예를 들면, 근본주의 기독교학교에 자녀를 보내는 이유에 대해 많은 기존의 학위 논문들은 광범위한 해석을 했고 토의했다. 당신이 이런 연구가 실행되지 않은 다른 주에서 같은 제목으로 연구를 한다면 크게 흥미 있는 연구로 기여하지 못할 가능성이 높다. 사람들이 지금까지 해 온 연구와 하지 않았던 연구에 기초해서 당신의 주제를 정당화하도록 해 보라.

관련 문헌을 이용해서 연구 주제의 초점을 찾아라. 당신의 관심분야에 적용할 수 있는 연구물을 찾게 되면 참고문헌을 주의깊게 살펴보고 더 많은 정보를 줄 수 있는 문헌들을 찾아보라. 기존 연구들은 탐구의 일반적인 영역에서 알려진 것과 빠진 부분이 무엇인지를 보여 준다. 위의 예시를 계속해서 언급하자면, 기독교학교에 대한 문헌 고찰은 어렸을 때 근본주의 기독교학교에 다닌 사람의 성인의 삶에 대해서는 알려진 바가 거의 없다는 것을 알게 해 주었다. 그들은 어느 정도까지 학교가 신봉하던 교리의 범위 내에서 살고 있는가? 문헌의 부재는 이 분야에 잠재적으로 기여할 수 있는 탐색 가능성이 있음을 알려 준다.

문헌 고찰이 연구 설계 및 면담 질문에 정보를 준다는 면에서 어떤 도움이 되는지 고려해 보라. 꼼꼼하게 읽으면서, 유사한 현상을 연구한 다른 연구자들의 성공과 실패를 통해 배워라. 연구자는 충분한 시간을 들여 각 참여자들과의 면담을 통해 래포 형성과 피상적 반응 이상을 면밀히 조사했는가? 충분히 다양한 집단의 사람들에게 질문을 했는가? 전혀 던져지지 않은 질문들은 무엇인가? 어떤 상황이 관찰되었는가? 혹은 관찰되지 않았는가? 후속연구를 위한 제언은 무엇인가?

문헌 고찰을 함에 있어서 큰 그물을 던져라. 당신의 주제나 학문분야에만 국한시키지 말아라. 예를 들면 당신의 관심 연구 주제가 퀘벡지역에 접한 미국 학교에서의 불어 사용에 대한 것이라면 일반적으로 학교와 이중언어에 대한 문헌을 찾고 싶을 것이다. Delamont(1992)는 대조를 위한 읽기를 제안했다. 즉, 만약 당신이 과학분야의 여성에게 관심이 있다면 간호학과 같이 여성이 우세한 직업분야의 남성에 대해 읽음으로써 연구에 대한 질문을 형성하는 데 도움을 받을 수 있을 것이다. 사회학자들, 인류학자들, 심리학자들, 교육학자들은 종종 같은 주제를 다른 관점에서 접근한다. 가능한 한 모든 학문분야에서 자료를 찾아보려고 노력하라.

이론 활용하기

Hatch(2002)는 "질적 연구를 설계함에 있어서 두 가지 유형의 이론, 방법론적 이론과 실재적 이론에 관심을 두어야 한다. 방법론적 이론의 제시는 제안된 연구의 연구 패러다임에서의 위치와 어떤 종류의 연구가 계획되고 있는지를 알려 준다"(p. 38)고 제안한다. 방법론적 이론을 탐색하고 기술하는 것은 연구 주제와 연구 문제를 선택하는 데 영향을 주는 암묵적 관점과 가치를 분명하게 하는 데 있어 변하지 않는 도움을 준다.

실재적 이론은 "조사 중인 현상을 기술하고 설명하는 데 사용되는 이론-연구의 실재"(Hatch, 2002, p. 39)를 말한다. 실재적 이론은 경험적 일반화에서 형식적 이론까지 추상화의 수준이 다양하다. *경험적 일반화(empirical generalizations)*는 낮은 수준의 추상화이며 관련 연구들로부터의 결과를 말한다(예를 들면 종교 교육의 장기 효과). 실재적 이론을 이용하여 연구 계획서에 문제를 제기하거나 당신의 연구를 위한 당위성을 제공하거나 연구 결과를 비교 대조하는 데에 도움을 받을 수 있다. 경험적 일반화와 대조적으로 *형식적 이론(formal theory)*은 간혹 *일반적 이론(general theory)*이라고도 불리며 "예를 들면, 비행, 혁명, 윤리적 대립과 같은 현상의 전체 종류를 설명하고자 시도한다"(Turner, 1985, p. 27). 질적 연구자들은 이런 일반적 이론을 연구 진술문을 만들고 연구 장소와 참여자를 선정하고 면담 질문을 개발하는 등의 연구 설계 측면의 틀로 이용한다.

그림 2.2에서 Esch(1996)는 어떻게 관련 이론을 사용해서 자신이 연구하고자 하는 바를 곰곰이 생각해서 해결하는지의 예를 보여 준다. 그러나 이론은 분명히 드러나기도 하지만 감춰지기도 한다는 것을 기억하라. 이론은 잘 해도 제한적이고 잘못하면 오도할 수 있다. Schram(2006)이 말했듯 "연구자가 진행하려는 연구에 확립된 이론을 적용하는 것은 멋져 보이고 만족스러운 연구의 틀을 제공하지만 연구자가 이론에 맞지 않는 사건과 관계를 보는 것을 방해하거나 의미 있는 질문의 길을 너무 이르게 막아 버리기도 한다"(p. 60). 이 문제를 다루는 하나의 방법은 여러 개의 다른 이론을 사용하여 연구를 진행하는 것이다. 다른 방법으로는 구체적 이론이 제공하는 것과 당신의 연구에서 설명하지 못하는 부분을 분명하게 찾아서 지배적 이론에 새로운 명제를 더하거나 그 이론의 모순점 혹은 불완전성을 지적하는 것이다. Mills와 Bettis(2006)는 연구자들이 지속적으로 우리가 사용하는 이론과 우리의 기대에 모순되는 대안적인 해석을 추구한다면 우리는 "이론적 틀이 우리에게 제공하는 것 이상까지 갈 수 있는, 보다 미묘한 차이가 있는 단계까지 분석을 확장할 수 있다"(p. 83)고 했다.

Rebecca Esch(1996)는 사춘기 여학생의 발달 연구에 관심이 있었다. 그녀는 사춘기 여학생에 대한 관심의 근거에 대해 설명한 다음, 이렇게 썼다.

> 사춘기 여학생에 대한 관심은 나로 하여금 여학생의 발달 개론적 이론 이외에도 유아기에서 사춘기로 이르는 전이 경험을 설명하는 이론을 탐색하게 했는데, 이는 특히 여학생의 발달이 전통적인 사춘기 발달이론과 다르다고 믿어지기 때문이다. 내 연구는 Wellesley 대학의 발달적 서비스와 연구를 위한 스톤 센터와 여성 심리와 여학생 발달(Stone Center for Developmental Service and Studies)에 관한 하버드 프로젝트의 아이디어에 초점을 두었다. 양 그룹 모두 여학생 발달에 있어서 관계의 경험을 중심에 둔다. 이것은 개별화와 분리를 강조하는 전통적인 발달이론과 대조를 이룬다.

Rebecca는 사춘기 발달에 대한 대조적 이론을 언급했다. 그러고 나서 우정에 관한 문헌으로 옮겨가 인간 발달 이론에서 발견된 간극에 다음의 문헌 고찰을 포함시켰다.

> 나의 관점은, 비록 많은 여학생들이 이 시기에 고투하고 어쩌면 모두가 문화적 · 학업적 · 또래의 압력을 받아 고통스럽기는 하지만, 많은 여학생들이 잘 자라게 된다는 것이다. 그렇기에 내 연구의 목표는 이 전이기에 여학생들의 발달 경험을 재정의하고 재명명하는 것이다. 내 입장이 위기 철학으로부터 벗어난 큰 이유는 비슷한 '위기'의 증거라곤 찾아볼 수 없었던 나의 사춘기 기억을 반성적으로 탐색한 결과이다. … 그래서 질문이 생기기 시작했다. 우리 중 유아기에서 사춘기까지 상처 깊은 전이의 고통을 겪지 않은 사람은 도대체 뭐란 말인가? 우리의 목소리나 자신감을 상실하지 않은 사람은 무엇이란 말인가? … 이런 문제들을 생각하면서, 나는 관계 속에서의 성장과 내 삶의 변화와 어려움 속에서 내 친구들이 했던 역할은 무엇인가를 계속 상기하게 되었다. … 나는 어쩌면 여학생들의 우정이 이 전이기에 중요한 역할을 하는 것이 아닌가 하는 생각을 하기 시작했다.

이와 같은 서론과 당위성을 갖고, Rebecca는 여성과 여학생의 우정 및 자아(self)와 회복력(resilience)이란 개념과 우정과의 관계에 대한 문헌과 이론을 탐색했다.

[그림 2.2] 적절한 이론 찾기의 예시

개념적 틀 만들기

당신의 연구 주제와 관련된 다양한 연구물을 모으고 읽고 난 후에는 연구 계획서의 문헌 고찰을 써야 한다. Creswell(2012)은 문헌을 조직하고 자신의 연구가 기존 문헌과 연결되는지를 알기 쉽게 하기 위해 문헌 연구의 시각적 그림으로 도표를 만들 것을 제안했다. 여기에서 중요한 점은 문헌이 당신의 주제와 관련된 이론과 연구물들을 조사한 후 갖게 된 이해를 중심으로 조직되어야 한다는 것이다. 문헌 고찰은 하나의 연구를 기술하고 그 다음 연구를 기술하는 식의 여러 연구의 요약이 아니라 특정한 동향과 주제, 생각 혹은 *개념*을 살펴본 것의 통합이 되어야 한다.

문헌 고찰 하기보다 당신의 연구를 위한 **개념적 틀** 만들기에 대해 생각해 보는 것이 더 유용하다(Schram, 2006; Maxwell, 2013). 이런 방식은 당신의 연구와 연관된 모든 연구를 손대야 할 필요성을 갖게 하는 일이 아니라, 계획하고 있는 연구에 집중할 수 있게 한다. 또한 이런 방식으로 더 넓게 사고하고 동시에 더 집중할 수 있게 된다. 연구자는 자신의 연구가 더 큰 이론, 연구 혹은 중요한 생각에 어떻게 부합하는지에 대해 광범위하게 생각한다. 그리고 연구자는 보다 구체적으로 연구하고 싶어하는 것의 중요성과 어떻게 해야 할 것인지에 대한 잠재적 중요성에 대해 생각한다. 당신의 연구에 정보를 제공하는 "개념"에 대해 생각하면서 연구자는 다양한 학문분야와 관점에서 온 이론을 통합할 수 있는 유용한 조직적 도식을 만든다(Schram, 2006).

질적 연구에서 문헌과 이론 고찰은 연구 계획서가 쓰인 후에도 끝나지 않는 지속적 과정이다. 연구자가 자료를 수집하고 이에 대해 분석적으로 사고하면서 조사하지 않았던 실재적 이론적 문헌을 살펴볼 필요성을 깨닫기도 한다. 예를 들면 나는 캐리비안에서 현장작업(Glesne, 1985)을 하기 이전에 동부 캐러비언의 농업 및 교육 연구와 서류들 이외에도 농촌 개발에 관한 문헌들을 고찰했다. 현장에 있는 동안 특히 자료 분석에 중점을 둔 시간 동안, 나는 라틴 아메리카에서 발달된, 국가의 상태에 따른 경제와 힘의 관계를 설명하는 종속이론에 관해 광범위하게 읽기 시작했다. 종속이론이 나의 분석과 토론에 있어서 중심이 되면서 농촌 개발 문헌들은 감소되었고 당시 다양한 라틴 아메리카의 학자들의 관점과 대조한 당시 지배적이었던 개발의 관점을 예시로 주요 사용했다. 문헌 고찰을 상호작용적인 면에서 생각하라. 당신이 이미 알고 있는 것과 더 알 필요가 있는 것에 따라 다른 사람의 연구에서 다른 것을 배우게 된다. 당신이 경험의 부족으로 이전에 읽은 자료가 도움이 될 것을 인식하지 못해 간과했다가 나중에 그 유용성을 알고 실망하기도 하고 기뻐하기도 하는 자신을 발견할 수도 있다.

연구자들이 연구 계획서에 문헌 고찰이나 개념적 틀을 작성한 것이 논문의 한 장을 완성한 것이 아님을 경고한다. 문헌 고찰은 연구 전에 할 업무로 시작해서 최종 글쓰기까지 이어지기도 하지만, 소논문, 보고서, 서적은 연구 과정에서 계속 읽어야 한다. 이와 같은 추가적인 자료로 "문헌 고찰"이라고 이름 붙인 한 장은 질적 연구에서는 반드시 적절하지 않다. Wolcott(1990)는 그의 학생들이 연구 주제와 관련된 문헌을 알기를 바라지만 "모든 문헌을 한 덩이로 몰아서 한 장으로 써서 연구의 다른 부분과 연결성 없이 되는 것"(p. 17)을 원하지 않는다고 말했다. Wolcott는 문헌을 이야기를 풀어 가는 동안에 적절히 통합하기를 제안한다: "보통 이 통합은 관련 연구를 연구의 도입부보다는 후반부 쪽에서 소개함으로써 이루어진다. 문제를 서론 부분에 '자리매김'하는 데 꼭 필요한 경우를 제외하고 말이다"(p. 17).

예비연구에서 자료 수집과 분석이 문헌 탐색과 개념적 틀에 정보를 준다는 사실을 기억해야 한다. 어니(Ernie)는 물리요법 분야에서의 전문성에 대한 자료 수집을 준비하고 있었다. 그는 문헌과의 춤추기를 이렇게 회상했다.

> 나는 우선 전문성이 무엇인지 정의할 필요가 있었다. 그런 후에 나를 전문적 사회화 분야로 이끈, 사람들이 어떻게 이것을 성취하는지를 이해하기 위해 사회학에 대해 충분히 읽어야 할 필요성을 느꼈다. 전문성을 이루고 행동한 이후엔 전문가적 힘과 영향력의 분야로 빠지게 된다. 이에 대해 읽고 나자 나는 전문가의 윤리와 이것이 어떻게 지역사회 발전이라는 개념과 연결되는지를 이해할 필요성을 깨달았다. 마침내 나는 현장으로 나가지 않는다면, 내 여생을 "다음 달이면 다 준비될 거야."라고 말하면서 살게 될 것임을 깨달았다.

현장으로 나갈 준비가 된다는 것은 준비행동을 모두 마쳤다는 뜻이라기보다는 연구자의 마음가짐을 의미한다.

연구 목적

여기에서는 *연구 목적*과 *연구 문제*에 대해 이야기할 것이다. 연구 목적과 연구 문제는 다르다. **연구 목적**은 연구자의 실용적, 지적(혹은 개인적) 목적을 언급한다. **연구 문제** 혹은 **문제 진술**은 하나의 질문 혹은 여러 질문을 제시함으로써 어떻게 이 연구 문제에 답할 것인가에 대한 계획을 통해 연구에 집중하게 한다.

Maxwell(2013)은 개인적, 실용적, 지적 목적을 구분하고 연구자들이 이를 구분할 것을 권했다. 연구자의 개인적 목적은 무엇이 연구를 수행하도록 동기화하는가이다. 만일 떠오르는 개인적 이유가 오직 학위를 따기 위해서라면 그 목적은 연구에

고야가 죽은 지 35년이 지나서 출판된 이 이미지는 나폴레옹의 스페인과의 전쟁을 비판한 그림과 판화 시리즈의 하나이다. 고야의 작품은 전쟁의 용기 있는 행위를 묘사하는 관습에서 벗어났다. 그는 전쟁의 공포, 무익함, 무자비함을 희생자와 살인자가 익명성을 지니며 아무도 영웅이 아님을 통해 보여 준다. 시간의 흐름에 따라 예술적 관행에도 변화가 있음을 볼 수 있듯이 연구 목적과 누구를 위한 연구인지를 포함한 연구 관행에도 시대에 따른 변화가 있음을 알 수 있다.

Francisco de Goya(Spanish, 1746–1828), *Y no hai remedio(And There's No Help for It)*, etching, published 1863, Rosenwald Collection, The National Gallery of Art.

수반되는 충분한 동기화 요소가 되지 않기 때문에 연구에 대해 다시 생각해 볼 필요가 있다. 예를 들면 나는 정신적 장애가 있는 동생과 함께 성장했는데 그 당시에는 장애아와 그 가족에 대한 자원이 거의 없었다. 사실 당시(1950년대) 이데올로기는 이런 "문제들"을 숨기거나 장애인들을 입원시키는 분위기였다. 이런 나의 개인적 경험은 내가 차이와 낙인을 다양한 방식으로 탐색하게 된 동기의 일부가 되었다. 당신의 개인적 목적을 이해하려면 연구 주제가 어떻게 당신을 동기화하는지를 연구저널에 적어 보라. 연구 계획서를 작성하면서 이와 같은 동기화 요소는 연구 사례를 형성할 뿐만 아니라 왜 당신이 연구를 수행할 적임자인지를 해명해 줄 것이다.

교육학, 사회복지, 간호학, 물리치료와 같은 응용학문 분야에 있는 사람들 역시 실용적 목적(practical goal)에 동기화될 것이다. 즉, 연구를 통해 무엇인가를 변화시키거나 성취하고 싶어한다. 예를 들면 교사라면 여학생들이 수학을 더 좋아하도록 권장할 수 있는 방법에 대해 더 알고 싶어할 수 있고 병원 관계자라면 건강관리에 있어서 팀 접근법을 도입해 볼 수 있다. 실용적 목적은 또한 연구를 정당화하는 데 도움이 되지만, 실용적 목적이 항상 당신의 연구가 달성할 수 있다고 주장할 수 있는 결과가 되지는 않는다. 그보다 실용적 목적은 연구의 잠재적 중요성이 자리잡게 도와준다.

당신의 지적 목적(intellectual goal)은 그 자체가 연구 문제 혹은 연구 진술문을 정의할 수 있게 돕는 데 적절하다. “지적 목적은 … 무엇을 *이해*하는 데 집중된다—무슨 일이 일어나고 있으며, 왜 이런 일이 발생하는지, 선행연구에서 적절하게 답변되지 못한 문제들에 대한 해답에 통찰을 얻도록…”(Maxwell, 2013, p. 28). 교사들이 여학생들로 하여금 수학을 좋아하도록 격려하는 그 자체는 연구할 만한 주제가 아니다. 그러나 연구자는 자신의 경험과 여학생, 수학, 교수행위에 대한 문헌 고찰에 기초해, 예를 들어 여학생들의 수학에 대한 태도나 추구에 있어서 교사가 어떻게 말하는가의 역할에 관심을 갖게 될 수 있다. 이와 같은 관심은 지적 목적이 되고 연구 진술문 작성에 있어 기초를 제공한다.

당신의 지적 목적을 이해하려면 당신이 무엇을 기술하고, 해석하고 또는 설명하기를 원하는지에 대해 생각해 보라(Schram, 2006). 기술적 목적(descriptive purpose)에는 일상의 상호작용 또는 사람들이 어떤 현상에 대해 말하는 방식을 기록하기가 포함된다. 해석적 목적(interpretive purpose)은 어떤 특정한 장소에서 어떤 일이 발생하며 사람들이 특정 사건에 대해 어떻게 의미를 작성하는지를 이해하는 데 집중한다. 설명적 목적(explanatory purpose)은 행동, 장소, 현상 간의 관계와 유형을 찾아내기를 포함한다.

질적 연구, 특히 비판적이고 후기구조적인 연구에서 점점 더 많은 관심을 받고 있는 또 다른 목적은 “사회적 행동과 사회정의를 이끌어 내기 위한 기회 창조, 인식을 높이고 자기 이해와 자기 결정을 높이기 위한”(Schram, 2006, p. 32) 해방적 목적(emancipatory goal)이다. 연구 목적은 무엇이 의미 있는 지식이며 어떻게 알아가기에 접근할 것인가에 관한 연구자의 신념과 밀접하게 연결된다.

요약하자면 연구 목적을 명료하게 서술하면서 여러 측면에서 연구 설계를 준비하게 된다. 연구자는 연구 목적을 정하면서 연구 진술문 혹은 연구 문제에 초점을 맞추게 된다. 연구 문제는 연구 목적을 달성하기 위해 연구자가 해야 할 연구의 종류를 이해하도록 돕는다. 연구 목적이 어떻게 교육 기회가 인종과 계급과 교차되는지에 관한 십대들의 인식을 높이는 것이라면, 시골지역의 이주 낙농 노동자 자녀들의 경험을 기록하는 연구와는 다른 연구 방법론을 사용하게 될 것이다. 또한 연구 목적은 당신의 연구에서 무엇이 잠재적으로 중요한지에 대해 지적함으로써 연구를 정당화하도록 돕는다. Marshall과 Rossman(2011, p. 71-72)은 연구의 중요성을 지식에 대한 공헌, 실행과 정책에의 공헌, 그리고 사회적 문제와 불평등에 응답하는 행동에 대한 잠재적 공헌 측면에서 고려해 보기를 제안했다. 당신의 연구가 이 모든 공헌을 다 할 필요는 없으나, 이런 범주를 사용함으로써 당신의 연구가 달성하기 원하는 바를 생각해 보고 이에 따라 연구 목적을 더 잘 정의할 수 있게 돕는다. 마지막으로 연구 목적은 연구 진술문과 더불어 현장작업 중 추구할 수 있는 여러 방향에 직면하여 압도되었을 때 길을 잃지 않도록 하는 기준의 기능을 할 수 있다.

연구 진술문과 연구 문제

연구에 집중하기 위해 하나의 분명한 문장으로 연구자가 기술하고, 이해하고 혹은 설명하고 싶어하는 바가 무엇인지 작성하는 것은 도움이 된다. 이 문장은 *연구 진술문, 연구 문제 혹은 문제 진술* 등으로 다양하게 부를 수 있다. 나는 이를 탐색할 연구 진술의 다양한 측면을 정의하고 집중하게 돕는 작은 연구 문제들로 구성된 연구 진술문으로 여기는 것을 좋아한다. 연구 진술문은 전반적인 연구의 의도를 제시하고 이 연구 의도가 얼마나 개방적 혹은 폐쇄적인지를 나타낸다. 또한 연구 진술문은 연구 설계를 위한 절차에 있어서 방향 제시를 돕는다.

연구자들은 연구를 시작할 때부터 어디서 연구를 수행하고 싶은지와 때로 어떤 집단과 연구를 시작할지를 알기도 한다. 중학교 교사인 존은 중학생들이 토론자와 참여자로 초대하는 혁신적인 여름 교사 프로그램에서 일하게 되었고 그는 이 프로그램에서 연구를 하고 싶어함을 시작부터 알고 있었다. 한 도시의 공립학교에서 영어를 가르치는 도리안은 다른 학교의 영어교사들과 함께 일하고 싶었다. 그러나 Schram(2006)은 "연구자가 어디(혹은 무엇)를 보는가와 무엇을 찾아보는가를 혼동하지 말라"(p. 29)고 경고한다. 연구의 핵심은 사회적 현상 혹은 문제가 되어야 한다.

Hilary Winchester(2005)는 질적 연구자들이 사회적 구조와 이런 구조에서의 개인적 경험에 대한 연구 문제에 집중하는 경향이 있다고 보았다. 그녀는 연구 진술문과 연구 문제를 형성하도록 돕는, 모든 것을 포함하는 두 개의 질문을 제시했다.

- "사회적 구조의 형태는 어떠하며 어떤 과정에 의해 사회적 구조가 형성되고 유지되며 합법화되고 저항되는가?"(p. 5)
- "장소와 사건들에 대한 개인의 경험은 무엇인가?"(p. 6)

사회적 구조는 사회적, 문화적, 경제적, 정치적, 그리고/또는 환경적 문제를 통해 탐색될 수 있다. 사회적 구조 안에서 장소와 사건에 대한 개인의 경험은 다양하며 다중적이다; 따라서 연구 진술문은 종종 어떻게 사회적 구조가 개인적 경험을 형성하며 어떻게 개인이 존재하는 구조를 만들고, 변화시키며, 관통하는지를 탐색한다.

연구 진술문과 연구 문제의 예시를 보여 주기 위해 레베카(Rebecca)와 애쉴리(Ashley)의 연구를 보자. 레베카는 다음과 같은 진술문으로 개인의 경험에 관한 연구 초점을 삼았다: "내 연구를 통해 나는 유아기에서 사춘기의 전이 동안에 여학생들의 우정과 자아 발달의 교차점을 탐색할 것이다."

레베카는 이 일반적인 진술문을 풀어 쓸 필요를 느꼈다.

> 나는 우정이 여학생들의 자아감의 발달에 어떤 역할을 하는지 이해하고자 한다. 여학생들의 우정이 회복력이라는 유형을 제공하는지 그리고/또는 여학생들이 유아기에서 사춘기로 전이될 때 저항을 야기하는지 설명하고 싶다.

레베카는 여학생들의 우정과 자아 발달에 관한 연구에 방향을 잡기 위한 네 범주의 연구 문제들을 작성했다.

1. 여학생들은 이 전이기 중 자아감의 발달을 어떻게 설명하는가?
2. 이 전이기 중 여학생들이 겪는 우정의 경험은 무엇인가?
3. 이 전이기 중 여학생들은 그들의 경험을 어떻게 설명하는가?
   - 이 시기에 여학생들의 세계에 대해 가족, 학교, 또래/친구, 문화 등의 면에서 무엇을 이해할 수 있는가?
   - 위기라는 용어를 이 시기 여학생 발달에 어떻게 적용할 수 있는가? 이 전이기를 정의하고 설명하고 이해할 수 있는 보다 긍정적이고 순행적인 방법이 있는가?
4. 이 전이기 중 여학생의 발달과 우정에 대한 이해가 발달에 대한 관계적 이론 그리고/또는 다른 발달 이론에 어떻게 기여하는가?

레베카의 연구 문제는 자료 수집과 분석을 통해 특정한 이론을 고려할 필요성과 면담 질문을 위한 주제 영역을 개념화하는 데 도움을 주었다.

애쉴리는 천연자원 대학에서 석사논문을 준비 중이었다. 그녀의 연구 진술문은 다음과 같다: "본 연구에서 나는 수력발전 프로젝트의 재인가에 관련된 이해관계자들이 협상을 하고 자원의 사용과 생태계 보호에 대한 합의에 도달하는가에 대해 이해하고자 한다." 애쉴리의 연구 진술문은 과정의 이해, 이 경우에는 협상과 합의에 이르는 과정의 이해에 초점을 두는 질적 연구의 예이다. 그녀는 연구에 방향을 제시하는 네 개의 연구 문제를 제기했다.

1. 이해관계자들이 어떻게 협상에 들어가며, 협상과정에서 그들을 동기화하고 억제하는 것은 무엇인가?
2. 합의에 이르는 과정에 어떤 단계들이 수반되는가?
3. 이해관계자들이 최종 계약/결과에 대해 어떻게 인식하는가?
4. 법률적인 맥락은 이해관계자들(그들의 입장에서)과 협상과정에 어떤 영향을 미치는가?

애쉴리가 자신의 연구 문제에 만족하고 알고 싶어하는 바를 표현하게 됨에 따라 그녀는 연구 방법에 최소한 관찰, 면담, 법적 서류가 포함되어야 함을 알게 되었다. 레베카와 애쉴리의 연구 문제가 *어떻게*와 *무엇*에서 시작했음에 주목하라. *어떤 방식으로*를 묻는 것 역시 효율적이다.

Maxwell(2013, p. 5)은 연구 문제를 중심으로 해서 연구 목적 혹은 목표, 연구 방법, 타당성의 문제를 양 방향으로 연결시키는 유용한 도표를 제공한다. 이 도표는 연구 진술문의 중요성과 연구 진술문이 연구 설계의 다른 여러 측면에 의해 영향을 받고 영향을 줌을 보여 준다. 그림 2.3은 내가 Samuel H. Kress 재단의 지원을 받아 학술적 미술관 연구를 수행했던 예시로서, 왼쪽은 연구 진술문과 4개의 연구 질문 중 두 개를 보여 준다. 오른쪽은 대학내 미술관에 관한 가상적 연구를 제시했지만 연구 진술문은 다르게 쓰였다.

연구 진술문과 연구 문제의 개발은 반복적인 과정이다. 연구자는 연구를 설계하고, 예비연구를 수행하면서 어쩌면 연구 진술문과 연구 문제로 되돌아와서 이를 다시 설계할 수도 있다. 또한 질적 연구는 (1) 사람들의 경험, 인식, 태도에 관해 더 깊은 이해를 구하기 위해 (2) 사회적 구조에서의 맥락과 과정을 발견하고 기술하며 (3) 이론을 만들기에 유용하다. 질적 방법은 개별적 변인을 찾아내고 하나의 변인이 다

문화기술적 연구 진술문

전형적인 대학 미술관을 이용하는 사람들이 어떻게 박물관을 이용하고 인식하고 지원하는지에 대해 이해하고 기술하기 위해

↓

연구 문제

- 전형적인 대학 미술관은 어떻게 학생들과 교수들의 학문적 삶속에 통합되는가?
- 학생들, 교수들, 대중은 어떻게 학문적 교육과정을 넘어서 미술관과 상호작용하는가?

↓

연구 방법

- 주제와 관련된 문헌 고찰
- "전형적인" 대학 미술관 선정
- 각 박물관 관찰
- 각 미술관에서 학생들, 교수들, 행정가, 미술관 직원과의 면담 수행, 가능하다면 졸업생과 지역사회 사람들과의 면담도 포함
- 문서 수집(강의 계획서, 워크숍 계획서, 전시 설명, 박물관 공지 등)

실행연구 진술문

한 대학 미술관이 문화적, 사회적, 개인적 탐색과 비평을 위한 장소로 더 많이 이용되고 상호작용이 이루어지도록 하기 위해

↓

연구 문제

- 학생들이 미술관에 올 수 있게 관심을 끌기 위해 어떤 조치를 취해야 하나?
- 교수들이 수업시간에 미술관을 이용하게 하려면 어떤 조치를 취해야 하나?
- 미술관을 주요 파트너로 포함시키는 초학문적 공조를 지원하기 위한 보다 많은 행정적 지원을 이끌어 내려면 어떤 조치를 취해야 하나?

↓

연구 방법

- 참여를 높이기 위해 다른 학문적 미술관, 지역사회 미술관이 했던 일에 대한 문헌 고찰
- 다른 사람들의 경험에 대한 정보를 수집하기 위해 온라인 블로그나 대화방에 참여
- 예를 들면 교수들을 위한 워크숍 혹은 기말고사 기간에서 "공부 방학"과 같은 사회적 이벤트 등을 포함한 액션 플랜을 만들기 위해 관심있는 학생, 교수, 미술관 직원 들 간의 다학문적 그룹 형성
- 계획된 워크숍, 이벤트, 계획서 등의 실행과 형성 평가

[그림 2.3] 연구 진술문, 연구 문제, 연구 방법을 연결하기

른 변인에 미치는 영향을 찾아내거나 연구 맥락 이상의 일반화에는 유용하지 않다.

연구 진술문은 당신의 연구에 지렛목이다. 당신이 알고 싶어하는 바가 질적 탐구와 맞는지 확실히 하기 위해 가능한 한 연구 진술문을 분명하고 명시적으로 써라. 그러면 연구 설계의 다음 단계로 가게 될 것이다.

연구 방법의 선정

연구 주제가 선정되고 적절한 문헌과 이론을 살펴보는 과정이 시작되면 연구자는 자료를 수집하기 위해 어떤 방법 혹은 기법을 사용할 것인지 결정해야 한다. 자료를 얻는 과정을 말할 때 연구자들이 *수집하다* 혹은 *모으다*라는 용어를 사용하는 경향이 있으나 이 단어들은 정확하지 않다. Dicks, Mason, Coffey, Atkinson(2005)은 "자료 기록(data recording)"이라는 용어를 추천했는데, 왜냐하면 "자료는 연구자가 와서 '모아가기'를 기다리며 현장에 단순히 널려 있는 움직일 수 없는 물질"(p. 115)이 아니기 때문이다. 질적 연구자는 자신이 던지는 질문과 사회적 상호작용에 참여하는 과정을 기록하며 적극적 역할을 하게 되기에 *기록*이라는 용어는 질적 정보가 공동 구성되는 방식을 드러내지 못한다는 면에서 올바른 용어가 아닐 수도 있다. 과거로부터 전해진 질적 연구에 수반되는 이와 같은 문제를 인식하고 연구에 접근하라. 나는 *자료 수집(data collection)*이라는 용어를 예전부터 지금까지 사용하고 있지만 나 역시 가끔씩 *자료 생산(data production)*을 쓰기도 한다. 그림 2.4는 질적 연구에서 자주 사용되는 자료의 종류에 대한 개관을 보여 준다.

질적 방법론은 자료를 얻는 데 있어 하나의 방법 이상에 의존하는 경향이 있다. 이렇게 다중적 방법을 사용하는 것을 흔히 **삼각기법**(triangulation)이라고 하는데 이 용어는 조사와 항해에서 유래했다. 삼각기법은 또 다른 논쟁이 되는 용어이다. 과거에는 논리적 경험주의의 영향을 받은 질적 연구자들이 삼각기법을 주장을 타당화하는 방법으로 보는 경향이 있었다. 만약 연구자가 다중의 자료원을 통해 듣고, 그것이 행해지는 것을 보며 다른 공동연구자가 같이 보고 같이 들었다면 연구자가 보고 들은 방식에 대해 주장할 때 확신을 느낄 수 있다는 논리이다. 논리적 경험주의 관점에서는 *정말* 있는 그대로 기술하는 것이 중요하다. 그러나 해석주의에서는 어떤 상황이나 장소의 *진실*을 추구하는 게 아니라 모든 가능한 관점과 맥락을 이해하려

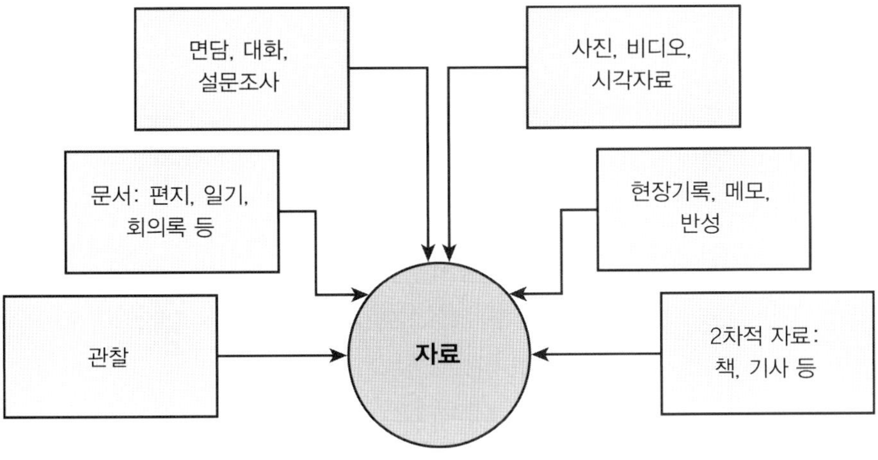

[그림 2.4] 질적 자료의 생성

고 애쓸 뿐이다.

그렇다면 왜 연구자들이 하나 이상의 자료 수집 방법을 사용할 것을 강조하며 질적 연구자들이 삼각기법을 계속 사용하는지 의문을 가질 수 있다. Gibbs(2007)는 두 가지 좋은 이유를 제시한다: "제한점을 드러내거나 다른 견해가 있을 수 있는 상황에 대한 해석과 다른 관점에 있어 연구자가 실수를 저지를 수 있는 가능성은 언제나 존재한다." 그리고 사람들이 말하는 것과 행동이 일치하지 않을 때 "자료의 삼각기법 유형(예를 들면 면담을 하고 또 행동을 관찰하기)은 유용하다. … 정보가 잘못되었다거나 면담에서 거짓된 내용을 말한다기보다는 사람들이 언제나 일치된 행동을 보이지 않는 사회적 실재의 새로운 차원을 드러내기 때문이다"(p. 94). 불일치는 상황의 복잡성을 드러내는 데 도움을 주기도 한다. 다중의 자료 수집 방법이 질적 연구에서 흔한 형태의 삼각기법이긴 하지만, 다중적 종류의 자료원(예를 들면 교사들만이 아닌 학생들과 부모들 모두 포함시키기), 다중적 연구자들, 다중적 이론적 관점을 포함할 수 있다. 각각은 더 깊은 해석과 이해를 도와준다. 일부 연구자들은 삼각기법이라는 용어 대신엔 *절정(crystallization)*이라는 용어를 사용해서 타당도와 연관되는 데에서 벗어나 "세상에 접근하는 '3면' 이상이 있음을 인식"(Richardson, 1994b, p. 522)하자고 주장한다.

질적 연구에서 가장 자주 사용되는 자료 수집 기법은 관찰, 면담과 문서 수집이다. 각각의 자료 수집 기법이 다양하게 사용될 수 있지만 보다 자주 사용되는 방법이 있다. 예를 들면 관찰을 할 때 어떤 연구자들은 비디오 녹화를 사용해서 상호작용을 다시 보고 천천히 보고 정지 화면으로 본다. 그러나 많은 연구자들은 그들의 감각에 의존하여 펜을 사용해서 현장기록지에 상호작용을 기록한다. 일부 연구자들은 카드, 사진 등을 면담에서 특정 정보를 끌어내기 위한 자극으로 활용하지만 대부분 연구자들은 면담에서 질문만 던진다.

이런 자료 수집 기법은 이후 장에서 더 자세히 설명할 것이다; 여기에서 중요한 점은 이상적으로 질적 연구자들은 하나의 기법보다는 기록과 자료 생성을 위한 기법을 혼합해 사용하는 것이 이상적이라는 것이다. 이는, 예를 들어 면담에만 의존해서 진행된 연구의 유용성을 반박하고자 함이 아니라, 일반적으로 자료 수집 방법의 개수가 많아지면 자료가 더 풍부해지고 연구 결과가 다면적이 된다는 것이다.

어떤 기법을 사용할 것인가를 알려면 다시 한 번 당신이 연구를 통해 알고자 하는 것이 무엇인지 깊이 생각해야만 한다. 연구 문제가 다르다면 자료 수집에 있어서 다른 결과를 가져온다. 연구 기법의 대안들을 고려할 때 이런 기법을 선택하라: (1) 의문을 품은 현상을 이해하는 데 필요한 자료를 이끌어 낼 수 있는 기법, (2) 이슈에 다른 관점을 기여할 수 있는 기법, (3) 자료 수집에 쓸 수 있는 시간을 효과적으로 활용할 수 있는 기법. 다음의 예에서 레베카가 한 것처럼, 연구 계획서에 당신이 선택한 각 자료 수집 기법에 대해 기술하라.

1. *면담.* 면담을 이용하여 … 나는 각 개인의 우정 경험에 대한 이해를 탐색할 것이다. … 이전 부분에서 강조한 것처럼, 나의 연구는 계획과 철학 면에서 '타인들'을 공동학습자로 연구 속으로 끌어들여야 하고 신뢰와 래포에 기초한 관계를 발전시켜야 한다. … 나와 공동학습자들은 우리가 진행시켜 가는 동안 면담구조를 변경시키며 협력적으로 다중적 면담을 계획하고, 또다시 계획하여 면담을 할 것이다. 이런 면담을 거치면서 우리 관계가 발전될 것이므로 우리가 함께 나누는 정보의 질도 이 발전된 관계에 따라 발전될 것으로 기대한다.
2. *참여관찰과 문서 수집.* 여학생 한명 한명과 심층적인 사례연구를 하기 위해 나는 그들을 개인적으로만 면담하지 않고 그들의 친구들과도 가정, 학교, 다른 상황에서 시간을 함께 보낼 것이다. … 우정에 대한 대화를 할 것이고 가능하다면 그들의 상호작용과 대화를 보다 깊이 있게 분석할 수 있게 도와주

는 비디오카메라를 사용할 것이다. … 나는 그들이 저널 쓰기, 그림 그리기, 사진 찍기 혹은 그들의 아이디어를 충분히 표현할 수 있게 하는 다른 모든 매개체를 이용할 것을 격려할 것이다. 이 탐험을 시작하기 위해 나는 각 여학생들에게 … 우리 여정의 시작에 대한 저널을 주려고 계획하고 있다.

3. *개방적 "질문지".* 잡지 〈New Moon〉처럼 우리는 사례연구 참여 여학생들과 유사한 창의적 표현방법을 제안할 것이다. … 나는 여학생들에게 그들의 우정에 대한 느낌을 가장 잘 표현할 수 있는 글, 에세이, 그림, 사진, 콜라주 또는 그 밖의 창의적 형태의 무엇이든 나에게 보여 줄 것을 요청할 것이다.

자료 수집을 어떻게 할 것인지 감을 갖게 되었을 때 이제 연구자는 어디에서 연구를 진행하고 연구 참여자로 누구를 선정해야 할지에 대해 서술할 필요가 있다.

장소와 참여자의 선정

장소 선정

장소 선정에 관한 결정. 연구 장소 혹은 연구 장소들은 연구 진술에 기초해서 결정된다. 예를 들면 동료 한 명은 일본 회사가 백인이 우세한 미국 소도시로 이전했을 때 어떤 일이 일어났는지에 대해 연구했다. 그의 관심은 여러 군데의 중서부 소도시들에서 일어난 1년에 걸친 협상 동안 세속 커졌고, 1년 후에 어느 일본 자동차 기업이 이 소도시 중 한 곳을 기지로 선정했다. 그는 어느 곳을 연구 장소로 선정해야 할지 알게 되었다.

어떤 연구 문제는 구체적인 연구 장소를 요구하지 않는다; 단순히 어떤 구체화된 지리적 경계 내에 있는 장소를 요구하기만 한다. 예를 들면, 과거 몇 년 동안 생활보호를 받아 온 직업이 있는 미혼모 문제에 집중하는 연구라면 하나의 연구 장소를 선정할 필요는 없지만, 원거리를 다녀야 하는 부담으로 근처의 장소로 연구 참여자들을 제한하게 될 것이다. 레베카도 마찬가지여서 사춘기 여학생들의 우정과 발달에 초점을 두고 자신의 동네를 관찰과 면담 장소로 선정했다.

하지만 일반적으로 연구자들은 자료 수집을 위해 하나의 장소 혹은 그 이상의 장소를 선정한 근거를 설명할 필요가 있다. 어쩌면 당신이 탐구하고 싶어하는 현상은 어느 정도는 도처에 존재할 것이다. 당신은 표본의 장소를 선택했는가 아니면 전형적인 장소를 선택했는가? 어떤 준거로 표본의, 전형적인 혹은 다른 분류를 결정했는가? 시골 학교를 선정했다면 도시의 학교도 보아야 하는가? 얼마나 많은 장소를 선택해야 하는가? 이런 결정을 내리기 위해 당신은 연구 관심을 재고해 보고 당신이 알고자 하는 것이 무엇인지 심사숙고해야 한다. 또한 시험적으로, 예비로 잠정적인 장소 선정을 해 볼 필요도 있을 것이다.

내가 수행했던 대학 미술관 연구에서 연구 장소 결정에 관한 예시를 들고자 한다. 연구 문제 중 하나는 50여 년 전에 Kress 재단(이 연구의 스폰서)에서 기부한 예술 작품들이 어떻게 쓰여져 왔으며 이 기부가 어떤 차이점이 있었는지를 알아보는 것이었다. 따라서 잠재적인 연구 장소와 연구 참여자 집단은 이 재단에서 작품을 기증받았던 23개의 대학 미술관이었다. 우리는 가장 적극적이고 혁신적인 미술관으로부터 가장 많이 배울 수 있을 것이라고 생각했기 때문에 그런 곳을 선정하기로 결정했다. 그러고 나서 두 번째 연구 문제는 "전형적인 대학 미술관은 어떻게 학생들과 교수들의 학문적 삶 속에 통합되는가"(Glesne, 2013, p. 12)였다. 따라서 다음 단계의 샘플링 전략은 23개의 대학 박물관 중 어떤 곳을 우리가 정의한 적극적이고 형식적이며 교육과정에 통합된 전형적인 곳으로 분류할 수 있을 것인가였다. 이 전략은 "뛰어난 성공 혹은 주목할 만한 실패처럼 비범하거나 특별한 정보가 풍부한 사례를 선정"(Patton, 2002, pp. 230-231)하는 "극단적 사례" 표본 추출이 될 수 있다. Kress 재단의 작품을 소장한 대학 미술관 직원들에게 편지를 보내 연구 참여 의사가 있는지 물어보고, 자신이 일하고 있는 미술관이 학술적, 교육과정 이외의 참여 측면에서 전형적인지, 미술관이 어떤 노력을 해 왔는지에 관한 정보를 보내 줄 것을 요청했다. 요청에 응답한 미술관은 13곳이었다. 이 중 한 군데의 미술관을 예비연구 장소로 선정했다. 11군데의 미술관은 모범적인 기관임을 보여 주는 설득력 있는 증거들을 보내 주었다.

금전적, 시간적 제약 때문에 우리가 11개의 미술관 모두를 직접 방문할 수가 없었으므로 유사한 맥락(사립대학, 공립대학, 같은 지역)이나 다양한 요소(시골과 도시, 대규모 대학, 소규모 대학)에 따라 선택해야 했다. 관련 문헌을 읽다 보니 사립, 공립과 같은 여러 가지 요소들이 대학 내 미술관의 위치에 영향을 미칠 수 있음을 알게 되었다. 따라서 우리는 대학 미술관에 영향을 주는 요소를 고려해 5개의 사례를 선정하는 *최대 변이 표본 추출(maximum variation sampling)*을 사용했다: 사립/공립 대학, 대규모 /소규모 대학, 시골/도시 지역. 우리의 의도는 가급적 최대한 다양한 장소의 미술관을 포함시키는 것이었다. 이 장소 선정 과정에서 우리는 Andrew W. Mellon 재단에서 수년간 많은 대학 미술관에 교육과정 참여를 높이기 위한 지원금을 주었음을 알게 되었다(Goethals & Fabing, 2007). 우리는 이런 지원금을 받지 못한 대학도 포함시키기 위한 노력을 하기로 했다. 이런 결정은 우리가 최종적으로 다섯 곳의 장소를 결정하도록 했다. 그러나 아직 끝난 것이 아니었다. 몇 군데 장소의 지리학적 근접성과 간곡한 편지 때문에 우리의 연구는 두 곳의 장소를 포함하도록 확장되었다. 그런 다음 각 연구 장소에 우리의 방문을 알리고 방문 날짜를 잡게 되었다.

이것은 큰 규모의 질적 연구였다. 대부분의 연구자들은 이렇게 지역적으로 광범위하고 여러 기관을 포함하는 연구를 하지 않을 것이다. 그러나 연구자가 원하는 범위에 따라 여러 곳의 연구 장소를 방문할 계획을 세울 수도 있다. 미술관 연구에서 사용된 표본 추출 전략은 연구 참여자 선정 부분에서 보다 자세히 설명될 것이다. 전략들은 연구 장소와 연구 참여자 선정에 적용될 수 있다. 그러나 전략에 대한 설명을 하기 전에 나는 당신이 일하는 학교처럼 친숙한 장소를 선정하는 문제를 먼저 이야기하고자 한다. 이 주제에 대해서는 깊이 논의될 텐데 초보 연구자들이 연구 장소로 자신의 뒤뜰을 자주 정하기 때문이다. 뒤뜰연구에 장점이 있지만 단점도 존재한다.

뒤뜰연구. 연구자들은 종종 자신의 기관이나 에이전시를 연구하는 **뒤뜰연구(backyard research)**에 끌린다. 뒤뜰연구를 하는 데는 여러 가지 이유가 있다: 상대적으로 쉽게 접근할 수 있다; 래포 형성을 위한 기본이 이미 형성되어 있다; 직업상 혹은 개인적인 삶에 연구가 유용하다; 다양한 연구 단계에서 필요한 시간과 돈을 절약할 수 있다. 초보 연구자로서 뒤뜰연구를 시작하고 싶은 유혹을 받을 수 있지만 당신이 익숙한 공간에서 관계를 맺고 책임지는 것으로 인해 발생할 수 있는 문제들에 대해 충분히 인식해야만 한다.

연구 장소에서 사람들과 연구 이전에 쌓았던 경험이 특정한 유형의 상호작용에 대한 기대를 갖게 함으로써 효과적인 자료 수집에 방해가 될 수도 있다. 당신이 연구자로서 새로운 장소에 들어가게 되면 당신과 상호작용하는 사람들에게 당신은 "연구자"가 된다. 연구 참여자들이 때로 당신에게 다른 역할을 부여하기도 하지만 그것이 당신의 역할이다. 당신의 뒤뜰을 연구하게 되면 당신은 이미 어떤 역할—교사로서, 교장으로서, 사례 담당자로서 또는 친구로서—을 가지고 있다. 기존의 역할에 연구자로서의 역할을 추가하게 되면, 당신이나 주변의 사람들은 특정한 순간에 당신이 어떤 역할을 하고 있는지 혹은 어떤 역할을 맡아야 하는지 혼동을 경험하게 된다.

예를 들면, 캐롤린(Carolyn)은 신체적 장애가 있는 아이들에게 관심이 있었기에 자신이 살고 있는 지역사회의 특수교육 감독자들을 면담했다. 사실 캐롤린 자신도 장애아의 엄마였다. 캐롤린은 자기가 면담한 사람들에 대해 이렇게 말한다. "그 사람들은 나의 연구자로서의 역할과 장애아를 둔 부모로서의 역할을 분리시키지 못하더라구요." 그녀의 질문에 신중하게 답변하기보다는 이렇게 말했다는 것이다. "글쎄, 내가 꼭 말로 하지 않아도 당신이 어떤지 알잖아요." 또는 "예전에 그것에 대해서 말했었잖아요."

고든(Gordon)은 그의 학교에서 학생들을 면담하는 예비 프로젝트를 수행했던 교장이다. 그는 뒤뜰연구와 연관된 또 다른 문제점의 예시를 보여 준다.

> 아! 초보 연구자의 순진함이라니! 나는 나와 가깝고 소중한 주제를 선정했다고 똑똑하다고 젠 체하면서 연구를 시작했다. 뭐가 어려울 것인가? 나는 작은 지역사회에서 잘 자리잡은 명망 있는 사람이었다. 교장들은 학생들의 성취에 대해 연구하도록 되어 있다. 나는 교실을 방문해서 교육 프로그램의 활동들이 학생들의 향상을 가져왔는지 면담해야 할 직업적 의무와 권리가 있었다. 나는 각 참여자들을 개인적으로 알고 있었고 교사들은 나를 존경했으며(교사 대부분을 내가 고용했다), 나에게 스케줄에 대한 통제권이 있었다. 가장 좋았던 점은 내가 학교의 주요 문지기였다는 사실이다. 나는 관찰과 면담을 쉽게 할 수 있는 기회, 권리, 자원이 있었다. 도대체 잘못될 것이 무엇이란 말인가?
>
> 글쎄, 여러 가지 일이 있었다. 우선 교장으로서 나는 학교 건물에 있는 동안 언제나 근무 중이었고 내가 질적 연구를 하고 있다는 이유만으로 문제들이 사라져 주지는 않았다. 따라서 관찰을 하고 면담을 하려는 나의 좋은 의도는 화난 학부모들, 개인 문제를 지닌 학생들, 망가진 보일러, 변덕스러운 버스에 의해 박살나 버렸다. 둘째로, 교장으로서 나는 아이들의 교육을 어디에서라도 보호할 의무가 있었다. 그렇다면 아이들 절반이 낙제생이라고 간주되는데 그들을 수업에서 빼내와 성취에 대한 면담을 하는 것을 어떻게 정당화할 수 있단 말인가? 셋째로, 나는 학교의 주요 규율가로서 내 참여자 중 두 명의 학생과 장기간의 훈계과정에 있었고

> 그들을 면담할 수 없었기에 중요한 자료를 잃어 버리게 되었다. 마지막으로, 교장으로서 나는 교사들과의 래포를 망쳐서는 안 된다는 압력을 받았기에 내가 해야 할 것 이상으로 문제를 일으키지 않으려고 했다. 나는 학생들의 낙제에 대한 교사들의 견해를 물어보지 않음으로써 중요한 자료를 놓쳤다고 생각한다.
>
> 여기에서 무엇을 배울 수 있었나? 우선 나는 연구를 하기 위해서라면 집에서 멀리 떨어지는 것이 좋은 생각이라는 것을 깨달았다. 최소한 당신 직업의 역할이 당신의 연구 활동을 방해하지 않을 정도로는 멀리 떨어져서 시작되어야 한다. 둘째, 연구 대상자들과 감정적으로 너무 가깝지 않은 곳에서 연구를 수행하여 연구 계획이 뒤틀리지 않도록 하라. 당신이 이전에 일하지 않았던 곳이나 오랫동안 살지 않았던 장소가 좋을 것이다.

고든이 밝힌 접근성과 스케줄의 문제 이외에도 뒤뜰연구는 쉽게 복잡해질 수 있다. 정치적인 책임이 주어진 상황에서는 연구 참여자나 연구자가 상처받기 쉽다고 느낄 수 있다. 예를 들면 앤(Anne)은 지역 학교의 특정 교육 컴퓨터 프로그램 사용에 대해 탐구하기로 결정했다. 그녀가 연구 시작 전에 예측하지 못했던 것은 그녀의 보스를 포함한, 학교에서 프로그램을 지키기 위해 고용된 사람들이었다. 그녀는 이렇게 말한다. "그는 내 분석에 불쾌해했다. 나는 이제 내 분석을 편집해서 원본보다 덜 심층적이고 누그러뜨린 버전으로 만들어야 한다. 나는 연구의 정치적 결과를 순순히 받아들인다. 그리고 나는 내 '뒤뜰'에서 연구를 해서는 안 된다는 것을 배웠다." 면담은 자주 *위험한 지식(dangerous knowledge)*이라고 불리는 혹은 특히 내부자들이 지니기엔 정치적으로 위험한 정보를 찾아낸다. 이런 문제들은 뒤뜰연구에만 제한되는 것은 아니지만, 뒤뜰연구에서 빈번히 발생하는 것으로 보인다. 연구를 마치는 것 역시 다른 장소에 비해 뒤뜰연구에서 더 어렵다. 익숙하지 않은 지역에서의 현상을 연구할 때 연구자는 연구 참여자들과는 평생 연락하고 살더라도 연구한 마을, 에이전시, 문화를 결국 떠나게 된다. 하지만 연구자가 연구자로서의 역할을 수행하면서 "위험한 지식"을 알게 되어서 그곳을 떠나고 싶어할지는 몰라도, 연구자는 통상 "뒤뜰"을 떠나지는 않는다.

일반적으로 이와 같은 뒤뜰연구에 반대하는 경고들은 연구자가 주요 탐구자가 되는 질적 연구에도 적용된다. 그러나 실행연구와 교사연구의 경우에는 상황이 다르다. 참여적 실행연구, **교사연구**, 그러나 협력적 연구를 포함한 다양한 형태의 실행연구는 "뒤뜰"연구일 때 가장 잘 진행된다. 그 이유는 어떤 종류의 변화에 대한 지향성과, 동의된 목적, 그리고 연구의 협력적 성격 때문이다. 얻어진 지식이 집단 전체로 배우고 새로운 방향을 형성하는 개방된 지식이다. 연구자가 프로그램 혹은 조직에 속해 있기 때문에 업무의 효율성에 기여하는데, 이는 연구가 일반적으로 더 장기적이고 변화지향적 과정에 기여하기 때문이다. 실제적으로 실행연구는 연구에 관련한 사람들이 필요한 변화를 만드는 데 시간과 노력을 가장 많이 내기 때문에 당신이 한 조직의 일부가 아니면 실행하기가 힘들다.

뒤뜰연구는 아주 귀중하지만, 잠재적인 난관을 잘 인식한 상태에서 시작되어야 한다. 질적 연구 수업에서는 종종 기말과제로 예비연구 프로젝트가 포함되기도 한다. 당신이 이미 알고 있는 사람들에게 접근하고 그들과 이야기를 나눈다는 명백한 용이성 때문에 당신은 학기 연구 과제를 위해 파트너나 친구들과 면담하는 프로젝트를 계획하고 싶을지도 모른다. 이런 선택을 한 것은 이해할 만하지만, 당신이 타인들 혹은 당신이 잘 알지 못하는 사람들 속으로 들어가는 프로젝트를 만든다면 질적 연구와 새로운 주제에 대해 더 많이 배울 것이다.

연구 참여자와 관찰을 위한 장소 선정

대부분의 연구 상황이 모든 사람을 면담하거나 주제와 연관된 모든 것을 관찰하기에는 너무 광범위하기 때문에, 당신은 사람, 사건, 시간을 선택하는, 정당화할 수 있는 선정 전략을 짤 필요가 있다. 양적 연구에서 자주 사용되는 전략인 임의 표본 추출은 일반화를 이끌어 낼 수 있는 대규모의, 통계적으로 대표성 있는 표본 선정에 적합하다. 질적 연구자들은 대개 임의 표본 추출이 의미 있을 정도로 큰 모집단을 연구하지도 않을 뿐만 아니라 일반화 도출이 그들의 목표도 아니다. 그보다 질적 연구자들은 그들의 사례들 하나 하나를 *목적성 있게(purposefully)* 선정하는 경향이 있다. "목적성 있는 표본 추출의 논리와 힘은 … 깊이 있는 연구를 위한, *정보가 풍부한* 사례의 선정으로 이끈다. 정보가 풍부한 사례로부터 연구자는 연구 목적에 매우 중요한 이슈들을 많이 배울 수 있다 …"(Patton, 2002, p. 46).

Patton(2002)은 16가지의 목적성 있는 표본 추출 전략을 밝히고 설명했다. 그림 2.5에 이런 전략의 몇 가지 예시를 제시했다. 연구자가 알고 싶어하는 것이 무엇인가를 생각하게 하고 이에 따라 연구자가 표본 추출에 대해 결정하도록 이들 전략의 대부분은 여기에 예시되어 있다. 당신이 선택한 각 전략은 특정한 종류의 사람들과

전형적 사례 표본 추출	전형적이고, 정상적인 것을 예시하고 강조함
극단적 또는 표준에서 벗어난 표본 추출	졸업식에서 고별사를 읽는 우수 학생과 고등학교 중퇴자; 혹은 남극대륙에서 일하는 여성과 학자와 같이 어떤 측면에서 특이하고 비범한 사례를 선정함. 양극단에서 사례 선정.
동질적 표본 추출	집안에서 처음으로 대학교육을 받은, 노동계층에서 성장한 여교수들에 대한 연구에서처럼 한 하부집단을 기술하기 위해 유사한 모든 사례를 선정함(Clark, 1999).
최대 변이 표본 추출	환경 교육 프로그램에 등록한 다른 인종적 배경을 가진 학생들과 같이 어떤 범위를 가로지르는 사례를 선정함. 큰 변이에서의 공통적 유형을 찾으려고 함.
이론적 표본 추출	연구에서 이론적 구성 개념을 발전시켜서 사례, 참여자, 사건, 활동 등을 선정함. 근거이론과 연관성이 있지만 해석적 전통의 연구자들도 사용함.
눈덩이, 체인, 또는 네트워크 표본 추출	연구 관심에 부합하는 사람들을 아는 사람들로부터 잠재적인 사례에 대한 지식을 얻음. Wright와 Decker(1997)는 무장강도행위를 활발히 하고 있는 남녀를 찾기 위해 이 접근법을 사용함. 눈덩이 표본 추출은 당신이 원하는 연구 참여자들을 찾을 다른 방도가 없을 때 유용하지만 그 자체가 언제나 참여자 선정에 있어서 충분한 전략이 되는 것은 아님.
편의 표본 추출	편의성에 근거한 사례 선정. 이 전략은 신뢰성(convenience sampling)이 낮기에 "연습" 외에는 적당하지 않음.

[그림 2.5] 연구 장소와 참여자 선정 전략

출처: M. Q. Patton. (2002). *Qualitative research and evaluation methods* (3rd ed.). Thousand Oaks, CA: Sage.

장소로 당신을 이끈다. 각기 다른 표본 추출 전략은 연구자의 주제에 대해 다른 것을 배우게 한다.

논문지도 위원회나 연구지원금을 제공하는 기관에서는 연구 계획서에서 얼마나 많은 어떤 상황들을 관찰할 것인지뿐만 아니라 얼마나 많은 어떤 사람들을 면담할 것인지에 대해 분명하게 기술할 것을 기대하는 경우가 종종 있다. 따라서 연구자는 복잡한 선정 준거 도표를 만들고 싶을 수도 한다. 주요 사회적 성층의 준거에 대해 생각하는 것이 시작점으로 좋긴 하지만, 연구에 있어서 인종, 성별, 사회경제적 계층, 교육수준, 연령과 같은 변수들의 통합에 지나치게 몰두하지는 말아야 한다. 문헌과 당신의 경험에서 특히 중요하다고 생각하는 범주들만 선정하고 표본 추출 전략은 자료를 생성하면서도 다듬어진다는 것을 기억하라.

예를 들면, 캐롤(Carol)이 중년 미망인들의 여가생활 유형에 관한 연구를 시작했을 때, 그녀는 사회계층, 교육수준, 고용상태, 이용할 수 있는 지역의 여가생활 옵션이 여가생활에 영향을 미칠 것이라고 가정했다.

이런 특성에 따라 연구 참여자 선정을 다양화하는 것이 그녀의 주제에 대해 더 많이 알 수 있게 도울 것이다. 그럼에도 불구하고, 캐롤은 자료 수집을 시작하면서 배우자를 잃은 지 얼마나 되었는지와 같은 다른 준거들이 여가생활에 영향을 미친다는 것과 이런 특성들을 연구 참여자 선정 전략에 포함시켜야만 한다는 것을 알게 되었다. 캐롤은 현장에서 시간을 보내면서 모든 중년 미망인들의 여가생활 유형을 이해하기에는 너무나 많은 변이가 있다는 것을 알게 되었다. 그녀는 초점을 한 그룹으로 좁혔다: 고졸의, 직장을 가진, 최근에 남편을 잃은 도시의 여성. 그렇게 함으로써 참여자 선정을 단순화할 수 있었고 상당히 동질적 집단의 여가생활 행동 속으로 깊이 들어갈 수 있었다. 연구 계획 단계에서는 이상적이라고 여겼던 것들이 유용하면서도 실행할 만한 것으로 바뀐 것이다.

레베카도 이해의 폭보다는 깊이를 선택했기 때문에 상당히 동질적인 표본 추출 전략을 선택했다. 그녀는 사춘기 여학생 참여자들을 선정한 당위성을 이렇게 설명했다.

> 나는 여학생들의 우정과 자아 발달의 교차점에 대해 광범위하게 연구하는 것보다는 기초적 이해를 얻는 것에 더 관심이 있다. … 이 문제를 이해한 후에 광범위한 여학생들에게 어떻게 적용되는지로 이동할 수 있을 것이다. …
>
> 내 연구에서는 상당히 어린 여학생들과의 관계 맺기가 필요하다. 접근의 폭을 넓히기 위해서는 여학생 가정의 적극적 지지와 협조가 필요할 것이다. 이런 사항들을 고려한바 나는 이 사례연구를 위해 내 학문적 관계 범위 내에서 이미 알거나, 어느 정도 아는 여섯 명의 여학생을 선정했고 각 여학생에게 가장 친한 친구를 연구에 참여시킬 것을 요청할 것이다. … 비교적 동질적인 범위의 여학생과 관계 맺는 것은 사회경제적 지위, [가족의] 교육, 중요한 가족 차이 등과 같은 요소에서 오는 혼동을 줄이고, 나로 하여금 그들의 우정과 자아 개념의 집합적 이해를 기술할 수 있도록 할 것이다. 그러나 비록 이 범위의 여학생들을 선정하는 것이 여학생들의 우정을 기술하는 것에 대한 나의 이해를 깊이 있게 할 수는 있지만, 다른 한편으로 다양성을 잃을 수 있다는 것을 깨달았다.

레베카의 이야기가 말해 주듯, 폭과 깊이를 다 추구할 수는 없다. 얼마나 많은 사람을 면담해야 하는가? 얼마나 많이 관찰해야만 하는가? 언제 그만두어야 할지 어떻게 아는가? 여기에 마술 같은 수치는 없다. Morse(1994, p. 225)는 문화기술지와 근거이론 연구를 위해 30~50회의 면담을 실시하라고 제안한다. 이것은 레베카가 여학생들의 우정에 관한 연구에서 그렇게 했듯이 소수의 사람들과 반복적인 면담을 하거나 아니면 30~50명의 사람들과 면담을 하는 것을 의미할 수 있다. 연구자는 형식적 면담을 수행하기보다는 참여관찰 또는 다른 자료 수집에 더 비중을 둘 수도 있다.

피면담자 선정 이외에도 관찰 지역과 시간 선정에 관한 전략을 고려해 보라. 관찰 장소에 일상적인 흐름에 영향을 미치는 일시적인 활동기간이나 활동주기가 있는가? 만약 그렇다면 연구자의 관찰은 다른 경우뿐만 아니라 다른 주기의 기간도 고려해야만 한다. 이것이 관찰이 매일 일어나야 한다는 것을 의미하는 것은 아니지만 장소와 사람들만이 아니라 시간도 표본 추출되어야 한다는 말이다. 월요일에만 진행된 교실 관찰은 일주일의 다른 날에 한 관찰과 매우 다른 그림을 보여 줄 것이다. 9월의 교사와 학생의 상호작용은 12월의 상호작용과 사뭇 다를 것인데 미식축구 경기나, 댄스파티, 다른 중요한 이벤트가 일시적으로 학교를 들뜨게 할 것이기 때문이다.

깊이 있는 이해를 위해서라면 연구자는 소수의 사람들과 관찰 장소에서 오랜 시간을 반복적으로 보내야만 한다. 보다 피상적인 이해지만 더 넓은 폭을 위해서라면 많은 사람들과의 일회성 면담과 여러 군데의 연구 장소에서 적게 관찰하라. 질적 탐구에서 참여자 선정 전략은 설명, 해석, 이해—그리고 당신의 상상과 판단이라는 다중적 목적—에 달려 있다. 하지만 이론과 선행연구, 방법론적 틀, 개인적 직감, 예비연구에 기초해서 누구를 면담할 것인가에 대한 당위성을 밝혀라.

신뢰도와 시간을 위한 계획

신뢰도

연구를 계획하고 연구 계획서를 쓰면서부터 신뢰도에 관심을 기울여야 한다. *신뢰도(trustworthiness)*는 연구가 잘 수행되었는지를 평가하는 데 사용하는 기준이 무엇이며 연구의 엄격성과 질에 대한 경계를 말한다. Lincoln과 Guba(1985)는 질적 연구자들이 연구의 신뢰도에 기여하는 구체적인 전략을 제시했다. 이런 절차는 그림 2.6

기준	설명
장기적 참여 및 집중적 관찰	관찰, 면담, 다른 유형의 상호작용을 위해 현장에서 장기간에 걸쳐 시간 보내기
삼각기법	다중적 자료 수집 방법, 다중적 자료원, 다중적 연구자, 다중적 이론적 관점 사용하기
풍부하고 심층적 기술	관찰, 면담 전사본을 활용해서 묘사적으로 글쓰기를 함으로써 독자들이 연구자의 해석을 이해하도록 하기
부정적 사례 분석	연구자의 유형과 주제, 해석에 의식적인 부정적 사례와 비확증적 증거 찾기
참여자 확인	연구 참여자와 면담 사본, 분석적 사고, 최종 보고서의 초안을 공유함으로써 연구자가 연구 참여자의 생각을 정확히 묘사했는지 확인하기
연구자 편견과 주관성 명시	연구자 자신의 주관성과 이를 연구에 어떻게 이용하고 모니터할지에 대해 성찰하기
동료 연구자에 의한 조언과 지적	연구에 외부적 성찰과 투입 확보하기
감사 추적	연구 과정의 기록으로 연구와 관련된 모든 문서(현장기록지, 연구저널, 코딩 계획 등)를 조직하고 보관하기

[그림 2.6] 신뢰도 확보 전략

에 요약, 제시되어 있다. 신뢰도 기준은 주로 연구 방법, 자료 수집 기법, 분석, 해석과 연관된다. 이에 대한 기술은 연구 수행에 대한 읽기를 마치고 나면 더 잘 이해될 것이다. 따라서 앞으로 나올 5장과 7장에서 연구의 신뢰성과 관련된 용어와 실제에 대해 설명하겠다.

Guba와 Lincoln은 「4세대 평가(Fourth Generation Evaluation」(1989)라는 책에서 신뢰성 기준을 재평가했다. 이들은 "authenticity criteria"라는 구성주의적 연구의 목적과 결과를 반영하는 두 번째 가이드라인을 제시했다. 이 기준은 참여자가 연구 과정에서 학습을 재구성했는지와 혜택의 정도에 비중을 둔다. 변형과 변화를 지향하는 연구에 관심이 있다면 5장의 변형적 타당도에 대한 논의를 살펴보고 이 기준에 대해 더 알아보라.

시간 계획(Time Frame)

연구에 시간이 얼마나 걸릴지 확실히 알 수 없다. 연구자는 언제나 필요한 시간의 양을 실제보다 적게 어림하기 마련이다. 예를 들면 학교 위원회에서 연구자의 계획을 다루어 주기로 약속했던 날 밤 이에 대해 토론하지 않아서 학교에 접근을 허락받는 일이 오래도록 지연될 수 있다. 혹은 교사 모임이 취소되어서 교사들에게 소개되는 것이 지연될 수 있다. 사람들은 마지막 순간에 면담의 일정을 다시 잡기도 하고, 면담에 나타나지 않기도 한다. 예상치 못했던 모임이나 현장 학습은 관찰 계획을 변경시킨다.

질적 연구에서 계획한 것보다 오래 걸린다는 것은 기본이다. 일리노이 대학의 테리 데니(Terry Denny)는 학생들에게 각 단계가 얼마나 걸릴지를 생각해서 여기에다 2.5배를 곱하라고 조언한 바 있다. 수감자들의 교육 프로그램에 대한 교정 관리들의 태도를 연구했던 마크(Mark)의 경우엔 이보다 더 걸렸다.

> 나는 관리들을 접촉하고 면담을 정하는 데 기껏해야 하루나 이틀이 걸릴 것이라고 예측했다. 그러나 내가 첫 면담 일정을 잡고 마지막 면담을 정할 때까지 한 달 이상이 걸렸다. 나는 휴가, 결혼, 근무 교대, 심지어 근무지를 옮기는 관리들까지 계산하지 못했던 것이다. 원래 계획대로 진행된 면담은 단 한 번도 없었다. 한 관리자는 일손이 부족해서 계속해서 근무를 해야만 했다. 두 번은 관리들이 범법자들을 다른 시설로 이동시키라는 명령을 하달받기도 했다. 한 관리는 인력 부족으로 인해 수감자들이 옥외 여가활동시간을 즐기는 동안 평소 근무시간보다 한 시간 더 주변 울타리를 지키는 일을 해야만 했다. 다른 관리가 면담 중에 수감자들이 그들을 지키는 관리들보다 더 많은 자유를 누린다고 불평한 것은 당연한 일이다.

지연에도 불구하고 실망할 것은 없다. 그보다는 당신이 뒤뜰연구를 하거나 실행연구 혹은 협력적 연구를 하지 않는 한, 연구 참여자들의 삶에 있어서 당신의 존재가 외계인까지는 아니어도 외부자라는 것을 기억하라. 연구자가 불필요한 것은 아니지만 그렇다고 해서 타인들의 삶에 필수는 아니기에 없어도 좋은 것이다. 당신은 연구과제를 끝내기는 하겠지만, 대개는 당신이 기대한 것보다 더 늦게 끝날 것이다.

기관의 구조는 스케줄 계획에 영향을 미친다. 예를 들면 초등학교 환경과 고등학교 환경은 대학교 환경보다 구조화되어 있다. 시간을 구분하기 위한 벨소리의 계획은 연구자들이 누구를 면담하고 언제 관찰하고 또 얼마동안 관찰할지를 계획하는 데 도움을 준다. 기관의 체제 역시 응답자들이 가진 시간의 통제에 영향을 미친다. 일반적으로 기관의 위계에 있어서 보다 높은 위치를 가진 사람은 언제 그들이 자유 시간이라는 것을 밝힐 수 있는 더 큰 자율권을 가지는 듯하다. 그렇지만 그들은 약속을 재조정해야 하는 바쁜 사람들이기도 하다. 위계조직에서 지위가 낮은 사람들은 말할 수 있는 시간을 정하는 데 자율권이 별로 없다. 린(Lynn)이 대학 관리인들을 면담했을 때 그녀는 건물관리 매니저를 통해 일을 해야만 했다. 매니저는 스케줄을 잡고 관리인들에게 연구 의도에 대해 전달하고 면담을 위해 사람들을 보내 주는 일을 도와주었다. 그 결과 린은 매니저에게는 접근을 허락해 준 것에 대해 감사하고 인부들에게는 그들의 이야기에 대해 감사했지만 때로는 매니저와 인부들 중간에 낀 듯한 느낌이 들기도 했다. 이런 상황을 피하는 한 방법은 일하지 않을 때 사람들을 면담하는 것이겠지만 이 역시 다른 도전을 불러올 수 있다.

연구를 수행하는 데 필요한 시간을 예측하는 데 개개인의 연구자들이 직면하는 문제점들에도 불구하고, 예정표를 작성하는 것은 좋은 생각이다. 예정표를 만들어 봄으로써 연구의 예상 측면을 계산해 보고 각 단계에서 갖춰야 할 사항을 예상할 수 있다: 지켜야 할 약속, 써야 할 편지, 전화 걸어야 할 사람들, 방문해야 할 곳들. 자료 분석과 글쓰기가 자료 수집과 어느 정도 통합되긴 하지만 분석과 글쓰기 시간도 최소한 자료 수집에 계획된 시간만큼 잡아야 한다; 자료를 수집하는 것은 이를 이해하고, 종이에 글로 만족스럽게 써 나가는 것보다 상대적으로 쉽다. 마지막으로 예정표는 연구자가 선정한 연구 주제, 방법, 장소, 참여자의 실행가능성을 현실적으로 체크해 보는 기능이 있다—피할 수 없는 시간과 재정의 압박을 고려하면서. 그림 2.7은 학위논문을 위한 시간계획표의 예시이다. 이 시간계획표는 연구자가 고려해야 할 연구 단계의 가이드를 제시해 주며 각 과업에 얼마간의 시간을 배정해야 할지, 이에 대한 시간을 계획하게 한다.

모든 질적 연구 도구처럼 계획표는 융통성이 있어야 한다. 얼굴을 맞대고 하는 상호작용에서는 당신의 계획을 상당히 지연시킬 예측하지 못한 상황이 발생하기 마련이다. 한편으로는 이것이 좌절과 긴장감을 일으킨다고 볼 수 있다. 다른 면에서는 예측하지 못했던 것들이 연구자들이 탐험하는 세계의 일부가 되고, 연구자가 계획에서 벗어난 일들에서부터 배울 부엇인가에 개방되어 있다면, 더 좋은 자료와 그들이 연구하는 사람과 장소에 대한 더 나은 이해를 얻기 위해 이것을 이용할 수 있다.

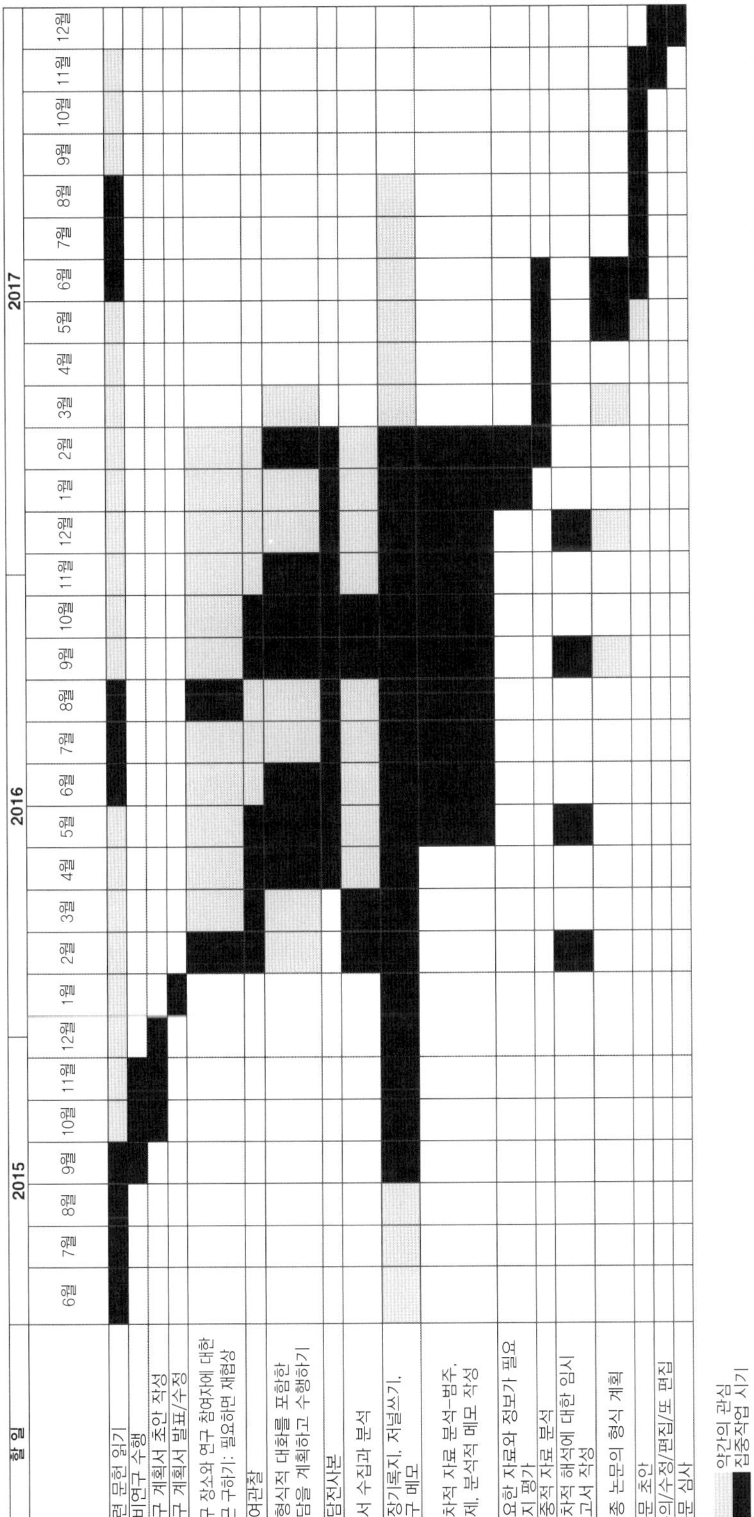

[그림 2.7] 학위 논문 일정표

연구 참여자 만나기: 접근, 연구 요약, 그리고 예비연구

접근을 허락받고 유지하기

잠재적 연구 장소와 연구 참여자들에게 접근을 허락 받기는 언제나 쉽지 않다. 예비 업무들을 해결한 상태에서 이제 연구자는 연구를 시작할 준비가 거의 다 되었다. 접근은 과정이다. 이것은 당신이 가고 싶은 곳에 가서 당신이 하고 싶은 것을 관찰하고, 당신이 이야기하고 싶은 사람과 이야기 나누고 당신이 요구하는 문서를 읽을 수 있는 이 모든 것이 얼마가 되었든지 당신의 연구 목적을 충족시키는 데 필요한 시간만큼 한다는 데 동의를 얻는 것을 말한다. 만약 당신이 완전하고 무조건적인 동의를 받았다면, 당신은 전적인 접근을 확보한 것이다. 당신의 접근이 어느 정도의 권한만 부여받는다면 당신은 연구 기대를 맞추기 위한 권한의 의미를 탐색해야만 한다: 연구를 재정의해야 하는가? 다른 장소를 선정해야 하는가?

만약 연구가 어떤 종류의 조직이나 기관을 연루시킨다면, 당신은 그곳의 **문지기(gatekeepers)**, 즉, 당신이 연구 장소에 들어가기 전에 동의를 받아내야 하고, 접근의 조건을 협상해야만 하는 사람(들)과 처음으로 접촉해야만 한다. 어쩌면 그곳에 여러 명의 다른 문지기가 있을지도 모르기에 접촉을 하는 것이 복잡한 일이 될 수도 있다. 예를 들어 특정한 초등학교를 연구하고 싶다면 당신은 교장, 관리인, 학교 위원회 중 누구를 가장 먼저 만나겠는가? 어디에서든 시작할 수 있지만 직급이 가장 높은 사람에서 시작하는 것은 낮은 직급의 사람의 거부로 인해 허락이 무효가 될 수 있기에 위험하다. 또한 상부에서 허락을 얻는 것이 위험한 다른 이유는 낮은 사람들이 협조할 것을 명령받은 듯한 기분을 느끼거나 아니면 당신이 어떤 식으로든 여러 파벌 중 하나와 정치적으로 관련되어 있다고 생각할 수도 있기 때문이다. 그렇기 때문에 사람들과 친하고 내부 정치에 대해 알고 있는 내부인을 아는 것은 접근에 대한 결정을 내릴 때 적절한 조언을 해 줄 수 있어 큰 도움이 된다.

만약 당신이 어떤 조직적인 구조와 무관한 개인들에게 관심이 있다면 당신은 이런 잠재적 연구 참여자와 직접 접촉해야만 한다. 문지기든 개인들을 계속해서 만나든지 간에 당신은 사람들이 이렇게 말하도록 만들어야만 한다. "네, 당신 연구 흥미있겠네요." 이와 같은 반응은 당신의 연구가 연구 참여자와(혹은) 지역사회에 어떤 방식으로든 혜택을 줄 때 나올 가능성이 있다. 문지기나 잠재적인 연구 참여자들이 알고 또한 존경하는 중개자에 의해 소개될 때 접근을 허락받을 가능성이 높다. 어떤 사람들은 당신이 누구인지 비공식적으로 알아내고 당신이 주위에 있는 것을 신경 쓸 것인지 등을 확인할 것이다. 중개인이 없다면, 아니 어떤 경우엔 중개인이 있는 경우에도, 연구 장소 내에서 사람들의 접근 승인을 받는 성공률이 가장 높은 좋은 방법은 처음에 함께 시간을 보내는 것이다. 단지 근처에 있고, 활동에 참여하고, 비공식적으로 그들과 이야기를 하는 것은 사람들에게 당신과 친숙해질 시간을 제공하며 당신이 괜찮은 사람이라는 것을 알 수 있도록 해 준다.

문지기 혹은 문지기들을 만날 때에는 레이 서머리(다음 절에 나옴)를 제시하고 문지기의 걱정과 요구에 귀 기울이고 반응하며 전반적인 이슈들을 명료화하도록 준비하라. 당신의 자료—관찰 기록지와 면담 전사본—는 당신의 것임을 분명히 하라(혹은 면담한 사람의 것임을): 당신이 약속한 익명성과 비밀보장성을 지키기 위한 소유권을 주장하라. 당신이 줄 수 있는 것에 대해 확실하게 하라. 이것은 참여자가 리뷰하고 평할 수 있는 초안, 최종 보고서 혹은 연구 참여자의 문제에 대한 상담 등과 같이 참여자의 기대를 만족시킬 연구자의 책임과 관련이 있다. 마지막으로 질적 연구의 발현적 가능성에 대해 분명히 해두어라. 다시 말해 문지기는 연구 과정에서 연구자나 참여자에 의한 새로운 토론을 필요로 하는, 새로운 이슈가 떠오를 수 있음을 이해해야만 한다. 접근을 허락받는 것은 초기에 할 일이다. 접근을 유지하는 것은 또 다른 문제이다; 연구 과정에서 연구자와 연구 참여자 양쪽의 필요성과 기대에 따라 변화가 생길 수 있다.

연구자가 아무리 최대한 신경을 쓴다고 해도 거부당할 수 있다. 연구 장소 방문에 대한 요청, 면담하자는 요청, 교실에 들어가겠다는 요청 또는 모임에 참석하겠다는 요청에 대해서 부정적인 반응을 대면하는 것에 과민반응하게 되고 편집증적 증상을 갖게 되기 쉽다. 비록 부정적인 반응이 실제이긴 하지만, 그렇다고 해서 연구를 수행하게 되지 못할 것이라고 결론 내리지는 말아라. 거부가 당신이 한 어떤 일이나, 할 수 있었던 어떤 일과는 전혀 무관할 수도 있지만, 그럼에도 불구하고 이것은 당신이 하고 있는 일에 대해 반성하라는 신호, 그리고 어쩌면 당신의 접근법을 재고하라는 신호이다.

때로는 접근을 거부당하는 것이 학교에서 특수아의 포함을 예비연구한 로나(Lorna)의 경우에서처럼 좋은 결과를 낳기도 한다.

나는 애초에 두 군데 이상의 학교를 관찰하고 싶었었다. 아마도 이 생각은 완전히

> 비현실적이었나 보다. 왜냐하면 나는 이 프로젝트의 모든 측면에 소요되는 시간을 아주 과소평가하고 있었기 때문이다. 하지만 나는 즉각 상당한 접근 문제에 직면하게 되었다. 나는 한 학교를 관찰할 수 있는 허락을 교장에게 받지 못했다. 비서 이상의 사람과 통화할 수도 없어 여러 번의 통화시도에 나는 좌절할 수밖에 없었다. 마침내 나는 포기했고 다른 두 개 학급에 집중했다. 모두 다 관찰했다면 나는 지나치게 많은 자료의 홍수 속에서 괴로워했을 것이므로 이것은 "불행해 보이지만 좋은 일"이 되었다.

접근을 허락받는 데 시간을 주고 연구하고 싶은 장소에 접근하도록 최선을 다하라.

레이 서머리

접근 허락을 받는 과정에는 잠재적 연구 참여자를 위한 정보를 제공하는 편지 또는 사려 깊은 연구에 대한 요약을 만드는 것이 포함된다. 기관생명윤리위원회(Institutional Review Boards: IRBs)에서는 이 편지를 동의서를 포함하는 **레이 서머리(lay summary)**라고 부른다. 연구 요약은 당신이 누구인지, 당신이 하고 있는 것이 무엇인지, 당신 연구에서 연구 참여자들이 했으면 하는 역할이 무엇인지에 대한 설명을 돕기 위해 연구 참여자들에게 나누어 주는 연구에 대한 글로 쓰여진(혹은 구두의) 기술이다. 일반적으로 연구 요약에는 다음과 같은 부분들을 밝힌다.

1. 당신이 누구인지,
2. 당신이 하는 일이 무엇인지, 또 왜 그 일을 하는지,
3. 결과를 갖고 무엇을 할지,
4. 연구 장소와 참여자들이 어떻게 선정된 것인지,
5. 참여자들에게 있을 수 있는 위험 및 혜택,
6. 할 수 있다면, 연구 참여자와 장소의 익명성 및 비밀보호에 대한 약속,
7. 면담을 위해 얼마나 자주 만나길 원하는지, 얼마나 자주 관찰할 것인지,
8. 한 면담시간이 얼마나 될 것으로 예상하는지,
9. 관찰과 대화를 녹음하는 것에 대한 요청(노트, 오디오 녹음, 비디오 녹화).

연구 요약을 쓰는 하나의 방법이 있는 것은 아니다. 연구 요약은 연구자의 요구와 틀에 따라 달라진다. 그러나 연구자는 당신이 누구인지 연구에서 하고 싶은 바가 무엇이며, 왜 이 연구를 하려 하는지, 어떻게 연구를 진행하려고 계획하는지, 연구에서 얻은 정보로 무엇을 하려는지에 대해 최대한 분명하고 정직해야 할 책임이 있다. 연구 참여자들이 던질 "자료를 좀 봐도 될까요?" 또는 "최종 보고서의 복사본을 제가 받는 것인가요?" 이런 질문들에 대해서 준비하고 있어야만 한다. 당신이 줄 수 없는 것을 약속하지 말고, 이런 질문을 예상하고 적절한 대답과 설명을 준비하라.

다음은 레베카가 청소년 참여자들에게 제공한 연구 요약을 보여 준다.

당신은 여학생의 우정과 '자아'(당신이 누구이고 어떤 사람인가에 대한 아이디어) 발달에 대해 알고자 하는 연구에 참여할 것을 초대받았습니다. 이 연구는 내가 버몬트 대학의 박사과정 학생으로 하는 프로그램의 일부로 진행됩니다.

내가 당신에게 참여 요청을 하는 이유는 우정과 자아에 대한 당신의 생각과 느낌이 성장기 중 여학생들의 우정에 대해 내가 더 잘 이해하도록 도울 수 있다고 믿기 때문입니다. 이 연구를 하면서 당신이 받는 혜택은 당신 자신에 대한 새로운 것들을 배울 수 있고, 당신 같은 여학생들과 우정과 자아에 대한 생각과 느낌을 공유하는 것을 즐길 수도 있으며, 어쩌면 새로운 친구들을 사귀게 될 수도 있다는 것입니다. 게다가 당신은 본 연구에 참여하게 되면서 다른 사람들이 우정을 발전시키도록, 또한 자신에 대해 좋게 느끼도록 도울 수도 있답니다. 하지만 어떤 이들에겐 관계와 자기 자신을 어떻게 보느냐에 대해 말하는 것이 화나는 일이 될 수도 있다는 위험요소가 있습니다.

나는 당신이 이 연구에 참여하고 있다는 것을 아는 유일한 사람(당신의 부모님을 제외하고)이 될 것입니다. 당신이 준 정보를 사용할 때마다 나는 언제나 당신을 가명으로 밝힐 것입니다(당신이 원한다면 당신을 위해 사용할 이름을 정할 수 있습니다). 내가 당신을 면담할 때 면담을 녹음해도 좋겠느냐는 허락을 받게 될 것이고, 때로는 우리가 이야기했던 것이 무엇이었나를 잘 기억하도록 비디오를 찍거나 사진을 찍거나 노트에 기록할 것입니다. 테이프, 비디오, 기록지를 듣고 보는 것은 나 혼자가 될 것이고 내가 사용하지 않을 때는 열쇠가 있는 잠겨 있는 캐비닛에 보관할 것입니다. 이 연구를 마친 후에 모든 테이프는 파기될 것입니다. 그렇지만 나는 사진을 찍어 내 박사학위 논문의 프레젠테이션에 포함시키고 싶습니다. 내가 당신의 사진을 사용한다면 사진을 밝히기 위해 당신의 가명을 사용할 것이며 당신이 우정과 자아에 대해 말한 것과 당신 사진을 나란히 놓지 않겠습니다. 당신은 이 연구에 참여하는 동안 사진 찍는 것을 거부할 수 있습니다. 이 동의서의 끝부분에서 나는 당신이 사진을 찍고 사용하는 것을 허락하는지 여부에 체크하도록 부탁할 것입니다.

이 연구에 참여하는 것의 일부로 나는 당신과 함께 시간을 보내고 몇 주에 걸쳐서 대화를 나누게 될 것입니다. 처음에는 1~2시간쯤 당신과 둘이서만 이야기를 할 것이고 당신의 우정과 당신 자신에 대해 질문할 것입니다. 이 면담동안에 당신과 함께 이 연구에 참여했으면 하는 친구의 이름을 물어볼 것입니다. 당신 친구가 이 연구에 참여하도록 준비한 이후에 나는 당신과 당신의 친구 둘과 함께 이야기를 나누면서 당신의 우정과 당신이 우정에 대해 어떤 느낌을 갖는지 묻게 됩니다(약 1~2시간 동안). 그러고 나서는 당신과 당신 친구가 함께 무엇을 하고 무엇에 대해 이야기하는지를 내가 알 수 있도록 당신들과 함께 시간을 보낼 것입니다(당신들이 무엇을 하면서 편안해하는지에 따라서 달라지지만 모두 약 3~9시간이 될 것임). 이후에 나는 당신처럼 이 연구에 참여하고 있는 다른 여학생들을 모두 만나게 해서 한 그룹으로서 우정과 자아에 대해 이야기해 볼 것입니다(아마도 우리 집에서 피자파티 같은 형식으로 될 것 같아요—3시간 정도). 이것이 이 연구의 마지막이 될 것이지만, 내 계획은 이 시점에서 다시 여러분 모두와 이야기 나누는 것이 좋을지 아니면 여러분 중 일부만 다시 만날지 결정할 것입니다.

이 연구에 참여하지 않기로 결정하거나 시작한 이후 어느 시점에서든 그만둘 수 있다는 것을 알아야 합니다—이것은 당신의 결정입니다. 이 연구를 그만두겠다고 결정하더라도 당신이 추후 버몬트 대학과 접촉하는 데에는 아무 상관이 없을 것입니다.

6장에서 더 자세히 언급되겠지만, 기관생명윤리위원회는 주정부의 연구지원금을 받는 기관에서 행해지는 모든 연구에 대해서, 그 연구가 기금을 받는지 여부와 상관없이 검토 의무를 지닌다. IRB는 연구 참여자들이 연구에 참여하는 데 있어 혜택뿐만 아니라 잠재적 위험요소의 인식을 확실히 하는 책무를 갖고 있다. IRB는 일반적으로 전체적인 연구 설계를 평가하는 것 이외에도 레이 서머리, 동의서, 면담계획이나 다른 연구 "도구들"을 세심하게 살펴본다. Hatch(2002)는 그의 경험에서 나온 다음과 같은 유용한 조언을 해 준다.

내가 기관생명윤리위원회에서 근무하기 전에는 학생들에게 기관생명윤리위원회에 자세한 연구 계획서를 제출하게 했고 일부 대학에서는 사실 자세한 연구 계획

> 서 제출을 의무로 하고 있다. 기관생명윤리위원회에서 근무한 이후 나는 기관생명윤리심사위원회에에서 요구하는 바를 분명하고 이해하기 쉬운 언어로 제시하라고 조언한다.(p. 61)

특히, IRB 위원들은 연구 참여자들이 연구에 대해 잘 이해하고 연구 참여로 인해 발생할 수 있는 위험을 충분히 인식하고 연구 참여에 대해 자발적으로 동의했음을 확실히 하도록 한다.

예비연구

예비연구(pilot study)는 연구자가 예기치 못한 상황과 관점에서 배울 수 있도록 개방된 연구 실제를 돕는다. 연구자들은 본 연구에 들어갈 때와는 다른 마음가짐으로 예비연구를 하게 된다. 예비연구는 실제 자료 자체를 얻고자 하는 것이 아니라 당신의 연구 과정, 면담 문제, 관찰 기술, 그리고 당신 자신에 대해 배우기 위한 것이다. 예비연구를 레이 서머리가 적절한지 알아보는 데 이용하라: 너무 길거나 혹은 충분할 정도로 자세하지 않은가? 사람들이 알고 싶어하는 다른 사항은 무엇인가? 타인들이 당신의 연구에 대해 믿고 참여를 결정할 정도로 적절하고 광범위하게 정보를 주는가? 예비연구를 통해 당신의 언어와 질문내용, 면담의 전체 길이를 점검하라. 예비연구로 당신의 관찰 기술을 점검하라: 관찰되고 있는 사람들의 반응은 어떠한가? 어떻게 하면 그들을 더 편안하게 해 줄 수 있는가? 관찰하면서 관찰 기록지를 작성할 수 있는가 아니면 관찰이 끝난 이후에 기록해야 하는가? 면담 질문들에 대해 배우는 것이나 연구 장소의 특성에 대한 일반적인 감을 잡는 것보다 훨씬 더 모호한 것은 연구자가 그 장소에서 어떻게 존재할 것인가를 배워야 한다는 사실이다. 기관과 조직에 연구자가 알아야 할 규칙이나 기대가 있는가? 피해야 하는 금기사항이 있는가? 이 모든 측면은 연구자가 접근을 허락받고 이를 유지하는 데 도움을 준다. 예비연구의 의도를 응답자에게 분명히 밝히고 참여자들의 도움을 구하라. 예를 들면, "저는 이 질문들을 갖고 당신과 면담을 하고 싶습니다. 그리고 면담이 끝난 이후에 질문 그 자체에 대해 이야기해 보겠습니다: 질문이 얼마나 명료했습니까? 질문들이 적절했나요? 이외에 제가 질문해야 할 것이 무엇이겠습니까?" 등의 질문을 하라.

마지막으로 예비연구를 연구 주제 그 자체에 대한 정보를 얻는 기회로 이용하라. 연구 진술은 어떻게 지지되는가? 새로운 연구 문제가 떠오르는가? 연구 초점에 변화를 주는 것이 잘못된 계획을 했었다는 것을 지적해 주기도 하지만 새로운 배움을 주기도 한다. 캐롤은 예비연구를 마치고 "질적 연구는 트위스터 게임과 같다. 다이얼을 돌리고 어디엔가 떨어져 버린다."라고 말했다. 이처럼 변화에 개방적이 되어 연구자들, 연구 참여자들, 그리고 주제 간에 가장 좋은 연결을 맺는 것이 중요하다.

얼마나 많은 사람을 예비연구에 넣어야 하는가? 마찬가지로 구체적인 답은 없다. 수와 다양성은 연구자가 연구 주제, 연구 절차와 장소에 대한 정보를 제공할 뿐만 아니라, 일어날 수 있는 문제들을 탐색하기에 충분해야 한다. 예비연구의 결과를 가지고 연구자는 연구 진술, 연구 계획, 면담 질문, 심지어 당신을 표현해서 밖으로 내보이는 방식마저도 바꾸어야 할 수도 있다.

계획한 연구의 여러 측면을 시험하는 데 유용하다. 실제 연구의 실재와 가능한 한 가장 유사한 사람들과 상황을 예비 관찰하고 예비 면담하라. 이상적으로 예비연구 참여자들은 목표 모집단(target population)에서 뽑아야 한다.

연구 계획서를 작성하면서 당신의 연구 계획이 어떻게 예비연구의 영향을 받았는지 기술하지만 예비연구를 연구 자체로 간주하지는 말아라. "이전 연구(학생의 이름, 연도)에 따르면" 이런 방식으로 자신의 예비연구를 인용하는 학위논문을 본 적이 있다. 이처럼 예비연구에 기초한 주장을 할 수 없으나 예비연구가 어떻게 특정 집단의 사람들을 면담하고 어떤 주제를 탐색했는지를 보여 줄 수 있다.

이 장에서나 다른 연구 전 과제의 설명에서 연구자가 개인적으로 기대하는 바나 연구자가 예비연구 혹은 본 연구에서 자료 수집 이전에 해야 할 일에 대해 모두 다룰 수는 없다. 연구자는 포괄적이고 자세한 계획을 세우거나 철저한 계획을 세웠을 때 편안함을 느낄 수도 있다. 연구의 대부분에 적용되듯이 연구자는 자신에게 맞는 스타일을 찾을 필요가 있다. 연구 수행의 준비를 갖추는 것 자체는 목적이 될 수 없다. 3장과 4장은 참여관찰, 시각적 연구, 문서 수집, 면담과 같은 활동에 대해 다룬다.

추천하는 읽을거리

Maxwell, J. (2013). *Qualitative research design: An interactive approach* (3rd ed.). Walnut Creek, CA: Sage.

Schram, T. (2006). *Conceptualizing and proposing qualitative research* (2nd ed.). Upper Saddle River, NJ: Pearson Education, Inc.

연습문제

수업 연습

1. 이 연습은 연구에 대해 정통이 아닌 방식으로 접근해 보는 것이다—연구 참여자로부터 시작해서 '문제'를 찾아내기. 나는 이 연습을 연구를 하는 방법이 아니라 민족기술지 기법을 연습하는 방법으로 제안한다. 수업을 같이 듣는 학생들을 연구 참여자로 생각하라. 이제 각 학생이 전문성을 발휘할 수 있는 연구 진술문을 만들기 위해 협력하라. 연구 진술문을 분명하고 명확하게 구성하라. 예를 들면 파트타임 대학원생들이 어떻게 그들의 다중 역할을 인지하고, 처리하고, 우선순위를 부여하는지를 기술하고 분석할 수도 있다. 또는 대학원생의 교육에 있어서 '또래학습'의 역할에 대해 탐색해 볼 것을 결정할 수도 있다. 당신이 적절하다고 생각하는 질적 연구 진술을 전개하라. 이 진술문은 다음 장에서의 수업 중 연습의 기초가 될 것이다.

2. 연습문제 1의 연구 진술을 중심으로 잡고 3~5개의 연구 주제에 집중할 수 있게 돕는 연구 문제를 개발하라. 문헌 연구를 하려고 한다면 그것을 이끌 수 있는 개념적 맥락의 측면들을 쭉 적어 보라.

3. Maxwell(2013, pp. 30-31)의 질적 연구를 통해 얻고자 하는 다섯 가지 목표 범주를 살펴보라 "참여자를 위한 의미 이해; 참여자들에게 맥락이 끼치는 영향과 맥락을 이해하기; 과정에 적용되는 인과 관계의 설명. 수업시간에 학생들을 다섯 그룹으로 나눠서 이 목표를 하나씩 배정한다. 한 집단에서 배정된 목표와 잘 연결되는 연구 진술문을 만들어라. 비교해 보고 이야기를 나누어 본다.

개별 연습

1. 당신이 관심을 갖고 있는 연구 이슈에 대한 현재의 이해(working theory)를 그림으로 표현해 보라. 어떤 주요 개념이 이 연구 관심에 포함되며 서로 어떻게 연관되는가? 관련 문헌의 탐색에서 시작하라.

2. 연구 메모들을 작성해서 연구 진술문과 연구 목적 간의 차이를 찾아보라. 당신의 연구가 할 수 있는 바와 변화시킬 수 있는 것(연구 목적)에 대해 자문해 보라. 그러고 나서는 무엇을 이해해야 하는지 (연구 진술) 질문해 보라.

3. 당신의 연구 진술과 연구 문제들의 초안을 짜 보라.

4. Bill Roorbach(1998)는 은유에 대해 이야기하며 코미디언 Steve Wright를 인용했다: "내 마음은 강철로 된 덫과 같다: 녹슬고 37개 주에서는 불법인 강철 덫"(p. 126). 다음의 연습은 Roorbach의 글쓰기 연습에서 응용된 것이다.

   긴 문장으로 당신의 연구를 다른 어떤 것에 비교해 보라. 당신이 보기에 "명백한" 은유를 사용해도 괜찮다: 학교는 공장이다 혹은 새로운 프로그램을 실행하는 것은 건물을 짓는 것과 같다. 덜 명백한 은유를 사용해도 된다: 학교는 로데오와 같다 혹은 새로운 프로그램 실행은 낚시와 같다. 할 수 있는 만큼 최대한 은유를 확장하고, 연구 주제에 관한 질문을 제시해 보라. 다음은 Roorbach의 강철과 같은 마음에 대한 질문이다.

   > 당신의 마음이 강철로 만든 덫이라면 스프링은 무엇인가? 기계를 작동하게 하는 강철판은 무엇인가? 만약 동물이 생각이고 마음이 덫이라면 마음이 아이디어를 파괴하는가? 생각과 마음은 다른가? 생각은 야생을 방황하는가? 생각의 털은 무엇인가? 그리고 이에 대한 답을 해 보라: 트랩 라인을 달리는, 덫을 놓은 이는 누구인가? 체인은 무엇인가? 기둥은 무엇인가?(p. 126)

5. 연구 요약 혹은 잠재적 연구 참여자에 대한 정보를 제공하는 편지 초안을 적어 보라. 이런 편지를 참여자들에게 줄 정도의 확신을 갖기 위해 더 생각해 보고 배워야 할 것은 무엇인가?

제3장

그곳에 가 있기: 참여관찰, 문서, 시각적 연구를 통한 이해 증진

뜨겁고 고요한 한낮 이후에 찾아온 밤은 쾌적할 정도로 시원했다. 아이나(Ina), 일라이쟈(Elija), 마커스(Marcus)는 캐리비안 계곡에 있는 내 집에 막 들어왔다. 그들은 망고 리지(Mango Ridge)까지 '노래를 부르면서' 올라왔다. 미국에서 온 감리교 선교 그룹이 밤에 있는 선교를 위한 설교모임에 참석하고자 마을에 머물고 있었다. 이것은 일상적이 아닌, 많은 사람들이 모이는 경우였다. 아이나는 한 젊은 여성이 그에게 하나님을 구세주로 영접했는지 물어보았다고 말했다. 그는 그렇다고 대답하고 나서 구체적인 사항에 대한 질문을 받고 특정한 사항에 대해 대화를 나누었다. 세 친구 모두 이 말에 웃었고 다른 사람들은 사악한 행위와 회개에 대해 한 이야기들을 꾸며댔다.

나는 그들과 함께 웃었지만, 왠지 불편한 마음이 들었다. 캐리비안 계곡에서 몇 개월을 지낸 후, 나는 갑자기 내가 들은 이야기들 가운데 어떤 것이 진짜이고 또 무엇이 지어낸 것일까 하는 의구심이 들었다. 아이나, 일라이쟈, 마커스는 나와 처음에 대화를 나눌 때는 이름과 직업을 꾸며댔지만, 이제는 그런 짓을 하지 않는다고 나를 안심시켰다. 결국 나는 그들과 계곡에서 함께 살고 있다; 나는 '사실상 빈센트사람'이었던 것이다.

외국의 마을에 있든 우리 동네의 학교에 있든지 참여관찰은 "신뢰받는 사람"의 지위를 얻는 기회를 제공해 준다. 당신은 한 사회적 장소의 일부가 되어 행동의 유형, 예측했던 것뿐만 아니라 예상치 못한 것을 경험하게 된다; 연구 장소에서 관계의 질과 타인과의 책무성을 발달시키게 된다. 참여관찰은 이상적으로 자료 수집 기간에 걸쳐 계속되어야 한다. 참여관찰은 초기 단계에 특별히 중요한데, 이는 연구자에게 탐구의 적절한 분야와 건전한 연구자-피연구자 관계의 발전에 대한 정보를 주는 역할을 하기 때문이다. "맥락 안에서 행동, 제스처, 대화 혹은 감탄을 보지 않는다면 이를 어떻게 해독 혹은 풀어낼지 알 수 없다."(Lawrence-Lightfoot, 1997a, p. 41)는 말처럼 참여관찰은 진행하면서 그 중요성을 더 잘 알 수 있다. 참여관찰은 연구자를 연구 주제의 맥락에 놓게 한다. 또한 참여관찰은 연구자가 면담 질문을 만들고 관찰한 행동과 상호작용을 연결시키는 데 도움을 준다. 이 장에서는 참여관찰의 과정에 초점을 두고 문서, 인공물, 그리고 다양한 형태의 시각적 연구에 대해 알아볼 것이다.

참여관찰 연속체

*참여관찰(participant observation)*은 문제가 많은 용어이다. 첫째, 참여관찰이라는 용어는 다양하게 쓰인다(O'Reilly, 2005). 어떤 사람은 **현장작업**(관찰, 담화, 면담, 문서 수집)을 하는 전체 과정과 동일한 용어로 사용한다. 나를 포함해 일부 사람들은 면담을 하면서 연구자가 관찰을 하고 지역사회의 사회적 삶에 참여할 수 있다는 것을 인정하지만 참여관찰을 면담과는 다른 하나의 연구 방법으로 구분한다. 이렇게 구분을 하는 이유는 다른 본질임을 제시하기 위해서라기보다는 연관된 기법과 이슈에 대한 논의에 집중하기 위함이다.

둘째, *참여관찰*이라는 용어는 모순어법이기 때문에 곤혹스럽기도 하다. 단어 자체가 참여와 거리두기, 개입과 분리를 요구하기 때문에 모순적이다(Tedlock, 2000, p. 465). 참여관찰의 입장은 관찰자 내의 긴장, 그리고 관찰자와 참여자 간의 긴장을 형성하기도 한다. 연구자의 관찰자 입장은 연구자로 하여금 일종의 스파이처럼 느끼게 하는 반면 연구자의 참여자적 관점은 친근함 혹은 연구자(그리고 관찰자)로서의 당신의 역할 때문에 의심을 받을 수 있다. 협력적 연구, 실행연구와 같은 일부 유형의 질적 연구에서는 연구자가 이미 내부자이거나 연구를 위해 내부인들과 함께 일하기 위해 초대되었기 때문에 참여자-관찰자 역할의 긴장이 줄어들거나 없어진다. 관찰과 참여 둘 다 연구 장소, 과정, 그리고 내부자적 관점에 대한 연구자의 지식에 이바지한다. 연구자는 하고자 하는 연구의 종류와 관련해서 얼마나 많은 참여와 관찰을 하고 싶은지에 대해 결정을 해야 한다.

참여관찰은 '대부분 관찰'에서 '대부분 참여'에 이르는 연속체로 배열된다고 생각해 볼 수 있다. 참여관찰은 자료 수집의 단독 수단이 될 수도 있고 여러 자료 수집 방법의 하나가 될 수도 있다. 연구자의 실제 참여관찰자로서의 역할이 이 연속체의 어느 점에 해당될지 모르지만, 연구자는 자료 형성의 각기 다른 시점에서 각기 다른 위치에 있을 가능성이 높다.

심리학자들은 대개 연속체의 한쪽 끝인 *관찰자(observer)*에 서서 연구를 진행한다. 이 역할은 연구자가 연구 대상자들과 상호작용을 거의 하지 않는 후기경험주의자 패러다임과 입장을 같이한다. 예를 들면, 연구자는 대학 보육시설에 있는 유아들을 일방경을 통해 관찰할 수 있다. 혹은 이와 유사하게 관찰자는 도시 공원 벤치에 앉아서 한 손에 노트북을 들고 나와 광장의 활동을 관찰할 수도 있다. 연속체의 맨 끝 완전한 관찰자 입장에서는 사람들이 자신들이 관찰당한다는 사실을 모르게 된다.

*참여자로서의 관찰자(observer as participant)*는 연속체의 다음 점이다. 연구자는 주로 관찰자로 남지만 연구 참여자들과 어느 정도의 상호작용은 하게 된다. 나와 다른 대학원생이 근본주의 기독교학교에 대한 Alan Peshkin의 연구(Peshkin, 1986)를 돕고 있을 때, 우리는 학생들, 교사들과 상호작용을 했지만 한 학기 동안 교실 뒤에서 기록을 하는 관찰자의 역할이 주였다. 우리는 가르치지도, 조언을 주지도 않았고, 교사들, 학생들, 행정가들을 돕지도 않았다.

이와는 대조적으로, 내가 세인트 빈센트에서 진행한 연구에서 나는 *관찰자로서의 참여자(participant as observer)* 쪽에 가까웠다. 나는 비공식적 교육에 관심이 있었고 그 마을에서 사는 1년 동안 다른 사람들과 광범위한 상호작용을 나누었다. 나는 농삿일을 도왔고, 사람들과 교제했으며, 옹호자까지는 아니어도 농업 에이전시에서의 상호작용에서 중개자가 되었다.

당신이 참여자 쪽에 더 가까워지고 관찰자에서 멀어지면서 패러독스가 생기게 된다. 즉, 연구 대상자의 일상 세계의 일원으로서 더 많이 기능하게 될 때 당신은 초연한 외부자로서의 시각을 잃을 위험이 점점 더 높아진다; 그렇지만 더 많이 참여할 때 배울 수 있는 기회는 더 늘어나게 된다.

*완전한 참여자(full participant)*는 연구하는 지역사회의 기능적 일원(functioning member)인 동시에 연구자가 된다. 연구자는 이미 그 지역사회의 일원이었을 수도

있고, 지역사회에 들어가기로 결정할 수도 있다. 예를 들면, 사회복지 기관의 정치와 업무를 배우기 위해 연구자는 그런 기관에 구직신청을 할 수 있다. 완전이었을 참여자로서 연구를 하는 것은 연구자가 상충하는 역할을 해내야만 하기 때문에 이 일이 처음에 생각하는 것처럼 쉬운 일은 아니다. Jan Yoors는 그의 책 「집시(The Gypsies)」에서 완전한 참여자가 되는 것의 딜레마를 이렇게 설명했다: "나는 두 세계 사이에서 분열되어 집시들이 *Yekka buliasa nashti beshes pe done grastende(당신 뒤에 누가 있을 때는 두 마리 말에 오를 수 없다)*라고 말했지만 둘 중 하나를 선택할 수는 없었다"(Yoors, 1967, p. 47).

당신은 이 연속체 어디에 서야만 할 것인가? 이 질문에 대한 답은 당신이 탐구하는 질문, 연구의 맥락, 그리고 당신의 철학적 관점에 달려 있다. 질적 탐구의 행위에 많이 적용되는 것이 여기에도 적용된다: 당신이 판단하기에 잘 맞는다고 결정한 것이 옳은 것이라고 규정된 것보다 더 좋은 연구로 이끌 수 있다. 만약 당신이 Woolfson(1988)처럼 환자가 초기증상에 대해 설명하는 시기에 의사와 환자 간의 비언어적 상호작용에 관심이 있다면 당신은 최대한 눈에 띄지 않게 관찰을 해야 할 것이다. Woolfson은 의사와 환자가 앉는 방 밖에서 비디오 카메라를 작동시켰다.

연구의 맥락도 참여자-관찰자 연속체에서의 당신의 위치에 영향을 미친다. 예를 들면 Peshkin과 내가 근본주의 기독교인이 아니었기 때문에 우리는 사람들을 기만하지 않고서는 절대로 기독교학교에 대한 연구에서 완전한 참여자가 될 수 없었다. 그러나 캘리포니아 고등학교의 인종에 대한 연구에서 Peshkin(1991)은 그곳 사람들의 삶에 쉽게 섞일 수 있었기 때문에 평소에 그가 했던 '참여자로서의 관찰자' 역할에서 '관찰자로서의 참여자' 쪽으로 움직이는 자신을 발견했다. 또한 연속체에서 당신의 위치는 당신이 선택한 이론적 관점에 따라 달라진다. 만약 당신이 실행연구를 하고 있다면 당신은 전통적인 문화기술지를 할 때보다 완전한 참여자가 될 가능성이 더 높다.

참여관찰은 다른 질적 방법론에 기여하고 심지어 멀티플레이어 컴퓨터게임과 같은 가상영역 등 다양한 많은 맥락에서도 이용되고 있다. 문화인류학자인 Frank Schaap(2002)는 New Carthage라고 부르는 가상현실 게임을 하며 2년 동안 하루에 16시간씩 보냈다. 그 곳에서 그는 "다른 도시에서 연구를 수행하듯이 New Carthage 시민들의 일상생활을 연구했다"(p. 16). Schaap는 연구 참여자들이 자신의 캐릭터를 만들고 실행하기 위해 사용하는 사회적, 문화적 관습에 집중하면서 가상 도시에 사는 자신의 캐릭터(Eveline이라는 여성)에 대해 다음과 같이 적었다: "나는 일하고, 먹고, 자고, 술에 취하고, 사랑에 빠졌다. 나는 사랑했고 실연도 당했다. 살아남기 위해 살인을 했고 간신히 살아남았다"(p. 16). 연구를 계획하면서 참여관찰의 가능성을 간과하지 마라!

참여관찰의 목적

> 한 시인이 예전에 이렇게 말했다. 우리가 가야만 하는 곳에 감으로써 문화인류학자이기도 했지만 … 우리는 배운다.
>
> (Geertz, 1983/2000, p. xi)

특정한 어떤 사람과 어떤 장소에 대해서는 이미 많이 연구되었다. 사람들은 자신에 대해 가지고 있는 사진(이미지)을 얻기 위해 너무 짧은 기간을 머무는 외부인에 대해 편견을 가질 수 있다. Lyndon Johnson에 대한 책을 쓴 Robert Caro는 Johnson이 성장했던, 인구가 많지 않은 지역에 들어간 자기 경험을 이야기했다. 처음엔 지역 사람들이 Caro를 신뢰하지 않았다고 한다. 너무나 많은 기자들과 저널리스트들이 하루나 한 달에 걸쳐 다녀가면서 그 지역과 사람에 대해 한결같이 잘못 전달했기 때문이었다. Caro(1988)는 이렇게 말했다.

> 사람들은 그들이 이용당했고 그렇게 쓰여진 글들이 그들이 사랑하는 곳에 대해 정확히 반영하지도, 전달하지도 않았다고 믿었는데, 그것은 옳은 말이다. 내가 그곳에 이사를 가서 "저는 이곳을 사랑하고 여기에서 살 것입니다. 그리고 저는 여기에서 진정한 이해를 할 때까지 지낼 거예요."라고 말한 순간 그들의 태도가 정말 변화되었다(p. 227).

급습했다가 사라져 버리는 일반적인 신문잡지의 경향과는 대조적으로, 문화기술지 연구자들은 완전한 서술과 **두터운 기술(thick description)**, 심도 깊은 이해를 얻기 위해 충분한 시간을 보내려고 한다.

참여관찰의 주요 목적은 연구 장소와 그 참여자, 그들의 행동을 이해하는 것이다. 이런 목적을 얻기 위해서는 시간을 들여야 하며 학습자로서의 자세가 요구된다. Hymes(1982)는 이렇게 말한다: "문화기술지에서 우리가 찾아내기 원하는 대부분의 것은 다른 사람이 이미 갖고 있는 지식이다. 문화기술지에서 배우는 능력은 모든 인간이 해야 하는 것의 확장이다. 즉 의미, 규준, 살아가는 방법의 유형을 배우는 것이다"(p. 29). Spradley도 이에 동의한다. "사람들을 연구하는 것이라기보다는 … 문화기술지는 사람들로부터 배우는 것을 의미한다"(Spradley, 1979, p. 3).

학습자로서 당신은 가르치거나 평가하거나 세력이나 지위를 얻기 위한 경쟁을 하러 연구 장소에 와 있는 것이 아니다. 당신의 초점은 연구 참여자, 그들의 관점, 행동에서 배우는 것이다. 이 입장을 유지하기 위해서는 연구자는 융통성이 있어야 하며 자신의 관점을 바꾸는 데 개방적이어야 한다. Mary Catherine Bateson(1984)은 그녀의 부모(Gregory Bateson과 Margaret Mead)의 삶과 인류학적 현장작업 전반에 있어서 이런 태도의 중요성을 설명했다.

> 당신이 대답하고 싶은 질문이나 어떻게 한 사회가 기능하는가에 대한 정해진 기대가 있다고 하더라도, 당신의 관심을 하나의 포커스에서 다른 것으로 기꺼이 돌려야만 한다. 이 관심의 전환은 어떤 유형에 대한 단서를 찾고, 어떤 것이 중요한 것인지 혹은 당신의 관심과 반응성이 어떻게 형성되는지 모르면서 당신이 사건들을 접하면서 얻게 되는 것에 따라 달라진다.(p. 164)

참여관찰을 통해 당신은 낯선 것을 익숙하게, 그리고 익숙한 것을 낯설게 보려고 노력해야 한다(Erickson, 1973). 낯선 것은 그것을 이해하는 과정을 통해 익숙해진다. 익숙한 것을 낯설게 하는 것은 당신이 끊임없이 자신의 가정과 인식에 의문을 제기해야 하고 스스로에게 왜 이것은 이런 식이고 다르지 않을까 하고 질문을 해야 하기에 더 어려운 문제이다. *보고 이해하는 방식에 있어서 당신을 극복하는 것은 당신의 사고를 차단하는 희생을 하도록 하지만, 끝났다는 만족감을 준다.* 철학자 Raimon Panikkar(1979)는 선입견적 가정과 사회화된 관점을 인도하는 신화(guiding myths)라고 불렀다: "당신이 살고 있는 신화는 당연하다고 받아들이는 맥락들의 총체로 구성되어 있다"(p. 20). 참여관찰자로서 당신은 당연하다고 여겼던 것을 다시 생각해 보고 드러내는 데 개방적이 되어야 한다. 그런 후에야 당신은 볼 수 있고 이해할 수 있는 능력이 확장되기 시작한다. Panikkar는 우리가 살고 있는 신화를 "우리가 진실한 경험을 두는, 수용된 범위"(p. 20)라고 설명했다. 연구자는 자신의 범위가 넓어지기를 원한다.

종국에는 당신의 학습자로서의 자세, 융통성, 익숙한 것을 낯설게 보고 낯선 것을 익숙하게 보려는 노력을 통해 성취되는 당신의 새로운 이해가 보다 폭넓은 범위, 사회적 상호작용의 어떤 측면에 대한 새로운 사고방식을 제공해 줄 것이다.

참여관찰의 과정

> 시각적 세계에 둘러싸여 있지만, 보는 것이 언제나 우리가 보는 것을 알아챔을 의미하지는 않는다. 이것은 우리가 보는 것에 관심을 기울이는 것이며 미술, 학문, 연구에 특히 중요한 이미지를 만들도록 보고 기록하는 것이다.
>
> (Weber, 2008, p. 42)

매일의 일상생활에서 당신은 사람들, 상호작용, 사건을 관찰하게 된다. 그러나 연구 장소에서의 참여관찰은 연구자가 주의깊게 관찰하고, 체계적으로 경험하고, 의식적으로 상황의 많은 측면을 자세하게 기록한다는 면에서 일상적인 관찰과는 다르다. 더구나, 참여관찰자들은 관찰의 의미(여기서 무슨 일이 일어나고 있는가?)와 개인적 편견의 증거를 지속적으로 분석해야(내가 보고 싶은 것만 보고 다른 것은 보지 못하는 것은 아닌가? 내가 비판적이고 평가하려는 태도를 가진 것은 아닌가?) 한다. 마지막으로, 참여관찰자는 이 모든 것이 연구에 꼭 필요하기 때문에 하는 것이다. 즉, 연구자는 특별한 이유를 지니고 어떤 곳에 머문다는 것이다. 일상생활의 삶에서 당신은 주변의 상호작용을 잘 관찰할 수 있겠지만, 그것을 의식적으로 기록하고 당신의 행동을 정하는 특정한 목표의 맥락 안에서 당신이 듣고 보는 것을 분석하는 것은 아니다.

구체적 목표가 무엇이든지 연구에 수반되는 하나의 일반적 의도는 '발견한 것'에 대해 의사소통하고자 하는 요구이다. 어쩌면 당신은 논문을 쓰기 위해 자료 수집을 하고 있는지도 모른다. 연구비를 지원해 주는 기관을 위한 보고서나 논문을 준비하고 있을 수도 있다. 아니면 실행을 위한 기초로서 어떤 과정을 상세히 기록하고 있을지도 모른다. 이런 의사소통적 목표에 대해 초반부터 생각하는 것은 궁극적으로는 도움이 된다. 소설가 Stephen King(2000, p. 103)은 글쓰기가 텔레파시의 형식이라고 했다. 한 사람이 하나의 장소나 사건에 대해 설명하는 글을 한 페이지에 적는다. 다른 시간, 다른 장소에서 또 다른 사람이 이 글을 읽고, 만약 잘 전달되었다면 작가가 보고 느낀 것과 거의 비슷한 것을 보고 느끼게 된다. 좋은 텔레파시의 가능성을 깨달으며 연구자는 세세한 부분, 반성, 감정적 반응을 경험한 대로 기록해야 한다. 그렇게 하지 않는다면 연구자는 둔한 날을 가진, 모호한 이미지만 (받을 것이며) 또 보낼 것이다.

현장작업의 처음 며칠

타인의 삶에의 몰입과 타인의 삶과의 연결이 긴장과 문제 없이 일어나는 것은 아니다. 빈센트 마을에서 살 곳을 찾아낸 이후 나는 현장기록지에 다음과 같이 썼다.

> 나는 집으로—싱크 밖으로 날아다니는 박쥐와 부엌 선반에 바퀴벌레 아파트가 있으며 부엌 마루 밑에서 무엇인가 죽은 이상한 냄새가 나고 매일 새벽 4시에 천장에서 쥐들의 경주가 열리며 냉장고가 없어서 하루 밤만 지나면 빵에 곰팡이가 생기고, 화장실은 새는—들어왔다.
>
> 하지만 집으로 들어오는 것은 대화를 시작해 보고 비형식적 면담을 진행하기 위해 지역사회로 나가는 일에 비교하면 쉬운 일이었다. 7시 30분에 나갈 준비가 다 되었지만 9시가 되어서야 나 스스로를 억지로 밖으로 밀어낼 수 있었다. 나는 문 밖으로 발을 내밀어 걸어 나갈 수가 없었다. 나는 이곳에 잘못 온 듯한 느낌, 어수룩하고, 불확실한 느낌을 받았다.

비록 내 작업은 신기함과 생소함을 수반하는 다른 문화에서 진행되었지만, 연구자 자신의 나라 안의 익숙지 않은 환경에 몰입하는 것 역시 긴장을 일으킨다. 협력적 연구나 실행연구에 참여하지 않는 한 어색한 신참자로 느끼며, 사람들이 당신이 누구이며 왜 이곳에 와 있고 무엇을 할 것이며, 당신이 어떤 성가신 존재가 될 것인가에 대해 의아해하는 것은 어쩌면 당연한 일이다. 약간의 노력과 시간, 기술로 이런 어색함은 극복될 수 있고 당신은 편안함을 느끼기 시작할 수 있을 것이다. 연구자는 지역사회에서 편안함을 느끼고 환영받는 느낌을 꼭 받을 필요는 없다. 그 지역의 행동 규범에 맞추려고 하고 조화되며, 관심을 갖고, 존중해 주면 되는 것이다. 초기 며칠은 또한 흥분되고 새로운 배움으로 가득 차겠지만 많은 미지의 것들이 스트레스를 유발하는 상황을 만들 수도 있다.

연구자가 연구에 대한 전반적인 허락을 받은 이후에 어느 장소에 있어도 된다는 허락을 따로 구하지 않아도 되면, 어디에서 서성거리면서 사람들을 알아가기 시작해야 할지를 구상해야만 한다. 연구 장소가 학교, 병원이라면 카페테리아, 피크닉 그라운드, 직원 라운지 같은 곳이 적당할 것이다. 만약 당신이 익숙하지 않은 장소에서 연구를 한다면 모든 장소, 모든 사람과 '친해지려고' 할 필요는 없다. 친절하고 반겨 주는 사람 같은 쉬운 시작점을 찾아라. 그들과 함께 충분한 시간을 보내면서 그들이 당신이 하고 있는 것이 무엇이고, 당신이 어떻게 그들 가까이 있을 것이며, 당신이 그곳에 존재함이 어떤지에 대해 알도록 하라—그래서 그렇게 친해진 그 사람들이 또 다른 사람들에게 당신에 대해 안심시키도록 만든다. 그렇지만 한 그룹의 사람들과 너무 많은 시간을 보내서 연구 장소에 있는 다른 사람들을 소홀히 대해서는 절대 안 된다.

한 사람이나 그룹에 의해서 통제되는 폐쇄된 장소에 들어가려면 연구자와 참여자 모두를 아는 사람을 통해 소개를 받아라. 만약 공식적으로 대부분의 장소를 관찰할 수 있는 행정적 허락이 주어진다고 해도 이를 적절한 초대로 간주해서는 안 된다. 그 대신에 행정가들이 교사모임과 같은 자리에서 당신의 존재에 대해 알릴 기회를 만들어라. 그러고 나서 당신의 연구 의도 등 이 모든 사항을 밝혀서 당신이 그들의 공간에 들어가고 싶지만 그들이 동의하지 않으면 그렇게 하지 않겠다는 것을 명확히 하라. 만약 학교라면 교사에게 당신이 수업에 들어간 첫 시간에 자신을 소개해도 좋은지 물어보라. 이렇게 함으로써 교사와 학생들에게 당신이 앞으로 관찰하기 위해 그곳에 있는 것이지 비평하거나 평가하기 위해 있는 것이 아님을 확실히 해둘 수 있다. 또한 학생들이 당신이 누구인지 그리고 왜 그곳에 있는지 알기 때문에 보다 쉽게 학생들과 상호작용할 수 있다.

마지막으로, 연구자는 참여관찰에 있어서 선입견을 갖고 들어가는 것에 대해 방어해야 한다. 특히 교사, 간호사, 사회사업가이거나 아니면 과거에 이런 직업을 가진 연구자가 유사한 장소에 참여관찰자로 들어갈 때 발생할 수 있는 일이다. 비록 당신이 예전에 한때 '그곳에' 있었다고 해도 당신의 연구 장소의 상황이 어떤지에 대해 안다고 가정할 수는 없는 일이다. 모든 학교, 병원, 사회사업기관이 다 똑같은 것은 아니다. 예를 들면, 샌디(Sandy)는 교사들이 근처 대학교의 교수들에 대해 매우 비판적인 학교에서 교사로 일했다. 그러므로 그녀가 자신의 박사논문을 위해 다른 대학 도시 내의 한 학교에서 참여관찰을 시작했을 때 그녀는 자신이 대학과의 연관성을 밝혀야 하는 문제에 있어서 주저할 수밖에 없었다. 하지만 사실 그녀가 연구를 위해 선정한 학교는 대학과 매우 우호적인 관계를 유지하고 있었다. 당신이 학교, 병원 또는 어떤 마을의 삶에 대해 아무것도 모른다고 가정하지는 말아라. 하지만 당신이 특정한 장소와 그 사람들에 대해 배울 것이 많음을 가정해야 한다.

관찰

관찰의 초점은 당신이 선택한 방법론에 따라 달라진다. 앞으로 나올 조언은 문화기술적 연구에 수반되는 것들이지만 대부분 다른 질적 연구 접근에도 해당된다.

참여관찰자로서의 역할을 시작하려고 할 때 일어나는 모든 것을 관찰하려고 시도하라: 당신의 연구 문제에 대한 구체적인 관심은 뒤로하고, 생각을 기록하고 메모하라. 당신의 모든 감각을 동원해서 *장소(setting)*를 연구하고 그것을 말과 스케치로 설명하라. 연구 장소에서는 무슨 소리가 들리고 어떤 냄새가 나는가? 연구 장소에서 한 곳과 다른 곳이 어떻게 다른가? 예를 들면, 만약 연구자가 K-12 학교에서 연구를 수행하고 있다면 1학년 교실 배치와 12학년의 배치는 무엇이 유사하고 어떤 면이 다른가? 익숙한 것을 낯설게 만들어 가는 작업을 하라. 예를 들면, 만일 당신이 교실 문이 열려 있는(혹은 늘 닫혀 있는) 것을 발견했다면, 이것이 무엇을 의미하는지 스스로에게 물어보라.

특별한 사건과 일상적 사건을 구분하면서 *사건(events)*에 대해 적어 보라; 그러고 나서는 이 사건 내에서의 행위(acts)를 찾아보라. 근본주의 기독교학교에서 매일 일어나는 첫 사건은 교사들의 모임이다. 교사 모임에서는 인사를 어떻게, 누구에게 하는가? 그들이 서로 비공식적으로 하는 대화는 무엇인가? 교사들이 교장에게 하는 질문은 어떤 것인가? 다시 말하면, 교사 모임이라는 *사건*을 구성하는 *행위*들은 무엇인가?

연구 장소의 *참여자(participants)*에 대해 적어 보라. 연령, 성별, 사회계층, 인종 측면에서 그들은 누구인가? 그들의 옷차림은 어떠한가? 그들이 무엇을 하고 무엇을 말하는가? 누가 누구와 상호작용하는가? 사람들이 무엇을 보고 중단하고 걱정하며 의미 있는 방식으로 반응하는가? 인간은 비언어적 방식으로 의사소통하는 경우가 많다. 옷, 머리 스타일, 악세서리를 통해 메시지를 보낸다. **근접학**(proxemics) 또는 타인과 함께 있을 때 공간의 사용을 통해 말을 한다. 대화를 나눌 때 사람들은 얼마나 가까이 있는가? Sunstein과 Chiseri-Strater(2002)는 "몸은 단지 물리적 대상이 아니다; 몸은 사회적 대상이다"(p. 295). 그러므로 사람들이 하는 행동과 하는 말뿐만 아니라 그들이 무엇을 입었고 어떻게 자신을 꾸미고 공간을 어떻게 사용하며 다른 사람들과 공간을 어떻게 공유하는지를 서술하는 현장기록지를 써야 한다.

관찰의 또 다른 범주는 사람들의 *제스처*이다: **운동성**(kinesis)이라고 알려진 자세, 위치, 움직임. 학생들은 열의와 지루함을 어떻게 보이는가? 교사는 어떻게 이것을 나타내는가? 교장의 어떤 제스처가 그의 요점을 전달하는 데 도움을 주는가? 당신의 시선을 끄는 제스처, 당신이 당연하게 여겼던 제스처, 당신이 잘못 해석했던 제스처를 관찰하라. 한 학생이 교사가 말하는 동안 책상에 머리를 대고 엎드려 있다면, 그 학생은 졸린 것일까, 지루한 것일까, 아니면 집중하고 있는 것일까?

비교문화적 연구는 새로운 제스처 또는 익숙한 제스처의 새로운 의미를 인식하도록 한다. 캐리비안에서의 속삭이듯 말하는 'psssť'는 친절한 '안녕'의 의미이다. 하지만 머리를 뒤로 하고 치아로 공기를 빨아들이는 포즈는 당신의 진지한 코멘트에 대한 바람직한 반응이 아니다: 이것은 경멸, 의견의 차이, 무시를 의미한다. *하지만* 당신이 다른 나라에 가야만 어떻게 제스처가 다르게 사용되는지 알게 되는 것은 아니다. 유럽계 미국인과 비교했을 때 원주민의 아이들은 협동적인 작업은 잘 해내지만 개인적인 성공으로 시선을 끄는 일들은 피하려고 한다(Sindell, 1987). 흑인 아이들은 교사들과 눈을 맞추려고 하지만 백인 아이들과는 빈도가 다르다(McDermott, 1987). 교사들이 유능하려면 제스처의 문화 차이를 인식할 필요가 있는 것처럼 연구자들도 이것을 인식해야만 한다.

이제는 참여관찰자로서 의식적으로 연구 장소의 참여자, 사건, 행위, 그 안에서 일어나는 제스처들을 관찰하라. 당신이 보고, 듣는 것뿐만 아니라 당신이 느끼고, 생각하는 것을 적어라. 관찰을 계속하면서 유형을 찾으려고 시도해 보고 사람들과 사건들 간의 유사점과 차이점을 요약하라. 예를 들면, 지니(Ginny)는 관찰 기술을 연습해 보기 위해 남자 연속 경기 동안에 스쿼시 경기장 라운지를 선택했다. 어느 정도 기록을 한 후 그녀에게 어떤 유형이 보이기 시작했다.

> 경기에서 이긴 사람들은 경기가 끝난 후에 서 있거나 돌아다녔다. 패자들은 언제나 즉시 자리에 앉았다. 파란 머리띠팀이 이겼다. 빨간 팀은 앉았다. 파란 팀은 수건과 물을 찾으러 돌아다닌다. 아까 머리가 아프다고 했던 블론디(Blondy)는 글래시(Glasses)와의 게임에서 이겼다. 글래시는 앉아 있다. 블론디는 서서 돌아다니면서 감독에게 누가 이기고 있는지 묻는다.

지니는 더 많은 예를 들고 스포츠 경쟁에서 남자 승자와 패자와 그들의 행동에 대한 질문으로 결론을 냈다. 지니는 관찰에서, 개인으로부터 출발해서 그들의 행동, 그리고 스포츠 경기에서 남성들의 보다 일반적 행동에 대한 생각으로 이동할 수 있었다.

Wolcott(1981)는 관찰을 이끄는 네 가지 전략을 제안했다: (1) 전체적으로 훑어보는 관찰, (2) 특정한 것을 찾지 않는 관찰, (3) 패러독스를 찾는 관찰, (4) 집단이 직면한 문제를 찾는 관찰. 전체적으로 훑어보는 관찰에서 연구자는 모든 것을 관찰하고 기록하려고 노력한다. 그것이 사실상 불가능하기 때문에 연구자는 관찰하고 기록하는 데 선택적이 되고 그 선택에 대해 성찰할 필요가 있다. 특정한 것을 찾지 않을 때 관찰자는 눈에 띄는 특이한 무엇을 보게 된다. 그리고 패러독스와 문제를 찾으려 할 때 연구자는 당신 앞에서 벌어지는 상호작용의 깊은 면을 보기 시작하게 된다. 이 모든 전략들이 익숙한 것을 낯설게 보게 돕고 낯선 것을 익숙하게 보게 하며 연구 맥락에서 기초부터 배우게 할 것이다.

현장기록지

> 연구자들은 기억해야 한다. 쓰지 않으면 사라져 버린다!
>
> (Pelto, 2013, p. 11)

기록하기(Making Notes). 현장저널(field journal)이나 **현장일지(field log)**는 질적 연구자의 중요한 기록도구이다. 여기에는 사람, 장소, 사건, 행위, 대화를 기술한 것을 채우게 된다; 또한 여기에 연구자의 아이디어, 반성, 직감, 발현 유형을 기록하게 된다. 연구자의 개인적 반응을 탐색하는 장이 되기도 한다.

현장기록지의 실제 형식은 연구자 개인의 선호에 따라 다양하다. 어떤 연구자는 스프링 노트에 일어난 순서대로 모든 것을 기록한다; 다른 연구자들은 페이지를 마음대로 뺐다 끼웠다 할 수 있는 가제식 노트를 사용해서 다른 종류의 기록을 쉽게 분리시킬 수 있게 한다; 또 다른 사람들은 가능할 때 랩톱이나 태블릿에 직접 기록해서 현장노트를 컴퓨터 파일로 타이핑하는 전사 단계를 지름길로 간다. 기록을 위해 어떤 형식을 선택하는가는 중요하지 않다. 하지만 현장기록지를 지속적으로 쓰는 것은 매우 중요하다.

현장기록지는 공유하는 문서로 쓰지 않는다. 때로는 현장기록지에 부끄럽거나 참여자들에게 상처를 주는 관찰이 포함되기도 한다. 다른 사람들이 당신의 현장기록지를 보지 않도록 하는 것 외에도 Pelto(2013)는 "연구자들은 현장기록지, 음성녹음자료, 사진, 다른 자료들이 미국을 포함한 대부분의 나라에서 법률 당국에 의해 소환될 수 있음을 인식해야 한다"(p. 53)라고 경고한다. 일부 대학에서도 대학의 주최로 수집된 모든 연구 자료는 대학에 속하며 열람을 요청할 수 있다. 이런 상황이 연구자에게는 연구 참여자를 현장기록지에서조차 최대한 보호해야 하는 책임을 부과한다. 귀찮고 혼란스럽긴 하지만 가명을 쓰는 이유이기도 하다. 연구 참여자의 보호에 관해서는 6장에서 보다 자세하게 논의될 것이다.

Lofland와 Lofland(1995)는 현장기록지를 정신적 현장기록지(mental field note), 간단히 적은 현장기록지(jotted field note), 완전한 현장기록지(full field note)로 구분한

가능하면 언제나 현장기록지를 들고 다녀라. 당신이 어디에서, 무엇을 보게 될지, 어떤 사람과 이야기하게 될지, 기록하고 싶은 생각이 떠오를지 미리 알 수 없기 때문이다.

바 있다. 노트북을 꺼내 기록하는 행위가 신중하지 못하다고 판단될 때 *정신적 노트*에 관찰이나 토론거리를 적게 된다. 기독교학교에서 Peshkin, 다른 연구조교와 나는 채플 동안 기록을 하지 않았다. 대신 우리는 정신적 노트를 만들고 나중에 그것을 기록했다. *간단히 적은 노트*는 몰래 적을 수도 있고 아니면 사람들 앞에서 기록할 수도 있다. *스크래치 노트(scratch notes)*(Ottenberg, 1990)라고 부르기도 하는 이것은 어떤 생각이나 설명을 나중에 기억할 수 있도록 돕는 몇 개의 단어를 메모해서 관찰이 끝난 이후에 보다 자세히 적는 것이다. *완전한 현장기록지*는 상황에 따라 관찰시간을 마친 후 가능한 한 가장 빠른 시간에 쓰지만, 더 좋은 것은 하루에 걸쳐 한 관찰을 그 당일에 계속 적어 나가는 노트이다.

Ottenberg(1990)는 현장기록지의 범주에 "두주(headnotes)"를 제안한다. 이것은 처음에는 기록지에 들어가지 않았지만, 나중에 접근할 당신의 기억 속에 저장될 노트이다. Ottenberg는 "글로 쓰여진 노트를 모을 때 내가 쓰거나 기록할 수 있었던 것보다 훨씬 더 많은 인상, 장면, 경험이 있었다."라고 말한다. 글쓰기 행위는 두주를 끌어낸다: "나는 많은 것을 기억하고 내가 현장기록지에서는 볼 수 없었던 기억일지라도 그 기억의 일부를 글쓰기에 포함시켰다. 왜냐하면 그 기억이 정확하고 환상이 아니라는 확신이 있기 때문이다." 그러나 Ottenberg는 두주가 "왜곡되거나 망각되고 미화될 가능성이 있음"(p. 144)을 경고한다. 그러므로 사건이 발생했을 때, 연구자에게 어떤 일이 생긴 그 순간에 가능한 한 많이 기록하고 명료하게 자세한 사항과 기술을 해 두는 것이 최선이다.

가능하다면 언제나 노트북(태블릿 혹은 랩톱)을 들고 다니면서 당신이 연구자로서 기록한다는 사실을 다른 사람에게 알리는 것이 좋다. 당신은 새기는 사람(inscriber)의 역할을 하면서 어떤 일이 일어나든지 그 일을 기록할 것이라고 모두가 예상하게 될 것이다. 모든 상황 그 자체가 완전한 노트 기록으로 연결되는 것은 당연히 아니다. Agar(1973)는 뉴욕 시내에서 약물중독에 관한 연구를 수행할 때 노트북을 들고 다닐 수가 없었다. 다른 상황은 기록에 보다 더 도움이 되기도 한다. 필기도구, 종이, 클립보드, 컴퓨터는 간호사와 의사들에게는 필수 도구이다. 이런 상황에 있는 연구자들이 의학적 훈련을 받지 않았다고 해도 사람들은 이들이 기록하는 일을 당연하게 받아들인다.

모든 노트는 기록된 이후에 확장되어야 하는데 이 작업은 관찰한 그날 밤에 하는 것이 가장 좋다. 당신의 기록을 다시 살펴볼 때 현장에서는 쓸 시간이 없었던 일을 더하거나 당신이 관찰한 바에 대해 성찰이 가능하다. 이런 반성은 연구자가 무슨 일이 일어나고 있는가에 대해 초기 이론을 구성하도록 돕고 이후 관찰과 질문에 있어서 새로운 방향을 잡도록 도움을 준다. 어떤 연구들은 사람들이 하룻밤을 자고 나도 그 전날의 기억은 갖고 있기 때문에 참여관찰 그 다음날 아침에도 기록할 수 있다고 한다. 그렇지만, 현장기록지에 필요한 자세한 부분은 그 시간이 지난 후에는 급격히 줄어들게 된다.

또한 현장기록지를 쓰는 데 충분한 시간을 안배해야 한다. 당신이 정신적 현장기록지, 간단히 적은 현장기록지를 작성했다면 현장기록지를 완성하는 데 당신이 현장에서 보낸 시간만큼의 시간이 필요할 것이다. 당신이 완전한 현장기록을 해 왔다면 그 노트를 읽고 명료화하고 확장시키는 데 몇 시간을 보내면서 반성적 사고와 아이디어를 더하라. Sanjek(1990)은 가나에서 쓴 그의 현장기록에 대해 이렇게 말한다: "나는 배낭에 작은 노트북을 넣고 다녔다. 거기에 내가 보고 들은 모든 종류의 일을 기록했고 그 노트를 타이핑해서 계속 업데이트하려고 노력했다. 그 결과는 18개월을 아우르는 397쪽의 기록으로 남았다"(p. xiv). 이 정도까지 기록하기가 다소 부담스럽게 느껴지더라도 당신이 빨리 기록하고, 관찰하고 보고 들은 것을 기록하는 능력은 연습을 통해 더 증진된다는 것을 믿고 마음을 놓아라. 나중에 차분히 앉아 분석하고 글쓰기를 할 때, 당신이 분명하고 풍부한 노트를 적느라고 한 고생에 대해 만족할 것이다. 경고사항 하나: 기록하는 것에 대한 요구는 연구자와 참여자 간의 편안한 지대를 침범할 수 있다. 연구 요구를 지키면서도 기록을 준비하는 것과 연구를 혐오적 행위로 만들면서 기록을 준비하는 것 사이에 균형을 잡아라.

기술적 노트(Descriptive Notes). 당신의 현장기록지는 기술적인 동시에 분석적이어야 한다. 자세히 기록하면서 정확히 적도록 노력하되 판단하려고 하지는 말아라. 1년이 지난 후에도 당신의 기록이 당신으로 하여금 그 순간, 그 사람, 그 장소가 눈에 보이는 것처럼 하도록 하라. 관찰을 간결하고 추상적인 진술로 요약해서는 안 된다. 예를 들면 한 교실을 관찰한 후에 당신은 "교실이 무질서하고 시끄러웠다."라고 쓰고 싶을 수도 있다. 그렇지만, 이 말은 교실에 대한 분명한 그림을 제시해 주지 못하고 연구자의 '무질서한' '시끄러운'에 대한 개념에 의존하기 때문에 비판적이다. 다음 진술문이 묘사성 측면에서 보다 구체적이다.

> 5학년 교실에는 15명의 여학생과 12명의 남학생이 있었다. 내가 들어갔을 때 그들은 대략 6개의 그룹으로 모여 있었다. 네 명의 여학생 그룹은 누가 껌으로 가장 큰 풍선을 불 수 있는지 내기하고 있었다. 다섯 명의 남학생 그룹은 어젯밤 텔레비전에서 본 쿵후 동작을 흉내 내고 있었다.

연구자가 일어나고 있는 상호작용을 관찰하고 기술할 때, 처음에는 혼돈과 무질서로 인식되는 유형을 찾기 마련이다. 현장기록지에서 *많은*, *약간*과 같은 모호한 형용사를 점검하고 그것들을 보다 서술적인 단어로 바꾸어라. *훌륭한*, *보통의*, *흥미로운*, *아무것도 하지 않는*, *착한*, *좋은*과 같이 평가적 인상을 전달하는, 분명하지 않고 모호한 용어를 찾아서 고쳐 써라.

일어나는 대화를 기록하라. 특히, 그 상황에서 자주 사용되는 단어나 특이한 단어에 주목하라. 이런 용어는 면접 질문을 구성하는 데에도 도움이 되고 최종 글쓰기에 있어서 내부자적 혹은 참여자가 만든 분석적 범주가 되기도 한다. 당신이 보통 이해하는 것과는 매우 다른 의미로 사용되는 익숙한 단어에 주의하라. 내가 세인트 빈센트에 갔을 때 한 달이 지나서야 그 지역 사람들이 *시골(country)*이란 단어를 다른 비도시지역을 설명하기 위해 쓰지 않는다는 것을 알아챘다. 그들은 *위쪽 시골(up country)*이란 단어를 그 섬의 동쪽 혹은 바람 불어 오는 쪽을 일컫는 데 사용했다. 수도인 킹스타운(Kingstown)에 사는 한 젊은이는 매 주말 할머니를 돕기 위해 아래쪽 바람 불어가는 쪽(섬의 서쪽)에 내려왔는데 그는 솔직히 자기가 언제 마지막으로 시골(여기에서는 섬의 동쪽)에 가 봤는지 기억이 나지 않는다고 대답했다.

당신이 그 장소와 사람들에 대한 전반적인 그림을 그려 보려고 애쓰는 현장작업의 초기에 특히 더 그렇지만, 당신의 모든 감각은 현장기록지에 장소와 사람들의 자세한 부분을 묘사하기 위해 함께 작업하게 된다. 스케치하는 것도 놓치기 쉬운 측면을 보도록 돕는다. 공간 어디에 사람들과 물건이 위치해 있는지 주목하라. 어떤 유형이 있는가? 시간이 지남에 따라 변하는가?

다음은 내가 거주했던 세인트 빈센트에서 작성한 관찰기록에서 발췌한 기술적 노트의 실례이다.

> 계곡은 바다에서 4.5마일 떨어져서 내부의 3000피트 꼭대기까지 뻗어 있었다. 11월 일요일 아침, 새벽 6시에 만은 어느새 긴장이 이완된 활동을 보여 주고 있다. 가

드가는 파리의 발레 학교 관찰을 스케치하며 자신이 움직임에 흥미를 느낀다는 것을 알게 되었고 이는 그의 그림에 분명히 드러난다. 연구자의 관찰 기술을 다듬는 동시에 스케치가 연구에 어떻게 도움이 될 것인가?

Edgar Degas(프랑스, 1834–1917), *Ballet Dancers Rehearsing*, 1877년경, The J. Paul Getty Museum, Los Angeles.

벼운 비가 내리면서 노인들은 어부의 대나무 천막 안으로 움직인다. 한 사람이 그의 병아리에게 욕을 한다. 강 하구에 남자들, 여자들, 그리고 아이들이 모여서 돌멩이로 강바닥에 올 굵은 삼베 자루를 내리고 자루를 덤불(나뭇가지와 관목들)로 가려서 손톱보다 작은 트리트리 물고기를 잡고 있다. 작은 물고기들은 나뭇가지에 숨으려고 하지만 천이 갑자기 물 속에서 들어올려질 때 잡히게 된다. 검은 모래 해변 아래에서는 젊은 여자들과 아이들이 물과 해안이 만나는 곳에 서있다. 젊은 남자들은 멀리 정박된 고기잡이배까지 헤엄쳐 가 배 위로 올라갔고 배가 바다의 요동에 따라 부드럽게 흔들리자 대화를 시작했다. 무지개가 땅 위에 세워진 노란 빛의 '보드 하우스(나무로 만들어진 집)'위로 해서 바다 중간까지 펼쳐져 있다. 다른 방향으로는 구름에 가려진 언덕의 초록빛의 목가적인 계곡이 보인다.

뾰족한 담장을 따라가는 길은 계곡으로 이어진다. 소, 말, 양들이 푸른 풀이 많은 하구의 땅에 섞여 있다. 가시가 많은 종려나무같이 생긴 나무들이 근처의 낭떠러지에 삐죽이 나와 있다. 이 나무들은 코코넛, 종려, 망고, 빵나무, 밀감나무에 밀려 버릴 것이다. 계곡 속으로 1마일쯤 들어가면 이곳에는 대부분의 마을이 모여 있고, 근처 바다의 광대함과 다양한 분위기에 대해서는 잊게 되고 비가 오면 자주 안개가 끼는 감싸안은 모양새의 산들만 인식하게 된다. 마을들은 2마일에 걸친 간선도로에 산재하고 마지막 마을 뒤에는 주로 바나나를 경작하는 땅으로 걸어가거나 기어올라갈 수 있게 짧은 길이 산으로 구불구불 이어진다.

위의 기술적인 노트는 초점을 둔 관찰과 대화가 일어나는 맥락을 그리려는 의도로 쓰였다. 계곡 안에서의 삶에 대한 이야기를 하기 위한 장면을 연출한다. 무슨 일이 일어나고 있는지에 대한 설명을 하려고 시도하지 않고 단지 기술하는 것이다.

장면을 연출하는 이외에도 기술적 노트는 연구 참여자들 간의 구체적인 상호작용을 포착한다. 예를 들기 위해 내가 크레스 재단(The Kress Foundation)에서 후원을 받은 학술적 미술관 연구의 관찰기록지를 보여 주도록 하겠다.

> 11월 10일 오전 9시 30분 대학 미술관 스페인어 수업
> 도슨트를 따라 18~19명의 학생들이 미술관 갤러리로 들어온다. 큐레이터는 내게 도슨트가 스페인어에 능통한 2학년 학생이며 스페인어 수업에서 미술관 "투어"를 하도록 훈련받았다고 말한다. 그녀의 첫 투어. 빠르게 말하고 명확히 전달하지 못하고 학생들이 반응하지 않을 때 웃는 건지 아닌지—내 생각엔 그녀는 긴장하고 있다.
>
> 학생들은 질문도 없고 말도 없다. 도슨트는 직접적 질문을 던진다. 어쩐지 내가 다 미안해진다. 투어가 영어로 진행되었더라면 학생들이 말을 했을까? 그랬다면 관심을 가졌을까? 혹은 학부생들의 흔한 행동일까? 학생들은 도슨트를 따라 가며 그녀가 가리키는 그림들을 쳐다본다. 학생들 사이에 대화 없이 도슨트가 하는 말에 집중하고 있는 것처럼 보인다. 드디어 [우루과이 화가 Joaquin Torres Garcia의 그림 앞에서] "Que significado tienen los numeros?" 한 학생이 질문을 한다. [숫자가 의미하는 바가 무엇인가요?] 침묵이 깨졌다. 다른 학생이 말한다. 수학과 "세계어"로서 미술에 관한 짧은 토론이 이어진다.
>
> 도슨트는 학생들을 이동시킨다. 학생들은 접이식 스툴을 들고 스페인 미술가 Joan Miro가 그린 다음 그림으로 이동해서 스툴을 열고 도슨트가 그림과 스페인의 시민 전쟁을 연결시키는 것을 듣고 있다. 좀 더 많은 학생들이 말을 한다.
>
> 다음 그림은 쿠바 화가인 Nkonda가 그린 그림이다. 좀 더 심도 있는 대화가 이어진다. 도슨트는 그림의 해석과 시의 해석을 연결시키고 이 둘이 어떻게 역사, 감정과 연결되는지에 대해 이야기한다. 그녀는 그림속의 상징이 무엇이며 이 상징들이 의미하는 바가 무엇이며 그림이 무엇을 느끼게 만드는지에 대한 질문을 던진다. 많은 학생들이 반응한다.
>
> 세션이 끝날 때쯤 학생들과 도슨트는 스페인어와 미술에 대해 상호작용하는 것이 편안해 보인다. 수업이 끝나자 조용한 방은 시끄러워진다—학생들은 문 뒤에 있는 선반에 스툴을 갖다 놓으며 영어로 많은 대화를 나누고 미술관을 떠난다.

이런 기록이 주로 서술적이지만 나는 시작부분에 여러 질문 혹은 메모를 삽입했다. 때로 관찰 동안에 기록한 메모는 공식적 면담에 있어 좋은 질문이 되기도 한다; 또는 보다 비형식적으로 관찰에 대해 물어볼 수도 있다. 머리에 떠올라 급하게 적은 질문들은 이후 관찰을 가이드하는 데에도 도움이 된다.

초보 연구자들은 때로 관찰이 장면을 설명하거나, 주로 대화와 면담을 통해 얻어진 자료에 텍스처를 준다고 생각한다. 그러나 관찰은 면담과 대화와 병행될 때 가장 효과적이다. 관찰은 토론을 위한 무대를 제공하고 어떻게 일이 돌아가는지에 대한 연구자의 가정에서 벗어나게 하며 연구자가 들은 바를 이해하게 한다. 내러티브 연구자 Gubrium과 Holstein(2009)은 다음과 같이 말한다.

> 전사본으로 줄여진 내러티브는 평이하며 실제적 깊이나 자세함이 없다. … 말한 것들에 비교해서 입 밖으로 나오지 않거나 저장되지 않은 것들의 문제는 연구자들이 스토리텔링을 둘러싼 상황을 고려하도록 한다. 이와 같은 정보는 이야기가 펼쳐진 이야기의 과정을 직접적으로 고려할 때에만 식별될 수 있다.(p. viii)

분석적 노트(Analytic Notes). Bateson(1984)은 어머니 Margaret Mead에 대해 이렇게 말한다.

> Margaret은 언제나 첫 인상을 기록해 두고, 나중에 세련되게 다듬어질 때 비웃으며 버리는 대신에 몇 장의 첫 노트를 보관하는 것의 중요성을 강조했다. 왜냐하면 뭔가를 아는 눈은 처음엔 별나다고 생각했던 것들을 당연하게 여기고 보지 못하게 하기 때문이다. 너에게 무슨 일이 생기면 적어 두렴, 어머니가 한 말이다.(p. 165)

분석적 노트는 연구 과정에 걸쳐서 수행되는 자료 분석의 한 형태이다; 분석적 노트는 문제 밝히기로부터 연구 설계 변경, 연구 문제 도출, 유형과 주제 찾아내기 등을 이끌어 낸다. 자료 분석 이후에 해야 할 단계로 이러한 유형의 사고를 하는 대신 현장작업을 하는 과정에서 분석적 노트를 쓰는 시간을 할애한다면 "다른 대인을 '확인'할 수 있고 다른 해석을 확정하고 변형하거나 거부할 수 있는 관찰을 할 수 있다"(Emerson, Fretz, & Shaw, 1995, p. 105). 매일 참여관찰 이후에 반성적이고 분석적 노트를 적기 위한 시간을 가져야 한다. 이 시간은 아이디어와 인상을 적어 보고 이전의 해석을 명료하게 하며, 무슨 일이 일어나고 있는지 숙고해 보며, 감정을 적어 보고, 문제를 해결하며, 앞으로 올 날들에 대해 유동적인 장단기 계획을 세우는 시간이다. 당연히 반성적이고 분석적 사고는 참여관찰 중이나 다른 시간에도 발생할 수 있다. 이런 생각들도 일어나는 대로 **관찰자 코멘트** 혹은 자신에게 보내는 **메모**(Glaser & Strauss, 1967)로 기록하는 것이 중요하다. 그렇지 않으면 생각은 사라져 버리기 쉽다.

예시로 미술관 연구의 현장기록지를 보여 주려고 하는데 이번에는 4개의 다른 미술관에서의 관찰과 면담 기회를 가진 이후에 새로운 장소에서 첫 날 쓴 성찰적 노트이다.

> 이 미술관은 기관에서 다른 곳보다 더 소외된 것처럼 보인다. 실제 물리적으로도 떨어져 있다. 주차장 근처와 지나다니는 사람이 많은 곳에 위치해 있고 입구는 걸어서 혹은 자전거로만 접근 가능하다. 미술관 가는 길을 알려 주는 표시도 별로 없다. 학생들은 표지판이 없이도 어디에 무엇이 있는지 알기도 한다. 미술관을 찾기가 힘든 것은 방문자들에게만 해당되는 것일까? 캠퍼스에 있는 학생들은 미술관을 알고 있을까? 첫 번째 방문에서 지각하고 말았는데 충분한 시간을 안배했음에도 불구하고 찾을 수가 없었다. 여러 명의 학생들을 붙잡아 방향을 물어보았지만 학생들이 가르쳐 준 곳은 다른 미술관들이었다. 이 미술관은 어떻게 대학생활과 통합되어 있는가?
>
> 두 개의 층에는 미술작품이 아름답게 전시되어 있었지만 건물은 작았고 이벤트와 다른 기능을 할 장소가 없었으며 *그림 연구실(Print study room)*도 없었다. 이 미술관은 어떻게 학생들과 교수들의 교육적 요구에 반응하는가? 회의실은 하나 있었다. 이 회의실을 학생들이 사용할 수 있나? 만약 그렇다면 이 미술관에 제한된 수의 직원이 있는 것은 예산 삭감 때문인가? 대부분의 대학이 예산 삭감으로 어려움에 처했지만 다른 미술관들은 이 곳보다는 영향을 덜 받는 것 같아 보였다. 이 대학의 예산 삭감이 더 심각했을까? 아니면 미술관을 위한 대학 측의 지원이 별로 없는 것일까? 만약 그렇다면 그 이유가 무엇일까?
>
> 학생들은 최소한 하나 이상의 전시에 참여한 것으로 보인다. 여러 명의 학생들이 프론트에 있었다. 이들은 어떻게 이 일을 하게 되었을까? 나는 미술관 직원, 학생들, 교수들, 행정가들에 대해 더 많이 알고 싶은 호기심을 느낀다. 이 공간은 다른 느낌을 준다.

이 분석적 노트는 초기 기술을 넘어서 다른 장소 방문과 비교, 관찰을 하고 있다. 대학의 맥락 내에서 미술관의 역할과 기능에 대해 질문을 던진다. 일부 질문은 비형식적 대화와 면담을 통해 답을 쉽게 얻을 수 있었지만 어떤 질문에 대한 답변은 방문을 마친 뒤 한참이 지나서 하는 집중적 자료 분석 기간에 얻을 수 있었다.

연구일기(Research Diary). 기술적, 서술적 노트를 기록할 뿐 아니라, 연구자의 반성적이고 반사적인 사고와 연구 과정에서 나타난 감정의 여정을 기록하는 것은 좋은 생각이다(5장에서 **반사성**에 대해 많은 논의를 하게 된다). 어떤 사람들은 이를 *연구일기*라고 부르기도 한다. 연구일기가 저널과 분리될 필요는 없다; 그보다 중요한 것은 연구자의 의도이다. 연구자는 시간을 들여 연구 맥락과 과정에 자리잡은 자신의 생각을 적는다. 예를 들면 연구자는 내부자 위치와 외부자 위치가 되었을 때의 장단점을 생각해 볼 수 있다(Hay, 2005).

Sunstein과 Chiseri-Strater(2002, pp. 95-96)는 다음과 같은 사항에 대해 정기적으로 질문하고 적어 볼 것을 제안한다.

1. 당신을 놀라게 하는 것은 무엇인가?(연구자의 가정을 추적하게 돕는다.)
2. 무엇에 마음이 끌리는가?(개인적 관심과 위치를 추적하게 돕는다.)
3. 무엇이 당신을 방해하는가?(연구자의 긴장, 고정관념과 편견을 추적하게 돕는다.)

연구일기 쓰기는 당신과 연구 참여자 사이에서 어떻게 공동 창조되는지, 당신의 행위와 상호작용이 어떻게 이후에 생길 일을 형성하는지 그리고 어디에 권력이 놓이는지에 대해 생각해 보게 하는 수단이 된다. 연구일기는 연구자를 힘들게 하는 윤리적 이슈에 대해 성찰할 장이 된다. 또한 연구일기는 연구자가 좌절을 분출하거나 표현하는 장이 될 수 있고, 계속되는 글쓰기를 통해 이런 감정을 더 잘 이해할 수 있게 해 주고, 더 많은 질문이나 새로운 전략을 이끌어 낼 수 있게 한다. 또한 최종 텍스트의 일부가 되어 타인의 이야기들과 함께 엮인 연구자의 이야기로 쓰일 수도 있다.

다음에 소개할 예는 내가 멕시코의 오악사카에서 지낼 때 쓴 연구일기에서 발췌한 것이다. 이 노트는 내가 그곳에 살게 된 지 6주 만에 쓴 것이다. 그 노트를 씀으로써 나는 내가 전에 여러 곳을 여행하고 살아 봤음에도 불구하고 어느 정도의 문화충

격에 대응하고 있음을 깨닫게 되었다. 글쓰기를 통해 내가 여러 가지 일들이 돌아가는 규칙을 이해하고 있지 못함을 깨달았다. 관찰자와 외부인으로 느끼는 부분이 너무나 많았고 어떻게 오악사카에서 삶의 일부가 될 것인지 확신하지 못했다.

> 아침 6시, 잠을 깼다. 신선한 찬 공기를 들이마시기 위해 거리로 난 큰 창문을 열었다. 공기는 쓰레기 태우는 냄새로 무거웠다. 나는 창문을 닫고 다시 잠을 청했지만 잘 수가 없었다. 어제 거리에서 구걸을 하던 사람들이 생각났다. 일요일마다 더 많은 사람들이 구걸을 하는 것처럼 보이는데 그게 사실인지 아니면 일요일이라 비교적 한산한 거리에서 구걸하는 사람들이 더 눈에 띄는 것인지 궁금해졌다. 거리에 나서기엔 일요일이 더 편안할지도 모른다고 생각했다. 사람들이 일요일에 더 적선을 하기 쉬울까? 쓱 지나치면서 돈을 찾으려고 내 배낭을 열어 지갑을 뒤진 뒤 다시 배낭을 잠궜던 한 여자와 작은 남자애에 대한 생각을 지울 수가 없다. 그 여자는 다리가 없었고 팔도 성치 않았다. 미국에서 어린애들이나 가지고 있을 듯한 빨간색 장난감 4륜차에 타고 있었다. 일곱 살쯤 되어 보이는 작은 남자애는 그녀 옆에 쭈그리고 앉아 있었다. 그 애는 팔로 머리를 감싼 채 울고 있었다. 그 애가 그 여자(그 애 엄마일까?)를 광장 근처 보도까지 끌고 왔을까? 그 애가 엄마를 보살피고 있는 것일까 아니면 다른 누군가가 있을까? 이들은 도대체 어떻게 사는 것일까? 나는 그 아이를 왜 이렇게 깊이 동정하고 있는 것일까 생각하면서 그 애한테 "따라와. 세 블록 아래로 걸어가면 코너에 타코를 만드는 여자가 있어. 네 것 하나와 엄마 것을 사자."라고 말하지 않은 것을 후회했다.
>
> 매일 보는 빵집 앞에서 노래 부르면서 구걸하는 여자나 노천 까페를 도는 남자나 몸이 새우등이라서 구부러져 걷는 노인이 아니라 왜 나는 이들에게 이렇게 신경을 쓰이는 것일까? 나는 보통 박물관 밖에서 아름다운 음악을 연주하는 두 명의 남자(한 명은 시각장애인이다)에게 돈을 주는데, 이는 그들이 무엇인가를 '하고' 그것이 아름답기 때문이다. 하지만 팔다리 없는 그 여자는 무엇을 할 수 있는가? 나는 어떻게 하면 이들에게 나눠 줄 수 있는 몇 페소를 몸에 지닐 수 있을까 궁리해본다(왜 여자 옷엔 주머니가 없는 것일까?) 몇 페소? 왜 나는 더 많이 나눠 줄 수 없지? 주는 것의 의미는 무엇일까?
>
> 갑자기 나는 둔탁한 소리와 어디선가 여자의 날카로운 비명과 개 짖는 소리를 듣는다. 즉각적으로 토요일에 시장 근처에서 차에 치인 후 길에 버려진 채 죽어간 개가 떠올랐다. 그러나 토요일에 본 그 개는 짖지 않았다. 날카로운 비명소리는 계속되었고 나는 무거운 나무 셔터를 다시 열었다. 어떤 종류의 싸움이나 어떤 이가

차에 치인 것이 아닐까 생각해 보기도 했다. 어쩌면 버스일지도 몰라. 내 자리에서 반대쪽 건물 계단에 있는 여자가 보인다. 그녀는 길을 쳐다보고 있다. 나는 다른 방으로 가서 커튼을 잡아당긴다. 한 남자가 길에 누워 있고 두 여자가 그 앞에 무릎을 꿇고 남자의 머리를 만지며 울고 있다. 여러 명의 사람들이 모여 둥그렇게 이들을 감싸고 있다. 구급차를 불러야 한다는 생각이 스친다. 경찰인가? 모르겠다. 누구에게 전화를 해야 하는 것일까? 하지만 나는 전화를 걸 수가 없다. 전화가 없다. 여자 중 한 명이 서서 흰 스웨터를 벗어 그 남자에게 덮어 준다. 나는 무력감과 쓸모없는 자신을 느낀다. 내 자리를 찾지 못한 느낌이 강하게 밀려온다.

이 노트는 내 연구와는 아무런 상관없는 것에 초점이 맞춰져 있다. 이 노트가 질문들로 가득 차 있지만 이 질문들은 내가 면담용 질문으로 만들 수 있는 것도 아니다. 이 질문들은 나에 대한 질문들이고, 내가 잘 모르는 곳에서 어떻게 행동해야 하는가에 대한 것들이다. 그 당시 내가 잘 모르는 사람들과 생소한 언어로 연구해야 하는 것에 대해, 연구 프로젝트에 대해 불안해하면서 나는 관계 맺기를 강하게 원하고 있었다. 그 후엔 말 그대로 인류애에 호소하는 상황들에 맞닥뜨리면서 얼어붙고 마음이 괴로웠다. 오악사카에서 계속 살기 위해서는 전체로서의 문화 속으로 어떻게 이동하는지에 대해 배운다는 상징적 의미에서 두 가지 상호작용인 구걸 행위와 사람의 통행에 대해 어떻게 대처해야 하는지 알아내야만 했다.

노트 쓰기에 대한 조언. 다음의 다섯 가지 가이드라인은 어떤 면에서는 참여관찰자가 경험을 통해 얻은 요령이다. 또한 참여관찰자로서 알아야 할 노트 *쓰기* 과정에 대한 교훈들이다.

1. 각 관찰의 날짜, 시간, 장소를 꼭 쓴다.
2. 손으로 기록할 경우 이후에 떠오를 수 있는 생각을 위해 충분한 여백을 둔다.
3. 손으로 하는 노트 작성을 도울 수 있는 자신만의 속기 형식을 만든다. 예를 들면, 기독교학교 연구에서 기독교인은 Xn, 학생은 S, 지식은 K, 교사는 T, 학교는 Sch로 썼다. 유사한 전치사와 자주 쓰는 단어는 그들을 차별화할 문맥에 따라 줄여 썼다. 그래서 became과 because는 둘 다 b/c, with는 w/로, without은 w/o로 썼다. 연구자가 속기를 쓸 수 있다면 이렇게 만들어진 속기가 비효율적이라

고 볼 수도 있다; 그렇지 않다면 자신만의 시스템을 개발하라고 조언한다.

4. 대략적인 노트 쓰기를 할 때는 관찰한 것에 대해서 완전한 현장기록지를 쓰기 전까지 타인과 대화하지 않는다. 타인과 미리 이야기하는 것은 연구자의 고유한 관찰과 사고를 기록할 필요성을 분산시킬 뿐만 아니라 당신의 고유한 인식을 변화시킬 수도 있기 때문이다.
5. 어느 하루 중에 완전한 노트를 썼더라도 학교종이 울리고 해가 떠 있다면 당신의 일은 끝난 것이 아니다. 그 날의 노트를 읽어 보아라. 기억난 묘사를 적어 넣고 간단히 적힌 사건이나 행위를 명료화하고 확장시키며 하루를 반성해 보고 당신의 생각을 적어 보라.
6. 틀림없이 계획하지 않았던 일들이 연구 문제와 관련된 자료를 제공해 준다. 이런 일상적인 사건들을 현장기록지에 포함시켜라. 학교와 같은 기관에 초점을 둘 때 자료 수집이 정해진 장소와 시간 내에서 이루어지기도 하지만 질적 연구는 시간이나 장소에 제한받지 않는다.
7. 현장기록지를 자주 읽고 곰곰이 생각해 볼 계획을 세운다. 현장에 푹 몰입할 수 있을 만큼 운이 좋다면 현장기록지를 주별로 읽고 분석적 메모를 쓴다. 이것은 지속적 분석과정의 일부이다. 당신은 주제와 연결해 보기 시작하고, 이후의 작업을 안내할 수 있는 문제를 제시하게 될 것이다.

처음에 당신이 연구 장소에서 일어나는 모든 행위에 압도됨을 느끼거나 혹은 어떤 특별한 일이 일어나지 않은 것 때문에 실망되더라도 걱정할 필요는 없다. 로나(Lorna)도 일반 학급으로 주류화되었던 특수아들을 관찰하기 시작했을 때 양극을 경험했다.

> 첫 관찰은 나를 압도했다. 나는 혼란스러우면서도 모호한 질서의식을 지닌 귀여운 아이들이 어디에나 가득 차 있는 소인국에 휩쓸려 들어가 버렸다. 시끄럽고 재잘재잘 지껄이기, 간식시간의 우적우적 먹는 소리, 일어나기, 앉기, 하품하기, 칭얼대기, 작업하기, 늘기, 자리에서 일어나기, 움직이기. 처음에 나는 특수아를 찾아내지조차 못했다. 모든 활동을 지켜보면서 나는 기록한다는 것이 얼마나 어려운 일인지 알게 되었다. 무엇을 기록해야 하지? 어떻게 계속 집중할 수 있을까? 남자아이가 철자 쓰기를 도와달라고 부탁할 때 나는 어떻게 대처해야 할까? 처음에 나는

특히 특수아의 상호작용에 관심이 있었지만 평범한 상호작용 이상의 무엇이 없었다. 얼핏 보기에 보조자의 '그림자 되기' 이외에 나는 그 방에서 특수아의 존재가 주는 영향을 찾아볼 수 없었다. 낙담한 나는 조급하게도 이 자료 분석이 단순하지는 않더라도 지루할 것이라고 생각했다. 물론 내가 틀렸다.

로나는 관찰에 더 많은 시간을 들이면서 비로소 '정규학급에서 특수아들의 열정, 사랑, 도전의 상호작용과 그 정도'를 보기 시작했다.

끝으로 관찰에서의 다양성이 관찰자가 잘못하고 있음을 의미하는 것이 아님을 확실히 말해 주고 싶다. 저널리스트 Joan Didion(1988)은 남편과 엘살바도르에서 같이 있었음에도 불구하고 그곳에 대해 매우 다른 내용의 책을 쓴 것에 대해 이야기한 바 있다. 학생들의 '기관적(institutional)'과 '문화적' 학문을 구분 지으며 Ball(1985)은 "우연히 결정한 어떤 언덕에 서느냐에 따라서 풍경은 다르게 보일 수 있다"(p. 28)고 했다. Mary Catherine Bateson(1984)은 이렇게 말한다. "당신이 모든 것을 볼 수 없으며 다른 사람들은 다르게 볼 수 있다는 것을 알면서도 당신의 관심이 보도록 허용하는 무엇을 조심스럽게, 가능한 한 어떤 것이나 기록해서 누적적인 그림의 일부가 되도록 한다"(p. 164).

현장작업 동반자: 문서, 인공유물, 시각 자료

문서와 인공유물

고고학자들은 남겨진 **물질문화(material culture)**를 조사함으로써 과거의 시간을 재구성한다. 물질문화는 역사를 지녔으며 맥락에 있는 사람들로부터 의미를 부여받은 것들을 칭한다. 인공유물(artifacts)은 고고학자들에게 옛날 사람들이 어떻게 먹고 입고 살았는지, 누구와 의사소통하고, 그들이 신과 사후에 대해 어떤 생각을 가졌는가에 대한 가설의 기초를 제공한다. 고고학자들은 한때 그 장소에 살았던 사람들의 매일의 삶을 관찰하거나 삶에 참여할 수가 없다; 그들은 남자, 여자, 아이들을 면담할 수가 없다. 그렇지만 고고학자들은 사람들이 남기고 간 대상의 형태를 통해 있었음직한 그들의 삶을 재창조할 수 있는 것이다.

당신은 사람들과 그들의 물질문화를 관찰하고 그들의 상호작용의 의미를 물어

볼 수 있다는 면에서 고고학자들보다는 쉽게 작업을 할 수 있다. 당신은 Altheide와 Schneider(2013)가 "기록되거나 분석을 위해 꺼내올 수 있는 모든 상징적 표상"(p. 5)으로 정의한 문서에 접근 가능하다. 문서는, Altheider가 국내, 국제적 위기에 새로운 조직에 전달되는 "공포의 담화"에 대해 수행한 연구에서처럼, 다른 자료원에서는 찾을 수 없는 역사적이고 인구통계학적이며 때로는 개인 정보를 제공해 주기도 한다(Altheide & Schneider. 2013). 다음에는 역사적, 현재의 문서와 인공물 접근을 통한 자료 수집에 대해 간략히 이야기하도록 하겠다.

기록보관소 자료들(Archival Materials)과 역사적 연구. 어떤 현상을 잘 이해하기 위해서는 그 역사를 알 필요가 있다. 역사적으로 사고하기 위해서는 문서들(의사록, 편지, 회고록, 유언), 사진, 그 외 인공유물을 찾아보아야 한다. 역사적으로 생각함으로써 연구자는 나이가 지긋한 응답자를 찾아 구술사 질문들을 만들 수 있다. 또한 역사적 자료를 얻음으로써 현재의 자료에서는 분명했던 행동 유형을 다르게 바라볼 수도 있으며 이전에는 연결고리를 찾지 못했던 아이디어나 사건의 관계를 인식하게 될 수도 있다.

역사적 문서는 당신의 연구에 맥락을 제공한다. 지역신문과 기관의 뉴스레터를 살펴보는 것은 역사적 맥락을 배우는 시작점이 될 수 있다. 박물관, 교회, 학교의 기록보관소처럼 지역 도서관이나 대학 도서관의 기록보관소도 시작하기 좋은 장소이다. 때로 역사적 문서에 접근하기 위한 더 유용한 방법은 당신이 오래된 편지, 스크랩북, 모임의 의사록에 관심이 있음을 사람들에게 알려 두는 것이다. 이런 문제는 인맥으로 해결되기도 한다; 당신의 역사적 관심을 좋아하는 사람을 찾게 되면 그 사람은 또 다른 사람을 소개해 줄 것이다.

잠재적으로 유용한 연락처 정보와 관련된 역사적 기록을 가진 조직을 찾기 위한 웹사이트 검색과 전자 기록보관소를 활용하라. 특정한 주제에 관한 저널 소논문과 논문을 찾기 위한 정교한 검색 프로그램처럼, 다양한 미디어 보고서, 문서, 역사적 기록을 찾는 데 활용 가능한 다양한 색인이 있다. 예를 들면 the Vanderbilt University Television News Index and Archive는 1968년부터의 뉴스캐스트와 특별 리포트를 추적한다. 예를 들면 당신이 에이즈 바이러스와 관련된 낙인에 집중하는 연구를 수행한다면 이 인덱스를 활용해서 지난 30년간의 에이즈와 관련된 뉴스를 살펴보고 이런 미디어와 대중의 태도가 어떻게 변화되었는지를 분석할 수 있다.

역사적 연구는, 특히 어떤 사건에 참여한 사람들과 대화를 나누고 그들의 구술사를 얻게 되었을 때 그 자체가 질적 연구 프로젝트가 되기도 한다. 하지만 역사적 사건이 구술사를 얻기에 너무 오래된 일이라 하더라도, 연구자는 사본과 관찰노트를 면담하는 것과 똑같은 방식으로 기록적 자료 및 다른 문서에 접근할 수 있다. 우선 연구자는 자신의 탐색 포커스를 이해해야만 한다. 이민이 공립학교 정책에 가져온 변화와 같은 사회적 이슈의 역사를 제공해 주기 위한 것인가? 특정한 사람, 기관, 운동의 역사를 알기 위한 것인가? 연구자는 이전에는 연결되어 있지 않다고 간주되었던 생각이나 사건들 간의 어떤 관계를 보여 주고자 하는가? 아니면 연구자는 문화적, 경제적 헤게모니의 관점에서 서구의 국제 개발 정책을 비판하는 학자들처럼 다른 이론적 렌즈로 과거 사건을 재해석하기 원하는가?

연구자의 주제와 관련된 이차적 자료원 혹은 책, 다큐멘터리 영화도 살펴볼 수 있다. 문헌 고찰에서처럼 이차적 자료원은 연구자가 연구 문제를 계속 추구해도 되는지 그리고 당신의 연구가 이미 많은 연구자들이 수행했던 주제가 아닌지를 결정하는 데 도움을 준다. 또한 이차적 자료는 연구의 더 큰 기술적, 이론적 틀을 제공한다. 그렇지만 연구자가 충분한 시간을 들여 찾아야 할 자료는 편지, 회고록, 유언, 재정적 기록과 같은 주요 문서들이다. 만약 당신이 반세기가 지난 후 2차 세계대전 참전용사들의 참전에 관한 관점을 조사하고 싶다면 주요 자료원에는 참전용사들, 그들의 가족, 기록보관소에서 얻은 편지, 일기, 면담 전사본, 사진 등이 포함될 것이다.

활용할 수 있는 중요한 문서들과 기록보관소 자료에 기초해서 연구 범주의 윤곽을 그릴 필요가 있다. 모든 질적 연구에서처럼 연구자는 다음 사항을 늘리거나 줄일 필요가 있다: 지역 범위, 포함시킬 사람, 시간 범위, 사람들의 활동 범주. 예를 들면 농업에서 여성의 참여를 역사적으로 기록하기 위한 탐색에서 나는 지역 범위를 중서부에서 서부를 포함하는 것까지 확대했고 *경작(farming)*이라는 범주를 농업 가정에서 채소나 과일을 재배하거나 뜰 *가꾸기(gardening)*라는 용어로 칭해지는 활동까지 확대했다.

문서 기록의 상자나 파일을 처음 접했을 때 정확히 무엇을 찾아야 할지 모를 수도 있기에, 연구자는 참여관찰을 하게 될 새 장소에 들어갔을 때처럼 몰입할 필요가 있다. 기록보관소 자료들을 뒤지는 데에는 인내심, 결단력, 시간이 필요하지만, 결국 연구자는 그 자료 내에서 유형을 찾기 시작한다. 발전시키고 싶은 시각과 정보의 범주를 이해하기 시작할 때까지 읽고, 기록하고, 반성해 보라.

현재 기록들과 인공유물. 문어를 존중하는 사회이기에 우리는 많은 유형의 쓰여진 문서를 갖고 있다. 일기, 편지, 메모, 낙서, 노트, 무덤의 회고록, 스크랩북, 회원 명부, 뉴스레터, 신문, 컴퓨터에서 접근할 수 있는 블로그, 페이스북 포스팅 등이 모두 잠재적으로 유용한 문서들이다. 도서관, 기관, 컴퓨터 검색으로 문서 찾기 외에도 연구자는 참여자들에게 연구자를 위해 문서를 만들 것을 요청할 수 있다: 일기, 저널, 다른 형태의 기록들. 학교에서 일한다면 연구자는 필요한 모든 동의서를 얻고 난 후 교사들과 협력해서 학생, 교사, 연구자의 요구를 동시에 충족시키는 과제를 만들어 낼 수 있다. 예를 들어, 연구자가 유아의 자아 개념에 관심이 있다면 영어 교사를 설득해서 학생들로 하여금 자기 묘사에 대해 쓰게 하여 읽어 볼 수 있다.

세인트 빈센트에 있을 때 나는 우리 집에 와서 시간을 보내기를 좋아하는 아이들에게 이 다음에 어른이 되었을 때를 상상해서 그려 보라고 했다. 이 그림들과 청소년들을 면담해 얻은 주제들을 비교해 보았다. 또한 나는 세인트 빈센트(특히 빈센트 사람들이 카니발을 위해 작곡한 노래들)에서 연주되는 레게와 칼립소 음악의 농업적, 교육적 메시지를 분석해서 그 중 몇 연(stanza)은 관찰내용, 면담자의 답변과 함께 최종 보고서에 실었다.

문어가 주는 편안함에도 불구하고, 영화, 스케치, 그림, 음악과 같은 잠재적으로 유용한 인공유물도 간과해서는 안 된다: "인공물은 연구 중인 맥락에서 참여자들이 일상적 행위에 사용하는 물건들이다"(Hatch, 2002, p. 117). 인공물을 *읽을 때*, 연구자는 그 물건에 구현된 이야기를 이해하려고 애쓴다. 한 문화, 집단 혹은 개인의 인공물은 예술적이고 매력적일 수 있겠지만 외부인에게는 단지 "물건"으로만 보일 수 있다. 그러나 내부자들에게 인공물은 구체적인 이야기들을 들려준다. 인공물은 기능과 의미 둘 다 지니는 경우가 많다. 예를 들면 전 세계의 많은 토착 집단은 복잡한 디자인과 색의 조합을 사용해 전통적인 직물을 짠다. 외부인들은 이런 직물의 아름다움과 기술을 감상하며 이를 수집하곤 하지만 그 직물들이 무엇을 "말하는지"에 대해 반드시 아는 것은 아니다. 그렇지만 내부인들은, 예를 들면 직조된 옷을 입은 사람이 어느 지역에서 왔는지, 기혼인지 미혼인지 그리고 특별한 디자인과 관련된 조상의 이야기나 종교적 신념을 알 수 있다.

같은 문화 내에서도 하나의 물건이 일반적 기능을 하면서도 창의적인 새로운 의미를 하위문화에서 가질 수도 있다. 예를 들어 폭스바겐 버스가 어떻게 1960년대에 히피들과 연관되며 문신이 미국 내에서 대중문화에 의해 전용될 때 어떻게 의미가 변화되는지에 대해 생각해 보라. 게다가 물건은 매우 개인적인 의미를 구현할 수도 있다. Mitchell(2011)이 지적하듯 물리적 물체는 "사회적, 역사적 내러티브를 전달한다" 그리고 "자서전적 내러티브를 그 물건과 함께 전달하고 상기시킬 가능성이 있다"(p. 50). 사진이 참여자들의 경험과 이야기를 끌어내듯 똑같은 방식의 기능을 할 수 있다. 만약 당신이 어떤 사람의 집이나 일하는 장소에 갔을 때 당신이 볼 수 있는 개인적인 물건에 대해 묻게 되면 예상치 못한 장소로 당신을 이끄는 긴 대화를 나눌 수도 있다.

예를 들어 누군가가 내 소파 옆 테이블 위에 있는 작은 도자기 컵에 대해 묻는다면 나는 이런 이야기를 해 줄 것이다. 멕시코 오악사카에서 찾은 도자기의 종류에 대해서 그것이 무엇을 *표현하는지(글자 그대로의 의미)*에 대해 말할 수 있다. 역사적으로 모든 도자기 용기는 플라스틱과 금속과 여행자들이 등장하기 이전에는 실용적인 그릇이었다. 나는 2000년 전에도 사용되었던 기법과 같은 오늘날의 제조기법에 대해 말할 수도 있다. 나는 내 테이블 옆의 이 컵이 무엇을 *암시하는지* 혹은 나에게 어떤 의미인지 이야기할 수도 있을 것이다. 이 이야기는 이미 작고했으나 작품이 여전히 그의 고향 집 스튜디오에 있는 어떤 기술 좋은 오악사카 사람으로부터 시작된다. D. H. Lawrence. 그의 도자기 스튜디오 주소를 들고 거리를 왔다 갔다 하다가 그 거리가 오악사카의 매춘지역임을 알게 되었다. 이 이야기는 이 시점에서 오악사카의 매춘 조건에 대해 있는 그대로 기술할 수도 있고 거리로 나올 수밖에 없었던 남쪽 나라에서 온 중년 여성에 대해 말할 수도 있다. 아니면 마침내 정확한 지

겉으로 보기에는 중요하지 않아 보이는 작은 도자기 컵이 다양한 이야기를 풀어낼 수 있다.

도를 찾아내서 내가 그 도공의 딸을 만나고 그녀가 나를 안내한 먼지가 쌓인 선반과 대부분은 상당히 큰 크기의 초록 혹은 갈색 도료를 입힌 도자기들이 가득한 이야기를 계속할 수도 있다. 스튜디오 벽에 걸린 큰 사진에 그 도공과 흰 양복을 입은 한 남자의 사진에 대한 이야기가 포함될 것이다. 흰 양복 위에 휘갈겨 쓰인 것은 D. H. Lawrence의 사인이었다. 오악사카의 내 아파트로 돌아와서 나는 내가 사온 그 작은 컵을 살펴보고 바닥에 있는 유약의 지문을 본다. 어떻게 내 손이 D. H. Lawrence와 악수를 한 도공의 손이 만든 컵을 감싸고 있는가에 대해 생각해 보다가 나는 시를 썼다. 그러나 그 이야기는 끝나지 않았다. 나는 몇 해 뒤 다시 스튜디오에 가서 모든 도자기들이 다 팔려 이리저리 흩어졌고 일부는 미술관으로, 일부는 수집가들에게 팔려갔으며, 작은 컵 하나는 노스 캐롤라이나에 있는 우리 집으로 오게 된 것을 알게 된다.

당신의 연구 장소에서 비범한 인공물과 평범한 인공물 모두를 관찰하라. 누가 누구와 어떻게 상호작용하는지를 관찰하라. 그들의 이야기를 찾아보라. 이런 관찰과 이야기는 쉽게 또 다른 관찰, 질문 그리고 궁극적으로 다른 방식으로는 얻을 수 없는 심도 있는 이해에 이르게 할 것이다.

시각 자료: 사진, 비디오, 지도, 도표

기술적 진보는 연구에서 시각 자료의 가능성을 대대적으로 확장시켰다. 디지털 혁명 이전에 사진과 비디오의 집중적인 사용은 비용이 많이 들었으며, 사람들을 귀찮게 하기도 했다. 이제 더 이상 그렇지 않게 되면서 Banks(2007)는 연구자가 시각 자료를 활용할 수 있는 세 가지 일반적 방식을 보여 준다.

1. 연구자는 사진, 필름 혹은 이미지를 만들어 냄으로써 사회적 상호작용 혹은 물질문화의 측면을 기록화한다.
2. 연구자는 개인적 사진 앨범, 잡지 혹은 텔레비전 프로그램과 같은 연구 참여자가 사용하거나 이들이 만들어 낸 이미지를 모으고, 분석하고 활용한다.
3. 연구자와 연구 참여자는 이미지 제작과 연구에 협력한다.(pp. 6-7)

이런 활용은 다음에서 좀 더 논의될 것이다.

연구자가 만든 시각 자료. 문화인류학자들과 심리학자들은 19세기에 사진을 활용하기 시작했고 카메라를 개인 혹은 집단 간의 차이를 분류하고 제시할 수 있게 해 주는 과학적 도구라고 간주했다. 예를 들면 정신병원에 입원한 사람들의 얼굴표정을 사진으로 찍어 그들을 "미친" 사람으로 구분할 수 있는 특징들을 찾아내고자 했다. 이와 달리, 오늘날의 연구자들은 사진과 비디오를 일반적으로 관찰을 확장하기 위해 활용한다. Grimshaw(Bottorff, 1994에서 재인용)는 비디오를 활용하는 것의 장점을 *밀도(density)*와 *영속성(permanence)*이라고 표현했다. 필름을 통해 얻어진 자료의 밀도는 사람의 눈으로 관찰한 것이나 오디오 녹음보다 훨씬 더 높으며 기록은 관찰한 것을 반복적으로 볼 수 있다는 면에서 영구적이다.

Collier와 Collier(1986)는 사진이 "부호화된 쓰여진 노트에서는 대개 빠질 수밖에 없는 적절하고 맥락적인" 관계를 지닌 구체적(specific) 정보를 모은다는 점에서 사진을 "현장작업자가 쓴 노트북과는 매우 다른 추상화 과정"(p. 10)이라고 보았다. 이는 푸에르토 리코에 사는 젊은이들의 일, 사랑, 정체성을 연구한 Munoz(1995)의 경우 특히 맞는 말이었다. 그녀는 어떻게 사진이 자신의 일에 도움을 주었는지 이렇게 말한다.

> 흐릿함 없이 볼 수 있는 움직이는 것을 사진 찍어라: 시간, 장소, 시선, 자세, 세밀한 것들(그녀의 얼굴이 나타내는 것은 무엇인가? 그녀의 눈은 무슨 말을 하는가? 무슨 색 드레스를 입고 있는가? 셔츠 색깔은? 무슨 소재일까? 귀걸이는 했는가? 결혼 반지를 끼었나? 머리모양은 어떤가? 손은 어떤가?) 이런 모든 사항들이 합쳐져서 그 특정 순간에 포착된 어떤 사람의 흑백 인물사진을 보여 준다. … 사진은 나의 문제와 해답을 말 그대로 대면하게 하는 지식으로의 또 다른 접근법을 제공해 준다.(pp. 60–61)

비디오는 민속방법론(ethnomethodology)이나 미시분석과 같은 일부 질적 방법론의 자료 수집의 중요한 수단이 된다. 비디오는 돌려보고 다시 돌려보고 장면별로 분석해서 언어학적인 신호나 사람들의 일상생활의 어떤 면에서 실제 행동을 찾아내기 위한 면밀한 관찰의 수단이 된다. 예를 들면 팻(pat)은 저소득층 어머니들이 자식들의 학습을 어떻게 돕는지 이해하고 싶었다. 그녀는 실험실 놀이 상황에서 이 어머니와 자녀를 비디오로 찍을 수 있었고 이 테이프를 반복해서 관찰했다. 그런 후에 그

필리핀의 국제 쌀연구소에 있는 씨앗은행 내부에서 사진 찍기

녀는 이 관찰자료를 질문 개발을 위한 가이드로 이용해서 어머니들을 면담했다. 관찰과 면담을 통해 팻은 비디오테이프 분석을 위한 행동적, 인지적 정보를 통합하는 자세한 코딩 매뉴얼을 개발할 수 있었다. 그러나 Bottorff(1994)는 이런 유형의 자료 수집에는 녹음된 것 이상의 맥락적인 정보가 부족하다는 것과 적극적 참여자가 되어 개발된 발현적 이론을 테스트할 수 있는 기회를 놓친다는 단점에 대해 경고했다. 이런 유형의 자료 수집에 지나치게 의존하게 되면 참여관찰에서 *참여자*의 가치를 잃게 된다는 것이다.

연구자는 사진 이외에도 다른 유형의 그림, 지도, 도표와 같은 시각 자료를 연구 과정에서 생성할 수 있다. 연구자들은, 예를 들어 교사가 자신의 교실을 어떻게 배치했는지 혹은 사람들의 집과 땅이 어떻게 위치해 있는지와 같은 연구 장소의 특징을 스케치하기도 한다. 그림 3.1은 세인트 빈센트의 소작농 사이짓기 농업 지도를 그린 것이다. 마인드 맵, 차트, 도표를 사용해서 연구 주제를 좁혀 가도록 돕거나 연구 장소 내에서 일어나고 있는 것에 대한 초기 이론을 나눌 수 있다. 이런 시각 자료들은 질문을 생성하고 연구 수행 중 분석적 사고를 형성하는 데 도움을 줄 수 있으며 연구의 어떤 측면에 관한 간결한 제시로 최종 보고에 표상을 넣을 수도 있다. 어떤 연구에는 개요화가 적절하지만, 일부 연구에는 도표화가 적합하다. 도표화는 관찰, 사고, 관계를 아우르는 시각적 작업이다.

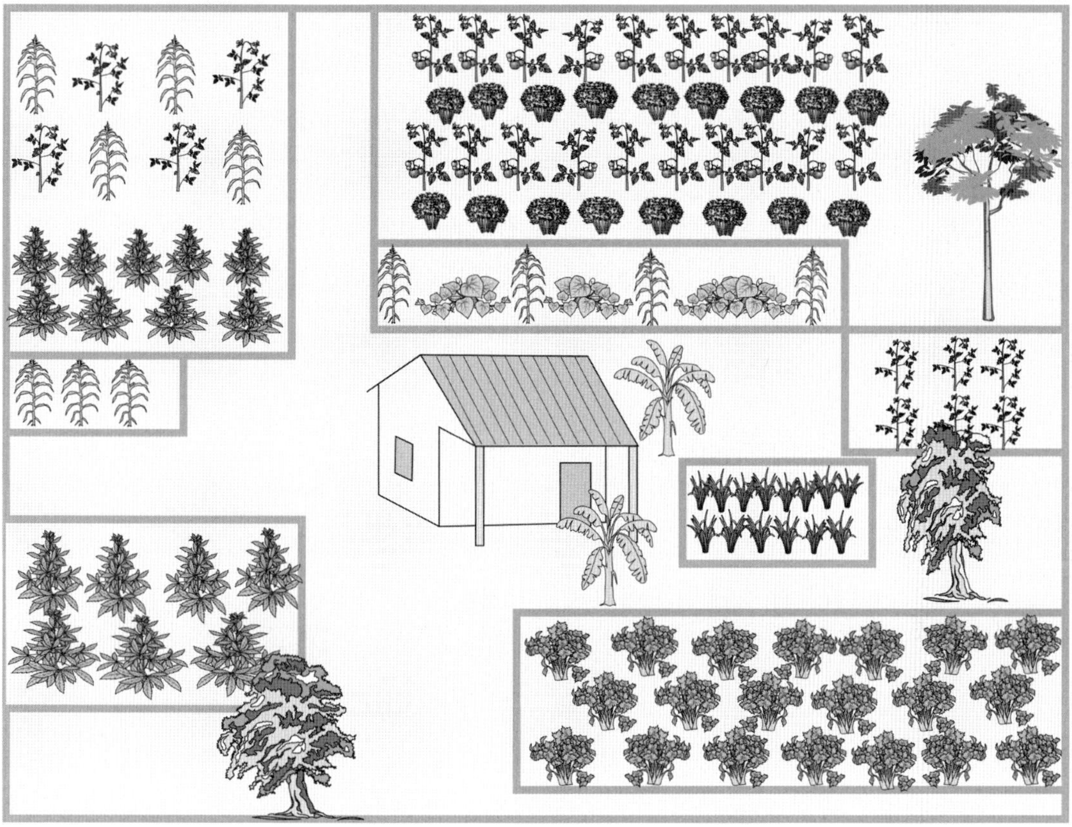

[그림 3.1] 소작농지 사이짓기(간작)

출처: C. Glesne. (1985)의 박사학위 논문 p. 71에서 발췌됨. *Strugglin', but no slavin': Agriculture, education, and rural young Vincentians* (Unpublished doctoral dissertation). University of Illinois, Urbana, p. 71.

참여자가 만든 혹은 사용한 시각 자료. 커뮤니케이션과 미디어 분야의 연구자들은 자주 연구 참여자들이 사용하는 시각 자료(영화, 텔레비전 쇼, 잡지)에 중점을 두고 그 내용을 어떤 나름의 방식으로 분석하기도 한다. 예를 들면 Peshkin(1978)은 그의 농촌 학교-지역사회 연구에 참여한 지역주민들에게 가족사진 앨범을 보여 줄 것을 부탁했다. 어떤 사진들은 70년 전에 찍은 것이었는데 이런 사진들은 과거를 특별한 방식으로 표현하기도 하지만 면담을 위한 기초를 제공하기도 했고 Peshkin이 사진을 보지 않았더라면 생각하지 못했을 주제를 제시해 주었다. **사진 유도(photo-elicitation)**라고 불리는 참여자가 만들어 내는 사진들은 "코멘트, 기억, 토론을 이끌어 내는 데(Banks, 2007, p. 65) 사용될 수 있다. 부끄러움을 많이 타거나 과묵한 피면담자들은 면담자들과 시선을 마주치기보다는 사진을 제시했을 때 더 편안함을 느끼곤 한다. 이 방법은 특히 어린이들에게 효과적이다. 응답자들에게 낯선 사진이나 이미지가 사진 유도에서 사용되기도 하지만, 질적 연구자들은 참여자가 만든 사진을 사용할 가능성이 높은데 이는 연구 의도가 심리학적 실험에서처럼 참여자들의 특정한 이미지에 대한 반응을 연구하고자 함이 아니라 참여자들의 삶에 대해 배우고자 하는 데 있기 때문이다. 참여자들이 만든 사진이나 비디오를 "전기"(Kopytoff, 1986)의 대상, 당신의 연구에서 참여자들이 들려주는 이야기로 생각하라.

협력적으로 만든 혹은 연구된 시각 자료. 일회용 카메라의 등장과 더불어 연구자들은 참여자들에게 카메라를 주고 그들의 삶의 구체적인 측면을 기록화하도록 요청하기 시작했다(Mitchell & Allnutt, 2008). 예를 들면 특수교사인 브루스는 장애를 가진 가족들이 그들의 장애아를 어떻게 인식하는지에 관심이 있었다. 그는 각 가족에게 카메라를 나누어 주고 아이와 가족원들의 일상 활동을 찍어 올 것을 부탁했다. 그의 연구 지원 그룹의 일원이 그에게 한 조언은 각 가족에게 다른 카메라를 더 주고 가족원들에게 아이는 사진에 담지 않은 채 아이를 상징하는 다섯 장의 사진을 찍어 오라고 요청해 보라는 것이었다. 이 과정에서 연구자는 가족원들과 그들의 사진들에 대해 면담을 나누고 그런 과정에서 볼 수 없었거나 묻지 않았던 것에 대해 알아낼 수 있었다.

때로 시각 자료는 특정한 문제나 고투를 인식하고 답변하기 위해 연구자와 연

Chiapas의 Oventik에 그려진 이 벽화를 보면 소외되고 억압받은 사람들이 사파티스타 운동(the Zapatista movement)이 바람을 타고 함께 모여 연합하고 있다. 벽화에는 왼쪽 남자의 의상, 불고 있는 고둥나팔처럼 깊이 있는 문화적 이미지가 포함되어 있다.

구 참여자들이 협력적으로 만들어 내고 연구할 수 있다. Banks(2007, p. 78)는 두 명의 연구자들(Schratz와 Steiner-Loffler)이 수행했던 연구를 소개했는데, 이 연구에서는 초등학교 학생들을 소집단으로 나누어 카메라를 주고 학교에 있는 장소 중 기분이 좋아지는 장소와 기분이 나빠지는 장소의 자신을 찍어 오라고 했다. 4개의 팀 중에 각 팀은 우선 어떻게 사진을 찍고 싶은지와 “좋은” 장소와 “나쁜” 장소에 대해 토론을 했다. 학생들, 교사들을 사진에 포함시키고 싶어했는가 아니면 아무도 넣지 않기를 원했는가? 자연스럽게 찍고 싶었는가 아니면 포즈를 취한 사진을 원했는가? 각 팀은 사진을 찍었고 인화한 후 선택한 사진으로 포스터를 만들어 왜 그런 선택을 했는지에 대한 설명도 함께 제시했다. 최종적으로 각 팀은 이 포스터를 수업시간에 발표했다. 이 모든 과정은 학교를 다니는 학생들의 관점에서 어떻게 학교를 더 좋은 곳으로 만들지에 대한 많은 정보를 제공한다.

참여자들이 어떤 사진을 찍을 것이며 어떤 것을 제시할 것인지 선택을 할 때 이 연구 과정에서 연구 참여자들은 목소리를 낼 수가 있다(Mitchell & Allnutt, 2008; Prosser & Burke, 2008). 만약 참여자들이 시각 미디어가 특정한 관점을 의도한 관중에게 전달할 수 있는 방식을 인식한다면 연구자들은 이런 표현을 공론화할 수 있는 강력한 방식으로 협력할 수 있다. 이와 같은 과정은 참여자들에 의해 만들어진 이미지이며 이들의 삶에 관한 관점, 염려, 욕구에 대해 말할 수 있게 한다는 측면에서 *포토보이스(photovoice)*라고 불린다.

지도와 도표 역시 포토보이스처럼 자료를 만들고 참여자들의 긴장 혹은 근심이 되는 부분을 나타내기 위해 만들 수 있다. **참여적 지도 만들기(participatory mapping)**(*지역사회 지도 만들기* 그리고 *민속작도법*이라고 불리기도 함)라고 불리는 이 방법은 대개 촉진자/연구자의 조력을 받아 한 집단의 사람들이 그들의 삶의 물질적 측면을 지도 혹은 도표로 만들게 된다. 예를 들면 집단을 이루어 한 지역을 걸으면서 사회경제적 계층, 인종, 자원에의 접근에 따른 가구의 분배 혹은 물을 사용할 수 있는 땅의 농업적 이용 등을 지도화한다. 혹은 한 집단이 협력적으로 다른 종류의 시각적 표상(예: 그림, 도표, 차트)을 만들어서 그들의 지역사회 혹은 집단에서 논의되는 이슈, 이해관계자들, 기관, 자원 간의 관계를 전달할 수 있다(Hay, 2005, p. 289). 지도나 다른 형태의 시각적 표상의 유형을 함께 만들면서 집단의 구성원들은 무엇이 성공적이며 문제가 어디에 있는지 토론하게 된다.

참여적 지도 만들기는 참여적 실행연구와 후기식민주의 연구에서는 강력한 도구가 된다. 예를 들면 인류학자인 Mac Chapin은 파나마의 토착집단과 연구하면서 지역적으로 중요한 지리학적 장소와 인간이 구성한 장소뿐만 아니라 전통적인 경계를 포함하는 영토 지도를 만들었다. 시간의 흐름에 따른 영토의 사용을 보여 주는 지도를 적용하면서 집단들은 정부와 외부의 침입에 의해 사라지고 있는 그들의 영토에 대한 법적인 주장을 할 수 있는 능력이 증진되었다: "지도를 교묘하게 쓰는 외부인들에 의해 오랫동안 희생되었던 그들이 작도법에 대해 배우게 되고 보다 공평한 약관에 대해 싸울 수 있게 되었다"(Chapin & Threlkeld, 2001, p. 21). 시각 자료, 문서, 인공물 그리고 주의를 끌지 않는 다른 방법은 관찰과 면담에 역사적이고 맥락적인 차원을 제공한다. 이것들은 연구자의 묘사와 인식을 지지하고 확장하고 도전함으로써 연구자가 보고 들은 것을 풍부하게 해 준다. 또한 참여자들이 더 큰 목소리와 힘을 얻도록 조력한다.

현장기록지 쓰기가 매일 하는 행위가 되어야 하듯 연구자는 뉴스 기사, 블로그, 영화 클립 등 연구 주제와 관련된 전자 문서 수집을 정기적으로 하고 나중에 쉽게 접근할 수 있도록 파일로 만들고 싶을 수 있다(Altheide & Schneider, 2013). 파일로 만들기가 "문서들"이라고 이름 붙인 컴퓨터 안의 또 다른 파일폴더나 바닥에 또 다른 서류더미를 만드는 것을 의미하지는 않는다. 그보다는 연구자가 "대상이 무엇이며 어디서 그 자료들이 왔으며 왜 그 자료들을 모았는지에 대해 이름을 붙이고 추적하는 시스템을 만들" 필요가 있다(Hatch, 2002, p. 122). 이와 같은 자료를 모으면서 이렇게 해두었을 때 시간을 절약하고 좌절감을 덜 느낄 수 있다.

표 3.1은 당신의 연구 일부가 될 수 있는 다양한 종류의 관찰 자료를 요약한 것이다. Holliday(2002, pp. 71-72)를 참조하고 확장해서 만든 이 표는 자료가 기록화되는 방식과 전반적 연구에서 가능한 사용방법을 제시한다.

소외된 혹은 친구?

참여관찰자의 역할에는 주변에서 일어나는 상호작용에 대한 호기심과 연구자의 인식을 높이는 일상생활의 장소에 존재하는 것이 포함된다. 연구자는 그 장소, 사람들, 연구 문제에 흠뻑 젖게 되는 것이다. 연구자가 그 곳에 적절하게 존재하는가를 알아보는 하나의 방법은 참여자의 시각에서 당면한 과제를 이해하려는 마음이 자

〈표 3.1〉 관찰 자료의 기술, 기록화, 이용

관찰 자료	기술	연구자에 의한 문서화	전형적 연구 용도
장소 양상	세팅과/혹은 사람들이 어떻게 보이나	관찰노트, 현장저널, 그림, 도표, 사진, 비디오	최종보고서에 장소와/혹은 사람들을 소개
행위	한 사람이 하는 일상적 행위	관찰노트, 현장저널, 사진, 비디오	면담을 위한 질문들을 제기; 관찰 자료를 지지하거나 반박; 두터운 기술; 유형 분석; 직감 혹은 가설 생성
사건	연속적 행위 혹은 행동, 일반적으로 한 사람 이상, 시간에 따라 제한되며 계획될 수도 있고 비계획으로 되기도 함(예: 미팅 혹은 언쟁)	관찰노트, 현장저널, 사진, 비디오	면담을 위한 질문들을 제기; 관찰 자료를 지지하거나 반박; 두터운 기술; 유형 분석; 직감 혹은 가설 생성
과정	명백한/암묵적 규칙들, 규정, 프로그램, 기관, 그룹의 일을 설명하는 의식들	관찰노트, 현장저널, 도표	면담을 위한 질문들을 제기; 관찰 자료를 지지하거나 반박; 두터운 기술; 유형 분석; 직감 혹은 가설 생성
대화	사람들이 서로에게 무엇을 말하는가	관찰노트, 비디오, 오디오 녹음기	면담을 위한 질문들을 제기; 관찰 자료를 지지하거나 반박; 두터운 기술; 유형 분석; 직감 혹은 가설 생성
문서와 시각 자료	연구 장소에서 나온 미팅 의사록, 일기, 편지, 노트, 유언장, 재정적 기록, 사진, 그림 등	기록 연구에서 나온 노트와 복사본, 도서관 검색, 참여자에 의해 창조 또는/그리고 공유된 문서, 발견한 문서들	면담을 위한 질문들을 제기; 관찰 자료를 지지하거나 반박; 두터운 기술; 유형 분석; 내용 분석, 직감 혹은 가설 생성
인공유물	낙서, 변화, 누적적 증거 및 참여자들에 의해 창조된 다른 물건들	관찰노트, 사진, 비디오	면담을 위한 질문들을 제기; 관찰 자료를 지지하거나 반박; 두터운 기술; 유형 분석; 직감 혹은 가설 생성

라고 있는가를 스스로에게 묻는 것이다. 이것은 연구자가 최소한 개인적 판단과 관심을 유보까지는 아니어도 의문을 갖게는 되었음을 나타낸다. 또 다른 방법은 연구자가 이전에는 알아채지 못했던 것을 보기 시작했는지 살펴보는 것이다. 안드리아(Andrea)는 지역사회에 대한 연구에서 현장기록지에 다음과 같은 사항을 적었다.

> 나는 아침식사를 하기 위해 동네 식당에 갔다가 처음으로 남자들의 모임을 지켜보게 되었다: 이 남자들은 누구일까? 왜 이곳으로 온 것일까? 어떻게 내가 이전에는 이 사람들을 알아채지 못했을까? 그들이 누구인지 알아봐야 할까? 어쩌면 이들은 드러나지 않은 잠재적인 연구 재료일 수 있지 않을까? 나는 새로 다듬어진 시각을 즐기고 있다.

흠뻑 빠질 때의 또 다른 선물은 당신이 읽고 듣는 모든 것이 당신의 현상으로 연결될 수 있거나 최소한 연결될 것인지에 대해 고려해 볼 수 있다는 것이다. 아이디어들은 생기기 마련이고 노트는 쌓인다. 연구자로서의 외적 인격(research persona)이 자기의 삶에 발현될 때가 바로 변형의 시간이다.

앞에서도 이야기했듯이 한 연구에서 연구자가 얼마나 참여할 수 있으며 얼마나 참여해야 하는지는 다양하다. Horowitz(1986)는 연구자가 그 참여의 정도와 참여 형태를 선택함에 있어서 본질적으로 자유로울 것을 암시하는 이슈를 제기한 바 있다. 그리고 그녀는 현장작업의 역할을 "현장작업자의 입장에 따라 유일하게 혹은 대략적으로 명령할 문제가 아니라 오히려 연구자와 피연구자 사이의 지속적인 협상 과정에 기초한 상호작용의 문제로 보아야 한다고 주장한다. 현장작업자의 질과 특성은 장소, 사회구성원과 상호작용하여 연구자의 발현적인 역할을 창조하기까지는 아니어도 조형할 수 있는 것이다"(p. 410). 예를 들면 연구 참여자는 흔히 연구자들의 개념적 현장작업과 보조를 맞추어 연구자 역할을 정해 주게 된다. Horowitz는 "아가씨"(이는 그녀가 성적으로 무용하다는 뜻)라고 간주되었고 그녀가 연구했던 젊은 남자 갱 단원들에게는 "기자"로 불렸다. 그 역할들은 그녀로 하여금 상당한 정보에 접근할 수 있도록 해 주었으나 어떤 영역의 토론과 참여관찰에 참여하는 것은 막았다.

연구자 역할에서 협상해야 할 부분 중 하나는 얼마나 주변인이 될 것인가 혹은 얼마나 연구 장소에 통합될 것인가 혹은 참여-관찰의 연속체에서 연구자 자신을 어디에 둘 것인가 하는 문제이다. 전통적인 문화기술지에서는 연구 참여자들과 가까워지더라도 그들이 대개는 연구 장소의 삶의 주변에 거주하는 사람으로 남기 마련이어서 신체적(교실 뒤)으로나 심리적으로(중립직이며 개입하지 않는) 연구자는 *주변 원주민(marginal native)*이라고 불리기도 했다(Freilich, 1977). 주변에 머무는 것은 "참여자가 더 이상 친절하지 않게 굴더라도 연구자가 그 집단에서 시간을 보낼 수 있도록" 허락해 준다(Horowitz, 1986, p. 426). 주변에 머무는 것의 포인트는 바로 연구자가 관심의 초점이 되지 않고도 관찰할 수 있고, 전적인 참여 없이도 존재하도록 함으로써 당신의 연구에 충분히 조율할 수 있게 하는 유리한 지위를 제공한다는 것이다.

어떤 상황에서는 연구 참여자들이 연구자가 주변인으로 남아서 침해하지 않는 역할을 하기를 기대하고 실제로 이를 요구하기도 한다. 다른 상황에서 연구 참여자들은 연구자가 주변에 머물기로 하고 연구 참여자들의 삶에서 분리되고자 할 때 연구자를 무관심한 사람으로 보거나 심지어 착취하고 있다고 여길 수도 있다. Nancy Scheper-Hughes(1992)는 평화봉사단 자원봉사자로서 브라질의 경제적으로 낙후된 지역에서 보낸 시간에 대해 기술했다. 그녀는 갓난아기들에게 예방접종을 시키고 페니실린 주사를 놓아 주고 커뮤니티 센터와 협동적 보육시설을 만드는 등 지역사회 조직자로서 적극적으로 일했다. 15년이 지난 후 그녀는 인류학자로서 '모성애와 자녀의 죽음'을 연구하고자 같은 지역사회로 돌아왔다. 옛 이웃과 친구들이 그녀가 돌아온 것을 환영했지만 그녀가 주장한 연구자의 역할에 대해서 따분해하며 환멸을 느끼는 듯했다. 그들은 그녀가 예전에 그랬던 것처럼 도움을 주길 원했다. 그녀는 이를 거부하고 사람들에게 이렇게 말했다. "나는 인류학자이면서 동시에 *companheira*(동지, 투쟁 중의 친구)가 될 수 없어요"(p. 17). Scheper-Hughes는 여성들이 그녀에게 맞설 때까지 면담을 계속했고 지역사회의 주변에 머물렀다. 그들은 Scheper-Hughes에게 다음에 돌아올 때는 현장기록지나 적으면서 "빈둥거리며 앉아 있는 것"이 아니라 내가 그들과 함께 "있어야"—"동반하기"—한다고 했다. Scheper-Hughes는 5년 뒤 다시 그곳으로 돌아가서 인류학자와 동지가 결합된 역할을 맡았다. 두 역할의 균형을 지키기가 어려웠지만 그녀는 감동적인 문화기술지, 「브라질 일상의 폭력(Death Without Weeping: The Violence of Everyday Life in Brazil)」을 보여줌으로써 지역사회에 대한 그녀의 이해를 풍부하게 해 주었다.

참여부분이 커지면서 주변에 남는 정도는 감소되며 연구자는 타인들이 보고, 생각하고, 느끼는 것을 경험하기 시작한다. 이것은 연구자 자신과 연구 참여자들에게 절대적으로 가치 있는 것이다; 주변에 머물러서 얻는 이익이, 참여가 주는 일상에 대한 감수성을 대체할 수 없다. 참여와 관찰을 어떻게 조합하는가의 문제는 연구자가 알고 싶어하는 바가 어떤 것인지, 연구 방법론, 연구자의 이론적 관점과 연구 참여자들에 따라 달라질 것이다. 이 장의 마지막 부분에서 Scheper-Hughes가 제기한 주변에 머무르기와 참여에 관한 이슈에 대해 계속해서 이야기하겠다. 브라질에서 사용되었던 것과 같은 개념을 멕시코에서 내가 경험한 예시를 통해 보여 준다: 연구자가 동지가 되고 싶은 욕구 혹은 그들의 연구를 수행하는 지역사회 사람들과 *동반자*가 되고 싶은 욕구.

이프레인(Efrain)과 엔리끄(Enrique)는 오악사카내 청소년 그룹의 비공식적 리더들이었다. 공동 연구자로서 함께 일하자고 결정한 이후에 우리는 연구가 어떻게 보일 것인가에 대해 이야기하기 시작했다. 우리는 일종의 실행연구 진술문을 만들어, 오악사카 지역사회에서 청소년 그룹이 그들의 삶의 선택을 만들어 가고 이프레인과 엔리끄의 그룹이 이 과정에서 하는 역할에 대한 조사를 문서화하는 것에 대한 우리의 의도를 설명했다. 물론 나는 면담과 참여관찰을 통해 자료를 수집할 것을 제안했다. 내 동료 연구자들은 그들의 반응을 분명히 했다—그들은 면담이나 관찰을 중요하게 생각하지 않았다.

그들의 경험에 따르면 사람들은 그들을 연구하러 왔지 '그들과 함께' 연구한 것이 아니었고 그 유형을 반복하고 싶어하지 않았다. 미국에서 오악사카로 온 한 젊은 여성은 한 학기 동안 그곳에 머물면서 그들의 조직에 대해 더 알고 싶어서 그들과 시간을 함께 보내도 좋은지 물어봤다고 했다. 그들은 손님에게 친절한 그들 방식대로 그녀를 환영했다. 공책을 들고 온 그녀는 야외 피크닉 테이블에서 사무실 공간, 미팅 식당으로 옮겨 가며 계속 현장노트를 적었다. 그들은 그녀에게 공책을 내려놓고 그들과 대화를 나눌 것을 제안했지만 그녀는 본인은 단지 그곳에 참여관찰자로 있으니 자기를 무시해야 한다고 말하면서 거부했다고 한다.

이 장에서 제안했듯이 그 여성 연구자가 스스로를 분리시킨 결정이 참여관찰자가 되는 유일한 방법은 아니지만, 내 동료 연구자들과 대화를 나누면서 나는 타인의 시선을 받는 것이 얼마나 소외되는 듯 느껴지는가를 깨닫게 되었다. 이프레인과 엔리끄는 우리가 방문하는 청소년들과 우리를 분리시키지 않도록 노력해야만 한다고 강조했다. 이들은 참여관찰 대신에 그들과 함께 성찰적인 대화에 참여하고, 청소년들이 일부가 되는 지역사회로부터 분리될 수 없기 때문에 다른 지역사회 일원들과의 상호작용을 통해 청소년을 '동반함'으로써 배울 것을 제안했다. 나의 공동 연구자들이 표현했듯 연구의 목적은 어떤 사람을 멀리 떨어진 그들과 다른 사람으로 관찰하는 것이 아니라 친구들과 함께 행하고 움직임으로써 배우는 것이다.

당신의 연구를 수행하면서 타인의 삶에 충분히 동반하지 못할 수도 있고 심지어 그렇게 하고자 하는 노력이 환영받지 못할 수도 있다. 그러나 당신이 그런 욕심을 갖고 연구하고 싶어하는 사람들과 동행할 수 있는지는 연구의 방향을 선정함에 있어서 많은 사람들에게 점점 더 중요한 문제가 되고 있다.

추천하는 읽을거리

Bogdan, R., & Biklen, S. (2007). *Qualitative research for education: An introduction to theories and methods* (5th ed.). Boston, MA: Pearson/Allyn & Bacon.

Emerson, R. M, Fretz, R., & Shaw, L. (1995). *Writing ethnographic fieldnotes.* Chicago, IL: Universityof Chicago Press.

Sanjek, R. (Ed.). (1990). *Fieldnotes: The makings of anthropology.* Ithaca, NY: Cornell University Press.

연습문제

관찰 활동

1. 한두 명의 클래스메이트와 현장기록지를 작성할 수 있는 공개 이벤트에 참석하라. 최대한 자세히 기술하라. 그러고 나서 차이점과 공통점에 주목해서 현장기록지를 공유하라. 서로의 기록에서 무엇을 배웠는가? 다음에는 어떻게 다른 관찰을 할 수 있을까?

2. 기록을 하면서 성찰 마인드를 활성화시키기 위해 당신의 관찰노트 안 여러 페이지 중간에 수직선을 긋는다. 그러고 나서 대학 도서관 사용처럼 한 주 동안 하루 종일 관찰할 활동을 선택하라. 한 주의 매일 동안 선의 왼쪽 칸에 당신의 관찰을 써 보라. 오른쪽 칸에는 당신이 보고 들은 것의 차이점과 변화의 의미에 대해 성찰한다. 어떤 질문이 떠오르는가? 한 주의 끝에 주제와 이 활동을 통해 기록에 대해 배운 것이 무엇인지 짧은 성찰을 기록한다(Sunstein & Chiseri-Strater, 2002에서 비슷한 관찰 활동에 대해 찾아보라).

3. 현장기록지를 갖고 계획한 연구 장소(혹은 유사한 장소)로 나가라. Banks(2007)는 연구자가 “만약 모든 시각적 형태가 제거된다면 선택한 연구 장소가 어떻게 보일지 상상해 보라”(p. 55)고 제안한다. Banks의 제안을 받아들여라. 시각이 제거된 상태에서 당신의 연구 장소에 대해 써 보라. 다른 감각을 통해서는 연구 장소에 대해 무엇을 배우는가? 연구자는 어떤 방식으로 다음 관찰기간 동안 다른

감각들에 집중할 필요가 있을까? 시각 이미지는 당신의 연구에 무엇을 더하는가?

4. 분석적인 기록을 하기 위해 당신의 연구 장소에서 몇 번의 관찰 시간을 가져 본다. 그러고 나서 현장기록지를 읽어 보고 활동의 유형을 찾아보라. 어떤 이벤트가 각 활동을 구성하는가? 누가 참여하며 어떤 종류의 상호작용을 하나? 이 시점에서 모든 답변을 할 수 없을 가능성이 높지만 질문을 이끌어 내는 것도 당신의 분석적 작업의 일부이다. 이제 당신이 사용한 기술어들을 찾아보라. 장면과 활동을 가장 잘 불러일으키는 기술어를 골라 보라. 기술적이면서 분석적인 묘사를 써 보라. 이 묘사를 클래스메이트와 공유하고 피드백을 받아 보라.

5. 몇 번의 관찰 시간 후에 현장기록지를 수업시간에 가져가 파트너와 앉는다.
   - 파트너의 관찰기록지를 보면서 관찰 페이지에 일련번호가 매겨져 있는지 살펴보고 각 페이지에 시간과 장소가 함께 기록되어 있는지 보라.
   - 현장노트가 기술적인 방식에 주목하라. 기록은 어떻게 분석적인가?
   - 현장기록지가 관찰 기간이 끝난 후에 정교화시켰고 성찰을 한 증거가 보이는가?
   - 서로에게 해 줄 제언은 무엇인가?

문서, 인공유물, 시각적 활동

1. 당신의 주제에 대한 자료를 수집할 때 참여관찰 혹은 면담 이외의 자료 수집 방법에 대해 브레인스토밍을 해 보라(예: 일기, 미팅 의사록, 연구 참여자가 보관해 온 스크랩북 수집, 그림 혹은 연구 참여자에게 사진을 찍거나 그림을 그려 줄 것을 요청하기 등). 수업을 같이 듣는 사람들과 아이디어를 토론해 보고 난 후 연구 참여자들에게 예비연구로 실행해 보라. 배운 바와 새로이 부상한 문제들을 성찰해 보라.

2. 당신의 연구를 위해 당신이 접근 가능하며 당신을 역사적 맥락에 놓이게 도와줄 수 있는 역사적 문서(예: 정책 보고서, 회의록, 편지, 신문기사, 사진들)의 유형에 대해 생각해 보라. 당신의 연구에 도움을 줄 수 있는 사람들의 개인적 문서들(예: 저널, 편지, 가계부)을 모아둔 도서관 문서기록소를 잊지 말아라. 여러 가능한 출처를 확인하고 어떻게 당신의 연구에 도움을 줄 수 있는지에 대해 생각해 보라.

3. 책, 저널 기사 이외에도 인터넷은 잠재적으로 관련이 있는 조직이나 개인에 관한 연락정보를 찾는 데 도움을 줄 수 있다; 적용 가능한 채팅그룹, 블로그, 유튜브 비디오, 뉴스그룹; 적절한 문서와 다른 인공물들. 당신의 주제에 관한 추가적 정보원을 찾아보라. 검색을 통해 얻은 것은 무엇인가? 새로운 정보가 당신의 연구 방향에 어떤 영향을 주었는가?

4. 연구 장소에서 겉으로 보기에 의미 있는 인공물에 관해 질문하라. 그 인공물의 역사와 그 사람에게 물건이 주는 명시적이고 암시적인 의미가 무엇인지 찾아보라. 이런 연습이 당신의 연구 질문에 무엇을 더해 주었는가?

제4장

언어에 날개 달기: 면담을 통한 이해 증진

면담을 언어에 날개를 다는 과정이라고 생각하라. 타자가 손대지 못하는 공을 던지면서 기쁨을 느끼는 야구 투수와는 달리, 연구자는 응답자들이 "때리길" 바라는 질문을 던지고, 잘 때려서 홈런을 날린 언어가 당신의 자료 파크의 모든 코너를 돌길 바란다. 연구자로서 당신은 당신이 모르는 것을 아는 응답자로부터 언어의 비행을 자극하는 '투구'—당신의 질문들—를 원한다. 이 비행으로부터 연구자가 자료—학위논문, 소논문, 책—로 변형시킬 정보가 나오게 된다.

언어에 날개를 다는 것이 이 장의 주제이다. 이것은 표현하기에는 간단한 문제이다: 분명히 정의된 주제를 개발한다; 주제에 맞는 면담 질문들을 설계한다; 숙련된 기술로 질문을 한다; 박식한 응답자에게 '던질' 질문에 답할 충분한 시간을 준다. 하지만 공을 던지는 것처럼 좋은 면담을 창조하는 과정도 연습이 필요하다.

면담은 어떤 유형의 상호작용인가? 면담은 최소한 두 사람 사이에 일어나지만 한 명 이상의 질문자와 한 명 이상의 답변자가 포함될 수도 있다. 어떤 경우에는 한 사람 이상을 면담하는 것이 매우 유용하다: 아이들은 친구들이 있어야 말할 용기를 갖기도 하고 어떤 주제들은 소그룹의 사람들 혹은 이 장 후반에 나올 *포커스 그룹(focus group)*으로 진행될 때 더 좋은 면담이 되기도 한다. 전통적인 접근에서 연구자들은 자신들이 결정한 연구 목적의 맥락에서 한 사람에게 하나씩 질문을 한다. 응답자들은 연구자들의 질문들로부터 이해를 이끌어 내기 위해 풀어 내야만 하는 성향(동기, 가치, 관심, 요구)을 배경으로 해서 대답을 한다. 연구자들에 의해서 만들어지는 질문은 면담이 시작되기 전에 완벽하게 만들어질 수도 있고 면담 내내 변화되지 않을 수도 있다. 이런 면담은 *구조화된 면담(structured interviews)*이라고 부른다. 질문이 종종 현장작업 과정에서 부상하기 때문에 만들어 놓은 질문을 대체할 수도 있다; 이런 면담은 *반구조화된 면담(semistructured interview)*이라고 부른다. 연구자는 *연구에 초점을 두고* 대화와 상호작용을 통해 그 자리에서 질문을 만들 수도 있다. 이런 형태의 면담은 *비구조화된(unstructured)* 혹은 *대화 면담(conversational interview)*이라고 부른다. 일반적으로 질적 연구자들은 반구조화된 면담을 사용한다—이 장에서 조언을 제공하는 시나리오. 면담 질문에서 시작하여 연구 과정에서 질문을 재구성하고 질문을 더하며 필요한 경우 면담시간에 즉흥적인 깊은 조사를 통합한다.

따라서 면담 질문들은 구속력 있는 계약처럼 고정된 것이 아니다; 연구자가 여러 명의 응답자들에게 써 볼 기회를 갖기 이전에 최선을 다한 결과일 뿐이다. 연구자가 유용한 질문을 만들기 위해 아무리 많은 노력을 했더라도, 연구자들은 질문들을 임시적인 것으로 간주해서 기꺼이 질문을 변형하고 버리고, 다른 것들과 바꾸거나 새로운 질문들을 질문 리스트 혹은 **면담 스케줄(interview schedule)**에 추가시킬 수 있어야 한다. 하지만 면담 스케줄을 근본적으로 변화시킬수록, 연구자는 이미 면담을 마쳤다고 생각한 사람들을 자주 찾아가 다른 사람들과의 면담에서 떠오른 문제들을 다시 물어봐야 한다. 말하자면, 응답자에게 마지막 인사를 하고 오지 말 것을 조언하고 싶다; 돌아갈 수 있도록 문을 열어 두어라.

면담은 연구 프로젝트에서 여러 방식으로 나타날 수 있다. 구술사와 생애사 연구 면담에서처럼 연구자는 보지 못하는 것 혹은 더 이상 볼 수 없는 이벤트나 경험에 대해 알고 싶어할 수도 있다. Myrdal(1965)은 「한 중국 마을로부터의 보고서(Report from a Chinese Village)」에서 여러 사람들과의 구술적 역사 면담을 통해 시골 중국 마을의 장개석 정부에서 마오저뚱의 지배권으로의 전이를 재구성했다. 보다 최근의 예시로 Wieder(2004)는 인종차별과 싸운 남아프리카 교사들의 증언을 이끌어 냈다. **구술적 역사 면담(oral history inquiries)**은 역사적 사건, 기술, 삶의 방식 혹은 변화되고 있는 문화 유형에 초점을 둔다(Rubin & Rubin, 1995). **생애사 면담(life history interviews)**에서는 한 사람 혹은 여러 개인들의 삶의 경험에 초점을 더 많이 둔다. Smith(1954)는 「카로의 바바(Baba of Karo)」에서 생애사 면담을 통해 하우사족(Hausa)의 니제르 여인의 이야기를 재창조했다. 구술적 역사 면담과 생애사 면담은 둘 다 문화라는 개념에 초점을 둔 예라고 볼 수 있다. "문화적 면담에서 연구자는 한 세대의 집단 구성원에서 다음 세대로 이어지는 규칙, 규범, 가치와 이해를 배우게 된다"(Rubin & Rubin, 1995, p. 168). 또한 구술사와 생애사 면담은 주류 문화에 의해 침묵을 강요받거나 무시되었던 목소리 기록을 통해 "공식적 이야기"를 도전하고 저지하는 일종의 증인의 기능을 한다(Wieder, 2004).

연구자는 사람들의 삶에서 발생하는 과거 경험과 사건에 대해 면담하는 대신에 어떤 주제에 관한 사람들의 인식과 태도를 알아보기 위해 면담을 사용할 수 있다. 예를 들면 교사들에게 중등 과학 교과과정에 있어서 주에서 위임한 변화의 내용에 대한 그들의 의견을 물을 수 있다. 교사로서 그들의 업무에 가져온 변화의 영향을 어떻게 인식하는가? 이 영향에 대한 그들의 태도는 어떠한가? 주정부의 교과과정 위임의 유용성에 관심을 갖고 있는 연구자는 교사들이 과학 개념을 이해하고 개혁을 위한 계획을 시도함에 있어서의 장애요소에 대해서 매우 중요한 자료를 모을 수 있다. 이것은 사람들의 삶보다는 프로그램, 이슈 혹은 과정에 더 많이 초점을 두는 일종의 *주제 면담(topical interviewing)*이 될 수 있다.

연구자가 볼 수 없는 것에 대해 배우고 볼 수 있는 것의 대안적인 설명을 탐색할 수 있는 기회는 질적 탐구에서 심층면담의 특별한 장점이다. 이 면담을 활용해 당신이 던진 질문에 의해 촉진된 대화에서 예측하지 못한 우연한 학습을 얻는 기회가 되도록 하라. 응답자의 말을 듣는 과정에서 어떤 질문들을 할 것인지 배우게 된다. 관찰은 연구자가 본 것에서부터 추론할 수 있는 이해를 가능하게 하지만 면담을 통하지 않고는 연구 참여자들의 경험, 인식, 설명을 들을 수 없다.

질문 개발하기

질문 내용

초보 연구자들은 연구 문제를 변형시켜 면담 계획을 만들 수 있다고 생각하면서 연구 문제와 면담 질문을 혼동하기도 한다. "연구자의 연구 문제는 연구자가 이해하고자 하는 것을 찾아낸다; 당신의 면담 질문은 이해를 얻기 위해 필요한 자료를 만들어 낸다"(Maxwell, 2013, p. 77). 연구 문제와 면담 질문 간에 관련성은 있어야 하지만 면담 질문이 연구 문제보다 맥락적이며 구체적인 경향이 있다. 그리고 질문을 개발하는 것은 “연구 문제를 면담 문제로 기계적으로 전환하기보다는 창의성과 통찰력이 요구된다”(Maxwell, 2013, p. 101).

면담 질문의 기원은 무엇인가? 문화기술지 연구에서 참여관찰자로서 배운 경험은 종종 면담에 선행되고 이 경험이 질문을 만드는 기초가 된다. 따라서 당신이 보고 당신의 관심을 끄는 사람들과 환경에 대해 들은 것들이 질문을 만드는 중요한 것이 된다. 질문들은 응답자의 문화적 실재에 깊이 결부되어 있고 그들의 삶에서 도출된다. 만약 면담이 응답자의 거주지나 일터에서 일어난다면 일부 질문은 문화적 실재에서 직접 도출될 수 있다. 예를 들면 과학교육과 프로젝트기반 학습 전공의 연구자라면 교실 벽에 걸린 학생들의 작품에 대해 질문을 던질 수 있다. 새라(Sarah)가 예비교사들의 교수 실제에 대한 면담을 했을 때 그녀는 무엇을 물어보아야 할지 알고 있었는데, 이는 그녀가 직전교수 방법 수업을 청강했고 이후에 예비교사들의 교실에서의 교수 행동도 관찰했기 때문이었다. 그러나 그녀는 교수방법 수업에서 그들을 가르치거나 예비교사들을 지도감독하면서 무엇을 물을지 알게 될 수도 있었을 것이다. 이 두 경우에 그녀는 전직 예비교사나 예비교사들의 지도감독자와 같은 잘 알고 있는 사람들과 이야기를 나누고, 관련 문헌과 현장에서의 이론에 익숙해지면서 질문을 만들어 낼 수 있는 경험적 기초를 탄탄히 할 수 있을 것이다.

어떤 행동에 바탕이 되는 명시적 이론 또는 암묵적 이론은 질문의 중요한 근원이 된다. 예를 들어, 대런(Daren)은 ‘돌아온 탈락자’라고 이름 붙인, 고등학교 중퇴자 중 나중에 성인교육 프로그램에서 다시 공부를 시작한 사람들에 대해 연구하려고 계획을 세웠다. 대런의 질문은 문헌 연구에서 얻은 지식과 그의 추론에 기초한 것이었다. 시간이 흐르면서 이 질문들은 예비연구와 다른 연구자 및 정보 제공자와의 의논을 거쳐 변경되었다. 질문들은 그의 주제와 관련된 이론적인 고려사항을 반영했다. 예를 들어 그가 질문한 것들은 다음과 같다.

- 애초에 복귀자들이 학교를 그만둔 이유는 무엇이었나?(학교를 떠남과 다시 돌아옴 사이의 연결성 시사)
- 학교를 그만두려는 그들의 결정에 부모님들은 어떻게 반응하셨는가?(학교를 떠남과 다시 돌아옴에 있어서 부모님의 역할 가능성 시사)
- 학교를 그만둔 친구들이 있었는가?(학교를 떠남과 다시 돌아옴에 있어서 또래

의 영향을 시사)

- 성인교육 프로그램에 대해 어떻게 알게 되었는가?(프로그램에 대해 알게 된 이유를 시사)
- 학생을 다루는 방법과 교수내용이 그들의 고등학교 프로그램과 어떻게 다른가?(성인 프로그램이 고등학교 프로그램과 비교해서 특유한 특징적 매력이 있는지를 시사)

이런 별개 질문들로 이론에 이르게 되는 것은 아니다; 하지만 이 질문들은 학교로 돌아오기라는 복잡한 현상을 이해하기 위한 대런의 암묵적 이론을 반영한다. 이런 질문에 대해 대런이 받은 답변과 주제와 관련한 지속적 읽기는 새로운 질문을 만들어 낼 수 있는 또 다른 이론적 관점을 제시해 줄 수 있다.

또한 당신의 방법론은 무엇이 알아야 할 중요한 것인가에 대한 가정이기 때문에 무엇을 물어보아야 하는지에 대한 결정을 돕는다. 예를 들면 문화기술지의 이론적 가정은 다음을 포함한다: 사회적 행동은 매우 다양하며 특정한 상황에 따라 다르지만 문화의 유형을 반영하며 이러한 유형을 구분하고 해석하는 것은 가능하며 중요하다. 이러한 가정은 문화기술지 연구자들이 사람들의 일을 하는 방식, 경험의 종류와 태도, 그들이 부여하는 행동과 관점의 의미에 대한 면담 질문을 만드는 과정을 안내한다. 내러티브 탐구는 문화기술지와 유사한 경우가 많지만 사람들의 이야기를 보다 강조하며 이야기가 "사람들이 어떻게 그들의 삶에서의 의미를 구성하며 경험을 구조화하는가에 대한 자연스럽고, 분명하고 진실된 창문"이 된다고 가정한다(Schram, 2006, p. 105). 내러티브 탐구의 이런 면과 다른 이론적 관점들은 연구자들이 참여자들과 여러 번의 면담을 수행하고 *무엇*을 말하는가뿐만 아니라 *어떻게* 내러티브가 구성되는가에도 관심을 갖도록 한다. 후기구조주의 이론적 가정은 만약 면담사가 중립적인 관점을 취한다면 "면담자는 피면담자를 '연구 대상'으로 다루는 위계적, 비균형적(그리고 가부장적) 관계를 형성"(Rapley, 2007, p. 19)하며 피면담자의 말은 연구 과정의 밖에 존재하는 어떤 것으로 간주한다. 이러한 관점은 연구자들이 면담 자료의 공동 생산을 인정해야 하며 대화, 협력, 상호 자기 노출에 초점을 두는 협력적인 프로젝트에 참여함을 시사한다. 따라서 질문의 내용은 첫눈에 분명히 드러나는 것 이상으로 면담자로서의 당신에 대해 드러낼 수 있다.

면담 질문 다듬기

토드(Todd)는 학교에서 자녀들의 수행을 평가하는 수단으로 포트폴리오를 사용하는 것에 대한 부모들의 인식을 면담하면서 이렇게 말했다. "나는 각 질문을 설명하는 데 45초가 소요된다는 것을 발견했고 따라서 이것들을 단순화하기 위해 작업을 해야 했다." 연구자들은 자신은 완전하게 이해하지만 연구 참여자들에게는 덜 명료한 질문들에서부터 시작하는 경우가 종종 있다. Michael Patton(2002)은 「질적 연구와 평가 방법(Qualitative Research and Evaluation Methods)」이라는 책의 면담에 관한 장에서 좋은 면담 질문의 개발에 관한 최고의 조언을 한 바 있다. Rubin과 Rubin(2005)이 쓴 「질적 면담: 자료를 듣는 예술(Qualitative Interviewing: The Art of Hearing Data)」도 이 책에 제시된 내용을 보완하고 있다.

Patton(2002)이 제시한 면담 질문을 개발할 때 고려해야 할 범주에는 경험/행동 질문, 의견/가치 질문, 감정 질문, 지식 질문, 감각 질문, 배경/인구통계학적 질문이 포함된다(그림 4.1에 제시됨). 경험/행동 질문은 일반적으로 응답자가 답하기에 가장 쉬운 것이기에 피면담자가 면담을 시작하기 좋은 질문이다. 이와 대조적으로 지식 질문은 시험을 보고 있다는 인상을 줄 수 있다. 응답자는 쉽게 당황하거나 응답자가 답할 수 있을 것이라고 연구자가 생각한 질문에 "잘 모르겠어요."라고 대답해야 할 때 마음이 불편해질 수 있다. 만약 지식 질문이 서류를 통해 얻을 수 있는 것이거나 학과장 같은 사람에게서 얻을 수 있는 것이라면 모든 응답자의 면담 질문 목록에서 그 질문을 빼버리고 그 곳에서 정보를 얻어라.

Patton(2002)은 또한 시간의 측면을 고려하라고 제안한다. 즉 연구자는 현재, 과거, 미래에 관한 질문을 할 수 있다고 했다. 그렇지만 미래에 대한 가상적 사고를 요

고려해야 할 질문 유형(현재, 과거, 미래형)	재고하고 교정해야 할 질문 유형
대여행 질문	예/아니오 질문
경험/행동 질문	유도 질문
의견/가치 질문	다중적 질문(한 문장으로 표현됨)
감정 질문	사실 질문(사실은 다른 곳에서 얻어라)
감각 질문	불편한 질문(최소한 첫 번째 면담에서는)
지식 질문	왜라는 질문

[그림 4.1] 고려하고 재고해야 할 면담 질문의 유형

하는 질문은 서술적 면에서도 '두텁지' 못하고 자료 분석에서도 그다지 유용하지 못하다. "10년 안에 스포츠 의학 클리닉이 어떻게 될 것 같으세요?"라는 질문은 희망사항 이상의 의미 있는 무엇을 끌어내지 못한다. 물론 예외는 존재하지만 과거나 현재가 이야기, 기술, 면담자 탐색에 있어 더 풍부한 바탕이 된다.

첫 번째 단계는 질문의 다른 범주(경험, 감정, 배경 등)를 개발하는 것이다. 연구자는 다른 종류의 면담 질문에 대해 생각해 봐야 할 뿐만 아니라 토드가 부모를 대상으로 한 포트폴리오에 대한 면담에서 발견했듯이 질문을 다듬는 데에도 세심하게 신경을 써야 한다. 질문들을 보면서 예/아니오 같은 이분법적인 질문("자원봉사 활동에 참여하시나요?")은 다시 고쳐라. 왜냐하면 이런 질문들은 응답자들이 짧은 답변을 하도록 하기 때문이다. 다중적 질문("최근에 자원봉사한 경험과 그 활동에 얼마나 참여했는지, 그 일을 하면서 어떻게 느끼셨는지에 대해 말해 주세요.")은 재고해 봐야 하는데 이는 응답자들이 여러 개의 질문 중 하나에만 충분한 대답을 하고 나머지는 잊어 버릴 가능성이 높기 때문이다. '왜' 질문도 문제가 되는데 비록 응답자가 여러 관점에서 말할 수 있을지라도 왜라고 질문하면 단 하나의 다른 견지에서만 대답할 수 있기 때문이다. 연구자로서 당신은 모든 응답자의 주된 범주나 견해를 연구하고 싶을 것이다. 예를 들면, 한 응답자는 어린 시절 경험을 풀어 가면서 자신이 자원봉사에 참여하는 이유를 대답할 수 있다. 다른 사람은 지역사회에 환원하고 싶어하는 자신의 요구에 대해 이야기할 수 있다. 또 다른 사람은 자원봉사에 참여함으로써 자원봉사에 참여하지 않으면 만날 수 없는 사람들과 접촉하기 때문이라고 밝힐 수도 있다. '왜' 질문의 결과로 당신은 자원봉사 활동에 참여하는 이유에 대한 리스트를 만들어 낼 수 있지만, 만약 당신이 각 응답자에게 가족 사회화, 도덕적 신념, 자원봉사에 참여함으로써 얻는 보상에 대한 인식의 역할에 대해 묻는다면 자원봉사에 대한 당신의 이해는 더욱 깊어질 수 있을 것이다.

예상 질문(presupposition question)은 질문을 다듬는 데 유용하다. 예상 질문에서 면담자는 "응답자가 무엇인가 말할 것이 있을 것"(Patton, 2002, p. 369)이라고 미리 가정한다. 초보 면담자는 간혹 "자원봉사 일에 만족하세요?"와 같이 짧게 대답할 수 있는 질문으로 시작한 후 "어떤 면에서 만족하세요?"와 "어떤 면에서 불만족하세요?"와 같은 보다 개방형 질문으로 옮겨 가야 한다고 알고 있다. 면담자는 만족함(혹은 다른 특성)이 일의 일부라고 미리 가정하고 이런 말로 시작할 수 있다. "저는 지금부터 자원봉사에 대한 당신의 만족과 불만족에 대해 질문하려고 합니다. 자원봉사가 당신을 만족시키는 면에 대해 먼저 시작해 보지요."

예상 질문은 유용하게 사용할 수 있다. *유도 질문(leading questions)*은 그렇지 못하다. 예상 질문과 유도 질문을 혼동하기 쉽다. 유도 질문에서는 면담자가 답변이 흘러가기 원하는 방향을 분명하게 가리킨다. 만약 당신이 이런 질문으로 면담을 시작한다고 상상해 보라. "많은 사람들이 자기 자신에게만 관심을 갖고, 환경 문제 · 홈리스 · 빈곤 문제에 대해서는 개인 혹은 자기 가정에 영향을 미칠 때 외엔 생각하지 않는 것처럼 보입니다. 무엇이 당신을 자원봉사를 하게끔 이끌었나요?" 만약 질문이 이런 방식으로 던져진다면 여자친구가 가자고 했기 때문에 해비타트 운동 본부에서 봄방학을 보내기로 했다는 말을 쉽게 할 수 있을까? 이와는 대조적으로 예상 질문은 자원봉사 활동이 응답자에게 의미가 있을 수도 있고 없을 수도 있다(만족스러운지, 유용한지 등등)는 여러 방식을 미리 가정하지만 피면담자들이 어떤 구체적인 방면으로 대답하도록 유도하지는 않는다.

다음은 Kelly Clark(1999)가 수행한 노동자 가정에서 대학을 다닌 첫 세대 여성 학자들에 대한 연구에서 발췌한 것이다. 이 과정은 질적 연구에서 질문 다듬기의 예시들이다. 또한 만약 연구 초점이 삶의 경험이면 래포가 형성되고 응답자들로부터 삶의 깊은 내면을 탐색할 충분한 시간을 가질 수 있도록, 시간을 두고 일련의 질문들을 계획하는 것의 중요함을 보여 준다.

Clark는 각 여성들에게 업무와 관련해서 하는 일과 전형적인 하루를 설명해 줄 것으로 면담을 시작했다. Spradley(1979)는 이런 유형의 질문을 **대여행 질문(grand tour question)**이라고 칭했는데, 이 질문은 말 그대로 면담자를 어떤 장소, 시기, 일련의 사건이나 활동들, 어떤 사람들이나 대상들로 데려가도록 요청한다, 대여행 질문은 좋은 시작점이 되는데 이는 이 질문이 피면담자들이 쉽게, 편안하게 혹은 기꺼이 대답할 수 있는 경험적인 자세한 부분들을 묻기 때문이다.

면담에서 흔히 저지르기 쉬운 실수는 응답자들이 마음을 열 수 있는 일정 수준의 신뢰를 쌓기 이전에 주제에 대한 질문을 하는 것이다. 따라서 Clark는 그녀의 첫 번째 질문 이후에 여성들의 업무에 대해 대답하기 쉬운 또 다른 질문을 했다: "지금 하는 일을 어떻게 하시게 되었나요?" 이 질문에 대한 대답은, 그녀가 특별한 관심이 있는 첫 세대 여성학자들이 되는 것이 부여하는 의미에 대해 말하면서 사용했던 언어와 느낌을 살리면서 첫 번째 면담이 진행되도록 해 주었다. Clark는 각 여성과 최소한 세 번의 면담을 계획했었다. 첫 번째 시간에는 각 여성이 대학에 가는 과정이 어떠했는지, 왜 그 길을 선택했는지에 대한 성찰적인 자기 인식을 드러낼 질문들을 만들었다. 두 번째 시간에는 이 면담을 기초로 해서 어떤 사람에게는 고통스러웠던 부분을 자세히 탐구했다: 기회, 선택, 각 참여자의 개인적, 교육적 개발에 영향을 미친 지원 시스템. 마지막 시간은 어떻게 각 참여자가 고등교육과 자신이 분리되는 느낌을 갖게 되었는지에 대해 자세히 이야기하도록 구성된 질문들로, 심오하게 성찰적인 것이었다. 래포와 그동안 발전시킨 보다 복잡하고 성찰적인 질문을 할 수 있는 기초가 있었기 때문에, 두 번째와 세 번째 시간쯤에 Clark는 첫 번째 시간에서라면 더 어려웠을 질문들을 할 수 있었다.

초안 질문들은 포괄적인 반응을 이끌기엔 너무 모호한 반응을 이끌어 낸다. "당신이 대학에 다닌 것은 어땠나요?"를 묻는 것은 너무나 광범위한 질문이 돼서 응답자는 "괜찮았어요."와 같이 짧게 답하거나 혹은 당신의 연구 관심에 맞지 않는 경험적 이야기를 풀어 나가기 쉽다. 응답자가 상상함으로써 무엇인가를 불러일으킬 수 있도록 질문함으로써 이런 질문들을 덜 모호하게 변화시킬 수 있다. Clark는 "저는 당신이 개인적 삶에서 상당히 오랫동안 생각하지 않았던 시기로 돌아가 보길 바랍니다. 대학에 갈 것을 처음으로 제의받은 때를 기억하세요? 당신이 캠퍼스에서 보낼 첫 날이 다가올수록 고려해야 할 여러 가지 일들이 있었을 것 같습니다. 대학이란 곳이 어떨 것이라고 생각했나요?"라고 제시했다. 이 질문은 피면담자가 오랫동안 생각하지 않았던 일들을 회상하기 위한 분위기와 소품을 제공하는 것이다. 연구자는 응답자가 시간, 장소, 느낌, 과거 사건의 의미에 대해 회상해 볼 수 있는 질문을 하고 싶을 것이다. Clark의 계속된 다음의 각각 질문은 "당신이 집을 방문할 때 제가 동행했다고 가정해 보세요. 어떤 일이 일어나는 것을 제가 보게 될까요? 무슨 일이 일어날까요? 고향에 갔을 때를 저에게 설명해 주세요."와 같이 과거 사건들에 대한 반영을 불러일으키는 것들이었다.

피면담자는 Clark의 질문에 기꺼이 참여했는데 대답하는 과정에서 그들의 삶을 반영해 볼 수 있었고 그들이 전에는 하지 않았던 방식으로 삶의 조각들을 맞출 수 있었는지도 모른다. Clark 역시 대학생이 된 첫 세대였기에 세 번째 시간쯤 되었을 때 면담은 주거니 받거니 나누는 대화처럼 변화되었다. 세 번째 시간에 Clark는 각 응답자에게 삶의 에피퍼니, "한 개인의 삶의 내면적 핵심을 단절시키고 그들에게 지워지지 않는 흔적을 남기게 한"(Denzin, 2008, p. 120) 사건 혹은 깨달음에 대해 직접적으로 질문을 던졌다. 이러한 종류의 개인적 경험 이야기는 면담자와 피면담자 모두에게 가장 의미 있기도 하다.

피면담자들이 말할 준비가 되지 않았을 때 지나치게 개인적이거나 예민한 주제에 대해 질문해서 그들을 불편하게 해서는 안 된다. Clark의 면담 과정과 비슷하게, Lawrence-Lightfoot(1997b)는 "배우들의 강점, 능력, 통찰을 표현할 수 있도록 격려"(p. 141)함으로써 그녀의 인물묘사 연구를 시작했다. 무엇이 잘 기능하며 왜 그러한지에 대해 집중하는 면담을 시작하면서 면담자와 피면담자는 "성공을 왜곡하고 성취를 약화시키는 타협, 억제, 결함의 어두운 그림자"(p. 142)를 탐색할 수 있게 되었다. 문제와 불안정을 무시하는 것이 아니라 이들을 맥락에 놓되, 면담의 첫 번째 주제가 되지 않을 때 가장 효과가 있었다.

어떤 주제(논쟁을 불러일으키기 쉽거나 매우 예민한 이슈)들에 대해서는 응답자의 개인적 의견을 얻어 내기가 쉽지 않을 수도 있다. 이런 질문을 할 때는 면담자가 목소리 혹은 직접성과 일반성의 정도를 선택할 수 있다. 즉, 면담자는 이렇게 물을 수 있다: "당신은" "당신과 같은 간호사들은" "당신 병원의 간호사들은" 혹은 "일반적으로 간호사들은" 범주가 각 예에서 넓혀지고 따라서 개인적 노출의 정도가 감소하게 된다. 면담자의 질문이 직접적으로 묻기에는 지나치게 개인적인 것이라고 느낄 때는 일반성을 확대시켜 볼 수 있고 응답자가 더 오래 이야기할수록 더 개인적인 목소리를 내고 있다고 추측할 수 있다.

어떤 질문들이 워밍업 질문으로 정해진다는 말은, 어떤 질문들은 마지막에 묻는 것이 최선이란 것을 암시한다. 예를 들면 Stuhlmiller(2001)는 1989년 캘리포니아, 샌프란시스코에서 발생한 지진의 구조자들의 경험에 기초한 감정적인 주제를 다루는 면담을 실시했다. 면담이 끝나갈 즈음에 그녀는 "이 사건에서 무엇을 배우셨나요?" 혹은 "다른 사람들에게 어떤 조언을 하고 싶으세요?"(pp. 75-76)와 같은 질문을 던졌다. 이런 종류의 질문은 "이야기하는 사람들이 경험의 긍정적 혹은 발전지향적 측면을 향하게 하고 면담이 끝난 이후에도 이런 생각이 남도록 한다"(p. 76).

당신이 질문의 형식과 내용에 비교적 편안함을 느낄 때가 되면, 질문의 순서에 관심을 두어라. 어떤 질문이 피면담자들이 대답하기 쉽고 대답할 만한 것이라는 확신을 갖게 하기 때문에 초반부에 속해야 하는가? 어떤 질문들은 최대한 멀리 떨어뜨려 누어서 한 질문에 대한 대답이 다른 질문에 대한 대답에 영향을 미치는 것을 최소화할 수 있을까? 어떤 질문들이 요약적이며 반성적이며 절정에 달하는 성격상 맨 마지막에 물어야 하는가? 물론 우리 모두는 연구자의 최선의 계획에 어떤 일이 발생하는지 잘 알고 있다. 당신의 논리적 순서는 응답자들의 답변에서 부상한 심리적 순서에 따라 끊어질 수 있다. 하다 보면 알겠지만 순서를 꼭 지켜야 할 필요는 없고, 계획된 순서와 같지는 않더라도 응답자들은 당신의 질문의 여러 부분들을 연결시키는 언어의 흐름 속에서 이야기를 풀어 가게 된다. 그런 후 연구자는 면담 질문들을 연결시키는 새로운 방법에 대해 배울 것이다. 마지막 확인사항으로 그림 4.2에서 면담 질문에 관한 몇 가지 문제를 살펴보라.

면담 질문에서 고려할 문제	예시	적절한 수정
예/아니오 질문을 하는가?	*당신이 대학 미술관에서 하고 있는 일에 투입될 기회가 있나요?*	*교수가 대학 미술관의 전시나 프로그램에 어떻게 투입되었는지에 대한 사례를 말씀해 주실 수 있나요?*(그러고 나서 어떻게 피면담자가 참여했는지 탐색한다.)
개방적 질문을 가장한, 상대적으로 **폐쇄적인** 질문을 하는가?	교수들로 하여금 수업시간에 미술을 활용하게 하도록 하기 위해 미술관이 해야 할 가장 중요한 일은 무엇인가요?	*처음 이 학교에 와서 수업을 하셨을 때를 생각해 보세요. 처음에 어떻게 대학 미술관을 알게 되었는지 말씀해 주세요.* 추가적으로 다음 질문을 한다: *어떻게 당신의 수업시간에 미술관을 활용할 방안을 고려하기 시작했는지요?*
대화하는 **톤**으로 질문을 하지만 동시에 피면담자가 풍부한 답변을 하도록 준비시켜 주는가?	*미술관이 어떻게 수업 외 당신의 학습에 영향을 미쳤나요?*	*학습은 때로 교실 밖에서 일어나지요. 예를 들면 어디선가 무엇을 보고 스스로 정보를 더 찾을 수도 있습니다. 당신이 대학 미술관에 참여하면서 얻은 것은 무엇입니까?*
대화하는 톤으로 시작하지만 **유도 질문**으로 끝나는가?	*대학 미술관의 큐레이터들은 때로 교수행위를 하게 되면서도 다른 학과의 교수들과 같은 지위를 부여받지는 못하지요. 이곳은 어떤가요?*	*어떤 대학 미술관은 큐레이터가 행정직을 맡게 되고 다른 곳에서는 교수로 분류되기도 합니다. 당신의 직위에 대해 말씀해 주세요.* (만약 교수라면 어떻게 분류되어 있는가와 이중 책임을 지는 자리에 내재되어 있는 긴장에 대해 탐색하라.)

[그림 4.2] 면담 질문에서 고려할 문제들

면담 질문에서 고려할 문제	예시	적절한 수정
당신의 질문이 너무나 **광범위**해 응답자가 답변에 흥미를 갖게 되기보다는 압도감을 느끼는가?	*미술관장으로서 당신의 경험에 대해 이야기해 주세요.*	*미술관장으로서 당신이 하는 다양한 일들에 대해 설명해 주세요.*
질문이 **일반적인 수준**에서 던져져서 응답자들이 질문을 즉각적으로 *어떤 식으로 수정해야만 하는가?*	*기관 행정가들이 대학 미술관을 어떻게 바라보아야 한다고 생각하세요?*	대학과 대학교에서의 정치는 지속적으로 변화되고 있습니다. 미술관은 대학 총장들, 교무처장들, 이사회와 역사적으로 어떤 관계를 갖고 있었는지 말해 주세요. 추가질문: 현 대학 행정부와 미술관의 관계를 어떻게 말씀하실 수 있나요?
당신이 정말로 서술적인 경험을 원할 때 **리스트**를 요청하는가?	*미술관에서 할 수 있는 학생들의 일, 조교직, 인턴직에는 무엇이 있나요?*	*대학 미술관에서 당신의 업무[조교, 펠로우십]에 대해 설명해 주세요. 어떻게 그 일을 하게 되었나요?* 추가질문: *일을 하면서 좋아하는 면은 무엇인가요? 좌절되는 부분은 무엇인가요?*
당신의 질문은 **공평**한가? 다시 말해 이슈의 하나 이상의 측면에 대해 질문하는가?	*미술관 큐레이터로서 당신을 좌절시키는 일에는 어떤 것들이 있을까요?*	*미술관에서의 평범한 하루에 있어 당신의 업무가 어떻게 이루어지는지 말씀해 주시겠어요? 당신의 업무에서 가장 즐기는 측면은 무엇인가요? 당신을 좌절시키거나 도전점을 제시하는 일은 무엇인가요?*
당신의 질문들은 잘 개발된 질문이라기보다는 **탐색**에 가까운가?	미술관의 의미—학술적인 과외활동?	*모든 대학이나 대학교가 교내 미술관을 갖고 있지는 않지요. 저는 미술관이 있는 학교에 다니는 것이 어떤 의미를 가지는지에 관한 당신의 관점이 궁금합니다.*(탐색: 이것이 학문적으로 당신에게 어떤 영향을 주었나요? 교실을 벗어나서는 어떤 영향을 주었을까요?
마지막으로 각 질문을 살펴보고 질문하라 "이 질문에 대한 답변이 내 연구 문제에 어떻게 기여하게 되는가?"		

[그림 4.2] 면담 질문에서 고려할 문제들 (계속)

면담 질문 고쳐 쓰기와 시험해 보기

질문 만들기 과정을 당신의 주제와 질문들, 협력자들, 그리고 당신의 반성적 사고와의 지속적 상호작용으로 보아라. 첫째, 질문 만들기를 연구자와 잠정적으로 형성된 주제, 면담 질문들 사이의 3방향 상호작용이라고 생각하라. 주제를 잠정적이라고 생각하는 것은 당신이 가장 실제적이라고 알려진 '면담 질문은 변할 수 있다'에 대해 적절히 개방될 수 있게 만든다. 질문들을 써 보고 당신의 주제에 맞춰 점검해 보고 연구 진술문을 고쳐 쓰거나 질문들을 재고해 볼 수 있다.

협력자가 그림 속으로 들어오면 질문 개발을 4방향 상호작용이라고 생각하라. 협력자들 혹은 촉진자들은 연구자가 연구 포인트를 의사소통하는 관점에서 당신의 질문 초고를 읽어 줄 마음이 맞는 당신의 또래들이다. 이들은 논리를 갖지만 당신의 연구에 거리를 두면서 당신의 질문들을 평가하며 당신이 컴퓨터로 돌아와서 또 다른 초안을 만들 수 있는 기초를 제공해 준다. 이 촉진자들은 문법, 명료성, 질문-주제의 일치에 대해 말해 주게 된다. 어떤 촉진자들은 당신의 연구 주제 현상과 사람들에 대한 경험을 갖고 있을 수도 있으며, 따라서 당신의 질문들이 응답자들의 문화적 실제에 기초한 것인지에 대해 확인해 줄 수도 있다. 의심할 여지 없이 가장 효과적인 협력자들은 당신과 가깝게 일을 할 연구 장소의 **지역 촉진자**(local facilitators)이다. 당신의 가장 큰 도전은 응답자들이 고려할 만한 가치가 있다고 생각하는 질문들과 보지 못하는 것들의 그림을 제공해 주며 당신의 이해를 넓혀 주고 통찰력을 제시해 주며 깊게 뿌리박힌 무지를 없애는 답변을 이끄는 질문들을 만드는 것이다.

마지막으로 당신의 질문들을 시험해 보라. 이상적으로 시험 응답자들은 연구하고자 하는 실제 연구 집단에서 뽑아야 한다. 시험 응답자들에게 비판적인 마음을 갖기를 요청해서 당신의 질문에 대답하는 것뿐만 아니라, 더욱 중요한 것으로, 질문의 유용성을 비판적으로 반영하도록 해야 한다. 공식적인 시험 연구가 언제나 가능한 것은 아니기 때문에 특별히 정해진 시험 응답자와 따로 시간을 정하기보다는 실제 응답자들과의 초기 면담일을 포함해 시험 기간을 계획해야 한다. 만약 제대로 된 마음가짐—고쳐 쓰려는 깊은 책임—을 갖고 수행한다면 이런 기간에 시험의 목적을 충분히 달성할 수 있을 것이다.

션(Sean)은 첫 세대 대학생의 경험에 대한 면담 질문을 개발한 것에 대해 반추하면서 이렇게 썼다.

> 내 면담 질문들을 가장 분명하게 만든 시기는 바로 실제 시험 면담이었다. 어떤 질문들이 피면담자들이 공감할 수 있었고 어떤 것이 완전히 실패한 것인가(상징적으로 면담 도중 그리고 글자 뜻 그대로 면담을 코딩하는 동안)? 첫 세대 학생들이 연구 보고서에 드러낸 경험이 반응적이며, 상호적인지 … 엉성하게 만들어진 질문의 끝에 "뭐라고요?"라고 말하거나 좋은 질문에 오래 반응하는 것 등 … .

어떤 질문들은 실패할 수도 있음에 대해 마음의 준비를 하라.

다음의 그림 4.3은 크리스티나(Kristina)와 촉진자들이 여성으로서 자기 법적 권리에 대한 아프리카 여성들의 인식에 대한 면담을 위해 준비했던 질문들을 발췌한 것이다. 연속적인 초안 중의 하나에서 일부 질문만을 제시해서 독자들이 좋은 질문을 만들려는 그녀의 헌신과 클래스메이트들, 예비 피면담자들 그리고 나에게서 받은 피드백을 통해 그녀의 질문이 발전되어 가는 과정에 대한 아이디어를 얻도록 했다. 어떻게 질문을 만들 것인가는 중요하다.

Gubriun과 Holstein(2009, p. 46)은 비슷해 보이지만 다르게 던져지는 질문이 다른 종류의 이야기를 끌어냄을 보여 준다. "당신의 인생을 되돌아보았을 때 두드러지게 드러나는 중요한 사건은 무엇입니까?"라는 질문은 피면담자가 다양한 직업상의 주요 사건을 떠올리게 한다. 그러나 "당신이 만약 당신의 삶에 대한 이야기를 쓴다면 그 책에는 어떤 장들이 들어가게 될까요?"라는 질문은 피면담자의 전반적 삶의 이야기로부터 이끌어진 내러티브를 만들어 낼 것이다. 초안을 만들고 질문들을 다시 만드는 과정은 크리스티나의 시간, 생각, 노력을 요했다. 그렇지만 당신의 연구는 흥미롭고 관심을 사로잡는 정보를 불러일으키는 그녀의 질문들 때문에 이로운 결과를 가질 수 있었다. 당신은 좋은 질문을 묻는 만큼 좋은 자료를 얻을 수 있다.

면담 수행하기

장소, 시간, 기간, 횟수 정하기

어디에서 면담을 할 것인가? 편안하고 이용 가능하며 적절한 장소를 찾아야 한다. 조용하고 신체적으로 편안하며 사적인 장소를 선정하라. 하지만 피면담자들의 자발

크리스티나의 질문 초안	각 초안에 대한 짧은 코멘트
초안 1. 10월 2일 1. 당신의 나라에서 여성들의 경제적, 사회적 지위를 어떻게 설명하시겠습니까?	*초안 1.* 첫 번째 질문이 얼마나 광범위하고 일반적인지 깨달음. 큰 질문이기 때문에 대답을 할 때 어디에서 시작해야 할지 알기 어려울 것이다.
2. 당신, 당신의 어머니나 당신이 아는 다른 여성들이 자산을 소유한 경험에 대해서 말해 주시길 바랍니다. 어떻게 당신이나 당신이 알고 있는 여성들이 자산을 소유하게 되었습니까?	역시 어디에서 시작해야 할지 누구에서—당신, 당신의 어머니 혹은 다른 여성들? 그리고 “얻다”의 의미가 무엇인가? “자산”의 뜻은 무엇인가?
3. 당신은 결혼한 여성들이 그들의 남편과 비교했을 때 어떤 권리를 가졌는지에 대해 어떻게 알게 되었나요?	질문 3은 다른 것들보다는 덜 광범위하지만 여전히 모호하게 느껴진다. 당신이라면 어떻게 대답할 것인가?
초안 2. 10월 9일 세계 여러 나라에서 여성들은 남성들에 비해 열등한 사회적, 경제적 지위를 갖고 있습니다. 이 열등한 지위가 때로는 여성들이 결혼과 소유권 같은 문제를 행사함에 있어서 어려움을 초래하기도 합니다. 저는 우선 당신의 나라에서 결혼문제와 관련한 여성의 권리에 대해 설명해 주셨으면 하고 그 다음엔 자산과 관련된 여성의 권리로 다시 돌아올 것입니다.	*초안 2.* 보다 대화적인 시도인 이 예비적 말들은 크리스티나의 입장을 분명히 말해 주며 여성들이 특정한 방식으로 대답하도록 유도하거나, 침묵시킬 수 있을 것이다.
1. 당신의 나라에서 결혼문제와 관련해서 여성들이 갖고 있는 권리의 종류는 무엇입니까?	질문 1은 상당히 광범위하고 모호하며 여성들 개인의 경험에 대해 이야기하도록 하기보다는 일반적 수준에서 질문하고 있다.
이제 저는 결혼과 관련된 이슈들에 대해 말하고 싶습니다. 이 이슈를 두 개의 주제로 나눌 것입니다. 첫째로 저는 한 여성이 결혼할 때 가진 권리, 그녀가 할 수 있는 일과 할 수 없는 일의 종류, 결혼한 여성에게 적용되는 규칙과 법에 대해 이야기하고 싶습니다. 그 후에 이혼과 관련해 같은 이슈에 대해 이야기하고 싶습니다.	크리스티나의 다음 질문을 위한 예비행위는 보다 대화로 이끌고 여성들로 하여금 어떤 종류의 질문들이 나올 것이라고 상기시켜 주는 가치있는 노력이었지만, “당신에게 …에 대해 이야기하고 싶습니다.” 혹은 “…에 대해 이야기하고 싶습니다.”와 같은 말은 피면담자를 면담으로 끌어들이기엔 적당하지 않다. 또한 제시된 모든 정보를 따라가기도 어렵다.
2. 결혼한 여성에게 적용되는 규칙이나 법은 어떤 종류듣입니까?	질문 2는 질문 1처럼 너무나 광범위하고 모호하고 일반적이다.
3. 결혼한 여성에게 적용되는 규칙이나 법에 대한 당신의 이해를 돕기 위해 도움을 받았던 경험은 어떤 것들입니까?	드디어 질문 3이 여성들의 경험을 건드리고 있다. 이 질문이 초안 1의 질문 3에 비해서 얼마나 사람을 끌어당기는지 보라.

[그림 4.3] 면담 질문 개발의 예시

크리스티나의 질문 초안	각 초안에 대한 짧은 코멘트
초안 3. 11월 11일 1. 만약 당신 나라의 여성들이 어떻게 사는지 일반화하고 설명한다면, 무슨 말을 하실 수 있겠어요?	*초안 3.* 시작은 좋았지만 역시 매우 광범위하고 대답하기 어렵다.
이제 저는 결혼과 관련된 이슈에 대해 이야기하고 싶습니다. 저는 결혼한 여성이 가진 권리의 종류, 할 수 있는 일과 할 수 없는 일, 결혼한 여성에게 적용되는 규칙과 법의 종류에 관심이 있습니다. 이런 권리는 반드시 실제 법일 필요는 없지만 결혼한 여성에게 기대되는 것이면 됩니다.	크리스티나는 "저는 …에 대해 듣고 싶습니다." 하고 물어서 면담과정에서 자신을 학습자로 위치시킬 수 있다. 그녀가 계속해서 한 말은 유용하고 피면담자로 하여금 분명하게 이해하도록 돕는 정보이다.
2. 결혼한 여성에게 적용되는 법과 규칙의 종류에는 어떤 것들이 있습니까?	질문 2는 일반적 수준에서 질문되었지만 서언은 대답을 생각하기 쉽게 만든다. "지식" 질문은 피면담자들이 불편한 종류의 시험 질문같이 생각할 수 있다.
3. 이런 법과 규칙의 종류에 대해 어떻게 생각하시나요?	질문 3은 피면담자의 정보가 보다 흥미 있는, 괜찮은 후속 질문이라는 생각이 든다.
초안 4. 11월 18일 저는 당신의 나라에서 여성들이 결혼, 이혼, 소유권에 대해 어떻게 인식하는지에 관한 당신의 이해에 대해 이야기하고 싶습니다. 저는 여성들에게 적용되는 구체적인 법률에 대한 당신의 지식 여부에 상관없이 이런 문제들에 대한 당신의 인식에 특별한 관심을 갖고 있습니다. 저는 이 면담을 세 부분으로 나눠 결혼에 대해 먼저 이야기해 본 후 이혼으로 넘어가겠습니다. 마지막으로는 여성들의 소유권과 상속권에 대해 이야기해 보도록 하겠습니다.	*초안 4.* 크리스티나가 나라의 법률에 대한 여성들의 지식이 아니라 그들의 인식을 알고 싶어하는 것을 분명히 밝히며 면담의 범주를 설정하는 명료하고 좋은 도입이다.
1. 당신 나라에서 여성과 결혼에 관련된 법률과 관습에 대해 이야기해 주셨으면 좋겠습니다.	질문 1은 일반적인 수준이지만 탐색하려는 분야를 자극하는 분명하고 직접적인 질문이다.
2. 결혼에 대해 어떤 생각을 갖도록 자라면서 교육을 받으셨나요? (어머니, 아버지, 친구, 학교, 정부 프로그램의 역할에 대해 탐색)	질문 2는 피면담자의 사회화에 대해 알아보려는 것이다. 반영적이며 흥미로운 답변들을 이끌어 낼 것이다.
3. 당신의 자녀에게 여성과 결혼에 대해서 무엇을 가르치실 것인가요? (아들과 딸을 가르치는 데 있어서 차이점을 탐색)	질문 3은 피면담자의 가치와 의견을 알아보는 아주 좋은 질문이다.

[그림 4.3] 면담 질문 개발의 예시 (계속)

면담을 건조하고 형식적인 장소에서 진행할 필요는 없다. 다양한 장소에서 다른 사람들로부터 그리고 다른 사람들과 함께 배울 수 있는 기회를 활용하라.

성이 최우선이 되어야 하므로 그들이 제안하는 장소라면 어디든지 고려해 보아야 한다. 예를 들면, 프라이버시를 지킬 수 없는 곳이거나 소음수준이 듣는 것을 방해할 정도라면 이런 장소들은 적합하지 않다. 라디오나 텔레비전이 켜 있는 곳에서의 면담이라면 연구자가 텔레비전을 꺼 달라고 하거나 최소한 소리를 줄여 달라고 부드럽게 요청할 수도 있겠다. 연구자가 정기적으로 사용할 수 있는 공간은 학교에서 진행되는 학생들과의 면담에 이상적이다. 그렇지 않다면 하루의 시간대에 따라 창의력을 발휘해서 장소를 선정해야 할 것이다—식당, 강당, 무대 뒤 분장실, 학교의 피크닉 테이블, 체육관 등이 가능한 장소이다. 교사들, 상담가들, 행정가들은 그들의 교실과 사무실을 갖고 있기 때문에 만나기가 더 용이하다.

언제 만날 것인가? "편리하고, 가능하고, 적절한" 때가 면담시간이 되어야 한다. *적절하다*는 의미는 연구자나 응답자 양쪽 모두가 이야기하고 싶어하는 때를 말한다. 그렇지만 연구자는 얻을 수 있는 것을 취하고 피면담자의 선호를 따라야 한다. 학교에서 진행되는 면담은 종종 교사의 쉬는 시간과 학생들의 자습시간을 따라야 한다. 상담가들과 행정가들을 만나려면 약속시간이 없는 그들의 스케줄에 맞춰야 한다.

질문에 익숙해지고 녹음기를 준비해 두는 것 이외에 면담을 위해 준비해야 할 것은 무엇인가? 피면담자들과 그들의 삶, 일, 그리고 주제와의 관계를 실제로 그들을 만나기 전에 할 수 있는 최대한 알아 두어라. 그 이유는 사용될 용어를 이해하고 후속 질문으로 사용될 질문의 종류를 익히고 과정을 더 즐길 수 있도록 하기 위해서이다. Ives(1995)는 좋은 예시를 보여 준다: "한 소녀가 나무꾼에게 무엇으로 나무를 패는지 질문한 이야기를 알고 있다. '글쎄 아가씨' 그 나무꾼은 약간은 무시하는 태도로 흥겨워하며 '나무꾼은 도끼를 쓰지. 그게 우리가 쓰는 거야!'라고 하자 그 소녀는 그의 눈을 똑바로 쳐다보며 이렇게 말했다: '폴도끼요? 양날 도끼요?'"(p. 36)

면담은 얼마동안 진행되어야 할까? 일반적으로 한 시간 정도의 대화는 면담자나 피면담자가 더 이상 말할 것이 없기 전에 마치게 되는 적당한 길이이다. 하지만 예외는 있는데 예를 들면 응답자들이 시간이 없을 경우이다. 연구자가 얻을 수 있는 것은 취하면서 면담의 장소, 시간, 길이에 있어서 규칙성을 지키도록 하라—면담이 끝날 무렵 응답자에게 "다음 주 같은 장소에서 만나요."라고 말할 수 있도록.

얼마나 자주 만날 것인가? 이것은 연구 목적에 따라 달라진다. 예를 들면 생애사 면담은 한 시간짜리 면담으로 완성될 수 없다. 어떤 면담에는 수십 시간이 걸리기도 한다(Atkinson, 2002). 가장 개괄적인 면담조차도 믿을 만한 결과를 얻기까지 여러 번의 면담이 필요하다. 몇 번의 면담을 할 것인가는 면담 스케줄과 면담 시간의 길이, 응답자의 말솜씨, 연구자의 탐색 기술 등에 달려 있다. "저는 최소한 2번 혹은 그 이상 당신이 불편하지 않은 범위에서 당신을 만나고 싶습니다. 당신은 면담하는 중간에 언제든지 그만둘 수 있습니다. 그만두는 이유를 설명하실 필요는 없습니다."라고 말해 줄 수도 있다. 이제 면담 경험이 보람 있어서 여러 번의 면담을 문제없게 만드는 것은 연구자의 도전점이다.

하루에 얼마나 많은 면담 일정을 잡아야 할 것인가? 스탠(Stan)은 혁신적인 이중언어 프로그램의 효과를 학생들과 교사들이 어떻게 인식하는지에 관심이 있었다. 그는 직장에서 2달 동안 한 주에 하루씩 자유시간을 얻어냈다. 그 시간 동안 그는 면담을 하려고 계획했다. 각 연구일에 5명 이상과의 연속된 면담을 잡았다. 그는 면담의 지연과 약속 시간이 임박해서 변경되는 스케줄에 좌절을 느꼈으나 첫 달에 20회의 면담을 수행하려는 결심을 굳히고 있었다. 개인적인 시간 제약에도 불구하고 스탠은 면담 시간을 연장시킬 필요가 있었다. 아무리 그가 열심히 해도 제한된 시간은 그의 연구를 정당화시키지 못했다. 연속된 면담을 계획하면서, 그는 반성하고 매 면담을 마친 후 저널 쓰기를 통해 다음 면담 전까지 이전 면담에서 무엇인가 배울 기회를 가질 시간을 갖지 못했다. 이렇게 빠듯한 스케줄로는 듣고 탐색하고 다음에 물어보아야 할 새로운 질문을 배우기보다는 그의 질문을 끝내기에 급급할 수밖에 없었을 것이다. 게다가 시간에 대한 그의 긴장감은 연구 참여자들에게 전달되었을 것이고 그들은 면담을 빨리 마치려고 점점 더 짧은 답변을 했을 수 있다. 언제나 이 조언을 따를 수 있는 것은 아니지만 나는 하루에 2회 이상의 심층면담을 하지 말라는 O'Reilly(2005, p. 143)의 생각에 동의하는 편이다.

위의 예시에서 스탠은 그의 첫 면담의 후속작업을 위한 방법으로 전화나 이메일 사용을 고려했을 수도 있다. iChat이나 Skype와 같은 프로그램을 통해 면담을 온라인으로 하게 될 수도 있다. 일반적으로 인터넷 기반의 면담은 면대면 면담만큼 이상적이지는 않지만 연구 프로젝트에 따라 이점이 있을 수 있다(Meho, 2006). 인터넷 기반 면담은 시간과 교통비를 절약할 수 있고 연구자들이 여러 다양한 지역과 정치적으로 예민하거나 위험한 지역의 사람들과도 접근할 수 있게 해 준다. 이메일 면담은 전사에 필요한 시간과 비용을 줄이는 추가적 장점이 있다. 또한 이메일 면담은 특별한 특성을 가진 사람들(뇌졸중 생존자 혹은 언어장애를 가진 사람들)이나 만나기 어려운 사람들(임원들), 제2외국어 사용자 혹은 특별히 소극적인 사람들처럼 면담에 적극적이 아니거나 면대면 면담에 참여할 수 없는 사람들과의 대화를 가능하게 해 준다. 그렇지만 이메일을 통한 면담을 하게 되면, 연구자와 응답자들은 서로 연장된 시간 동안 여러 번에 걸친 상호작용, 이메일 교환에 대한 동의를 해서 연구자가 응답자의 답변을 탐색한 후 그래도 미진한 부분이 있다면 응답자에게 다시 이메일을 보내 답변을 받아 새로운 생각의 흐름을 따를 수 있도록 해야 한다.

면담의 상호적 성격

면담은 가르치기, 간호하기, 상담하기처럼 모든 실행가들에게 똑같은 과정이 아니다. 누가, 어떤 사람과 면담을 하고 어떤 주제인지, 어떤 장소에서, 어느 시간에 면담을 할 것인가에 따라 다양성을 띠게 된다. 간단히 말하면 면담은 다양한 사람들의 다양한 성격을 결합시킨다.

성, 인종, 국적, 성적 성향, 나이 등 가능한 모든 조합은 매우 다른 면담의 상호작용을 만들어 낸다. 주제, 면담 장소, 시간대의 기분에 따라 상호작용의 성격 역시 변한다. 만약 당신이 농장 인부를 주제로 한 멕시코와 미국의 정치적 연맹의 멕시코계 미국인 관리를 면담하는 유럽계 미국인 연구자이고 그것도 파업이 한창일 때 하는 면담이라면, 멕시코계 미국인 연구자가 같은 관리를 대상으로 같은 주제로 그의 사무실에서 노사관계가 평화로울 때 하는 면담과는 다를 것이라는 것은 쉽게 상상할 수 있을 것이다.

성, 인종, 성적 성향, 계층, 다른 사회적 지위가 면담에 미칠 수 있는 영향에 대한 당신의 이해를 돕기 위해 Holstein과 Gubrium(2003)이 편집한 「Inside Interviewing」이라는 책을 권한다. 예를 들면 Reinharz와 Chase(2003)는 면담자의 성이 어떻게 여성 피면담자가 특정한 정보를 드러내는지에 영향을 미치는지와 면담 장소로 편안함을 느끼는 장소가 어디인지에 대해 설명한다. Dunbar, Rodriguez, Parker(2003)는 면담 질문을 하고 이에 답변하는 데 있어 인종과 상호작용하는 다른 요소들에 대해 말한다. Kong, Mahoney, Plummer(2003)는 "후기식민주의의 게이 정체성이 단지 인종, 성, 계층, 그리고 섹슈얼리티의 부가적인 경험만이 아니라 … 이들이 특정한 기관적 영역 내에서의 다양하고 모순적인 억압의 결과"(p. 99)임에 주목하라고 말한다. 중요한 부분은 면담이 참여자들의 구성에 따라 달라지는 상호작용이라는 것이다. 연구자는 어떤 측면에 있어서는 전혀 통제할 수가 없지만 상호작용이 편안하고 상호교환을 이끌어 내도록 노력해야만 한다. 연구자는 다른 사람들을 개방적인 마음으로 대하며 세상의 존재를 바라보는 새로운 방식을 배워야만 한다.

연구자는 또한 면담하는 사람들의 문화적 기준에 적절하게 상호작용하는 방법을 기꺼이 배우도록 해야 한다. 이것은 면담 이전에 교제와 식사를 함께하는 것을 의미할 수도 있다. 또는 답변이 직접적이고 전진하는 방식으로 나타날 수 있음을 의미할 수도 있다. 사람들은 빙 둘러서 말하는 방식이나 암시적 답변을 이야기로 드러낼 수도 있다. 문화적인 차이점은 나라 간 혹은 나라 안에서도 존재한다. Ives(1995)는 "조용하고, 조심스러운 태도로 마룻바닥을 쳐다보다 말다 하는" 식의 면담자 역할을 배웠던 메인 주에서의 연구 수행 경험에 대해 썼다.

연구자와 피면담자의 정체성 범주에 대해 어떻게 설명한다고 하더라도 완벽한 교사, 간호사, 사회복지사가 없는 것처럼 완벽한 면담자가 있는 것은 아니다. 모든 연구자들은 개인적인 장점과 단점이 있으며 이 장단점은 그의 면담 스타일의 기초를 형성하게 된다. 연구가 아닌 일상생활에서처럼 어떤 사람은 거의 즉각적인 신뢰를 형성하게 된다; 그들은 면담 관계 초기에도 예민한 주제를 직접적으로 탐색할 수 있다. 반복적으로 실수를 하는 사람들 가운데에서도 쉽게 용서를 구할 수 있는 스타일의 사람도 있다. 어떤 이들은 반영적이고 애정 깊은 양육적 분위기를 조성하기에 피면담자들이 면담하자고 줄을 서기도 한다. 당신이 어떤 사람인지, 어떻게 자신을 조종하고 가장 좋은 것을 이룰 수 있는지에 대해 배워라. 모든 응답자에게 똑같이 받아들여질 것을 기대하지 말아야 한다. 일반적으로 사람들이 백인백색이듯이 피면담자들도 다양하게 다가올 것이다. 이 말은 당신이 흥분시키는 면담을 할 수도 있지만 어떤 사람들과의 면담은 전혀 도움이 되지 못할 수도 있다는 뜻이다. 물론 실패한 면담 경험이 같은 유형의 사람들에게서 언제나 일어나서는 안 된다.

면담에서는 수많은 일들이 동시에 일어난다. 가장 우선을 두어야 할 중요한 것은 당신의 듣기이다. 면담자는 듣는 사람이다; 기계는 녹음을 할 수 있지만 오로지 연구자만이 들을 수 있다. 당신이 들으면서 얻는 자료 없이는 면담에 내재되어 있는 어떤 결정들도 할 수 없기 때문에 어떤 순간에도 듣기를 멈춰서는 안 된다: 당신은 연구 목적과 최종적인 글쓰기를 충분히 마음속에 두고 듣고 있어서 당신의 질문이 당신의 의도를 전달하도록 하고 있는지의 여부를 조율할 수 있는가? 그렇지 못하다면 문제가 질문에 있는가, 응답자에게 있는가 아니면 당신이 듣는 방법에 있는가? 당신의 질문에 대한 대답을 얻었고 다음으로 넘어갈 시간인가? 그렇다면 어떤 문제로 옮겨 갈 것인가? 지금 더 탐색할 것인가, 나중에 할 것인가? 어떤 형식으로 탐색할 것인가? 당신의 탐색으로 얻은 결과를 더 탐색해야 할 필요가 있을까? 면담의 즉각성과 예측불가능성은 대부분의 탐색을 사전에 계획하는 것을 방해한다; 따라서 연구자는 즉석에서 생각하고 말해야 하는데, 바로 이것이 연습할수록 좋아지는 많은 면담 관련 기술의 하나이다.

피드백은 비언어적일 수도 있고 언어적인 것이 될 수도 있기 때문에 연구자는 듣기도 하고 보기도 해야 한다. 연구자는 응답자의 보디랭귀지를 관찰해서 연구자의 질문, 탐색, 코멘트가 미치는 영향을 판단해야 한다. 불편해 보이는 구석이 보이는가? 그 불편함의 원인이 면담 장소의 물리적 조건 때문일까, 아니면 반응을 자극하는 주제 때문일까? 지루함, 화남, 당황함의 징조가 보이는가? 그 원인은 무엇이고 어떻게 하면 교정이 될 것인가? 연구자가 교정할 수 있는 사항인가?

듣고 보는 것이 매우 중요한 것이 사실이지만, 연구자가 기억하지 않는다면 그것이 주는 것을 그냥 버리게 될 것이다. 연구자는 질문목록을 계속해서 볼 필요가 없도록 질문을 기억하고, 혹시 질문의 순서가 뒤바뀌더라도 당황할 필요가 없도록 해야 한다. 연구자는 이번 면담과 이전 면담에서 자기가 말한 것과 피면담자가 말한 것을 기억해야 한다. 연구자가 들은 것을 기억해서 연결 짓고, 틈새와 불일치되는 것들을 발견하고, 어떤 질문들은 피하고, 첫 번째 질문에서 기대와 요구에 미치지 못했을 때 질문을 새로이 하기 위해 예전에 말했던 것을 이해해야 한다. 연구자는 당연히 연구 목적을 염두에 두어 면담 중 듣는 것이 연구의 요구들에 맞춰 평가되도록 해야 한다.

연구자가 기억해야 할 다른 것은 응답자의 경험의 질에 대한 책임이다. 응답자에게 힘든 경험을 이끌어 내게 하는 주제라고 해도 편안하고 흥미를 이끄는 면담이 되도록 신경을 쓰고 있는가? 응답자가 얼마나 만족을 느끼는가는 당신과 계속해서 이야기를 나누고자 하는 자발성과 말하고자 하는 노력, 당신의 피면담자가 되는 것에 대해 다른 면담 후보자에게 어떤 말을 할 것인가에 영향을 미치게 된다. 내러티브 연구자인 Gubrium과 Holtstein(2009)은 면담이 어떻게 협력적인 작업이 되는지 다음과 같이 말한다.

> 협력은 아무리 작아도 무시되어서는 안 된다. 사실 때로 대화적인 주고받기에 참여하기를 거부하면 이야기가 끝나 버린다; 분명한 관심이나 집중 부족은 어떤 이야기도 흥을 꺾을 수밖에 없다. 반대로 계산된 참여 역시 이야기를 촉진할 수 있지만, 반드시 발언하는 사람이 주도권을 가지게 해서 이야기를 형성하는 데 필요한 말하기 차례를 많이 가질 수 있도록 해야 한다.(p. 97)

당신의 역할을 다른 사람들이 자신의 이야기를 하도록 촉진시키는 협력자라고 생각하라.

응답자의 경험의 질과 관련된 사항으로는 면담자의 부정적 반응을 모니터해야 함을 기억하는 것이다. 대화를 통한 학습에 초점을 두는 프로젝트에 연루된 것이 아니라면, 당신이 들을 수 있는 "동의할 수 없는" 관점에 대해 확인할 필요가 있다. 보니(Bonnie)는 간호사들과 면담을 하다가 노인 환자들의 치료와 보살핌에 대해 진지한 교육을 자주 받지 못한다는 것을 알게 되었지만 간호사들에 대한 노여움을 분출시킬 수 없었고 따라서 연구자로서 계속 접근을 유지할 수 있었다. 그녀가 분노를 분출하는 것이 받아들여질 수도 있고, 사람들을 보살피는 간호사로서 그녀의 역할에는 부합할 수도 있지만, 연구자로서 그녀의 역할과는 일치하지 않는다. 역할을 분리하는 일이 어렵지만 당신이 경험과 관점이 다른 타인들로부터 자료를 수집하려고 한다면 때로는 필수불가결한 일이다.

마지막으로 시간에 대해 의식적인 문화에서 면담을 진행한다면 시간을 계산해 두는 것을 기억하라. 그렇게 하면 "오늘 우리가 이야기한 의견들이 이것들입니다. 이것과 저것에 대해 배우게 돼서 매우 기쁩니다. 다음 시간에 다음 주제로 넘어가기 이전에 이것과 저것에 대해 다시 이야기해 봐도 괜찮을까요?"라는 유용한 맺음말을 할 시간이 연구자에게 남게 된다. 이런 방식으로 연구자는 면담을 되돌아보고 다음 면담 시간을 위한 길을 닦아 놓을 수도 있다. 시간을 계산함으로써 한 시간만 쓰자는 약속을 지킬 수 있고, 그만 갔으면 하는 마음이 생기지 않도록 하며, 피면담자가 다음 일에 늦지 않게 할 수 있다. 상의하고 다음 만남의 자세한 사항을 확실히 하는 데 시간을 쓰며 각 약속을 정확하게 지켜라.

종합적으로 듣고, 보고, 기억하는 것에는 당신의 집중력 개발이 요구된다. 조화롭게 편성해야 할 행위들이 너무나 많기 때문에 효과적인 면담은 좋은 가르침과 같은 것으로 봐야 할 것이다: 뛰어난 기능이나 완벽함보다는 끊임없는 성장을 향한, 시간을 투자하는 발전을 추구해야 한다.

탐색(Probing)

심층면담은 현상을 깊이 있게 이해할 수 있으며 심도 있는 탐색의 기회가 된다고들 생각한다. 면담을 함으로써 연구 주제의 복잡성을 바르게 이해할 수 있다. 질적 연구자들은 그들의 주제에 대해 알아야 할 것을 완전히 연구할 수 없다는 가정에서 작업한다. 그들은 시간 부족 혹은 그들의 특정한 연구 개념화에 만족하여 연구를 마칠 수 있다. 그러나 연구는 진행되더라도 면담은 "다른 무엇들"과 "더 이야기해 주세요."를 추구하는 노력이다. 당신이 이전 면담 질문에서 새로운 것을 더 얻지 못할 때 면담 계획의 다음 질문으로 넘어가야 한다. 질문 리스트를 단순히 "'거쳐야 할' 무엇"(Ives, 1995, p. 51)으로 보지 말아라. 응답자들이 한 말을 탐색하고 질문해야 했으니 충분히 고려하지 않은 무엇에 대해 배우려는 개방적 태도를 지녀야 한다.

당신이 일으킨 반응들에 대해 정당하고 침착하게 숙고하기 위해서는 서두르지 말고 참을성을 가지고 집중해야 한다. 급하게 행동하면 세상도 당신과 함께 급하게 움직인다: 만약 당신이 응답자의 지체 없는 답변에 만족함을 표현한다면 연구자는 응답자들에게 기대하는 바가 얼마나 작은가를 가르치고 있는 것이다. "좀 더 이야기해 주세요."라고 말한다면 피면담자는 여기에 따라 응답하는 것을 배우게 될 것이다. 당신은 더 잘 탐색할수록 면담 시간이 더 길어짐을 알게 될 것이다. 짧게 끝나는 몇 회 안 되는 면담 시간들은 일반적으로 경험이 부족하거나 어설픈 면담자의 특징이다. 경험이 많아지면서 면담 시간과 횟수는 길어진다.

연구자의 탐색은 더 많은 것을 요청한다: 응답자의 답변 내용에 대한 당신의 평가에 따라 더 많은 설명, 명료화, 기술, 평가, 탐색은 여러 형태를 취할 수 있다; 침묵부터 소리, 하나의 단어, 완전한 문장에 이르기까지. 어떤 형태가 나에게 가장 맞는 것인가를 알아내라. 침묵은 당신이 참을 수만 있다면 사용하기 쉽다. 침묵이 부족하면 응답자가 더 많이 이야기하기를 당신이 원한다는 것을 분명하게 나타내지 못할 수 있다; 침묵이 너무 많으면 응답자는 너무 어색해한다. 마법같이 적절한 침묵의 양은 "계속하세요. 저는 서두르지 않아요." 하는 메시지를 나타낸다. 침묵은 생각할 시간을 남겨 준다. 침묵은 선택할 메뉴보다 더 나은데, 왜냐하면 질문이 어떤 답변을 이끌어 내지 못할 수 있을 때 질문을 고쳐 말하거나 "지금 생각나시는 것이 없다면 다음에 다시 이야기하지요." 하고 말하기 때문이다. 현명하게 사용하면, 침묵은 유용하고 쉬운 탐색이다—"음음" 하는 말과 고개 끄덕임처럼.

더 길고 직접적인 탐색은 다양한 형태를 띤다. 예를 들면 "제가 제대로 알아들었는지 모르겠네요. 다시 한 번 말씀해 주시겠어요?" 하고 (당신이 들었다고 생각하는 부분의 요약과 함께) 또는 당신이 들었다고 생각하는 것을 요약하고 나서 "제가 잘 이해한 것인가요?" 하고 물을 수 있다. 두 가지 유형 모두 응답자로 하여금 다시 생각해 보도록 하며, 이런 다시 생각해 보기는 정교화로 이어지기도 한다. 요약적 대안은 "여기에 덧붙이시고 싶은 것이 있나요?" 하는 식으로 서문에 쓰기도 한다. 또한 탐색은 "어떻게 그런 일이 생겼나요?" "왜 그렇게 생각하시게 되었나요?" 식의 단순한 질문이 되기도 한다. 복잡한 조건적 질문으로는 "만약 당신이 15년 전에 대학원으로 돌아왔다면 지금 당신의 삶이 어떻게 다르게 보일까요?" 등이 있다. Pelto(2013, p. 166)는 "그것의 예를 들어 주시겠어요?"를 가장 유용한 탐색 중 하나라고 했다. 그가 관찰한 바대로 첫 번째 질문을 던졌을 때 응답자들은 추상화 혹은 일반화하는 답변을 주로 한다. 예시를 요청함으로써 당신의 면담에서 원하는 경험, 구체적인 부분, 기술적 수준을 얻을 수 있다. 당신의 현장기록지는 이와 같은 종류의 탐색에서 쓸모가 있다. 만약 피면담자들이 무엇이 어떻게 구성되었는지 설명하면 연구자는 노트에 그림을 그려 달라고 요청하거나 응답자가 말하는 것에 대한 당신의 생각을 스케치하고 올바르게 그렸는지 질문해 보라.

그림 4.4는 테리(Terry)가 그녀의 초등학교 학급의 데이비드(David)와 한 면담의

면담 전사	비평
T: 네가 유치원에 다녔을 때로 돌아가 보았으면 좋겠어. 아마 그때에 대해 많이 생각해 보지는 않았을 거야.	피면담자가 과거의 시간으로 되돌아가기 쉽게 만드는 질문의 좋은 예비적 소개
D: 예, 저 그 때 어떤 일들은 조금 기억나요.	
T: 네가 그 때 배웠던 것 중 기억할 수 있는 것이 있니?	예/아니오 질문, "…에 대해 이야기해 주렴"이 더 나았을 것 같다.
D: 생각나는 게 있어요. 성에 대해 배웠을 때 성벽에 화살 구멍들이 있다는 것을 알게 되었어요.	D가 하나의 아이템에 대한 짧은 답변을 제시하고 있다.
T: 그걸 어떻게 알게 되었니?	T는 이 탐색으로 면담을 시작한다.
D: 선생님이 말해 줬어요. 제 생각엔 양탄자에 앉아 이야기 나누기를 하고 있었던 것 같아요. 선생님은 우리에게 성에 대한 몇 가지 사실들을 말해 주셨어요. 그리고 또 어떻게 물건을 똑같이 나누는지에 대해서도 생각나요. 제가 나누기를 잘하게 된 이유 같아요. 그리고 "said"라는 철자법에 대한 요령도 배웠어요. 선생님은 "sed가 아니라 sa-id예요."라고 말하셨어요. 매일 아침 혹은 거의 매일 아침에 철자를 외울 때까지 양탄자에서 빙고를 했던 기억이 나요. 내가 처음으로 책을 읽었던 날도 생각나요. 그 책은 「엘리베이터의 악어」였어요. 제가 처음으로 읽은 책이었지요. 그 이후엔 유치원에 있던 모든 책을 읽었었어요. 그러고 나서는 더 높은 수준의 책을 계속 읽었지요. 1학년쯤에는 어른 책을 읽었어요. 타잔 시리즈의 첫 책을 읽었어요.	갑자기 D는 여러 가지 일들을 기억하고 있다. 하지만 그의 선생님에게서 배운 구체적인 일들에 대해 배운 것을 제외하고는 "어떻게" 질문에는 대답을 하고 있지 않다.
T: 네가 처음 읽는 것을 배운 때가 기억나니?	비록 예/아니오 질문이지만, T는 "어떻게"를 탐색하기 위한 영역으로 읽기를 선택했다.
D: 이게 제가 늘 하는 방식이에요. 제가 걷기를 배웠을 때도 이렇게 했던 게 생각나요. 정말 걸은 것은 아니고 뒤로 물러서서 한참동안 걷는 방식을 연습했어요. 저는 뭘 하는 데 느린 편이에요. 예를 들면 저는 아장아장 걸어 본 적이 없어요. … 한 걸음 떼던 날 저는 막 걸어다녔어요. 발이 걸려 넘어지거나 미끄러지지 않은 한은 넘어지지도 않았거든요. 읽기에서도 간판을 쳐다보고 처음엔 조금을 읽었어요. 그러고 나서는 책읽기를 시도했고 조금 있다가 저는 읽을 수 있게 되었어요.	D는 "어떻게"에 대해 말하고 있다.

[그림 4.4] 면담에서 탐색 활용의 예시

일부이다. 테리는 학습 스타일과 아이들이 어떻게 스스로의 학습 과정을 설명하는가에 관심을 갖고 있었다. 그녀는 몇 명의 아이들과 면담을 하기 전에 수업시간에 학습 이론들에 대해 이야기를 했다. 이 예에서 그녀는 데이비드의 학습에 대한 관점을 충분히 이해하고 확장하려고 탐색을 사용했다. 왼쪽 열은 면담을 보여 주는 반면 오른쪽 열은 그 탐색에 대한 코멘트를 포함한다.

위의 예시가 보여 주듯이 가장 중요한 것은 분명 탐색의 형식이 아니다. 중요한 것은 탐색하고자 하는 당신의 의도와 서둘러 면담을 마치기보다는 시간이 걸려도 탐색하려는 당신의 참을성이다. 당신이 많이 긴장할수록 탐색하려는 참을성은 줄어들 것이고 탐색의 기회도 많이 놓치게 된다. 그렇지만 날아가 버린 탐색 기회는 우리를 괴롭힌다. 면담 전사 기록을 읽으면서 그냥 지나쳐 버린 기회들을 보고 괴로워할 것이다. 당신은 너무 지쳤었거나 다른 생각들에 너무 만족을 느꼈거나 무슨 말을 듣고 있는지에 대한 감을 잡고 있지 못했던 것이다. 당신은 언제나 할 수 있는 것보다 덜 탐색할 것이지만 탐색할 의도를 가졌다면 필수 습관과 기술은 발전해 나간다(테이프를 다시 들으면서 혹은 전사기록을 읽으면서 사후에 알게 되겠지만).

녹음하기, 전사하기, 추적하기

녹음하기

면대면 면담을 어떻게 기록할 것인가? 손으로 기록을 할 것인가, 녹음을 하거나 녹화를 할 것인가는 연구자의 필요성과 응답자의 동의에 따른 문제이다. 손으로 기록하는 것(혹은 랩톱 컴퓨터, 키보드가 있는 태블릿을 이용해 타이핑하는 것)은 연구자가 면담을 마쳤을 때 기록 작업이 끝난 것이나 마찬가지이다; 이것은 손으로 기록하는 것의 차별적 장점이다. 또한 손으로 기록하는 것은 어떤 사람들에게는 덜 위협적이고 신경이 덜 쓰인다. 그렇지만 연구자가 기록하는 것을 그만두었을 때 응답자가 추론할 수 있는 메시지를 인식해야 한다: 그 위험은 "내가 말한 것이 기록할 만한 가치가 없다."고 생각하는 것이다. 또한 연구자가 손으로 기록을 하게 되면 응답자가 하는 말을 따라잡으려고 애쓰게 되는 데 집중하게 되고 (사실 이것이 대체적으로 불가능하다는 것을 알면서도), 연구자가 응답자와 시선을 교환하는 것이 지속적으로 되지 않으며, 면담 과정 중에서 일어나는 언어적 · 비언어적 신호를 다 잡아낼 수 없는 등 면담 과정에서의 통제 부족을 느끼게 될 수 있다. 피면담자들은 대개 참을성 있게 말을 천천히 해 주기도 하고, 연구자가 그들의 말을 가능하면 있는 그대로 충실히 기록하고 싶다는 요구를 설명해 주면 다 쓰길 기다려 주기도 한다. 하지만 녹음장비들은 대화를 거의 온전히 기록화할 수 있고 면담 과정에 쉽게 집중하게 해 준다.

만약 손으로 기록을 한다면 가능한 한 많이 말 그대로 받아 적으려고 할 것이며, 면담 직후에는 연구자가 기억할 수 있는 한 놓친 부분을 채우려고 시간을 쓸 것이다. 다른 색깔의 펜(혹은 컴퓨터로 쓴다면 다른 글자체)으로 면담 중에 쓰여진 노트와 당신의 기억에서 나온 노트를 구별하도록 하라. 일부 초보 면담자들은 손으로 기록을 할 때 3인칭으로 전환해서 대화의 요약본을 만드는 데 급급해하기도 한다. 다음의 두 예시의 차이를 생각해 보라.

- 나는 … 나는 내가 뭘하고 싶은지 확신이 없었어요. 나는 졸업반이었고 거기에 대해 생각을 못하고 있었어요. 하지만 어머니는 [대학]의 브로슈어를 계속 제 근처에 놓아 두셨어요. 어느 주말에 어머니는 "얘야 [대학을] 가자. 대학에 가는 게 어떤 건지 보고 싶구나." 그래서 우리는 거기를 갔고 대학생들이 안내하는 투어를 하게 되었고 … 그리고 …
- 그녀는 자신의 어머니가 그녀가 대학에 가는 데 큰 영향을 주었다고 말했다.

요약된 노트는 심층면담의 목적을 헛되게 한다. 당신은 피면담자가 하는 말을 말하는 방식대로 쓰고 싶다. 이렇게 하는 더 확실한 방법은 녹음을 하는 것이다.

많은 응답자들이 녹음기 사용에 동의할 것이다. 연구 주제의 민감성과 응답자의 불편함에 따라 녹음을 해도 좋겠느냐는 질문을 첫 면담의 끝부분에, 응답자들이 당신과 연구 주제, 과정에 편안해졌을 때 하는 것이 좋을 것이다. 갖고 있는 장비의 실에 충분한 관심을 두어야 한다. 면담이 끝난 후에 녹음 속의 말을 해독하려고 애쓰는 좌절을 겪을 필요가 없다.

디지털 녹음기는 아날로그 녹음기에 비해 좋은 점이 있다; 디지털 녹음기에서는 컴퓨터에 직접 소리 파일로 저장하는 형식으로 자료를 저장할 수 있어서 카세트 박스를 처리하는 것보다는 면담을 관리하고 저장하고 전사하는 데 있어 용이하다. 소리의 질에서도 일반적으로 디지털 녹음기가 더 낫다. 대부분의 녹음기는 마이크로폰이 내장되어 있으나 별도로 부착하는 마이크로폰보다 덜 효과적이다; 만약 면담 장소 근처에 소음이 있거나 조용조용 말하는 사람과 면담을 한다면 연구자와 피면담자 옷깃에 부착하는 마이크로폰이 가장 좋을 것이다.

녹음기를 사용하더라도 면담을 할 때 기록을 하는 습관을 가져라. 다른 사람이 말할 때 쓰는 것에 익숙해져라. 말하는 사람의 눈을 계속 바라보지 않아도 된다. 피면담자를 바라보면서도 펜은 계속 움직여라. 당신이 기록한 노트는 녹음기 사용이 없이는 완전하지 않겠지만, 혹시라도 녹음기가 망가졌을 때 백업으로 노트를 사용할 수 있다. 게다가 응답자들은 이미 당신의 글쓰기에 익숙해져 있기 때문에 면담 중에 떠오른 설명, 질문, 생각을 이들을 방해하지 않으면서도 쉽게 쓸 수 있을 것이다.

손으로 기록을 하든 기계를 이용하든지 간에 면담 이후에 다른 종류의 기록은 지속됨을 기억하라. 가능한 한 면담이 끝난 후 즉시 현장저널을 꺼내 써라. 어디에서 면담이 일어났는지에 대한 설명을 써라. 면담에 참석한 다른 사람이 있었나? 피면담자가 보여 준 제스처에는 어떤 것이 있었나? 면담 이후에 무엇을 기록할 것인가에 대해 Ives(1995)는 "단순히 이런 저널 정보가 이 테이프를 듣는 사람과 전사본을 읽는 데 도움이 되는가?"(p. 38)라고 제안한다. 면담을 잘 기술하고 현장 속으로 들어가게끔 하기 위해서는 과정에 대해 반성해 보라. 면담이 어떻게 진행되었다고 생각하나? 무엇을 다르게 할 수 있었을까? 당신의 면담 질문을 어떻게 새롭게 만들거나 어떤 것을 제외하고 새로운 질문을 더할 수 있을까?

전사하기

만약 당신이 아날로그 녹음기로 면담을 녹음하고 직접 전사를 하려고 한다면, 앞으로 돌리고 뒤로 돌릴 수 있는 발 페달이 있는 전사 기계를 빌려서 손으로는 전사만 하도록 할 수 있다. 기계는 당신이 중지시키면 테이프를 약간 되돌리기 때문에 테이프 듣기를 다시 시작했을 때 첫 한두 단어를 놓치지 않게 한다. 이 작업을 손으로 하기는 괴로운 일이다. 로나(Lorna)는 전사 기계 없이 전사했던 과정을 이렇게 반추했다.

> 최악의 문제는 면담을 있는 그대로 기록해야 한다는 것이었다. 집에서 한 처음의 시도들은 나를 미치게 만들었다; 10분짜리 대화를 전사하는 데 한 시간이나 걸렸다. 절박한 마음에서 나는 이 일을 할 사람을 고용했다. 하지만 그 비싼 전사는 대화가 모호한 부분에 표시된 수없는 물음표로 가득했다. … 그래서 나는 상호작용

의 놓친 부분들을 채우기 위해 테이프 전체를 다시 들어야 했다.

만약 디지털 보이스 리코더를 사용하면 소리 파일을 당신의 컴퓨터에 다운로드할 수 있다. 무료 소프트웨어는 당신이 텍스트 영역에 말들을 타이핑하는 동안 녹음을 들어 보고 필요한 부분에서 정지할 수 있게 한다. 여러 개의 파일을 전사하려고 한다면 USB 발 페달을 구입해서 마우스를 사용해서 정지하고 천천히 듣고, 녹음을 되감을 때 손을 키보드에서 계속 들고 당신의 눈을 모니터에서 모니터로 계속 움직일 필요가 없도록 하라. 아이패드가 있다면 Audio Note라는 프로그램을 시도해 볼 수 있다. 이 프로그램은 "리턴"키를 누를 때마다 시간 코드를 삽입해서 녹음과 타이핑한 노트가 일치하도록 하고 나중에 정확한 면담 부분을 전사할 수 있게 해 준다.

녹음이 아날로그이든 디지털이든 전사는 부담스러운 일이며 질적 연구자들은 음성인식 소프트웨어가 이 업무를 쉽게 수행해 줄 날을 기다리고 있다. 이런 소프트웨어가 점점 좋아지고 있긴 하지만 일반적으로 이런 프로그램은 말하는 사람의 목소리를 인식할 수 있도록 "훈련"을 시켜야 할 필요가 있으며 한 사람의 구술은 전사하지만 여러 피면담자의 목소리를 전사하기에는 적절치 않다. 일부 연구자들은 이어폰으로 녹음된 면담의 문장을 듣고 녹음을 정지하고, 자신의 목소리에 훈련된 음성인식 소프트웨어가 있는 컴퓨터에 같은 말을 하는 일종의 동시 전사를 하기도 한다(Gibbs, 2007; Mears, 2009). 이런 과정을 사용하고 좋아하는 사람들에 의하면 면담에서의 각 말들을 크게 반복하는 것은 단순히 단어를 타이핑하는 것에서는 불러올 수 없는 생각과 영감을 가져온다고 한다. Carolyn Mears(2009)는 자신을 전향자라고 묘사하며 목소리 인식 소프트웨어 사용이 전사만을 위해서가 아니라 그녀가 읽은 텍스트에 "기록을 하기" 위해서라고 말한다. 인용하고 싶은 구절을 찾으면 그녀는 이 부분을 크게 읽고 소프트웨어는 이것을 문서 파일에 타이핑해 준다.

전사를 할 때는 사람들이 말을 시작할 때마다 피면담자의 이름을 대문자로 쓰고 마침표를 찍어 주는 것이 결국 도움이 된다. 이런 방식을 사용하면 이름을 쉽게 찾을 수 있을 뿐만 아니라 면담의 특정 부분들을 찾을 수 있다(Gibbs, 2007). 만약 민감한 연구(마약 사용)라면 처음부터 연구 참여자들의 이름을 가명으로 처리해서 사용할 필요가 있다. 만약 연구가 덜 예민한 주제(교사의 정년에 대한 교장의 태도)라면 피면담자의 진짜 이름을 모든 자료 수집 때까지 쓰는 것이 더 쉬울 것이다. 익명 리스트를 작성한 후에는 찾기 기능으로 진짜 이름과 익명을 바꿀 수 있다. 어떤 연구자들은 피면담자들의 이름 대신 이니셜이나 숫자를 사용하기도 한다. 나는 숫자나 이니셜로 특정한 면담을 연결시키는 데 어려움을 느껴서 분석하는 시기에 비교 및 대조를 할 때 이름을 그대로 두었다.

면담을 하다가 주제에서 벗어났을 때도 모든 것을 전사해야만 할까? Hatch(2002)의 조언은 다음과 같다. "'모든 것이 자료이다'라고 학생들에게 모든 것을 전사하게 하고 연구 과정 후반까지 자료 감환은 아껴 두라고 훈련시킨다"(p. 113). 이상적으로 연구자는 모든 것을 전사하지만 특별한 명절 이후 갖게 된 면담 초반에 축제에 대한 설명이나 요리법까지 필요한 것은 아니다. 당신의 전사본이 녹음에서의 모든 발언까지 포함해야 하는지는 연구 접근과 목적에 따라 달라진다. 만약 문화적 유형과 이해에 집중하는 연구라면 대부분은 음…과 대화에서 중지와 중복은 무시할 수 있을 것이다. 그러나 내러티브 문화기술지나 대화 분석에서는 중지, 중복, 침묵, 적당한 단어를 찾아 애쓰는 자세한 부분까지도 전사해야 한다(Gubrium & Holstein, 2009). 다른 접근에서는 중요하지 않을 수도 있으나 내러티브 문화기술지와 대화 분석에서는 연구자가 연구자의 질문과 전사에서의 힌트도 포함시켜야 한다.

전사는 요구되는 시간 측면뿐만 아니라—한 시간 녹음 전사에 대략 4시간이 소요됨—신체에 주는 피해도 있어서 반복적 긴장성 증후군 치료를 위해 물리치료사를 찾아가야 하는 경우까지 생긴다. 그렇지만 누군가를 고용해서 전사를 시키는 것은 비싸며 Ives(1995)가 말했듯이 "좋든 싫든 면담 전사를 하는 이상적 사람은 바로 당신이다"(p. 75). 그러므로 좋은 장비를 갖추고 전사의 요구를 최소화할 수 있도록 감당할 정도의 수단을 확보하라. *이상적으로 면담에 몰입하고, 만약 면담에서 들은 말을 다시 들을 기회가 주어진다면 당신의 주제뿐만 아니라 면담 과정 자체를 반성한다.* "좋은 면담이 무엇이며 그렇지 않은 면담이 무엇인지 가르쳐 주고 무엇이 성공적이며 그렇지 않은지 알려 주는 방법으로 자기 전사보다 더 좋은 방법을 알지 못한다"라고 Ives(1995, pp. 75-76)는 말한다. 전사를 하면서 당신의 연구 현장저널을 펼쳐서 새로운 질문, 연결점, 아이디어가 떠오르는 대로 적어라. 각 면담이 끝나자마자 최대한 빠른 시간 안에 전사를 하라. 연구자가 모든 면담이 다 끝나고 나서야 전사를 하게 된다면 면담으로부터 배울 수 있는 것을 놓치게 된다.

추적하기

면담을 기록하기 위해 선택한 수단의 종류에 상관없이 모든 응답자들과 면담에 대한 설명을 기록해 두어야 한다: 면담자 선정의 특징(연령, 성별, 인종, 사회경제적 지위, 경력, 직업)을 한눈에 보여 주는 신원 확인 자료를 포함시켜라. 이런 신원 확인 자료는 연구자가 누구를 만났고 어떤 사람들을 만나야 하는지를 염두에 두도록 해 준다. 주목해야 할 다른 사항에는 다루어진 질문, 상세히 더 들어야 할 과거의 질문, 다음 면담에서 시작해야 할 부분, 면담의 질에 영향을 미치는 특수한 상황, 후속 연구에서 준비해야 할 것에 대한 주의사항 등이 있다. 당신의 연구 목적에 가장 부합한 추적지를 만들고 싶겠지만 예시로 그림 4.5를 참고하라.

당신이 몇 개의 면담을 전사하고 현장기록지의 몇 페이지 정도를 컴퓨터 파일로 입력한 이후에는 특이한 현상이 발생할 것이다. 당신의 자료에 무슨 일인가 생길 것만 같은 심한 공포감이 밀려올 것이다. 어떤 사람이 당신의 컴퓨터를 훔칠 것만 같고 당신의 아파트나 집이 불에 탈 것만 같다. 아니면 당신이 어느 날 아침에 깼을 때 모든 자료가 없어질 것 같다. 이런 모든 불안감은 있을 수 있는 일이다. 당신의 파일을 메모리 스틱 혹은 이동 가능한 하드 드라이브에 백업해 두는 것이 가장 좋다. Dropbox와 같은 프로그램을 통해 인터넷에 파일을 저장해 두는 방법도 있다.

피면담자	신원	물어본 질문	어디서 시작하는지	후속 탐색	특별한 상황/주의사항
Donna	큐레이터	1~5, 7	#8와 pick up #6 시간이 끝나면	도나의 미술에 대한 관심에 있어서 어머니의 역할	면담 중 3번의 중단이 있었음. 시간측면에서 많은 요구사항이 있었음. 다음 면담은 학교 밖에서 해야 할까?
Sam	음악 학생 졸업반	1~8	#9	샘은 음악 강의 숙제 이전에는 교내 미술관에 한 번도 와본 적이 없다고 말했다. 그에게 다른 미술관에는 가본 적이 있는지 물어보자.	샘은 미술관의 작품을 내게 보여 주고 이것에 관해 자기가 작곡한 음악 CD를 가져오겠다고 했다. 기억해 두었다가 달라고 하기
Joyce	미술관 관장				
Richard	교수-Geog				

[그림 4.5] 면담 추적지의 예시

면담의 몇 가지 전형적인 문제

다행스럽게도 당신이 무엇인가를 처음 하게 되는 것은 단 한 번뿐이다.(아니면 이렇게 생각하는 게 위안이 되기에 그렇게 믿는 것일까?) 헬렌은 자신의 면담 시작을 우울한 어조로 돌아보았다.

> 우리가 계획한 대로 일이 진행되는 것이 아니다. 접근을 허락받는 데에만 한 달이 걸렸다. 내가 거기에 들어갔을 때 면담 가이드가 배부되지 않았음을 알게 되었다. 나는 교장에게 잘 알고 있는 교사들을 물색해 줄 것을 부탁해 놓았지만 교장은 단지 여러 사람들에게 나를 만나라고 이야기해 놓았을 뿐이었다. 첫 번째 면담의 1/3이 지났을 때 나는 내 녹음기의 일시정지 버튼이 눌러져 있음을 깨달았다.

면담에서 무엇인가를 건지려고 한다면 최소한 그 시간들을 응답자를 알아가는 기회로 만들면서 나쁜 시간들에서 가장 좋은 것을 만드는 일이 당신이 할 수 있는 일일 것이다.

녹음기를 체크하는 것을 기억하는 것은 처음보다 점점 더 쉬워진다. 초보 연구자들이 처음 연구를 수행하며 겪는 문제를 제외하는 문제들은 어느 누구에게나 언제라도 일어날 수 있다. 예를 들면 응답자가 당신이 묻는 질문에 대답을 하지 않는다. 무슨 일일까? 그 이유가 응답자가 순수하게 (다른 숨은 의도 없이) 다른 것을 이야기할 공상에 빠져 있기 때문일 수 있다. 그들의 적절한 대화를 들어 주듯이 그들의 빗나간 (당신 말에 의하면) 대화를 정중하게 들어 준다면 당신이 잃어 버린 시간은 질 높아진 응답자의 답변으로 보상받을 수도 있다. 질적 연구에서 많이 있는 운 좋은 발견처럼, 벗어난 대화가 연구자가 인식하지 못하고 있던 적절하고 관련성 있는 영역으로 이끌고 이해에 이르는 완전히 새로운 길의 문을 열어 줄 수도 있다. 또는 단순히 당신의 질문이 명료하지 않거나 응답자가 집중하기에 너무나 긴장해 있어서일지도 모른다. 질문을 새롭게 던질 적절한 다른 단어들을 찾아보라. 만약 다시 설명하기가 도움이 되지 않는다면 당신이 느끼는 좌절감을 전달하거나 응답자가 불충분한 답변을 하고 있다고 느끼게 만들기보다는 다른 질문들을 하라.

특정 질문에 대답을 하지 않거나 이야기 주제를 돌리는 데는 보다 복잡한 이유들이 있을지도 모른다. 제니퍼는 바깥 놀이의 장점에 대해 생각하고 있을 때 유아원의 안전문제에 대해 이야기를 회피하는 응답자를 만났다. 머지않아 제니퍼는 그 응답자가 자기 프로그램의 바깥 놀이에 대해 너무나도 짧게 응답하여 바깥 놀이에 대해 포괄적으로 진행되는 면담에서 곤혹스러움을 피하려는 것을 알게 되었다. 시간이 좀 더 흘러 제니퍼는 바깥 놀이에 관한 그녀의 연구가 무엇을 옹호하기 위한 것이 아님을 분명히 밝히고 시작해서 응답자들이 자신에 대해 좋게 느낄 수 있도록 해야 함을 알게 되었다—그들이 유아원 프로그램에 놀이를 포함하는지 여부에 관계없이.

이와 같은 시작의 말을 전달하는 것은 효과적인 면담에 있어서 중요한데, 이것은 연구자가 어떤 것에 대해서 많이 묻는 것이 연구자가 그것을 중요하게 생각한다는 논리적 결론을 내리기 때문이다. 이것이 사실일 수도 있으나 이 말이 당신을 옹호자로 만드는 것은 아니다. 당신이 옹호자로 보이는 만큼 응답자들은 방어적이 되거나 당신이 듣기 원하는 것들만 이야기하게 될 것이다. 성공적인 교사와 비성공적인 교사 모두 놀이를 강조할 수 있다고 믿는다는 것; 당신이 성공에 대한 판단을 내리지 않는다는 것; 바깥 놀이의 실제, 바깥 놀이가 보육원 교육과정에서 부족한지를 이해하고 싶을 뿐이라는 것을 설명하라. 만약 바깥 놀이가 있다면 그 이유는 무엇인가? 없다면 역시 그 이유는 무엇인가?

응답자들이 당신의 질문에 대해 회피하는 유형을 보이기 시작할 때 그들은 직접적으로 할 수 없는 말을 에둘러서 하고 있는 것인지도 모른다: "이 면담을 계속하고 싶지 않아요." 다른 형태의 면담에의 저항은 약속을 어긴다거나 단음절의 답변을 하는 것이다. 저항은 명백하고 현실적일 수도 있다. 명백한 저항은 응답자가 면담에 집중하지 못하게 하는 개인적 문제들에 열중한 결과일 수 있다. 만약 응답자들이 개인적 문제에 대해 이야기하고 싶어할 때 당신이 들어 주는 것은 다시 당신의 질문으로 돌아오게 할 수 있다. 면담시간을 짧게 끝내거나 몇 주 동안 후속 면담시간을 연기하는 것으로 정상상태로 돌아오는 데 충분할 것이다. 응답자의 저항이 모든 후속 면담을 마치고 싶어하는 것이라고 성급히 결론짓지 말아라. 그러나 당신이 던진 질문들이 당신과 이야기 나누기엔 너무나 민감한 문제들을 건드렸을지도 모른다. 친절하고 솔직해져라. 만약 저항을 발견하게 되면 그에 대해 물어라: "당신이 편안해 보이지 않네요. … 말씀하고 싶지 않은 부분이라도 있나요?" "예"라고 대답한다면 면담을 계속하면서 답변의 질을 판단할 수 있다. 만약 엉성한 답을 듣게 된다면 질문 리스트를 줄이고 면담시간을 계획했던 것보다 빨리 마치는 것이 좋다.

저항과 대조적인 또 하나의 문제는 끊임없이 이야기하는 응답자들이다. 연구 주제와 관련된 응답자의 달변이라면 좋겠지만 그것이 아니라면 대화의 흐름을 다시 조절할 필요가 있다. 무언의 소리를 내거나 손을 조금 들어올리는 것과 같은 신체적인 신호를 줘서 말의 흐름을 중지시키고 나서 대화를 중단시킨 것에 대한 사과를 하면서 응답자가 말한 것 중 탐색할 수 있는 것을 선택할 수 있다. 또는 응답자가 방금 말한 것을 요약한 후 당신이 말하고 싶은 것으로 연결시킬 수도 있다. 응답자가 말하던 것에서 너무 갑자기 연구 주제로 돌리는 것을 피하라는 소리이다.

평소의 대화에서처럼 면담에서도 사람들은 모순적인 말을 하기도 한다. 모순이 의미하는 여러 가능성을 고려해 보라: 응답자가 가진 주제에 대한 생각의 점진적 변화; 주제에 관한 응답자의 혼란; 주제에 대해 두 가지 마음을 갖고 있기; 모순을 일으키는 주제를 명료화할 가치가 있는가? 만약 그렇다면 응답자가 가장 최근에 한 말을 정확하게 탐색하라. 다음 면담시간에 주제를 다시 이야기해서 그것에 대해 더 많은 생각을 하도록 해 볼 수 있다. 보기에 모순적인 두 입장을 취해 전달해 볼 수 있다: "이렇게 말하는 사람도 있고 … 저렇게 말하는 사람도 있더군요. … 이 두 입장에 대한 당신의 생각은 어떤가요?" 응답자들이 답변을 할 때 "이 두 사람이 모두 옳을 수도 있나요?" 하고 계속 질문한다. 중요한 것은 당신이 질문할 때, 특히 복잡한 것에 대한 것일수록 완전하고 즉시 대답할 수 있는, 사려 깊게 심사숙고한 답변을 기대할 수 없다는 것이다. 만약 당신이 응답자들에게 생각할 시간을 허용한다면 보다 더 반성적인 자료를 얻게 될 것이다. 설명을 들으면 처음에는 모순적으로 보였던 응답이 납득될 수 있다.

방금 말한 것과 같은 맥락의 문제는 아니지만, 연구자는 면담이—한 명과 한 특정한 시간 혹은 일련의 전체 면담이—잘 진행된 것인지 아닌지 결정하기 어려울 때가 있다. 어떤 면에서는 "잘된" 면담은 당신이 던진 질문에 맞는 답변을 얻어서, 면담의 일부가 보고서로 나올 것을 예측할 수 있다는 뜻이다. 주의 깊은 청취는 이 준거가 부합되었는지 아닌지를 알게 해 준다. 보다 진지한 면에서 잘된 면담은 연결고리와 신뢰가 형성되어서 대화가 피상적 수준 아래의 깊이 있는 부분까지 캐내고 연구자뿐만 아니라 피면담자에게도 의미 있는 면담이 되었음을 의미한다. 신뢰도는 분명히 상대적인 고려사항이며 시간이 지남에 따라 응답자와 신뢰할 수 있는 관계가 수립되면서 높아질 가능성이 있다. 분명히 연구자를 신뢰한다면 응답자는 더 많이, 솔직히 이야기할 것이다. 응답자가 말한 것은 문서나 참여관찰과 같은 다른 자료원뿐만 아니라 다른 피면담자들에게서 배운 것에 의해 강화되기도 하고 손상될 수도 있다. 따라서 면담이 어떻게 진행되었는가에 대한 평가는 처음에는 임시적이 될 수도 있다—대화의 흐름이 순조롭고 부드럽고 제약이 없었고 정확했기에 면담에 대해 기분이 좋을 수 있다. 그리고 관계가 발전되고 (혹은 발전되지 못하고) 현장 작업에서 지속적으로 배우면서 이것이 강화되기도 하고 도전받기도 할 것이다.

포커스 그룹 면담

최근에는 선택한 몇 사람들과 특정한 주제에 대한 대화를 촉진하기 혹은 **포커스 그룹 면담(focus group interview)**이 인기를 끌고 있다. 그러나 질문에 대답하는 한 그룹을 모으는 일은 새로운 자료 수집 기법이 아니다. 예를 들면, 2차 세계대전 중 군대를 위한 효과적인 훈련 자료를 개발하기 위해 포커스 그룹 연구가 사용되었다(Morgan, 1997). 전쟁이 끝난 이후 포커스 그룹은 1980년대까지 시장 연구에서 주로 사용되었는데, 특히 보건 연구자들이 피임이나 에이즈 예방과 같은 이슈들과 관련된 좋은 건강 교육 수단을 개발하는 데 사용되었다. 다른 학문분야에서도 포커스 그룹 연구를 점차 사용하게 되었다. 그룹 면담은 참여자가 특정한 정책과 같은 유사한 경험에 대한 다양한 관점을 표현할 수 있는 실행연구나 평가연구에 특히 유용하다. 포커스 그룹은 예비연구에서도 중요하다. 만약 참여자들이 연구 장소에서 선정되고 그들이 선정된 이유가 연구 설계를 주력하는 것임을 안다면 그들은 연구 장소의 여러 측면에 대해 당신이 배울 수 있도록 도울 것이다—언어, 규범, 관습 등 전반적인 연구 문제, 참여자 선정, 자료 수집 전략을 이해하도록 돕는 것 이외에도 당신의 연구에 참여한 지역사회나 집단을 더 잘 끌어들이고 이들에게 도움을 줄 수 있는 방법까지도.

어떤 사람들은 *포커스 그룹*과 *집단 면담*이라는 용어를 구분하기도 하지만 나는 이 둘을 혼합해서 사용한다. 예를 들면, Bloor와 Wood(2006)는 "집단 면담은 연구자가 질문을 던지고 질문-응답 세션으로 진행되는 경향이 있지만 포커스 그룹은 포커스 연습에 따라 촉진된 연구 참여자들의 자체적인 토론이라는 특징이 있다"(p. 99)고 한다. 이 정의를 이용해 연구자는 동시간에 한 사람 이상을 만남으로써 시간과 이동을 줄이고자 집단 면담을 실시할 수 있다. 각 참여자는 같은 질문에 차례로 답변하게 된다. 이와 대조적으로 포커스 그룹을 활용해 연구자는 한 집단이 어떤 이슈에 대해 토론하는 과정에서 다중적 관점을 이끌어 내게 된다. 위에서 정의된 집단 면담은 사실 면담을 진행하는 이상적 방법은 아니다. 집단 면담에서는 비밀이 보장되지도 않고 개별 면담에서는 가능한 탐색 측면과 대화적 측면이 쉽지 않다.

이런 측면에서 집단 면담이 어떤 상황에서는 유일한 자료 수집 수단이 되긴 하지만 일대일 면담과 포커스 그룹 면담을 통해 얻을 수 있는 깊이와 강도를 주지 못한다.

Morgan이 1997년에 쓴 「Focus Groups as Qualitative Research」는 포커스 그룹 연구에 대해 포괄적으로 다루고 있다. 그는 "한 연구 프로젝트에 포커스 그룹이 적합한지 알아내는 가장 단순한 테스트는 참여자들이 얼마나 적극적으로 쉽게 관심 주제에 대해서 토론할 것인지를 물어보는 것이다"(p. 17)라고 했다. 포커스 그룹 면담을 계획할 때는 일대일 면담에서와는 다른 계획 결정이 요구된다. 각 그룹에 누구를 참여하도록 해야 하는가? 한 그룹에는 몇 명이 들어가야 하는가? 몇 개의 그룹을 포함해야 할 것인가? 포커스 그룹 면담에서는 개별 면담에서 사용되는 것과 다른 기술이 요구되기도 한다. 토론을 촉진하는 기술은 특히 더욱 중요하다. Morgan은 그림 4.6에 요약된 것과 같이 각 이슈에 대해 좋은 조언을 해 주었다. 만약 당신이 포커스 그룹을 연구에 포함시키려고 계획한다면 그의 책을 읽어 보라.

포커스 그룹 면담은 촉진 혹은 중재자 기술에 상당히 많이 의존하게 된다. 개별 면담에서처럼 연구자는 참여자들의 말에 날개를 다는 질문을 계획한다. 그러나 일대일 면담과는 달리 토론은 면담자와 참여자 사이에 순서를 주고받는 식으로 진행되는 것이 아니다. 그 대신 면담은 연구자의 질문에 의해 자극된 그룹 내의 상호작용에 따르게 된다. 연구자는 조정자 혹은 토론 촉진자가 되어 처음에 그룹이 규칙(한 번에 한 명만 이야기하기, 다른 사람이 말하는 것을 허용하기 등)을 세우는 것을 돕고 이따금씩 질문을 던지거나 방향을 돌려 질문하고, 여러 항목을 다루도록 시간을 안배하는 등의 일을 하게 된다. 개별 면담에서처럼 포커스 그룹 촉진자는 모든 사람이 순서대로 대답하고, 기초 자료를 제공하며, 모든 사람들이 말하는 것에 대해 편안해지도록 경험적 질문으로 면담을 시작하게 된다. 때로는 후반부에 각 사람이 주제에 대한 각자의 입장을 요약하면서 말할 것을 요청받기도 한다. Morgan(1997)은 촉진자의 다양한 참여 수준에 따른 좋은 그룹 조정 기술의 리스트를 제공했다. 그는 포커스 그룹이 그룹을 다루는 데 익숙한 교사들이나 조직 인사들로 구성되어 있다면 약간의 지도만 제공해도 그들이 포커스 그룹을 운영할 수 있다고 했다.

포커스 그룹의 대화가 생동감으로 당신을 흥분시킬 수 있지만 포커스 그룹의 토론을 녹음하는 것은 어려운 일이다. 참여자들 자신이 토론을 이끄는 시간을 제외하고 연구자가 대화를 조정하면서 동시에 기록하는 것은 어렵다. 대화를 녹음하는 것은 일반적으로 필수사항이다(다른 장소에 두 개의 녹음기를 놓아 작은 목소리도 녹음하고 다른 하나는 백업용으로). 연구자는 주해를 돕는 도우미를 데리고 들어가서 누가 말을 했는지와 몇 개의 단어를 적도록 해서 녹음이 좀 더 쉽게 해독되도록 할 수 있다.

어디에서?	포커스 그룹 면담은 일종의 지역사회 사무실, 대학 내 세미나실에서 자주 하게 되고 때로는 개인의 거실에서 하기도 한다. "제2/3"세계에서는 포커스 그룹 면담을 대개 옥외나 공적 장소에서 한다.
누구를?	주제에 따라서 성, 연령, 인종, 성적 취향의 측면에서 동질적인 집단을 구성했을 때 더 자유롭고 편안한 대화가 가능할 뿐만 아니라 다른 종류의 집단에서 수집된 자료에 기초한 분석적 개념의 개발이 촉진될 수 있다. Morgan(1997)이 경고했듯이 연구자는 잠재적으로 영향을 미치는 배경적 변인에서 동질성을 원하지만 주제에 대한 태도에서 동질성을 원하는 것은 아니다. 포커스 그룹은 일반적으로 서로 모르는 사람끼리 구성하게 되지만 대부분의 실행연구와 평가연구 프로젝트와 같은 일부 경우에는 참여자들이 동료, 수업을 같이 듣는 사람 혹은 지인이 될 수 있다.
한 그룹에 몇 명?	일반적으로 6~10명의 소그룹이 가장 좋다. 만약 그룹이 더 커지면 대화를 촉진하거나 기록하기에 어려워 하부 그룹 토론으로 분리되는 경향이 있다.
얼마나 많은 그룹?	프로젝트는 일반적으로 3~5개의 포커스 그룹을 계획한다. 그러나 Morgan(1997)이 말했듯이 "가장 안전한 조언은 계획 단계에서 목표가 되는 그룹의 수를 결정하라는 것이지만 더 많은 그룹이 필요할 경우에 대비해서 융통적인 대안책을 준비해야 한다."
얼마나 오랫동안?	일반적으로 포커스 그룹 모임은 1~2시간 동안 계획된다. Morgan(1997, p. 47)은 90분 정도로 정해 놓지만 참여자들에게는 2시간 정도가 계획될 것이라고 말하라고 했다. 이렇게 함으로써 대화가 열성적일 경우에 더 길게 토론할 수 있고 늦게 시작하는 경우나 빨리 자리를 뜨는 사람을 통제하는 데 수월해진다.
얼마나 많은 질문을?	4~5개의 좋은 질문이면 어느 정도 구조화된 포커스 그룹 면담 시간을 위해 충분할 것이다. 비구조화된 면담 시간에서는 연구자가 하나나 두 개의 광범위하게 진술된 주제나 질문을 제기할 필요가 있다.

[그림 4.6] 포커스 그룹 면담 계획하기

인터넷 기술은 일부 포커스 그룹 연구자들이 "실시간" 포커스 그룹을 온라인으로 실행하도록 하여 녹음 문제를 단순화하기도 한다. 실시간 온라인 토론 그룹에서는 모든 참여자들이 동시에 온라인 상태가 된다. 연구자는 질문을 던지고 참여자들은 전체 그룹에 전달되는 답변을 타이핑한다. 사람들은 메시지에 언제라도 답변할 수 있다. 각 응답자가 파악된 대화가 기록된 전사본을 가질 수 있다는 것과 지리적으로 멀리 떨어진 사람들이 참여할 수 있는 가상적 공간이 있다는 것은 장점에 속한다. 이런 가상적 모임은 비싸지 않고 면대면 포커스 그룹보다 시간을 잡기가 용이하다. 단점으로는 사람들이 동시에 다른 메시지에 응답할 수 있어 너무나도 빠르게 진행되기에 토론을 쉽게 촉진시킬 수 없다는 점이 있다. 때로는 타이핑을 가장 빨리 하는 사람이 토론을 장악하거나 토론 방향을 결정하기도 한다(Mann & Stewart, 2000).

가상 현실 사이트는 온라인 포커스 그룹의 또 다른 가능성이며 챗 그룹의 몇 가지 단점을 다룬다. 참여자들은 가상 세계에 로그인해서 아바타를 고르고 때로는 사진을 업로드하기도 한다. 커다란 세미나 책상과 의자(또는 캠프파이어)가 있는 방이 장소가 될 수 있다. 참여자들이 가상 세계에 들어오면 그들의 아바타가 등장하며 실시간 대화가 시작된다.

비실시간의 포커스 그룹도 실행될 수 있다. 질문이 모든 참여자들에게 전달되고 각 사람은 편리한 시간에 그룹에게 대답한다는 면에서 이메일과 유사하다. 장점으로는 다양한 시간대에 있는 사람을 끌어들일 수 있다는 것, 길고 반영적인 답변을 만들어 낸다는 것, 아주 많은 사람들을 참여시킬 수 있다는 것이다(Mann & Stewart, 2000). 단점은 대부분의 포커스 그룹 연구의 장점인 집단 상호작용적인 성격을 잃기 쉽다는 것이다. 블로그를 만드는 것도 일종의 비실시간 포커스 그룹의 기능을 한다(Runte, 2008). 대안적으로 이미 만들어 놓은 블로그도 주제에 관해 다양한 관점의 자료원이 되기도 한다. 예를 들면 한 간호사는 노인 돌봄에 관한 연구를 진행하다가 "새로운 노년(The New Old Age)"이라는 자료가 풍부한 〈뉴욕 타임즈〉 블로그를 찾아냈다.

요약하면 포커스 그룹 면담은 한 주제에 관한 여러 사람들의 관점을 동시에 얻어낼 수 있기에 시간을 유용하게 활용하도록 한다. 포커스 그룹 면담은 연구 참여자와 상호작용하고 그들의 안내를 받는 유용한 방식이다. 또한 포커스 그룹 연구는 침묵되어진 경험에 목소리를 내게 하는 토론이 되고 개인적 반성, 성장, 지식 개발을 배양한다면 해방적 성격을 지니기도 한다.

포커스 그룹 연구에 문제점이 없는 것은 아니다. 특히 비밀보장성과 연관된 윤리적 문제가 야기되기에 연구자는 어떤 주제는 끄집어내지 말아야 함을 결정해야 한다. 포커스 그룹에서 같은 집단의 사람들과 여러 번의 만남을 가져 깊은 성찰과 공유를 형성할 수도 있지만 연구자는 개별 면담에서처럼 어떤 한 사람으로부터 심도 있는 정보를 얻을 것을 기대하지 말아야 한다. 참여자들이 그들의 경험과 관점을 탐색하면서 새로운 아이디어가 나올 수도 있지만 주류와 다른 의견을 가지고 있는 사람들을 침묵시킬 수도 있다. 이와는 달리 어떤 사람들은 단지 반대 의견을 상쇄시키기 위해 평상시보다 훨씬 더 극단적인 관점을 제시할 수도 있다. 마지막으로 포커스 그룹을 만드는 것은 노력이 필요하며 토론을 조정하는 것은 토론의 흐름을 허용하는 동시에 그 방향을 안내하는 일 사이에서 균형을 잡아야 하는 피곤한 일일 수 있다.

전통적인 면담의 비평

나는 학생들 한 그룹, 몇 명의 교수들과 함께 며칠간 머물기로 한 인도의 Warli 마을에 들어섰다. 인도에 있는 다른 원주민 집단들처럼 Warli인들은 그들이 전통적으로 거주했었던 숲이 우거진 언덕 지역의 토지권을 두고 투쟁 중이었다. 34명의 사람들은 먼지를 막아내기 위해 커다란 욋가지로 엉성하게 만들어진 커뮤니티 건물의 흙과 쇠똥으로 굳은 바닥에 침낭과 짐을 내려놓았다. 쌀, 달콩, 푸성귀로 된 한끼 식사를 마치자 우리의 통역자 가이드는 마을 여성들이 여학생들을 우리가 소지품을 둔 방에서 만나게 될 것이며 마을 남자들은 남학생들을 나무 밑에서 만날 것이라고 말했다.

문화, 생태학, 정의에 초점을 둔 국제적 교육 프로그램의 일부로서 우리는 8개월 이상을 다섯 개의 다른 나라에서 살면서 공부하고 있었다. 다른 과제 이외에도 각 학생은 농업에서 여성의 역할이나 이민의 영향과 권력 등과 같은 자신이 선택한 주제에 관한 비교 연구를 수행해야만 했다. 따라서 학생들은 기회 자체가 제시되었을 때 질문을 찾아 쩔쩔매지 않았다. 학생들이 정확한 대답을 끌어내는 좋은 질문을 만들어 내는 데 능숙한 것은 아니었지만 학생들은 더 큰 이슈에 대해서 불편하게 느끼기 시작했다. 질문들에 대한 답을 얻고자 하는 갈망 때문에 우리가 머물렀던 많은 마을에서 짧은 시간(하루에서 일주일) 동안 가능할 수도 있었던 진정한 교류를 놓치고 있는 것은 아닌가? 어떻게 우리의 질문이 우리가 배우고 있는 것을 제한시키며, 이 질문들이 어떻게 우리 외부자들에 의해 통제되는, 특정한 유형의 상호작용을 위한 무대를 제공하는가? 만약 우리가 질문들을 갖고 있지 않고 예정안이 없다면 어떻게 될 것인가?

우리는 우리의 질문을 갖고 계속 진행했다. 한동안 학생들은 생식 건강에 초점을 둔 연구 프로젝트를 하고 있던 Jo에게 발언권을 주었다. 그녀는 “여성들이 출산 중에 어떤 문제를 갖게 됩니까?”라고 물었다. 마을 사람들을 위한 옹호자와 행동주의자로 일해 온 통역자는 질문을 바꿔서 각 여성들에게 얼마나 많은 자녀를 낳았고 얼마나 많은 아이들이 살아있는지를 질문하겠다고 했다. 여성들은 한 명씩 대답했다. “일곱 명을 낳았고 세 명이 살아있어요.” “다섯, 둘이 살아있지요.” “아홉 명, 네 명은 제 곁에 있지요.” 각 여성들은 흙바닥에 앉아 아이를 무릎에 앉힌 채 대답을 했고 우리는 여성들의 신체적이고 감정적 삶의 복잡성을 드러내는 답변에 놀라워했으며 우리의 삶과 그들의 삶을 대조시켰다. 미리 만들어 놓았던 질문들은 학생들이 갑자기 이런 여성들의 삶에 대해 더 알고 싶어하면서 사라져 버렸다—왜 아이들이 죽었을까? 아이가 죽었을 때 무슨 일이 일어났나? 아이들 양육에 있어서 남편의 역할은 무엇인가? 여성이 매일 해야만 하는 일들은 무엇인가? 많은 남자들이 돈을 벌기 위해 다른 지역으로 이민을 해야만 하는 것이 여성들의 삶에 어떤 영향을 주고 있나? 여성들은 우리의 질문에 미소 지으며 언제나 공손하게 대답했다. “글쎄, 저는 남자들이 자주 나가서 기쁘답니다—여기서 여자들을 그만큼 때리지 않으니까요.”라고 말하며 한 여성이 웃었을 때 우리는 그녀의 진술 자체 때문만이 아니라 그녀가 이런 말을 하면서 웃었다는 사실에 어리둥절했다. 우리는 어떻게 해석해야 할지 몰랐다. 우리에겐 이해를 위한 배경적 맥락이 없었다.

그들도 마찬가지로 우리에 대해 알고 싶어했고 최소한 20여 명의 가임기 여성이었던 우리에게 자녀가 얼마나 있고 몇 명이 죽었는지, 우리의 질문을 되질문하여 우리의 대답을 듣고서는 매우 놀라워했다. 우리 중 아이가 있는 사람은 없었다. 그러자 그들은 우리 모두가 그들의 결혼 연령 이상이었기에(그들은 일반적으로 13세에 결혼함) 우리 중 결혼한 사람이 몇인지 궁금해했다. 우리 중 누구도 결혼한 사람이 없었다. 그들은 우리가 키우는 작물에 대해 알고 싶어했다. 우리 중 일부는 정원 꾸미기를 좋아하고 한 장소에 오래 있을 때는 여름 채소를 재배하기도 했지만 우리 중 아무도 농촌 가정에서 온 사람은 없었다. 그들은, 우리는 그들에게 물어보려고 생각하지도 못했던 것들에 대해 질문했다—밤에는 무슨 노래를 부르고 함께 추는 춤은 무엇인가? 우리 모두가 아는 단 하나의 춤은 호키 포키였다. 질문과 대답의 교환이 계속되면서 우리 외부인들은 우리의 경제적인 특권에도 불구하고 우리가 문화적 실제와 지역사회와의 연결 면에서는 파산한 것 같은 느낌이 들기 시작했다. Warli 여성들이 우리 전체에 대해 어떻게 생각했는지는 모르겠지만, 어떤 이들은 나—머리는 희끗한데 남편도 없고 아이들도 갖지 못한—에게 진정어린 동정을 보여 주었다.

연구자가 낯선 사람들에게 그들의 삶에 대해 질문을 한다는 것을 고려한다는 것 자체가 지난 세기에 발전된 행위이며 이는 부분적으로는 지식의 민주화 혹은 (거의) 모든 사람이 이바지할 시각이 있다는 신념을 반영한다. Gubrium과 Holstein(2002a)에 따르면 면담 연구의 수용과 성장이 근대화의 일부라고 했다. 서구화된 사회에서 온 우리는 설문조사와 면담을 정보 수집의 한 방법으로 사용하는 데 익숙해 있다. 깊이 생각하지 않고서도 답변을 하거나 문항을 작성할 수 있다. 면담은 서구화된 문화에서 수용된 연구 방법일 뿐만 아니라 Terry Gross를 라디오에서 듣거나 또는 오프라 윈프리를 텔레비전에서 보는 등 엔터테인먼트의 주요 발상지이기도 하다.

이 지식의 민주화가 일어나려면 다른 변화가 먼저 일어나야 한다: *자아*의 개별화. "결합된, 독특한 자아는 인식, 감정, 판단, 행동의 중심에 얼마간 통합되어 주체의 가장 최신 버전이다"(Gubrium & Holstein, 2002, p. 6). 다른 많은 사회에서는 개인이 아닌 가정이나 지역사회 또는 부족을 이루는 집단적 자아가 권위를 지닌다. 집단적 자아는 개인 중심 사회에서 자란 우리는 이해하기 어려운 개념이다.

면담 과정은 질적 연구에서 주요 자료 수집 기법이 되고 많은 관점의 목소리를 문서화하는 역할을 하지만 그 뿌리를 연구에 있어서 일종의 식민지화 접근으로 볼 수도 있다. 전형적으로 연구자는 질문을 개발하는 데 있어 "지배"를 하고 있으며 따라서 상호작용의 방향을 결정하게 된다. 면담자는 전형적으로 개방적이 되려고 하고 응답자가 말하는 바에 언어적, 비언어적 방식으로든 영향을 미치지 않으려고 노력한다. 따라서 응답자는 지식의 저장소로 연구자가 "착취해야" 하는 대상이 된다. 또한 연구자는 상호작용을 잘 다루기는 하지만 질문들 이외에 응답자가 말하는 것에 도움이 별로 안 된다는 면에서 어느 정도 수동적이다.

후기구조주의 학자들이 전통적인 연구 실제에 도전점을 제시하듯, 면담 과정도 조사를 받고 있다. 원주민, 제3 세계 학자들, 페미니스트 등의 다른 사람들이 전통적인 실제에 도전하면서 연구자들은 면담 과정에 문제점을 제기하고 있다. 어떻게 지식을 공동으로 구성할 수 있을까? 어떻게 하면 우리는 서로에게서 배우고 지식을 공동 구성할 수 있을까? 면담 연구를 할 때 우리는 누구의 이야기를 말하며 무슨 목적으로 말하는가? 다른 상황들은 다른 종류의 면담 실제를 요구하는가? 언제? 우리는 어떻게 결정할 수 있나?

이런 "고려사항"을 여기에 내놓는 것은 해석적 연구 패러다임에 따른 조언이 쓰여 있는 이 장을 무시하라는 뜻이 아니다. 모든 학문분야는 학자들이 새로운 아이디어를 포용하고 재조립하여 어떤 부분을 통합하고 다른 부분은 버리는 "기회"—때로는 일시적 유행—를 겪게 된다. 질적 연구는 정적인 과정이 아니며 연구를 행하는 우리는 정적인 과정이 아니길 바란다. 현재의 도전들은 우리가 어떤 연구자가 되고 싶은지를 결정하고 우리의 선택이 다른 시각들을 우리가 사는 이 세상에 반영하고 도전하며 이바지할 것인가를 고심하는 가운데 이 과정을 보다 개인적으로 흥미롭고 도덕적인 의미를 갖게 만든다.

이런 고려사항을 통해 나는 우리가 알게 된 것들이 "얻어진 것" 혹은 "공동 구성된 것"이든 언제나 부분적이며 언제나 분절적인 것임을 상기시켜 주고 싶다. 우리가 Warli의 커뮤니티 센터의 내부에서 그곳 여성들과 있을 때 남학생들과 남자 교수들은 Warli 남자들과 있었다는 것을 이야기했다. 우리 여성 집단들은 우리가 배운 것에 대해서 점차 우울해지고 있을 때 남학생들은 의기양양한 기분을 느끼고 있었다. 남자들은 Warli 남자들과 지역사회와 자치단체의 자율권을 위한 투쟁에 대해 심도 깊은 대화를 나누었다. 그들은 철학적 관점을 공유했고 교제, 우정, 형제애의 필요성을 위한 공통적 토대를 발견했다. 같은 마을에서 같은 날 밤 우리는 두 개의 매우 다른 Warli의 삶에 대한 이해를 이야기하며 재편성되었다.

질적 연구는 연구자와 연구 참여자 양쪽의 감정을 건드릴 기회를 제공한다. 의문을 갖게 되는 질문에는 연구 관계(래포, 신뢰, 우정의 문제) 그리고 연구 주제와 과정(주관성, 간주관성, 성찰의 문제)에 대한 성찰과 반응이 포함된다. 다음 장에서 이 모든 이슈를 다루게 된다.

추천하는 읽을거리

Gubrium, J. F., & Holstein, J. A. (Eds.). (2002). *Handbook of interview research: Context and method.* Thousand Oaks, CA: Sage.

Holstein, J., & Gubrium, J. (Eds.). (2003). *Inside interviewing: New lenses, new concerns.* Thousand Oaks, CA: Sage.

Ives, E. D. (1995). *The tape-recorded interview: A manual for field workers in folklore and oral history* (2nd ed.). Knoxville: University of Tennessee Press.

Morgan, D. (1997). *Focus groups as qualitative research.* Thousand Oaks, CA: Sage.

Patton, M. (2002). *Qualitative research and evaluation methods* (3rd ed.). Thousand Oaks, CA: Sage.

연습문제

수업 연습

1. 다음 활동은 Berg(1995, p. 63)에서 나온 것이다. 수업을 같이 듣는 친구를 찾아 누가 화자가 되고 누가 청자가 될 것인지 결정하라. 강사는 학생들이 알고 있지만 종신 교수직에 대한 학생들의 의견이나 대학교수를 위한 진급과정과 같이 특별하게 관심을 둔 적이 없는 주제를 정해 준다. 화자는 주제에 대해 30초 가량 이야기하고 청자는 자기가 들은 것을 화자의 말을 이용해 ("나"진술) 반복한다. 그런 다음 학생들은 역할을 바꾸어 연습을 반복한다. 강사는 "인종주의를 처음으로 의식적으로 깨달음"과 같이 보다 개인적인 주제를 제시하고 시간을 1분으로 늘린다. 학생들은 위의 절차를 똑같이 따른다. 연습의 끝부분엔 두 개의 시나리오의 비언어적 측면에 대해 이야기 나눈다: 몸짓 언어에 있어서 차이점은 무엇인가? 소리의 수준은? 말하는 어조는? 어떤 주제가 더 좋은 면담을 만들 수 있을까? 화자의 말을 듣는 것 이외에 면담자가 관찰해야 할 것에는 무엇이 있을까?

2. 2장의 끝에서 만든 수업의 연구 진술문 연습으로 돌아가라. 수업 전체로 선택된 주제의 이해를 돕는 5개의 면담 질문을 만들어 보라. 각 질문을 면담하면서 각 질문을 시험해 본다. 각 학생은 면담자와 피면담자 둘 다 경험해 볼 시간을 가져야 한다. 면담자로서 학생들은 면담의 완전한 운영 노트를 기록한다. 피면담자로서 학생들은 질문들을 반추해 보고 고쳐야 할 말, 확장하거나 삭제해야 할 것들에 대한 제언을 해 준다. 면담을 마치고 그룹 전체로 질문들과 면담 과정을 반성해 본다. 과제로 면담 전사를 하고 기억하는 자세한 것들을 끼어 넣는다. 이 전사

본은 이후 연습을 위해 보관하라.

개별 연습

1. 이 연습은 Roorbach(1998)가 제안한 회고록 쓰기(memoir writing) 유도에 기초한다. 연구 주제를 단단히 염두에 두고 나서 당신이 피면담자이며 오프라 윈프리(혹은 테리 그로스)를 마주보고 있다고 상상해 보라. 당신 앞에 아무런 노트도 없이 녹음기를 켜고 면담자와 피면담자의 역할을 동시에 하는 면담을 시작한다. 오프라는 어떤 질문을 하는가? 어떤 것이 대답하기에 재미있고 흥미로운가? 어떤 질문이 답변하기에 어렵기는 하지만 특별히 생각하게 만드는가? 어떤 질문이 당신을 멈추게 하고 "와, 정말 좋은 질문입니다."라고 말하게 하는가? 만족할 만한 종결이 보일 때까지 면담을 계속하라. 면담을 돌려보고 면담 질문만을 전사해 보라. 각 면담이 어떻게 당신의 연구 프로젝트에 도움이 되는지 진지하게 생각해 보라.

2. 자신과의 면담을 마친 후, 당신의 연구 프로젝트를 위한 5~10개의 면담 질문을 만들어라. 수업을 듣는 친구들을 연구 참여자로 생각하고 각 질문을 시험해 보라. 질문들을 함께 다듬어 보라. 그러고 나서는 당신의 연구 집단과 유사한 경험을 가진 사람들에게 질문을 시험해 보거나 질문 개발을 위해 당신에게 기꺼이 협조할 만한 연구 참여자에게 질문을 해 본다. 잘된 것과 실패한 것, 새롭게 떠오른 질문 등을 반성해 보고 질문들을 다시 다듬어 보라.

제5장

현장에서의 관계: 연구자 역할, 래포, 그리고 성찰성

내가 너무 오래 머물렀을 때 그들은 나를 꾸짖고 냉대했다. 관심을 완전히 공평하게 주지 않았을 때 (때로는 내가 공평하게 주었음에도) 나는 그에 대한 대가를 비싸게 치러야만 했다.

(Myerhoff, 1979, p. 27)

어떻게 연구 참여자와 상호작용할 것인가? 당신의 생각과 활동 중 어느 것을 그들과 공유할 것인가? 당신의 다양한 개인 정보(나이, 성, 인종 등)는 어떻게 당신이 듣고 보고 해석하는가와 참여자들이 당신을 어떻게 인식하는가에 어떤 방식으로 영향을 주는가? 이런 개인적 자원을 어떻게 성찰하며 당신은 이런 성찰을 갖고 도대체 무엇을 할 것인가?

몇 십 년 전만 해도 이러한 주제에 대해 고려하는 사람이 거의 없었다. 연구자들은 "몰래 남을 관찰하는" 접근을 택해서 참여자들을 다룰 때 중립적으로 치우침이 없이 대해서 행동과 반응에 영향을 주지 않도록 했다. 과학적 지식에 이바지하기라는 중요한 목적을 갖고 연구자는 연구 참여자들의 관심과 욕구를 무시하는 경향이 있었다. 연구자들과 피연구자들은 별개의 존재였다. 한쪽은 조사자이며 다른 한쪽은 특정한 지식의 소유자였다. 조사자의 역할은 지식을 찾아내고 발굴하며 "날것"인 자료를 연구자가 속한 과학적, 학문 세계가 사용할 만한 무엇으로 가공하는 것이었다. 오늘날 이런 연구 접근을 착취로 보고 **식민주의적 연구**(colonial research)라고 명명한 것이 어쩌면 당연한 일인지도 모른다. 이 장에서는 연구자의 역할과 현장에서의 관계에 대한 계속적인 논쟁과 사고에서의 변화를 소개할 것이다.

연구자 역할과 성향

당신이 연구자로서 취할 수 있는 역할은 연구 방법론, 연구 방법, 연구 맥락, 연구 참여자들의 개인 정보, 그리고 당신의 인성과 가치에 따라 다소 상황적으로 결정된다. 여기에서는 *연구자 역할*의 여러 측면, 그 역할에 수반되는 긴장에 대한 이야기로 시작할 것이다. 그런 다음 당신이 연구자의 역할을 취하면서 명심하는 데 도움이 되는 성향 또는 속성에 대해 다룰 것이다.

자명하지만 당신이 연구자가 되어 가면서 연구자의 역할을 맡게 됨을 언급할 필요가 있다. 이전에 연구자였던 적이 없었다면 일상생활에서 어떤 사람이 되어야 하는지와 연구자로서 다른 사람의 기대를 성찰함에 있어서 어느 정도는 불편함을 느낄 수 있다. 간호사 대기실 옆에 서서 기록을 하든 교장 선생님과 긴 면담을 하는 중이든 당신은 연구자이다; 당신 연구에 참여한 어떤 사람과 야채 가게에서 비형식적인 대화를 나눌 때에도 당신은 연구자이다. 당신 자신을 보여 주는 모든 방식과 장소는 다른 사람들에게 연구자가 어떻게 행동하는지를 전달한다. 연구자로서 당신은 일상생활에서 평소 하던 행동과 그 행동의 영향을 조율해야 한다. 이 인식의 정도는 특히 현장작업 초기엔 불편할 수 있다. 그렇지만 당신의 행동과 그 결과를 조심스럽고 지속적으로 살피는, 자기 인식의 수준을 높이는 것은 유용하다. 자신을 볼 수는 없기 때문에 연구 장소에서 당신을 볼 수 있는 신뢰할 수 있는 사람에게 피드백을 구할 수도 있다.

연구자 역할의 일부분은 자신을 보여 주어 환영받고 어울리게 하는 것이다. 자기 표현에는 어떻게 옷을 입는지, 무엇을 말하는지, 그리고 특정한 행동을 모니터링하기도 포함된다. 중요한 점은 연구자들은 사람들이 보통 상황에서 표현하듯이 표현만 하는 것이 아니라는 점이다. 연구자들은 연구 목적을 최적화하는 방식으로 연구를 통해 자신의 행동을 만든다. 연구 목적을 위해 어느 정도까지 행동을 *수정해야 하는지* 정하기는 어렵다: 적응이 과도하게 된 때는 언제인가? 일상생활에서 당신은 상황에 따라 자신을 다르게 표현한다. 연구는 일상생활보다는 자기를 의식하게 되지만 자신을 다양하게 보이는 또 다른 기회이다. 그러나 어느 시점에서 이 인상 관리가 윤리적 경계를 침해하는가?

많은 사람들이 자신을 관심 있고 능력 있는 연구자로 표현하느라 애를 쓰는 대신 연구자의 역할을 숨기고 비밀 참여관찰을 통해 자료 수집을 수행하기도 했다. 그렇게 하는 동안 연구자들은 표현된 자신을 주의깊게 모니터링한다. Dalton(1959)은 경영을 조사하기 위해 회사 매니저로 비밀리에 일했다; Homan(Homan & Bulmer, 1982)은 오순절 교회파를 연구하기 위해 수련수사인 척 행동했다; Sullivan(Sullivan, Queen& Patrick, 1958)은 공군 채용을 연구하기 위해 체중을 감량하고 나이를 속이고 "새로운 성격"으로 바꾸기까지 했다; Humphreys(1970)는 공중 화장실에서 '성행위는 하지 않고 보는 것을 즐기는 watch queen'인 척하면서 동성연애에 대해 연구했다. 권력자, 범법자, 주변인들을 연구하는 사람들은 자료 수집에 있어서 비밀 수단을 사용하게 된다. 일부 연구자들은 어떤 분야에서는 기만의 방법으로 얻어진 지식의 가치가 잠재적 해로움보다 더 중요하다고 주장하지만 현재 연구자들과 윤리 위원회는 비빌 연구가 비윤리적이며 피해야 한다는 데 동의하는 경향이 있다.

자기 표현의 또 다른 문제는 질적 연구자들이 때로는 연구 참여자들과 얼마나 감정적으로 가까워지고 이들과 얼마나 진정으로 공유해야 하는지에 대해 고민하게 된다는 점이다. 질적 연구자들은 연구 과정에서 감정을 제거하거나 통제하지 않으며 언제나 공개적으로 공유하고 협력을 구하는 것은 아니다. 어떤 주제는 대화를 통한 공유가 다른 주제보다 쉽게 이루어지거나 공유가 꼭 필요하기도 하다. Busier(1997)의 거식증을 극복한 세 여성에 관한 사례연구에서 거식증을 경험했던 자신을 드러냈을 때 그들은 그것을 "경험하지 못했던" 사람들과는 나누지 않았을 경험들에 대해 이야기할 수 있었다. 3장에서 얘기했던 기독학교 연구에서 우리의 신념과 의견을 표현하는 것은 그 학교에 접근하는 것을 막았을 것이다.

Davies(1996)는 면담이 아무리 비구조화되었더라도 대화와는 다르다고 했다: "면담은 상호적 정보가 공유되는 토론이 아니다. 면담에서는 피면담자의 경험이 중심에 놓이게 된다"(p. 584). 연구자의 역할은 당신을 연구 목적, 관찰, 질문을 감독하는 위치에 놓는다. 그러나 그 모든 일이 연구 장소에 있는 사람들과의 상호작용과 협상 없이 이루어지지는 않는다. 이 역할에 수반되는 위계가 불편하다면 연구 참여자들이 더 참여하거나 연구에서 혜택을 더 받을 수 있는 방법을 생각해 볼 수 있다. 또한 자아를 더 많이 공유할 수 있거나 공유를 요구하는 연구 주제를 선택해서 연구 참여자들이 요청한 프로젝트만 연구하거나 실행연구, 비판적 연구 그리고 후기구조주의 연구에 참여할 수 있다.

연구자로서 새로운 역할과 연관되는 (자부심뿐만 아니라) 긴장감은 당신의 연구가 모든 장소에 존재한다는 느낌이다. 이렇게 강화된 조건에서는 연구 장소가 아닌 곳을 잠재적 연구 장소로 보게 될 것이다. 스킵(Skip)은 병원에서의 안전 문제와 조직적 수행에 관한 논문을 탐색하고 있었다. 잠시 휴식을 위해 산악 트레일 런을 했는데 우연히 부상당한 실종된 등반자를 찾는 산악구조대를 만났다. 스킵은 달리기를 멈추고 가까운 거리에서 베이스의 운영을 관찰했다. 그러고 나서 어떻게 이 그룹이 안전 문제를 다루는가에 대해 배울 수 있는 그 기회를 무시하지 못하고 자신을 소개하고 베이스에서 기다리는 팀의 멤버들과 비형식적으로 면담을 수행했다. 관련성 없는 사건들이 당신의 연구에 대한 사고를 유발할 것이다. 연구자인 당신을 다른 사람으로 여기는 사람은 당신 주변에 있는 사람일 수 있다: "내 연구는 조직화되었지만 내 집은 완전 엉망진창이었어요. 어떤 날은 아들을 신발도 신기지 않은 채 학교에 데려다준 적이 있지요. 내 마음은 전혀 다른 곳에 가 있었어요."

다음 속성 또는 성향은 질적 연구를 수행하는 당신에게 유용한 고려사항이다. 이런 속성을 얼마나 숙달해야 하는가, 어떤 것을 우선순위에 두어야 하는지 혹은 어떤 것들이 대체될 수 있는가는 당신과 연구에 따라 달라진다. 각 특성은 무엇이 좋은 질적 연구자를 만드는지에 대한 교훈과 연관되어 있고 "좋은 면담자는 …"라는 문장을 완성시킨다.

좋은 면담자는 예측을 한다

좋은 면담자로서 연구자는 예견을 하고 "이 상황이 무엇을 요구하는가?"를 질문한다. 무엇을 예측해야 하는가에 대한 몇 가지 사항은 이미 설명된 바 있다. 연구자는 본인과 연구를 설득력 있게 소개하기 위해 말해야 하는 것들과 상황에 따라 말할 사항(소아과 의사들과 자폐 진단을 받은 아이들의 부모)이 어떻게 다른가에 대해 고려하게 된다. 연구 요약서 혹은 연구 정보를 담은 편지가 하나의 예이다. 당신이 교실 관찰을 위해 처음으로 2학년 교실에 들어갈 때 당신의 연구에 대해 무엇이라고 말할 것인가? 연구자가 면담시간을 위해 준비해야 할 자료와 장비들은 무엇이 있을까? 처음 만나는 사람과의 미팅이라면 연구자가 이미 알고 있는 것은 무엇이며 면담 이전에 그 사람에 대해 더 알기 위해 어떻게 해야 할 것인가? 다음에는 어디에서 관찰을 할 것이고 지금까지 배운 것과 알지 못하는 바에 대해 누구를 만나야 할 것인가? 예측은 하루를 마치고 매일 일지 작성에 포함되어야 하는 활동인 전체 평가에서 얻을 수 있다. 매일을 반성해 보는 것은 크게는 연구자의 탐구 관점에서, 좁게는 다음 날의 활동 관점에서 다음에 올 것을 예측하는 준비가 된다.

좋은 면담자는 학습자이다

때묻지 않은 순수함(Naïveté)은 연구자의 학습자로서의 특별한 역할의 특징이다. 이 순수함은 피면담자들이 무엇인가를 말할 때 그 의미를 안다고 여기는 연구자의 가정을 버리는 마음가짐을 요구한다. 그 의미가 무엇인지 지속적으로 설명을 구해야 한다. 통상 연구자가 학습과 개인적 경험을 통해 상당히 잘 알고 있는 주제라는 점에서 종종 연구에는 위험이 존재한다. 연구자가 알고 있는 것이 설명을 구하고 깊이 있는 탐색을 하고 새로운 유형을 보는 성향을 막고 방해하는 가정의 기본이 된다는 것이다. 학습자가 되기 어려운 이유는 가정들이 대개 다른 것들과의 관계를 단순화하는 데 유용하다는 점이다. "그게 무슨 뜻입니까?"라고 끊임없이 물을 필요는 없지만 연구자는 전문가가 아니라 학습자의 마음가짐을 갖도록 경계해야 한다. 학습자와 전문가의 차이점은 엄청나다. Pat은 학습자와 면담자로서의 역할에 대해 이렇게 반추했다.

> 나는 면담과정을 즐기고 있음을 알게 되었지만 내가 "스타 면담자"처럼 굴지 않도록 주의해야만 했다. 대신에 나는 내가 단지 "지식의 추구자"일 뿐이란 사실을 상기해야만 했다. 이것은 내가 처음 시작했을 때 중요한 차이점이었는데, 왜냐하면 내가 면담자로서 어떻게 해야 할지에 대해 걱정하고 있었기 때문이다—나는 나에게 하던 집중을 면담 주제로 돌려야 했고 내가 성공적으로 이것을 했을 때 면담이 즐거웠고 의미 있게 되었다.

연구자를 학습자로 정하게 되면 연구 참여자는 자연적으로 가르치는 사람이 된다. 많은 참여자들에게 있어서 그들의 세상에 대해 당신이 배우도록 돕는 것은 연구 참여를 높이는 만족스러운 역할이다. 그리고 연구자는 학습자일 때 배울 수 있다.

좋은 면담자는 분석적이다

분석은 당신의 연구가 시작되자마자 시작되는 계속적인 과정이다. 관찰과 면담은 자료를 기록하는 것 이상을 의미한다. 연구자는 관찰하고 면담하면서 관계, 두드러진 특징, 의미, 설명을 고려해 보아야 한다. 이런 분석적 행위는 새로운 관찰과 질문들로 이끌고 당신을 자료 수집 완료 이후 오게 될 보다 집중된 분석 시기를 준비시킨다.

글로리아(Gloria)는 대학을 떠났다가 복학한 여성들을 면담했다. 모두 자녀가 있었다. 한 여성은 그렇게 오래 가정을 떠나 있는 것이 남편의 가정생활 참여도를 변화시켰다고 말했다. 이런 말을 듣는 것이 글로리아의 마음에 무언가를 떠오르게 했어야 했지만, 그녀는 당시에 분석적으로 듣고 있지 않았다. 응답자의 남편은 그의 역할을 배우자와 아버지로 재정의해야만 했다. 글로리아는 또한 남편의 행동에 집중을 해야 했다: 여기에 대한 질문들을 포함시키고 탐색하고 다른 응답자들에게 있어서 그 의미를 생각해 보아야만 했다. 글로리아는 당시 그 자리에서 그 시점에 분석적으로 듣고 있지 않았기에 자기가 들은 것을 더 이상 이용할 수 없었던 것이다. 연구자가 계속 분석적으로 관찰하고 듣고 후속 탐색을 위한 결과를 질문으로 전환하고 자신의 생각과 아이디어를 확장시킬 수 있는 기록으로 전환해 왔다면 연구 과정은 훨씬 수월함을 알게 될 것이다.

좋은 면담자는 안심시킨다

좋은 연구자를 묘사하는 데 사용될 수 있는 다른 질적 요소는 용기를 북돋아 주는 연구자이다. 좋은 연구자는 참여자가 무지하다고 느끼거나, 무지하게 보이는 어떤 일도 절대 하지 않는다. 면담자는 면담이나 관찰을 앞둔 연구 참여자의 불안감에 주의를 기울여야 한다. 예를 들면 면담 일정을 정할 때 응답자들이 자신들이 학벌이 높지 않다거나 아는 게 별로 없다는 이유로 면담을 피하려고 하는 것을 발견하게 될 것이다. 노련한 응답자들조차도 "이게 당신이 원하는 것인지 아닌지 잘 모르겠어요." 하며 자기 답변에 대해 자신 없어 하기도 한다. 응답자들은 면담 질문을 학생들이 학교에서 치르는 질문처럼 생각해 시험이라고 여길 수도 있다; 연구 참여자들은 연구자의 관찰을 슈퍼바이저들이 정기적으로 수행을 평가하는 방식처럼 인식할 수도 있다. 따라서 연구자는 자료 수집을 정하는 시작점에 자신을 소개할 때뿐만 아니라 연구 과정에서 응답자들이 자신이 면담자에게 도움을 주고 있는가에 대해 당연히 알고 싶어할 때 그들에게 확신을 줄 수 있어야 한다. 연구 참여자들에게 평소 하던 행동 그대로 행동하는 것이 완전히 허용되며 면담 중에 "잘 모르겠어요." "별 생각이 없네요." 또는 "거기에 대해 한 번도 생각해 보지 않았어요."라고 말하는 것이 정말 괜찮다는 것을 확신시켜 주어야 한다.

좋은 면담자는 고마워한다

현장에 어느 정도 있게 된 이후에는 학생 연구자들이 또래들에게 이렇게 말하는 스스로를 발견하기도 한다. "글쎄, 내 연구에서는 이런 것을 알 수 있었지 …" 그들은 발표를 부탁받고, 동료나 친구들로부터 주목을 받게 되고, 그들은 그들의 연구자 역할에서 즐거움과 자신감을 얻기 시작한다. 당신이 전문적인 연구자가 된다면 연구 장소의 사람들에게 감사를 표현하라. 관찰과 면담 이후의 시간에 감사를 표현하고 다른 비형식적 대화를 나눌 시간을 남겨 두고 나중에 감사편지를 보내라.

당신의 연구에 참여해 준 것에 대한 감사 표시는 당신이 기꺼이 줄 수 있는 것이다. 다른 유형의 보답은 당신이 목표로 한다고 해도 쉽게 줄 수 있는 것이 아니다. 질적 연구자들이 연구 현장에서 보내는 시간의 양을 고려하면 연구 경험은 연구 참여자들의 생각과 행동에 영향을 미칠 수 있다. 관찰과 질문은 인식과 성찰을 끌어올린다. 면담 과정에서 한 응답자는 머리를 흔들면서 감탄하며 이렇게 말했다. "나 자신에게도 단 한 번도 말해 본 적이 없는 것을 당신에게 이야기하네요."라고 말했다. 당신의 연구에 참여하는 것만으로도 참여자들이 무엇인가를 얻을 수 있도록 연구를 중요하게 만드는 방법을 찾아보라.

현장에서의 관계

> 우리 제보자는 개인으로서 연구 상황에서 우리와 함께 있기 때문에 자기들이 무엇을 하는지 이야기하고 보여 준다; 이런 상호작용을 통해 만들어진 경험과 지식은 절대 객관적일 수가 없다. 따라서 우리의 연구 자료가 만들어진 주관성을 이해하려고 시도하는 것은 필수적이다.
>
> (Pink, 2007, p. 367)

*질적 연구*는 때로는 *현장작업*이라는 용어와 혼용되기도 한다. 연구자로서 당신의 연구는 실험실 상황이 아니라 일상생활이 일어나는 장소에서 수행된다. 당신은 접근을 허락받고 유지하고 래포를 형성하며 신뢰를 발전시키고 상호작용하며 당신이 배운 것을 갖고 무엇인가를 하게 된다. 당신은 이 모든 것을 혼자 하지 않고 연구 장소에서 타인들과의 관계를 통해 하게 된다. 이런 관계의 속성이 앞으로 나올 부분의 주제가 된다.

20세기 후반부까지 현장작업자들은 그들의 관찰과 상호작용에서 편견을 없애도록 하는 노력을 자각했다. 그들은 연구하는 이슈에 대한 자신의 관점을 전달하지 않도록 노력했다. **객관성(objectivity)**과 과학적인 거리두기는 많은 연구자들이 달성하고자 하는 개념이었다. 오늘날 대부분의 연구자들은 현장작업에서 객관성은 불가능하며 바람직한 목적도 아님을 받아들인다. Russell Bishop(2008)은 마오리족의 관점에서 쓴 글에서 연구자들이 그들의 관심이나 염려를 명시하지 않은 채 중립적으로 보이려고 하며 객관성을 위해 모든 주관성을 모니터링한다면 그들은 식민주의적 사업을 계속하는 것이라고 주장했다. 인도의 학자이자 행동주의자인 Savyasaachi(1998)는 이런 중립성이 "차이에 관한 담화를 억눌러 생각의 교환을 방해하여 상징적 자본을 축적하고 독점화하는 수단이 된다"(p. 90)고 했다. 연구 참여자는 대화에 참여하고 그 과정에서 배우고 가르치는 사람이 아니라 연구 대상으로만 여겨진 것이다. 그러나 개방적으로 주관적이고 대화에 참여하는 현장 관계는 절대로 모든 사람에게 다 맞는 절차일 수가 없다.

현장관계를 형성하고 유지하기

래포와 어울리기. 래포와 신뢰는 질적 연구의 이상적인 현장 관계를 설명하는 데 자주 사용되는 개념이다. 래포의 사전적 의미는 "조화, 일치, 융화, 친근성에 의해 특징지어지는 관계"이고 "주체가 운영자에게 협조하려는 자발성을 가진 … 자신감"이라고 말한다(「Merriam-Webster's Collegiate Dictionary」, 2013). 전통적으로 래포를 형성하는 일은 연구자들이 연구의 필요성에 따라 형성된 목적을 이루기 위해 이들에게 중요한 관심사가 되었다. 만약 참여자들이 연구 목적에 지분이 있거나 연구 목적을 결정하는 데 도움을 주었다면 래포의 형성은 보다 상호적이기 쉽다.

어떤 사람들은 래포와 신뢰의 차이점을 구분하는 데 주의를 기울이기도 하지만 **래포**는 자주 *신뢰*와 혼용되어 사용된다. Wieder(2004)는 "래포를 연구 도구로, 신뢰는 살아있는 관계"(p. 25)로 보았으며 사람들이 자신들의 이야기를 말하도록 하는 것은 래포가 아니라 신뢰라고 말했다. 래포는 신뢰를 형성하는 전조로 작용하는 것처럼 보이며 따라서 접근을 허락받고 "어울리기"의 일부가 된다.

Malinowski가 현장작업을 강조했기에 몇 세대의 인류학자, 사회학자, 건강관련 사업가, 교육자들 등이 *내부자의* 시각을 얻기 위해 다양한 현장으로 나갔다. 현장작업에 대한 지식과 문헌에서 성숙한 연구자는 자주 민감하고, 참을성 있고, 비판단적이고, 친절하고 악의 없는 사람으로 그려졌다. 성숙한 연구자는 모호함을 아주 잘 참아내고 타인의 언어를 배우고 적절한 의상을 입고 비밀을 보장한다. 이런 요소들은 연구자가 어울릴 수 있도록 돕는다.

Measor(1985)는 영국 학교에서 그녀의 자료 수집에 있어서 외모의 역할에 관해서 말했다. 그녀는 자신의 외모가 학생들과 교사 모두에게 중요했으며 각 집단은 적절함에 대해 다른 의견을 갖고 있었기 때문에 이것 자체가 문제가 되었음을 알게 되었다. 그 결과 Measor는 패션을 의식하기는 하지만 너무 지나치게 의식하는 것은 아니란 것을 보여 주는 선에서 절충안을 구했다.

어울리기 위해 어떻게 행동을 관리해야 하는지를 파악하는 것이 언제나 쉬운 일은 아니다. Davis(2001)는 간호사들의 컴퓨터 사용에 관심이 있었고 병원에서 문화기술지 연구를 하기로 했다. 병원은 종이 중심의 문화였기 때문에 그녀가 공개적으로 기록을 하는 것은 쉬운 일이었다. 그렇지만 연구자로서 그녀의 정체성은 그녀가 쉽게 기록할 수 있었던 점과 얽혀서 더 복잡해졌다. 그녀가 사무실 근처에 앉아 있으면 환자들은 그녀를 접수계 직원으로 오인했고 그녀가 환자를 돕지 않고 기록을 계속하면 화를 냈다. 접수실에서 기록을 했을 때도 혼란은 여전했다: "심장 마비로 괴로워하는 한 환자는 자기보다 내가 먼저 의사를 만나고 싶은지 물어보았다"(p. 43).

낯선 사람들과의 연구를 할 때, 보다 협력적인 연구에서조차 어울리기 위해 연구자가 평소에는 하지 않았던 특징한 방식으로 입고 행동을 취해야 할 가능성이 높다. Regina와 Leon Oboler(1986)는 케냐의 Nandi 사람들과 연구를 할 때 래포를 발전시키기 위해 서로에 대한 애정 표현을 공공연히 해서는 안 된다고 둘이 합의한 조건을 만들었다.

> 사람들이 우리가 Nandi 사람들처럼 행동한다는 말을 할 때 우리는 기뻤다. 왜냐하면 이 말은 그들이 전에 만났던 다른 유럽인들과는 다르게 봐 준다는 것을 의미하

기 때문이었다.(p. 43)

연구자는 함께 일하는 집단의 문화 내에 존재하는 관습과 기대를 존중하고 당신의 행동을 의식적으로 성찰함으로써 당신의 존재가 다른 사람을 불편하게 만들지 않도록 해야 한다. 어떤 연구에서는 보다 많은 고려를 해야 한다. Peshkin과 내(1986)가 수행했던 근본주의 기독학교의 교사들은 평등권 법령 개정을 주장하는 시위에 적극적으로 참여했다. 연구자로서 래포도 염려가 되었지만 학교에 접근을 유지하기 위해 학교의 중요한 신념과 정반대를 지지하는 것처럼 보여서는 안 되었다. 이처럼 래포는 연구자의 개인적 상호작용과 표현에 제한점을 둘 수도 있다.

그럼에도 불구하고 연구자는 어울리기 위해 연구 참여자에게 언제나 동의할 필요가 없다. 때로는 연구자가 참여자의 관점에 대해 질문했을 때 묻지 않았으면 얻지 못했을 정보를 얻게 되며, 열린 대화의 결과로 그 그룹에 더욱더 받아들여지기도 한다. Kleinman과 Copp(1993)는 이렇게 말했다. "현장작업자들은 연구 참여자들이 의견 불일치를 불공평한 비판 혹은 거부로 해석해서 사이가 이간될까 봐 걱정한다. 그렇지만 … 한 사람이 생각하는 것을 말하는 것은 *매력적인* 경험이며 따라서 거리보다는 가까움을 만들게 된다"(p. 40). 이 장의 전반부에서 언급되었듯이 대화와 아이디어를 교환하는 연구는 접근의 전제조건이 된다.

Lawrence-Lightfoot(1997b)는 "관계는 절대 정적이지 않다."라고 말한다. "관계는 역동적이고, 발전하고, 유동적이다. 관계는 협상되고 재협상된다"(p. 135). 래포를 유지하는 데에는 참여자들 간의 상호작용과 집단 전체 내에서 연구자의 역할에 대한 인식이 요구된다. 연구 장소의 정치에 관여하지 않는다고 하더라도 여전히 정치적인 지형과 빠질 수 있는 함정을 알고 있어야 한다. 형식적 및 비형식적인 권력의 위치, 자극적인 이슈, 현재 행동을 지배하는 역사를 인식하는 것이 결코 작은 문제는 아니다. 이 모든 것은 래포의 일부—래포를 발전시키고 유지시키는—이다.

Juefei Wang(1995)은 버몬트에 살고 있는 중국에서 온 교육 연구자인데, 미국과 중국에서 래포 형성에 있어서 시간의 역할에 대해 반추했다. 그는 다양한 문화에서 래포 형성은 매우 다르게 보인다고 설명했다. 연구에 대한 짧은 소개 이후에 대부분의 버몬트 응답자들은 Wang과 개방적으로 이야기를 나누려고 했다. 대부분의 버몬트 사람들은 그의 연구에 참여하려는 자발성을 보였지만 어떤 이들은 "미안합니다만 저는 관심이 없습니다." 하면서 단순히 거절하거나 어떤 질문에 관해서는 "잘 모르겠네요." 하면서 답변을 거부했다. 그는 미국의 응답자들과 중국의 응답자들을 비교해서 말했다.

> 내가 중국에서 면담한 대략 100명이 넘는 사람들 중에서 빠른 속도로 신뢰를 형성한 경우는 단 한 명도 없었다. 심지어 젊고 개방된 사람들도 신뢰를 형성하는 데는 오래 걸렸다. 나는 피면담자들이 나도 그들 중 한 명이란 것을 믿게 할 방도를 찾아야만 했다. 그들은 가족에 대해 이야기했다: 나는 그들의 부모님들, 아내, 남편, 자녀들에 대해 물었고 내 가족에 대해 이야기해 주었다. 그들은 낮은 임금에 대해 불평했다; 나는 내 월급도 그다지 높지 않다고 말했다. 이것이 신뢰를 형성해 가는 과정이다. 훨씬 오래 걸리기는 하지만 더 오래 지속될 수도 있다.
>
> 중국에서 나는 협조요청에 대해 거절을 당한 적이 한 번도 없었다. 솔직한 미국식 "잘 모르겠다."는 대부분의 중국인들에게는 받아들여지지 않을 것이다. … 중국인들은 언제나 나를 거부하지 않음으로써 내 체면을 세워 주려고 하지만 나에게 중요한 것이나 혹은 그 어떤 것도 주지 않는 방법을 찾아낸다.(p. 2)

Wang은 미국에서였다면 훨씬 빠른 시간에 얻어낼 수 있는 개인 정보를 중국의 학교 교장에게서 얻어내는 데 일주일 이상이 걸렸음을 설명했다. 그는 이렇게 말한다.

> 겸손은 여전히 이 나라의 미덕이다. 이것은 연구자가 한 조직에 있어서 피면담자의 역할들에 대해 알아보려는 것을 매우 어렵게 만든다. 피면담자는 자신의 공헌에 대한 부분은 언급하지 않고 다른 사람들의 공헌에 대해서만 이야기한다.(p. 3)

연구자로서 역할의 일부는 문화적으로 적절한 방식으로 래포를 형성하고 유지하는 법을 배우고 연구자의 기대나 행동에 있어서 필요한 문화적 다리를 만드는 것이다.

"래포가 형성된 때를 어떻게 아나요?"라고 질적 연구 방법론 수업을 듣는 학생들에게 질문했을 때 그들은 이런 답변을 했다.

- "면담이 어떻게 진행되는가에서 래포를 볼 수 있어요. 피면담자가 계속해서 시계를 쳐다본다면 연구자가 좋은 래포를 형성하지 못했음을 알게 되지요."
- "래포는 피면담자가 면담에서 무엇인가를 얻을 때 옵니다. 나와 면담을 했던

> 한 사람은 내게 이렇게 말했어요. '전에는 아무도 내게 이런 것을 물어봐 주지 않았어요.' 좋은 면담 상황에서는 사람들이 전에는 종합해서 생각해 보지 않았던 것에 대해 생각하게 된다. 그 과정에서 자신에 대해 배우게 된다. 다른 사람은 내게 이렇게 말했다. '제 생각엔 당신보다 제가 면담을 통해 더 많이 얻은 것 같아요.'"

사람들이 지루하지 않아도 시간을 체크하긴 하지만 첫 번째 학생은 참여자의 비구두적 언어를 살펴보는 것이 연구자와의 관계에 대해 말해 준다고 설명한다. 두 번째 학생은 상호성이란 개념을 관계에 도입했다. 양쪽이 상호작용에서 무엇인가를 얻는다면 보다 쉽게 래포가 형성된다는 것이다. 만약 연구가 그들이 가깝게 느끼는, 연구 참여자들의 삶에 중요한 주제이며 지역사회에 잠재적인 도움을 줄 주제라면 연구 참여자들은 연구에 참여하는 기회를 환영하게 되기도 한다.

이러한 자발성은 기대하지 않았던 곳에서 발견되기도 한다. 안드리아(Andrea)는 첫 미팅 이후 피면담자 중 한 명에게서 편지를 받았다. 피면담자는 다시 만나고 싶은 진실한 욕구를 보여 주었고, 토론과 연관된 정보를 보냈으며, 너무나 지나치게 열정적이었던 것에 대해 사과했고, 안드리아가 작은 시골 지역사회의 변화에 대해 조사를 착수한 접근법에 대해 칭찬했다. 사실 그 피면담자는 안드리아가 개방적이고 흥미를 가진 학습자의 관점을 유지할 자신의 능력을 두려워하면서 면담을 미루어 왔던 개발자였다. 아이러니하게도 그녀는 그가 말하는 것과 그가 자신의 관점을 표현하는 분명하고 논리적이며 민감한 방식에 매료되었다. 안드리아와 개발자 사이에 분명 래포가 형성된 것이며 이는 신뢰 관계의 기초를 만들었다.

신뢰를 형성하기와 쉬어 가기. 래포가 신뢰관계로 이어지면 일반적으로 사람들은 개인적이거나 민감한 이슈에 대해 좀 더 기꺼이 말하게 된다. 장시간의 접촉이 신뢰관계의 형성을 보장하는 것은 아니지만 시간은 필수조건일 수 있다. 시간은 연구자가 접근을 허락받고자 했을 때 했던 약속을 입증하도록 해 주고 연구 참여자와 연구자가 서로와의 관계 속에서 성장하게 해 준다.

딕(Dick)은 교장이 되기를 갈망하는 한 교사와 면담을 한 경험에 대해 이야기했다. 딕은 한 번에 걸친 1시간 반짜리 면담을 계획했고, 면담을 하고 나서는 실망하게 되었다. 그는 성급하게 이렇게 말했다. "이 사람들은 모르는 사람에게 절대로 이 모든 정보를 주지 않을 거야." 그렇지만 피면담자는 딕과 편한 관계인 사람이었다. 45분이 지난 후 딕이 좋은 정보를 모으고 있다고 생각할 때 피면담자가 물었다." "이제 내가 당신을 알았으니 이전 질문으로 되돌아갈까요?" 딕은 피면담자가 깊은 정보를 편안하게 드러낼 정도로 래포가 충분히 형성되었기에 기뻤다. 또한 그는 많은 층의 정보가 존재하며 한 번의 면담에서 그의 목적을 달성하기에 충분한 자료를 얻을 수 있을지 몰라도 여러 번의 면담과 신뢰관계를 통해 얻는 것보다는 "더 얇은" 자료만 얻는다는 것을 알게 되었다.

어린이, 청소년과 연구를 하는 것은 연구 과정에서 추가적인 범주를 더하게 된다. 아이들과의 관계에서 연구자가 맡은 역할(감독자, 리더, 관찰자, 친구)은 얻어지는 정보의 종류뿐만 아니라 필요한 래포의 성격에도 영향을 미치게 된다. Fine과 Sandstrom(1988)은 어린이와 연구자의 관계를 어린이와 성인 간의 긍정적인 접촉의 정도와 성인이 어린이에 대해 갖는 직접적인 권위의 정도에 따라 구분했다. 그들은 특히 한 성인이 한 아이와 "친구가 되는 것"의 의미에 대해 탐색했다. 청소년기 여학생들의 삶에서 우정의 역할에 대해 학위논문 연구를 수행했던 레베카는 자신이 이 여학생들에게 "친구 같은" 역할을 함을 발견했다. 여학생들과의 접촉은 매우 긍정적이었다. 레베카는 미술도구들을 가지고 집을 방문했고 아이스크림 가게에 함께 가고 함께 대화를 나누는 중 레베카에게 개인적 조언을 구하는 여학생들의 부탁을 받기도 했다. 여학생들과 함께 있을 때 그들에 대한 책임을 지기는 했지만 권위를 가진 것은 아니었다. 하지만 여학생들과의 관계가 변화되면서 레베카는 자료 수집을 마치고도 "안녕" 하고 헤어질 수 없음을 깨달았다. 레베카는 연구 종료 이후에도 여학생들과의 교제를 유지했다.

Feldman, Bell, Berger(2003, pp. 36-38)는 그들이 명명한 책임 행위(commitment acts)가 어떻게 래포를 증진시키는지에 대해 이야기했다. 책임 행위란 레베카가 그녀의 연구에서 여학생들과 그러했듯, 당신이 연구자로서 연구하고 있는 지역사회에 시간이나 에너지를 투자하는 활동을 말한다. 책임 행위를 통해 연구 참여자들을 사람으로 더 잘 이해하게 되고 지역사회에 어떤 방식으로라도 무엇인가를 돌려줄 수 있고 시간과 참여자들과의 상호작용을 소중히 여김을 보여 주게 된다.

"우리가 연구하는 사람들과 연결됨을 느끼기 시작하면 그들에 대해서 지속적으로 좋게 느껴야 한다고 생각한다"(Kleinman & Copp, 1993, p. 28). 그러나 연구에 참여한 사람들에 대해 언제나 좋게 느끼는 것이 불가능할 수도 있다. 현장작업의 스트레스를 고려했을 때 관계를 유지하기 위해 때로는 휴식이 필요하다. 일상적인 삶이 아닌 것에 빠져 있기 때문에 연구자는 친구, 가족 혹은 비슷한 신념과 생각을 가진 사람들과 정기적으로 대화하는 것을 기피해야 하기도 한다.

현장작업 보고서가 언제나 이 요구를 다루는 것은 아니지만, 현장기록지나 저널에는 감정적인 부분을 말할 수 있다. Malinowski(1967)가 트로비안드 섬 주민들과 함께 있었을 때 쓴 일기가 잘 알려진 예이다. 그의 일기는 자기 감정을 쏟아낼 수 있고 지역사회에서 사랑받지 못할 진술을 쓰는 장소가 되었다. 휴식 갖기는 연구에 필요한 일상의 많은 의사결정을 잘 해내도록 돕는다. 여행, 독서, 개인적 저널 쓰기 등 무엇을 통해서라도 거리두기는 꼭 필요하다. 그러나 연구자가 모든 연구 참여자들을 좋아하고 그들로부터 사랑을 받을 필요가 없음을 기억하라. Wax(1971)가 말했듯 "내가 싫어하는 사람 혹은 나를 싫어하는 사람에게서도 많은 것을 배울 수 있다"(p. 373). 그러나 당신의 연구에 서로 좋아함이 들어간다면 양쪽 모두에게 더 큰 보람이 있을 것이다.

현장 관계의 복잡하고 풍부한 다이내믹: 우정과 힘

> 이것은 무관심이 아니라 배려, 관심, 사람들과 지속적인 대화를 유지하고 탐구의 적합성을 위한 근본을 준비하는 관계 맺기이다.
>
> (Savyasaachi, 1998, p. 110)

당신의 연구에 참여한 사람들과 우호적인 관계뿐만 아니라 우정을 발전시켰을 때 어떤 일이 생길까? 우정의 성격이 당신이 하는 행동과 배우는 바에 변화를 가져오는가? 연구 우정이 진정으로 공정할 수 있나? 아니면 연구자는 언제나 힘을 가진 지위에 있는가? 여기에서는 현장에서의 우정과 힘과 연관된 문제와 가능성에 대해 이야기할 것이다.

과거에 질적 연구에 관한 문헌에서 래포와 우정의 차이를 이야기할 때 과거에는 표집에 대한 편견과 객관성 결여의 위험 때문에 우정을 형성하는 것에 경고를 하는 것이 대세였다. *지나친 동일시(overidentification)*, *지나친 래포(overrapport)*와 *원주민 되기(going native)*가 연구 참여자와 친구가 되거나 사랑에 빠지거나 연구에 참여한 지역사회를 위해 어떤 일에 연루된 사람들을 기술하기 위해 사용되는 용어이다(Gold, 1969; Miller, 1952; Shaffir, Stebbins, & Turowetz, 1980; Van Maanen, 1983).

Tedlock(2000)이 썼듯이 연구자들은 "우정이 아닌 래포를 발전시켜야 하고 동정이 아닌 열정을, 신념이 아닌 존중, 동일시가 아닌 이해, 사랑이 아닌 존경을 해야 한다"(p. 457).

우정은 배운 것을 왜곡할 수 있는 다소 무의식적 주관적 선택을 가져올 수 있다(Gans, 1982; Hammersley & Atkinson, 1983; Pelto & Pelto, 1978; Zigarmi & Zigarmi, 1978). 연구자들은 그들이 좋아하거나 정치적으로 동감하는 사람들과 주로 이야기하고 싶어하기 쉽다. 연구자들이 이런 충동을 따르게 되면 "참여관찰의 즐거움은 상당히 커지겠지만 사람들과 장소 표집에 있어서는 몹시 왜곡될 것이다"(Gans, 1982, p. 52)라고 했다. 혹은 연구자들이 다양한 사람들과 이야기를 나누더라도 한 집단의 사람들과 지나친 동일시를 할 수도 있다. 이들은 이 집단이 전하는 말만 듣고 다른 집단 사람의 말은 충분히 들으려 하지 않게 될 것이다. 따라서 연구자들은 자신이 지나치게 동일시하는 사람들과 소원해지는 것을 피하기 위해 질문과정을 검열하게 될 수도 있다.

우정 때문에 어떤 집단의 사람들에게 접근하는 것을 거부당할 수도 있다. "어떤 특정한 개인 혹은 그룹과의 견고한 사회적 관계는 한 지역사회의 경쟁적 관계로 인해 사회적 거절이나 거부를 당하게 할 수 있다"(Pelto & Pelto, 1978, p. 184). 캐리비안에서 나는 소외된 젊은이들, 소외되지 않은 젊은이들, 정부 관료, 부동산 소유자들과 동시에 접근을 유지하려고 했었다. 주류인 사람들에게는 내가 더 소외된 사람들과 보내는 시간의 중요성에 관해 자주 설명해야만 했다.

요약하면 과거에는 우정이 연구자와 연구 참여자의 행동에 영향을 주는 관계이며 결과적으로 자료 수집과 분석에도 영향을 준다고 보았다. 즉 연구자는 연구 장소에서 우정을 피하거나 최소한 연구 참여자들과의 우정은 피해야 함을 암시한다.

현재는 현장에서의 우정을 좀 다르게 본다. 역사적으로 일부 연구자들은 연구 장소에서 사람들과 우정을 형성하고, 사랑에 빠지고, 새로운 사회의 *완전한 일원*이 되었다. 지금처럼 쓰고 싶은 대로 자유롭게 글쓰기를 하지 않았다. Tedlock(2000, p. 458)은 우정을 반대하는 규정이 서구 과학의 객관성에 대한 강박관념 이상의 무엇이라고 보았다. 그녀는 래포가 우정과 사랑으로 넘어가는 것을 "원주민 되기"라고 칭해지는 일종의 문화적, 인종적 "타락"이라고 보는 식민지적 맥락에서 보았다.

페미니스트 연구자들은 상호성, 동감, 공정성, 그리고 가능하다면 우정을 포함한 연구 관계를 옹호하는 데 있어 선두에 선다. 그러나 우정은 당신이 마음대로 발전시킬 수 있는 것은 아니다. 우정의 일부인 돌봄과 연결을 만드는 데 필수적인 래포와 신뢰 이상이 요구된다. 당신의 연구 장소의 모든 사람과 친구가 된다고 기대하는 것 역시 비이성적이다. 예를 들면 Wincup(2001)은 재판을 기다리는 여성들과의 연구에 대해 다음과 같이 성찰한다.

> 일부 여성들과 래포와 공감을 형성하고 몇몇과는 친밀한 연구 관계를 형성하지만 현장작업 중에 부정적인 감정 역시 느꼈다. 법정에 나타나는 대부분의 여성들은 재산과 관련된 경범죄 정도로 기소되었지만 내가 만난 여성들은 폭력, 아동학대, 그리고 살인으로 기소되었었다. 다른 사람들에게 왕따를 시키거나 피해를 준 여성들도 만났었다.(p. 28)

연구 과정 자체가 우정이 확장되고 소모되게도 한다. 우정의 버팀목인 돌봄과 연결은 연구 장소에서 추가적인 도전을 준다. Behar(1993)는 이렇게 말한다.

> 페미니스트 문화기술지 연구자들은 스스로가 친 배신의 거미줄 안에 갇힌 것을 발견하게 된다; 그들은 피험자들과 친밀감과 우정을 추구하지만 그들의 등뒤에서 궁극적으로는 학문적인 시장에서 학자로서 생산성을 평가받게 되는 책을 써야만 하는 것을 온전하고 분명히 깨닫게 된다.(p. 297)

Henry(1992)는 일본인 친구를 연구 조교로 고용한 뒤 18년간 쌓아 온 우정이 어떻게 되었는지에 대해 이야기했다. 우정과 연구의 요구가 충돌했기 때문에 우정은 부자연스러워졌고 그녀는 혼란을 느꼈다. 비록 그런 상황이 궁극적으로는 연구된 사람들에 대한 더 깊은 이해로 이끌기는 했지만 그 과정에서 그녀는 좋은 관계를 잃게 되었다.

우정과 친밀감은 귀찮고, 감정적이며, 생기가 넘친다. 연구자가 아무리 연구 대상자와의 "관계적 윤리"(Flinders, 1992)를 연습한다고 해도, 또한 당신의 우정이 연구 장소와 시간을 넘어선 그것이라고 할지라도 이용당했다는 느낌, 배반당했다는 느낌은 연구자 쪽이나 참여자 쪽에서 순간순간 불거져 나올 수 있는 것이다. 그렇지만 우정 자체가 언제나 고통 없이 이루어지는 것은 아니며 언제나 영원히 지속되는 것도 아니다.

일반적으로 말하면 연구자들이 누구와 대화를 나누고, 무엇을 관찰하며, 어떻게 그리고 누구를 위해 자료를 분석하고 글쓰기를 하는지를 대부분 결정하게 되면 연구 참여자들에 비해 상대적으로 힘을 가진 위치에 있다고 볼 수 있다. Behar의 인용에서 언급한 힘의 문제가 바로 이것이다. Lesilie Bloom(1998)은 힘이 언제나 당신이 가졌거나 못 가진 무엇의 문제가 아니라고 한다; 그보다 "힘은 특정한 간주관적 관계에서 놓이고 맥락화되는 것이다"(p. 35). 그녀는 연구에서의 힘이 권력, 연구자 책임, 착취와 하나가 되는지에 관한 논의를 통해 "자료 수집, 해석, 텍스트 구성을 하는 권위를 갖고 있다는 것은 내재적으로 착취행위 혹은 연구자에 의해 희생된 연구 참여자에 대한 폭력"(p. 36)임을 암시했다. Bloom은 연구를 개인적, 학술적 이득을 위해 사용하는 연구자의 힘과 연구를 연구 참여자들에게 책임 있고 반응적이 되는 연구자-연구 참여자 관계를 만드는 연구자의 힘에는 차이가 있음을 지적한다. 연구 방법론과 이론적 견지가 책임 있고 반응적인 연구자의 능력을 결정하지는 못한다.

그러나 협력적인 연구에서 힘은 자주 공정하게 공유되거나 연구의 초점이 되는 지역사회에 놓이게 된다. 특히 불평등이나 불공정과 같은 공동의 목표나 목적을 향해 협력하면서 다양한 경제적, 문화적, 인종적 배경을 가진 사람들은 이 투쟁에서 파트너가 되며 좀 더 쉽게 우정을 유지하게 된다. 남아프리카에서 구술사 연구를 수행했던 Wieder(2004)는 다음과 같은 예시를 보여 준다.

> 처음에 미국 학자, 외부인으로서의 나의 지위는 면담을 촉진시키는 것처럼 보였다 남아프리카 동료와의 관계, 내가 면담한 교사들 그리고 케이프 타운에서 살게 됨으로써 우리는 교육자 그리고 인간으로 연결되었고, 나는 내부자라는 백지의 연속체로 이동되었다.(p. 25)

Wieder의 성찰과 유사하게 Pugach(개인적 편지, 1995)는 연결과 돌봄의 예시를 보여 주는 연구에서의 관계에 대해 다음과 같이 썼다.

> 지난 3월에 나는 처음으로 북쪽으로 운전해 Owl Bar에서 나의 마지막 그린 칠리치즈 버거를 먹고 Albuquerque에서 몇 시간을 보내고 산에서 멀어져 동쪽으로 향해서 위스콘신에 있는 나의 다른 고향으로 향했다. 내가 그곳을 떠난 지 일 년쯤 되어 가는 오늘 나의 전 집주인이 내게 전화를 해 내가 좋아하는 한 친구가 죽었음을

알렸다. 그녀의 죽음은 내게 큰 충격이었다—나는 Carmen의 죽음에 대해 전혀 준비되어 있지 못했다. 그녀는 우리의 대화를 녹음하는 것을 허락하지 않았지만 강가 상류의 옛 "히스패닉" 지역사회에 대해 가장 놀라운 이야기들을 해 주었다. …

내가 그녀를 대면하기 전에 "마을을 떠나" 사는 것이 아이들에게 괜찮을 것이며 그녀도 자기 자식 중 한 명은 도시에서, 한 명은 시골에서 키웠다고 했다. 이 말이 내가 유카꽃, 콩, 뻐꾸기새, 방울뱀이 가득한 우리 멋진 집을 얻을 확신을 갖게 만들었다. 내 생각엔 그녀는 이 사실을 몰랐을 것이다. 우리는 내가 제일 좋아했던 벽에 구멍이 뚫린 멕시칸 식당에서 만나 아침 혹은 점심을 같이 먹곤 했다. 우리의 만남은 연구와 우정 사이에 놓인 선을 넘었다. …

그녀의 아들 결혼식 직전인 지난 11월에 이야기한 것이 마지막이었다. 나는 크리스마스 카드를 보냈다. 내가 우리가 8월에 그곳에 머무르도록 한 것에 대한 감사 선물로 보낸 Animal Dreams를 그녀가 읽었는지는 모르겠다. 이것은 연구 관계는 아니다. 나는 Havens에 대한 이야기를 할 정도로 배우기 위해 그곳으로 갔지만 진짜 이야기는 연구자는 자신과 몇 달간 환영해 준 사람들과 자신을 분리할 수 없다는 사실이다. 나는 연구자가 진정한 관계를 형성하고자 한다면 당신이 연구하고 싶은 장소에서 시간을 보내는 것이 정말 불리한 일이라는 불편한 감정을 갖고 떠나게 되었다. 행동을 취하기 위한 협력적 연구와는 다른 경우이다. … 이것은 수년에 걸쳐 형성된 것은 아니지만 연구자가 연구에서 만나지 않았다고 해도 친구가 되었을 것이라고 깊이 깨달았기 때문에 우정에 해당된다; 이것은 단지 이미 생겼어야 하는 우정의 경우이다.

질적 연구를 이미 당신의 고향 영역으로 끌어들이는 것은 이런 잠재적인 불리함에서 면제시켜 줄 것이다; 당신은 친구들과 사회적 맥락을 지킬 수 있고 당신이 언제나 있었던 곳으로부터 약간의 거리만을 조심조심 걸어가면 될 뿐이다. 새로운 장소에서의 집중적인 현장작업은 질문을 강요한다. 여기서 내가 이해하고자 노력하는 것은 힘의 관계 문제가 아니다. 그보다는 내가 몇 달 동안 궁금해하는 문제들을 반영한다: 훌륭한 평생지기들을 만들지 않고도 문화기술지를 쓸 수 있는가? 당신은 그렇게 하고 싶은가? "친구 사귀기"가 당신을 자동적으로 질적 연구자들의 페미니스트 진영으로 밀어넣는가? Carmen은 분명히 나를 도와주었지만 이는 내가 그녀의 공헌을 직질히 인정할 수 있게 글쓰기를 잘했을 때만이다. 그러나 내가 바랐던 것은 내가 Havens에 돌아갔을 때 그곳 목장에 언제나 내 방이 준비되어 있음을 그녀가 내게 말해 주는 것이다.

마린(Marleen)의 이야기는 어떻게 연구 관계가 공적 영역에서 사적 영역으로 넘어가는가를 보여 준다. 그녀의 이야기는 우리가 연구에 연루될 수 있는 여러 종류의 관계를 어떻게 경험하기를 원하는지에 대해 깊이 생각해 보게 만든다. 그녀는 우리가 전문가적인 거리두기와 같은 벽이 아닌 개방성, 정직함, 존중으로 상호작용할 것을 권한다.

사실 마린은 우리가 래포를 넘어서 진심으로부터 나온 행동을 하고 그 행동의 결과를 존중할 것을 촉구한다. 마린의 말은 또한 연구 장소에서 당신과 타인들과의 관계가 어느 시점에서는 끝나게 됨을 상기시켜 준다. 현장에 들어가기는 긴장된 흥분감을 느끼게 한다. 현장을 떠나는 것은 달콤쌉사름하다. 연구자는 모든 것을 마치고 일상적인 삶으로 돌아간다는 것이 기쁠 것이다. 마침내 연구자는 무시해 왔던 삶의 다른 측면의 일들로 돌아갈 수 있고, 가족과 옛 친구들과 다시 시간을 보낼 수 있다. 그렇지만 연구자는 중요한 일이 끝나 버려 여전히 슬프다. 좋은 관계와 좋은 시간을 두고 떠나와야 한다. 연구자는 타인들의 이데올로기를 개인적으로는 수용할 수 없었을지라도 그들에게 감정이입하고 그들과의 상호작용을 즐기게 되었을 것이다. 무엇보다도 연구자는 다시는 같은 상황에서 그 장소로 돌아갈 수 없게 된다.

연구자는 풀타임에서 현장작업을 하기 이전으로 돌아오는 데에서 혼란을 느낄 수도 있다. 결국 연구자는 다른 장소에서 새로운 지인들, 때로는 새로운 친구들과 적절히 사는 것에 적응이 된 것이다. 타인의 삶에 오랫동안 흠뻑 빠졌던 경험은 연구자의 자기 인식을 높일 수 있기에 자기 자신에 대해 다르게 느낄 수도 있다. 연구자는 연구 참여자들의 라이프스타일을 비교하면서 당신의 "평범한" 삶을 재평가하는 자신을 발견하게 될 것이다. 사람들, 장소들, 일을 하던 방식들을 그리워하게 될 것이다. 물론 다른 주 혹은 시골에 있는 마을을 떠나는 것은 당신이 평상시에 사는 도시에 있는 중학교를 떠나는 것과 다르겠지만, 둘 다 달콤쌉사름하긴 마찬가지이다. "현장을 떠나기만큼 집으로 돌아오기가 힘들다는 것은 공개된 비밀이다. 어쩌면 더 힘들 수도 있다"(Berlinski, 2007, p. 273).

성찰성

성찰성은 행동하는 상황에 있어서 자아의 인식이며 그 상황을 구성함에 있어서 자신의 역할에 대한 인식이다.

(Bloor & Wood, 2006, p. 145)

성찰성(reflexivity)이라는 용어는 다양하게 쓰이기는 하지만 일반적으로 어떻게 연구자, 연구 참여자, 연구 장소, 연구 절차가 상호작용하며 서로에게 영향을 미치는가에 관한 비판적인 반성을 일컫는다(Pillow, 2003). Emerson, Fretz, Shaw(1995)는 "반성적인 렌즈"가 "우리가 타인들의 세계를 표현하는 것이 그 세계 밖에서 이루어지지 않으며 그래서도 안 됨을 볼 수 있게 도와주고 감사하게 한다. 타인의 세계를 표현하기 위해서는 연구 참여자들과의 관계를 통해야 하며 그 관계 속에서 지식이 구성된다"(p. 216). 성찰성은 연구 프로젝트의 착수에서부터 결과물 공유에까지 연구 상호작용의 전 과정에서 질문을 던지고 반성하는 과정에서 수반된다. 자신에게 이런 질문들을 던지고 반성을 현장기록지(field log)에 기록한다. 다른 사람들에게 연구 과정에 대해 묻고 그들이 말하는 바를 주의깊게 들으며 답변에 주목하고 어쩌면 탐구 과정을 변화시킬 수도 있다. 연구 참여자들이 던지는 질문을 듣고 이런 질문이 어떤 염려 혹은 기대를 의미하는지를 숙고하라. 당신이 할 수 있는 한 자세히 답변하고 왜 그런 답을 주었는지에 대해 점검하라. 연구의 이론적 맥락, 질문을 던진 사회문화적, 정치적 맥락에 대해 질문하라. 어떤 면에서 당신은 두 개의 연구 프로젝트를 동시에 수행하는 것이다. 연구 주제에 대한 연구와 연구자 자신, 당신의 상호작용, 그리고 연구 과정에 대한 연구이다.

질적 연구자들은 최종보고서에 연구자의 주관성 탐색과 연구 방법, 해석, 그리고 표현의 신뢰성에 대한 탐색을 포함시켜 반성적 사고의 측면을 보여 주기도 한다(Madison, 2012; Potter, 1996). 주관성, 위치 선정, 그리고 신뢰성은 성찰성의 측면에서 이후에 더 논의될 것이다. 주관성에 집중함으로써 연구에 수반되는 가치, 신념, 자서전적 경험에 대한 조사가 활성화된다. 당신의 감정에 적응하며 연구 과정에서 감정의 흐름을 지켜보면, 주관성을 드러내는 것뿐만 아니라 다양한 위치 선정 혹은 정체성 범주도 제 기능을 하는 데 도움을 주게 된다. 연구 결정과 해석의 신뢰도에 대한 질문하기는 연구 과정, 기여도, 보다 엄격하고 유용하며 의미 있는 연구에 대한 반성적인 사고를 보여 준다.

주관성

"다른 사람"에 대한 모든 연구는 또한 "자신"에 대한 연구이다.

(Sunstein & Chiseri-Strater, 2002, p. xiii)

전통적으로 **주관성(subjectivity)**이라는 용어는 편견과 같은 말로 여겨져서 통제해야만 하는 것으로 보았다. 1980년대와 1990년대 초반에 해석주의 패러다임에 기초한 연구자들은 부정적인 것으로 간주했던 주관성에 대해 논쟁을 시작했다(Denzin & Lincoln, 2000; Oleson, 2000; Peshkin, 1988b; Wolcott, 1995). 이들 학자들은 주관성을 편견이라고 보는 대신 연구자들이 역사적으로 형성한 개인적 자아로 보고 해석적 연구의 중요한 부분으로 간주했다. 이들은 주관성과 그 의미를 포용했다. 예를 들어 Peshkin은 "고결한 주관성: 참여관찰자의 나(Virtuous Subjectivity: In the Participant-Observer's I's)"와 "주관성을 찾아서(In the search of Subjectivith)"라고 제목을 붙인 글을 썼다. 그 당시 질적 연구자들의 관점은 편견이 모니터링되어야 하고 가능하면 없애야 하지만 주관성은 개인적 역사와 열정의 측면에서 연구에 기여할 수도 있다는 것이었다. 이들은 질적 연구자들이 자신으로부터 도망을 갈 수도 없고 도망치고 싶어해서도 안 된다고 주장했다. Peshkin은 연구에서 연구자의 존재 방식을 명시한 첫 번째 사람들 중 하나였다.

Peshkin[1](Glesne & Peshkin, 1992)은 주관성을 연구 장소에 따라 다르게 나타나는 자서전적 감정 상태로 보았다. 그는 다양한 연구 프로젝트와 거기에서 일어난 다양한 주관적 렌즈에 대해 반영해 보았다. 중서부의 작은 시골마을인 Mansfield에서 연구를 했을 때 그는 집단유대감을 갖게 되었다. Peshkin은 Mansfield와 그 마을 사람들을 좋아했고 그들의 유대감을 잃기를 원치 않았다. 그의 다음 연구인 학교 지역사회 연구는 베다니 침례교회와 베다니 침례학교(Bethany Baptist Academy)라는 근본주의자 기독교인들 환경에서 이루어졌다. 그곳에 있는 동인 Peshikin의 다른 주관적 감정이 매우 경계적이었기 때문에 그들의 집단 유대감을 존중하도록 감동을 느끼지 못했다. Peshkin은 여기에 대해 이렇게 썼다.

> 나는 내가 베다니 침례학교(BBA)에서의 개인적 경험(연구와 반대되는)에 짜증나 있음을 알게 되었다. 나는 곧 이 짜증이 스며들듯이 존재하며 내가 홧김에 속상해 하면서 글쓰기를 하고 있음을 날카롭게 인식하게 되었다. 따라서 나는 베다니에서

> 의 친교를 즐기지 못했고 Mansfield에서의 친교처럼 생기 있지 못했다. 왜 그랬을까? 나는 베다니에서 짜증난 이상의 상태였다. 내 도끼는 찍혀 있었다. 그 결과는 내가 하려는 이야기가 내가 개인적으로 느낀 위협에 근거했다는 것이다. 나는 베다니에서 냉철하고 공평한 관찰자가 아니었다(그런 관찰자가 있을까?); 나는 타성(他性)이 18개월간의 현장작업 동안에 직접적 그리고 간접적으로 극화된 유대인으로 그곳에 머무르고 있었던 것이다.(p. 103)

Peshkin은 어떻게 인종이 학생들과 학부모의 삶에서 작용하는지에 대해 알기 위해 계획했던 학교와 지역사회 연구지인 Reverview 도시지역에 들어섰을 때, 감정과 환경을 기록하면서 그의 주관성의 사례들을 찾아보기로 결심했다. 그는 그의 반성을 "주관적인 나"로 통합했다. Mansfield에서처럼 "지역사회-유지관리 나"는 있었지만, Riverview 연구 상황에서는 그가 "교육적-세계개선론적인 나"라고 이름 붙인 것과 같이 이전 연구에서는 볼 수 없었던 감정적 상태가 필요했다.

> 주관성은 … 방어적인 자아이다. 이것은 학생, 일반적으로 그들의 교실에서 어디에도 가지 못하는 것을 관찰하게 되는 소수인종을 향한다. 그들은 제대로 배우지 못한 교사들, 학생들의 삶이 달라지도록 제대로 신경 쓰지 않는 교사들에게 배운다. 수업시간은 학생들이나 교사들에게나 그들의 의미 없는 용무에서 해방시키는 종이 울릴 때까지 시간을 때우는 것에 불과하다. 이런 상황은 유감스럽게도 너무 흔하게 일어나고 다른 학교에서 내가 관찰한 적 있는 비효율적인 교사들을 보고 불안했던 것보다 나의 마음을 훨씬 더 어지럽힌다. Reverview 고등학교에서의 차이점은 이런 교실에 있는 학생들이 대개 소수인종이고 이미 불리한 입장에서 학교에 왔다는 점이다. 나는 교실 뒤편에 앉아서 내가 전에는 전혀 해 보지 않았던 일을 하고 있는 나 자신을 발견했다; 내가 쳐다보고 있는 교실을 변화시킬 계획, 교수행위에 새로운 방향을 제시해 주고 학생들의 삶에 변화를 줄 수 있는 계획을 생각하고 있었다.(p. 105)

Peshkin이 설명한 대로 자신의 주관적 자아 혹은 *주관적 나*를 추적해서 조사하는 것은 지도에서 당신의 위치를 보여 준다. 어떤 연구도 연구자의 모든 강한 감정을 일으키지 않기 때문에 이 점들이 완전한 지도를 만들지는 못한다. 새로운 관점은 분명 다른 연구에서 다시 나타날 것이다; 또한 다른 연구에서 새로운 "주관적 나"가 나타날 수 있다는 것도 분명한 사실이다. 같은 연구를 하는 두 사람이 똑같은 개인적 반응을 가지지 않을 것이다. 그러나 Lorrie가 물리치료사들이 어떻게 치매에 걸린 노인들을 대하는가에 대한 연구에서 그랬듯이, 많은 교육자나 사회사업 전문가들이 "정의적 나"와 "돌보는 나"를 찾아내기도 했다.

> 나는 내 연구 주제를 *정의적 렌즈(justice lens)*와 *돌봄의 렌즈(caring lens)*를 통해 보았다. 나는 건강을 보살피는 사람들에 의해 노인들이 부당한 취급을 받는 경우를 보아 왔다; 노인들은 심지어 같은 문제에 대해서도 젊은 사람들과 같은 질의 보살핌을 받지 못했다. … 노인의학에 대한 내 개인적 관심의 기초는 내가 외할머니와 가졌던 관계와 그녀의 삶에서 가장 상처받기 쉬운 시기에 그녀가 받았던 보살핌에 대한 내 관찰에서 시작되었다. 할머니는 지역에 있었던 한 시설에서 교육받지 못하고 질을 갖추지 못한 사람들에게 형편없는 대우를 받고 계셨다.

Peshkin과 Laurie가 그랬듯이 주관적 자아를 추적하고 그 근원을 탐색하는 것은 당신의 관점을 인식하게 할 뿐만 아니라 이런 관점이 어떻게 특정한 질문들을 하게 만들고 (어떤 질문은 하지 않게 만들며) 연구 장소의 상호작용을 해석하게 (어떤 상호작용은 해석하지 않게 하는지) 이끈다. Scheper-Hughes(2001)는 "종종 제기되는 현장에서 '연구자의 객관성을 잃는' 위험에 대한 문제는 사실은 요점을 벗어난 이야기다. 우리의 과제는 오로지 매우 훈련된 주관성만을 요구한다"(p. 318).

매우 훈련된 주관성은 현장저널(field journal) 쓰기를 통해 당신의 개인적 관점, 인식, 감성에 적응하는 것을 의미한다. 감성을 억압하는 대신에 이를 활용해서 연구자의 가정을 탐색하고 이전의 관점을 재조사하면서 새로운 질문을 형성한다(Kleinman & Copp, 1993). 예를 들어 Tsing(1993)은 연구 참여자들이 그녀가 일을 하지 않았다고 했을 때 불붙은 그녀의 감정으로부터 무엇을 알게 되었는지 이야기한다.

> 언젠가 Ma Salam의 어머니가 내가 *일(bagawi)*을 하지 않고 "*여행(bajalan)*"만을 했다고 말함으로써 나를 치켜세우려고 한 적이 있다. 나에게 떠오른 첫 번째 생각은 화를 내고 나의 근면함을 주장하는 것이었다; 미국에서는 일을 하지 않는 것은 가치 없는 사람이 되는 것이다. 그러나 나는 금세 나의 실수를 깨닫게 되었다; Meratus에게는 "일"이 반복적인 보살피는 일을 하는 것을 의미하는 한편 "여행"하는 것은 개인적이며 물질적인 풍요의 과정을 의미하기 때문이다.(p. 68)

고갱이 이 자화상을 통해 탐색하고자 했던 주관성은 무엇인가?

Paul Gauguin(프랑스, 1848–1903), Self-Portrait, 1889, Chester Dale Collection, The National Gallery of Art.

연구자는 화나고 짜증나고 매우 기쁘고 흥분되고 슬플 때 연구자의 주관성이 작동하고 있음을 확인할 수 있다. 이런 감정들을 탐색해서 배우고 있는 대상과의 관계에서 당신이 누구인지 알게 되고, 당신이 배우지 못하게 하는 것이 무엇인지를 인식하도록 하는 것이 주관성의 목적이다. Wincup(2001)은 분석과 글쓰기 과정에서 어떻게 그녀가 재판을 기다리는 여성들과의 연구에서 그녀의 감정을 활용했는지 설명한다.

> 나는 점차 내 감정을 건설적으로 이용해 한 발 물러서 분석과 해석을 할 수 있는 능력을 약화시킬 필요 없이 연구를 강화할 수 있음을 깨닫기 시작했다. 내 현장작업 경험을 다시 체험하는 것은 내 자료를 살아나게 했다. 내 감정적 인식은 내가 면담한 여성들의 이야기를 보다 가깝게 듣고 문화기술적 이야기를 만들어 나감에 따라 여성들의 이야기를 공평히 다루는 방식에 대해 주의깊게 생각해 보도록 했다.(p. 29)

당신의 연구가 어떻게 자서전적인가를 성찰해 봄으로써 당신은 어떻게 당신의 개인사가 연구에 연관되어 있는지를 인식하게 된다. 학생들에게 이것을 해 보도록 했을 때 그들의 인생사를 원하는 게 아니라 어떻게 그들의 연구 주제가 그들의 삶과 교차되는지에 대해 알고 싶은 것임을 강조했다: 그들의 연구에 대한 접근이 그들에 대해 말하는 바는 무엇이며 왜 그들의 연구 진술문과 그들이 제시 가능한 모든 연구 진술문이 그들의 관심을 끄는가?

4장에서 면담 질문들을 살펴본 크리스티나(Kristina)의 경우에 그녀는 아프리카에서 온 여성들의 결혼, 이혼, 재산에 관련된 여성들의 법적 권리에 대한 시각에 대해 면담하려고 계획했었다. 처음에 그녀는 남편과 동아프리카로 이주해서 몇 년간 살려고 했고 그녀의 논문을 아프리카 여성들의 삶에 관해 배우는 기회로 삼으려고 했기에 그렇게 논문 주제를 선정한 것이라고 생각했었다. 그러나 자신의 논문 주제가 어떻게 자서전적인 것임을 숙고해 보면서 크리스티나는 자신의 선택이 더 깊은 뿌리를 지녔음을 알게 되었다.

> 여성들의 권리에 대한 나의 관심은 내가 9학년 때 어머니와 참여했던 여성권리 행동주의자와의 대화에서 시작되었다. 그 행동주의자는 몰몬 교회에서 자랐던 그녀의 생애사와 그녀가 남녀 평등 헌법 수정안을 지지하면서 교단에서 제명되고 이혼을 겪은 고초에 대해 이야기해 주었다. 그때 나는 여성에 대한 차별은 이미 과거의 일이라고 생각했었다. 어머니가 내게 말씀하셨던 것을 분명히 기억한다. "너는 여자들에게 더 이상의 장애물이 없다고 생각하지만, 이제 알게 될 거야." 어머니의 말씀은 나의 방심을 틈타 들어왔다. 나는 성공한 학생이었다; 나는 일류대학에 들어가려고 계획하고 있었고 법이나 경영 쪽의 직업을 추구하려고 했다. 하지만 나는 여성문제, 특히 남성과 여성 사이의 부각된 불공평함에 더 관심을 갖기 시작했다.
>
> 이 사건 이후 1년이 지나 부모님의 이혼은 남자와 여자의 결혼이 영원한 것이라는 내 생각을 극적으로 변하게 만들었다. 부모님은 20년간 함께 사셨고 이혼 후 부모님 모두 고통스러워하셨지만 아버지는 경제적 면이나 감정적 면에서 어머니보다 더 빨리 극복하셨다. 어머니는 자신을 결혼에 더 "투자"하셨기에 종국에는 삶을 다시 시작하는 데 있어서 자원이 적은 상태로 "파산"한 자신의 모습을 깨달았다. 나는 어머니가 충분치 않은 직장경험을 가졌고 부모님 사이의 불공평한 책임(주로 나, 동생, 집안에 대한 책임)을 지셨기 때문에 새로운 삶을 시작하기가 더욱

> 어려우셨다고 생각한다. 이 때부터 나는 많은 가족상황에서 여성들이 일반적으로 지고 있는 무거운 짐에 대해 예민하게 인식하게 되었고 이 인식이 아프리카 여성들의 결혼, 이혼, 재산에 대한 여성들의 법적 권리에 대한 나의 관심을 집중시키는 데 도움을 주었다고 생각한다.

크리스티나는 자신의 연구 주제가 어떻게 자서전적인가에 대해 이해함으로써 면담을 시작하면서 아프리카 여성들의 결혼, 이혼, 재산, 여성들의 권리 문제에 관한 자신의 태도와 감정적인 투자에 대해 더 인식할 수 있었다.

연구자는 자신의 감정을 추적할 때 자신의 가치, 태도, 신념, 관심, 요구에 대해 더 많이 배우게 될 것이다. 연구자의 역사와 경험이 행동과 해석의 기초가 되며, 따라서 당신이 할 수 있는 이야기의 기초가 됨을 알게 될 것이다. 이것이 바로 연구자의 힘이 된다. 연구자의 주관성이 그가 할 수 있는 이야기의 기초가 됨을 배우게 된다. 주관성은 한 인간으로서 그리고 연구자로서의 당신이 누구인지를 만들고 연구자로 하여금 연구 주제의 선정에서부터 글쓰기에서 강조하는 것에 이르기까지 연구자로서 시각과 통찰을 갖게 만든다. 이를 인식하고 명명함으로써 연구자는 다른 가치, 태도, 신념, 관심, 요구에 자신을 더 쉽게 개방할 수 있게 된다.

마크(Mark)는 그의 주관성을 모니터링하는 것이 어떻게 새로운 방식으로 바라보는 것을 도와주는지 설명했다. 그는 교정시설에 감금된 사람들의 학업에 대한 관리자들의 태도에 대해 연구하고 있었다.

> 연구 과정 동안에 가장 예상하지 못한 일은 내가 생각을 바꾼 것이다. 몇 개의 현장기록지는 관리자들에 대한 나의 평가적 자세에 대한 근심을 드러냈다. 나는 이것을 인식해야만 함을 깨달았다. … 나는 이 연구에서 나는 개혁가가 아님을 스스로에게 상기시켰다. 지금 나를 놀라게 만드는 것은 내가 교정 관리자들이 매일 교도소의 독방동에서 하는 일들에 대해 더 많이 존중하게 되었다는 사실이다. 그들이 자신의 생각과 경험을 나와 공유하면서 나의 지식은 넓어졌고 따라서 개혁되었다. 그들의 방식으로 그들은 다소 어려운 피보호인들이 육중한 장애를 극복하고 더 나은 사람이 되도록 돕는 데 참여하기도 했다. 나는 아주 기뻤다.

당신의 가치, 감정, 관점을 완벽히 기록하기가 불가능하지만 그럼으로써 당신은 특정한 연구 상황에서 발생되는 감정을 이해하게 된다. 당신이 이런 감정을 탐색하고 성찰하고 책임감 있게 연구물을 읽는 독자들에게 전달함으로써, 그들은 당신이 서 있는 근거와 당신의 해석이 어떻게 왜 이렇게 만들어졌는지 더 잘 이해할 수 있게 된다. Lawrence-Lightfoot(1997a)는 연구자들이 그들의 견지, 관점, 편견을 자세히 설명해서 독자들을 같은 자리로 이동시키기보다는 "독자들이 대조적인 관점을 제공할 수 있도록 [허용]해야 한다"(p. 50)고 지적했다.

정체성과 위치

페미니스트, 비판적 연구자들, 후기구조주의적 연구자들은 주관성의 관점을 깊고 넓게 확장시켰다. 그들은 연구에 작용할 수 있는 인종, 성, 나이, 그리고 신체적 능력과 같은 **개인정보 범주(identity categories)**의 복잡하고 변화하는 교차점을 설명했다. 어떤 연구 상황에서는 성이 중요할 수 있다; 다른 연구에서는 나이가 중요할 수도 있다. 연구자의 신원정보와 타인들의 신원정보의 상호작용은 언제나 끊임없이 변화한다.

따라서 개인정보 범주가 모든 사람들에게 어디서나 적용되거나, 특정한 행위나 반응을 모두 설명할 수 있는 의미가 있다고 간주해서는 안 된다. 그보다 개인정보 범주는 다른 속성, 역사, 그리고 *거주하는 위치(inhabited positions)*라고 불리는 한 사람의 상황과 상호작용한다. 거주하는 위치의 유형에는 *생득 특징(ascribed characteristics)*, 선조 또는 국적처럼 사람이 통제할 수 없거나 통제할 여지가 적은 교육수준, 경제적 수준 혹은 기관 소속처럼 *획득된(achieved)* 개인적 특징, 그리고 가치를 형성하는 데 도움을 주는 인생사나 개인적 경험의 측면 혹은 *주관적(subjective)* 지위가 포함된다(Sunstein & Chiseri-Strater, 2002). 공민권 운동 시절에 나이는 피부색에 상관없이 사람들이 세상을 어떻게 바라보는지에 관해 중요한 부분이 되는 주관적 지위였다. 그렇지만 이 주관적 지위는 피부색과 매우 다양한 방식으로 상호관련성이 있었을 것이다. 따라서 개인정보 범주와 지위는 어떻게 연구자가 자신을 묘사하고 다른 사람에 의해 인식되는지의 측면에서 상호작용하게 된다.

어떤 연구에서든 연구자는 개인정보 범주(나이, 인종, 성별 등)에 통제할 수 있는 부분이 거의 없고 국적 혹은 교육적 수준 같은 일부 지위는 비윤리적으로 잘못 표현되거나 공개되지 않을 수도 있지만 지위에 대해서도 제한된 통제밖에 할 수 없다. 그러나 연구자들은 Hay(2005)가 정의한 연구자의 "연구 또는 연구 참여자들과 연관된 연구자의 사회적, 장소적, 이데올로기적 배치"(p. 290)인 **위치(positionality)**에 영향을 미치는 선택을 할 수는 있다. 예를 들면 개방된 마음상태로 협력적인 방식으로 참여자들과 상호작용하려는 욕구를 갖고 연구를 시작하는 것은 연구자가 권리와 통제하는 마음가짐을 유지하는 연구와는 다른 결과를 가져올 것이다.

"위치는 우리가 관심을 우리 자신 혹은 주관적 자아들을 넘어서도록 해야 함을 요구한다"라고 Madison(2012, p. 10)은 말한다. 위치에 적응하는 것은 **간주관성(intersubjectivity)** 혹은 연구 과정, 내용, 해석까지도 이끌게 되는 데 수반되는 모든 주관성에 조율한다는 뜻이다. Myerhoff(1979)가 그의 인용에서 지적했듯이, 유대인 노인들과의 면담과 관찰은 참여자들의 감정을 촉진시켰으며 이는 그들의 행동을 변화시켰다.

> 노인들은 진심으로 나를 자랑스러워하고 관대하고 애정이 넘치지만 때로 그들의 분개는 넘쳐난다. 내 존재는 많은 고통스러운 사실들을 끊임없이 상기시킨다; 그들의 이야기를 들어 주는 사람이 내가 아닌 본인의 자녀여만 했으며, 나는 여성들이 그토록 갈망했으나 허용되지 않았던 기회인 가족과 직업을 연결시켰다는 것이다.(pp. 26–27)

또 다른 예에서 Lather와 Smithies(1997)는 HIV/AIDS 지원단체를 관찰했고 이 단체의 여성들과 면담을 수행했다. 그들의 연구는 몇 년에 걸쳐서 진행되었고, 많은 참여자들에게 중요하게 여겨졌다. 한 참여자는 무뚝뚝하게 이렇게 질문했다. "언제 이것을 출판할 것입니까? 당신도 알다시피 우리 중 몇몇은 시한부입니다"(p. 169). Lather, Smithies, HIV/AIDS를 갖고 사는 여성들은 관계를 형성했고 울고 웃으며 그 프로젝트를 통해 그들의 삶을 재탐색했다. 여성들이 자신의 이야기를 말하는 절박함은 Lather, Smithies이 그들의 책 「Troubling the Angels」의 초판(1997)을 전자 출판하도록 했다.

어떻게 텍스트에 연구자 자신과 해석을 배치할 것인가 하는 것은 *텍스트 포지셔닝(text positioning)*(Madison, 2005)이라고 부르는 또 다른 지위이다. 연구 참여자들이 히나의 차원에서 혹은 억압받고 힘없는 희생양으로 그려지는가? 연구자의 해석은 때로 온정적인가? 또는 낭만적으로 그려져서 연구자로 하여금 "깊게 내재된 모순, 자세한 상징적 의미와 골치 아픈 문제들을"(Madison, 2005, p. 126) 간과하게 유도할 가능성이 있는가? 성찰적 견지에는 연구자의 주관성, 정체성, 연구에 수반된 위치를 정직하고 공개적으로 놓고 이것들이 연구 참여자들, 그리고 연구자의 관찰과 해석에 상호작용하는지 성찰하는 과정이 필요하다. 성찰적 견지에는 연구 과정 전반에 걸친 비판적 탐구, 연구 자체가 연구자, 연구 참여자, 그리고 장소 간의 상호작용의 결과임에 대해 비판적인 사고하기가 포함된다. 어떤 연구자들에게 이것은 연구가 신뢰받을 만하며 어떻게 더 신뢰받을 수 있게 만들 수 있는지를 고려함을 의미한다.

신뢰성

> "사람들과 같이 앉는 법을 배워야만 해요." 그는 내게 이렇게 말했다. "앉아서 들어야 합니다."
>
> (Stoller, 1989, p. 128)

질적 연구자들은 연구의 *타당도(validity)*보다는 **신뢰성(trustworthiness)**에 대해 이야기하는 경향이 있다. Lincoln과 Guba(1985)는 실증적 연구와 연관된 타당도 준거는 해석적 연구에 부적절하다고 지적하는 데 앞장을 섰다. 이들은 연구의 *신뢰성*을 측정하는 데 도움을 주는 구성 개념으로 신뢰성, 전이가능성, 의존성, 확증가능성을 대신 제시했다. 이 구성 개념은 양적 연구에서 사용되는 (내적 타당도, 외적 타당도, 신뢰도, 일반화가능성)과 비슷하지만 다른 목적을 위한 다른 전략을 쓴다. 2장에서 간략히 설명된 것처럼 제안된 전략의 일부에는 지속적인 참여(prolonged engagement); 끊임없는 관찰(persistent observation); 삼각기법 혹은 다양한 연구 방법, 연구 장소, 그리고/또는 응답자의 사용; 부정적 사례분석; 동료, 감독자에게 보고; 수집된 자료와 해석에 대한 참여자 확인; 두터운 기술; 주관성의 모니터링; 그리고 자료와 이론의 추적감사가 있다. 이들 전략에 관한 비판 혹은 확장에 대한 논의(Eisenhart, 2006; Guba & Lincoln, 1989)뿐만 아니라 각 전략에 대한 설명(Lincoln & Guba, 1985; Maxwell, 2013; Patton, 2002)을 찾아볼 수 있다.

초보 연구자들과 논문지도위원회는 "좋은" 그리고 "나쁜" 질적 연구를 정의하고자 하며 이런 기준에 도달하도록 돕는 신뢰성 전략 역시 정의하려고 한다. 대부분의 기준이 그러하듯이 기준 하나하나를 충족시키는 것이 좋은 연구나 유용한 연구를 보장하지 못하지만 이런 전략들을 고려한다면 연구가 일화기록 이상의 무엇이 될 가능성을 높인다. Hollway와 Jefferson(2000)은 신뢰성 전략들을 성찰성의 다른 측면들과 통합하도록 도와주는 네 가지 주요 질문을 제시했다: "당신이 주목한 것은 무엇인가? 당신이 주목한 것을 왜 주목했는가? 당신이 주목한 것을 어떻게 해석할 수 있는가? 당신의 해석이 "올바른" 것임을 어떻게 알 수 있는가?(p. 55) 여기에서는 첫 번째 세 개의 질문에 집중해 보겠다. 네 번째 질문에 대한 논의는 7장에서 계속된다.

당신이 주목한 것은 무엇인가? "당신이 주목한 것은 무엇인가?" 하는 질문은 연구자가 하나의 것에 주목할 때 다른 것은 주목하지 못함을 암시한다. 하나 이상의 자료 수집 방법을 사용하고 한 유형 이상의 응답자를 구하는 것(**삼각기법**)은 이슈에 대한 보다 복합적인 관점을 일으키게 하고 더 많이 배우도록 한다. 연구를 설계하고 자료 수집 기간에 스스로에게 다음과 같은 질문을 던진다: 내가 보는 사람은 누구인가? 내가 보지 못한 사람은 누구인가? 내가 덜 관찰한 사람은 누구인가? 내가 간 곳은 어디인가? 내가 가지 않은 곳은 어디인가? 내가 자주 가지 않은 곳은 어디인가? 내가 특별한 관계를 형성한 사람은 누구인가? 이런 특별한 관계는 어떻게 내가 보는 것과 현상을 해석하는 데 영향을 미치는가? 부가적인 통찰을 제공할 수 있지만 내가 이용하지 않은 자료 수집 방법은 무엇인가?

연구 계획, 자료 수집, 자료 분석 기간 동안 일반적인 유형을 지지하지 않는—*부정적 사례*를 의식적으로, 지속적으로 찾는 것은 당신이 놓쳤거나 무시했던 관점을 발견하게 도와준다. 연구자는 자료를 수집하고 분석하면서 유형을 보기 시작하게 된다. 피면담자가 당신이 이미 찾은 유형을 확증하는 것처럼 보이는 말을 한다면 흥분될 것이다. 그럼에도 불구하고 "그래. 이게 내가 일어나고 있다고 보는 거야. 그런데 그것이 발생하지 않았거나 좀 다르게 일어난 예시는 없을까?" 하고 자문해 보는 것은 중요하다. 이와 같은 탐색은 특이한 사람들과 연관된 다른 조건들을 이해하게 되면서 연구자가 당면한 이슈에 대해 새로운 사고를 제공한다.

두텁고 풍부한 기술적 노트를 작성함으로써 연구자는 더 많이 주목하게 되고 주목한 것에 대해 의식하게 된다. 그렇게 되면 관찰과 피면담자의 말에서 나온 기술을 통해 **두터운 기술**은 연구자가 주장하는 근거를 독자들이 이해하도록 할 수 있다. 이상적으로 연구자는 독자들이 해석을 달리할 수 있는 가능한 방법을 볼 수 있도록 충분히 두터운 기술을 제공한다. 두터운 기술은 현장에서의 *지속적인 참여(prolonged engagement:* 연구 장소에서 충분한 시간을 보내기), *끊임없는 관찰(persistent observation:* 당신의 연구에 가장 적절한 요소에 자세히 집중하기)에 근거를 둔다. Lawrence-Lightfoot(1997c)는 연구자의 임무가 "현장 맥락에서 드러난 행위와 사고의 구체성을 통해 배우들의 경험과 관점의 본질과 공명을 표현함"(p. 12)에 있다고 말한다. 질적 연구자들은 사회적 행동에 대한 일반화를 목표로 하기보다 충분한 구체적 내용과 독자들을 연구에 들어가게 하는 서술을 통해 자신의 삶과의 공명, 타인들의 삶에 관한 새로운 이해와 감정이입을 발전시키게 한다.

당신이 주목한 것을 왜 주목했는가? "당신이 주목한 것을 왜 주목했는가?"라는 질문은 연구자의 *주관성*과 연구 맥락에서의 *위치*를 반성해 볼 필요성을 말한다. 어떻게 연구자의 이론적 관점, 가치, 헌신이 연구자가 특정한 방식으로 행동하고 해석할 수 있도록 이끄는지에 대해 반성하라. 당신이 주목하는 것은 *간주관성* 혹은 연구 장소와 당신에 대한 참여자의 반응에 따라 어떻게 조형되었는가? 연구 참여자들이 당신에게 보이기 원했던 것은 무엇이며 왜 그것을 보여 주길 원했는가?

연구자는 자신의 연구 초기의 생각과 해석에 관해 동료나 상급자와 이야기를 나눌 수도 있다(*동료 보고*). 연구 참여자들에게 당신의 해석을 확인받아라(*참여자 확인*). 당신의 해석을 돕도록 다른 사람들을 참여시키고 이들이 당신과 다른 관점을 공유함에 있어 편안하게 느끼도록 격려하라.

당신이 주목한 것을 어떻게 해석할 수 있는가? 시간은 해석의 중요한 측면이 된다. *지속적인 참여*와 *끊임없는 관찰*은 연구자의 해석에 있어서 매우 중요하다. Lincoln과 Guba(1985)가 말한 바처럼 "지속적인 참여가 범위를 제공한다면 끊임없는 관찰은 깊이를 준다"(p. 304). 연구 장소에서의 시간, 면담에 소요된 시간, 참여자와 원만한 관계를 형성하기 위한 시간 모두가 신뢰할 만한 자료를 만들게 된다.

연구자가 자신의 주관성을 모니터링하고 지속적으로 자신의 가정에 도전을 가한다면, 어느 순간 연구자는 자신의 정체성과 사회적 위치(예: 노동 계층, 이성애자)가 다른 사람들에게 투사되는 순간을 인식할 수 있다. 그 때 연구자는 다른 관점을 들을 준비, 당신이 보고 들은 것을 다른 관점에서 해석할 준비가 된 것이다.

변형적 타당도(Transformational Validity). 그러나 당신은 위에서 논의된 바와 다르게 신뢰성과 엄격성의 이슈에 접근하고 싶어할 수도 있다. 일부 비판 연구자들과 포스트모던 연구자들은 신뢰성의 전략보다 변형적 타당도에 더 집중해야 한다고 제안한다. *변형적 타당도*의 핵심은 연구가 "사회적 아젠다를 촉진하거나 문화적 비판을 제공하는가"(Schwandt, 2007, p. 311)를 묻는 것이다. Eisenhart(2006)는 변형적 타당도에 접근할 수 있는 네 가지 방법에 대해 말한다.

1. *해체.* 연구자들은 자신의 주관성과 편견을 깊이 탐색하고 자신의 연구가 "잘 알려진 설득의 '수사학적, 정치적, 기관적, 학문분야적 관습'의 관점"을 포함한 배경과 아젠다를 분석한다(p. 577).
2. *도덕적 책임.* 연구자들은 "특정한 사회적 오류를 바로잡는"(p. 577) 목적, 도덕적 책임을 다할 수 있는 연구에만 참여하며 연구자들은 이와 같은 책임을 명시한다.
3. *다중적 관점.* 포스트모더니스트들은 "*연구자들이 구성한 표현은 다른 사람들의 표현보다 정확성, 진실성 혹은 포괄성을 주장할 수 없다고 주장한다*"(p. 578). 따라서 연구의 어떤 이슈도 다중적 관점으로 표현되어야 하며 이는 최종 서술이 많은 사람들에 의해 구성되었음"(p. 578)을 의미한다.
4. *정치적 행동의 촉매.* 실증주의 연구자나 해석주의 연구자 모두가 주로 사회현상을 이해함에 기여하기 위해 신뢰할 수 있는 서술을 중요시하지만 비판적 연구자들과 포스트모더니스트들은 독자들에게 "억압받는 집단에 혜택을 줄 수 있는 정치적 행위를 위한 촉매"(p. 578)가 되고 독자들에게 그런 인상을 줄 수 있는 가능성 때문에 신뢰할 수 있는 서술을 중시한다.

변형적 타당도는 이전에 설명된 방식으로 연구를 엄격하고 신뢰할 수 있도록 할 필요성을 대체하는 것은 아니지만 연구자가 연구 과정을 넘어서서 연구의 목적과 결과에 대한 질문을 하도록 촉구한다. 이는 매우 중요한 고려사항이다.

반성적 질문 하기

Patton(2002)은 "반사적 질문들: 삼각기법적 탐구"(p. 66)라고 불리는 도식을 제시했다. 이것은 연구자가 자신, 연구 참여자, 독자들에게 물을 수 있는 성찰적 질문들을 제안한 것이다. 그림 5.1은 Patton의 도식을 기초로 하여 확장했다.

그림 5.1의 질문들은 연구자의 현장기록지에 말하고 싶을 수 있는 질문을 안내한다. 연구자나 독자 양쪽이 최종 보고서에서 각 질문에 대한 답변을 길게 늘어놓는 것을 원하지는 않을 것이다. 그렇지만 최소한 연구자는 당신이 한 결정에 대한 배

연구자	참여자	독자
■ 내 자서전의 무엇이 나를 이 주제로 이끌었는가? ■ 연구에 참여한 각 개인들을 왜 선정했는가? ■ 나는 왜 내가 사용한 특정한 면담 질문들을 만들었는가? ■ 연구 참여자들은 어떻게 설정되었는가? ■ 나는 연구 참여자들과 어떤 종류의 관계를 진전시켰고 그 이유는 무엇인가? ■ 내가 바랐던 관계는 어떤 종류의 것이며 무슨 목적으로 그런 관계를 원했는가? ■ 내가 안다고 생각하는 것은 무엇이고 내가 그것을 어떻게 알게 되었는가? ■ 나의 관점과 연구 결정을 형성한 가치와 경험은 무엇인가? ■ 자료를 분석하고 해석하면서 내가 포함시키기로 한 것과 삭제하기로 한 것은 무엇이며 그 이유는 무엇인가? ■ 중요한 분석적 테마가 된 것은 무엇이며 이런 테마가 중요하다고 만든 이유는 무엇인가? ■ 나는 어떤 목소리와 관점을 공유하는가? ■ 나는 텍스트에 나 자신을 얼마만큼 새기고 있으며 나 자신을 어떻게 소개하고 있는가? ■ 내가 찾아낸 것으로 무엇을 하는가? ■ 내 선택의 결과는 무엇인가?	■ 참여자들은 그들이 아는 것을 어떻게 아는가? ■ 참여자들의 세계관을 형성해 왔고 형성하는 것은 무엇인가? ■ 참여자들은 나를 어떻게 지각하는가? 왜 그렇게 지각하는가? 나는 그것을 어떻게 아는가? ■ 참여자들은 나에 대해 어떤 이야기를 하는가? ■ 참여자들은 연구 과정에 대해 타인에게 어떤 이야기를 하는가? ■ 참여자들은 내가 쓰는 것에 대해 어떻게 반응하는가? 어떻게 반응할 것인가?	■ 내가 그들에게 준 것을 독자들은 어떻게 이해하는가? ■ 내 발표에 대해 독자가 갖는 시각은 무엇인가? ■ 독자들은 나를 어떻게 인식하는가? ■ 나는 독자들을 어떻게 인식하는가? ■ 이 인식은 내가 말한 것과 내가 어떻게 말한 것에 어떻게 영향을 미치는가?

[그림 5.1] 반성을 돕는 질문들

경을 제시해서 독자들이 당신의 해석을 더 잘 이해하고 질문할 수 있도록 해야 할 것이다. 연구자는 자신의 이론적 관점과 신념체계를 분명히 보여 주고 어떻게 이들이 당신의 해석과 연결됨을 보여 주어야 한다. 성찰성은 타인을 "아는" 당신의 능력에 도전한다. 어쩌면 보다 달성할 수 있는 목적은 연구 과정 내에서 연관되는 다중적 자아를 발견하고 이들을 당신의 해석과 연관시키는 것일 수도 있다. Emerson 등(1995)이 말했듯 "문화기술지 연구자들이 발견한 것은 어떻게 그녀가 그것을 발견했는지와 본질적으로 연결된다"(p. 11).

그래서?

왜 이렇게 우리는 현장에서의 관계와 성찰성에 이토록 많은 관심을 두는가? 그냥 연구 사업을 진행하고 싶을 뿐이라면? 왜 누군가는 잠재적으로 쓸데없는 생각에 빠질 수 있다고 한 일에 관여하는가? 방글라데시 연구자인 Sultana(2007)는 수자원 경영에 대한 현장연구에 대해 다음과 같이 말한다: "자신의 위치에 대해 성찰적이 된다는 것이 자기 탐닉적이지만, 어떻게 자신이 힘의 관계에 있으며 어떻게 그것이 연구 방법, 해석, 지식 생산에 영향을 미치는지에 대해 반성하기 위함이라는 것을 믿지 않는다"(p. 376). 반성적 사고는 연구자의 개인적 특징, 가치, 연구 상황에서 다른 사람들과 상호작용하는 위치가 당신이 선정한 방법론적 접근, 사용하고 있는 연구 방법, 그리고 당신의 해석에 영향을 미치는 방식을 이해하도록 돕는다. 성찰성은 당신이 연구 참여자들과 어떠한 관계 속에 있기를 원하는지에 대해 더 생각하도록 만든다. 성찰성은 개인적 열정과 힘을 활용하게 하면서 당신이 생산하는 지식이 공동 구성되고 오직 일부분임을 이해하게 한다. 궁극적으로 연구의 개인적 차원과 함께 비판적 참여에 대한 사려 깊음은 보다 윤리적인 연구, 6장의 주제로 우리를 이끈다.

추천하는 읽을거리

Lincoln, Y., & Guba, E. (1985). *Naturalistic inquiry.* Beverly Hills, CA: Sage.

Pillow, W. (2003). Confession, catharsis, or cure? Rethinking the uses of reflexivity as methodological power in qualitative research. *International Journal of Qualitative Studies in Education*, 16(2), 175–196.

연습문제

1. 당신의 연구에서 최적의 연구 관계의 성격에 대해 반추해 보라. 이런 관계가 래포를 발전시키고 유지하는 데 주는 시사점은 무엇인가? 신뢰를 발전시키고 지속하기 위해서는?

2. 당신의 연구 주제가 자서전적인 방식에 대해 현장저널에 써 보라. 다음에 대해 깊이 생각해 보라: 다른 가능한 연구 문제 중 당신은 왜 이 연구 문제들을 선택했는가? 이 문제들이 당신에 대해서 말해 주는 것은 무엇인가?

3. 문화기술지 읽기는 당신의 현장작업 수행과 글쓰기에 대한 사고를 확장해 주는 좋은 방법이다. 이 활동에서 4~5명으로 그룹을 만들고 각 그룹에는 읽을 다른 문화기술지를 나눠 준다. 책의 특정한 측면에 대한 토론을 위해 여러 번 만남을 계획하라(정기적으로 수업 시간 내 보고서를 제출할 수도 있다). 예를 들면 한 토론 그룹에서는 어떻게 작가가 관찰과 면담을 텍스트로 통합했는지에 대해 토론을 하고 다른 토론 그룹에서는 문화기술지의 전반적 조직에 대해 이야기를 나눌 수도 있다. 이 장의 주제를 활용해 어떻게 연구자들이 자기 연구에서 스스로를 자리매김하는지 성찰해 보라. 작가에 대해 알게 된 것은 무엇인가? 현장 관계에 관해 알게 된 것은 무엇인가? 그 밖에 알고 싶은 것들은 무엇이고 왜 알고 싶은가?

주석

1. Peshkin의 주관성에 대한 반성부분은 「Becoming Qualitative Researchers」 초판(Glesne & Peshkin, 1992)과 Peshikin(1982b, 1988a, 1988b)에서 발췌했다.

제6장

하지만 이것이 윤리적인가? 무엇이 "옳은" 것인지 생각하기

학생들이 두 번째 학기의 질적 연구 방법 수업시간에 그들이 가장 잘 배운 학습에서 시행착오의 역할에 대해 성찰해 보았다. 어니(Erine)는 궁금해했다. "연구 윤리를 시행착오를 통해 배우는 것의 가능성을 상상이나 할 수 있겠어요?" 윤리적 이슈에 대해 점점 높아지는 인식과 더불어 학생들은 그들이 인식한 윤리적 딜레마에 대해 이야기하고 그들의 연구가 의도하지 않았던 결과를 가져올 수 있음에 놀라워했다.

이 학생들은 윤리적 고려가 질적 연구의 각 측면에 대한 토론, 계획, 사고에 동반되어야 할 사항임을 깨달았다. 윤리는 대학의 윤리위원회의 요구나 다른 연구 행위에 대한 문지기의 요구를 일단 만족시키고 나면 잊어 버려도 좋은 것이 아니다. 또한 "윤리는 단지 결정적인 상황들에 있어서의 고립된 선택"(Cassell & Jacobs, 1987, p. 1)이 아니다. 윤리적 고려는 연구자가 매일 경험하게 되는 연구 참여자들과 또한 자료들과 일어나는 상호작용과 분리할 수 없는 것이다.

연구 목적 자체는 윤리적 이슈로 인식될 수 있으며 연구 의도가 미래의 공헌에 대한 "희망"주기와 "현재의 힘과 인간의 필요성에 대한 남용"에 대해 번지르르한 말꾸미기 이상을 넘어서야 한다는 주장도 있다(Christians, 2000, p. 144). 마오리 학자이며 활동가인 Tuhiwai Smith(1999)는 연구가 "전통적으로는 연구자와 그 사회의 우세한 집단의 지식기반에 혜택을 주는 … 그 자체가 강력한 개입이다"(p. 176)라고 보며, 특히 연구 목적과 과정은 지속적으로 연구 참여자들과 협상되어야 한다고 주장했다. 연구 주제 선정과 연구 방법 설계도 윤리적 이슈로 인식해야한다. 연구자가 무엇을 연구하고 어떻게 연구를 설계할 것인가는 연구자의 연구의 성격과 연구 목적에 과한 철학적이고 윤리적인 입장과 연관되어 있다.

물론 윤리적 딜레마가 질적 탐구에만 특별한 것은 아니다. 윤리적 행위를 위한 지침은 의학과 다른 유형의 강제적일 수 있는 연구에서 나왔다. 그러나 각기 다른 인식론적 체제는 각기 다른 윤리적 고려사항을 불러일으켰다(Lincoln, 1990; Scott, 1996). 후기실증주의 연구는 연구자와 피연구자의 분리를 강조하는 반면 대부분의 해석적 연구에서는 연구자들은 연구 참여자들과 지속적으로 상호작용을 해야 한다. 광범위한 윤리적 고려사항이 이런 상호작용에 동반되게 된다. 그렇다고 해서 연구자와 참여자들의 거리가 멀어진다고 해서 연구를 윤리적 기준을 충족시키도록 만들지는 않는다. 사실 중립적 견지 그 자체가 윤리적 이슈라고 추론되는 데 이것이 타인을 객관화시키기 때문이다. 그럼에도 불구하고 질적 연구에서 현장 관계의 친밀성은 다양한 잠재적 윤리적 이슈를 야기하고 질적 연구에서의 윤리적 논의에 중심이 되기도 한다.

이 장에서는 연구 윤리를 위한 규정 형성을 위한 배경을 소개하고 그 의도와 질적 연구의 연구자-피연구자 관계에서 발생하는 윤리적 문제에 중점을 둘 것이다. 결과를 가짜로 꾸미거나 동료 연구자에게 공을 돌리지 않고 출판을 하는 것과 같은 모든 유형의 연구에 일반적으로 일어나는 윤리적 이슈를 다루지는 않았다. 이전 장에서처럼 “옳고” “그른” 행동방법에 대한 명료한 조언을 제공하기는 어렵다. 그보다 여기에서 제기되는 이슈들은 연구자가 윤리적 학습을 사후에 배우지 않도록 연구자가 고려해 보고 미리 생각할 필요가 있는 사항들이다.

존중, 선행, 그리고 정의

나치 강제수용소와 원자폭탄은 과학의 이미지를 가치가 배제된 자동적으로 인간 복지에 공헌하는 것으로 전락시켰다(Diener & Crandall, 1978). 터스키기 매독(Tuskegee Syphilis) 연구와 같이 피험자들에게 신체적인 위해를 가한 연구와 밀그램(Milgram) 쇼크 실험과 같이 피험자들에게 최소한의 심리적 고통을 가한 미국 내의 의학 연구들로 인해 1970년대에 다른 전문 기관과 학술 제도기관들이 윤리 강령을 만들게 되었다. 1979년 생명의학 및 행동학 연구에서의 피험자 보호를 위한 국가위원회(the

National Commission for the Protection of Human Subjects of Biomedical and Behavioral Research)는 「벨몬트 보고서(Belmont Report)」를 출간했다. 이 보고서는 인간 피험자를 위한 3가지 윤리원리를 제시했다: 존중, 선행, 정의.

존중의 원리는 인간 피험자가 자발적인 동의에 의해 연구에 참여해야 하며 그들의 동의가 보호되기 위해 "감소되는 자율성"을 강조했다(*Belmont Report*, 1979). 고지에 의한 동의(informed consent)가 연구 결과의 남용을 막아 주거나 연구자와 피연구자 사이의 균형적 관계를 형성하는 것은 아니지만, 연구 참여자들이 연구 참여에 있어서 통제권을 쥘 수 있게 하는 데 도움을 줄 수 있다

두 번째 선행의 원리는 "두 가지(비일관적인) 기본적 규칙에서 표현되는 의무이다: 위해를 가하지 말고 발생할 수 있는 위해를 최소화하고 혜택은 최대화하라"이다(Strike, 2006, p. 69). 선행의 원리는 부분적으로 침해적인 의학연구와 마약 실험 때문에 발전되었다. 질적 연구에 적용했을 때 선행의 원리는 면담자가 민감한 성격의 질문을 하지 않음으로써 감정적인 고통을 일으키지 않게 하며 연구자가 기록한 연구 참여자들이 한 말과 행동이 그들에게 어떤 해도 주지 않도록 연구 참여자들의 프라이버시를 보호하는 데 집중한다.

「벨몬트 보고서」의 세 번째 원리인 정의의 원리는 연구의 혜택과 부담의 공평한 공유에 초점을 둔다. 이 원리는 "취약한 연구 참여자들이 피험자로 고용되어 다른 사람들에게 주로 혜택이 돌아가게 되는 연구에 참여하게 되거나 *혜택받는 사람들의 계층이 연구 참여자로 선정된 사람들의 계층보다 광범위한 사례를 피하는 데* 특별한 강조점을 둔다"(Strike, 2006, p. 69). 달리 말하자면 터스키기 연구와 같은 연구가 다시는 발생해서는 안 된다는 말이다. 이 연구는 40년 이상 진행되었다. 이 연구에서 피험자 선정은 인종(아프리칸 미국인), 계급(앨라바마의 가난한 소작농들), 그리고 성(남성)에 기초해 이루어졌다. 이 매독 연구의 결과는 "더 큰 편익"을 위해서였고 이 연구의 목적이 시간의 경과에 따른 병의 진행을 기록하는 것인지 몰랐던 연구에 참여했던 피험자들이 희생되었다. 페니실린이 효과적인 치료제임이 밝혀진 후 연구 참여자들은 치료에 대한 정보를 받지 못했고 처치도 받지 못했다.

다음에서는 어떻게 존중, 선행, 정의의 원리가 질적 연구에 적용되는지와 잇따라 발생할 수 있는 곤경에 대해서도 언급할 것이다.

존중의 원리: 고지에 의한, 자발적 동의

대부분의 질적 연구자들은 잠재적인 연구 참여자들이 연구 목적, 절차, 그리고 연구 결과를 어떻게 공유할 것인지에 대해 알고, 그들이 참여가 자발적이어야 함을 알아야 한다는 데 동의할 것이다. 이것은 직설적이기도 할 만한 일로 들린다. 그렇지만 질적 연구의 변화하는 측면과 맥락적 성격은 3가지 구체적 측면에서 고지에 의한 동의와 자발적 동의를 복잡하게 만든다.

첫째, 질적 연구자들은 일부 상황에서 서면 동의 형식의 적절성에 의문을 제기한다. 윤리위원회는 동의서의 기록이 참여자들의 안전을 위험에 빠뜨릴 수 있는 민감한 주제일 때(예를 들면 범죄, 성적 행동, 약물복용 등)는 서면 동의보다 구두 동의를 받아 준다. 그러나 일반적으로 서명된 동의서 형식이 윤리위원회에서 요구하는 필수사항이다. 미국의 참여자들은 대부분의 심리적, 교육적 연구와 유아들이 포함되는 모든 연구에서 동의서 형식에 익숙해 있고 당연시한다. 그러나 많은 비교문화적 상황에서는 보고서 형식이 관료적인 추적 시스템의 일부로 간주되기도 한다. 서명을 해서 무엇인가를 상실한 과거가 있는 억압받고 지배받고 식민지화되었던 사람들이 서명을 요구하는 형식을 불신하는 것은 이해할 만한 일이다.

Van den Hoonaard와 van den Hoonaard(2013)는 질적 연구자들이 연구 참여자들을 위한 연구 참여 동의서 형식을 준비해서 서명을 받기보다는 연구와 약속에 관한 정보가 있는 종이를 준비해서 참여자들에게 주는 것이 더 이치에 맞다고 했다. "왜냐하면 약속을 하는 것은 연구자이기 때문"이다(p. 53). 연구가 협력적이 되면 협동, 적극적 원조, 합치가 고지에 의한 동의서의 요구 이상을 넘어서게 될 수도 있다(Diener & Crandall, 1978; Wax, 1982). 이런 협동심과 협력이 고지에 의한 동의서 형식에 서명을 했는가의 여부보다도 질적 연구의 현장작업의 윤리 평가에 더 적절한 것이 아닐까 싶다.

둘째, 질적 연구 계획은 변화하게 되어 있는데, 특히 장기 연구에서는 연구 초기에 표준적인 일회성의 동의서를 만들어 두는 것이 잠재적 문제를 지닌다. Margaret Mead는 "인류학적 연구에서는 피험자가 없다. 우리는 상호존중하는 분위기 속에서 제보자와 함께 일한다"(Diener & Crandall, 1978, p. 52에서 재인용)라고 말했다. Mead의 말은 이상을 표현하지만 현장 관계는 참여자나 연구자 양측의 존중, 관심과 수용이 커지거나 감소함에 따라 지속적으로 비공식적인 협상을 거치게 된다. 관계가 진전되면서 연구자는 새로운 주제를 탐색하고 새로운 장소를 관찰하고 싶어질 수도 있고 자료 수집의 새로운 방법을 통합하고자 할 수 있다. 따라서 질적 연구에서는 동의를 지속적인 과정으로 여겨야 하지만 "형식적인 동의 과정을 통해 그렇게 했을 때에는 많은 경우에 혼란스럽거나 참여자들이 지나치게 형식적이고 법적인 절차로 느낄 수 있다"(van den Hoonaard & van den Hoonaard, 2013, p. 35). 연구자는 연구 목적과 절차의 어떤 변화라도 참여자들에게 알려 줄 준비가 되어 있어야 하며 연구를 지속해도 좋을지에 대한 그들의 확약을 구해야 한다.

셋째, 질적 연구에서는 자주 참여관찰이 수반된다. 이것이 당신이 관찰하는 모든 사람으로부터 동의를 구해야 한다는 뜻일까? 만약 당신이 지역사회 학교에서 부모들의 참여에 관심이 있고 당신의 연구가 지역 학교, 학교 위원회, 그리고 사친회(PTA)의 승인을 받았다고 하자. 연구의 일부로 당신은 고등학교 풋볼 게임에 참석하여 부모들 간의 대화와 상호작용을 당신의 현장기록지에 받아 적었다. 경기는 공식 행사라서 고지에 의한 동의서를 받아야 할 의무에서 면제되지만 당신 주변의 사람들이 당신을 경계하면서 쳐다보고 있음을 알게 된다. 어떤 연구자들은 공공의 장소에서는 사람들이 일상적으로 바라보고 또 관찰당하기도 하기 때문에 공공의 장소에서의 관찰은 허용된다고 한다. 따라서 사회과학자들도 관찰할 수 있어야 한다는 것이다. 반대하는 입장은 이런 관찰이 체계적이고 기록되고 분석된다면 이것은 더 이상 일상적인 것이 아니기 때문에 프라이버시의 권리를 침해한다는 것이다. 만약에 다음 사친회 모임에서 당신이 노트북을 꺼냈을 때 전에 소개받지 못한 학부모들이 나타난다면 어떻게 해야 하는가? 연구자는 끊임없이 "기록을 좀 해도 될까요?" 하고 질문함으로써 연구와 연구자에 대한 관심을 불러일으켜야 할까?

고지에 의한 동의서는 연구 참여자가 참여에 대한 현명한 결정을 내릴 수 있도록 연구자가 그들에게 필요한 모든 정보를 공개해야 한다고 명시한다. 그렇지만 질적 연구에서 이렇게 하기는 어려운데 이것은 연구자가 처음부터 무엇을, 누구를, 어떤 위험요소를 안고 보아야 할지 충분히 알지 못할 수 있기 때문이다. "연구자는 난처한 상황에 있다." Erickson은 말한다. "그는 연구하는 사람들에게 수반될 수 있는 부담이나 위험의 범위를 예상하기 위해 그 장소에서의 문화기술지를 미리 수행해 두어야 할 필요가 있다"(Erickson, 1986, p. 141).

선행의 원리

다른 사람은 인식하세요. 정말로! 가장 좋은 라인을 외우려고 애썼어요.

(Scheper-Hughes, 2001, p. xix의 응답)

선행의 원리 측면에서 윤리위원회는 잠재적인 물리적 혹은 감정적 위해의 위험성과 어떻게 연구 참여자들의 프라이버시가 보호될지를 알려고 할 것이다. 윤리위원회는 질적 연구들을 검토하면서 어떻게 참여자들의 프라이버시가 보호되고 면담 질문이 감정의 동요를 일으킬 수 있는지 잠재성을 결정하기 위해 평가할 것이다. 즉 연구 참여자들이 당신에게 관찰과 면담을 허락했을 때 당신은 어떻게 참여자들의 비밀을 보호하고 익명성을 유지하며 어떠한 감정적 고통도 야기하지 않을 것인지를 보여 줄 필요가 있다.

고지에 의한 동의서와 마찬가지로 질적 연구에서 프라이버시 문제도 언제나 명료한 것은 아니다. Diener와 Crandall(1978)은 연구자들이 아리조나 주 투싼(Tucson)의 다른 지역 사람들이 구매했다가 버리고 낭비하는 것을 알아내기 위해 질문지와 쓰레기 봉투의 내용물 조사를 이용한 연구에 대해 설명했다. 연구 결과를 보면 가난한 사람들이 고소득 사람들보다 음식을 덜 낭비했으며 음주에 대한 자기 보고서와 쓰레기통에서 발견된 병과 캔의 증거 사이에는 분명한 불일치가 있었다. 비록 쓰레기 내용물이 특정한 가정과 연결되지는 않았지만 쓰레기 봉투에는 이름이 쓰여진 편지봉투들이 포함되어 있기도 했다. 이런 연구들이 프라이버시 권리를 침해하는가?

당신은 당신이 보고 들은 것의 구체적 내용을 누구와도 이야기하지 않음으로써 자료 수집 과정에서 프라이버시와 비밀유지를 존중한다. 교장선생님이 연구자에게 교사들로부터 알게 된 것이 무엇인지 물어볼 때 당신은 다음과 같이 답변할 수 있다.

> 저는 여기 교사들과 대화하는 것을 정말 즐기고 있습니다. 선생님들이 교직과 제 연구에 대해 진지하게 받아들이고 또 저를 아주 많이 도와주고 계십니다. 아직 제가 얻은 모든 정보로 무엇을 만들지 알기엔 너무 이르지만 몇 개의 주제가 떠오르고 있고 저는 여기에 대해 교장선생님과 한번 이야기를 할 기회를 갖고 싶습니다. 그럴 시간이 있으십니까?

이와 같은 반응으로 어떤 특정 개인에서 벗어나 일반적 개념에 관한 토론으로 갈 수 있으며 교사들에 대한 약속을 깨뜨리지 않고도 교장의 연구 결과에 대한 관심을 존중해 줄 수 있다. 이런 토론은 연구자의 교사에 대한 절대적 의무와 연구 결과에 대한 교장의 자연스러운 관심에 대한 이해 사이의 균형을 맞춰야 할 것이다.

자료 수집과 분석과정 이후에 연구에 대한 주의깊은 글쓰기를 하면서 프라이버시와 비밀유지는 존중된다. 연구자들은 특정한 참여자들의 모습이 그려질 때 가명을 사용하고 때로는 묘사적인 특징을 바꾸거나 생략하기도 한다. 그러나 자주 언급되는 두 개의 사례, West(1945)의 「미국의 플레인빌(Plainville, U.S.A.)」과 Vidich와 Bensman(1968)의 「거대사회 속의 작은 마을(Small Town in Mass Society)」에서 드러나듯 가명이 언제나 참여자를 보호해 주지는 않는다. 가명 사용에도 불구하고 마을들은 그 특징, 위치에 의해 쉽게 알 수 있었고 이 마을 사람들은 개인에 대한 설명에서 자신을 쉽게 알아낼 수 있었다. 이 두 사례에서 연구 참여자들은 마을과 주민들에 대한 묘사에 대해 분노했다. Scheper-Hughes(2001)는 "유서 깊은 지역사회와 제보자에 대한 익명성 제공은 몇몇의 사람들을 바보로 만들었고 아무도 보호하지 못했으며 어쩌면 인류학자만을 구원했다"(p. 12). 이와 유사하게 Plummer(1983)는 "비밀성이 생애사 연구의 필요조건처럼 보이지만 이것은 자주 불가능하다"(p. 142)라고 지적했다. 그는 여러 예를 인용했다: Shaw(1930/1966)의 최초 연구 50년 후에 재면담을 위해 당시 연구 참여자였던 잭 롤러(Jack Roller)를 찾아냈고 한 달에 걸친 탐정작업 끝에 기자는 Oscar Lewis(1963)의 「산체스의 아이들(Children of Sanchez)」을 추적해 찾아냈다.

이런 예들은 사생활 보호와 해를 끼치지 않기 사이의 관계를 보여 준다. 해를 끼치지 않는 것이 연구 과정 중에는 가능할 수 있지만 연구 결과를 출판했기 때문에 해가 될 수 있다. 결과를 출판함에 있어서 연구자들은 보고서가 개인과 지역사회 양쪽에 어떻게 잠재적 영향을 미칠 수 있는지 심사숙고할 필요가 있다. 만약 한 개인에 대한 구체적 정보가 알려진다면 그 사람에게 고통을 줄 수 있는가? 만약 지역사회에 대한 집단적 정보가 출판된다면 이것이 집단의 평판이나 사회적 입장에 해를 주게 되는가? 비록 응답자들이 그들의 지역사회의 어떤 면을 노골적으로 노출한 것에 동의했더라도 연구자가 이 정보를 간행해야만 하는가? 질적 연구에서 현장에서의 관계의 속성과 이런 관계에서의 책임은 단순히 사생활 보호 이상의 보다 중요한 윤리적 기준이 되어야 한다.

Scheper-Hughes(2001)에 의하면, 익명 사용은 우리로 하여금 "우리가 문화인류학 피험자들을 현장에서 면대면으로 대했을 때 존중, 감정이입, 우정에 못지않게 글쓰기에 표현해야 할 신세를 졌다는 것을 잊어버리게 한다"(pp. 12-13).

익명성을 보호하는 것에 대한 당연한 걱정에도 불구하고 연구자들은 익명성을 사절하는 상황에 대처해야 할 필요도 있다. Jacobs(1987)는 멜라네시아(Melanesia)의 한 지역사회에 관해 쓴 인류학자에 대해 이야기했다; 그녀는 가명을 써서 마을 사람과 그 위치를 위장했다. 3년이 지난 후 그녀는 가장 큰 도움을 주었던 이들에게 그녀의 원고를 나눠 주고 후속 연구에 대한 허락을 받으려고 그 마을로 돌아갔다. 사람들은 그 책을 마음에 들어했고 이야기들이 정확하다고 느꼈지만 그녀에게 마을 이름과 사람들의 이름을 잘못 썼다고 말해 주었다. 다음 책에는 보다 정확하게 쓰라는 말도 듣게 되었다.

익명성이 거절된 또 다른 경우를 살펴보자. 한 응용의학 인류학자가 도시 흑인 지역사회에서 3년간 연구를 했다. 그녀는 논문을 출판하기 전에 지역사회의 사람들에게 원고를 읽고 논평하고 비판해 줄 것을 부탁했다. 그들은 그녀가 정확하게 썼다고 칭찬했지만 마을, 건강 센터, "우리들의 건강 증진을 위해 고투하는"(Jacobs, 1987, p. 26에서 인용) 사람들을 가명으로 쓴 것에 의문을 제기했다. 그 인류학자는 사생활 보호를 위한 관례의 이유와 이름을 드러내는 것이 이들에게 해를 끼칠 수 있음을 설명했다. 결국 그녀는 센터의 실제 이름과 위치를 지웠으나 스태프들의 이름을 각주에 적어 감사를 표시했다. 이 결정은 협력적으로 이루어졌다.

사생활 보호에 대한 강조 자체는 서구의 편견을 반영하는지도 모르겠다. 탄자니아 같은 나라에서는 연구에 대한 기대가 높아 피면담자들의 이름은 부록에 실려야 하며 "이런 절차에서 벗어나게 되면 혼동했거나 혹은 거만하다고 인식된다"(Ryen, 2007, p. 221). "익명성의 망토"(van den Hoonaard & van den Hoonaard, 2013, p. 34)가 연구자에게 제공된다는 주장은 이 관점을 지지한다. 관심의 스포트라이트는 연구자들에게 돌아가고 그들의 주장은 도전하기 쉽지 않게 된다. Gubrium과 Harper(2013)에 의하면, 학계와 정책입안가들은 발표와 출간을 통해 지식의 생산자로서 공적 영역에서 그들의 이름이 드러나기를 원한다. "연구 참여자들의 이름과 얼굴은 가려지기를 기대하면서 왜 그들은 그렇게 할 수 있는가? … 어떻게 이 기대가 그들의 목소리를 지속적으로 숨겨지거나 침묵하게 하는가?"(p. 51).

분명히 이 딜레마에 하나의 답이 존재하지는 않는다. 만약 연구가 참여자들의 말이 힘을 가진 사람들의 관점과 상충된다면 사생활 보호와 익명성의 문제에 주의깊은 관심을 기울여야 한다. 그러나 협력적 연구와 실행연구에서는 프라이버시의 문제가 다르게 적용된다.

프라이버시, 동의, 그리고 인터넷.

> 우리는 프라이버시의 종말을 목격하는 시대에 들어가고 있다고 주장할 수 있다.
>
> (van den Hoonaard & van den Hoonaard, 2013, p. 125)

인터넷은 광범위한 사람들로부터 자료를 상대적으로 쉽게 수집할 수 있으며 연구 참여자로부터의 피드백을 받고 이들과 해석을 쉽게 공유할 수 있다. 그러나 컴퓨터를 이용해 커뮤니케이션을 하는 연구자들은 종종 동의와 프라이버시와 관련된 윤리 문제에 직면하게 된다(Mann & Stewart, 2000; Robson & Robson, 2002).

그런 문제 중 하나는 맥락이 사적인 것도 공적인 것도 아닌 그 중간 어디쯤이라는 것이다(Elm, 2009). 예를 들어, 연구자가 온라인 커뮤니티를 관찰한다면 공적인 영역으로 간주해서 고지에 의한 동의서가 면제되는가? 만약 연구자가 개방적 채팅룸이나 블로그에 질문을 게시한다면 답변들을 자료로 사용하기 이전에 동의서를 먼저 받아야 하는가? 만약 연구에 대해 밝히고 이런 곳에서 정보 사용에 대한 동의서를 얻고자 할 때 참여가 산발적일 수 있으며 자주 변화하기 때문에 연구자는 과연 어떻게 할 것인가? 채팅 그룹과 소셜미디어 플랫폼에서는 특히 더 그렇지만 인터넷 커뮤니케이션에서는 비밀성을 약속하기가 어렵다. 출판된 글에서는 가명을 사용할 수 있지만 인용된 사람들의 신원을 언제나 보호해 주지는 못한다. 예를 들어, 당신이 자폐진단아동 부모들의 관점과 전략에 관심이 있어 특별히 활발한 활동을 하는 블로그 사이트를 발견했다면 거기서 몇 가지 대조되는 글을 당신의 보고서에 인용할 수도 있다. 당신이 사용하려는 사례의 블로거들에게 가명을 줄 수 있지만 그 사람의 이름은 인용한 글을 검색하여 찾아낼 수 있다. 일부 인터넷 그룹에서 참여자들은 가명을 선택하기도 하지만 "그룹에서 필명을 언급하기만 해도 신뢰를 배반하는 것으로 간주하고, 필명을 진짜 이름과 동일하게 취급해야 한다"(van den Hoonaard & van den Hoonaard, 2013, p. 64).

특정한 인터넷 그룹 밖에서 필명을 사용하지 않는 것은 증가하는 윤리적 규준의 예시이다. 만약 당신이 인터넷과 소셜미디어 사이트를 연구에 포함시킨다면 사회과학 연구 수행의 윤리적 규준과 행동규준 혹은 온라인 커뮤니티에서 개발된 네티켓(netiquette)에 관심을 기울여야 한다(Robson & Robson, 2002). 사회적 책임을 위한 컴퓨터 전문가들(Computer Professionals for Social Responsibility: CPSR)은 개인들이 어떤 개인 정보의 수집과 정보가 어떻게 사용되어야 하는지를 인식해야 할 필요성을 포함하는 사생활 보호를 위한 제언들을 만들었다. 인터넷 연구협회(Association of Internet Researchers, 2012)는 인터넷 연구를 위한 윤리적 가이드라인을 만들었다.

과학기술은 빠르게 변화하고 인터넷 맥락도 매우 다양해서 인터넷 사용과 관련된 윤리적 질문과 가이드라인은 지속적으로 변화될 것이다. 예를 들면, 일부 질적 분석 소프트웨어는 현재 자료와 프로젝트 파일들을 컴퓨터 내의 하드 드라이브보다는 웹에 저장한다. 이런 종류의 저장은 컴퓨터 충돌 혹은 분실을 통한 자료 손실의 위험 측면에서 보다 안전하지만 자료에 대한 허가받지 않은 접근이라는 새로운 위험을 일으키기도 한다. 연구의 모든 측면을 저장할 가능성이 점차 늘어가고 인터넷을 통한 관찰노트 기록, 인터뷰 녹음, 다른 종류의 자료가 광범위하게 늘어감에 따라 또 다른 프라이버시와 동의에 관한 문제들도 늘어나고 있다. 동의는 현재 연구 자료의 사용을 위해 구하기도 하지만 참여자가 만나 볼 가능성도 없는 사람에게까지 언제일지는 모르는 미래에도 동의를 구할 수 있을까? 이런 종류의 어려움으로, 연구자들은 윤리적 가이드라인뿐만 아니라 특정 연구의 맥락에서 현재와 미래 연구 참여자의 윤리적 처치까지도 반드시 주의깊게 고려해야 할 것이다(Baym & Markham, 2009).

프라이버시, 동의, 시각적 연구. 시각적 연구의 유형은 또 다른 프라이버시와 동의의 윤리적 고려 문제를 야기한다. Mitchell(2011)의 예를 보자. 그녀는 어린이들이 "안전하게 느끼는" 그리고 "안전하게 느끼지 않는" 사진을 찍는 지역사회 기반의 시각적 연구를 하는 대학원생들과 일을 진행했다. 11세 어린이가 슬리퍼 사진을 찍어 와서는 자기 계부가 그 슬리퍼로 자신을 때렸으며 무서웠다고 설명했다. Mitchell(2011)은 이 상황의 복잡성을 다음과 같이 설명한다.

> 한편 만약 지역 사진 전시회에 이 그림이 전시된다면(사진 찍은 아이의 이름이 있든지 없든지 간에) 아이의 계부의 행동이 드러날 수도 있었고 만약 계부가 이를 본다면 이 소녀를 집에서 더욱 위험한 상황에 빠뜨릴 수도 있었다. 다른 한편, 사진

은 이 소녀가 보호가 필요할 수 있다는 가능성을 제기했다.(p. 28)

프라이버시 보호를 위해 연구자들은 종종 사람 대신에 장소 혹은 물건에 초점을 둔 사진을 보고서나 프레젠테이션에 사용한다. 이 예시에서 보았듯 이런 선택이 문제가 될 수도 있다.

포토보이스(photovoice) 혹은 지역사회 기반의 시각적 연구에서 지역사회의 일원들은 이미지를 생산한다. 이 말은 각 참여자들이 사진을 만들어 내고 사용함에 있어 윤리적 이슈에 관해 배워야 할 필요가 있다는 뜻이다. 시각적 연구의 연구 참여자들을 위한 워크숍에는 연구 윤리에 관한 시간도 포함된다. Gubrium과 Harper(2013)는 사진과 연관된 윤리적 이슈를 워크숍에서 다루면서 대화를 끌어내기 위한 몇 가지 질문을 제공한다. 이런 질문에는 "연구를 위해 사람들이 모르는 상태에서 사진을 찍어야 할까요?" "당신이 촬영하면서 위험을 느끼는 순간은 언제인가요?"(p. 52)가 포함된다. 지역사회가 시각적 참여에 관한 나름의 규칙이 있고 문화적으로 혹은 맥락에 기초했다면 이런 질문들에 대한 논의는 중요하다. 이런 질문들은 사진을 이용하는 모든 연구자들이 지역사회 기반 시각적 연구를 하고 있지 않더라도 한 번쯤은 반성해 볼 좋은 질문들이다.

사진이 쓰일 때마다 연구자/촉진자는 사진이 어디에 공개될지(논문, 저널 소논문, 웹사이트, 학회 발표 등)에 대해 동의서 형식에 명시해야 한다. 또한 사진사들에게 사진과 관련해서 그들의 이름이 연결되기를 원하는지 물어야만 하고 그럴 경우 발생할 수 있는 위험과 혜택에 대해서도 알려 주어야 한다. 시각 자료의 사용에는 위험이 따른다; 또한 시각적 자료는 참여자들을 돕거나 상호성을 높이는 방식으로 이용될 수도 있다. 예를 들어 Schaeffer(1995)는 자메이카 사람들의 일상생활을 비디오로 촬영해도 된다는 허락을 받았다. 그는 참여자들을 위한 비디오 감상 시간을 가졌고, 이들이 원할 경우에는 그들의 가족, 친구들을 포함시켰다. 이렇게 시청하는 것이 유행하게 되어 이 시간이 여러 활동에 대한 토론, 공유, 서로에게 배우는 계기가 되었다. Banks(2007)는 연구자의 글과 사진 혹은 비디오의 선물을 다음과 같이 비교했다.

학술적인 연구 과제의 피험자였던 사람들 중에서 전문적인 동료 검토를 거친 학술적인 논문을 기쁘게 받는 사람은 별로 없을 것이며 적극적으로 저자에게 논문을

> 달라고 요청하는 사람은 더 소수일 것이라고 생각한다. 이와는 달리 시각적 연구의 일부로 비디오 또는 영화로 찍혔거나 사진에 찍힌 대부분의 사람들은 복사본을 한 부 받는 것을 매우 기쁘게 여기고 일부 사람들은 실제로 적극적으로 한 부를 달라고 요청하기도 한다.(p. 10)

이미지를 쉽게 만들고 보급하는 것이 가능해진 기술의 급격한 변화(스마트폰, 태블릿, 소셜미디어 사이트 등) 속에서 시각적 연구와 연관된 윤리적 문제를 계획하기는 쉽지 않다. 그러나 많은 소논문, 서적, 전문가적 윤리 기준은 시각적 연구 윤리 문제를 해결하려는 시도를 하고 있다. 예를 들면 국립 연구 방법 센터(National Center for Research Methods) 웹사이트에 올라와 있는 Wiles 등(2008)이 쓴 「시각적 윤리: 시각적 연구에서의 윤리적 문제(Visual Ethics: Ethical Issues in Visual Research)」를 다운로드할 수 있다. 여기에는 동의서 형식의 예시와 당신이 연구에 시각적 요소를 포함하려고 한다면 유용한 사진 복제 권리 형식의 예시가 포함되어 있다. Mitchell의 텍스트북 「Doing Visual Research」(2011) 역시 지역사회 기반의 시각적 연구에 사용되는 동의서 형식의 예시를 제공한다.

정의의 원리: 취약층, 상호성, 표현

「벨몬트 보고서」에서 정의는 주로 연구 참여자들의 공정한 선정을 보장하는 절차, 취약한 피험자들에 대한 특별한 관심과 개인적, 사회적 수준에서 혜택과 부담을 공유할 수 있게 하는 것을 말한다. 이 말은 약물 재판과 의학적 절차의 사례처럼, 특히 연구 결과가 하나의 그룹에 혜택을 주면서 다른 집단에는 그 혜택을 주지 않거나 혹은 연구 참여자의 사람들만 선정해서는 안 된다는 뜻이다. 예를 들면 만약 의학적 약물 실험이 남자 대학생들을 표집하여 진행된다면 얻어진 지식, 즉 발생가능한 부작용, 약물의 양과 사용이 여성과 노인집단보다 젊은 남성들에게 더 큰 혜택을 주며 보다 적절할 수 있다. 이 경우 정당한 연구의 가이드라인을 충족시키지 못할 수 있다.

취약한 피험자들에게 특별한 관심을 주는 것은 정의 원칙의 또 다른 부분이다. 연방정부 가이드라인은 유아, 미성년자, 지적 장애자, 재소자, 노인, 환자, 인종적 소수자, 소수민족 등 다양한 연구 참여자 사람들을 *취약층*으로 명명했다. 이런 규정의 목적은 고지에 의한 동의서를 원활하게 제출할 수 없는 사람들 혹은 쉽게 설득된다고 느끼거나 동의서를 제출해야만 할 것 같은 의무를 느끼는 사람들을 보호하기 위함이다. 취약한 사람들의 집단을 연구 참여자로 포함하는 연구 계획서는 어떤 안전장치가 필요하고 제대로 준비되어 있는지를 평가하기 위해 윤리위원회의 철저한 위원회 조사(full committee review)를 거치는 경우가 많다.

연방정부 가이드라인과 윤리위원회가 연구에서 특정한 집단을 정형화하거나 학대로부터 보호하려는 의도에서 취약하다고 분류되었더라도 전체 집단을 취약하다고 간주하는 것은 문제의 소지가 있다. 예를 들면 *불구*, *장애인*으로 불리는 것에 저항하는 많은 사람들은 이런 구분이 더욱더 정형화를 부추기게 된다고 지적한다. van den Hoonaard와 van den Hoonaard(2013)는 사람들이 취약하다는 게 문제가 아니며 “그들의 삶을 취약하게 만드는 맥락에서 살아간다”(p. 85)면서 연구의 초점이 바로 맥락이 되어야 할 필요가 있다고 말했다.

사람들을 취약집단으로 범주화하는 것은 연구에서의 통합을 더욱 어렵게 한다. 이 자체가 사실 일종의 패러독스이다. 질적 연구의 중요한 기여 중 하나는 침묵을 강요받았던 사람들, 무시당하거나 지배당했던 사람들에게 목소리를 낼 수 있게 하고 이들에 대한 예우를 할 수 있다는 점이다. 역사적으로 침묵을 강요당했던 고통을 받아온 사람들이 바로 그 잠재적으로 취약하다고 이름 붙여진 사람들이다. 그런데 이런 명명은 질적 연구자들이 이들의 이야기를 공유하기 위해 이 집단의 사람들을 관찰하고 상호작용하고 면담을 하는 것을 더욱 어렵게 만들어서 이들의 침묵하기를 지속하게 한다. 규칙은 특정한 집단을 “보호”하기 위해 실제로는 이들을 배제하고 지배적인 목소리를 원래대로 유지하게 해 버리는 것이다.

「벨몬트 보고서」는 실증적 연구에서 존중, 선행, 정의의 원칙을 내세워 윤리적 가이드라인을 위한 실제적 요구에 응하고자 했다. 중요한 고려사항이지만 이런 원칙들은 때로는 위에서 언급된 바와 같이 다른 연구 패러다임에는 통합하기가 어렵기도 하다. 연구 참여자의 공평한 선정에 대한 강조는 연구 결과를 일반화하고자 하지 않는 패러다임에는 적용가능성이 낮다. 일반적으로 질적 연구자들은 연구 참여자 선정을 감시하고 특정한 집단을 보호하기 위한 절차를 실행하기보다 복잡한 방식으로 정의의 문제를 성찰한다. 상호성의 유형과 표현의 효과를 고려하는 것은 질적 연구에서 연구의 정의에 접근하는 두 가지 방식이다.

상호성. 사람들이 연구자들에게 개방적이 되면서 — 시간을 내주고 속내를 공유하며 공적이며 사적인 행사와 활동에 이들을 자주 포함시키며 — 질적 연구자들은 이들로부터 배우는 것에 대해 매우 기쁘게 여기게 되면서도 적절하게 보답하지 못하는 자신의 능력을 인식하며 근심하게 된다. 내가 캐리비안 연구에서 다음과 같이 반성한 것처럼 말이다.

> 만일 문화기술지 연구자들이 쓴 것이 수집가와 그 지역사회에 돌아가는 혜택을 제한한다면 문화적 도둑질이다. "자료 수출"혹은 "학문적인 제국주의"(Hamnett & Porter, 1983, p. 65)라고 알려졌듯이 이 과정은 과거 고고학자가 돌, 도자기, 금으로 된 인공유물들을 분석과 전시를 위해 원래 있던 "이국적" 장소에서부터 고고학자의 고향으로 끌고 가는 과정을 상기시킨다. 관찰된 사람들에게 무엇을 빚졌나 하는 문제가 남는다. 교역조건이 유리구슬 이상을 의미할까?(Glesne, 1985, pp. 55-60)

후기 실증주의 연구에서 상호성은 연구 피험자들의 시간에 대한 금전적 보상 문제로 여겨진다. 질적 연구 참여자들이 때로 돈을 받기도 하지만 이것은 관행이 아니다. 금전으로 답례를 하기는 참여한 시간과 쌓아 온 관계의 성격 등에 따라 복잡해진다. 질적 연구자들은 다양한 방식으로 답례를 하지만 연구자들이 받은 만큼 돌려주었는지를 결정하는 것은 불가능한 일은 아니라 해도 어려운 일이다.

연구자의 상호성의 적절함을 판단하는 데 있어 동등함(equivalency)은 잘못된 기준일지도 모른다. 자기 교실 뒤편에서 당신이 몇 시간 동안 시간을 보내도록 허락해 준 교사들을 위해 또는 몇 주에 걸친 면담 시간을 지켜 준 간호사들에게 당신이 해 줄 수 있는 것은 무엇일까? 말 그대로 그들의 시간은 값으로 평가할 수 없는 것이다. 연구자가 능력 내에서 줄 수 있는, 연구 참여자들이 값으로 평가할 수 없을 정도로 귀하다고 느낄 만한 것은 없을까? 아마 없을 것이다. Glazer(1982)는 *상호성(reciprocity)*을 "호의와 약속의 교환, 서로 동일시하는 느낌과 유대감"(p. 50)이라고 정의한다. 급식 당번을 하는 교사 옆에 있든지, 연구 참여자들의 정원에서 잡초를 함께 뽑거나 지역 로터리 클럽과 이야기를 하는 등의 방식으로 연구자가 자신을 초연한 외부자가 아님을 보여 주어라. 연구자는 피면담자들에게 커피나 점심을 살 수도 있고 관찰하는 학교의 교사 휴게실에 간식을 갖고 갈 수도 있으며 면담과 관찰 이후에 감사카드를 보낼 수도 있다. 이 모든 행동은 감사함을 표현하는 수단, 즉 참여자들의 시간, 협조, 말의 중요성을 인정하고 그들이 제공해 주는 것들에 대한 당신의 의존을 인정하는 수단이 된다.

면담 과정 자체는 상호성을 위한 기회를 제공한다. 연구자의 질문이 피면담자로 하여금 중요한 문제를 파악하게 한다면 그들은 분명 정보 제공자로서 자신의 역할을 즐기고 유용하다고 깨달을 것이다. 참여자들이 자신을 반성해 보고 연구자의 질문에 대답할 기회를 제공해 줌으로써 연구자는 참여자들이 자신들과 조직의 어떤 측면을 이해하는 도움을 줄 수 있다.

연구자와 연구 참여자의 관계가 더 가까워질수록 더 특별한 의무와 기대, 상호성의 가능성이 부상한다. 예를 들면 Cassell(1987)은 첫 현장작업 이후 여름마다 계속적인 방문을 통해 남서부 아메리칸 원주민 노부부가 손녀라고 인정한 한 인류학자에 대한 이야기를 들려준다. 노부부의 자녀들과 배우자들은 이 인류학자를 자매로 대접했다. 어느 여름에 그 인류학자가 인디언 보호거주지에 돌아왔을 때 원주민 "할아버지"가 치매기를 보이며 과도한 음주를 하고 환각현상에 빠지기도 한다는 것을 알게 되었다. 그의 자녀들과 배우자들은 이 인류학자가 도착하자마자 자신들이 일 년 내내 그를 돌보았으니 이제는 그녀 차례라고 말하며 그곳을 떠나 버렸다. 그를 돌보는 일은 온종일 걸리는 일이었고 그녀가 계획했던 연구는 마치지 못했지만 그 인류학자는 그녀의 "이따금씩의 친척"의 상태를 존중하지 않을 수 없다고 느꼈다. 그러나 또 한편으로는 더욱 그 가족의 일부라고 느꼈고 다음 여름에는 정서 · 학습 장애가 있는 조카를 데려가기도 했다. 그녀의 "친척"은 그를 다루는 데 매우 큰 도움을 주었다. 다른 예에서 전기작가인 Rosengarten(1985)은 네드 콥(Ned Cobb)과 그와의 상호성의 형태에 대해 썼다: "네드 콥의 가족이 나와 바쁘게 일하는 것에 동의한 데에는 우리 둘 사이의 느낌의 공유 이외에도 한 가지 특별한 이유가 있다. 내가 네드와 함께 일한 것이 그의 살고 싶은 의지를 되살렸기 때문이다"(p. 113).

질적 연구 수행과정은 기대감을 높이는 데 이바지한다. 연구자가 한 지역사회나 조직에서 사람들에게 문제점들과 열망하는 바에 대해 며칠 동안, 몇 달간 물으면서 시간을 보내게 되면 이들의 불만과 희망의 목소리를 이끌어 낸다. 이 과정에서 연구자들은 누군가 그들의 곤경을 완화시켜 주려고 일할 것이라고 기대하게 만들 수도 있다. 연구자가 결과를 써서 출판할 계획만 가지고 있다면 연구 과정을 통해 연구 참여자들에게 그것을 확실히 해 두어야만 한다. 그러나 질적 연구자들은 문서화된 보고서 혹은 구두 발표를 통해 자주 그들의 정의, 투쟁, 고통의 상황을 분명히 함

상호성은 다양한 형식을 취할 수 있다. 여기 이 학생은 National Trust of Great Britain의 조직원들을 도와서 해안 지역의 외래종 식물들을 치우는 일을 하고 있다. 당신의 연구에서 보답할 수 있는 방법들을 생각해 보라.

으로써 상호성을 전달한다. 또한 상호성은 출판에서 오는 인세를 나누는 명료한 합의를 포함할 수도 있다. 어떻게 연구를 표현하고 보급할 것인가 하는 문제와 관련된 윤리는 다음 주제이다.

표현. 1982년에 Nancy Scheper-Hughes는 아일랜드 시골에서의 현장작업에 기초한 「성인들, 학자들, 그리고 정신분열증 환자들(Saints, Scholars, and Schizophrenics)」이라는 책을 출간했다. 1990년대 후반에 출판사는 그 책의 20판을 기념하는 특별판을 간행하기로 결정했다. 이 결정으로 인해 Scheper-Hughes는 자신이 현장작업을 했던 그 지역사회로 돌아가 보기로 했다. 그녀의 방문은 "예상보다 짧았고 트라우마"(Scheper-Hughes, 2001, p. xiii)였다. 2001년 판의 서문, 프롤로그, 에필로그에서 Scheper-Hughes는 그녀가 다르게 할 수 있었던 일들과 윤리적 딜레마에 관한 반성으로 가득한 그녀의 이야기를 극적으로 풀어 놓았다. Scheper-Hughes는 책에서 그 마을을 표현한 방식, 그 마을과 마을 사람들의 장점에 관한 기술을 생략한 방식 때문에 마을에 돌아왔을 때 전반적으로 환영받지 못했다. 회복하기에 너무 늦었을지 모르지만 Scheper-Hughes는 2001년 판에 이전 판에서 할 수 있었으나 하지 못했던 말들에 대해 썼고 그녀가 표현했던 부분에 대해 그녀가 취했던 관점을 성찰했다. 결국 그녀는 이런 질문을 던진다: "인간 관계, 기관, 조직의 성격에 있어서 모순과 패러독스에 대한 비판적 시선을 그렇게 쉽게 던진 것은 과연 누구의 이익을 위해였고 누구의 복리를 위함이었나?"(Scheper-Hughes, 2001, p. xvii)

Scheper-Hughes의 연구는 연구물을 작성하고 대중들에게 제시하는 것과 연관된 윤리적 문제의 예를 보여 준다. 우리가 공유한 것은 아주 작은 부분적 표현이며 선택한 글의 일부임을 상기해야 한다. 연구에 있어서 엄격하고 우리가 표현하는 것에 있어서 신중해야 하며 우리가 표현하고 존경하는 목소리의 관점과 감정을 고려해야 하는 것은 우리의 책임이다. Scheper-Hughes의 반성은 가능하다면 연구 참여자들과 연구의 모든 측면에서 더 많은 협력을 위해 출판 전에 공유하고 피드백을 받아야 하는 필요성을 강조한다.

다른 예시에서 Finch(1984)는 놀이 그룹에 대한 연구를 통해 수집한 자료를 출판해야 하는가를 두고 딜레마를 경험했다. 그녀는 노동자 계층 여성들과 중류층 여성들 간에 보육 기준에 대해 차이가 있음을 발견했다.

> 내가 두려워했던 것은 이 증거들이 노동자 계층 여성들이 부적절하고 무능한 양육자라는 인식을 강화하는 데 사용될 수도 있다는 것이다. 또한 나는 나보다 훨씬 덜 혜택받은 환경의 여성들에게 더 모욕을 주고 싶지 않았다. 정말 오랫동안 이 놀이터 연구의 이 측면에 대해서는 *어떤 것*도 쓸 수 없다고 느꼈다.(p. 84)

Finch는 이 여성들이 서 있는 구조적 위치와 그 위치에서 겪은 그들의 경험을 구분함으로써 그녀의 딜레마를 해결했다. 이것이 Finch로 하여금 "이 여성들이 위치한 구조의 본질적으로 착취적인 성격을 절대 변경시키지 않은 채, 삶의 다양한 구조적 특질들을 성공적으로 조화시킨 여성들의 증거를 보도록 했다"(Finch, 1984, p. 84). 따라서 그녀는 노동자 계층 여성들의 양육 실제를 불공평하고 동등하지 못한 사회라는 관점에서 그들을 지지하는 방식으로 서술했다. Finch는 그녀의 자료를 무시하거나 변형시키지 않았다; 그녀가 발견한 차이점들을 교묘히 변명해서 발뺌하지도 않았다. 그녀의 윤리적 민감함이 그녀로 하여금 자료에 대해 분석적으로 사고하도록 했고 발견한 것들을 맥락화하도록 이끌었고 이 두 집단 여성들의 행동이 그들의 삶의 다른 실재 안에서 표현되었다. 이처럼 윤리적 딜레마를 직면하는 것은 보다 효과적 해석으로 귀착되기도 한다.

시각적 표현은 어떻게 감상자에 따라 다른 반응을 일으키는가? 고갱이 그린 이 그림은 감정이입 혹은 거리감을 일으키는가? 이 그림은 특정한 고정관념을 강화하는가? 혹은 감상자가 무엇인가 새로운 것을 보게 만드는가? 민족, 인종, 성 혹은 계층의 문화적 코드를 적용하는가? 누구의 문화적 코드인가? 이 모든 것이 윤리적 질문들이다.

Paul Gauguin(프랑스, 1848–1903), Nave Nave Fenua(Delightful Land), 1884/1885(폴 고갱, 1921년), Rosenwald Collection, The National Gallery of Art.

때로는 예술적인 방식(예를 들면 드라마, 짧은 이야기, 시, 비디오 등)으로 표현된 연구 또한 상호성의 형식이 될 수 있다. 예술에 기반을 둔 표현에서는 학술적인 출판에서보다 연구자들의 언어와 이미지가 보다 더 연구 참여자들을 위해, 그리고 그들이 본 대로 드러날 수 있다. 그러나 이런 접근은 다른 윤리적 딜레마를 일으키기도 한다. 예를 들어 시설에 들어가 있는 가족에 대한 연극은 묘사를 위한 자료를 제공한 사람들에게 스트레스를 일으킬 수도 있다. 예술에 기반을 둔 연구자들을 위한 일반적인 가이드라인은 더 넓은 층의 대중들에게 개방되기 이전에 연구 참여자들의 삶의 어떤 측면의 표현에 대해 읽고 보고 예술작업에 참여하고 논의할 수 있어야 한다는 것이다. 9장에서는 예술에 기반을 둔 연구와 표현에 대해 보다 자세히 논의할 것이다.

윤리 강령(Ethical Codes)

1970년대에 연방정부는 연방정부의 재정적 지원을 받아서 인간 피험자를 포함하는 모든 연구를 진행하는 모든 대학에 임상시험심사위원회(Institutional Review Board: IRB)를 의무적으로 설치하도록 했다. IRB의 책임은 기관에서 계획된 인간 피험자를 포함하는 모든 연구를 검토해서 연구 참여자들이 보호받고 윤리적으로 대우받도록 하는 것이었다. 각 나라는 유사한 기관을 설치하고 있다(예를 들면 영국의 University Ethics Committees, 호주의 Human Research Ethics Committees, 그리고 캐나다의 Interagency Advisory Panel on Research Ethics).

신청자의 논문계획서를 검토할 때 IRB의 결정을 이끄는 존중, 선행, 정의의 원리에서 도출된 다섯 가지의 기본 항목은 다음과 같다.

1. 연구 피험자들은 연구 참여에 대한 고지된 결정(informed decision)을 내리기 위해 충분한 정보를 갖고 있어야만 한다.
2. 연구 피험자들은 연구의 어느 시점에서라도 불이익 없이 그만둘 수 있어야만 한다.
3. 연구 피험자들에게 불필요한 모든 위험요소는 제거되어야만 한다.
4. 피험자나 사회 양쪽에 돌아갈 혜택은 가능성 있는 위험요소보다 더 커야만 한다.
5. 실험은 반드시 유자격 연구자들에 의해서만 수행되어야 한다.

IRB 이외에도 다양한 전문가 집단이 그들의 학문분야에 맞는 전문가적 행동에 관한 고유의 윤리 강령을 만들고 지속적으로 업데이트하고 있다. 미국 내의 몇 개만 언급하더라도 인터넷상의 American Sociological Association, American Counseling Association, American Psychological Association, Society of Professional Journalists 등에서 나온 윤리 원칙과 행동 규정을 검색할 수 있다. 다양한 윤리 강령에 있어서 유사점이 있지만 차이점은 각 협회의 업무, 가치, 강조점을 반영한다. 예를 들면 미국인류학 연합회(American Anthropological Association: AAA)의 윤리 강령은 특히 질적 연구자들이 직면한 이슈에 대해 다루었다.

AAA 윤리 강령은 여러 번의 개정을 거쳐 최근에는 2012년에 개정되어 채택되었다. 그림 6.1은 13페이지에 달하는 성명서에서 발췌된 것이며 연구자들이 가져야 할 연구하는 인간과 동물, 그들의 삶과 문화에 대한 책임에 초점을 둔 것이다. AAA 윤리 강령은 연구자의 학문, 과학, 대중, 학생과 연습생, 적용되는 연구에 대한 책임에 대한 지령을 포함한다. 이 행동 원리들의 대부분은 일반적이고 해석하기 나름이기도 하다; 그럼에도 불구하고 이 지침은 현장작업에 대한 반성의 틀을 제공하며 연구자가 사려 깊은 결정을 내려야만 하는 분야에 민감해지도록 한다.

일부 전문가 조직은 철학적 가정을 윤리적 규정에 명시하도록 노력해 왔다. 예를 들어 Aotearoa(뉴질랜드) 사회학 협회는 다른 협회처럼 교수행위, 출판, 전문가적 행위 측면뿐만이 아니라 연구에서의 윤리적 문제에 초점을 두는 윤리 강령을 가지고 있다. 그렇지만 이 규정에는 윤리적 원칙의 사회적, 정치적 맥락이 비판적으로 자리매김하고 있다. 예를 들어 다음과 같은 명시적 성명을 포함한다: 사회적 세계는 복수이며 모순적이며 갈등한다. 하나의 반박하지 않을 만한 "공익"은 존재하기 어렵다. "사회학자들은 연구가 중립적이지 않으며 그들의 인식론적 가정과 요구를 명시해야만 한다." "사회학자들은 사람들 그 자체라기보다는 사회학적 문제들과 주제를 연구해야 한다." "연구 과정에서 사람들을 대상처럼 취급해서는 안 된다"(Sociological Association of Aotearoa, 2012). 당신이 계획하고 있는 연구의 윤리적 측면을 생각하기 위해 다른 나라뿐만 아니라 자국의 전문협회의 윤리 강령을 찾아본다면 도움이 될 것이다.

오늘날의 윤리 강령의 관점에서 보면 1950년대와 1960년대의 많은 연구들은 결코 승인받지 못할 것이었다. 일반적으로 피험자들은 힘없는 집단에서 선발되었다; 많은 경우에 이들은 힘을 가진 지위의 사람들에 의해서 자기들의 이익에 반대되는 결과를 사용하도록 정보를 제공하기도 했다(Punch, 1986). 윤리 강령은 이런 일의 발생빈도를 줄이는 데 일조했다. 그럼에도 불구하고 일부 연구자들이 지켜보았듯, 윤리 강령이 힘 있는 자들을 보호하기도 했다. 예를 들어 Wilkins(1979, p. 109)는 죄수들의 권리는 누군가가 감옥에서의 연구를 하고 싶어했을 때 비로소 권력자들의 관심거리가 되었음을 지적했다. 사실 권위자들은 피험자를 보호한다고 가장해서 자신들을 보호할 수 있다. 명백한 동의서를 요구하는 기관에서는 자주 민감한 이슈에 대한 연구를 못하게 하려는 의도에서 까다로운 심사를 하기도 한다(Galliher, 1982).

또한 연구 윤리 강령의 여러 측면이 문화적인 편견일 수도 있다. Lipson(1994)은 "많은 문화에서 '개인적 특성'이 한 사람의 종족, 사회적 집단, 마을"(p. 341)에 의해 정의되는 반면 서구의 윤리 강령은 개인과 개인의 권리에 대한 존중에만 초점을 맞

1. 해를 끼치지 말아라. … 어떤 문화인류학 연구라도 연구 착수 이전에 다음에 대해 생각해 보는 것은 매우 중요하다. … 문화인류학자들이 피해야 할 가장 심각한 해는 존엄, 신체적, 물질적 웰빙이며 각 연구자는 연구가 어떤 해를 야기할 수 있는지에 대해 생각해야 하며 특히 연구가 취약계층에서 수행된다면 더욱더 그러하다. 문화인류학자들은 … 주의깊게 본인들의 연구가 가져올 잠재적인 결과와 의도하지 않은 영향도 평가해야 한다. 여러 책무가 상충할 경우에 새로운 지식을 찾는 목적보다는 이 중요한 책무가 우선시되어야 하며 연구를 시작하지 말아야 할지 혹은 중단해야 할지에 대한 결정으로 이어져야 한다. …

2. 연구에 대해 개방적이고 정직하라. 문화인류학자들은 연구 목적, 방법, 결과, 스폰서 등에 관해 명료하고 개방적이어야 한다. … 고지에 의한 동의서처럼 투명도는 연구 시작 전에 원칙에 기초를 둔 결정을 포함하며 연구 참여, 관여, 과정에서의 개방된 대화를 장려한다. … 연구 파트너들과 참여자 간의 자료 소유권, 연구 결과에의 접근과 배포, 솔직한 협상은 연구를 시작할 것인지의 결정 이전에 필수적이다.

3. 고지에 의한 동의서와 필요한 허락을 구하라. … 최소한으로, 고지에 의한 동의서는 연구 목적, 방법, 지원금의 출처 혹은 스폰서들, 기대되는 결과, 연구의 예상되는 영향, 연구 참여자들의 권리와 책임이 포함된다. 또한 동의서에는 익명성과 저작자 표시에 관한 기대도 포함되어야 한다. 연구자들은 연구 참여자들에게 연구 참여의 가능한 영향을 제시해야만 하며 최대한의 노력에도 불구하고 익명성이 위태롭게 되거나 기대했던 결과와 다른 결과나 나올 수도 있음을 분명히 알려 두어야 한다. … 연구 참여자들에게 직접 영향을 줄 수 있는 연구상의 변화를 불러올 사건에 대해서는 문화인류학자들은 재방문하여 동의서를 재협상해야 한다. … 고지에 의한 동의서가 언제나 서면상의 혹은 서명하는 특정한 형식을 요구하거나 의미하는 것은 아니다. 동의서의 형식보다는 동의서의 성격이 문제가 된다.

4. 협력자들과 영향받는 당사자들에 대한 상충되는 윤리적 의무를 평가하라. 문화인류학자들은 서로 경합하는 연구 참여자들, 학생들, 전문가 동료들, 고용주들과 연구 기금 제공자들 등에 대한 윤리적 의무를 평가하면서도 연구 참여자들에 대한 의무가 가장 중요함을 인식해야 한다.

5. 연구 결과를 접근가능하도록 하라. 문화인류학적 연구의 결과는 제때에 알려져야 한다. 그 결과들이 명료하지 않을 수도 있고 다양한 해석이 가능하며 의도하지 않은 의도와 다른 의도로 사용될 수 있다는 것을 알고 있어야 함은 중요하다. 어떤 상황에서는 배포에 관한 제한이 참여자들, 이들의 문화적 전통이나 유형, 문화재, 지적 재산을 보호한다면 적절하다.

6. 연구자의 기록을 보호하고 보존하라. … 연구자들은 익명성, 현장기록지, 녹음, 다른 주요 자료의 안전한 보관, 참여자들의 신상정보 등을 확보하기 위해 적절한 방법을 사용할 책임이 있다. … 연구 자료의 보존에 관한 윤리적 결정은 자료의 진실성을 유지할 의무, 미래에 있을 해로운 영향으로부터 연구 참여자들과 지역사회를 보호할 책임 간의 균형을 이루어야 한다.

[그림 6.1] 미국 문화인류학 협회의 윤리 강령 발췌*

*www.aaanet.org/profdev/ethics

춤을 지적했다. 그녀는 "아프간들이 자신을 스스로의 권리나 자율성을 지닌 개인들로 간주하는 것이 아니라 가족의 일원으로 간주함"(p. 342)을 보여 주기 위해 아프간 난민에 대한 자신의 연구를 예로 들었다. 사람들은 개인의 측면이 아닌 지역사회의 측면에서 사고하고 행동하기 때문에 Howott와 Stevenson(2005)은 외부 연구자들이 IRB의 가이드라인을 넘어선 비형식적, 형식적 지역사회 기반의 연구 동의를 얻기 위한 윤리적 의무가 있으며 지역사회를 "적절한 연구 목적과 질문, 지식을 구하는 적절한 방법(문화적으로 구체적이며 적절한 방법론), 연구 결과와 지식의 적절한 공유를 찾아내는 데" 끌어들여야 한다고 제안한다.

이런 비교문화적 연구 딜레마를 염두에 두고 미국인류학 연합회(AAA)의 한 위원회가 문화상대주의(cultural relativism)를 신봉하는 동시에 윤리 강령을 만들 도덕적 권위를 가졌는가에 대한 문제를 제기했다. 즉, 만일 다른 문화들의 윤리 강령이 도덕적으로 동등하다고 간주될 수 있다면 어떻게 AAA는 연구를 수행함에 있어서 윤리 강령을 개발할 수 있는가? 이런 토론을 하면서 위원회는 비록 문화적 상대주의가 한 문화 내에서의 풍습을 이해하는 중요한 지적 입장이긴 하지만, 이것이 연구자가 연구 참여자들의 풍습 전체에 동의해야만 하는 것은 아니라는 결론을 내렸다. 예를 들면 노예제도는 일반적으로 잘못된 것이라고 간주되지만 어떤 지역에서 이런 관습은 지속되고 있고 연구될 가치가 있다는 것이다. 결론적으로, 위원회는 현장연구를 하는 사람들을 위한 지침으로 윤리 강령을 개발하는 것에 동의하게 되었다. 윤리 강령은 특정 종류의 연구를 미리 배제시킬 수 있거나 문화적으로 편견을 가진 것이 면직의 근거가 될 수 없지만, 질적 연구에서 윤리성의 기준이 연구자로서의 관점이 성장하고 연구 참여가 증가함에 따라 발전할 수 있음을 보여 준다.

연구자의 역할과 윤리적 딜레마

여기에서는 윤리 문제가 연구자가 취하게 되는 여러 다른 역할과 연결되며 어떻게 이것이 현장에서 이루어지는지에 대해 다룬다. 어떤 역할은 연구자를 근심에 빠지게 한다. 또 다른 역할들은 매력적이지만 자료 수집의 목적과 관계 측면은 혼란스럽기도 하다. 역할에는 착취자, 개혁자, 옹호자, 친구가 있으며 각 각 역할에는 서로 다른 윤리적 딜레마가 따른다.

착취자(Exploiter)

> 에스페란자(Esperanza)는 내게 국경을 넘나들며 밀수하던 이야기를 해 주었다. 시골지역의 멕시코계 노동자들이 미국 땅에 들어와 그들의 몸을 노동시장에 수출하듯이 에스페란자는 그녀의 이야기를 수출용으로 전해 주었다. … 문제는 내가 그녀의 최악의 코요테가 되지 않으면서도 그녀의 권력 부족을 이용해서 그녀의 이야기를 다른 방식으로 만들기 위해 문학적 브로커로 행동할 수 있을까 하는 것이었다.
>
> (Behar, 1993, p. 234)

착취의 문제 혹은 연구 참여자들을 이용하는 문제는 연구자가 연구에 몰입해 배우고 있는 것의 풍부함을 기뻐하기 시작할 때쯤 부상하기 시작한다. 연구자는 감사해하지만, 이처럼 많이 받고 있지만 대가로 그들에게 줄 것이 너무 적다는 것에 대해 죄책감을 느끼기 시작한다. 이 걱정을 신중하게 받아들여라. 초대받지 않은 외부자로서 많은 연구자들은 새로운 지역사회에 들어가서 말과 행동이라는 다듬지 않은 자료들을 캐낸 후에 자신과 어쩌면 그들의 직업적 동료들을 위해 이 자료들을 제품으로 만들려고 철수한다. 연구 참여자들은 대개 익명으로 남지만 연구자들은 출판을 통해 지위, 명성, 인세를 받는다(Plummer, 1983). 연구자들은 때로는 "다른 직업에 있는 사람들(특수교사, 간호사, 사회복지사)의 이야기를 듣고 우리는 당신과 같은 상황에 처한 다른 사람들을 도울 수 있을 것입니다."와 같이 눈물이 뚝뚝 떨어지는 약속들로 그들의 행동을 정당화하기도 한다.

착취는 권력과 통제의 문제를 수반한다. 만일 연구자가 협력적 연구 혹은 실행연구 프로젝트에 속한 것이 아니라면 연구자가 참여자들을 '이용'하는가의 여부를 어떻게 알 수 있을까? 밋지(Mitzi)는 노숙자 어머니들과 자녀들의 학교에 대해 면담을 하기 시작했다. 그녀는 어머니들이 그녀와 함께 보내는 시간에 대한 보답으로 무엇을 줄 수 있을지에 대해 고뇌하게 되었다. 딕(Dick)은 초임 교장에 대한 그의 연구에서 그가 맺은 관계, 접촉, 친구들을 자료를 얻기 위해 '이용'했다고 느꼈다. 밋지와 딕은 타인들을 이용하는 문제, 상호성에 관한 어려운 질문을 던진다. 이 두 사람은 박사논문을 위해 일했고 그들이 줄 수 있는 것보다 더 많은 것을 받고 있는 것처럼 느끼고 있었다. 아마 그것이 사실일 것이다. 그렇지만 어떤 이는 어떤 방식으로 그들이 지역사회에 환원할 것인지를 물을 것이다. 밋지와 딕은 피면담자들을 존경심과 존엄성을 갖고 대했다. 그것은 윤리적이다. 밋지와 딕은 사람들이 말하는 것을 잘 이해했는지 확인하면서 사려 깊게 들었다. 그것도 윤리적이다. 밋지는 사회사업 분야에서 일했고 딕은 공립교육 분야에서 일했다. 두 사람 모두 그들이 배운 것을 그들이 하고 있던 업무와 연결하고 타인과 공유할 계획을 갖고 있었다. 그것은 윤리적이다. 연구 참여자들의 문제를 해결해 줄 것을 약속하지 않았다; 참여자들의 이야기를 들어 주고 그들이 목소리를 내도록 했을 뿐이다. 그것은 윤리적이다.

만약 윤리성의 기준이 연구자가 정보를 얻은 사람들의 어려움을 해결하는 것이고 그것도 당장 해결해 주는 것이라면, 대부분의 연구는 시작도 못할 운명에 처할 것이다. 그럼에도 불구하고 착취의 문제에 심각한 관심을 기울여야만 할 필요가 있다; 특히 연구자들이 소외되고 억압된 사람들과 연구를 수행한다면 더욱 그렇다. 당신의 연구가 **탈식민지적 연구(decolonizing research)**가 될 수 있는 방법, 당신과 함께 일하는 집단을 이용하는 것에 대해 고려해 보라. 「탈식민지적 방법론(Decolonizing Methodologies)」(1999)이라는 책에서 마오리 학자 Linda Tuhiwai Smith는 연구 프로젝트에 관해 다음과 같은 질문을 던진다. "연구 문제를 정의한 사람은 누구인가?" "누구에게 이 연구가 가치 있으며 타당한가? 누가 그렇게 말하는가?" "이 연구에서 지역사회가 얻는 지식은 무엇인가?" "이 연구에서 나올 수 있는 긍정적 결과는 무엇인가?" "연구자가 책임져야 할 사람들은 누구인가?"(p. 173) 당신의 연구를 염두에 두고 이런 문제에 대한 답변을 해 보라. 만일 당신의 답변이 당신이 모든 의사결정을 했고 가장 많이 혜택을 얻는다는 것을 분명히 보여 준다면 자신의 연구 설계 수정을 진지하게 고려해야만 한다.

개입자/개혁자(Intervener/Reformer)

연구자들이 어쩌다가 빠져 버리지만 피해야 하는 착취자의 역할과는 달리, 개입자 또는 개혁자의 역할은 연구자들이 의식적으로 가정하는 역할일지도 모른다. 이처럼 연구자들은 연구 과정에서 공유했을 때 어떤 사람들에게는 잠재적으로 위험한 정보를 종종 얻게 되기도 한다. 캐리비안의 젊은 농부들의 관습에 대한 면담을 하면서 나는 예상치 못하게 이들이 불법적으로 마리화나를 재배해서 판매한다는 것을 알게 되었다. Peshkin은 그의 연구(Glesne & Peshkin, 1992)에 참여한 학생들을 면담하면서 위험한 정보에 내밀히 관여하게 되었다.

> 당신도 코너의 가게에 대해 알고 있지요, 맞지요? 아니라구요? 세상에. 거기서는 아무나 술을 살 수 있어요. 아무나요. 내 친구와 나는 칩스를 사러 그곳에 갔는데 카운터 뒤에 서 있던 남자가 "너희들 술 마시냐? 내가 와인쿨러를 팔게. 너희 부모들에게 이야기 안 할 거야. 그런 걱정은 마라. 와인쿨러 줄까?"(p. 114)

다른 사례에서 낸시(Nancy)는 동물원에서 관찰과 면담을 통해 일부 동물들을 비인도적으로 다루는 것을 알게 되었고 이에 대해 점점 더 염려하게 되었고 그녀가 얻은 정보를 어떻게 해야 할지 걱정하게 되었다. 연구 참여자들이 당신을 신뢰할 때 연구자들은 틀림없이 특권과 잘하면 문제가 되고 심할 경우 위험스러운 일들에 대해 배우는 부담스러운 짐을 안게 된다.

연구자의 윤리적 딜레마는 이런 위험한 지식을 어떻게 할 것인지이다. 어느 선까지 연구 참여자들의 비밀을 보호해 주어야 하는가? 만약 불법 행동에 대해 알게 된다면 이것을 밝힐 것인가? 만약 이전의 예들에서 연구자들이 알고 있는 것을 당국에 알린다면 일부 사람들에게는 해를 끼치게 될 뿐만 아니라 우리는 그 장소에서 연구를 계속 못하게 될 수도 있고 후속 프로젝트도 못할 수 있다. 연구자들 중 누구도 그들이 알고 있는 것을 다른 사람들과 이야기하지 않았고 개인적으로 개입하지도 않았다. 비밀의 지속적인 보호가 최선의 정책이다(Ball 1985; Fine & Sandstrom, 1988). 만약 정보를 드러내는 것이 연구 참여자에게 해를 준다면 그 정보를 무시해야 하는가, 아니면 간접적으로 전달해야 하는가, 아니면 연구를 중단하고 불공평하거나 잘못되었다고 인식한 것을 바로잡으려고 해야 하는가?

Fine과 Sandstrom은 「Knowing Children」(1988)이란 책에서 사춘기 이전의 아이들이 "모르고 위험하게 행동할 뿐만 아니라 알면서도 어른들이 정한 규칙을 어기려고 의식적으로 행동한다"(p. 55)고 이야기한다. 연구자와 어린이 간에 신뢰가 쌓여 가면서 어린이들의 말과 행동은 연구자를 윤리적 딜레마에 처하게 만든다. 예를 들면 유아는 다른 아이들을 괴롭히거나 성차별적인 발언을 할 수 있다. Fine과 Sandstrom은 "어린이들은 성인 연구자들에게 괴로움을 주는 말을 하거나 행동을 하도록 허용되어야만 한다. 더 나아가 어떤 경우에 연구자들은 이런 괴로운 행동들을 최소한 암묵적으로 지지하는 식으로 행동해야 한다"(p. 55)고 밝혔다.

상황이 얼마나 "잘못된" 것이고 "위험"하다고 인식해서 개입해야 하는가에 대한 질문은 여전히 남는다. 예를 들어 만약 연구자로서 당신이 한 아이가 지속적으로 정

서적 학대를 받는 것을 의심하게 된다면, 당신은 코너 가게에서 술을 제안받은 학생들과 접촉했을 때의 연구에서와 다르게 반응할 것인가? 후자의 경우도 아동 학대의 경우라고 해석될 수 있는가? 특정한 전문 협회의 의무에 관한 선은 명료하지만, 개입해야 할 도덕적 의무의 선과 사생활 보호를 계속해야 할 연구자로서 의무 사이의 선이 언제나 분명하지는 않다.

판단은 맥락적 요소들과 개인적 의무의 조합에 의해 정해지는 경우가 많다. 그렇지만 어떤 예방적 조처는 이런 딜레마를 피하는 데 도움을 줄 수 있다. 간호사인 로리는 병원에서 연구를 수행했다. 그녀는 만약 그녀가 연구자로서의 역할을 맡고 있는 동안에 부정치료를 관찰하게 되면 어떻게 해야 하나 걱정을 했다. 마침내 그녀는 질적 연구 방법 수업시간에 만난 동료들과 그녀의 이런 걱정들을 나누었다. 로리의 걱정을 심각하게 받아들이고 다양한 해결책을 구상한 수업 동료들은 로리가 문지기들과 그녀가 관찰하고 면담한 간호사들을 관찰한 것이 부정치료라면 어떻게 해야 하는지에 대한 조언을 받을 것을 강력하게 권했다.

연구자의 걱정과 딜레마를 나눌 일종의 지지집단을 만드는 것은 연구 과정에서 매우 중요한 부분이다. 어떤 연구자들은 연구 계획을 할 때 전문가 패널을 만들기도 한다. 학생의 경우 논문 심사 위원회가 이 기능을 맡을 수도 있지만 전문가 패널과 논문 심사 위원회가 질적 연구에서 떠오르는 윤리 문제들을 어떻게 다루어야 하는가에 대해 꼭 알고 있는 것은 아니다. 다른 주제에 관심 있는 타인들로 구성되긴 하지만, 이런 유사한 방법적인 질문들로 고민하는 지지집단을 갖는 것이 이상적이다. 연구자 역시 이상적으로 연구 참여자들의 핵심 그룹과 충분한 신뢰관계를 형성해서 잠재적인 윤리적 이슈와 어떤 후속 행동을 취할지에 대해 사전에 논의하라.

옹호자(Advocate)

옹호자는 자신의 연구를 통해 알게 된 어떤 이슈에 관해 어떤 입장을 취하기로 결정한다는 면에서 개입자와 유사하다. 그러나 연구 장소에서 무엇인가를 변화시키려는 개입자 혹은 개혁가와는 달리 옹호자들은 대의명분을 어떤 그룹의 복지를 옹호함에 둔다. 아래의 예에서 린은 대학 관리인들을 면담하면서 그들의 옹호자가 되고 싶어졌다.

연구가 어느 정도까지 관리인들의 상황을 개선시킬 것인가를 계속해서 나 자신에

> 게 질문했다. 어떤 좋은 결과가 올 것이라고 그들의 기대를 높이거나 관리인들과 함께 한 문제제기 과정 중에 마치 내가 참여자가 된 듯한 기분이 들기도 했다. 내 연구의 목적이 이해이지 '바꾸는' 것이 아니었음에도 불구하고 어떻게 최악의 상황이라고 판단한 것에 그렇게 가깝게 다가섰다가 물러날 수가 있을까? 나는 나 자신에게 계속 질문을 던진다. "내가 관리인들에게 해결책 혹은 최소한 어느 정도의 고통의 경감을 줄 수 있는가?" 내 대답은 언제나 "아니다."이지만, 나는 계속해서 나 자신에게 같은 질문을 하는데 이는 아마도 내가 그 대답을 좋아하지 않기 때문일 것이다.

린의 연구로 그녀가 연구했던 관리인들의 복지에 대한 염려에 신경을 쓰게 되었다. 옹호가 여러 가지 형태로 나타난다고 보았다—발표와 출판이 그 중 가장 손쉬운 것이다. 린은 이런 형식이 그녀를 충족시키는지 아니면 그녀의 능력 내에서 관리자들이 수용할 수 있는 다른 형식이 있는지 결정할 필요가 있었다. 그녀는 비판적이고 협력적이며 참여적인 실행연구가 되기로 한 질적 연구자들의 동기를 잘 표현했으며 이런 맥락에서 관리자들과 후속연구를 계속하기로 했다.

친구(Friend)

4장에서 논의되었듯이, 연구자들은 종종 연구 참여자들과 우호적인 관계를 형성하기도 한다; 어떤 경우에는 우정을 맺기도 한다. 우정 혹은 친절의 경우에 윤리적 딜레마가 생길 수 있다. 연구자의 역할에 있을 때보다 우정의 맥락에 있을 때 친밀한 정보에 더 쉽게 접근할 수 있는 것은 당연한 일이다. 이런 정보를 자료료 사용해도 될 것인가? 덴마크인들의 삶을 탐색한 Hansen(1976)의 연구는 개인적 우정이 정보를 얻는 매개가 되었다. Hansen(1976)은 연구자로서의 역할과 친구로서의 역할에 대한 어려움을 표현했다: "내가 받은 비밀스런 정보들은 내 역할이 친구였을 때 주어진 것이다. 그렇지만 나는 인류학자이기도 하며 내가 듣고 보는 모든 것은 덴마크인들의 상호작용의 역동성에 대한 나의 이해와 잠재적인 관련이 있는 것이다"(p. 127). 여기에서 Hansen은 한 여성이 들려준 특히 비밀스러운 이야기를 말한다.

> 그날 나중에 나는 인류학자의 역할로서 그녀 모르게 이 대화를 녹음했다. 연구자로서의 내 역할에서 이 대화는 '자료'가 된다. 만약 그녀가 내가 친구로서만이 아니라 양쪽의 역할에서 듣고 있었다는 것을 알게 되면 그녀가 이것에 대해 그리고 보

다 개인적인 다른 일들에 대해서 이렇게 솔직하게 말을 했을까?(p. 129)

Hansen은 자료 수집을 계속하면서 피면담자들의 익명성을 어떻게 보호할 것인지에 대한 근심이 커져만 갔다. 그녀는 또한 우정 관계를 배신하는 것은 아니라고 해도 친구들을 불편하게 만들 수도 있는 결과를 출판하는 것에 대한 윤리적 딜레마를 경험했다.

Hansen은 원고에 그녀의 친구들이 말한 모든 것을 포함시켜야 하는지에 대해 질문을 던질 필요가 있다. 내러티브에 친구들이 말한 모든 것을 포함할 필요가 정말 있는가? 골치 아픈 부분들을 제외하더라도 내러티브가 여전히 지지되는가? 이 골치 아픈 부분들을 좀 덜 골치 아프게 제시할 수 있는가? 결국엔 우리가 쓴 것을 보여주고, 그들의 결정에 우선권을 줌으로써 우리 친구들이 평가받도록 해야만 하는가?

Busier 등(1997)은 "연구자의 친밀감(Intimacy in Research)"이라는 기사를 통해, 저자들은 친밀감이 "이해로 통하는 길"(p. 165)은 될 수 있지만 여기엔 책임, 관계의 성격과 영향에 관한 반성을 포함한 배려, 관계에서 힘의 역할에 대한 분석, 관계적인 윤리에 맞게 조율하기 등이 포함된다고 했다. 관계적 윤리에서 "도덕적 행동의 유래와 근거는 규칙, 의무와 같은 것에 있는 것이 아니라 타인을 위한 마음 씀, 애착에 있다"(Flinders, 1992, p. 106). 신뢰, 돌봄, 협력에 입각한 관계적 윤리는 우정 관계를 환영하는 연구의 핵심이다.

손쉬운 해결책은 없다

윤리적 딜레마는 그 성격상 손쉬운 해결책을 허용하지 않는다. 연구자들은 어떤 사람들이나 어떤 상황이나 주제를 연구해야 하는가의 문제를 두고 논쟁을 계속하며 만약 연구를 한다면 어떻게 해야 하느냐에 대한 고민을 한다. 이들은 현장작업이 반드시 기만이 동반되어야 하는지 묻는다. 현장작업에서의 생략을 통한 기만의 역할에 대해 주장하기도 한다. 관계에서의 힘의 악용, 특히 경제적으로 가난하고 혜택받지 못한 집단에 대한 윤리적 문제들을 제기한다. 규약과 규칙이 성공적인 연구 윤리를 형성할 수 있는가를 묻기도 한다. 윤리와 연구 관계에 대한 염려는 사실 많은 질적 연구자들이 IRB 규정을 넘어서는 연구 절차 과정을 포함하게 했다. 연구자의 의도, 연구자의 역할과 관계, 정치에 대한 의미가 모두 여기에 포함된다. 윤리 강령은 분명 연구자의 행동을 이끌지만 연구가 얼마나 윤리적인가 하는 문제는 연구 전반에 걸친 연구자의 연구 참여자들과의 지속적인 의사소통과 상호작용에 따라 달라진다. 연구자들은 이 비판적 연구 문제에 있어서 유일한 결정자가 되어서는 안 된다.

IRB와 다른 윤리위원회의 기준이 되는 윤리적 철학은 어느 정도는 **공동체주의(communitarianism)**라고 불리기도 하는 새로운 사회적 윤리에 의한 도전을 받는다. "공동사회주의, 평등주의자, 민주적인, 비판적인, 돌봄의, 참여시키는, 수행적인, 사회정의 중심의"(Lincoln & Denzin, 2008, p. 542)로 묘사되는 이 윤리는 "민주적이고 상호적이며 보답하는 입장"을 요구한다. 공리주의적 윤리에서 그랬던 것처럼, 공동사회주의적 관점은 도덕적 판단을 위한 중립적 원칙을 만들려고 애쓰기보다 인간관계, 돌봄, 그리고 사회역사적 관점에 기초한 윤리를 구한다. Strike(2006)에 의하면, "공동사회주의적 접근을 취한다는 것은 연구자가 자신의 행동을 지역사회의 목적의 관점에서 조사해야 함을 의미한다. 또한 지역사회를 위한 기능을 하는 기관과 실제의 복지에 관한 염려를 요구하며 개별 연구자가 자신의 연구를 성실히 수행하는 것 이상을 요구한다"(p. 72).

우리의 사고가 공동사회주의적 윤리에 기초하지는 않았지만, Patricia Martin과 내가 멕시코 오악사카에서 독립적 연구를 수행할 때 우리는 이와 같은 윤리에 대한 생각을 공유했다. 연구에 대한 이야기를 나누면서 우리는 오악사카 사회에서 중요한 세 가지 개념에 초점을 맞추고 있음을 발견했다 — 지역사회, 공동의 자율성, 친절한 접대. 이런 문화적 가치가 사람들의 행동과 오악사카에서의 상호작용을 이끄는 방식을 관찰했고, 대화를 나누던 중 우리는 이런 개념들이 질적 연구 일반에 그리고 우리 연구 과정에 특히 적용되는 윤리적 기틀의 기능을 하는지 반추하게 되었다(Martin & Glesne, 2002).

친절한 접대에 관해서 우리는 연구 장소인 다양한 오악사카 지역사회의 사람들이 우리에게 주는 환대에 우리가 어떻게 반응했는가를 이야기하기 시작했다. 우리는 피에스타를 포함해 그들의 가정에 초대되어 상석에 앉아 음식을 대접받고 인정받았다. 매일의 현장작업 과정 내에서 공들여서 더 큰 상호성을 구체화하는 것(특히 음식과 시간을 공유하기, 덜 업무 중심적이 되기)은 분명히 환대에 더 잘 응답하는 하나의 단계였다. 우리가 환대를 연구 수행의 윤리적 기틀로 생각해 보면서 우리는 이전에 걱정했던 연구 관계에서 힘의 역할에 중점을 두었던 것과 연구 과정을 좀 더 수평적으로 만들고자 했던 바를 다르게 보기 시작했다. 환대라는 렌즈를 힘 대신 사용하니 우리는 돌봄, 열정, 관대의 교환에 주목하게 되었다. 환대는 우리가 힘의 불균형을 포함하고 또 그 이상을 넘어서는 관계의 측면들을 보도록 요구한다. 또한 환대는 우리가 연구자로서 문화적으로 개방적인 방식으로 행동할 것을 요구한다. 뉴질랜드의 마오리(Maori) 지역사회에서의 연구를 위한 윤리 강령(Tuhiwai Smith, 1999)도 이 의견을 지지하는데, 여기에는 "사람들과 공유하고 사람들을 초대하고, 관대하라" "사람들의 *mana*[중요한 의무와 권리]를 짓밟지 마라" "당신의 지식을 과시하지 마라"(p. 120)가 포함된다.

공동사회주의적 윤리와 유사하게 "관계적 윤리"는 상호존중과 연구자와 연구가 수행되는 지역사회 간의 연결과 진실성의 유지를 강조한다. 돌봄의 윤리에 기초해서 이 관점은 협력적, 참여적 실행연구의 일부가 된다. "돌봄의 이론은 사람들의 도덕적 상호의존을 강조한다"(Rossman & Rallis, 2012, p. 70). 이 관점은 힘과 불공평을 포함한 문제들에 관해 도덕적 행동주의자의 관점을 취하는 연구자들에게 연구윤리에 관한 질문들을 여전히 제시한다. 특히 우리는 "무엇을 기초로 해서 행동주의적 관점이 취해져야 하며 연구자는 누구에게, 어떻게 책임을 져야 하는가?" 하는 질문을 던져야 한다. 사회과학에서 비판하고 연구하고 지식을 얻은 여러 방법을 포용하면서 특정한 맥락, 참여자, 관계에 집중하는 윤리를 만드는 새로운 방법을 착실히 만들어 가야 한다.

추천하는 읽을거리

Christians, C. (2011). Ethics and politics in qualitative research. In N. Denzin & Y. Lincoln (Eds.), *The landscape of qualitative research* (4th ed., pp. 61–80). Thousand Oaks, CA: Sage.

Hammersley, M., & Traianou, A. (2012). *Ethics in qualitative research: Controversies and contexts.* Thousand Oaks, CA: Sage.

연습문제

1. 다음의 윤리적 딜레마 중 하나를 선택하고(개별 혹은 수업시간에 모둠으로) 만약 당신이 이런 상황의 연구자라면 어떻게 할 것인지 생각해 보라.
   a. 당신은 거식증 환자였지만 더 이상 거식증 증상을 보이지 않는 여대생들의

학교 경험에 관한 면담을 하고 있다. 두 학기에 걸쳐서 각 참여자들을 최소한 5회 이상 면담하려고 계획했다. 겨울방학을 마치고 한 참여자와 세 번째 면담을 하던 중 당신은 눈에 띄는 체중감소와 그녀가 내뱉은 몇 마디의 말에서 그녀의 거식증이 다시 시작되었다고 의심하기 시작했다. 건강에 대해서 묻자 그녀는 매우 건강하다고 말한다. 당신은 이런 상황에서 어떻게 할 것인가?

b. 당신은 저명한 대학 총장의 지성사(intellectual biography)를 연구하고 있다. 면담의 대부분은 형성기를 포함한 지성사를 쓰겠다는 당신의 요구에 분명히 동의한 총장과 이루어지고 있다. 당신은 그가 출판한 모든 연구물을 읽고 중요한 동료들과 가족들도 면담하고 있다. 이런 과정에서 당신은 그의 사생활에서 잠재적으로 손해를 끼칠 노골적인 정보를 발견하게 되었다. 당신은 이런 상황에서 어떻게 할 것인가?

c. 당신은 교육적 측면과 지역사회 참여에 특별한 관심을 두고 작은 남부 도시의 피난민 정착 프로그램을 탐구하고 있다. 래포가 진전되고 이 프로그램에 자원봉사를 하며 시간을 보내면서 당신은 초기 이민자들이 최근에 온 난민을 어떻게 경제적으로 착취하는지 알게 되었다. 그는 정착 프로그램을 통해 제공되어야 할 정보와 서비스에 대해 돈을 받고 있었고 사람들은 이 프로그램에 의해 요구를 충족시키기보다는 그에게 가서 문제를 해결하고 있었다. 당신은 새로운 난민들을 이 착취에서 보호하고 싶었고 초기 이민자들의 행동을 알리고 싶었지만 어쩌면 당신이 문화적으로 일어나는 일에 대해 충분히 이해하지 못하는 것은 아닐까 걱정되기도 했다. 당신은 이런 상황에서 어떻게 할 것인가?

2. 소집단으로 특정한 학문분야 혹은 협회(각 그룹은 다른 분야를 선정해서)의 윤리 강령을 찾아보라. 규정은 어떻게 다양한 연구 패러다임(예를 들면 후기실증주의, 해석주의, 비판주의)을 반영하는가? 대집단으로 윤리 강령들 간의 유사점과 차이점에 대해 논의해 보라. 여기 인터넷 검색을 통해 윤리적 가이드라인을 찾아볼 수 있고 흥미 있는 정보가 있는 협회들을 소개한다.

- American Anthropology Association
- American Psychological Association
- American Sociological Association

- American Folklore Society
- Association of Internet Researchers
- British Educational Research Association
- British Sociological Association
- Society of Professional Journalists

3. 현장노트를 보고 당신의 연구 과정에서 일어날 수도 있을 윤리적 문제에 대해 반성해 보라. 이런 가능성을 줄이기 위해 할 수 있는 일은 무엇일까? 윤리적으로 염려되는 상황에 직면했을 때 당신은 어떻게 할 것인가? 이 문제를 최소한 수업을 같이 듣는 사람 한 명 이상과 토론해 보라.

제7장

당신의 이야기를 찾아내기: 자료 분석

피할 수 없는 일을 더 이상 미룰 수는 없다. 나는 이제 3주째 집에 틀어박혀서 코딩을 피할 수 있는, 정신을 다른 곳으로 돌리는 일들을 모두 다 해 보았다. 파일을 다시 정리하고, 공부방을 정하고, 곧 쌓아올릴 서가에 펼쳐 놓을 수 있도록 대대적인 재조직을 했다. 나는 읽고 생각했고 정말 시작하려고 내가 11월에 쓴 책자 내용 견본을 꺼냈다. 나는 최근 몇 달 동안 몇 개의 포스트잇에 써둔 노트를 희미하게 떠오른, 내가 계획한 구조와 서투르고 지루하게 일해야 함을 보여 주는 중요한 아이디어와 함께 파일에 넣어 두었다. 오늘 나는 벽에다 임시의 장(章)을 출력해서 붙여 놓으면 어떨까 생각해 본다(그래서 코딩을 다시 연기해?) 나는 이를 타이핑하기 시작했고 내가 발견한 것이 무엇일까? 이것은 모두 잘못되었고 내가 생각한 바를 전혀 나타내고 있지 않았다. 잔꾀는 통하지 못했다. 나는 각 장(章)을 다시 조직하려고 했지만 제대로 되지는 않았다. 그래서 나는 그 대신에 내가 자면서도, 운전하거나, 유월절 음식을 요리하면서도 생각했던 큰 주제들에 대해 쓰기 시작했다. 그곳이 바로 내가 시작해야 할 부분이었다.

(Pugach, 개인적 편지, 1994년 3월 31일)

자료 분석은 연구자가 보고, 듣고, 읽은 것을 소식해서 배운 것과 경험한 바를 이해할 수 있도록 해 준다. 자료를 갖고 작업하면서 연구자는 기술하고, 비교하고, 설명하고, 연구자의 이야기를 다른 이야기와 연결시키게 되고 어쩌면 가설을 제기하고 이론을 개발하게 된다. 그러나 연구자가 자료를 분석하는 방법은 매우 다양하다.

예를 들면 언어적 전통은 "텍스트를 분석 그 자체의 대상"으로 다루며 단어와 대화에 초점을 두고 자료를 *형식적 내러티브 분석*, *담론 분석*, *언어적 분석*이라는 도구를 통해 이해하고자 한다. 사회학적 전통의 연구에서는 "텍스트를 인간 경험으로 통하는 창"(Ryan & Bernard, 2000, p. 769)으로 다루는 경향이 있으며, 추후 분석, 기술, 해석을 위해 코딩과 분리를 통해 자료를 처리하는 **주제 분석(thematic analysis)** 절차를 사용한다. 문화기술적 연구에서 가장 광범위하게 사용되는 주제 분석이 이 장에서 주로 다뤄지지만 비교를 위해 다른 유형의 자료 분석도 함께 소개될 것이다.

다양한 분석 유형

연구자가 사용하는 분석 유형은 연구자의 방법론, 연구 목적, 자료 수집 방법 등과 연결된다. 이 장은 자료 분석의 다양한 접근을 모두 다루지는 않으며 어떻게 그리고 왜 분석 절차가 다양할 수 있는지를 소개하기 위해 네 가지 다른 접근을 제시한다. 자료 분석 전반에 대해 광범위하게 읽고, 당신에게 울림을 주는 자료 분석에 대해서도 많이 읽어라. 이제 이 장 전체에 걸쳐 중점을 두는 자료 분석인 주제 분석을 자세히 소개하기 전에 언어학 전통의 담화 분석; 언어학과 사회학 전통이 접목한 내러티브 분석, 사회적 전통의 기호학을 간략히 설명할 것이다.

주제 분석

주제와 유형을 찾는 주제 분석은 문화인류학, 교육학 그리고 다른 질적 연구에서 흔하게 사용된다. 주제 분석의 중요한 측면은 자료를 *코드* 혹은 라벨에 따라 범주로 나누는 것이다. 코딩된 자료의 덩어리는 다양한 방식으로 분석된다. 예를 들면 연구자는 하나의 사례에서 같은 방식으로 코딩된 자료를 살펴보고 이것이 시간의 변화에 따라 어떻게 변화되는지 혹은 이벤트에 따라 다른 요소들과의 관계에서 다양성을 보이는지 살펴볼 수 있다. 연구자는 "코드에 의해 표현된 범주와 주제의 아이디어가 어떻게 사례에 따라 다른가를 탐색"(Gibbs, 2007, p. 48)할 수도 있다. 사례는 다른 사건, 장소, 참여자들 혹은 정책을 말한다. 비교하기는 특정한 주제 안에서 유형을 찾아내는 분석적 단계이다. 주제 분석의 목표는 현상과 관련한 사람들의 인식, 가치, 신념뿐만 아니라 여기에 연루되는 과정을 이해함으로써 사회적 현상에 대한 미묘한 차이가 있는 이해에 도달하고자 함이다. **근거이론 방법론**(grounded theory methodology) 연구자들은 이론을 형성하기 위해 주제와 유형을 찾는다.

유형 찾기는 문화 혹은 장소를 통합하는 측면과 사람들이 누구와 상호작용하는지, 사람들이 일반적으로 하는 일에 집중하는 경향이 있다. 주제 분석이 유형을 찾기는 하지만, 표준을 규정하는 것은 아니다. 주제 분석의 장점은 연구자가 긴장과 차이를 찾고자 함에 따라 기저에 있는 복잡성을 드러낼 수 있도록 하며 사람들이 일반적 유형과 어디에서 그리고 어떻게 차이가 있는지를 설명할 수 있게 한다는 점이다. 주제 분석은 이후에 더 자세히 소개할 것이다.

담화 분석

담화 분석(conversational analysis)은 연구 목적이 자연스럽게 일어나는 대화를 통해 어떻게 의미가 소통되며 협상되는지를 탐색할 때 효과적인 분석의 유형이다.

> 담화 분석은 평범한 일상의 대화에 참여하는 사람들이 쓰는 다양한 실제를 연구한다. 여기에는 참여자들이 어떻게 중복과 방해를 협상하며 어떻게 (듣기와 문제를 이해하는 것과 같은) 상호작용에서 다양한 실패에 대처하며 어떻게 대화가 시작되고 종료되는지가 포함된다.
>
> (Bloor & Wood, 2006, p. 39)

예를 들면 담화 분석은 환자의 안전 증진을 위한 다직종 간 팀워크 프로그램을 실행하고 있는 병원 연구에 사용될 수 있다. 연구자는 담화 분석을 사용해서 의사, 간호사, 기술자, 보조인력이 특정한 환자와 관련된 상황에서 대화와 그 대화를 통해 소통되고, 협상되는 의미의 종류에 집중함으로써 프로그램 개발에 관한 정보를 얻을 수 있다.

담화 분석 연구 자료는 면담 자료가 아니라 일상생활 속 사건의 기록에서 나오는 경우가 많다. 연구자는 특정한 단어를 강조하기 위해 발화 사이의 시간 간격부터 대화의 자세한 부분에 초점을 두고 대화의 비인어적 측면을 지시하는 다양한 상징을 사용하는 전사시스템을 사용한다. 해석적 연구의 한 유형으로 개발된 담화 분석은 *민속방법론(ethnomethodology)*이라고 불리는데, 이 방법론은 사람들이 일상적 삶을 이해하며 "믿고, 동의하고, 협상하는"(Schwandt, 2007, p. 98) 것과 같은 당연하게 여겨지는 상호작용을 성취하기 위해 사용하는 절차에 집중한다. 비디오 녹화가 일상생활의 측면을 기록하기 위한 자료 수집 도구로 자주 사용되고 비디오는 한 장면 한 장면 분석되고 연구된다.

내러티브 분석

당신의 연구 목적이 참여자들이 어떻게 그들의 경험으로부터 의미를 구성하는지와/혹은 어떻게 참여자들이 이 경험을 구조화하는지 이해하기 위함이라면 당신은 **내러티브 분석**(narrative analysis) 전략에 대해 알고 싶을 것이다. "내러티브의 구조 또는 결혼의 실패, 삶의 변화를 가져올 특정한 경험, 사회·의학적 처치 경험; 특정한 프로그램의 참여와 같은 특정한 사건의 경험의 탐색"(Grbich, 2013, p. 216)을 하기 위한 연구 문제가 설정되기 쉽다. 내러티브는 그 자리(in situ)에서 목소리나 비디오 녹화 혹은 면담을 통해 수집된다. 면담을 통해 자료를 수집하게 되면 면담자는 일반적으로 "~에 대해서 말씀해 주세요."와 같이 응답자가 자신의 이야기를 가능한 한 방해 없이 말할 수 있게 하는 광범위하고 개방형인 질문을 하게 된다. 참여자들의 이야기를 주제와 유형으로 분석하는 대신 분석과정은 이야기와 이야기하기에 관심을 둔다.

자녀를 잃은 어머니들이 상실을 어떻게 이해하는지 알고자 하는 연구 프로젝트가 한 예가 될 수 있다. 연구자는 사회언어학적 혹은 사회문화적 내러티브 분석 접근을 할 수 있다. 두 가지 입장을 다 사용하면 더 효과적일 수 있다. 사회문화적 접근은 내러티브를 말한 그대로 꼼꼼하게 읽는 데 집중한다. 예를 들어 만약 연구자가 자녀를 잃은 고통을 받고 있는 어머니들과 면담을 수행한다면 연구자는 각 전사본을 읽고 또 읽고 각 이야기가 포함된 사건을 기록한다; 느낌과 표현된 반응; 각 여성이 그녀의 이야기에 부여하는 의미; 그리고 모든 설명(Gibbs, 2007). 그러고 나서 연구자는 참여자들의 내러티브를 비교하고 유사한 사건들, 다른 사건들에 주목하며 이해하려고 할 것이다. 연구자는 또한 이야기들을 참여자들의 문화적, 정치적 맥락과 연결하거나 이야기를 끼워 놓고자 한다(Grbich, 2013).

사회언어학적 접근은 이야기하기의 언어학적, 수사학적 형식에 집중한다. 연구자는 어떻게 여성들이 그들의 이야기를 시작하고, 어떻게 마치며, 어떻게 중간을 구성하는지 분석한다. 이야기의 극적인 스타일을 고려할 수도 있다. 내러티브는 다음 중 하나 혹은 그 이상의 특정한 극적인 스타일에 적절할 수 있다. "비극, 풍자, 로맨스, 코미디(Gibbs, 2007). 만약 화자들의 모든 이야기가 다소 유사한 극적 스타일로 말해진다면 연구자는 왜 면담을 한 특정한 집단의 여성들이 그러한지에 대해 성찰해야 한다. 만약 이야기들이 매우 다른 구조를 갖고 있다면 그에 대해 성찰하고 그 이유를 이해하려고 노력해야 할 것이다. Gubrium과 Holstein(2009)은 사람들의 내러티브가 "연구자가 처음부터 구성적인 대안을 인식하지 못한다면"(p. 69) 모르고 지나가 버릴 "다양한 줄거리 구조와 주제"를 갖고 있다고 말한다. 내러티브 분석자는 상황이 어떻게 이야기가 말해지고 혹은 의미가 만들어지는지를 결정하지는 않다는 것을 인식하면서 어떻게 피면담자가 의미를 만들어 내기 위해 경험과 상황을 연결하는지를 살펴본다.

Gubrium과 Holstein(2009)은 사회학적 전통에 기초해서 내러티브 연구에서 전사를 넘어서야 함을 강조한다. 분석자는 또한 화자가 이야기를 하는 맥락이 어떻게 무엇을 말하고 어떻게 말하는지에 영향을 미치는지를 고려해야 한다. 누가 이야기를 끌어내는 질문을 하는가? 어떻게 어떤 이야기는 침묵되거나 좌절되는가? 예를 들어 나의 아버지가 내가 수행했던 국회도서관 참전자 프로젝트(Library of Congress Veteran Project)를 위한 면담에서 2차 세계대전에 관해 해 주신 말씀은 2008년 재향군인의 날에 워싱턴에서 다른 2차 세계대전 참전자들과 함께 계셨을 때 하신 말씀과 달랐다. 맥락을 관찰하기는 내러티브를 자리매김하고 해석함에 있어서 중요하다. Gubrium과 Holstein(2009)은 내러티브 문화기술지(narrative ethnography)를 "이야기를 만들고 의사소통하는 과정에서 상황, 배우, 행위를 밀접하게 조사하는 과정이 포함되는 절차와 분석 방법이다. 이를 위해서는 이야기 형성에 분명한 집중을 둔 직접적 관찰을 해야 한다"(p. 22)라고 설명한다.

사회과학 분야의 연구자들은 내러티브 분석을 사용하지만 그 목적은 서로 다르다. Bloor와 Wood(2006)가 말했듯 "언어학자들은 내러티브의 내적 구조를 조사하겠고, 심리학자들은 이야기를 재현하고 요약하는 과정에 집중할 수 있으며, 문화인류학자들은 비교문화적인 이야기의 기능을 살펴볼 것이다"(p. 119).

기호학

기호학(semiotics)은 언어학적, 커뮤니케이션 과학에서 나왔으며 어떻게 사람들이 신호와 상징을 통해 의사소통하는지 이해하고자 한다. 기호학은 참여자들이 무엇을 인식하거나 *무엇을* 믿는지보다 *어떻게* 특정한 신념 혹은 태도가 그들의 머리 속에 들어가게 되었는지에 관심을 더 갖는다. 예를 들면 사람들은 미국 내를 운행하는 장거리 버스를 왜 위험한 여행 방식으로 인식하게 되었을까? "유기농"이라는 명칭이 붙은 음식은 왜 좋은 것으로 인식되는가? 왜 경제발전은 빈번히 발전의 신호로 여겨지는가? 기호학 분석은 문화적 신념체계 혹은 어떻게 특정한 종류의 정보(예를 들면 개인정보)가 전달되는지를 묻는 연구에 적절하다.

기호학은 기본적으로 정보를 갖고 있는 모든 것에 집중한다. 글로 된 텍스트 그리고 구두 텍스트 모두 정보를 전하는 **신호**를 사용하지만 신호는 어떤 의미를 전달하는 상황에서 추기경의 모자가 될 수도 있고, 혀에 뚫은 구멍일 수도 있으며 타멜레 한 봉지가 될 수도 있다. *어떤 것이 신호가 되려면 메시지를 전달하는 무엇인, 기호표현(signifier)이 있어야 하며(추기경의 모자) 전달되는 개념인 기의(記意: signified)가 있어야(빨간 모자 협회의 멤버) 한다.* 기호학 분석에서는 어떻게 신호가 형성되는지 혹은 특정한 맥락에서 의미가 불러일으켜지는지에 집중한다.

신호의 통합된 시스템은 사회적 부호(social code)를 생산한다. "기호학은 표면적 의미 혹은 얕은 기술을 넘어선 역동성을 찾아내고자 하며 기저에 깔린 함의를 분명히 하고자 한다"(Madison, 2012, p. 76). 기호학은 신호가 표시하는 것 혹은 표현하는 것뿐만 아니라 특정한 문화적 맥락에서 신호가 암시하거나 의미하는 바에도 관련이 있다. 예를 들면 캠퍼스에서 학생들의 집단을 기호학적으로 분석하는 연구를 시작한 대학생은 학생들이 어떻게 자신들과 타인들을 집단으로 묶는가에 대한 인식을 알아내기 위해 면담을 하지만 대부분의 그녀의 연구는 학생들의 옷, 장식품, 그리고 상호작용적 행동을 관찰하는 데 집중된다. 그녀가 특별히 관심을 둔 부분은 일부 학생들의 집단이 자신의 집단 혹은 다른 집단과 의사소통하기 위해 사용하는 특정한 신호와 상징의 차별적인 방법이었다.

기호학적 분석자들은 시각적 신호(예: 특정한 색깔의 사용), 언어학적 신호(특정 단어의 사용), 그리고 청각적 신호(목소리 톤과 같은 소리의 사용)을 고려할 수도 있다. 이들은 누가 의사소통을 하며 누가 의도된 청자인가 하는 부분을 살펴본다. 또한 이들은 어떻게 의사소통이 구조화되고 어떻게 구조가 전달되는가를 연구한다. 이들은 이항대립을 살펴볼 수도 있다. 즉, 한 종류의 쿠키가 "유기농"이라고 말할 때는 그 명칭이 없는 다른 제품은 유기농이 아니라는 것을 암시한다. 끝으로 이들은 신호를 사람들이 쓰는 의미와 연결하고 구조화하는 부호들 혹은 언급되지 않은 규칙이나 관습을 조사하고 이 부호들이 어떻게 시간에 따라 변화되는가를 살핀다.

어떻게 신호들이 의미를 구성하기 위해 서로 연결되는지를 보기 위해 Roland Barthes 등은 특정한 신호들이 "자연스러운" 것으로 여겨지는 방식—이를 통해 힘을 가진 사람들에게 이익이 돌아가도록 조작하는—을 암시하는 권력의 시스템과 이데올로기를 연구했다. 다양한 동기(현상을 유지하기부터 생산물의 판매를 촉진하기 등)가 원하는 이미지를 암시하는 신호를 얻기 위한 배후에 존재한다.

Caroline Manheimer, Wanderings, 2003, 섬유공예(Tim Barnwell, 사진작가)

Caroline Manheimer, 2008. Uniform Series #15, 2008, 섬유공예(Tim Barnwell, 사진작가)

다양한 분석의 유형에 대한 설명을 마치면서 나는 시각적 은유 하나를 제시하겠다. 섬유예술가 Caroline Manheimer는 천조각들을 어떻게 꿰맸는지에 대해 이야기한다. *주제 분석*에의 비유로 그녀는 천조각들을 특정한 기준(크기, 색깔, 모양)에 따라 나누고 이를 다시 모아 하나의 색깔이나 모양을 옆에 있는 조각과 함께 조화시키면서 디자인을 만들게 했다. 이 과정에서 그녀는 작은 조각들을 더 작은 조각으로 나누기도 하고(부호를 나누기) 몇 개의 조각들을 함께 꿰매기도 하면서(부호를 함께 묶기) 그녀의 퀼트 Wandering(이미지 7.1)에서 모이듯이 패턴을 재조직하고 만들었다. Uniform Series # 15(이미지 7.2)에서 Manheimer의 과정은 가톨릭 학교 유니폼이 상징적 내러티브의 가는 실로 그려진 삶에 관한 이야기를 불러일으키기 위해 천을 사용했다는 점에서 보다 *내러티브 분석*과 유사하다. 천의 조각들(자료)은 보다 전체론적이며 이야기하기(내러티브)는 강조되었다.

당신의 연구 목적과 연구 문제는 당신이 만들어 내는 자료뿐만 아니라 당신이 자료를 어떻게 이해하는가에도 영향을 준다. 이 책의 대부분이 특정한 문제, 집단 혹은 조직의 사회문화적 측면을 이해하도록 돕는 문화기술적 연구 기법에 관한 것이므로 이 장의 나머지 부분에서 주제 분석의 절차를 좀 더 자세히 설명하도록 하겠다.

주제 분석: 초반 작업

만약 연구자가 지속적으로 자료에 관한 성찰을 하고 자료를 조직화하고 자료가 말하는 바를 발견하려고 애쓴다면 자료 분석을 자료 수집 이후에 분리된 단계로 여길 때보다 훨씬 더 적절하고 깊이 있는 연구가 될 것이다. 자료 수집과 동시에 진행되는 자료 분석은 연구자가 연구가 진행되면서 초점을 찾고 연구를 만들어 가도록 해주며 분석과정의 일부가 된다. O'Reilly(2005)는 스페인으로 이민 온 영국인들에 관한 연구에서 그녀가 어떻게 자료 수집 단계에서 지속적인 자료 분석에 참여했는지의 예시를 보여 준다.

> 나는 두 명의 영국인들이 거기에서 만났을 때 이들이 스페인 사람들이 전통적으로 하듯이 양쪽 뺨에 서로 키스하는 경향이 있음을 알게 되었다. 내 현장기록지에 이런 내용을 쓴 적이 없었는데 이런 행동들이 자주 일어나는 것을 깨닫고 나서야 이

> 런 행동이 중요하다고 생각했기 때문이다. 내가 자세히 이런 행동을 관찰하게 되면서 … 나는 영국 이민자들만 이런 행동을 하지 여행자들은 이런 행동을 하지 않는다는 것과 이민자들은 특히 관광객들과 함께 있을 때 이런 행동을 보인다는 것을 깨닫게 되었다. 그런 다음 나는 이민자들이 관광객들과 함께 있을 때 서로에게 스페인어 단어를 가끔씩 사용함을 알게 되었다. 이것은 이전에는 영국인들과 스페인 사람들 간의 관계에 대해 보다 집중을 했었던 반면, 이민자들과 관광객들 간의 관계에 대해 생각해 보게 이끌었다. 따라서 내가 일단 현장을 떠난 후에는 관찰하기 어려웠던 현장작업 중에 이민자들과 관광객들, 서로에 대한 그들의 태도와 행동을 보다 더 밀접하게 분석하게 되었다. 내가 수집한 노트와 자료를 분류하기 시작했고 "관광객/이민자 관계"라는 새로운 제목 아래 자료를 배분하고 이전에는 눈치채지 못했던 새로운 사건을 발견하게 되었다.(p. 187)

O'Reilly(2005)가 주목했듯 연구자가 현장작업의 가능성을 충분히 활용할 수 있기 위해 연구자가 여전히 자료 수집 중일 때 분석적 연결이 이루어져야 한다. 메모 쓰기, 월별 보고서 쓰기, 자료 관리하기, 초기 코딩 계획 적용하기는 연구자가 새로운 직감, 새로운 질문을 만들도록 돕고 당신이 얻는 자료에서 배우고 정보를 처리하도록 해 줄 것이다.

메모 쓰기

원래 메모라는 용어는 근거이론 연구에서 특정한 쓰기를 칭한다(Glaser & Strauss, 1967). 현재 이 용어는 성찰적 사고를 쓰는 것을 이르는 말로 질적 연구에서 광범위하게 쓰인다. 자기에게 메모 쓰기 혹은 성찰적 현장기록을 작성함으로써 연구자는 생각을 발전시킬 수 있다; 아무리 덜 익은 상태라고 해도 당신의 생각이 떠오르는 대로 기록하면서 분석과정은 시작된다. 메모 쓰기는 새로운 생각과 관점을 자유롭게 탐색하도록 돕는다. 대학원생 제키(Jackie)는 "내게 어떤 것이 떠오를 때 나는 이것을 카드에 적는다. 내가 그 생각을 잊을 수는 있어도 잃어 버리지는 않게 된다. 카드에 적힌 것은 내가 나중에라도 이것에 대해 생각하도록 도와준다."라고 말한다.

연구자는 연구 과정에서 새로운 관점과 사고에 개방되어 있어야 한다. 또 다른 대학원생 고든은 이렇게 말한다. "내가 다른 일을 하고 있는 중에도 자료를 바라보는 새로운 방식과 통찰이 떠오르곤 했다. 이 통찰이 가장 생산적으로 일어나는 때는 바로 수업을 위해 오래 운전하고 가는 길이거나 내가 집중하지 않는, 길고 지루한 미팅 중일 것이다." 분석적 사고가 떠올랐을 때 놓치지 말아야 한다. 밤이나 낮이나 당신의 생각이 떠올랐을 때 적어 놓을 수 있도록 녹음기를 차에 준비해 두는 것이 도움이 된다(그렇게 하는 것이 안전하다면).

생각이 떠오를 때까지 기다리고 있지만 말고 정기적으로 앉아 분석적 메모를 작성하라. 연구 문제에 대해 심사숙고해 보고 연구 문제에 어떻게 답변할 것인가 혹은 새롭거나 다른 연구 문제를 제시할 수 있는가에 대해 적어 보라. 당신이 보고 있는 발생하고 있는 유형에 대해 써 보라. 이런 유형이 특별히 정돈되고 포괄적으로 보인다면 누가 다른 의견을 갖고 있을지 생각해 보고 이들과 면담 약속을 잡아라. 어떤 유형이라도 예외를 찾아보라. 당신이 찾는 것은 광범위한 관점이지 한 집단 사람들의 행동, 신념 혹은 가치를 요약하는 일반화를 추구하는 것이 아님을 기억하라. 당신이 관찰한 유형에서 부정적인 사례는 무엇인가? 이런 사례들이 언제 그리고 왜 발생하는지 생각해 보라. 당신이 지속적으로 자신이 배우고 있는 바에 대해 생각해 본다면 이런 분석적 사고는 다음 관찰이나 면담, 면담 질문을 안내해 줄 수 있다.

그림 7.1은 내가 수행했던 7개의 학술적인 미술관 현장연구 자료를 코딩하기 전에 쓴 분석적 메모의 예시이다. 나는 대학의 문화, 정치, 경제적인 도전과 같은 광범위한 주제에 대해 답변할 필요가 있음을 알고 있었고 특별한 순서 없이 나에게 가장 눈에 띄는 특정한 주제에 관해 기록했다. 메모 쓰기는 내가 자료를 범주화하거나 조직하는 방법을 인식하도록 했는데, 예를 들면 학교의 역사와 문화가 어떻게 미술과 미술관이 인식되는 방식과 연결되는지 조사하기 위해 다시 자료로 되돌아가 살펴보게끔 했다.

나에게 쓰는 메모 쓰기 이외에도 논문심사위원회, 가족과 친구들 혹은 연구 자금 지원기관을 위한 월별보고서를 작성하는 것은 연구자가 지금 어디에 있고 어떤 방향으로 가려고 하는지를 체계적으로 검사하는 한 방법이 될 수 있다. 현장보고서(field report)를 짧지만 중요한 내용을 적어서 당신이 쓰는 데, 독자들이 읽는 데 부담이 되지 않도록 하라. 내가 "세 가지의 P, 진전, 문제, 계획(Progress, Problems, Plan)"이라고 부르는 제목들이 당신의 연구를 간결하고 현실적으로 계획하도록 비평하는 데 도움을 줄 수 있다. 연구자는 연구 과정과 수집된 자료를 둘 다 반성하면서 새로운 질문, 새로운 직감, 연구에 접근하는 새로운 방법을 찾아내기도 한다. 또한 보고서는 연구의 진전에 관심 있는 사람들과 의사소통하고 연구의 제반에 대해 알려 주며 그들에게 그 과정에 변화를 줄 수 있는 기회를 제공한다.

나는 대학 정치와 경제적인 도전에 대해 써야 할 필요성이 있을 것 같은 생각이 든다. 아직도 완전히 이해하지 못했지만 이 두 가지는 대학 미술관의 "변두리" 일들에도, "중심부에서도" 매우 중요하다. 정치, 경제 부분은 미술관이 미술관 경험을 한 사람들에게 창의성을 자극했다든지 혹은 사색할 수 있는 피난처를 제공하면서 그들의 삶을 변화시킨 방식으로 보완될 수 있을 듯하다. …

내 눈에 띄는 것은 무엇이지?

1. 대학의 청중에게 다가서고 지역사회에 접근하기는 처음에 드러난 것처럼 뚜렷하지는 않다.
2. 예술을 지원하는 대학의 역사와 문화는 다른 무엇보다도 중요하다.
3. 미술관의 미션과 기금을 모으는 능력 외에도 다른 사람들을 끌어들이는 리더십이 중요하다.
4. 예술과 미술관은 다양한 학문분야에서 매력적이고 창의적인 방식으로 성공적으로 이용될 수 있다.
5. 미술관은 주로 교육과정 혹은 전시에 포커스를 두어 몇 가지 학문분야에 걸치는/간학문적인/다학문적인 부분을 다룰 수 있다.
6. 미술관은 학생들에게 생생한 실습형의 학습 장소가 된다. 큐레이터나 기록담당자들만이 할 수 있는 일들을 해 볼 수 있다. 미술관은 연구 기술, 아카이브 활용을 배우고, 문화적 맥락과 역사를 탐색하는 장소가 된다. 학생들은 또한 그들의 전시, 명칭, 텍스트, 웹사이트, 서류를 통해 그들의 연구를 제시하고 의사소통하는 방법에 대해 배울 수 있다.
7. 미술관은 학생들이 직업, 조교직, 학점취득의 장소가 된다. 모든 학생들이 미술사나 스튜디오 아트 전공인 것은 아니다. 어떤 학생들은 다른 학문분야에서 왔고 미술관의 작품들과 "사랑에 빠져 있다."
8. 미술관은 교육학과의 밀접한 연관성이 있다. 미술관은 학생들이 미술관 "투어"를 통해 K-12를 관찰하고 상호작용을 실습할 수 있는 곳이다. 학생들이 직접 체험해 볼 수 있는 미술 활동을 가르치고 리드함으로써 어린이들과 그들의 가족과 연결되는 장이 되는 것이다. 미술관은 학습 실험실이다.
9. 만약 미술관이 캠퍼스에 "알려졌다면" 동문회 기금의 혜택을 받았을 것 같다. 이것은 학교의 문화와도 연결된다.
10. 행정적 지원과 신념은 중요하다. 경제적인 감축은 현실의 일부이다. 만약 행정부에서 미술관의 힘과 가능성을 보지 못한다면 예산은 감축될 것이다. 이것은 일종의 구조조정을 의미하는가? 미술관은 누구와 협력을 하는가? 누구에게 보고하는가? ETF는 어떻게 형성되는가? 미술관이 만들 수 있는가? 캠퍼스를 넘어서는 서비스에 대한 대학의 사명은 무엇인가? 이 역할에 대해서 미술관이 받는 인정은 무엇인가?

[그림 7.1] 분석적 메모의 예시*

* 메모는 Samuel H. Kress 재단에서 지원한 대학 미술관 연구의 현장작업 중에 쓰여진 것임.

글쓰기는 연구자가 연구, 새로운 질문들과 연결고리를 찾도록 도와준다. 이 모든 글쓰기는 누적된다. 원고의 초안을 시작할 때 이미 많은 생각을 갖고 있다. 현장저널이나 메모로 기록된 이런 코멘트와 생각들이 이후에 작성될 다양한 형태의 파일로 완성될 자료에 연결될 것이다.

어느 정도의 통제를 유지하기

> 문화인류학자, 사회학자 등이 현장자료의 "풍부함"에 대해 이야기할 때 이는 그들이 수집하고 저장하는 자료의 순전한 양과 복잡성을 표현하는 또 다른 방식이기도 하다.
>
> (Dicks, Mason, Coffey, & Atkinson, 2005, p. 2)

연구 중에 축적된 노트, 사진, 컴퓨터 파일, 마닐라 파일, 서류 등 엄청난 양의 자료에 압도되는 게 당연하다. 정말 '살찐 자료'를 얻게 된다; 그 엄청난 양에 겁이 날 만도 하다. 틀림없이 당신은 필요한 것보다 훨씬 더 많은 자료를 수집할 것이다. 지속적으로 조직화해 오지 않는다면 그렇게 많은 양의 자료의 존재는 집중된 분석을 직면하기보다는 회피하고 미루게 만들 수도 있다. 자료 수집 과정에서 자료 조직을 계속하는 것은 자료로부터 지속적으로 배우고 전사자료를 컴퓨터 파일로 만드는 것과 연관된 괴로운 과제를 나누어 할 수 있게 해 준다. 고든이 이에 대해 말한다.

> 각 면담과 관찰 이후 노트를 컴퓨터 파일로 전사해 놓아라. 이 충고는 내 자료의 상당히 많은 부분이 쉽게 사용될 수 있는 형태가 아니란 것을 내가 알게 되면서 꼭 해 주고 싶은 말이다. 나는 3개월 남짓을 거슬러 올라가는, 나도 쉽게 읽을 수 없는 자료는 이용하기 힘든 것이란 것을 깨달았기 때문에 내가 쓴 노트를 타이핑해야만 했다. 지루하고 재미없는 일…

자료를 따라가기에는 면담을 전사하고, 관찰노트와 현장기록지, 메모들을 컴퓨터 파일로 만들고 새로운 파일을 만들고 이를 재조직하는 과정이 포함된다. 자료 수집 날짜, 장소, 시간, 그리고 면담하거나 관찰한 사람, 전사한 면담 등을 기록할 수 있는 적절한 형식을 개발하라(그림 7.2 참조). 이런 방식으로 연구자의 진행상황에 관한 기록만이 아니라 연구자가 누구와 어디에서 시간을 보냈는지를 쉽게 파악할

면담 번호	면담 일자	피면담자	전사	시간	역할	과목	주(註)
18	4/8/14	C. Perez	4/10/14	1.5	교사	수학	—
19	4/9/14	D. Brown	4/10/14	.5	행정가	—	늦음; 미완결
20	4/9/14	M. Levine	4/20/14	1.0	교사	역사	

[그림 7.2] 면담 기록을 위한 양식의 예시

수 있기 때문에 연구자가 더 해야 할 부분에 대해서도 알아낼 수 있다.

연구자의 파일링 시스템은 자료 수집에 따라서 점점 더 복잡해진다. 파일 만들기는 면담 질문, 사람, 장소와 같은 일반적인 범주에 따라 조직된 파일에서 시작할 수도 있다. 이런 파일은 초기에 필요한 정보와 사고를 추적할 수 있는 방법을 제공한다. 자료와 경험이 쌓이면서 연구자가 읽은 것, 분석적 사고와 관찰을 연구하고 있는 사회적 과정에 대해 적절한 구체적 파일을 만들 수 있을 것이다. 초기에는 주관성, 제목, 서론과 결론 장을 위한 생각들, 문헌에서 인용한 것과 같은 제목을 가진 파일에서부터 시작할 수 있다.

이 구체적인 파일들 하나하나에는 고유한 목적이 있다. 예를 들어 제목 파일(title file)에는 연구자의 내러티브가 무엇에 대한 것인지 이해하려는 노력이 포함되어 있다(Peshkin, 1985). 비록 연구 계획서에 연구 프로젝트의 중심이 되는 점들에 대해 기술했다고 하더라도, 연구자가 말할 여러 가능성 중에서 어떤 특정한 이야기를 하게 될 것인지 분명히 알 수 없다. 자료를 수집하는 과정에서 제목들을 떠올려 지어 봄으로써 궁극적으로는 자료의 형식이 될 후보들을 시험해 볼 수 있게 된다. 제목들은 당장은 특정한 포커스를 갖고 자료 수집에 집중하게 하지만, 전반적인 면에서는 연구자가 하고 있는 것이 무엇인지에 대해 분명히 알게 해 준다. 즉, 제목을 찾으려고 하는 행위가 바로 해석 행위가 된다. 제목은 연구자가 본 것이 연구에 적절한 것으로 되도록 하지만, 연구에 대한 기대가 달라지면서 제목도 바뀐다.

서론과 결론과 관련된 파일은 연구자를 모든 연구의 두 가지 분명한 측면으로 이끈다: 연구의 시작과 끝. 연구자가 서론과 결론 장을 무엇이라고 이름 붙이든 간에 연구자는 연구를 필요한 맥락, 배경, 개념화를 제공하는 형식에 맞추게 된다. 결론 장에는 답변을 제시하기보다 더 많은 질문을 일으키거나 다양한 관점을 제시하는 내용을 담기도 하지만 최소한의 요약, 연구의 중점에 맞는 연구자의 자료에서 도출된 의미를 해석하는 것으로 종결하게 된다. 연구자가 자료 수집에 사로잡혀 있을 때는 연구의 서론과 본론을 준비하는 것이 너무나 먼 꿈같이 여겨지지만 여기에 대해 숙고해 보는 것은 빠를수록 좋다. 이상적으로 서론과 결론에 대한 파일을 만들어 놓게 되면 연구자가 연구 과정에서 놓치기 쉬운 부분에 대해 준비하도록 일깨워 준다; 제목처럼 앞으로 나올 텍스트에 포함될 수 있는 생각을 촉진시킨다. 그렇지만 실제로 글쓰기를 끝마칠 때까지 어떤 생각이 살아남게 될지는 모른다.

인용구 파일(quotation file)은 당신이 읽은 것 중 관련 문헌으로 유용해 보이는 단편들을 포함한다. 궁극적으로 인용들은 각 장으로 나눠져 들어가 어떤 것은 한 장의 윗부분에 들어가서 독자들에게 그 장에 포함된 것에 대한 유용한 열쇠가 되는 제사(題詞)로 쓰이게 될 것이다. 다른 인용구들은 연구자가 자신의 자료를 갖고 새로운 분야를 개척하게 되면서 선배들이 제공하는 권위 있는 목소리로 사용될 수도 있다. 인용구들을 적절한 자원 삼아 잘 사용하게 되면 연구자는 자신의 분야에서 완전히 새로운 것은 없다는 것을 인정하게 된다. 다른 파일들처럼 인용구 파일도 언제나 문헌이 이 질문—내가 읽은 것들에서 내 연구에 대해 말해 주는 것이 혹시 있다면, 그것이 무엇일까?—에 영감을 주어야 한다는 것을 상기시켜 준다.

파일은 연구자가 자신의 생각과 타인의 생각을 저장하고 조직하는 것을 도와준다. 자료 분석은 연구자가 연구를 만들기 위해 배워 가고 의미를 찾아가는 해석과 더불어 점진적으로 정교화되는 판단의 관점에서 자료를 조직하는 과정이다. 여기에서는 당신이 배워 가고 있는 중이란 것을 이해하는 것이 가장 중요하다; 이것은 당신이 한순간에 모든 것을 이루어 낼 필요는 없지만, 결국에는 자료 분석이라는 도전을 달성할 필요가 있음을 말해 준다. 자료 분석이라는 작은 노력에 의해 그 다음의 분석을 해내는 능력이 증진된다는 것이다.

초기 코딩 계획

> 이 경험이 *살찐 자료*라는 용어에 완전히 새로운 의미를 주었다. 나는 내가 가진 모든 것을 읽는 것을 상상조차 할 수 없었지만 그래야만 한다는 것을 알았다. 그리고 또 코딩을 해야 한다고? 글쓰기를 계속하는 동안에도 사건들은 그 지역사회에서 계속 일어나고 있었고 정말 그것도 무시할 수가 없다. … 그래서 자료 수집을 그만

> 둘 수가 없는 것이지. 그만둘 수 있을까? 그냥 코딩을 시작하고 글쓰기를 하기 시작한 것일 뿐이다.
>
> (Pugach, 편지에서)

마린 푸가치(Marleen Pugach)는 이 노트를 쓸 때 수집하고 있는 자료를 조직할 필요성을 느끼면서 그녀의 연구 장소에 여전히 머물고 있었다. 자료를 여러 다른 그룹으로 분류하는 것이 시작점이다. 그러는 가운데 연구자는 이제부터 구체적으로 논의될 초기 코딩 계획(rudimentary coding schemes)을 진전시키게 된다. 예를 들면 연구자는 어떻게 현장에서의 사례들(사람들, 학교들, 박물관 등)을 범주화할 것인가를 생각해 보게 될 것이다(Pelto, 2013). 이런 과정에서 사례들이 어떻게 유사하고 다른지에 대해 유형을 파악할 수 있게 되고 연구자가 말할 필요가 있는 다른 사람들, 부가적인 면담 질문들을 고려할 수 있게 된다. 예를 들면 세인트 빈센트에서 수행한 연구에서 나는 내가 면담하고 있는 젊은이들을 *전통주의자(traditionalists)*, *변화를 추구하는 행위자(change agents)*, 그리고 *사회에서 선택적으로 이탈한(opting out)* 사람들로 구분하기 시작했다. 나는 특히 변화를 추구하는 행위자들에게 관심을 갖게 되었는데, 그들의 삶의 무엇이 이토록 이들을 긍정적으로 만드는지 또는 최소한 변화를 만들기 위한 결심을 하게 하는지 이해하고 싶었기 때문이다. 이 인식은 새로운 질문들과 변화를 추구하는 행위자 범주에 맞는 타인과의 면담으로 나를 이끌었다.

또 다른 예시에서 신디(Cindy)는 작은 농촌 지역사회 학교 위원회의 역할에 관심을 가지고 한 시골 학교 위원회의 모임을 관찰하고 위원들을 면담하면서 예비연구를 시작했다. 그녀는 15시간의 자료 수집 이후에 수집한 자료를 다시 읽으면서 코딩을 하기 시작했다. 이 과정에서 그녀는 문제 진술문을 재개념화했다.

> 내가 처음에 만든 문제 진술문은 너무나 광범위해 연구하기가 힘들었다. 코드들을 다시 코딩하고 조직하는 과정은 내가 학교 위원회의 두 가지 중요한 통제분야인 재정적 교육과 질적 교육에 초점을 맞춰 탐색하도록 새로운 문제 진술문을 공고히 하는 결정에 도움을 주었다.

당신이 수행하는 연구의 범주를 정하는 것은 어려울 수 있다. 사회적 상호작용은 깔끔하게 딱 떨어지는 단위로 일어나는 것이 아니기 때문이다. 고든은 그의 연구를 이렇게 회상한다. "나는 끝없이 새로운 방향으로 향하는 나 자신을 발견했고 원래의 (수정되긴 했지만) 문제 진술문을 고수하는 것은 의지가 필요한 일이었다." 어떤 프로젝트를 완수하기 위해 연구자는 범주를 정해야만 하지만, 이 범주를 어떻게 정해야 하는지의 결정은 자료와 자료의 가능성을 인식하는 데에서 오는 해석적 판단이기도 하다. 문제 진술문이나 가장 최근에 일하고 있는 제목을 당신이 일하는 공간에 붙여 놓는 것은 당신이 향하고 있는 일에 대해 일깨워 주기도 한다. 신디는 컴퓨터 배너 프로그램을 이용해서 그녀가 진행하고 있는 일의 제목을 출력해 그녀의 책상 위 벽에 붙여 놓았다. 그녀가 머리를 들어 생각하거나 반성할 때마다 그 배너는 그녀의 연구에 방향을 제시해 주었다.

30분 정도의 다큐멘터리에 들어갈 필름의 양을 생각하는 것이 도움이 될지도 모르겠다. 다큐멘터리 영화 만들기와 유사하게, 질적 자료 수집의 방법은 자연스럽게 초과분을 만들게 된다. 연구자는 정확하게, 잘 정돈되고 폭이 좁게 정의된 탐구를 수행할 수 있게 연구를 정의 내릴 수 없기 때문에, 사용하게 될 것보다 더 많이 수집하게 된다. 질적 탐구의 개방적 성격은 연구자가 원래 그려 보았던 것보다 더 많은 자료를 수집하게 된다는 것을 의미하기도 한다. 따라서 연구자는 선택하고 나누는 대대적인 작업을 해야 한다. 이 작업은 일부는 기계적이지만 연구자가 자료의 어떤 것은 당신의 연구에 부적합하기에 지워 버리고, 판단을 내려서 다른 곳에 두어야 하기 때문에 대부분은 해석적 작업이다.

어느 시점이 되면 자료 수집을 중지하거나 수집에 집중하는 것을 그만두게 된다. 이 시점이 언제인지 알기는 어렵다. 더 관찰할 새로운 상황이 없거나, 면담할 새로운 사람이 없거나, 더 읽을 새로운 문서가 없게 되어서 주제와 관련된 모든 자료원을 섭렵한 순간일지도 모른다. 사실상 이런 상황은 드물다. 이상적으로 연구자는 **이론적 포화(theoretical saturation)**에 이르렀기 때문에 아마도 자료 수집을 중지하게 될 것이다(Glaser & Strauss, 1967). 이것은 자료원의 연속적인 조사가 반복성에 이르고, 관찰한 자료가 완전하고 통합적이라는 뜻이다.

그러나 이론적 포화를 깨닫는 것은 쉽지 않다. 당신의 피면담자 선정이 다른 견해를 얻기엔 너무 제한적이거나 너무 적어서 당신의 정보 제공자 모두에게서 같은 말을 듣게 되어 이론적 포화가 된 것일 수도 있다. 자료 수집이 이상적인 조건보다 빨리 끝나게 되는 것은 자주 있는 일이다—돈은 떨어졌고 끝내야 하는 시기는 다가오고. 연구자의 돈, 시간, 에너지를 완전히 소모하지 않는 연구 계획을 세워 연구자가 완성감과 통합된 자료를 얻을 수 있도록 하라.

코드 광산에 들어가기

자료 수집 초기에는 이야기들이 풍부하다. 이야기들에 감명받은 당신은 이야기를 계속 말하고 또 반복해서 말한다. 중요성을 연구 목적의 가치를 넘어서 과장하도록 허용하기도 한다. 내러티브, 관찰, 문서를 전체로 이해하는 것은 훨씬 더 어렵다. 이야기하는 것을 그만두어야 할 필요는 없지만 주제 분석에서 연구자는 이야기들 간의 연결점을 만들어야 한다: 무엇이 설명되고 있는가? 어떤 주제와 패턴이 관찰과 면담을 형성하고 있는가? 코딩은 이런 질문에 대답하는 것을 도울 수 있다.

자료의 대부분이 수집되었을 때 이제는 코딩과 분석에 관심을 몰두해야 할 시간이 온 것이다. 연구자가 모종의 분류 계획을 이미 개발했다고 하더라도 지금부터는 범주화에 초점을 두어야 한다. 이제 '코드 광산'에 들어갈 준비가 된 것이다. 작업은 지루하기도 하고, 당신 앞에 쌓여 있는 단어 더미, 자료 파일에 형태와 가능성 있는 의미를 부여하기에 흥분되는 일이기도 하다. 마린의 말은 코드 광산에 들어가는 데 동반되었던 양가적인 심리적 분위기를 묘사해 준다.

> 나는 막 교사 전사본의 첫 번째 세트를 마치고 학생들의 전사본을 시작하려고 한다. 새로운 그룹이기 때문에 이것은 아마도 몇 개의 새로운 코드를 의미하기도 하지. 코드북이 압력을 견디어 주길 기대하고 있어. 가장 힘든 일 중의 하나는 코딩을 하는 일이 수개월이 걸리는 것임을 받아들이는 것이지. 우리 엄마가 내게 아직도 안 끝났느냐고 물으셨을 때 나는 엄마가 아무것도 모르신다는 것을 깨달았지.(1994년 5월 3일의 편지)

코드란 무엇인가?

질적 연구에서 사용되는 코딩이라는 말은 양적 연구에서 수세기를 목적으로 짧은 개방형 반응을 분류하는 용어로 사용하는 데 익숙한 사람이라면 혼동할 수 있다. 질적 연구자들은 수세기를 위해 코딩을 하기보다는 주제, 유형, 과정을 식별하기 위해, 비교하기 위해, 그리고 이론적 설명을 구축하기 위해 코딩을 한다. 일부 질적 연구자들은 코딩이라는 용어보다 *인덱싱(indexing)*이라는 말을 선호하지만 Saldaña(2009)가 말했듯 "코딩은 단순히 이름 붙이기가 아니라 *연결하기(linking)*이다"(p. 8). 코드들은 자료 조각들의 전반에 걸쳐진 사고와 행위를 연결한다. 인덱싱은 이런 연결의 의미를 전달하지 못한다. 연구자가 질적 연구에서의 코딩이 양적 연구에서의 코딩과 다른 목적을 갖고 있다는 것을 인식하는 한 어떤 용어를 사용하는가는 그리 중요하지 않을 수 있다.

코딩은 연구 목적에 적용할 수 있는 수집된 자료의 조각(예를 들면 관찰노트, 면담 전사본, 메모, 서류, 관련 문헌의 기록)들을 분류하고 정의하고, 정의하고 분류하는 점진적 과정이다. 같은 설명적 혹은 이론적 아이디어를 예시하는 조각들을 하나의 코드로 명명한 자료 덩어리에 합쳐 놓고 연구자는 주제적 조직의 틀(thematic organizational framework)을 만들기 시작한다.

질적 연구 코드는 Saldaña(2009)가 말했듯이 "언어에 기초하거나 시각 자료의 부분들에 있어 요약적이고, 두드러진, 본질을 드러내며, 환기시키는 속성을 상징적으로 부여하는 단어 혹은 짧은 문구인 경우가 많다"(p. 3). Saldaña(2009)는 책의 제목과 코드를 비교했다: "제목이 책, 영화 또는 시의 주 내용과 정수를 표현하고 담아내듯이 코드 역시 자료의 주된 내용과 정수를 표현하고 담아 낸다"(p. 3). 코드는 단어나 짧은 문구이지 교사들이 미술 과제를 위해 사용하는 T-AHW처럼 어떤 문구를 표현하기 위해 사용하는 숫자/글자의 조합이나 글자의 조합이 아님을 기억하라. Saldaña(2009)는 이런 약어가 "분석과정에서 당신의 뇌가 해독하는 과정을 필요 이상으로 어렵게 만든다"(p. 18)라고 했다. 나 역시 Saldaña(2009)의 말에 동의한다. 연구자의 코드어(code word)를 써라.

코드어를 만드는 유용한 제안은 근거이론 연구에서 나왔다. 동명사의 관점에서 사고하기(ing로 끝나는 단어) 동명사 형태는 연구자들이 권위에 도전하기, 관심 추구하기 혹은 좋은 사람이 되기 위해 노력하기처럼 과정과 행위를 고려하게끔 한다. 동명사(혹은 과정)의 관점에서 사고하기는 학생, 교사, 행정가처럼 기술적 명사로 분류하는 것보다 연구자가 훨씬 유용하고 흥미로운 분석을 하게끔 이끈다.

코딩 접근법

연구자는 어떤 코드를 사용하고 어떤 것을 코딩할 것인지 어떻게 알까? 이것은 연구자가 자신 앞에 놓인 단어들을 읽고 깊이 사고하는 집중된 생각이 요구되는 창조적인 행위이다. 메모와 떠오르는 코드 단어를 기록하기 위한 노트를 옆에 두고 모든 자료를 빨리 읽는 것에서 시작하라. 어떤 주제들은 반복적으로 나타남을 깨닫게 될 것이다. 당신의 연구 문제들이 최소한 어느 정도는 당신의 관찰에 방향을 제시했고 면담 질문들이 면담 대본을 이끌었기 때문에 어쩌면 당연한 일이다. 하지만 당신은 사람들이 하나의 주제에 대해 유사하면서도 다른 방식으로 이야기하고 다른 관점을 제시함을 목격하게 될 것이다. 이런 유사점과 차이점이 코딩의 영역이 된다. 자료에 다시 친숙해지면서 눈에 띄는 행위, 관점, 과정, 가치 등을 기록하라.

그런 다음에는 면담 전사본 혹은 현장 관찰기록의 일부를 가지고 한 줄씩 코딩해 보라. 연구자의 가정과 이론적 틀을 배제하려고 하는 만큼 이런 관점들은 연구자가 선택하는 코드 안으로 들어올 것이다. 이것을 예상하고 있어라. 연구자가 피해야 하는 바는 연구자의 자료에 연역적인 코드들을 강요하는 것이다. 한 줄씩 하는 코딩(line by line coding)은 당신을 자료에 흠뻑 젖어들어 자료가 주는 개념들을 발견하게 만든다. 한 줄씩 읽어 나가면서 떠오르는 코드를 옆 공란에 적고 코드 단어를 요약하고 자료에서 살짝 제거해 본다. 예를 들면 당신의 현장기록지에 "Wilson 선생님은 학생들에게 자기 자리에 앉아 조용히 하라고 말한다. 그런 다음 그녀는 자기 의자에 앉아 최소한 3분 이상 교실이 조용해질 때까지 기다린다."라고 쓰여진 부분은 "Wilson-정숙 요구"라고 구체적으로 코딩할 수 있다. 그러나 코드는 연구자의 연구 목적에 따라서 어쩌면 "학생들을 통제하기", "질서 유지" 또는 다른 수많은 코드로 요약될 수 있다. 여기에서 중요한 바는 연구자의 코드가 코딩된 자료의 부분이 예시가 되는 활동의 *범주*라는 것이다.

Saldaña(2009)는 "주제에서 개념으로, 현실에서 추상으로, 특정한 것에서 일반적인 것으로 진행하기 위한 전략"(p. 187)으로 "만져 보기 시험(The Touch Test)"을 제안한다. 만약 당신이 분신이라는 코딩된 측면을 만져 볼 수 있다면 이렇게 자문해 보라: "분신의 일부이면서 다루지 않은 더 큰 개념 혹은 현상이나 과정은 무엇이지?" 이것은 연구의 맥락에 따라 복부나 신체 예술, 발표하기가 될 수 있다. Saldaña의 만져 보기 시험의 의도는 연구자의 코딩된 자료가 일부가 되는 개념들을 이해하도록 돕기 위함이다.

한 줄씩 하는 코딩은 시작점이지만 연구자가 모든 자료의 부분들을 이런 방식으로 코딩할 필요는 없다. 내가 이 장에서 자주 인용하는 Saldaña의 「텍스트 질적 연구를 위한 코딩 매뉴얼(The Coding Manual for Qualitative Research)」(2009)에는 다양한 코딩 접근법이 실려 있다. Saldaña의 주장대로 코딩 방법이나 접근법은 "별개의 것이 아니며 … '혼합되고 어울려질 수 있다"(p. 47). 이 장에서 여러 번 인용되기는 하지만 Saldaña의 책을 읽어 보길 권한다.

유용한 코딩 접근법 중 하나는 *영역 코딩 혹은 분류적 코딩(domain 또는 taxonomic coding)*이다. Spradley(1979)의 인지적 문화인류학에 기초해서 이 방법은 참여자들이 그들의 문화의 어떤 측면에 대해 어떻게 말하며 분류하는가를 이해하려고 한다. 이 접근법에는 구체적 종류의 면담 질문이 수반되어 연구자는 피면담자들에게 연구 주제와 관련된 *방법*(수단), *종류*(포함/배제), *단계*(순서)에 대해 자세히 말해 달라고 요청할 수 있다. 자료를 코딩하기 위해 이 접근법을 사용하려고 이런 구체적인 질문을 할 필요는 없다. 그보다는 연구자가 가진 자료에서 피면담자와 이야기 나눈 부분 혹은 관찰한 바에서 범주화 유형, 원인, 결과, 태도, 전략 등으로 이끌 질문을 하라. 위의 예시에서 Wilson 선생님의 요청과 이어진 기다림은 학생들을 통제하기 위한 전략으로 해석될 수 있다. 이 줄의 코딩은 연구자가 Wilson 선생님이 사용하는 다른 *유형*의 통제 전략, 다른 교사들이 사용하는 통제 전략들을 찾아보도록 이끌 수 있다.

분류적 코딩은 연구자가 사람들의 말과 행동에서 유형을 찾아내도록 도와준다. "통제하는"은 행동과 말의 다양한 예시를 위한 코딩 범주가 된다. Saldaña가 말하듯 "코딩한 자료를 범주화하기 위해 유형을 찾을 때에 때로 연구자는 자료가 거의 똑같거나 많이 유사해서 함께 묶는 것이 아니라 그 자료들이 공통적인 무엇을 갖고 있기 때문일 수 있다—역설적으로 그 공통점은 차이점으로 이루어질 수도 있다"(p. 6). 예를 들어 학생들을 통제하는 교사들의 태도와 행위는 상당히 다를 수 있지만 모든 코드들은 "통제의 유형"으로 코딩될 수 있다.

또 다른 코딩 접근법은 참여자들이 자신들의 삶, 지역사회, 조직 등에 대한 이야기를 하기 위해 사용하는 단어에 주목한다. *생체 내의(in vivo)* 혹은 *토착 코드(indigenous code)*라고 불리는 이 용어들은 일반적으로 사용되는 것과 다르게 사용되거나 특별히 화려하거나 은유적이다. 예를 들어 미술관 연구에서 나는 참여자들이 대학 미술관을 설명하려고 사용하는 은유를 기록하고 코딩했다: 미술관은 "보석" "보물" "도서관" "거품이 부글거리는 아이디어의 가마솥" 등. 그 중 보석과 보물이 한 연구 장소에서는 자주 사용되었지만 다른 곳에서는 그렇지 않았다. 나는 어떻게 다른 은유가 다양한 미술관에서의 다른 기대와 상호작용의 종류를 암시하는지를 생각하며 (기록하기) 시작했다.

고려해 볼 또 다른 코딩 유형은 *감정 코딩(emotion coding)*이다. "감정 코드는 연구 참여자들에 대한 연구자의 감정 혹은 연구 참여자들이 경험하거나 회상하는 감정을 칭한다"(Saldaña, 2009, p. 86). 이런 코드는 연구에서 특정한 행동 혹은 행위와 연결된다. Saldaña(2009)는 이혼에 관한 연구에서 이혼과정 내의 각각의 단계와 절차와 연계되는 감정에 대해 예시를 들었다.

자료 분석 작업을 하면서 연구자는 위에서 언급한 코딩 방법과 다른 코딩 방법을 혼용할 수도 있다. 이런 접근은 연구자로 하여금 코딩 과정을 탐색하게 하고 연구자와 연구 목적에 가장 잘 맞는 방법을 찾도록 도와준다는 측면에서 발견적이며 학습적이다.

코드북 만들기

몇 개의 면담 전사본과 관찰 기록지를 코딩한 이후에는 당신이 만들어 낸 코드의 리스트를 만들어라. 주요 범주와 세부범주로 나눌 수 있는가? 어떤 코드들은 거의 동일하므로 합쳐질 수 있는가? 어떤 코드들은 두 개 혹은 그 이상의 코드들로 나누어야 할 정도로 큰 범주를 다루고 있는가? 어쩌면 여러 개의 주요 코드 밑에 같은 하위코드가 있음을 찾아낼 수도 있다. 다른 주요 제목 밑에 이런 동일한 하부코드가 있는지 살펴보라. 만약 없다면 거기에 있어야 하는 것일까?

코딩 계획을 재작업하면서 이전에 코딩을 했던 같은 문서가 새로운 코딩 계획과 일치하는지 살펴보라. 필요하면 고치고 다른 전사본과 관찰 기록지에 이 코드들을 적용해 보라. 어떤 새로운 코드들이 추가되는가? 무엇이 중요한가를 판단함에 있어서 아주 관대해야 한다; 무엇이 당신에게 적절한지 아닌지에 대해 성급하게 결정함으로써 현장에서 배울 수 있는 기회를 잃고 싶지는 않을 것이다. 더 이상 실질적으로 코드를 더하지 않을 때까지 반복적으로 자료를 살피다 보면 코딩을 하면서 이전에 코딩을 마친 텍스트에서 코드의 다른 표현을 살펴보고 여기에 설명을 더하게 된다.

코드에 익숙해지게 되면 **코드북**을 만들어라. 각 주요 코드에 한 페이지씩을 쓴다. 주요 코드 밑에 각 하위코드(하위-하위코드)를 설명과 함께 적는다. 설명을 적어 두는 것은 Gibbs(2007)가 말한 이전에 코딩한 자료가 다른 시기에 코딩한 자료와 아주 조금씩 달라지는 것을 의미하는 "정의 편차(definitional drift)"를 피하게 도와준다. 예를 들면 내가 오악사카에서 젊은이들과 함께 했던 연구에서 저항은 내 초기 코드 중 하나였다. 나는 저항을 정부의 규칙이나 정책에 대해 이견을 보이는 행동이나 말의 유형으로 정의했다. 내 연구가 진행됨에 따라 '저항'을 코딩 범주로 적용하기는 점점 더 복잡해졌고 내가 '고유한 자율권 유지하기'라고 이름 붙인 범주와 중복되기 시작했다. 나는 저항 코드와 그 정의를 다시 생각해야만 했다.

코드북은 상당히 개인적이며 연구자에게 맞아야 한다; 다른 사람에게 명료할 필요도 없고 유용할 필요도 없다. 모든 사람들의 자료 분석 과정에서 공통적 특징과 의도가 있을 수 있지만 궁극적으로 고유한 작업이다. 단 하나의 올바른 코딩 계획은 존재하지 않는다. 당신의 코딩 계획은 백문이 불여일견이다. 당신의 원고가 얼마나 이해되고 유용한가, 그리고 얼마나 잘 읽히는가의 여부는 대부분 자료 분석에 달려 있다. 만약 과정에서 당신이 무엇인가 새롭게 이해하게 되면서 그 어떤 아하 혹은 흥분의 순간이 나오지 않는다면 아마도 이것은 좋은 코딩 계획이 아닐 것이다.

그림 7.3은 Samuel H. Kress 재단의 지원을 받았던 미술관 연구에서 나온 코드 개발의 예시이다. "처음의 코딩"은 내가 면담을 진행하면서 만든 첫 번째 코드 형성을 보여 준다. 몇 개의 면담을 이런 방식으로 코딩하고 나서 나는 코드들을 범주화하고, 하위범주로 나누기 시작했다. 만들어진 코드북을 가지고 나는 "이후의 코딩" 칸에서 보여 주듯 면담을 재코딩했다. 이 면담 발췌들은 3개의 주요 범주로 분리된 개념, 즉 협력하기, 사람들을 문 안으로 들어오게 하기, 미술을 교육과정에 활용하기로 만들어졌다.

코드 작업하기

Saldaña(2009)는 코드 작업을 코드들 간의 관계를 이해하고, 코드 작업의 "두 번째 사이클"로 주제와 이론적 조직을 개발하기 위한 과정이라고 했다. 그가 설명한 기법의 하나는 연구자가 모든 코드를 늘어놓고 연구자가 인식한 유형과 범주를 표현하기 위해 코드 단어를 사용해서 몇 개의 문장을 적는 "코드짜기(codeweaving)"이다. 그런 다음 코드들로 어떻게 아이템들이 서로 연결되는지에 대해 처음 생각했던 것을 넘어서는 다른 문장을 쓰려고 해 본다.

자료들을 물리적으로 다루는 것 역시 관계, 상호관련성, 유형을 인식하게 하는 데 도움이 된다. 코딩한 자료를 복사해서 코딩된 덩어리들을 나누고 코드에 따라 모으고 같은 코드별로 모든 자료 조각을 스테이플러 혹은 종이 클립으로 모은다. 각 자료 더미에 코드명을 지닌 메모지를 붙여 각각 구분한다. 컴퓨터를 이용한 도움을

체육학과 교수들과의 면담 전사본	처음의 코딩	이후의 코딩
우리는 학습 공동체 형성을 위해 도서관과 교육대학과 협력한다.	학문분야에 걸친 작업	협력하기 (a) 학문분야에 걸침
내 철학은 학생들에게 더 많은 사람들을 소개할수록 도움 요청이 더 편안해진다는 것이다. 우리는 일반인들에게 공개를 하지 않는 월요일에 처음 미술관에 왔다. 대부분의 학생들은 미술관에 처음 온 것이었다. 우리는 판화실과 미술관 도서관에 갔고 어떻게 이런 공간에서 행동해야 하며, 이런 공간을 어떻게 사용해야 하는지에 대해 이야기를 나누었다.	학생들을 미술관에 소개하기 (a) 도움받기 (b) 새로운 장소 사용을 배우기	사람들을 "문 안으로 들어오게 하기" (a) 학생들
화요일에 우리는 미술관의 도움을 받아 투어를 했고 소그룹으로 나누어졌다. 각 그룹은 미술 작품 앞에 서서 작품에 대한 이야기를 하고 더 큰 집단 앞에서 발표를 했다. 수요일에 우리는 학생들을 하나의 지시만을 따라 돌아보고 개인별로 연결점을 찾아보고 여기에 대해 기록을 했다.	투어 미술에 대해 말하기/생각하기	미술을 교육과정에 활용하기 (a) 미술을 관찰하기와 기술을 연습하기
미술관 직원은 놀랍다. 10~12명의 직원들은 학생들과 이야기 나누고 조력했다.	미술관 직원들과 상호작용	협력하기 (b) 교수/미술관 직원 공동 교수
그런 후 학생들은 집에 가서 150단어로 된 작품에 대한 "미술 회의록"을 써오도록 했다. 자품에 대해 흥미로운 사실을 찾기 위해 여러 곳의 다른 자료원을 찾아보도록 요청했다.	미술 과제	미술을 교육과정에 활용하기 (b) 연구하기
우리는 코치들과 미술관 직원들을 초대해 각 학생들이 작품 앞에 서서 자신의 미술 회의록을 읽도록 했다. 이 경험은 학생들이 수강해야만 하는 스피치 강좌를 위한 좋은 연습이었고 좋은 운동선수가 되기 위한 연습이었다.	다른 사람들을 박물관으로 초대하기 다른 학문분야에 연결하기	사람들을 "문 안으로 들어오게 하기" (b) 교수/직원

[그림 7.3] 코드 개발의 예시

받기 이전에 이런 과정을 해 봄으로써 다른 것들에 비해 양이 많은 코드 뭉치를 다시 나누어야 하는지 아니면 양이 적은 덩어리를 어떤 방식으로든 합치는 것이 나은지를 생각해 보게 된다. 코드 범주를 나누고 합치는 것을 고려하는 것 이외에도, Saldaña(2009)는 다양한 방식으로 범주 파일들을 물리적으로 조직하고 각 조직에 분석적인 코멘트를 할 것을 제안한다. 예를 들어 코딩된 덩어리를 두께별로 정리한 후 "영향과 효과의 과정을 제안하는" 보다 복잡한 방식으로 이동할 수 있다(p. 188).

이 두 번째 코드 작업의 순환에서 연구자의 코드들은 "유형을 찾고, 비교를 하고, 설명을 하고 모델을 만드는"(Gibbs, 2007, p. 78) 시작점이 될 수 있다. 코드들은 관계적 범주의 기초를 만들 수 있다. 예를 들면 하나의 자료 더미를 "의무적인 과학 프로그램의 결과"로 코딩할 수 있다. 코딩된 하나의 자료 더미를 읽다가 연구자는 최근에 임용된 교사들은 과학 프로그램을 오래전에 교사가 된 사람들과 다르게 사용함을 알게 되었다. 그렇다면 연구자는 새로운 교사와 오래 근무한 교사들 간의 있을 수 있는 차이점을 다른 코딩된 자료 더미에서도 찾아보기 시작할 수 있다. 이제 당신은 이전에는 맞을 것이라고 생각해서 함께 엮지 않았던 것들을 다르게 보기 시작한다.

코딩된 자료 간의 관계를 분석하는 것 이외에도, 어떤 방식으로든 말하지 않고 보이지 않은 것들을 찾아보기도 유용하다. 어떤 일들은 당연하게 생각했거나 논의되지 않았는가? 왜 어떤 주제 혹은 관점들(예를 들면 인종 성, 계급)은 무시되었는지 의문을 제기할 수 있는가? Gibbs(2007)는 이렇게 말한다.

> 빈약한 학생들의 연구와 출판된 연구의 예시는 아주 많다. 이 연구물은 단순히 자료에서 발견된 각 주요 주제를 서술하거나 요약하는 방식으로 조직된다. … 연구자는 이 수준을 뛰어넘어야 한다. 자료를 다시 조사하고 말해진 것, 행해진 것에서 언제나 즉각적으로 명료하지 않은 현상을 찾아보라.(p. 145)

코딩, 범주화, 주제를 찾는 과정은 연구자가 자료를 갖고 생각할 때 지금껏 알게 된 것을 반추해 보고, 새로운 연결점을 찾고, 새로운 통찰력을 얻고, 최종 글쓰기가 어떻게 드러날까에 대해 상상하는, 자료와 함께 사고하는 시간이다. 마린의 말을 다시 들어 보자.

> 나는 이제 여러 개의 주요 코드와 하부코드가 전부 갖춰진 규정 코드북을 만들었어. … 난 코딩 과정에서 분석을 점점 더 할수록 이미 어떻게 이것들이 펼쳐졌다가 겹쳐졌고 다시 늘려졌는지 알게 되었지. 내가 또 깨달은 것은 절대로 코딩이란 순수한 형태에 속할 수 없다는 거야. 이건 정말 이상한 역동성이 있지. 괄호를 치고, 하부코드를 위한 번호를 찾아내고, 페이지를 따라 움직이는 너무나 기계적인 과정으로 보이는 중간에 내가 빠져 있는 것을 발견했다가, 이전에는 없었던 생각들을 고정하기 위한 내러티브를 쓸 필요를 느끼고, 어떤 것에 대한 새로운 사고방식을 찾아내기도 하지. 좋은 예 하나는 교사들이 어떻게 그들의 언어습득능력에 대해 이야기하는가인데 … 이런 대화는 내가 Havens(공식적인 가명)에 있을 때 상상했던 것보다 갑자기 훨씬 더 중요하게 보이는 거야. 그리고 이것들이 나름의 리듬을 갖고 있는데, 나는 전에는 리듬이 존재했는지도 몰랐지. 이게 바로 내가 분석이 잘 되고 있다고 아는 순간이야.(1994년 5월 3일 편지)

자료 변형의 미학은 보다 일상적이며 조직적인 작업을 통찰과 깊은 해석과 조합하는 데 있다.

이런 통찰의 순간을 꼭 기록하라. Saldaña(2009)는 "전체 연구에 대한 연구 전, 연구 과정에 있어서의 사적이고 개인적인 글로 쓰여진 묵상은 질문을 끌어내고, 퍼즐 맞추기이며, 연결짓고, 전략을 세우며, 문제를 해결하며, 답변을 만들어 내고, 발견적 학습의 자료를 초월하는"(p. 32) 것이라고 말한다.

몇 시간에 걸친 현장작업 후에 안드리아는 처음으로 코딩/분석 과정에 착수했고 여기에 대해 이렇게 반추했다. 그녀의 기술적 묘사에서 우리 모두의 투쟁, 성취, 실현을 발견할 수도 있을 것이다.

> 나는 내 마음 속 '코드 광산'에 있는 선명한 은유를 갖고 첫 번째 코딩을 시도했다. 그 과정을 시작하는 것은 정말로 광산의 수갱으로 내려갈 준비를 하는 것 같았다. 깜깜하고 추운 면담이라는 심연으로 내려가는 생각과 셀 수 없이 많은 반성점들은 나를 기죽게 만들었다. 아마도 빛이 없는 자료의 혼동 속에서 나는 어떤 의미도 전혀 분류해 낼 수 없었을지 모른다. 내 코드 광산의 벽 속에서 지혜라는 금덩어리를 발견하지 못했을 것이다. 어쩌면 광부들처럼 나는 코드북과 현장기록지 내부에 들어가기 위한 준비를 더 잘 할 필요가 있었는지도 모른다.
>
> 매일 내가 작업을 피하기 위한 책략을 의식적으로 계속하는 동안 또 다른 한

주가 지나가 버렸다. 마지막 테이프 세 개도 모두 전사해 버렸다. 내 디스크를 백업했다. 파일들을 재조직했다. 이전 생각들에 대해 더 깊이 생각해야 하고 생각했다. 심지어 나는 Word Perfect(워드 프로세스 프로그램: 역주) 매뉴얼을 뒤적이면서 언젠가 내 코드들을 다룰 수 있는 독창적인 방법을 찾을지도 모른다고 핑계 대기도 했다. 변함없이 내 뼛속까지 느껴지는 추위를 피하기 위해 나무를 난로에 계속 던져 넣었다.

마침내 그 날은 왔다. 더 이상은 미룰 수가 없었다; 나는 정말 너무나 오랫동안 기다리며 심각할 정도로 게을렀다. 나는 첫 학기 면담 노트에 톨킨(Tolkien)의 빌보 배긴스(Bilbo Baggins)가 골룸 동굴에 들어가는 이미지를 갖고 접근했다. 나는 소중한 반지를 꼭 찾아와야만 했고 그렇지 못하면 갠돌프 글레스닌 교수의 수업에 절대 돌아올 수 없었다. 나는 새롭고 밝게 색칠해진 코딩 노트북 옆에 내 첫 면담을 펴 놓았다.

미지의 세계를 탐색함에 있어서 실제 사건보다 더 많은 예측을 하나 보다. 첫 번째 면담에서 3페이지의 코드가 넘쳤다. 그것은 내 연구 전체에 걸쳐 익숙한 단어들, 종이, 테이프, 내 마음 속에서 반복된 단어들이었다. 반지를 손에 낀 호빗처럼 나도 몇 시간 동안이나 내 면담 속에 빠져 사라져 버렸다.

처음 쏟아지듯 많았던 코드 이후엔, 각 면담에서 나온 점점 더 적은 수의 코드가 코드목록에 더해졌다. 그것은 큰 위안이 되었다. 목록이 내가 다룰 만한 것이란 느낌이 왔다. 두 번째 면담에서는 단지 한 페이지의 새로운 코드가, 세 번째 면담에서는 반 페이지의 코드가 더해졌다. 그 이후 각 면담에서는 하나의 새로운 코드가 나오거나 대개 이전의 코드를 다듬거나 명료하게만 하면 되었다. 내가 다 마치기 전에 단어의 미로는 내 머릿속에서 저절로 조직되기 시작했다. 나는 빈 페이지를 펼쳐 하부코드를 우산처럼 포괄할 수 있는 절을 적기 시작했다.

나는 더 이상 내 평생의 작업을 두려워하는 펜실베이니아 석탄 광부가 아니다. 나는 더 이상 단 하나의 소중한 단어를 가진 호빗이 아니었다. 오늘 나는 내 면담에서 훔쳐간 보석들의 산 위에 선 스모그용이다. 그렇지만 이것들은 내 밑에 흩뜨려져 있기에 붙잡기 어렵다. 그래서 오늘 나의 임무는 내 보물들을 정리해서 내가 더 전진하기 전에 내가 가진 것이 무엇인지 알아두는 것이다. 이 작업은 내가 코딩을 하면서 적은 노트가 있기에 조금 쉬워졌다. 나는 내 코드들을 더 큰 카테고리로 묶기 시작했다. 이들은 몇 개의 예외를 제외하고는 깔끔한 덩어리로 묶어졌다. 이것들은 내가 동료 연구자들과 상의할 때까지 임시적으로 두기로 했다. 나의 종결은 생명을 위협하는 탄광의 수갱이란 무시무시한 형상이다. 진짜 해야 할 일을 목전에 두고 있지만 나는 이미 시험을 통과하는 긴장 상황에 잘 대처했다.

자료의 디스플레이

Miles와 Huberman(1994)은 질적 연구의 분석에 있어서 자료의 디스플레이를 이용하는 것에 관해 포괄적 텍스트를 구성했다. 이들은 자료 디스플레이를 "결론 도출과 행동을 하게 하는 정보의 조직된 집합"(p. 11)이라고 설명했다. "당신이 먹는 것이 바로 당신입니다."라는 말을 인용해서 이들은 "당신이 보여 주는 것이 바로 당신입니다"(p. 11)라고 주장했다. 그래프, 순서도, 다른 종류의 시각적 표현이 더 많은 자료가 필요한 부분이나 부족한 부분을 드러내는 것뿐만 아니라 자료의 의미를 도출하는 데 도움을 준다. 따라서 자료 디스플레이는 질적 탐구의 또 다른 과정적 특징이다. 시각적으로 표현해 보기는 연구 진술문 만들기부터 최종 글쓰기까지 연구 전 과정에서 유용할 수 있다.

자료 디스플레이는 연구에서 개념, 과정, 관계를 찾는 데 도움을 준다. Miles와 Huberman(1994)은 잠재적인 인과관계를 보여 주는, 한쪽 방향으로 그려지는 화살표시를 이용해 보는 것처럼 자료 수집이 시작된 이후에는 어떤 위험요소를 반영하는 도표를 만들 것을 제안한다. 이렇게 하는 과정에서 연구자는 연구 중인 사회 현상에 대한 이론화를 하게끔 된다. 그림 7.4는 Penny Bishop(1998, p. 171)의 주제적 자료 디스플레이의 예를 보여 준다. 이것은 중학교에서의 효과적인 파트너 팀티칭에 대한 그녀의 탐색을 통해 발전한 주요 개념을 나타내고 그녀의 이해를 돕기 위해 만든 것이었다.

자료의 디스플레이는 연구의 어떤 측면에 뼈대를 제공한다. 지구를 인공위성에서 관찰하는 것이 지구의 전체적인 지리적 구조와 그 구조에 어떻게 인간이 적응했는가를 보여 주는 것처럼, 자료의 디스플레이는 연구자가 구체적인 것에 지나치게 빠져 헤매지 않으면서도 전체적인 패턴을 볼 수 있게 도와준다.

자료의 디스플레이를 통해 당신의 자료를 분석할 때 여러 가지 형태로 실험해 보라. 도표는 자세한 것을 보여 주는 반면 막대와 선 그래프는 패턴을 보다 선명하게 묘사해 준다. 만약 당신이 두 개 혹은 그 이상의 그룹을 시간을 두고 비교한다면 선 그래프가 특히 유용하다. 숫자 대신에 +와 0 같은 상징을 사용하는 것도 역시 패턴을 찾는 데 도움이 될 수 있다. 예를 들어 만일 여섯 개의 시골 학교에서 인식된 효과적인 교육의 방해요소에 대해 조사한다고 한다면 면담을 마치고 표 7.1과 같은 표를 만들어 볼 수 있다.

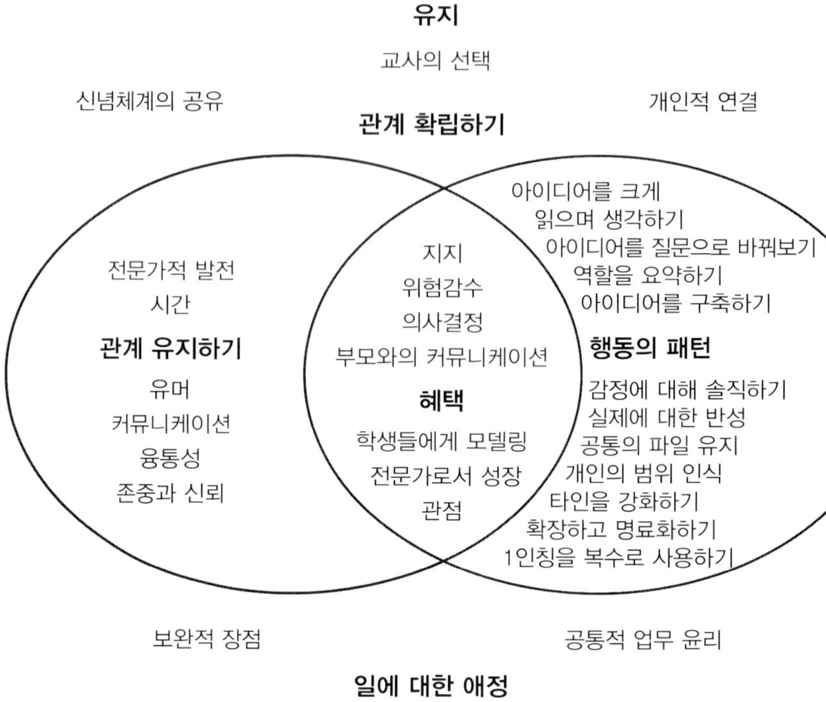

[그림 7.4] 파트너 팀의 관계적인 업무

출처: P. Bishop. (1998). *Portraits of Partnership: The Relational Work of Effective Middle Level Partner Teachers* (Unpublished doctoral dissertation). University of Vermont, Burlington.

표를 앞에 두고 패턴을 찾으며 각 시골 마을과 학교에 관한 당신의 지식을 활용해서 무슨 일이 일어나고 있는지에 대한 육감이 생기기 시작할 것이다. 당신은 2, 3, 5번의 학교가 모두 과세표준이 문제라고 인식한 반면 학교와 지역사회 간의 커뮤니케이션은 문제라고 보지 않는 공통점을 발견할 수 있다. 1, 4, 6학교는 그 반대이다. 자료로 돌아가서 당신은 그 이유가 무엇일까 찾아보려고 할 것이다. 각 지역사회는 그 크기 면에서 유사했지만 1, 4, 6학교가 있는 지역사회는 최근 몇 년간 그 지역으로 유입해 온 외부 사람들의 비율이 상당하다는 것에 주목할 수 있을 것이다. 2, 3, 5번 학교가 위치한 지역사회는 그렇지 않았다. 당신은 새로운 이주민들이 마을에 보다 많은 돈을 가져오지만 그것과 함께 학교관리 결정에는 분쟁을 가져올 수 있다는 가설을 세운다.

전문가와 정보에의 접근성의 범주에 대한 반응 유형에 대한 타당한 이유를 생각해 보다가 당신은 그 주의 가장 큰 도시와의 거리가 전문가 및 정보 접근성에 영향

〈표 7.1〉 여섯 개의 시골 학교에서 효과적인 교육의 방해요소에 대한 표의 예*

학교	과세표준	지역사회와의 커뮤니케이션	주 정책	정보 접근성	전문가 접근성
1	0	+	+	0	0
2	+	0	+	+	+
3	+	0	+	0	0
4	0	+	+	+	+
5	+	0	+	+	+
6	0	+	+	+	+

*기호: + 학교 직원은 방해요소로 인식함
0 학교 직원은 방해요소로 인식하지 않음

을 미치는 것이 아닐까 생각해 볼 수 있다. 새로운 표를 만들면서 당신은 예시 7.2에 보이듯이 당신의 직감을 그려 본다. 이런 표를 만드는 작업은 수집된 자료에 대한 이해뿐만 아니라 탐구를 위한 새로운 질문들과 장소, 사람, 필요한 정보 또는 문서를 제안하는 기능을 한다.

분류학적 코딩은 이 장의 초반에 소개되었다. 분류학은 인지적 영역 혹은 면담을 통해 이끌어진 개인적 분류를 디스플레이하기 위해 적절히 사용될 수 있다. 예를 들면 Janet Davis(1988)는 8학년 학생들이 "아이들이 학교에서 하는 일"이라고 그녀가 부른 인지적 영역의 범주들을 연구했다. 면담을 통해 그녀가 발견한 주요 범주에는 다른 아이들을 괴롭히기, 수업 청강하기, 선생님에게 착하게 보이기, 장난치기가 있었다. Davis는 "선생님에게 착하게 보이기" 같은 것의 하위범주를 계속해서 탐색했

〈표 7.2〉 여섯 개의 시골 학교에서 효과적인 교육의 방해요소에 대한 자료 유형과 연구자의 예감을 도표화한 예*

학교	과세표준	지역사회와의 커뮤니케이션	정보 접근성	전문가 접근성
원주민/도시 근처 (3)	+	0	0	0
원주민/도시 근처 아님 (2,5)	+	0	+	+
혼합/도시 근처 (1)	0	+	0	0
혼합/도시 근처 아님 (4, 6)	0	+	+	+

*기호: + 학교 직원은 방해요소로 인식함
0 학교 직원은 방해요소로 인식하지 않음

다. 그 이후에는 어떻게 학생들이 교사의 총아가 되는지와 같은 하위-하위 범주를 정밀히 조사했다. 이런 범주, 하위범주, 그리고 하위-하위범주는 생물학 시간에 배운 기억과 그림 7.5에서 예시한 바처럼 분류학적 차트를 사용해서 도형으로 나타낼 수 있다.

다른 예를 하나 더 들면 버몬트 대학의 한 학생은 그 학교의 학부생들에 의해 정의되고 범주화된 재학생의 유형을 조사했다. 범주가 반드시 상호배타적인 것은 아니었지만 면담에 따르면 면담자는 예비대학생, 신출내기, 주 밖에서 온 사람들, 버몬트 주 사람들, 그라놀라스(granolas, 겉에서 보기에 히피, 환경주의자, 좌파처럼 보이는 사람 — 역주), 오징어, 촌스러운 사람, 똑똑한 사람, 지적인 사람, 운동선수로 구분하고 있음을 알게 되었다. 이 카테고리의 대부분엔 정상적인 히피족 혹은 진보적인 히피족, 긍정적인 운동선수, 부정적인 운동선수처럼 하위범주가 존재했다. 이런 정보 자체는 학생들이 피면담자들로부터 무엇을 더 알아내야 할 필요가 있는지를 알게 도와주는 인지적 영역에 대한 분류학적 도표(그림 7.6 참조)를 이끌어 낸다. 예를 들어 그녀는 "똑똑한 사람"이 일종의 "지적인 사람들"인지 혹은 그 반대인지 혹은 서로 배타적 범주인지 물어보아야 할 필요가 있을 것이고, 이에 대해 더 잘 이해함에 따라 분류에 관해 재작업을 계속하게 될 것이다. 궁극적으로 분류학적 디스플레이는 최종 보고서의 논의 부분에 함께 수록될 수 있는 유용한 시각 자료가 된다.

수학 역시 관점 혹은 행동에 있어서 유형을 결정하는 데 유용한 도구가 될 수 있다. 문화인류학에서 수학의 이용에 대해 Agar(1980)는 이렇게 말했다. "내가 좋아하

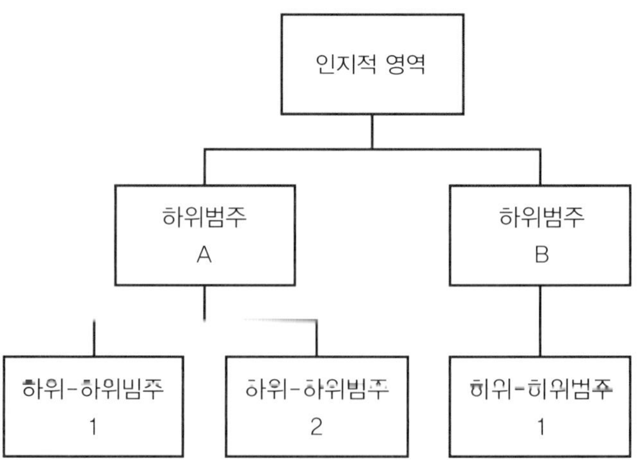

[그림 7.5] 분류학적 도표(Taxonomic chart)

는 경구 중의 하나는 문화인류학자들이 페이지를 셀 때 무슨 일이 생기는지로 수학적 문화인류학을 정의하는 것이다”(p. 132). 농담을 접어 두고, 단순한 빈도 세기는 유형 찾기를 도와줄 수 있다. Guest, MacQueen, Namey(2012)는 “빈도만으로는 특정한 연구 문제에 대한 답을 찾기 위한 주어진 주제의 중요성을 말해 주지는 못하지만 연구 참여자들이 응답한 방식의 대략적 개요를 알려 준다”(p. 137)고 했다.

매트릭스를 만드는 것은 빈도 세기를 통해 특히 유형을 파악하도록 도와준다. 매트릭스는 코딩된 범주들을 합칠 수 있는 방법, 확장할 수 있는 방법을 찾게 도와주고 이전에는 연구자가 고려하지 않았던 관계의 측면들을 찾아보게 한다. 예를 들어 당신이 시골 캐리비안 지역에서 젊은이들이 농업에 대한 태도에 대해 연구하고 있다고 상상해 보자. 25명은 읍에 고용된 사람이고 50명은 농업에 종사하고 있었고 10명은 시골지역에 살고 있지만 농업에 관련한 일을 하고 있지는 않았다. 총 85명을 면담하면서 “땅을 경작하는 것에 대한 젊은이들의 태도는 무엇입니까?”라는 질문에 대해 뒤섞인 대답을 들었다. 처음 빈도 분포(표 7.3에 나타남)는 젊은이들이 농업에 큰 관심을 갖고 있지 않음을 보여 준다. 그렇지만 면담을 듣고 계속해서 읽는 과정에서 당신은 농업에 대한 태도가 토지 소유권과 연관성이 있다는 직감이 생긴다. 그래서 당신은 면담으로 돌아가서 각 피면담자들과 땅의 관계성을 고려한 빈도 세기를 다시 해 본다. 이번에 한 빈도 분포는 농업에 종사하는 것에 대한 태도와 토지 소

[그림 7.6] “버몬트 대학생들의 종류” 영역의 부분적 분류

〈표 7.3〉 경작에 대한 태도의 빈도 분포

	긍정적 태도	부정적 태도
읍 소속 고용인	4	21
농업인	21	29
다른 시골지역 사람	0	10

〈표 7.4〉 토지 소유권에 따른 경작에 대한 피면담자 태도의 빈도 분포

	긍정적 태도	부정적 태도
소유하고 있는 토지 없음	0	25
농업 노동자	0	13
가족 소유의 토지 경작	5	5
소작농	2	17
무료 임대 토지	10	0
자기 소유 토지 경작	8	0

유권 간의 뚜렷한 관계를 보여 준다(표 7.4 참조). 이처럼 수치는 경작에 대한 태도에 있어서 보다 구체적인 가설을 형성하도록 도와준다.

질적 자료 분석 소프트웨어

질적 자료 분석 소프트웨어(Qualitative Data Analysis Software: QDAS)는 1980년대 *The Ethnography*와 *Nud*st* 프로그램의 개시 이후에 엄청난 변화가 이루어졌고 이런 프로그램을 위한 소프트웨어 등이 계속 변화되어 많은 옵션과 절차를 가능하게 했다. 이 소프트웨어는 원래 코딩, 분류하고 코딩한 자료들의 검색을 돕기 위해 만들어졌다. 모든 노트를 복사하고 손으로 코딩하고 자료를 카드에 잘라 붙이고, 카드들을 배열하여 코드들을 분류했던 시절에서 큰 진보를 이룬 것이다. QDAS를 통해 연구자는 여전히 코드들을 개발하고 모든 자료에 이 코드를 배치하며 QDAS 프로그램으로 다운로드를 한다. 일단 연구자가 이 다운로드를 한 이후에는(연구자가 약간의 재코딩을 할 것이기 때문에 아마도 한 번 이상의 다운로드가 이루어지겠지만),

연구자는 QDAS를 이용해 코딩한 자료의 덩어리들을 쉽게 검색할 수 있다. 그런 다음 유사하게 코딩된 자료를 읽고 코드들을 합치거나 나눌 수 있다. 소프트웨어는 코딩된 위계의 시각적 표현을 만들어 낼 수도 있고(주요 코드들, 하위코드들, 하위-하위코드들), 연구자가 이런 코드들을 조작하고 합치고 확장하고 재코딩하여 코딩을 가장 나아 보이게 하도록 한다. 연구자는 코드들 내에 혹은 코드들 간의 통합으로 이리저리 시험해 볼 수 있다. 예를 들어 연구자는 하나의 코딩된 덩어리를 선정하고 특정한 피면담자의 특징(성, 나이 혹은 인종 지리학적 장소)에 따라 분류했을 때 어떤 패턴이 떠오르는지 살펴볼 수 있다. 컴퓨터를 사용해서 분석 속도가 빨라져서 손으로 했던 것보다는 훨씬 더 다양하게 직감에 따라 이리저리 분류해 볼 수 있다.

또한 QDAS에서는 "특정한 코드들이 동시에 일어나는 곳, 겹쳐지는 곳, 연속으로 나타나는 곳 혹은 가깝게 위치하는 곳"과 같이 다양한 종류의 검색이 가능하다(Saldaña, 2009, p. 26). 이런 검색은 쉽게 인식하기 어려운 관계 혹은 패턴을 보여 줄 수도 있다. QDAS는 자료에서 이론적인 성향을 발전시킬 수 있도록 돕는 도표, 클러스터, 나무 혹은 분류적 지도를 만드는 데 도움을 준다. 어떤 사용자들은 QDAS 프로그램이 부정적 사례들을 쉽게 보여 주며 코딩된 자료의 덩어리가 무시될 수 있게 보이지 않는 부분까지 찾아내기에 연구의 엄격성을 높인다고 주장한다(Seale, 2002). 소프트웨어는 연구자가 자료를 주의깊게 작업하도록 강요할 수도 있다.

현재 QDAS 프로그램들은 유사한 기능을 제공한다. 많은 양의 자료를 조작하고 정해진 코드에 따라 자료를 코딩하고 구분하고 검색하게 하며, 코드들 간의 관계를 탐색하게 하고 이론적인 명제를 만들도록 하며, 다양한 방식으로 자료를 디스플레이하는 기능이 있다. 소프트웨어는 텍스트 이외의 자료 형식(예를 들면 비디오와 소리 파일)을 이런 절차로 통합할 수 있다.

만약 QDAS를 사용하기로 결정했다면 어떤 프로그램을 선택할 것인지를 위해서는 연구가 필요하다. 프로그램의 가격은 얼마이고 어느 정도까지 비용을 감당할 수 있는가? 학교에서 특정한 프로그램에 대한 사용 라이선스를 갖고 있어서 구매할 필요가 없는 것이 있는가? 당신의 컴퓨터와 호환되는가? 프로그램 사용을 배우는 데 시간이 얼마나 걸리는가?(배울 시간이 있는가?) 하나의 프로그램 사용을 위해 배우는 절차와 겉모습이 특별히 마음에 드는 것이 있는가? 프로그램 웹사이트에 가서 데모 파일을 다운로드해 보고 시험해 볼 수 있다. Surrey 대학에서 운영하는 CAQDAS(Computer-Assisted Qualitative Data Analysis) 네트워킹 프로젝트 웹사이트에 가서 QDAS 프로그램의 리뷰들을 읽어 보고 당신의 연구와 유사한 연구를 하는 사람들이 유용하다고 찾은 프로그램에 대해 질의해 볼 수 있다. 몇 가지 QDAS 프로그램에는 ATLAS.ti, The Ethnograph, HyperRESEA RCH, MAXQDA, NVivo, QDA Miner, Qualrus 등이 있다.

Guest 등(2012)은 "연구자들이 설계한 질적 자료 분석을 위한 소프트웨어 프로그램의 수가 지속적으로 증가함에 따라 현기증이 날 정도의 기능이 다양하게 제공되고 있다"(p. 217)고 말한다.

QDAS가 제공할 수 있는 강력한 조력에도 불구하고 프로그램들은 도구일 뿐이다. QDAS를 잘 모르는 사람들은 딱 맞는 소프트웨어가 코드를 개발하고 자료에 적용시키며 주요 주제를 도출할 수 있을 것이라고 생각한다. 그러나 이는 사실이 아니다. 연구자가 결정을 내리는 사람이 되고 해석자가 되어야 한다. 연구자가 소프트웨어에게 무엇을 시켜야 할지 알기 위해서는 자료와 친밀해야 하는 것이다. 면담을 수행하거나 현장기록지를 쓸 때와 마찬가지로 컴퓨터 프로그램의 효과는 운영자의 기술에 달려 있다.

당신의 연구에 QDAS를 사용해야 할까? Gibbs(2007)는 "물론 연구자가 소프트웨어를 꼭 사용하지 않아도 된다. 대부분의 질적 분석을 해 왔던 이전 연구자들도 소프트웨어를 사용하지 않았고 사용할 수도 없었다. 대부분의 고전적 질적 연구는 전자적인 도움 없이 수행되었다"(p. 40)고 말한다. 더구나 QDAS는 연구자가 자료를 분석하고 싶은 방식에 부적절할 수도 있다. 예를 들어 연구자는 자료를 주제와 패턴으로 분리하기보다는 내러티브 접근을 취하고 싶을 수도 있다. 연구자는 코딩과 분절적 자료를 다루는 데 집중하느라 자료가 생성된 맥락에 대한 시각을 잃을 수 있다. 게다가 소프트웨어를 어떻게 사용하는지 배우는 데 소요되는 시간은 프로그램이 제공하는 모든 장점을 가릴 수 있는데, 이는 특히 연구자의 데이터베이스가 그다지 크지 않고 연구 참여자가 많지 않을 때 해당된다. 소프트웨어 사용에 대한 결정을 내릴 때 이런 경고를 염두에 두기 바란다. 만약 당신이 많은 피면담자가 있는 큰 규모의 프로젝트를 수행하고 주제별로 분석하고자 한다면 QDAS는 유용할 수 있다.

만약 당신이 몇 명의 응답자와 구술사(oral history) 연구를 진행하고 자료를 창의적으로 표현하고 싶다면(9장 참고) 코드와 검색 프로그램은 좋은 선택이 될 수 없다. 자료를 분석하려고 선택한 방식은 당신의 연구 문제, 방법론, 자료의 종류, 이론적 경향과 맞아야 한다.

요약하면 컴퓨터는 연구자의 작업을 덜 지루하고 빠르게 처리하게 하며 보다 정확하고 철저하게 도울 수 있다. 그러나 컴퓨터가 연구자를 위해 생각까지 해 주지는 못한다. 연구자는 무엇이 컴퓨터 안에 들어갈지, 어떤 일을 시켜야 할지, 프로그램 조작의 결과를 어떻게 이용할지를 결정해야 한다. QDAS의 결과물은 컴퓨터 안에 들어가는 자료, 그 안에 들어간 배려의 수준에 따라 달라지는 것이다.

연결짓기

당신의 이론을 바텐더에게 설명할 수 없다면 아마도 그것은 쓸모없는 것이다.
(천체물리학자 Ernest Rutherford, Roorbach, 1998, p. 53에서 인용)

질적 연구자들은 자료를 조직하고, 분류하고, 자료에서 패턴을 찾기 위해 코딩, 자료 디스플레이, 컴퓨터 프로그램과 같은 기법을 이용하지만 궁극적으로는 독자들과 자신에게 의미 있게 연결하는 방법을 찾아야만 한다. Wolcott(1994)는 그의 저서 「질적자료의 변형(Transforming Qualitative Data)」에서 자료 변형 또는 조직에서 의미로 이동해 가는 세 가지 수단을 *기술(description), 분석(analysis), 해석(interpretation)*이라고 말한 바 있다. 기술은 원래 기록되어 있는 대로 자료와 가깝게 있는 것이다. 연구자는 "자료가 스스로 말하도록"(p. 10) 하면서 현장기록지, 면담 전사본에 전적으로 의존한다. 이 접근은 "여기서 무슨 일이 일어나고 있는가?"(p. 12)란 질문에 대답하며, 기술 분석의 내러티브는 연구 목적에 맞는 구체적 부분을 선정하고 묘사하게 된다.

Furney(1997)는 몇 군데의 공립 초등학교에서 특수교육 개혁의 시행을 연구했다. 비교사례분석의 발견사항을 전달하기 위해 Furney는 텍스트 전반에 걸쳐 기술을 포함시켰다. 다음의 예는 교육지원팀(Instructional Support Team: IST)의 모임을 관찰한 데에서 나온 것이다.

앤디(Andy)와 대니얼(Daniel)은 무릎 위에 점심 쟁반(핫도그, 애플 소스, 미지근한 우유의 카페테리아 냄새는 어째서인지는 모르겠지만, 학교에서 절대 변하지 않는다)을 균형 있게 놓으면서 케빈(Kevin)에게 지난주에 있었던 긍정적인 일들에 대해

> 묘사하기 시작했다. 이들은 케빈이 좋은 말을 사용해서 받은 점수, 최근에 컴퓨터 게임에서 한 급우를 이긴 것, 자신들과 케빈이 놀이터에서의 문제를 어떻게 해결했는지 말해 주었다. 케빈은 자기가 학교의 교사실에 위치한 소다 자판기를 채워 넣어서 번 돈을 어떻게 쓸 것인지를 궁리하면서 친구 조지(George)와 가게의 진열대를 열심히 돌아다닌 시내의 울월스 가게에 간 일을 묘사했다.(p. 97)

Furney의 내러티브에는 한 학교에서의 교육지원팀 모임의 맥락에 독자들이 가볼 수 있게 세심하게 선택한 자세한 사항이 포함되어 있다.

Wolcott(1994)는 *분석(analysis)*을 자료 변형의 두 번째 범주로 들었다. 그에 따르면 분석은 연구에 있어서 주요 요소(key factors)와 그들 간의 관계를 찾아내는 것이다. 일반적으로 이 방법은 기술을 체계적인 방식으로 확장한다. 본질적인 특징과 이런 특징이 상호작용하는 방식이 필요하다. 자료 변형의 분석 범주에 있어서 코딩 계획, 자료 디스플레이, 기준과 비교, 패턴화된 규칙성을 찾아내는 다른 수단들이 모두 유용하다. 분석이라는 용어의 사용이 여기에서 약간 혼란스럽기도 하다. 이는 나를 포함한 연구자들이 자주 패턴 찾아내기를 기술이라고 부르며 해석을 자료 변형이 아닌 자료 *분석*이라고 부를 때가 있기 때문이다. 그럼에도 불구하고 Wolcott(1994)의 논의는 자료 간을 연결하는 방법을 생각하는 데 도움이 된다.

Furney(1997)의 연구는 Wolcott가 말한 분석의 많은 예를 보여 준다.

> 세 학교에서 교육지원팀(Instructional Support Team: IST)의 발전은 흥미로운 의미를 준다. 한편 이 세 명의 교장은 보다 형식적인 IST 구조의 필요성을 줄이는 것으로 보이는, 자연스럽게 발생하는 협력적 구조의 긍정적인 측면들에 관해서 처음 면담 그리고 후속 면담 중에 이야기했다. 다른 한편 교장들은 오랜 시간에 걸쳐 개발되어 온 IST의 보다 형식적인 면이 꼭 필요하고 대체적으로 긍정적이라고 보기도 했다.(p. 142)

이렇게 교장들의 교육지원팀에 대한 견해를 고찰한 것은 기술로부터 자료에서 유형 찾기, 경향성 찾기로 이동한 것이다.

*해석(interpretation)*은 Wolcott(1994)의 세 번째 자료 변형 유형이다. 그는 연구자가 "사실적 자료와 조심스런 분석을 초월하고 자료, 분석으로 무엇을 만들어야 할지를 탐구하기 시작할 때 해석이 시작된다"(p. 36)고 했다. 그는 또 자료 해석을 위한

여러 전략으로 분석 연장, 구조 제공을 위한 이론의 사용, 개인적 경험과 연결, 현존하는 자료의 대안적 수단 탐색 등을 들었다.

다시 한 번 Furney(1997)의 연구는 이 자료 변형, 분석의 예를 보여 준다.

> 요약하자면 이 Act 230 연구 속의 학교들은 학생들을 위한 배려가 교육의 우선 목적을 구성해야 하며 변화시키려는 노력을 이끌어야 한다는 내 신념을 확실히 하는 것을 도와주었다. … 학교 개혁을 위한 의제의 중심에 학생들을 놓음으로써 수많은 관련된 변화가 명백해졌다. 학생들을 배려하는 데에서 오는 도전은 의제가 사회 정의를 추구하고 다양성의 문제에 대처하도록 했다. 학교의 중심에 배려를 두는 것 역시 가시적이고 참여적인 리더십의 형태가 구축되도록 요구하는 듯했으며 공유된 책임감과 변화에 대한 개방성을 형성했다.(pp. 174-175)

이 예에서 Furney는 기술과 분석을 넘어 배려라는 기틀을 탐색하는 것으로 들어섰다. 배려의 역할이 교육의 중심 목적이라고 주장하면서 그녀는 자신이 발견한 해석을 제시했다. 위의 예시들에서 Furney의 코멘트가 그녀의 연구 내의 학교들과 연결된 점을 주목하라. 질적 연구가 연구한 집단 혹은 장소를 넘어서서 일반화할 수 없다는 면은 너무나 많이 제시되어 왔다. 예를 들면 당신의 연구에 10명의 백인 교사들과 10명의 흑인 교사들과의 면담과 관찰이 포함되었고 자료 분석을 통해 이들이 피부색에 따른 집단을 나누어 교사들의 경험과 인식에 다른 패턴이 있음을 찾아냈다고 하자. 이 연구의 결과로 당신은 더 큰 인구집단에 어떤 일이 일어나고 있는지 가설을 제시할 수도 있지만 "백인 교사들은 *x*를 경험하고 흑인 교사들은 *y*를 경험한다."고 주장할 수 없다. 그러나 당신은 이러저러한 패턴이 당신의 연구에서 나타났다고 할 수 있다. 그러나 당신이 주장하는 인구집단은 가능한 한 구체적이어야 한다. "열 명 중 셋"을 "퍼센트"라고 바꾸는 것은 의미도 없고 질적 연구에 적절하지도 않다. 당신의 연구 목적은 가능성의 범주를 명료하게 하는 것이고 당신의 연구 자료를 연구 결과의 가능성을 전달하는 유용한 유형으로 변형시키는 것임을 기억하라.

「질적 연구를 수행하고 작성하기(Doing and Writing Qualitative Research)」(2002)에서 Holliday는 "자료로부터 텍스트까지"(p. 100)라고 이름 붙인 자료 변형을 보여 주는 기술적 그림을 제시했다. 이 그림에서 자료는 "지저분한 실제의 합리화된 조각들"에서 "자료의 주제적 조직", "자료 분석 부분의 텍스트 혹은 장"으로 이동해 간다. 이 그림은 자료가 "실제"에서 거리를 두는 과정을 추적한다. "실제"에서 거리를 두는 과정은 자료가 가능한 한 자연적 상태로 제시되어야 한다고 주장하는 일부 연구자들에겐 문제가 되기도 한다. 연구자가 어떤 유형(혹은 얼마만큼의)의 분석을 선택하든지 연구자는 어떤 유형의 자료라도 이미 그 자료가 나온 사회적 실제와 거리가 두어진 것이며 다른 것임을 인식할 필요가 있다. 극소수의 독자들만이 연구 프로젝트에서 나온 원자료의 엄청난 분량을 힘들여 들여다보려고 할 것이다. 따라서 자료를 분별 있고 접근 가능하게 만드는 분석은 연구자가 할 중요한 임무가 된다. 자료 변형은 기술하고 연결하고 더 깊은 이해에 기여하거나 최소한 정보를 갖춘 질문에 기여하기 위한 가치 있는 결과를 위한 전주이다. 이제 신뢰성과 제한점에 대해 살펴보자.

신뢰성과 제한점

연구를 통해 만들어진 말, 기술, 사고는 그 자체로는 본질적으로 의미 있지 않다. 그보다는 연구자가 분석과 해석을 통해 이것들을 의미 있게 만드는 것이다. Tomas Schram(2006)이 말했듯이 "당신의 해석을 통한 의미를 소통하는 것은 언제나 협상 가능하며 불완전하다. 마지막에는 당신의 생각이 타인들에게 얼마나 그럴듯한가의 문제이며 당신의 사례의 중요성을 얼마나 설득력 있게 만드는가의 문제이다"(p. 13). John Hersey는 「Let Us Now Praise Famous Men」의 작가인 James Agee에 대한 그의 글에서 Agee의 책에 대한 비평자들을 인용하며, 이 책에 묘사된 차용자 가족의 한 명이었던 Burroughs 부인의 말을 인용하며 결론을 지었다. "나는 이 책을 집에 가져와서 꼼꼼히 읽어 보았다. 꼼꼼히 읽고 나서 나는 이 책을 그녀에게 주며 이렇게 말했다. '그 속에 있는 모든 것은 진실이네. 그 안에 사람들이 쓴 게 진짜야'"(Hersey 1988, p. 74). James Agee는 Burroughs 부인이 자신의 삶에 대한 그의 해석을 확인해 주었다는 것을 알았다면 기뻐했을 것이다. 연구자는 자신의 해석이 신뢰성 있기를 바라며, Burroughs 부인과 같은 연구 참여자, 동료들이 그 신뢰할 수 있는 연구 결과를 정보를 기술하고, 확인하고, 확장하고, 제공해 주는 등의 다양한 방식으로 사용할 수 있기를 바란다. 이것이 자신의 해석이 확인되는 방식이기 때문이다.

당신의 해석이 "올바른" 것임을 어떻게 알 수 있는가?

이미 여러 번 언급했지만 당신의 자료를 이해하는 한 가지의 올바른 방법이 존재하지는 않는다. 자료 분석은 해석적 행위이다. 그러나 당신은 당신의 해석이 신뢰가 가게끔 만들기 위해 몇 가지 단계를 취할 수 있다. 5장에서 논의된 신뢰성으로 돌아가 당신의 분석에 대해 다음과 같은 질문들을 다시 던져 보라: 당신은 무엇을 주목했는가? 왜 그것에 대해 주목하게 되었는가? 당신이 주목한 바를 어떻게 해석했는가? Hollway와 Jefferson(2000)은 여기에 한 개의 질문을 추가했다. "당신의 해석이 '올바른' 것임을 어떻게 알 수 있나?"(p. 55)

네 번째 질문은 당신의 해석에 관한 타인들의 관점을 구하고, 피드백을 요구하는 것을 말한다. 연구 참여자들과 해석의 과정을 *참여자 확인(member checking)*의 방식으로 공유하라. 진행하고 있는 초안에 대한 연구 참여자들의 반응을 얻어내는 것은 시간을 소모하지만 그렇게 함으로써 참여자들의 관점을 반영하고 있음을 증명하고, 출판되었을 때 개인적 혹은 정치적 이유로 문제의 소지가 있는 부분을 알게 해 주며, 당신이 새로운 아이디어와 해석을 개발하도록 돕는다.

때로 참여자 확인은 모든 전사본을 각 피면담자들이 재검토하도록 돌려 주어야만 하는 것으로 이해되기도 한다. van dem Hoonaard와 van den Hoonaard(2013)는 이런 방식의 효율성에 대해 비판을 했다. 우선 전사본을 참여자 확인시키는 것은 연구 참여자의 시간을 추가적으로 요구하는 것이며; 글로 쓰여진 말들은 구어와 다르며 연구 참여자들은 자신들의 전사본을 어색해하고 난처해할 수도 있으며; "참여자 확인(member checking)이 의도하지 않게 면담 참여자들을 연구에서 잘못 표현할 수도 있다. 연구는 많은 면담의 전체에 관한 것이며 연구자는 면담에서 선별된 자료 선택이 수반되는 패턴을 찾는다"(p. 109). 응답자들에게 전사본의 페이지들을 보여 주고 재확인하게 하는 과정은 그들이 말한 많은 부분이 최종 보고서에 들어갈 수 있다는 인식을 줄 수 있다. 전사본 대신에 보고서의 초안 혹은 참여자의 말이 드러나는 초안의 일부를 공유하는 방법도 생각해 보라. 당신이 참여자의 반응을 정확히 읽어 냈고 보고서의 맥락에서 유용하게 해석했는지를 물어보라. 그리고 나서 지금까지 쓰여진 것에 대해 다른 해석이나 제안이 있는지를 물어보라.

페니는 참여관찰 노트를 효율적인 중간관리자팀의 '삶의 하루'로 편집했을 때 팀 일원들과 이 초안을 공유했다. 그들은 자신들이 이전에는 인식하지 못했던 행동의 유형뿐만 아니라 기술의 정확성을 반영해 주었다. 페니는 현장기록지(1997년 5월)에 이렇게 적었다.

> 나는 리자(Liza)와 호프(Hope)와 내가 쓴 것을 공유하는 기회를 가진 것을 기쁘게 생각한다. 그들의 관계적인 업무에 대한 내 견해가 그들이 보기에 정확한 것이었음에 대해 자신감을 얻도록 해 주었다. 내 생각엔 그 사람들도 아이디어를 질문처럼 말하는 경향, 수업 토론 촉진을 의식적으로 번갈아 하는 경향, 근심사항을 우선시하고, 서로가 다른 사람의 말을 끝마칠 때 돕는 경향을 주목하고 웃으면서 이야기하며 무엇인가를 얻었던 것 같다.

진행하고 있는 초안을 공유함으로써 연구자와 연구 대상자는 그들을 둘러싼 현상의 해석 속에서 성장할 수 있다.

당신의 해석에 있어서 *동료 검토(peer review)*를 통한 친구들과 동료들의 소중한 도움을 간과해서는 안 된다. 당신의 자료 일부를 도와줄 것을 부탁하라—코드를 개발하고 적용하며 당신의 인식을 점검하기 위해 현장기록지를 해석하기 등. 신뢰성을 높이기 위해 Lincoln과 Guba(1985)는 현장작업, 후속 분석 및 해석을 '외부감사'할 외부인을 구하는 절차를 제안했다. 논문을 쓰는 학생들에겐 논문심사위원회 위원들이 연구의 논리적인 외부감사인이 될 수 있을 것이다. 나는 학생들에게 부록 B '현장작업 노트북 관리하기'에 설명한 것처럼 모든 자료의 복사본, 현장기록지, 자료 수집과 분석 기법, 내용의 자세한 표가 요약된 노트를 기록하라고 한다. 이와 같은 현장작업 노트북은 연구 문제들의 모든 버전, 면담 질문, 코딩 계획 등을 보여 주는 감사 추적(audit trail)이다. 감사 추적을 만드는 이유는 당신이 어떻게 결론에 도달했는지 질문하는 사람들에게 현장작업에서부터의 자료와 절차를 보여 줄 수 있게 하기 위해서이다. 이렇게 모든 것을 포함한 노트북은 현장 감사를 쉽게 만들 뿐만 아니라 자료 관리에 도움을 주는 일종의 조직적 과정을 시행하게 한다.

그러나 당신이 연구 참여자들에게 비밀유지를 약속했으며 모든 이름을 바꿨을지라도 추적 감사를 만방에 알리기를 원치 않음을 기억하라. 대부분의 사람들은 당신이 코딩한 두꺼운 면담 전사본과 관찰기록 파일에 관심을 보이지는 않을 것이다. 하지만 당신의 논문심사위원회의 위원들은 당신이 연구 자료를 조직화하는 체계를 갖추고 있는지 알고 싶어할 수 있으므로 이것을 제시하게 되면 쉬울 것이다.

"당신의 해석이 '올바른' 것임을 어떻게 알 수 있나?"는 어려운 질문이다. 옳은 해석이란 존재하지 않는다. 모든 종류의 사회적 상호작용은 당신이 개념적 이해를 하지 못한 체제를 포함해 다수의 체제에 의해 연구될 수 있다. 이 질문이 연구자가 주목한 것을 해석하는 데 사용하는 체제에 대해 심사숙고하도록 한다. 연구를 하나 이상의 체제(*이론적 삼각기법*)에서 분석하는 것은 해석을 확장시키고 새로운 문제를 제시하며 단일한 분석적 틀과 해석의 불완전함을 강조한다. 이런 다수의 해석을 해결하는 것이 질적 연구를 특별히 매력적으로 만들고, 연구자와 타인들이 새로운 방식으로 이해하도록 돕는 데 있어 질적 연구를 잠재적으로 유용하게 만든다.

한계와 제한점

자료의 신뢰성을 다루는 것은 당신의 연구 *한계*와 *제한점* 둘 다를 깨닫게 한다. 연구의 한계 혹은 범주는 분명히 연구 경계를 설정한다. 여기에는 당신이 살펴보지 않은(그리고 왜 살펴보지 않았는지) 관련성 있는 문헌과 같이 당신이 하고 있지 않은 것이 포함된다; 연구에 포함시키지 않은 유용한 사람들(그리고 왜 연구에 이 사람들을 포함시키지 않았는지); 합리적으로 사용할 것이라고 기대되는, 예를 들면 관찰—당신이 사용하고 있지 않은(왜 사용하지 않았는지) 연구 방법 등이 포함된다. 어떤 연구에서도 모든 것을 다 할 수는 없다. 한계는 연구자가 왜 경계를 정했는지를 설명해 준다. 예를 들면 학술적인 미술관 연구에 관한 글쓰기에서 나는 서론에 한계를 다음과 같이 통합했다.

> 연구는 대학 미술관에 관련된 모든 것을 다룰 수는 없다. 예를 들면 본 연구에서는 전시의 개발과 사용, 컬렉션 관리, 테크놀러지 사용, 미래를 위한 전략적 계획, 왜 어떤 학생들과 교수들은 미술관을 이용하지 않는지 등과 같은 부분에 초점을 두지 않았다. 그보다는 전형적인 캠퍼스 미술관이 이를 이용하는 사람들에게 미치는 전반적인 영향력에 대해 기술하고자 노력했다.(pp. 11-12)

당신이 신택하고 어느 징도 통제 가능한 한계와 달리, 제한점은 연구를 어떤 방식으로 제한하지만 연구자가 통제할 수 없거나 뒤늦게 깨닫게 되는 부분이다. 연구자의 책임은 어떤 특정 상황에서 할 수 있는 한 최선을 다하는 것이다. 이런 상황을 자세히 기술하는 것은 독자들이 자료의 성격을 이해하도록 돕는다. 어떤 문서, 사람들, 장소는 당신이 이용할 수 없었음을 말하라. 어떤 방식에서는 관심 있는 현상을 보여 주지만 다른 것은 보여 주지 못하는 장소 선정이나 응답자 선정에 있어서의 특이점을 이야기하라. 시간이 연구 혹은 자료 분석 절차에 제약을 가했는가? 연구의 제한점 부분에서 당신의 연구가 더 잘 할 수 있었던 모든 부분을 지적할 필요는 없다. 그보다는 연구의 제한점을 기술할 때 맥락 설정의 일부가 되도록 접근한다. 제한점은 사회과학 연구에서 알아가는 불완전한 상태와 일치하며 한계점을 명료히 밝히는 것은 독자들이 당신의 연구를 어떻게 읽고 해석해야 하는지를 도와주는 것이다. 또한 연구자는 한계와 제한점을 논의하면서 당신의 연구를 기초로 한 후속 연구에 관한 아이디어를 제안할 수 있다.

고려사항

> 야키어로 kia polove는 "무엇"에 대한 욕심이 없이 된다는 뜻이다. 비교하지 않는 공동 사회에서는 "가난한"의 개념이 없다. 야키족은 백인들 혹은 멕시칸들을 대할 때에만 가난하다.
>
> (Véa, 1993, p. 31)

내 친구 패트리샤(Patricia)는 8시간 동안 꼬불꼬불한 오르막길을 버스를 타고 가서 북쪽 오악사카의 산쪽을 따라 퍼져 있는 마을인 호우틀라(Hautla)에 도착했다. 우리 둘 다 그 지역에 처음 가 본 것이었는데 이것은 우리 각자가 하고 있던 연구에서 떠나 휴식을 위한 여행이었다. 다음날 우리는 시에라 놀트(Sierra Norte)를 내려다보면서 산길을 따라 걸었다. 마을에 돌아왔을 즈음에 날은 거의 저물었고 오악사카에서 보통 먹는 가벼운 끼니를 파는 까페의 시간이 지나 버렸다. 하지만 우리는 배가 고팠고 마침내 오악사카 식의 거품이 풍부하고 진한 핫 초콜릿과 치즈가 들어간 토틸라를 먹을 수 있는 인터넷 까페를 찾았다.

까페 주인은 주문을 받고 우리 음식을 가져와서는 우리 자리에 앉아도 되겠느냐고 물었다. 이야기를 나누는 동안 그가 그 지역 교장이라는 사실도 알게 되었다. 나는 연구를 제쳐두지 못하고 질문을 만들기 시작했다. 나와 함께 일하는 젊은이들이 그들의 지역사회의 환경을 증진시키는 측면에서 어떻게 일하는지 호기심이 발동한 나는 호우틀라 젊은이들의 환경에 대한 태도를 말해 달라고 까페 주인에게 부탁했다. 그는 잠시 말을 멈추더니 이렇게 대답했다. “우리는 사실 여기서 환경을 이야기하지 않아요. 그보다는 *조화*에 대해 이야기하지요.” 그는 보이지 않는 것들을 포함한 모든 사물 간의 연결됨을 조화라고 설명해 나갔다. 들판, 나무, 바위, 강은 각각 *두에노(Dueno)* 혹은 수호자를 지녔으며 전통적으로 사람들은 나무를 자르거나 바위를 옮길 때 어떤 존재자를 성나게 해서 그 결과로 고통받을 가능성을 의식해서 수호자에게 제물을 바친다고 이야기했다.

그의 말—우리는 사실 여기서 환경을 이야기하지 않아요. 그보다는 *조화(harmony)*에 대해 이야기하지요—은 내가 가정한 범주들을 산산조각 내버렸다. 나는 전에도 사람들이 자연의 신령에 대해 말하는 것을 들었음에도 불구하고, 오악사카에서 조화의 중요성에 대해 들었음에도 불구하고, 또한 한 방술사가 내 *나구알스(naguals)* 혹은 자연의 친구에 대해 말해 주었음에도 불구하고, 내가 읽고 듣고 경험한 것을 사람들, 동물들, 환경, 종교/영성에 관한 나의 서구적 범주로 계속 단정하고 있었던 것이다. 마침내 그 교장의 말은 내 범주들을 나누었다. 이 범주들은 합쳐지고 섞이고 뭉쳐져서 내 견해를 흐리게 만들었다. 내가 많은 오악사카인들처럼 *조화*의 개념을 충분히 이해하지 못하긴 하지만 내가 예전에 가졌던 인식에 있어서 잘못된 부분을 더 잘 알게 되었다. 내 과거의 범주로 계속 돌아가기도 하지만 이것들이 인위적인 것임을 안다. 나는 무언가 다른 것을 보고 느끼게 되었다.

범주화의 과정은 자료 분석에 강점이 되는 동시에 문제점이 된다. 우리는 사물을 이해하려고, 사회적 상호작용에 있어서의 패턴을 찾는 데 도움을 받기 위해 범주화한다. 또한 우리는 직감, 가설, 이론을 개발하는 데 범주가 필요하다. 우리는 ‘토착언어’를 찾으려 하고 타인의 머리 속에 있는 범주를 알아내려고 의식적으로 노력하지만 사회화된 범주로부터 완전히 자유로울 수는 없다. 그렇지만 나는 문화기술적 연구가 우리 것이 아닌 범주로 세상을 다시 정리해 갈 때 특별한 유용성을 가진다고 생각한다. 질적 연구자로서 우리는 다중적 시각을 갖고 싶다고 자주 말은 하지만 그 시각을 표현하기 위한 기틀에 대한 도전은 그리 자주 하고 있지 않다. 이런 도전을 통해 어떻게 지식이 사회적으로 구성되는지와 이를 기술하거나 설명하는 권력이 언제나 부분적이라는 것을 보다 충실히 보여 주면서 삶을 경험하는 시계를 넓힐 수 있는 것이다.

추천하는 읽을거리

Bazeley, P. (2013). *Qualitative data analysis: Practical strategies.* Thousand Oaks, CA: Sage.
Gibbs, G. (2007). *Analyzing qualitative data.* Thousand Oaks, CA: Sage.
Grbich, C. (2013). *Qualitative data analysis* (2nd ed.). Thousand Oaks, CA: Sage.
Saldaña, J. (2009). *The coding manual for qualitative researchers.* Thousand Oaks, CA: Sage.
Wolcott, H. (1994). *Transforming qualitative data: Description, analysis, and interpretation.* Thousand Oaks, CA: Sage.

연습문제

수업 연습

1. Saldaña는 그의 책 「The Coding Manual for Qualitative Researchers」(2009, pp. 193–195)에서 코딩과 분석 연습을 포함시켰다. 다음의 3개의 연습은 그의 연습문제를 요약하고 다듬어서 제시되었다.
   a. *우리가 들고 다니는 것들.* 수업시간 활동으로 당신의 배낭, 지갑 혹은 서류가방을 비워라. 당신이 꺼내 놓은 모든 물건을 어떤 방식으로든 조직해 보라. 각 더미에 범주 이름을 달아 보라. 그러고 나서는 이 물건들을 다른 방식으로 재조직할 수 있는지 살펴보라. 어떤 조직적 계획이 다른 계획보다 분석적 관점에서 더 이치에 맞는가? 이런 범주들이 당신에게 말하는 바는 무엇인가?
   b. *우리가 패턴을 통해 어떻게 질서를 만드는지.* 이것은 클래스메이트들과 함께 하는 활동이다. 교실 내에서 할 수도 있고 아니면 소집단으로 나눠서 다른 근처의 장소로 나갈 수도 있다. 공책과 펜을 들어라. 정해진 시간 동안(20여 분 정도) 당신이 있는 장소를 돌아다니며 당신이 관찰할 수 있는 모든 패턴들을 기록하라. 예를 들면 벽에 붙어 있는 타일이나 마룻바닥에 패턴이 있는가? 자리 배치나 창문 간격의 패턴은 어떠한가? 가능한 한 많은 패턴을 주목하고 난 후에 패턴의 리스트를 다른 범주로 조직해 "패턴들의 패턴"을 만든다(Saldaña, 2009, p. 194). 예를 들면 당신은 장식적 패턴, 기능적 패턴이나 조직적 패턴으로 나눌 수 있다. 더 큰 패턴 범주를 갖고 각각의 범주가 당신에게 어떤 의미를 가지는지와 무엇을 포함하고 무엇을 배제하고자 하는지에 관해 "코드북"의 기술적인 한두 문장을 써 보라.
   c. *우리의 옷이 무엇을 말하는지.* 다음 수업시간에 티셔츠를 입고 올 것을 계획

한다. 그 수업시간에 공책과 펜을 들고 돌아다니며 서로의 티셔츠에 대한 정보를 기록한다. 그 정보들을 범주화하기 위한 코드들의 리스트를 만들어라. 예를 들면 당신은 *Attribute Codes*(Saldaña, 2009, p. 194)를 찾아보고 명칭에서 정보를 수집할 수도 있다. 직물의 구성은 어떠한가? 셔츠가 만들어진 곳은 어디인가? 셔츠를 어떻게 관리해야 할 것인가(물세탁 혹은 드라이크리닝)? 당신은 *Magnitude Codes*(Saldaña, 2009, p. 194)를 찾아보고 셔츠의 크기를 살펴볼 수도 있다. 사이즈는 어떻게 붙어 있는가? 어떤 상징들이 사용되는가(글자 혹은 숫자들)? *In Vivo*(Saldaña, 2009, p. 194) 코드들을 살펴보라. 티셔츠의 이미지는 액면 그대로 혹은 은유적으로 무엇을 말하는가? 티셔츠에 보이는 메시지들의 종류에 기초해서 티셔츠와 티셔츠를 입은 사람들을 여러 개의 다른 집단으로 묶을 수 있는가? 이 묶음들은 어떻게 특정한 가치, 태도, 관심사를 각 집단에 배정할 수 있는가?

2. 이 제안은 〈Qualitative Inquiry〉 저널에 실린 논문에서 Duncan Waite(2011)가 설명한 질적 연구 수업시간에 카드게임을 사용한 데에서 나왔다. 카드를 조커와 정보카드까지 포함해서 미리 섞어 놓고 시작한다. 각자 말을 하지 않고 카드를 독립적으로 나누어 본다. 카드를 어떤 질서를 부여해야 할 자료라고 생각해 보라. 한 번의 분류를 마친 다음에는 다른 클래스메이트들이 자기 카드들을 분류한 방식을 주목해 보고 당신의 카드들을 다른 방식으로 분류해 보되 이번에도 의논 없이 진행한다. Waite에 의하면 두 번째 분류는 첫 번째 분류에서보다 대개 더 창의적이라고 한다. 당신이 왜 카드 분류를 그렇게 했는지 공유하라. 이 설명은 우리를 어떻게 카드를 분류하는지에 대한 상식적인 의견(같은 숫자, 같은 패로 묶기), 암묵이론(tacit theory)에 관한 논의뿐만 아니라 일부가 사용할 수도 있는(가족과 친구들의 전화번호에 따라 분류하기) 명백한 이론(explicit theories)으로 이끌 것이다. 특이값(조커, 설명카드)은 어떻게 처리했는지와 다른 자료들은 어떻게 설명되었는지에 대해 논의해 보라.

3. 2장과 4장의 수업 중 연구 실제 연습으로 돌아가라. 면담 전사본을 손에 들고 면담의 코드북을 만든다. 소그룹으로 시작해서 중요한, 부수적인 코드의 일치점을 찾아라. 그런 후 전체 클래스가 각 소그룹이 한 면담을 코딩한 방식을 살펴보라. 각 코딩 계획이 말하고 있는 다른 종류의 이야기에 대해 토론해 보라. 그런 후 각

학생은 클래스가 한 코딩 계획을 갖고 자신이 한 면담을 코딩해 본다.

4. 위에서 연습한 코딩된 면담을 가져온다. 주요 코드를 자르고 분류한다. 클래스를 소그룹으로 나누고 각 그룹은 하나 혹은 그 이상의 주요 코드를 받는다. 그런 다음 그룹들은 그 코드에 관련된 자료를 갖고 작업을 한다: 부수적 코드에 따라 나누고 패턴, 관계, 추후 범주화 찾기. 분석적인 발견을 기록한다. 이후 연습을 위해 코딩된 자료 덩어리들을 보관한다.

개별 연습

1. 이제 당신은 전반적 주제 분석에 대한 개관을 하게 되었으니 당신이 선택한 같은 주제에 관한 연구를 다른 방법론 혹은 이론적 틀로 설계해 보라(예를 들면 현상학, 담화 분석, 내러티브 분석, 기호학, 비판적 담화 분석). 다른 접근법을 읽어보고 현재 당신이 설계한 연구: 연구 목적, 연구 문제(들), 자료 수집 방법, 분석 절차와 어떻게 다른지 성찰해 보라.

2. 연구 진술문을 쓸 때 했던 연구 다이어그램을 기억하는가? 그것을 보지 말고 관찰, 면담, 다른 자료에 대한 당신의 이해를 통합시켜서 지금 당신의 연구를 그림으로 표현해 본다. 그림을 비교해 보라. 당신의 연구 주제에 대해 배운 것에 대해 특별한 공백이나 여전히 남은 질문들을 기록하면서 현장기록지에 반성해 본다.

3. 아마도 당신은 당신의 예비연구 자료를 모두 수집하지는 못했을 것이다(접근하고, 계획하고 자료 수집하는 과정은 당신이 예상한 것보다 훨씬 더 길게 소요된다). 그렇지만 당신이 갖고 있는 것에서 시작해서 당신만의 코드북을 만들고 분석적 사고들을 기록하라.

제8장

당신의 이야기를 만들기: 질적 자료 쓰기

사람은 자신의 사례가 타인들을 감동시키길 소망한다. 그러나 어떻게 연결시킬 것인가? 나의 고통 혹은 Harry Crosby 내 아버지의 치통을 가정하는 것으로는 안 된다고 생각한다. 나는 '의식의 보편적 조건'에 대해 발견했다. 그 어느 누구도 혼자가 아니란 것을 알고 있으며 모든 진실한 이야기는 하나이기에 이 하나의 이야기가 어떤 일을 적용하고 연결하고 공명시키고 장음의 화음을 연주하기를 소망한다.

(Pachter, 1981, p. 72)

우리는 왜 글쓰기를 하는가? 물론 보고서는 당신이 연구자로 계약을 했을 때 기대되는 부분이다. 어떤 사람은 글을 써야만 하기에 이 일을 하겠지만 대부분의 연구자들은 더 큰 의도를 가지고 있을 것이다. 글쓰기는 쉬운 일이 아니다. 몇 시간은 며칠이 되고 며칠은 다시 몇 달이 되고 때로는 몇 년이 지나도 당신은 똑같은 원고에 매달려 있을 수도 있다. 왜 당신은 읽고, 연구하고, 쓰고 다시 고쳐 쓰는 데 그 많은 시간을 투자하는가? 기본적으로 당신은 관찰을 했고, 통찰력을 가지고 있고 공유하고 싶어하는 경험을 갖고 있다. 하지만 당신은 왜 그것들을 공유하고 싶어하는가? 다음과 같이 중얼거리는 자기 의심의 끊임없는 목소리는 어떠한가? "이건 다 예전에 말했던 거잖아. 당신이 말한 것 중 새로운 것은 하나도 없지. 무엇이라도 말할 것이 있다고 생각하는 당신은 누구야?" 그러나 당신이 이런 목소리를 조용하게 한 후 글쓰기를 할 때 당신은 하고 싶은 일이 바로 다른 사람들과 연결하고 그들이 다른 방식으로 생각하게 만들고 어쩌면 다른 방식으로 행동하게 하기 위함이라는 것을 알게 된다. 요약하자면 Mary Pipher(2007)가 그녀의 책 제목을 'Writing to Change the World(세상을 바꾸기 위한 글쓰기)'라고 붙인 것처럼 당신도 그렇게 세상을 바꾸기 위한 글쓰기를 할 수 있다. 만약 그것을 원한다면 당신의 글쓰기는 읽힐 필요가 있다. 읽히기 위해 사람들을 끌어들여야 한다. 다행히도 사람들은 각기 다른 글쓰기 스타일에 매력을 느끼지만 어떤 스타일이라고 해도 읽히는 글쓰기에서 저자는 단어 사용에 있어서 조심스럽고 신중해야 한다. 좋은 글쓰기는 아이디어를 일으키고 상상력에 불을 붙이고 가능한 비전을 제시한다.

질적 연구에서 글쓰기는 연구자가 조심스럽게 분류하고 조직한 자료 덩어리에 형태를 준다. 글쓰기는 연구 과정 전반에 걸쳐 진전되어 온 생각과 저널에 쓰여진 것들을 연결시킨다. 또한 글쓰기 행위는 새로운 사고, 연결에 영감을 준다. 글쓰기는 연구자와 타인들이 연구를 위한 노력을 하면서 생성한 의미를 담아 낸다. 작가로서 연구자는 들려 줄 특정한 '이야기'를 선정하는 것에서부터 당신의 말을 가장 잘 전달한다고 믿는 문학적 형태를 창조하는 것까지를 모두 포함하는 일련의 구성 행위를 하게 된다. 연구자의 구성 작업이, 비전이 구체화된 곳에서 계획이 시작하는 건축자의 작업인지 아니면 비전이 시간의 경과에 따라 직관, 감각, 느낌에서부터 발현하는 화가의 작업인지가 어떤 사람들에게는 중요하겠지만, 대답할 필요는 없다. 많은 사람들에게 있어서 텍스트의 구성은 계획과 직관 양자의 조합일 가능성이 높기 때문이다. 이 장은 직관에 대해 간단히 언급하지만 글쓰기의 전략, 형태와 스타일에 중점을 두고 있다. 그러나 우선 연구를 글로 쓰기는 **표현**에 관한 논의에서 풀어 낼 것이다.

표현의 난문(혹은 수수께끼)

의미 형성에 있어서 지식의 맥락적 성격은 언어의 역할과 함께 질적 연구에서 생각과 담론의 중심에 있었다. Marcus와 Fischer(1999)가 **표현의 위기**라 부른 이 담론에서는 특히 다음을 강조했다: (1) 연구 보고서가 화자, 연구자와 분리되어서는 안 되며; (2) 연구자가 선택한 언어가 특정한 가치를 내포하는지; (3) 어떻게 모든 텍스트의 제시가 "맞추어지는지", 그래서 어떤 면에서는 소설이 되는지. 이런 생각들은 이후 논의될 질적 연구의 변화에 영향을 미쳤다. 또한 이런 생각들은 이 장에서 다루게 될 주제인 연구 표현에서의 창의적 형식에 대한 장을 열도록 했다.

이야기와 화자

> 우리는 우리 자신의 이야기를 만든다. 하지만 이것은 단지 공동 저자로서일 뿐이다.
>
> (Welch, 1994, p. 41)

연구자들은 언제나 친구들이나 동료들에게 연구 관계, 현장에서의 극적인 사건, 매일 일어나는 힘든 일들에 대해 이야기하지만 과거에는 이런 이야기들을 보고서에 글로 쓰지 않고 빠뜨리는 경향이 있다. 또한 이들은 주관성과 연구 장소에서 사람들과의 상호작용에 대한 반성은 생략한다. 그러면서 연구자들은 '이것이 바른 방법이다'라는 권위적인 견지, 때로는 *문학 사실주의(literary realism)*라고 부르는 관점에서 연구를 제시하는 경향이 있다(van Maanen, 1988).

성찰성에 대한 현재의 강조와 더불어 오늘날 질적 연구자들은 어떻게 사회과학과 자아가 '공동 창조'되었는지 묻는다(Richardson, 2000). 이 관점에서는 연구에 대해 연구자가 아는 것—연구자의 해석에 반영된—은 연구자 자신에 대해 아는 것이 혼합되어 짜여진 것이라고 본다. 따라서 연구자는 자신이 언젠가 그곳에서 의미를 형성하면서 있었다는 것을 인정하면서, 자신에 대해서 점점 더 많이 텍스트에 쓰게 된다. 그렇지만 저자가 얼마나 자신과 자신의 연구를 성찰하고 텍스트에 새겨 넣는가는 스타일과 정도 면에서 다양하다.

텍스트(일부 혹은 전체)는 Van Maanen(1988)이 "고백적 이야기"라고 한 형식을 취할 수도 있다. 고백적 이야기에서 관점은 피면담자들이나 연구 장소에 대한 타인들의 관점이 아니라 현장작업자의 관점에서 자신의 경험을 전달한다. 고백적 이야기의 저자들은 잘못을 저지르기도 하고 큰 실수를 범하기도 하지만, 궁극적으로는 규칙을 배우고 새로운 방식으로 세상을 바라볼 수 있는 인간으로 자신을 자주 묘사한다.

레베카는 사춘기 소녀들의 우정을 탐색했던 초기 단계에서 고백적 이야기를 썼다. 이 이야기 속 문장들은 그녀가 '현장'으로 과감히 들어갔을 때 그녀의 불안감과 순진무구함을 드러낸다.

> 나는 여학생들이 요구한 대로 책상을 옮겨 놓고 배낭을 내려놓았다. 내 물건들을 풀어 놓으면서 나는 어떻게 시작해야 할지에 대해 생각했다. "안녕. 내 이름은 레베카이고 여러분이 참여하기로 한 연구에 대해 이야기를 나누어 보기 위해 여기에 왔어요." 모든 여학생들은 조용히 나를 바라보았고 어떤 여학생들의 얼굴에는 의심의 그림자가 비쳐졌다. 나는 내 뒤에 있던 책상에 앉아 권위적인 역할을 줄여 보려는 바람으로 자세를 고쳐 앉았다.

레베카는 소개 모임을 마치고 그녀의 첫 번째 연구 '행위'를 완수한 것에 마음이 놓였다. 어색함에도 불구하고 그녀는 여학생들이 이야기하도록 격려했고 앞으로 일어날 일에 대해 흥분했다.

Linden(1993)은 "현장작업 고백은 많지만 어떻게 다른 문화와 문화적 '타인'들이 현장작업자들에게 영향을 미쳤는지에 대한 반성적인 기술은 드물다"(p. 9)고 말했다. 반성적인 기술은 연구 문제와 성취에 대한 개인적인 이야기 이상을 요구하며 Linden(1993)이 「이야기 만들기, 자신을 만들기: 대학살에 대한 페미니스트적 성찰(Making Stories, Making Selves: Feminist Reflections on the Holocaust)」에서 예시한 것처럼 연구자의 위치에 대한 사고와 연구자가 현장작업과 현장 관계에 어떤 영향을 주고받는지를 보여 주어야만 한다.

> 이 책을 쓰면서 나는 반복적으로 내부를 들여다보아야만 했다. 계속해서 나는 유태인으로서 나의 자의식에 대학살이 미친 영향을 조사했다. 나의 자기 반성은 내가 원래 쓰려고 계획했었던 대학살 생존자들에 "관한" 책에서 분리시킬 수 없는 연구의 필수 요소가 되었다. 이 과정은 유태인으로서 나의 자아정체성을 변형시켰고 이 책은 그 이야기도 말한다.(p. 2)

이 책에서 Linden은 그녀의 기억, 가족의 이야기, 자아정체성의 발전을 대학살 생존자들의 내러티브와 함께 제시했다.

Behar(1993)는 「번역된 여인(Translated Woman)」에서 자신과 함께 연구를 수년간 수행해 온 멕시코 여인인 에스페란자(Esperanza)의 사회경제적 계급 차이에 대해 언급했다. 또한 Behar는 자신의 연구 해석에 영향을 미쳤다고 인식한, 자신의 가족사의 세부적인 부분을 보여 주었다. Behar는 늘 반성적으로 자기 가족에 대해 쓴 것의 효과에 대해서도 말했다. 가족의 "수치"를 노출시킨 데 화가 난 그녀의 어머니는 "너는 에스페란자에게는 그녀의 가족에 대해 쓰는 것을 허락받았으면서 우리에 대해 쓰는 것은 왜 허락을 구하지 않았냐?"라고 물었다고 한다(Behar, 1995, p. 72). 우리는 관계적 존재이기 때문에 타인들의 삶을 노출시키는 것은 당신이 주제적 보고서든 자전적 문화기술지를 작성하든 간에 주의깊은 집중을 요하는 글쓰기의 위험요소가 존재한다.

자신을 텍스트에 집어넣는 또 다른 위험요소는 연구를 일종의 자기 치료로 이용하거나 자기에 대한 포커스를 타인에 대한 포커스만큼 크게 두는 것이다. 냉소적으로 민족적 나르시즘이라고 불리기도 하는 이야기는 사람들이 자신들을 세상 다른 것보다 더 우위에 두려고 하는 것이다. 연구자로서 당신은 당신의 연구 결과와 분리될 수 없다. 성찰적 부분은 문화기술적 글쓰기에서 예견된 일부이다. 그렇지만 텍스트에서 당신에 대한 어떤 이야기를 쓸 것인가 그리고 얼마나 많이 쓸 것인가는 심사숙고할 만한 가치가 있는 문제이다. Goodall(2008)이 주장하듯 당신의 관점을 통합하는 것의 중요성은 "*그들과 무엇을 함께하는 것* … 그들이 무엇을 할 수 있는가? 그들이 제약하는 것은 무엇인가? 이런 자세한 내용이 이야기를 어떻게 흥미롭게 만들 뿐만 아니라 보다 신뢰가 가게 하는가?"(p. 25)이다.

연구자의 언어

> 현실이 무엇이든 간에 실재하는 것, 그것을 지각하는 것 이외에도 … 우리가 이야기하는 방식에서 나온다.
>
> (Geertz, 1995, p. 18)

의미는 단어의 정의 이상으로 복잡하다. 당신이 사용하는 언어의 선택—명료하든 시종 일관되든 복잡하든 파괴적이든, 삭제되거나 형식적이거나 개인적이거나 환기시키는 것이거나—은 당신이 말하고자 했던 의도에 덧붙여서 이야기를 말한다. 예를 들면 한 연구자가 *use*나 *finish*와 같은 짧은 단어 대신에 *utilize, finalize*나 다른 *ize*로 끝나는 단어를 사용해 보고서를 썼다고 생각해 보자. 이런 단어를 선택함으로써 학문적인 허식의 분위기는 띨 수 있지만 Strunk와 White(1979)가 지적했듯이 좋은 작가의 태도는 아니다.

다른 예로서 나는 이 책을 쓰면서 초보 연구자들이 접할 수 있는 스타일로 쓰고 싶었기에 분명하고 쉬운 언어를 사용했고 매력적인 예들을 사용했다. 그러나 내가 한 언어의 선택이 어떤 의미를 만드는가? 이런 글쓰기는 어떤 메시지를 전달하는가? 분명 나는 많이 단순화했고 더 많은 것을 단순히 무시했다. 나는 역사적 계기들과 사회철학은 슬쩍 넘어갔다. 내게 중요하지 않아서가 아니라 질적 연구가 처음인 사람들을 환영하고 싶어서 그런 것이다. 나는 독자들이 다른 곳에서 연구의 관점과 방법론의 복잡성과 다양성에 대해 읽고, 토론하고, 발견할 것이라는 것을 믿는다. 그렇지만 이렇게 하는 과정에서 숨겨진 샛길과 구부러진 길에 대한 적절한 경고도 없이, 독자를 매력적인 모험으로 초대하는 것은 아닌가? 일부 독자가 이 책을 읽고 이제 질적 연구자가 되는 것에 대한 모든 것을 알았다고 생각한다면 "나쁜 과학"을 조장하는 것은 아닐까? 나는 '알아가는 것'의 잘못된 정보를 주거나 속이고 싶지 않지만, 내가 선택한 언어로 인해 발생할 수도 있는 일이다.

"언어는 사회적 실재를 '반영'하지 않는 것이 아니라 의미를 생산하고 사회적 실재를 창조한다"(Richardson, 2000, p. 928). 예를 들면 수동태로 쓰여진, 현실에서 유리된 문장("본 연구는 수행되었다.")은 연구자와 그의 행위(흥분, 근심)가 사라진 객관적 감정을 전달한다. 다른 예로 이 책의 글쓰기에 대한 토론으로 돌아가 명료하고 쉬운 언어를 사용했던 내 의도를 살펴보자. Lather(1996)는 이런 "담백한 말하기"가 "단어와 세계 사이를 거울처럼 비추는 관계를 암시할 수 있다"(p. 527)고 말했다. 그녀는 때로 우리가 당연히 여기는 것 이상을 넘어서 사고로 이동하기 위해 쉽게 이해하지 말고 읽어야 할 필요가 있음을 주장했다. Tsing(1993)은 이와 비슷한 관점을 갖고 자신의 문화기술적 글쓰기 전략을 "호기심이 일관성에 의해 압도되지 않는, 이론과 이야기들이 다양하고 불안하게 부딪치는 게릴라식 전술"(pp. 32-33)이라고 했다. 본질 면에서 Lather와 Tsing은 내가 이 책에서 언어 사용에 대한 질문을 하도록 했고, 나는 당신도 이 책뿐만 아니라 당신의 글에서도 마찬가지로 이런 질문을 던지길 강권한다.

서술과 해석(Depiction and Interpretation)

> 체험한 삶은 실제로 일어난 일이다. 생애사는 사회적 맥락과 이야기의 사회적 관습의 영향을 받은 내러티브이다.
>
> (Bruner, 1984, p. 7)

말로 표현된 삶은 그 삶을 재표상한 것이다; 삶과 말은 같은 것이 아니다. 내러티브—말하기 혹은 쓰기—는 언제나 다른 사람들의 삶의 해석이며, 질적 연구자들이 표상하고자 애쓰는 해석이다.

상당히 오랜 시간 동안 **실재론자 이야기(realist tale)**(van Maanen, 1988)는 문화기술지 표현에서 지배적이었다. 저자들은 연구 참여자의 관점을 전달하기 위해 면밀하게 편집된 인용구를 사용해서 연구한 사람들의 삶의 자세한 부분을 세세히 기록한다. 그러나 연구자는 삶을 말하는 곳에서 "해석적인 전능성"(Van Maanen, 1988, p. 51)의 위치에 서서 텍스트로부터 떨어져 있지만 관찰과 면담을 전달하는 측면에서 삶과 이야기를 말하는 것이 실제로 동일하다고 간주한다. 달리 말하면 표현은 삶에 충실한 것이다.

Liebow는 1967년 저서 「탤리스 코너(Tally's Corner)」에서 1960년대 초반에 워싱턴 디씨 대도시 중심의 저소득층이 사는 지역에 있는 텔리스 코너에서 어슬렁거리던 '길거리 교차점'에 사는 사람들의 삶을 탐색했다. Liebow는 다른 것보다도 그의 배경과 인종과 계급의 이슈에 대해 부록에서 말했다(그는 백인이고 길거리 남자들은 흑인). 그러나 텍스트에서 Liebow(1967)는 특히 자신이 보고 들은 것들, 그가 이야기 나눈 사람들이 한 말을 주로 제시하면서 이렇게 자신의 해석을 일반화했다.

> 길거리 남자들이 갖고 있는 직장에 대한 의무감 부족의 주요 요소는 그들이 직장에 부여하는 전체적인 가치이다. *자기 역할에 대해서 길거리 남자는 직업에 대해 자신을 둘러싼 큰 사회가 부여하는 것보다 더 높은 가치를 부여한다.* 그는 그가 한 일에 대해 고용주가 기꺼이 지불하는 돈의 양에 따라 직업의 사회적 가치를 인정한다. 실제로 그는 월급날마다 사회가 일반적으로 그 직업에 부여하는 가치인 달러와 센트를 센다.(p. 57)

Liebow의 글은 명료하고 묘사적이며 매력적이다. Liebow가 저소득층이 사는 지역의 흑인 남자들과 그들의 일, 여자, 아이들, 친구들과의 관계를 묘사할 때 독자들은 "이게 진짜 일어나는 방식이로구나" 하는 신뢰하는 느낌을 받게 된다.

타인들을 어떻게 표현하는가에는 결말이 있다. 1970년대에 Edward Said는 실재론자 이야기의 인식된 중립성과 다른 연구 표현에 반박하는, 영향력 있는 존재였다. 예를 들면 그는 연구 참여자들을 "이국적인" 혹은 "뒤떨어진"이라고 묘사하는 연구자들이 쉽게 사람들을 분류할 수 있고 그 과정에서 침묵하는, 객체화되고 지배받는 사람들로 기술할 수 있는 기득권의 지위를 취하고 있다고 주장했다(Dicks et al., 2005). 연구 표현이 담론 내에서 중요한 부분이 됨에 따라 어떻게 언어 사용이 가치를 부여하는지에 대한 논의가 계속된다.

권위적인 입장을 포기한다는 것은 연구자가 더 이상 모든 것을 안다고 공언하는 것이 아니라 *무엇인가를 안다*고 주장할 수 있는 것이다. 그렇지만 나의 관점에서 연구자의 지식은 언제나 부분적이며 특정한 역사적인 이해를 가진 한 특정한 맥락에 위치해 있는 것이다(Ricahrdson, 2000). 연구자의 이해가 불완전하다는 것이 이것을 중요하지 않게 만들어 버리거나 방법론적 훈련이나 엄격함을 가볍게 치부해도 된다는 것을 의미하는 것은 아니다. 그렇지만 연구 이야기의 공동 창조자로서의 역할을 명시하면서 다양한 표현 형식을 시도해 볼 수 있을 것이다. 이 장 읽기를 계속하면서 *표현의 위기(the crisis of representation)*를 마음에 담아 두기 바란다.

연구물 쓰기에 접근하는 마음가짐

> 좋은 문화기술지 읽기를 마쳤을 즈음에 솜씨 좋은 합리화는 우리를 처음에는 이상했던 것들, 타인들에게는 익숙해지고 우리가 알고 있다고 생각했던 것, 우리 자신에 대해서는 멀어지게 한다.
>
> (Shweder, 1986, p. 38)

언젠가 한 여성이 다른 대학에서 마친 논문을 검토하고 피드백을 달라고 부탁한 적이 있었다. 그녀는 면담 질문을 개발했고 국내 전역에 있는 다수의 행정가들과의 면담을 계획해 놓았으나 아직 자료를 수집한 상태는 아니었다. 그럼에도 불구하고 다섯 장으로 구분된 거의 200페이지의 문서를 편집해 놓았었다: 문제 제기를 하는 서론, 문헌 고찰, 방법, 결과, 제언과 요약. 그녀는 첫 세 장은 완성해 놓았고, 자료가 생기는 대로 적용할 수 있는 문장들과 퍼센티지를 위한 빈 공간을 남겨둔 채 마지막 두 장의 대부분도 거의 다 써 놓은 상태였다.

나는 얼마나 많은 논문들과 연구 보고서가 이런 식으로 쓰이는지는 모르겠다; 하지만 이런 식으로 많이 쓰이지 않기를 바란다. 이런 식의 논문은 해석이 상실되었다는 점에서 자료를 바르게 나타낼 수 없는 것이다. 응답자의 시간과 자료에 대한 존중도 보여 주지 않으며 질적인 면에서 작가의 분석성과 창의성도 요하지 않는다. 그리고 낯선 것을 익숙하게 만들거나 우리 자신에게서 멀어지게 하는 데 성공하지도 못했다.

여기에서는 연구물을 쓰기 시작한 당신에게 도움이 되는 세 가지 마음가짐에 대해 이야기하려고 한다: 예술가(artist), 번역가 혹은 해석가(translator/interpreter), 그리고 변화시키는 사람(transformer).

예술가(Artist)

자료에서 의미를 만들기 위해 작가는 어느 정도는 기계적이고 일상적인 기술적 절차를 사용하지만 좋은 질적 연구의 작가들은 창조하는 예술가이기도 하다. 「비범한 삶(Extraordinary Lives)」(1986)을 편집한 Zinsser의 말이다.

> [연구]는 단지 연구일 뿐이다. 모든 사실을 열거하고 모든 문서를 연구한 후, 모든 장소를 방문하고 모든 생존자와 면담한 후에는 무엇을 할 것인가? 사실들이 더해져서 무엇이 되나? 이들의 삶이 의미하는 것은 무엇이었나? 이것이 여섯 명의 전기 작가들에 있어서 중심 문제였고 이들이 이 문제와 씨름하는 것을 들으면서 기교가 예술을 넘어서는 것을 보기 시작했다.(pp. 17-18)

기교에는 작가들이 그들의 문서를 쓰는 데 사용하는 전략과 절차가 포함된다. 표현의 형식과 스타일은 수양과 창의성이 혼합된 예술적인 감수성을 요한다. 예술가로서 질적 연구자들은 타인들이 자신을 저널리스트, 픽션 작가 혹은 그보다 더 나쁜 것으로 여기는 안개 자욱한 지역으로 들어간다. 예술가로서 이들은 사건, 사람들 간의 가상의 연결, 이 연결에 대한 상상적인 표현, 이들이 한 표현의 상상적인 해석을 추구하게 된다. 연구자들은 자신의 연구를 쉽게 접근할 수 있는 것으로 만들려는 가치 있는 이유 때문만이 아니라 자신들이 이해하려고 노력했던 것을 충분히 올바르게 나타내기 위해서라도 연결, 표현, 해석을 추구하게 된다. 9장에서는 예술적인 표현에 대해 집중적으로 살펴볼 것이다.

번역가/해석가(Translator/Interpreter)

우리는 진실을 구성한다 하지만 단 하나의 진실은 아니다. 우리는 실재를 표현한다; 우리가 실재를 **재생산**하는 것은 아니다.

(Goodall, 2008, p. 23)

문화기술 연구자는 때로 문화의 번역가로 기술되기도 한다. 연구자는 타인의 세계를 이해한 후 체험된 행동들의 텍스트를 의미 있는 설명으로 번역하려고 작업하게 된다. 번역가의 비유가 의미의 뉘앙스를 표현하는 데 있어서의 고투를 암시하긴 하지만, 여기에서 또 달리 암시하는 바는 연구자는 자신의 견지와 인성이 기술된 이야기에 영향을 미치게 하기보다는 객관적인 중간인이라는 것이다. 이전에도 언급되었듯이 질적 연구자는 자신의 경험, 지식, 이론적 성향의 해석가이며, 특정한 과정과 상황에 대한 그들의 이해를 보여 주기 위해 자료를 수집하는 사람이다. 해석가로서 질적 연구자는 자신을 주제에 관련된 '사실들'을 모으는 권위적 인물로 생각하는 것이 아니라, 연구 참여자들과 연구자들 자신의 삶의 상호작용을 이해하려는 의미 생성자로 본다. Shweder는 "문화기술지"는 문화기술적 경험에서부터 시작한다: 눈을 뜨고 연구자는 어느 장소에 가야만 한다. 그러나 문화는 눈을 충족시키는 것으로 절대 축소되지 않으며 그냥 단순히 바라보는 것만으로 문화기술적 실제가 얻어지는 것이 아니다"(p. 38) 하며 문화와 블랙홀을 연결해서 "추리와 추측에 의해서만이"(p. 38) 알 수 있다고 했다. 추리와 추론은 해석적 과정의 대들보와 같다. 추리는 세심하게 수집되고, 사려 깊게 분석된 자료에 기초한, 하나와 다른 하나의 관계에서 나온다.

이런 해석적 측면에서 전이는 연구자들과 독자들이 다르게 보고 새로운 일들을 알 수 있게 도와준다. Michael(1996)의 절묘하게 쓰여진 소설 「퓨저티브 피시스(Fugitive Pieces)」에 나오는 주인공 소년은 나치 독일에서 가족의 몰살을 지켜본다. 그는 이에 대해서 캐나다로 이주하여 영어를 배운 후에야 이야기할 수 있게 된다. 자신의 언어로 된 사건을 번역하는 과정은 그가 무슨 일이 일어났었으며 그 사건들이 자신과 타인의 삶에서 갖는 의미를 탐색하게 해 주었다. 소설 작가와 시인들은 자신의 글이 타인들에게 드러낼 수 있는 것이 놀랄 정도로 감동적일 때 자신들의 노력이 가치 있음을 깨닫는다. Michael의 책 속 주인공처럼 창의적인 질적 작가들은 자신들이 관찰하고 듣고 경험한 것들을 놀랄 정도로, 또한 의미 있는 방식으로 드러내고 재조직하는 전이를 추구한다.

변형자(Transformer)

많은 질적 연구자들이 갈망하는 역할은 개혁자의 의미보다는 촉매적 교육자의 의미에서 변화시키는 사람이다. 연구자들은 타인들이 당신의 이야기를 읽으면서 그들이 문제점, 억압, 근심, 기쁨, 인간 공동체적인 꿈을 찾아내기를 원한다. 독자들은 타인들의 삶을 자신의 경험의 관점에서 성찰해 봄으로써 인간 상호작용의 어떤 측면에 대한 새로운 통찰과 시각을 얻게 되고 행동을 취할 수 있게 감동을 받게 된다. 이것이 주 연구 목적은 아니었지만 이 타인의 이해를 통한 자신에 대한 학습과정은 잘된 질적 연구의 선물임에 틀림없다. Shweder(1986)는 문화기술지를 "지적 엑소시즘"과 동일하게 보며 "우리 자신으로부터 잡아 떼어놓은 타인들의 관점을 취하도록 강요하는 지적 엑소시즘이다. 우리는 자신을 초월해 잠시 동안 우리가 누구인가에 대해 의문을 갖는다"(p. 38).

글쓰기를 통한 변형적 경험이 가능하려면 예술적 창의성을 훈련된 절차와 의미 있는 자료로 적용하는 것이 필요하다. Goodall(2008)이 말하길 "이야기의 힘은 당신의 삶을 바꾸는 능력에 있다. 당신의 삶뿐만 아니라 타인들의 삶도 마찬가지이다"(p. 13). 이 장에서는 이런 가능성으로 되돌아오지만 우선 글쓰기의 훈련된 절차에 대해 집중해야겠다.

글쓰기를 위한 전략

> 연구에 대해 쓰는 것은 마치 메이플 시럽을 만드는 일과 같다. 40갤런의 수액을 끓이면 한 갤럽의 시럽이 된다. 나는 "등급" 기술과 해석으로 줄여질 40갤런의 자료를 갖고 있다. 현재 내 시럽은 좀 묽다.
>
> (Sandi, 버몬트 대학생)

시작하기

우리 대부분은 글쓰기를 미루기 위해 수많은 변명거리를 찾아낸다. 더 많이 읽어야 하고 더 많이 보아야 하며 더 많이 이야기해야 한다; 녹음하고 재분석해야만 한다; 또한 반드시 바닥청소를 해야 하고 전화를 걸어야 하고 자리에 앉아 글쓰기를 피하기 위해서라면 무슨 일이라도 해야 한다. 자신의 삶의 대부분을 글쓰기에 바치는 사람들 역시 시작하는 데에서 오는 긴장이 있다는 사실이 조금은 위안이 될 수도 있다. 소설가 Anne Lamott(1995)는 「Bird by Bird」(1995)에서 머리 속의 목소리라는 글쓰기를 방해하는 여자 요정에 대해 설명했다. *그녀는 우리가 글쓰기 산물을 의지로 만들어 낼 수 없음을 상기시킨다.* "이것은 인내, 신념, 고된 작업의 문제이다. 그래서 당신은 그저 시작하고 계속 전진하는 것이 좋다"(p. 7). 그래서 초보들이 꾸물대는 사이에 (그래서 이 과정에서 긴장만 지연시킬 뿐이다) 경험 많은 사람들은 글을 쓴다. 포르투갈 속담처럼 "바람이 없을 때는 노를 저어라"

자료 수집처럼, 글쓰기는 질적 연구 과정에서 분절적 단계가 아님을 알아두는 것은 도움이 된다. 연구자가 자료 수집과 분석에 걸쳐서 글쓰기를 하는 것이 이상적이며 또한 이것이 그렇게 불가능한 것도 아니니다. "글쓰는 시간"이라고 부를 수 있는 작업 단계 이전에 이미 연구자는 글쓰기를 하고 있다. 연구 프로젝트의 시작점에서부터 당신의 연구가 단어, 문장, 문단, 페이지, 장으로 정점에 다다를 것이라는 것을 인식하는 것은 매우 유용하다. 이 정점은 매우 멀리 있을지 몰라도 궁극적으로는 도착점이다. 도착점에 도달할 것을 인식하며 연구자는 보고 듣고 쓰고; 분석하고 해석하고 쓰면서 결과들은 읽혀질 글이 될 것을 예상해야만 된다. 당신이 자료를 모아서 거기에서 무엇을 만들어 내려는 노력은 쓰여진 형식으로 드러날 그 무엇을 찾는 것이라는 정신력에서 나와야만 한다. 연구자가 이 조언을 따른다면, 현장기록지나 연구 메모 더미를 갖게 될 텐데 이 속에서 쓸 수 있는 문장 형태로 잘 전개된 생각들이 나올 것이다.

그러나 당신의 노력을 다른 것이 아닌 글쓰기에만 집중할 시간이 온다. 이 시간 동안 다양한 형태로 표현되는 강렬한 긴장감과 수렁, 늪, 서서히 익사하는 것이 반복되는 것을 비유하여 버몬트 학생들의 연구 지지그룹에서 한 학생이 명명한 '작가의 늪'을 겪게 된다. 글쓰기를 준비하는 작가는 자료를 분류하고 재분류하고 글쓰기를 위한 생각을 조직하려고 애쓰는 가운데 자주 사회성이 결여된 성격이 나쁜 사람으로 비춰지기도 한다. Woods는 연구자들이 종이에 나타나기 이전에는 훌륭해 보였던 아이디어를 다시 다루면서 고통을 느끼게 되는, 고통의 장벽에 직면한 메조키스트라고 주장하면서 글쓰기의 '고통의 시초'에 대해 말했다. 그는 작가가 느끼는 고통을 다른 예술가의 고통과 연결 지어 말하면서 긴장을 "자기 자신이 나쁜 것이 되는 시험과 같은" 통과의례로 보아야 한다고 주장했다(Woods, 1986, p. 171).

글쓰기는 외로운 과정이다. 연구자는 사람과 사회적 과정에 대해 쓰면서도 역설적으로 자신을 인간들의 세계에서 분리해야만 한다. 이 소원은 두 가지 측면에서 기능적이다: 첫째, 연구자는 글쓰기에만 전념할 시간이 필요하기 때문에 혼자여야만 한다. Woods는 타인을 돕는 것이 연구자가 자신의 연구에 집중하지 못할 정도로 정신을 분산시키기 때문에 "연구는 가르치는 일에 혜택을 줄 수 있지만 가르치는 일이 연구에 혜택을 주는 경우는 없다"(1985, p. 88)고 주장하기도 했다. '직장에 있으면서' 다른 연구보고서나 학위논문을 쓰려고 하는 사람은 이 말에 동의할 것이다. 대부분은 매일 글쓰기만을 위해 떼어둔 확장된 시간에 가장 효율적으로 글쓰기에 임할 수 있다.

둘째로, 소외는 연구자를 연구 장소에서 분리시킨다는 면에서 실용적이다. 이 거리두기가 연구자가 상황에 구체적인 것이 아닌 보다 전체적인 관점에서 글쓰기에 접근할 수 있게 도와준다는 것이다.

> 만약 연구자가 자신을 그들[연구 참여자]로부터 떼어놓지 않는다면 자료를 선정하고 재조직하는 자료 벗기기가 불가능하다는 위험이 있다. 연구자는 영화나 소설에 대한 비평이나 논평을 부탁했을 때 줄거리를 열거하는 수준밖에 못 되는 사람으로 남게 되는 것이다. 거리두기에 실패한 문화기술지 연구자들은 시종 일관된 주제적 혹은 분석적 틀은 없이 '무슨 일이 있었는지'만 하나하나 열거하는 함정에 빠지기 쉽다.(Hammersley & Atkinson, 1983, pp. 212-213)

따라서 연구자들은 연구에 대한 생각과 자신들의 자료에 흠뻑 젖은 채 그들이 관찰하고 듣고 읽은 것에서 의미와 형태를 주려는 의도로 한발 물러나야만 한다.

글쓰기의 시작에 수반되는 긴장과 자기소외에 대처하도록 돕는 몇 가지 전략은 다음과 같다.

1. 현실적인 최종기한이 있는 장기적 계획을 세우라. 자료 수집에 들인 시간 이상은 아니더라도 그만큼의 시간을 집중된 자료 분석과 글쓰기에 소요할 것을 예상해야 한다. 자료와 단어들과 함께 놀기 위한 시간, 초안을 연구 참여자들과 동료들과 공유할 시간, 초안을 몇 번이고 다시 다듬을 시간이 필요하다. 또한 연구를 계획하고 자료를 생산한 데 투자한 것을 바르게 나타낼 시간 역시 필요하다.

2. 단기 계획을 세워라. 글쓰기에 가장 창의적인 시간을 생각해 본다. 가능하다면 한 주에 4~5일, 3~4시간 동안 글쓰기를 하겠다고 자신과 약속을 정한다. 이것을 할 수 있다면 시간을 늘린다. 더 융통성 있는 스케줄을 가진 어떤 작가들은 일할 시간이 아니라 하루에 쓸 페이지의 수를 정하기도 한다. 글쓰기 외에 다른 일이 없다면, 더블 스페이스된 5페이지 정도의 양은 하루에 쓰기에 적당한 양이다.
3. 방해와 정신이 산만해지는 것을 최대한 줄일 수 있는 글쓰기 장소를 따로 정하라. 그곳에 가면 전화도 걸지 말고 이메일을 확인하지도 말고 책도 읽지 마라. 오직 글쓰기만 하라.
4. 다른 시간과 장소에서의 글쓰기에도 준비하라. 많은 날이 수많은 짧은 비생산적 시간으로 짧게 분절화된다. 늘 노트나 혹은 태블릿을 지니고 다니며 연구와 관련된 아이디어가 생성되는 것에 개방적이 되어라. 지루한 모임 중간이나 버스를 타고 집에 오는 길, 다른 일을 하는 중간에 이런 생각들이 떠오르는 대로 얼른 적어 두어라. Murray(1986)는 짬을 이용해서 리스트를 만들고 기록하고 표를 만들고 인용구를 찾고, 개요를 스케치하고 제목과 주요 문장의 초안을 잡아 볼 것을 제안한다.
5. 어제 글쓴 것을 편집하는 데에서 시작하라. 작가들은 진짜 일을 시작하기 전에 준비하는 기간이 필요하다. 많은 사람들이 어제 쓴 것을 편집하는 좋은 점은 새로운 날의 작업을 시작하며 흐름이 일관되게 할 수 있고 더 괜찮은 초안을 만들어 내도록 하는 것임을 깨닫는다. 또한 오늘 시작할 점이 정확히 어디인지 알게 할 뿐만 아니라 어제는 완벽할 정도로 분명하게 보였으나 아주 짧은 시간이 지난 후에도 모호해 보이는 부분을 고칠 수 있게 해 준다.
6. 막혔을 때는 크게 읽어 보라. 크게 읽는 것은 부분들의 리듬, 흐름, 톤을 드러내며 다음에 나올 단어와 생각을 생성하도록 돕기도 한다.
7. 막혔을 때 오히려 써야 한다. 통사, 일관성, 논리에 대한 걱정은 접어 두고 일단 써라. 아이디어와 생각들을 시험해 보기 위해 써라; 형식과 스타일에 대해서는 나중에 생각하라. 스스로에게 어떻게 보일지에 대한 걱정 없이 쓸 수 있는 마음가짐인 '처음 쓰는 초안 정신'을 갖는 게 도움이 된다. 엉망인 것은 나중에 고치고 명료화하면 된다는 것을 알면서 쓰는 것이다. 형식과 스타일을 너무 서둘러 걱정한 나머지 뒤처져 있는 것보다는 수준이 낮더라도 초안을

만들어 내는 것이 나음을 이해하면서 글을 쓰게 된다. 글쓰기에 있어서 가장 큰 장애물은 특히 첫 번째 초안의 질에 대해 부적절하게 높은 기준을 갖는 것이다. 너무 높은 이 기준은 글 쓰는 사람을 마비시켜 버린다. 질서, 스타일, 훌륭한 단어들을 만들어 내기 위해 나중에 고칠 수 있음을 믿으며 어떤 질의 초안이라도 써 두는 것이 훨씬 나은 것이다.

Murray가 제안한 것처럼 동료와 이야기하는 태도가 단어의 흐름을 촉진함을 발견했다.

> 나는 내가 모세처럼 진리를 전달해야만 한다는 생각에 마비되었다; 내가 할 수 있는 전부는 추측하고, 질문하고, 주장하고, 모델을 만들고, 어떤 입장을 취하고, 문제를 정의하고, 관찰을 하고, 해결책을 제시하고, 내 동료들과 글로 된 담화에 참여하는 가능성을 비추는 것임을 깨달았을 때 비로소 글쓰기를 시작할 수 있었다.(1986, p. 147)

글로 된 담화라는 생각은 당신이 아는 한 사람을 선택해서 확장시킬 수 있다 — 친구, 친척, 동료. 그리고 그 사람을 염두에 둔 채 글쓰기를 하는 것이다.

8. 글로 된 담화라는 생각이 실패했을 때 대화의 힘을 과소평가하지 마라. 다른 사람과 함께 "내가 이 부분에서 진짜 말하고 싶은 부분은 …" 하는 말로 대화하는 것이 장애가 되는 문제를 넘어서는 데 도움이 되기도 한다.
9. 글 쓰는 사람의 모임에 참가하거나 이런 모임을 조직하라. 이런 종류의 상호작용이 계속적인 피드백을 줄 뿐만 아니라 정기적인 목표일을 지키도록 도와준다. 당신이 좋은 의도에서 당신의 단기 · 장기적 계획의 목표일을 정한 것처럼, 이런 목표일을 맞추도록 타인이 당신을 돕도록 타인에게 책임을 지우는 것이다.
10. 마지막으로 소설, 시, 문학의 대작뿐만 아니라 잘 쓰여진 문화기술지와 질적 연구들 속에 자신을 흠뻑 적셔 보라(글을 쓰지 않는 시간 동안에). 당신이 읽은 것은 모델이 되어 주고 영감의 근원이 될 것이다. Murray(1986, p. 149)는 "깊게 그리고 넓게 읽으라"고 조언한다.

일단 당신이 글쓰기를 시작했다면 계속 써 나가라. 조심스럽게 조직된 파일과 노트의 덩어리들은 질적 연구자의 텍스트를 만들기 위한 것이다. 당신이 "해야만 하는" 덩어리들이 숫자상 줄어들면서 진전의 증거가 보인다.

계속 써 나가기

Beryl Markham(1942/1983)이 진보에 대한 생각을 나타낸 말 중에 이런 말이 있다. "단어는 생각으로 자라나고—생각은 아이디어로 자라나며—아이디어는 행동으로 성장한다. 이 변화는 더디며 현재는 내일이 가고자 하는 길을 돌아다니는 굼뜬 여행자이다"(p. 154). 글쓰기를 시작하기 전에 어떤 단어, 생각, 아이디어, 말이 되어야 할지 정확히 알 때까지 기다려서는 안 된다. 글쓰기는 "사람들이 그들의 아이디어를 만들고, 개발하고, 조직하고, 변형시키고, 비평하고, 기억하도록 돕는다"(Fulwiler, 1985, p. 23). 하나의 분석적 주제와 작업할 때 아마도 피면담자의 인용을 포함하려고 할 때 또 다른 예시가 마음 속에 떠오를 수 있다. 글쓰기를 진행하면서 연구자는 당신의 자료를 연결시킬 수 있는 새로운 방식을 찾아내기 시작할 것이다. 영국의 역사가인 Steven Runciman경(Plante, 1986에서 재인용)은 생각을 형성하는 데 있어 글쓰기의 역할에 대해 이렇게 강조했다: "나는 글을 쓸 때 내게 늘 드러나는 무엇을 다룬다. 내가 실제로 단어로 쓰려고 애써야만 할 때 통찰력을 얻는다"(p. 78). 글쓰기는 생각과 아이디어를 개발하도록 돕고 연구자가 아는 것과 알아야 할 것이 얼마나 더 남아 있는지를 발견하게 해 준다. 미루기보다는 빨리 시작하는 게 최선이다.

뉴질랜드 Maori Marai 마을에서 한 학생이 글쓰기 과정에서 떠오른 생각과 통찰을 적고 있다.

당신이 글쓰기를 장의 형식을 갖춘 전체적으로 조직화된 계획을 갖고 시작할 수도 있지만, 글쓰기라는 행위는 그 계획을 재조형하고 조각들을 재구성하며 어떤 부분들은 포함하고 다른 것들을 더하게 될 것이다. 예를 들면 글쓰기 과정은 Peshkin이 쓴 책의 개요를 재구성했다.

> 가장 최근에 얻은 이득—돌파라고 하기엔 너무 지나치고—은 5장 전체로 될 것을 1장의 일부로 분류한 것이다. '오늘날 마을'에 대한 한 장은 내가 1장에 집어넣은 개요 사항들에 더 적합하다는 생각이 갑자기 떠올랐다. 그래서 내가 노트 덩어리들을 정리하고 싶을 때 나는 작게 생각한다—크게 전체 장보다는 한 장의 일부. 그래서 생각하면서 '오늘날 마을' 덩어리에 원래 넣었던 자료의 대부분을 버렸다. 말하자면 나는 쓸 거리가 줄었고, 이미 쓴 4장 '교육역사', '오늘날 교육'으로 보여지게 될 진짜 5장에 쓸 것을 고대하게 되었다. 분명해진 것은 내가 모든 코딩을 마쳤을 때 만들었던 내 장의 개요가 내가 새로운 장을 쓰려고 준비할 때까지만 유효하다는 것이었다. 그러고 나서 나는 이미 쓴 이전 장들의 측면에 비추어서 새로운 장이 하나의 다음 장으로 적합한지 혹은 다른 곳의 장으로 적절한지, 하나의 장의 일부로서 적합한지 아니면 어디에도 적합하지 않은지 알게 된다.(Peshkin, 개인적 기록, 1988년 5월 24일)

자료를 글로 쓰는 것은 연구 정보와 분석적 사고를 조직하고 재조직하는 계속적 과정이다. 일단 글쓰기가 시작되면 사려 깊게 분류된 덩어리 내에서 지면상의 조각들이 다르게 보일 것이다. 더 이상 동질적이 아닌 그것들은 텍스트의 각 하위부분을 구성하는 하위덩어리로 분리될 필요가 있다. 예를 들어, 만약 당신의 초임 교장들에 대한 연구에서 "갈등 해결"에 대한 주요 코드가 있다고 해 보자. "갈등 해결" 밑에 당신은 "미팅 열기" "유머 사용하기" "다른 사람에게 문제 넘기기" "상황 무시하기"와 같이 사용된 전략에 따라 더 범주화할 것이다. 이제 "다른 사람에게 문제 넘기기"라는 하부덩어리 내에서 면담 자료를 읽고 생각해 보면서, 초임 교장들이 때로는 예산 갈등을 학교위원회에 떠넘기지만 인력 갈등은 관리인에게 넘긴다는 것을 알게 되었다. 당신의 자료 조각들은 이에 따라 배열되어야 할 것이다. 이처럼 당신의 자료를 쓰기 위해서는 계속적으로 점진적으로 분류하고 하나의 자료 조각과 다른 조각 사이의 관계를 고려해야 한다. 이 과정을 통해 연구자는 자신의 자료에 점점 더 질서를 부여하게 된다. 그러나 동시에 이 질서는 융통성이 있다; 이 질서는 지속적으로 변화하고 당신의 글쓰기가 만들어 내는 아이디어에 따라 달라진다.

모든 자료 조각들은 원래 보존되어 있던 곳에 귀착될 필요가 없다. 자료를 가지고 작업하면서 연구자는 이제 글을 쓰면서 개별적 조각들을 더 말이 되는 장소로 이동시킬 수 있다; 혹은 당신이 각 장의 초반과 끝 혹은 주요 부분에서 찾아 둔 자료 조각이 다른 곳에 적절한지 보기 위해 일단 기타 파일로 보내 둘 수도 있다. 또는 이것을 당신의 이야기에서 정말로 벗어난 것이라고 결론 내리고 버리는 파일로 보낼 수도 있다. 이와 같은 점진적인 코딩 과정을 통해 연구자는 자신의 자료에 점점 더 많은 순서를 부과하게 된다. 그렇지만 동시에 그 순서는 융통성 있는 것이다; 이것은 당신의 글쓰기가 만들어 내는 아이디어들에 의해서 조형되며 지속적으로 변화된다.

이 단계에서 당신의 자료에 순서가 부과되는 것뿐만 아니라 당신이 수집한 모든 자료 중 어떤 자료를 텍스트에 사용할 것인지에 대한 분석적 선택 과정에 참여하게 된다. Wolcott(2009)는 이것을 자료를 제거하는 "고통스러운 작업"(p. 16)이라고 말하기도 했다. 그는 "요령은 에센스를 찾아내고 이 에센스를 충분한 맥락과 함께 드러내면서도, 설명할 수 있는 모든 것을 포함하려고 시궁창에 빠지지는 않는 것이다"(p. 39)라고 했다. 사실 "전공논문 또는 시각적 다큐멘터리를 작성하는 동안 활동을 잘 하고 있는지의 지표는 당신이 만들어 낸 문장이 아니라 멀리 던지기"(Plath, 1990, p. 374)이다. 논문심사위원회 위원들에게 가장 읽기 지루했던 질적 연구 논문이나 학위논문이 어떤 것이었는지 질문해 보라. 아마 이들 대부분은 수집한 모든 인용을 다 집어 넣어야만 한다고 느껴 분석 또는 해석은 거의 없이 목록처럼 죽 나열된 보고서를 언급할 것이다.

Kvale(1996, pp. 266-267)은 면담 인용을 보고하는 데 필요한 여덟 가지 지침을 주었다. 여기에서는 세 가지만 강조하겠다: (1) 어떤 기술적 또는 분석적 장에서든 인용구는 텍스트의 절반 이상이 되어서는 안 된다; (2) 인용구는 보통 반 페이지 정도로 짧게 써야 한다; (3) 인용구는 연구자가 어떤 관점을 설명하는지와 함께 해석되어야만 한다. 물론 이것이 엄격한 규칙은 아니다. 예를 들면 한 장 전체가 주로 편집된 피면담자의 말로 이루어질 수도 있다. 그러나 이 지침에 따르면 연구자가 가진 자료의 일부를 버리도록 조언할 수 있다. 각 인용구에 "이 증거의 조각이 이야기를 제대로 이어지게 하는가?"라고 질문하라(Plath, 1990, p. 376).

글쓰기의 조직적인 절차에 대한 토론은 연구자가 무엇을 했고 무엇을 배웠는가에 대한 직선적인 보고서 이상의 것으로 만들기 위한 토론보다는 상대적으로 쉽다.

연구자의 글은 당신이 어떻게 해석을 했고 당신이 본 것과 들은 것의 의미를 어떻게 찾아냈는지를 전달한다. 의미 있는 글쓰기에 기계적인 절차가 존재하는 것은 아니다. 그보다는 연구자는 자료에 흠뻑 빠져 별 기대를 하고 있지 않았을 때 찾아오는 통찰력의 섬광에 개방되어 있는 편이 도움이 된다. 이런 순간에 조각들이 제 자리로 찾아가도록 하는 관점과 연결이 이루어진다. 당신이 쓴 연구물을 얼마간의 시간이 지나 재방문하는 것도 도움이 된다.

초안과 개정

잘 만들어진 원고가 빛나기 전에 많은 초안 작업을 예상하라. 원고의 첫 번째 초안은 조각가가 작업할 때 나무 덩어리를 도끼로 마구 벤 형태와 마찬가지이다. 이것을 예술작품으로 만들기 위해 조각가는 이 형태를 계속해서 조심스레 다듬고 정교한 부분을 만들고 거친 부분을 매끄럽게 만들고 전체적으로 광을 낸다. 연속적인 초안은 작가의 글에도 같은 결과를 만들어 낸다.

당신의 첫 번째 초안이 완성되었을 때 전체적인 결합을 위해 읽어 보고 필요한 부분을 더하고, 이동시키고, 뺀다. 다음 번에 읽을 때는 이론과 기술의 명료성에 초점을 둔다. 여러 번 읽으면서 논문을 압축하고, 날카롭게 만들고 빛나게 만든다(Trimble, Jeske, 1984에서 재인용): 불필요한 말을 뺌으로써 압축한다. 활기 없는 진술을 다시 만들고 정확하고 생생한 단어들을 사용해서 날카롭게 만든다. 위트와 생동감 있는 기술로, 직유와 은유를 통해 빛나게 만든다. 문법, 철자, 구두법도 살펴보아야 한다. 소설가 Stephen King은 고등학생이었을 때 원고를 편집자에게 보냈고, 그 편집자는 한 공식을 보내 왔고 King은 이 공식을 계속 염두에 두었다: "두 번째 초안=첫 번째 초안－10%"(King, 2000, p. 222). 초안의 10%를 제거하는 작업 과정에서 연구자는 압축하고, 날카롭고, 빛나게 만들게 된다.

소제목에 집중해서 읽는 것의 중요성을 간과해서는 안 된다. 소제목은 작가와 독자 모두에게 혜택을 준다. 각 장 안에서 부분들의 순서를 점검하기 위해 소제목을 꼼꼼히 조사해 본다. 다른 종이에 소제목을 모두 열거해서 써 본 후 무엇이 가장 효과적인 순서인지 재고해 본다. 이전에 이름 붙이지 못한 부분을 명명해 본 후 내용을 재검토해 보고 문장의 순서와 각 부분 안에 있는 페이지의 순서를 살펴본다. 글을 쓴 사람은 본인이 쓴 것이고 너무나 익숙하기에 제목 없는 부분의 순서를 매기는 것이 쉽겠지만 독자들에겐 어려운 일이다. 예를 들면 38페이지 분량의 글에 단 두 개의 소제목만 있다면 그 장의 대부분은 비구조화된 형태로 남게 된다. 끝으로 내용을 다시 살펴보고 각 부분의 문장의 순서를 점검하라.

장인들도 때로는 작품을 만드는 어떤 단계에서 조수를 쓴다. 질적 연구자들에게는 최종 작품을 다듬는 데 귀중한 역할을 할 동료, 친구, 연구 참여자가 있다. 이들에게 당신의 해석, 아이디어, 표현 형식이 어떤지 살펴봐 달라고 요청하고 이런 부분이 당신의 원고에 들어갈 충분한 시간을 주어야 한다. 당신에게 솔직하고 직설적으로 말할 수 있는 편안한 관계의 사람을 선택하라. 내가 대학원에 다닐 때 the Fat Data Group(Alan Peshkin이 조직했음)이 바로 이 역할을 했다. 나는 동료들과 교수들의 연구를 편집하는 것을 배웠고(그 과정에서 내 논문을 더 잘 편집하게 됨) 그들의 눈이 내 연구에 주는 가치를 존중하게 되었다. 처음에 나는 그들이 내 초안에 교정을 보며 써 준 수많은 표시와 코멘트를 보고 겁을 먹었지만, 이내 내 논문이 몇 개의 제안사항도 없이 돌아온다면 읽어 준 사람들이 시간을 충분히 안배해서 읽지 않은 듯한 무시당한 느낌마저 들었다. 피드백을 달라는 부탁을 받았다면 리뷰어로서의 임무를 진지하게 받아들여라. 다른 사람들의 피드백을 받을 수 있는 행운을 잡았다면 그들이 하는 말을 진지하게 고려하라. 출판사에 원고를 보내기 전에 6~7명의 친구들에게 보여 준 Stephen King(2000)은 "당신의 책을 읽은 모든 사람이 그 책에 문제점이 있다고 한다면 당신에게 정말 문제가 있고 그 문제에 대한 해결책을 찾아야만 한다"(p. 217)고 말한다.

Sara Lawrence-Lightfoot and Jessica Hoffmann Davis(1997)는 "인간들의 경험과 조직에서의 삶의 복잡성, 역동, 미묘함을 담아 내기 위한 노력으로 미학과 경험주의의 경계"를 흐리려고 노력한다는 면에서 질적 연구를 "초상화"라고 불렀다(p. xv). 당신이 그림을 그려 보았다면 그림을 그릴 당시에 당신을 둘러싼 세상을 다르게 바라보고, 텍스처와 색깔의 변형, 빛의 역할, 타인의 눈 뒤에 있는 감정에 주목했을 것이다. 예술가가 사진의 해석을 시각적 형식으로 의사소통하기 위해 내려야 하는 결정에 대해 생각해 보라. 질적 연구자는 인간 경험을 유사하게 깊이 이해하기 위해 노력하지만 보다 문화적이며 내적인 속성이며 타인에게 의미 있고 타인들과 연결하는 방식이다.

Leonardo da Vinci(이탈리아, 1452–1519), 지네브라 데 벤치의 초상(Ginevra de'Benci), 1474/1478, Ailsa Mellon Bruce Fund, The National Gallery of Art.

텍스트: 스타일의 문제

텍스트 조직의 다양성

말린 푸가치(Marleen Pugach)는 미국과 멕시코의 경계에 있는 마을에 위치한 학교에 대한 문화기술지 연구를 위해 그곳에서 1년을 보냈다. 말린 푸가치는 텍스트 조직에 대한 문제를 고려하면서 이야기할 많은 방법 중에 자신의 자료를 어떻게 짜 맞추어야 할 것인지 숙고했다.

> 나는 영화를 만드는 비유 … 당신이 뭔가 모양새 좋은 영화로 만들기 위해 편집해서 줄여야만 하는 수마일의 필름이 필요한, 그 비유가 생각났다. 나는 내 모든 '재료', 내 원고, 현장기록지, 뉴스기사를 오려 놓은 것, 문서 등등이 필요했다. 이 중에서 가장 좋은 것들을 어떻게 이용해서 말이 되게 해서 내가 만들어 낸 뼈대 안에 넣을지를 궁리해야만 했다. 이것은 매우 어렵고 두려운 부분이다: 뼈대. 물론 원고와 자료의 나머지는 이야기를 말해 주지만 실제에서는 자료가 이야기의 정수이며 뼈대를 위한 이야기와 자료를 말하는 것은 바로 나 자신이다. 뼈대가 어디에서 툭 떨어지는 것이라고 말하거나 내 풍부한 상상의 산물임을 주장하는 것이 아니라 뼈대의 엄청난 주관성 전체가 내 생각을 사로잡고 있다는 것이다. 이 자료와 연구자 고유의 견해 사이의 균형이 작업의 꽃이 아닐까? 우리는 사람들에게 그들의 범주를 너무 빨리 '결합시키지' 말라고 상기시키고 이야기가 자료에서 '발현되도록' 해야 한다고 그럴싸하게 얼버무린다. 하지만 이것은 어떤 면에서는 빼어나게 섬세한 과정—그 지역 사람 및 그 곳에 한 번도 가 보지 못한 독자 모두에게 와 닿는 진실하고 일관성 있고 자료에 충실한 이야기를 쓰기—을 기술하는 매우 그럴듯한 시도이다. 연구자로서 당신은 그곳에 있었다. 그리고 당신은 어떻게 당신이 소유하는 모든 자료에 어떤 뼈대를 줄 것인가의 측면에서 매우 힘 있는 위치에 있다. 이것은 매우 어려운 작업이다.(개인적 편지, 1994)

자료를 위한 뼈대를 만드는 일은 어려운 작업이며, 말린이 경험했듯이, 단지 자료가 말하는 것이 무엇인가의 문제가 아니라 당신 *그리고* 당신의 자료가 말하는 것이 문제가 된다. 자료 분석을 하는 중에 있을 때 텍스트의 틀에 대해 생각하기 시작하는 것은 좋은 생각이다. 당신이 배운 것이 무엇이며 어떻게 이런 해석을 타인들에게 전달할지를 고려해 보라. 분석 단계를 마치기 전에 이렇게 하면 당신은 분석 범주를 다르게 생각하게 될 수도 있다. 당신은 타깃이 되는 청중을 고려해야 하며 이들이 어떤 종류의 보고서를 읽기 원하는지를 생각해 보아야 한다. Goodall(2008, p. 37)은 이런 틀을 발전시키는 데 도움을 주는 네 가지 질문을 제안한다. 당신의 이야기에 특이한 부분은 무엇인가? 그것을 이야기하는 것의 요지는 무엇인가? 누가 가장 읽기 원하며 무엇이 그들을 끌어들일 것인가? 어떻게 이야기가 학문적 담화와 연결될 것인가? 이런 질문들에 대한 답변을 저널 쓰기하면서 신이 전달할 수 있는 여러 버전 중에서 어떤 이야기를 써야 할지 이해하는 데 도움을 받을 수 있다.

몇 가지 문화기술적 관습이 텍스트 조직 형성을 도울 수 있다. 일부 연구자는 전체 텍스트에 하나의 기본 전략을 적용한다; 다른 연구자들은 하나의 장 혹은 장들의 일부분에 다른 전략을 적용하기도 한다. 이것은 당신이 전달해야 한다고 느끼는 것이 무엇이냐의 측면에서 결정을 내려야 한다. 이런 결정을 돕기 위해 다양한 문화기술지, 연구보고서, 그리고 저널 소논문을 읽는 가운데 다른 연구자들이 연구를 제시하기 위해 사용한 기법과 형식을 살펴볼 수 있게 된다. 이제 텍스트 조직을 위한 7개의 전략을 소개한다. 여기에서 언급하는 기법은 당신의 글쓰기를 조직하는 유일한 방법이 아니며 당신이 고려할 수 있는 몇 가지의 계획으로 여겨라.

주제. 아마 가장 흔하게 사용되는 기법은 주제나 제목에 따른 조직일 것이다. 연구자는 개념의 표상을 만들고 이들을 명명하거나(in vivo 명칭을 사용해서) 이에 대해 하나씩 기술적 세부사항을 설명하면서 토론하게 된다. 예를 들면 Patricia Martin과 나(2002)는 질적 연구에 대한 토론과 문화적 윤리에 대한 토론을 조직하면서 "지역사회" "자율" "환대"와 같은 주제를 사용했다. 이들 주제는 우리가 읽었던 문헌에서만이 아니라 오악사카 사람들과의 대화에서 계속 떠올랐다. 논문에서 우리는 이 주제들을 제목으로 적용시켜 우리가 함께 일했던 사람들 간에 이 개념들이 어떻게 사용되는지와 그 의미를 기술했고, 우리의 개별 연구 프로젝트에서 나온 예시를 제공했으며, 어떻게 각 개념이 탐구 실제에 작용했는지 고려해 보았다.

자연사(Natural History). 자연사 접근법에서는 텍스트가 탐색과 발견의 현장작업 과정을 재창조한다. 이 기법을 통해 작가는 사람, 장소, 연구자와의 상호작용에 대한 느낌을 전달할 수 있다(인상주의적 이야기의 전형).

연대기적(Chronology). 연대기적 기법에서는 "패턴이 어떤 '발달적 순환' '도덕적 직업' 혹은 연구하는 배우들이나 장소의 '예정표적인' 특징을 따른다"(Hammersley & Atkinson, 1983, p. 217). 만일 시간의 추이가 연구에 있어서 중요한 요소라면 연대기적 기법이 특히 적절하다. 예를 들면 Peshkin(1982a)의 책 「불완전한 조합(The Imperfect Union)」은 한 마을에 유일하게 남아 있던 학교를 폐쇄하는 일과 관련한 마을과 학교위원회의 투쟁에 대해 연대기적으로 기록했다.

줌 렌즈. 또 다른 기법은 포커스를 좁혔다 넓혔다 하는 과정과 관련된다. 작가는 기술적인 자세한 사항과 인용에서 이론적 추상화로 이동하거나 그 반대로 움직인다. 줌 렌즈처럼 텍스트는 다양한 수준의 일반성을 통해 움직여 나간다. Spradley는 그가 문화기술적 글쓰기에 꼭 필요하다고 믿는 문장의 여섯 가지 수준을 밝히면서 이 기법의 사용을 옹호했다. 이 수준은 보편적인 진술로부터 구체적 사건에 대한 문제까지의 범위에 걸쳐진다(Spradley, 1979, p. 207–210). Spradley는 작가가 다양한 수준을 통해 전후로 움직여야만 한다고 말한다. 보다 일반적 수준에서만 쓰인 이야기는 기본적인 이론적 진술에 대한 예시 없이 건조하고 지루하다. 이와는 반대로 구체적인 수준에서만 쓰인 연구는 흥미로운 읽을거리가 될 수는 있지만 자료의 사회문화적, 정치적 중요성을 분석함에 있어서는 부족하다. 이 수준들은 7장에서 제시된 Wolcott(1994)의 자료 변형에 대한 논의와 연관이 된다.

따라서 대부분의 문화기술적 글쓰기의 관행은 현장기록지나 피면담자의 말에서 만들어진 묘사적인 짤막한 이야기에서 시작해서 독자들을 끌어들이고 주제를 소개한 후 다양한 수준의 일반성을 통해 줌 아웃하는 것이다. 초보 질적 연구자들은 면담 수행의 가치를 인식하지만 관찰에 시간을 투자하는 것은 덜 내켜 한다. 짤막한 이야기를 쓸 때 연구자는 관찰과 현장기록지에 들인 시간을 충분히 감사하게 된다. 관찰과 현장기록지는 구체적인 사건을 글로 쓸 때 필요한 자세한 사항을 제공하는 매우 귀중한 가치가 있다.

내러티브. 연구에서의 내러티브 글쓰기에서는 자료가 이야기 형식으로 제시되며 종종 내레이터의 목소리를 통해 제시된다. Teran(2002)은 면담 전사본을 혼합하고 공고히 하면서 멕시코의 학자이자 활동주의자인 Gustavo Esteva와의 생애사 내러티브 면담으로 조직하고 응축시켰다. Teran은 면담 전사본을 코딩하고 코드들로부터 조직적인 뼈대를 만들어 내고 이 뼈대에 따라 전사본을 재조직하고 내러티브에 일관성을 주기 위해 부분들을 편집했다. Teran은 정기적으로 그 자신의 설명적 혹은 분석적 논평을 집어 넣었지만, 본질적으로 논문의 한 장은 Esteva의 말을 순서에 따라 연출한 것이었다. 다음의 예는 Esteva의 말로 시작되며 이탤릭체로 표시한 부분은 Teran이 뒤에 올 내러티브를 위해 조직 계획을 정한 것이다.

> 내가 40년 동안 할머니에 대한 기억을 억누르려고 애썼음에도 불구하고 할머니가 내 무의식에 남아 내 일의 방향에 영향을 미쳤다는 것에는 의심의 여지가 없다. campo에서 일하라고 부른 것도, 내가 campesinos에 대해, 인디안 사람들에 대해 걱정하게 한 것도 그녀의 목소리였다. 하지만 나는 그 사실을 매우 오랫동안 모르고 있었다. 내가 할머니의 기억을 억눌렀다고 말한 것은 내가 할머니에 관한 나쁜 기억을 가지고 있다는 뜻이 아니다. 전에도 말했듯이 나는 할머니에 대해, 할머니와 함께 시장에서 보낸 시간에 대해 굉장히 좋은 이미지를 갖고 있다. 내가 이토록 오랫동안 억눌러 온 것은 내가 할머니의 세계에서 살 수도 있다는 가능성이었다. 나는 할머니가 자포틱(Zapotic) 인디안이란 것을 부인했다. 왜냐하면 토착 세계가 불행, 가난, 후진의 세계로 비추어졌기 때문이다; 현대 세계에 자리를 내주기 위해 뒤에 남겨져야 할 세계. 내가 억압했던 것은 할머니의 세계가 내 삶의 길에 작용할 가능성이었다; 내 삶을 만들어 나가는 데 있어 영감을 얻을 수 있는 그 어떤 것. 이런 기억들을 다른 눈으로 바라보기 시작한 것은 40년이 지나서였다. 그것들은 다른 세계로의 창문을 열어 주었다; 궁극적으로 보다 내 것처럼 보이는 세상. 내가 새롭게 내 뿌리를 다시 만난 세상이었다; 기억의 길을 따라 온 만남.
>
> *Esteva가 할머니의 땅으로 간 여행은 그가 받은 교육이 강요한 서구적인 사고방식과 다른 우선권과 삶의 방식을 가르쳐 준 여러 번의 만남으로 이끌었다. 스페인어로 "encuentro" 또는 encounter는 disencounter라는 의미를 지닌 "desencuenter" 혹은 계획된 모임이나 발생의 비실현화의 반대말이다. desencuentro는 목표나 꿈이 예상대로 성취되는 것이 깨지고 극적인 새로운 방향을 택하게 되는 터닝 포인트로 생각할 수 있다. Esteva의 이야기는 세 가지 중요한 만남과 후속되는 비조우를 드러낸다: 신, 마르크스, 토속의 뿌리.*(pp. 59-60)

내러티브와 해석의 분리. 또 다른 조직적 기법은 Willis(1977)의 「노동학습(Learning to Labor)」에서처럼 내레이션과 이론적 해석을 분리하는 것이다. 그는 처음엔 묘사, 대화, 사건, 상호작용이 풍부한 연구 장소에 대한 내러티브적 이야기로 독자들을 끌어들였다. 그 후에 글쓰기 스타일은 그가 자료의 자세한 분석과 함께 이론을 진전시키면서 급격하게 변화되었다. 유사한 기법으로는 묘사적이고 내러티브 부분에서 관련된 이론, 분석 혹은 성찰적 이야기로 직접 이동하는, 층을 이룬 이야기(layered account)가 있다. 전형적으로 층을 이룬 이야기에서는 텍스트가 하나의 스타일에서 다른 이야기로 이동함에 따라 전이를 가리키는 넷 혹은 다섯 개의 별표의 줄로 구분된다.

융합(Amalgamation). 융합은 연구 자료를 조직하고 제시하는 데 도움이 된다. Ashton과 Webb(1986)은 여러 사람을 면담하고 관찰한 자료 분석을 통해 사람들이 어떻게 직면한 문제에 반응했는지에 따라 몇 가지 다른 범주로 참여자들을 나누었다. 그런 다음 각 범주에서 면담과 관찰자료를 통합하여 다른 관점에서의 연구 이야기를 제시하는 융합된 캐릭터를 만들어 냈다. Wolcott(1973)가 「The Man in the Principal's Office」에서 그랬듯이 몇 명의 사람들을 몇 개월에 걸쳐 "그림자처럼 쫓은" 연구자들은 관찰한 활동들을 각 참여자의 "전형적인 하루"로 융합할 수 있다.

자료 디스플레이(Data Display). 표, 도표, 그래프로 자료를 디스플레이하는 것은 전반적인 조직 계획은 아니지만 디스플레이는 텍스트에서 논의된 범주 혹은 측면들을 소개하거나 요약해 줄 수 있다. 그림 8.1은 내가 캐리비안에서 한 연구에서 나온 것인데, 자녀에 대한 욕심에 대한 응답자의 말을 분석한 것에서 도출된 주제적 범주를 설명하는 하나의 방법을 보여 준다. 어떤 연구자들은 자료 디스플레이를 텍스트에 사이드바의 일종으로 사용해서 자료와 상호작용하는 다른 방법을 제공하는 형식으로 자료를 응축한다.

연구자가 자료를 조직하는 유형이 다양하듯이, 질적 연구 논문을 쓰는 데 규칙이나 레시피가 존재하는 것은 아니다. 어떤 전략을 사용하든지 문화기술지 연구자들은 관습적으로 연구 자료, 분석, 이미 출판된 자료원의 정보를 통합한다. 여기에서 강조점은 "문헌 고찰" "자료 분석" "결과" 등의 장이나 절로 상호 관계를 고려하지 않고 나누는 것이 아니라 자료를 전체로 고려해서 의미를 구성하는 데 있다. 그림 8.2는 현장기록지와 면담 인용을 문헌과 통합한 예로, 내가 오악사카에서 했던 협력적 연구 논문(Glesne, 2003, pp. 207-208)에서 발췌한 편집된 부분이다.

직업에 관한 욕심 범주	반응의 예	피면담자의 수
좋은 직업(경제적으로 혹은 자기만족 측면에서)	"자녀에게 만족과 기쁨을 주는 종류의 직업"	10
아이들에게 달려 있음	"내가 아이들을 위해 선택하지는 않겠다."	10
학교가 우선임	"현재 아이들은 우선적으로 교육을 더 받아야 한다."	6
나 같지 않은 삶	"나는 나같이 고되게 살지는 않도록 키우고 싶다. 그리고 아이가 개방적 마음을 가져서 다른 사람을 속이거나 거짓말하는 것 없이 쉽게 배울 수 있도록 하겠다."	4

[그림 8.1] 주제 범주와 반응 예의 예시

스타일의 구체적 사항

연구의 전체적인 형식과 마찬가지로, 당신의 스타일을 만드는 데 있어 절대적인 방법은 없다. 연구자가 가장 근접하게 얻을 수 있는 것은 일반적으로 질적 연구의 글쓰기에 적용되는 '좋은 글쓰기'의 지침을 적용하는 것이다. 문법 규칙을 복습하라. 「스타일의 요소(The Elements of Style)」(Strunk & White, 1979)를 다시 읽어라. 또는 「먹고 쏘고 남겨라(Eats, Shoots, and Leaves)」(Truss, 2003)를 열심히 읽어라.

아래에 나오는 좋은 글쓰기를 위한 지침은 질적 연구 글쓰기에도 적용할 수 있는 것으로 보인다. 학생들의 보고서나 질적 연구 논문에서 질을 높일 수 있는 여지가 많은 부분이기도 하다.

- *문장을 능동태로 써라*. 수동태 문장에 주어를 두고 "it is"와 "there are" 구문을 피하라. "자료 분석은 7개월의 기간에 걸쳐 두 개의 다른 병원에서 수행되었다."라고 쓰지 말고 "나는 두 개의 병원에서 7개월 동안 자료를 분석했다."라고 써라. Strunk와 White(1979)가 주장했듯이 "문장이 강화되면 대개 문장은 짧아진다. 따라서 간결성은 활력의 부산물이다"(p. 19).
- *독자들을 어떻게 부를 것인가*? "우리" "당신" "어떤 사람" "사람들"은 다음 문장에서처럼 서로 섞어 사용하지 않도록 하라. "우리가 연구를 작성할 때에 사

텍스트	조직적 접근	자료원
이전의 예들은 젊은이들이 proyecto de vida[직업 이행]를 계획하고 발전시키는 데 고투를 겪을 것이라고 한다. 이들은 이 프로젝트가 어떻게 마을 전체에 혜택을 줄 것인가를 고려한다. 나는 이것을 한참이 지나서야 볼 수 있었다. 처음에 나는 그들의 포커스가 어떻게 미국 지역사회의 소규모 사업과 다른지 의아했고 내 현장기록지 반성에 이렇게 썼다.	자연사	
모든 면담이 자본주의적 성향이 있다는 사실이 갑자기 떠올랐다. 젊은이들의 큰 근심이 소득을 벌어들이는 것이 아니었나? 프로젝트를 시작하기 위해 자본을 얻는 것이 주요 문제점이 아니었나? … 내 동료 연구자에게 물었을 때 그들은 참을성 있게 들어준 후 궁극적으로 그들의 업무는 자율성에 관한 것이라고 답했다. … 이슈는 돈을 벌어들이는 것이 아니라 직업을 이행하는 것이다. … 지역사회 내에서의 삶을 지지하고 지역사회 내에서 삶을 자율적으로 살 수 있도록 하는 직업의 이행.		현장기록지
이 토론 이후에 나는 '자율'이란 단어가 대화와 면담의 일부로 얼마나 자주 나타나는지를 깨닫기 시작했다. 정밀한 조사를 통해 나는 자율이 '나'가 아닌 '우리'를 암시한다는 것을 이해하게 되었다. '우리'는 우선적으로 가족을 포함하고 지역사회를 포함하는 것이었다. 한 젊은이가 말한 다음의 이야기는 자율이 사람들이 창조하거나 발전시키려고 일하는 그 무엇이란 아이디어와 공동의 자율이라는 의견의 일부인 의무감을 강조한다.		면담과 대화
젊은이 가운데에는 자율이 무엇인지 모르는 사람들도 있어요. 이들은 자기 부모에게 의존하고 그들의 부모는 정부를 위해 일하기 때문에 자율이라곤 없지요. 우리에게 자율은 당신, 당신의 가족과 나라에게 혜택을 주고 싶은 일을 하는 것이랍니다. …		면담
젊은이들이 서로에 대한 연결과 일에 대한 연결점의 속성을 표현한 것을 들으면서 나는 지역사회의 삶의 질로서 자율을 이해하게 되었다. … Bonfil Batalla(1996)는 멕시코의 국립 건물의 역사를 '비인디안화(de-Indianization)'의 하나라고 설명했다. 공동의 자율은 전통적인 관습과 가치를 유지하고 재생산하며 비인디안화의 과정에 저항하는 길을 제공해 준다. 오늘날 세계에서 이 모험은 전통을 유지할 뿐만 아니라 나라와 주에서 오는 압력과 세계화에서 오는 압력에 대한 대안을 상상하고 구성하게 되었다.	줌 아웃	문헌

[그림 8.2] 현장기록지, 면담, 다른 자료원의 통합

람들은 그들의 연구 기록을 세심하게 읽고 편집할 필요가 있다. 그렇지 않으면 당신은 자신의 연구를 이해하는 것을 매우 복잡하게 만들어 어떤 사람도 이것을 읽을 수 없게 만들 수도 있다."

- *동사의 시제에 특히 신경을 쓰면서 원고를 읽어라.* 같은 절에서 현재형에서 과거형으로 바뀌었는가? 일반적으로는 당신이 어떤 시제를 선택하든지 간에 글 전체에서 통일되게 사용되어야 한다.
- *문장을 분사구로 시작할 경우 이것이 문장의 주어를 칭하는지를 확실히 하라.* Struck과 White(1979)는 이 규칙을 어기는 좋은 예를 보여 준다: "황폐한 상황이어서, 나는 그 집을 매우 싸게 구입할 수 있었다"(p. 14).
- *비슷한 표현을 연결하는 문장을 만들 때 "유사한 구조"를 염두에 두어라.* 다음의 문장에서 각 동사구의 구조를 유사하게 만들어라. "연구에서 ADHD 어린이들은 학교에서 방과후 남기기에 자주 걸렸고, 교사들은 그들에게 낮은 점수를 주었으며, 형제들은 이들이 '짜증난다'고 했으며, 이들은 자주 물건들이 어떻게 작동하는지에 대해 해박했다."
- *이미지들을 구체화하라.* 묘사적 단어를 사용하라. Strunk와 White(1979)로 다시 돌아가서 다음 문장들의 차이점을 주목해 보자.
  - "그는 잘 벌어들인 보상의 소유를 취하면서 만족을 나타냈다."
  - "그는 동전을 주머니에 넣으면서 이를 드러내고 씩 웃었다"(p. 21).
- *작가들은 초보 작가들에게 "보여 줘, 말하지 말고"라고 조언해 주길 좋아한다.* 당신이 알게 된 것이 "흥미로운" 혹은 "중요한" 것이라고 말하는 대신에 독자들이 스스로 그 정보가 "흥미로운" 혹은 "중요한" 것이라고 발견할 수 있도록 글을 써라.
- 전문용어의 함정을 피하라. "이[전문용어의 사용]는 똑똑하고, 조예가 깊고, 현재 유망하고 영향력 있는 배타적인 소집단의 일원인 것처럼 포즈를 취하는 방법이다. 그러나 하나 이상의 유망하고 영향력 있는 문화기술적인 집단이 시간의 경과에 따라 인기가 식어 버려 무능력한 집단이 된다"(van Maanen, 1988, p. 28).
- *장황하게 쓰는 것을 피하라.* 예를 들면 "그가 교육 연구의 결과를 거의 읽지 않고 활용하지도 않는다는 사실에 기인해서 그가 학교를 운영하는 책임을 가져야만 하는 사람인가에 관해서 어떤 의문이 있다."는 "그는 연구 결과를 거의 사

용하지 않기 때문에 어떤 사람들은 교장으로서의 그의 역할에 의문을 갖는다." 라고 쓰는 게 더 낫다.

연구자는 자신을 거의 드러내지 않고 수동태와 권위적인 방식으로 보고서를 쓰는 것을 학교에서 배워 왔기에 여러분 중의 어떤 사람은 어쩌면 과거의 습관을 떨쳐버리면서 혼란을 경험할 수도 있다. 글쓰기에서 즐거움을 찾는 학생들조차도 질적 연구 글쓰기를 하면서는 전에는 갖지 않았던 질문들에 압도되는 일이 잦다. 다음에는 일반적으로 학생들이 자주 하는 질문들을 실었다. 답변을 하면서 나는 똑 떨어지는 정답이 아닌, 해답을 향한 사고, 이 장 혹은 이전 장에서 논의된 부분들을 다루는 사고를 제시했다. 실제로는 연구비를 지원하는 기관에서의 요구, 지도 위원들의 기대, 작자의 이론적 성향 혹은 방법론의 측면, 연구자가 위험을 감수할 수 있는 정도 등의 수많은 요소들이 해답에 영향을 미칠 수 있다.

질문: "나"를 사용해도 괜찮은가요?

답변: 1인칭으로 글을 쓰는 것은 일반적으로 수용되며 질적 탐구의 성격과 일치된다. 텍스트에서 "나"의 존재는 연구 장소에서 당신의 존재를 반영한다. 당신의 "나"는 특정한 연구 경험의 과정에서 다른 사람과 함께 살았던 사람으로서의 분명한 관계를 지워 버린 채, 객관적이라고 추정하는 현실에서 유리된 이야기가 아님을 말한다. 그러나 "나를 봐요" 하는 눈에 거슬리는 "나"는 피해야 하는데 이는 당신이 말하는 이야기가 대개는 당신 자신에 대한 이야기가 아니기 때문이다. "나"를 당신이 존재했었다는 말을 한다는 면에서 사용하라; 작가나 독자 모두가 이 사실을 기억하는 것이 좋겠다.

질문: 내가 보고 들은 것을 기술하고 분석할 때 내가 경험한 것 역시 평가해야 할까요?

답변: Alice James에 대한 전기적 연구를 이야기하면서 Strouse(1988)는 이렇게 말했다. "내 고유한 견해를 감히 드러낼 용기를 갖는 것이 정말로 책을 쓰는 것의 모든 것이다"(p. 190). 당신의 글은 해석적이다; 아닌 것처럼 가장하는 것은 자신을 속이는 것이지만 어쩌면 타인들은 많이 속지 않을 것이다. 그럼에도 불구하고 해석적 연구의 목적은 일반적으로 이해를 증진시키는 것이지 판단을 내리기 위

한 것은 아니다. 잘못을 찾아내는 것과 의미를 찾아내는 것 사이에는 미세한 차이가 있다. 이 차이가 가치 있도록 주의하라. 참여자의 관점으로부터 이야기를 말하라—아마도 당신은 여러 버전의 이야기를 갖고 있으며 자주 프로그램 혹은 정책의 가치와 장점에 대한 그들의 평가를 포함하게 될 것이다. 그러나 당신이 듣고 싶은 이야기를 선험적으로 말하기 위해 자료를 이용하지 마라.

질문: 논문 또는 학위논문을 쓸 때 "이야기"를 해도 되는지 아니면 문제 제기, 문헌 고찰, 연구 방법, 연구 결과, 결론이라는 관습적인 형식을 따라야 할까요?

답변: 질적 연구를 하는 학생은 그들의 판단 지침을 제공해 주고 학생의 글쓰기에 정설이 되는 지도교수나 논문지도 위원회가 있다. 그렇지만 일반적으로 질적 연구에는 관습적인 조직적 형식이 존재하지 않는다. 어떤 특정한 장의 배열을 따르는 것은 당신의 논문지도 위원회와 협상해야 할 문제이며 이 협상은 초반에 이루어져야 한다. 나의 관점에서는 관습적인 학위논문 형식을 옹호하지는 않는데, 이런 형식이 질적 탐구의 개방성 또는 기술적이고 해석적인 글이 제공해 줄 수 있는 공헌과 어울리지 않기 때문이다.

질문: 텍스트에 참여자들을 인용할 때 제 면담 노트를 참고문헌에 포함시켜야 할까요? 만약 그렇다면 어떻게 해야 할까요?

답변: 나는 그렇게 하지 않지만 당신의 논문지도 위원회는 당신이 그렇게 해야만 한다고 주장할 수도 있다. 외부감사 이외에 일반 독자가 당신의 노트를 볼 기회가 없을 때 이런 참고문헌을 제공하는 것은 의미 없어 보인다. 게다가 이런 참고문헌은 텍스트의 흐름을 방해한다. 그러나 만약 당신이 하이퍼텍스트 혹은 하이퍼미디어를 통해 당신의 연구를 기고하고자 한다면 전사본 혹은/그리고 녹음된 면담과 연결되는 링크를 텍스트에 제공해야 한다.

질문: 피면담자의 인용에서 사람이나 장소가 사용된다면 내가 익명성을 지키기 위해 이름을 바꿔야 할까요? 만약 그렇다면 이런 이름이 바뀌어진 것이란 사실을 보이기 위해 괄호 혹은 다른 방법을 사용해야 하나요? 피면담자의 이름, 그들의 이니셜 혹은 가명을 사용하나요?

답변: 만약 피면담자 혹은 사람이나 장소에 이름을 붙이는 것이 익명성에 대한

당신의 약속을 위반하는 것이라면 해답은 분명하다: 가명을 사용하라. 논문의 서두에 일반적인 문장이나 각주에 이름과 장소를 필요에 따라 바꾼 의도를 분명히 밝힐 수 있다. 따라서 나는 익명성을 지키기 위해 당신이 한 변경에 관심을 불러일으킬 필요는 없다고 본다. 이니셜 사용과 관련해서는 Emerson 등(1995)에 동의한다: "이 최소한의 신원은 성을 기억하기 어렵게 만들고 생각나게 하는 요소가 부족하며 독자들이 다른 발췌부분에서 그 사람을 알아보기 어렵게 만든다"(p. 194).

질문: 다른 사람을 인용할 때 모든 "음" "있잖아요." 등의 무의식적인 말투 유형까지도 그대로 놔둬야 할까요?

답변: 당신의 방법론적 접근과 연구 목적에 따라 다르다. 만약 당신이 담화 분석 혹은 내러티브 분석을 한다면 이런 말투는 자료의 중요한 부분이 될 수도 있다. 그러나 당신이 유형과 문화적 의미에 관심이 있다면 이런 대화 유형이 공헌하는 바는 적다. 인용할 때 한 사람의 담화를 표현하기 위해 이런 소리, 단어들을 남겨둘 수 있지만 말한 사람을 당황스럽게 할 정도로 많이 남기거나 독자들에게 참을성을 강요하지 않을 정도여야 할 것이다.

질문: 연구에서 중요한 역할을 한 사람, 그리고 그의 위치가 하나밖에 없다면 연구의 중심인 사람의 비밀과 익명성을 어떻게 보장할 수 있을까요?

답변: "절대적으로 비밀과 익명성이 보장될 수 없을 때, 이는 부분적으로 연구자와 참여자 간에 지속되는 커뮤니케이션과 동의의 문제가 된다"(Johnson, 1982, p. 85). 이것은 예민한 문제이다. 당신은 그 사람의 신원을 안전하게 숨길 수 없기 때문에 특히 무엇을 말해야 하는가에 대해서 거북함을 느낄 수도 있다. 나는 당신이 하고 싶은 말을 모두 말하는 것으로 시작하라고 제언한다. 그리고 나서 당신이 그 사람인 것처럼 생각하고 당신이 쓴 것을 다시 읽고 적절히 편집하라. 마지막으로 그 사람에게 그 글을 보내 그의 반응을 단서로 받아들여라.

질문: 만일 어떤 사람, 프로그램, 장소를 연구 참여자들 혹은 근처 지역의 타인들이 알아챌 수 있다면 어떻게 이런 사람, 프로그램, 장소에 대한 비우호적인 태도를 기술하고 보고할 수 있을까요?

답변: 우선 사람들이 알 수 있는 사람이나 장소에 대한 부정적인 어떤 사항에 대해서 보고하는 것이 반드시 필요한 일인지 스스로에게 질문해 보라. 학문에 대한 의무가 당신에게 말과 행동을 보여 준 사람들을 다치게 할 허가증을 내주는 것은 아니다. 전기작가인 Nagel(1988)도 좋은 조언을 했다. "타인의 삶에 대해 쓰는 것은 경외할 만한 작업이다. 따라서 주인공과 작가는 인간이 죽음을 피할 수 없는 약한 존재임을 공유하는 데에서 나오는 관대함으로 진행해야만 한다"(p. 115). 이를 당신이 가진 숨겨진 계획으로 위장하지도 말고 지나친 포장 혹은 상처, 피해, 모욕을 강조하여 덮어씌우지 말고 약함과 인간적인 면을 기술하라. 물론 만일 당신의 연구에 분명한 평가적 요소가 있고 그 요소가 처음에 현장에 들어가기 위한 협상에서 언급된 측면이라면 부정적 발견의 문제는 다른 관점에서 보아야 한다.

질문: 만약 면담 내용을 인용한 글이 여러 주제에 잘 맞을 때 나는 원고에 여러 번 넣을 수 있을까요?

답변: Emerson 등(1995)이 좋은 조언을 주었다: "최종 논문의 여러 부분에 현장기록지를 단순히 복사해 넣는 것은 옳지 않다. 독자들은 불필요한 반복에 쉽게 지겨워지기 때문에 문화기술지 연구자들은 현장기록지를 한 군데 이상 인용하는 것을 피해야 한다"(p. 192).

질문: 내가 쓴 보고서를 제언으로 마쳐야 할까요? 만일 내가 학문의 응용분야에 있다면 무엇인가를 규정해야 하지 않을까요?

답변: 실용성에 대한 요구는 이해가 가는 바이고 또한 바람직하다. 그렇지만 유용한 결과가 언제나 규범의 형식을 취하는 것은 아니다. 당신 스스로에게 물어봐야 한다: 규정적 목적으로 내 연구를 설계했던 것인가? 만일 그렇다면 처방을 내려라. 만약 그렇지 않다면 처방은 흥미롭기는 하지만 다른 것을 하기로 설계된 연구에 불법으로 만들어진 것이다. 당신의 설계에 있어서 필수적인 것이 아닐 때 처방 내리기에 집중하는 것은 당신의 원래 계획한 바를 이루지 못하게 만든다.

위의 질문과 답변들은 연구 과정을 결실하는 과정에서 떠오르는 실제적인 고려사항의 일부를 다룬 것이다. 이것들은 의무에 비하면 그 우월성이 떨어진다: 당신이 할 수 있는 최선의 방법으로 자료를 만들어 내기; 말할 무엇을 가지기—분석, 상상, 담대함의 문제; 당신 주제에 대해 열정적이기; 잘 쓰려고 노력하기. 그리고 마지막이지만 중요한 고치고 고치고 또 고치기.

서언과 결어

연구의 실재적 부분들이 어떻게 조직되든지 간에 일반적으로 서언과 결론은 있다. 서언은 논문이나 원고의 목적을 진술하고 연구 문제를 제시하며, 문제의 일반적인 맥락을 제공하고 무엇이 올 것인지 살짝 내비친다. 작가들은 글을 다 쓸 때까지 어떤 내용을 쓸 것인가에 대해 확실히 알지 못하기 때문에 서언을 가장 나중에 쓰는 일이 흔하다. 마지막으로 쓰여질 수도 있는 서언과 달리, 당신의 원고의 가장 처음인 제목은 가장 잘 쓰여야 하며, 재고되어야 하며 글쓰기 과정에서 다시 고쳐져야 한다. 제목은 독자(혹은 출판사)들이 가장 먼저 보게 되는 것이며 무엇을 전달할지의 기초가 되며 제목을 보고 독자는 계속해서 읽을지 말지를 결정하게 된다.

마지막은 요약과는 확실히 다른 결론이 되어야 한다.

요약은 이미 말한 것을 되풀이한다; 결론은 "그래서 어쩌란 말인가"를 다룬다. 이들은 사고를 자극하며 이전에 제시된 실재적 내용을 초월한다. Wolcott 역시 결론의 중요성을 강조한 바 있다. 그는 "연구에서는 다루지도 않은 이슈를 제기하는 극적이지만 부적절한 결론이나 종결의 유혹을 인식하고 이에 저항해야만 한다"고 작가들에게 경고했다(1990, p. 114). 또한 그는 모든 것을 묶어 이해 가능하고 말쑥하게 만들려고 하지 말고 자기 자신이나 독자들이 "당신이 혼란스러웠던 본질적인 이슈를 심사숙고하도록"(p. 115) 남겨 두어야 한다고 제안했다.

시작부분과 결론을 완성시킬 수 있는 시간을 계획하라—사실 당신이 필요하다고 믿고 싶은 시간보다 더 많이. 결론을 쓰기 위한 준비로서 당신이 이미 쓴 부분을 재검토한다. 연구 문제를 재검토해서 이 모든 연구 문제에 답했는가를 확인하고 연구 문제에서는 예상하지 못했지만 수반되어서 떠오른 것에 대해 기록하라. 마지막으로 다음의 질문들을 계속 고민해야 한다: 내가 알게 된 것을 충분히 올바르게 표현하고 있는가? 내가 연구한 사안에 있어서 나의 공헌을 내가 의도한 대로 독자들이 감상할 수 있도록 충분히 말하고 있는가?

결론 장 또는 부분들을 다 마친 이후엔 이를 읽어 보고 서론 장과 함께 다시 읽어본다. 서론에 당신이 하겠다고 말한 것이 결론에 나타나도록 했는가? 당신이 제기한 모든 문제를 다루었는가? 만약 아니라면 왜 아닌가? 처음 장은 독자들로 하여금 후속으로 이어지는 장들이 진행되면서 그들의 예상이 충족될 것이라는 기대를 갖게 하며 이것은 최종 장에서 정점을 이루게 된다.

마지막으로 보고서를 어떻게 끝맺을지, 독자들이 읽는 마지막 문장에 신경을 써라. Delamont(1992)는 문화기술지와 다른 질적 연구물의 끝부분에 나온 예들을 분석했다. 그녀는 어떤 것들은 학문적인 "정수" 진술문이었고 어떤 것들은 다음 프로젝트에 대한 예견적 기대나 연구 참여자들의 말로 끝맺음을 하는 저널리즘 스타일도 있음을 발견했다. 내 서가에 꽂혀 있는 내가 가장 좋아하는 문화기술지 몇 권에서 인용한 Munoz, Tsing, Myerhoff의 예시로 이 부분을 마칠까 한다.

> *학문적 정수의 예*: "함께 일한다는 것의 의미는 무엇인가를 잡는 장소들을 탐색하는 어려움과 위험을 감수한다는 것이다: 정체성의 끝나지 않은 이야기들이 살아있는 불안하고 동요하는 *프론테라스(fronteras)*"(Munoz, 1995, p. 257)

> *기대의 예*: "우마 아당(Uma Adang)의 시는 바뀌기 쉽고 제한된 의미의 틀 안에서 인도네시아인과 외국인 모두에게 말을 건넨다. 이것은—초시간적인 진리가 아닌—모든 창의적 작업의 힘이다. 우리는 오늘날 이 전통에서 무엇인가를 이끌어 내려고 다시 읽고 그 이상을 넘어 이동한다."(Tsing, 1993, p. 301)

> 이미 작고한 정보 제공자와의 상상적 대화—Myerhoff의 말: "나는 여전히 히브리어, 아람어, 이디시말, 유대교 율법, 탈무드에 대해 모른다. 기도 문구도 모르고 불을 피울 수도 없고 숲속에 있는 장소를 찾아내지도 못한다. 그렇지만 이제 나는 이런 일들에 대한 이야기를 들었고 어쩌면 이것으로도 충분할지 모른다."(Myerhoff, 1979, p. 272)

추천하는 읽을거리

Goodall, H. L., Jr. (2008). *Writing qualitative inquiry: Self, stories, and academic life.* Walnut Creek, CA: Left Coast Press. (specifically recommended for narrative writing and information on publishing qualitative work)

Lamott, A. (1995). *Bird by bird: Some instructions on writing and life.* New York, NY: Pantheon Books.

Lichtman, M. (Ed.). (2011). *Understanding and evaluating qualitative educational research.* Thousand Oaks, CA: Sage.
Wolcott, H. (2009). *Writing up qualitative research* (3rd ed.). Thousand Oaks, CA: Sage.
Zinsser, W. (1988). *Writing to learn: How to write and think clearly about any subject at all.* New York, NY: Harper & Row.

연습문제

1. 7장의 연구 실제 연습으로 돌아가라. 자료 분석 작업을 했던 같은 소그룹에서 당신이 맡은 집단 보고서의 일부를 작성하기 시작한다. 이 연습의 목적은 주제, 패턴, 기술을 어떻게 표현할 것인가에 관한 의사결정 내리기를 연습해 보기 위함이다; 지지하는 증거로 무엇을 사용할 것인가; 어떤 피면담자의 말을 집어넣고 또 어떤 것을 제외시킬 것인가. 당신만의 개인적 연구(혹은 실제 집단 프로젝트)에서는 당신의 모든 자료와 자료 간의 관계를 전체적으로 충분히 숙지하기를 원할 것이다. 그렇지만 이 실제 연습에서는 당신이 맡은 부분에 대한 자료만 갖고 작업하라.

2. 각 집단이 각 부분의 문서화된 보고서를 만든 이후에는 합쳐진 보고서를 위해 논리적인 순서를 결정하라. 그런 다음에는 그룹별로 "class report"를 읽어 본다. 다른 그룹이 자료를 보고한 방식에 대해 토론해 보라.

3. 개별적으로 또는 소그룹으로 다른 방법론적 접근(문화기술지, 근거이론, 내러티브 연구, 현상학)을 반영하는 질적 연구 논문을 찾아본다. 자료 제시 방식과 글쓰기 스타일을 비교하고 대조해 보라. 이런 논문들은 연구자 자신의 글쓰기, 연구자의 접근법, 무엇을 포함하고 배제하고 다르게 하고 싶어하는지에 어떻게 도움을 주는가?(이 연습문제에 특히 도움이 되는 텍스트는 Marilyn Lichtman이 편집한 책인 「Understanding and Evaluating Qualitative Educational Research」(2011)이며 이 책에는 다양한 연구 저널 논문과 Lichtman의 논평과 제안이 수록되어 있다.)

제9장

세상의 노래를 지어내기: 예술기반 연구

우리의 지식은 맥락적이며 단지 맥락적일 뿐이다. 순서짓기와 발명은 동시에 일어난다: 우리는 이 둘의 협력을 '지식'이라고 부른다. 지성은 우리가 세상의 노래를 즉석에서 지어내는 푸른 기타이다.

(Dillard, 1982, p. 56)

시카고 대학의 미술관은 Xiangtangshan의 불교동굴사원을 전시하며 일종의 현대적 성지순례로 문화기술지와 고고학적 현장작업을 비디오 각주에 포함시켰다. Oberlin의 음대 교수는 학생들을 대학 미술관으로 데리고 가서 폭풍우의 그림을 보여주고 학생들에게 하나의 예술작품을 선택하고 그에 대해 연구하고 그 작품에 영감을 받은 음악을 작곡할 것을 요구했다. "경계가 흐릿해진 장르"(Geertz, 1983/2000)의 시대에 다양한 학문분야의 기술과 지식은 창의적으로 합쳐져서 배움에 대한 새로운 접근방식과 연구를 제시하는 새로운 방식뿐만 아니라 기발한 통찰을 줄 수 있다.

과거에 많은 사회과학사들은 예술적이 아니라 과학적으로 인식되기를 원했나. 과학은 사실, 객관성과 연관되어 있기 때문에 사회과학자들은 객관적이고 정확하며 중립적이고 비유적이지 않다고 간주되는 언어를 사용한다고 했다(Richardson, 1990; Stewart, 1989). 세상의 노래는 보고될 수는 있지만 불러져서는 안 되었다. 어떤 문화인류학자들은 시나 짧은 이야기를 문학적 저널을 위해 쓰기도 하고, 일부 사람들은 현장 회고록(보통은 가명으로)을 출판하기도 했지만, 이들은 보통 현장 경험의 직접

Schuster, Massimo (사진가). 2012. *Big Mother Earth Puppet, Glover, VT.*

적 토론, 개인적 반성, 시를 그들의 문화기술적 글쓰기와 혼합하지는 않았다(Bruner, 1993).

연구 패러다임과 그에 수반된 이론과 철학이 변화되면서 방법론에도 변화가 생겼으며 사회 세상에 접근하는 새로운 방식이 생겨났고 그 결과 새로운 통찰, 이해, 헌신을 가져왔다. 사회정치적, 이데올로기적 분위기의 변형은 연구 패러다임의 변화와 비평에 이바지했다. 예를 들면 1960년대와 1970년대에 미국민권운동, 페미니스트 액티비즘, 비판적 페다고지는 여성, 유색인종, 억압되고 무시되었던 사람들의 목소리를 드러내는 경험적 연구에 관심을 기울이도록 했다. 이전에는 무시되었던 관점을 일으키고 제시하는 잠재력을 가지고 해석적인 패러다임은 학계 내에서 점점 더 수용되기 시작했고 질적 연구 과목은 대학에서 확장되었다.

이 민주화 운동 시기에 참여적 실행연구는 라틴 아메리카에서 이루어졌고 라틴 아메리카보다 많이는 아니지만 세계의 다른 지역에서도 이루어졌다. 브라질의 Paulo Freire는 유명한 극장 포럼을 만들어 담화와 면담을 통해 소작농들과 힘없는 집단의 사람들을 교육시키고 정치에 관여하게 했다. Freire에 영감을 받아 Augusto Boal(2006)은 억압받은 자들의 극장을 발전시켜 이에 대한 글을 쓰고 워크숍을 열었다. 그의 기법은 "청중에게 극적인 행위의 역할을 맡게 하고, 변화를 위한 계획을 토론하게 함으로써, 행위를 감독하고/또는 드라마를 통해 다른 해결책을 시도해 보게 한다"(Leavy, 2009, p. 165). 공연 극장은 미국의 정치로 옮겨 가서 "정치적 저항 시위, 구호, 건물기둥에 시위자를 묶는 사슬 시위 '의식', 국기와 속옷을 태우기, 연극 의상 입기"(Gergen & Gergen, 2012, p. 34)로 이어졌다. 1975년부터 1998년 사이에 빵과 인형 극장(the Bread and Puppet Theater)은 매해 부활서커스(Resurrection Circus)를 버몬트 북동부의 농장에서 열었다. 수만 명의 사람들이 기후 변화부터 폭정에 이르는 주제의 참여적 정치 극장에 참여하기 위해 모여든다. 이는 연구에 참여한 대중을 자신의 삶과 그들의 경험을 형성하는 거시적 담론에 참여시키는 예술적 방법이다.

머지않아 참여적 공연과 창의적 제시 스타일은 학교에 자리 잡게 되었다. 우선 학회 발표와 출판된 논문들에서 학계는 그들의 연구를 이야기, 시, 드라마, 심지어 춤으로 수행하게 되었다. 초기의 중점사항은 어떻게 연구 결과가 드라마 혹은 시나 그림으로 만들어지는지, 즉 발표에 대한 것이었다. 1990년대를 통해 이런 표현의 실제는 *실험적* 혹은 *대안적*이라고 불렸는데, 이런 명칭은 "질적 연구를 수행하고 표현하는 유형으로서 기준이 되고, 알려졌으며, 수용되고, 선호되고, 시험된 진실한 전통적인 문화기술지의 실제가 다시 새겨진 것이다"(Richardson, 2000, p. 930). 그러나 예술과 연구를 결합시키는 사람들은 그들의 연구가 표현 실제 혹은 연구 결과를 예술적 형식으로 번역하는 것 이상임을 알게 된다: 예술적 접근을 사용하여 제시 형식뿐만 아니라 앎을 형성해 간다. 연구자들이 연구에 접근하고 표현하는 창의적이고 예술적인 방식은 현재 *예술기반 연구(art based research)*라 불리는 경향이 있다.

"예술기반 연구는 사고의 형식, 표현의 형식을 이용해서 예술이 세상을 좀 더 잘 이해하고 이런 이해를 통해 마음을 넓히게 하는 수단이 되게 한다"(Barone & Eisner, 2012, p. xi). 효과적인 예술기반 연구는 Barone과 Eisner(2012)가 설명했듯이 주의깊은 조사, 연구 결과를 "심미적인 형태로 심미적 본질"을 구현하는 변형과 "계획한 것을 대신 경험하게 함에 따라 연구를 인식하는 사람들에게 불균형을 생산"하는 것을 포함한다. 예술적인 형식은 그것이 내러티브이든지, 시나 그림이든지 간에 의미와 연구가 기반을 둔 중요성을 표현한다; 전통적인 연구 보고서와 달리 예술적인 표현은 청중의 감정이입적이며 감정적인 참여를 끌어들이려고 한다.

연구 방법의 혁신은 이데올로기의 변화뿐만 아니라 테크놀러지의 혁신과 함께 이루어진다. 예술기반 연구는 특히 인터넷, 디지털 카메라, 사운드 파일, 포토샵 등과 같은 최근의 테크놀러지 사용의 도움을 받는다(Leavy, 2009). 저널과 책을 통한 연구의 보급 이외에도, 예술기반 연구자들은 갤러리와 극장을 포함한 다른 방법을 이용한다.

예술기반 연구는 연구의 목적이 한 사람 혹은 한 집단의 사람들이 처한 사회적 상황을 분석적으로 이해하도록 하는 것만이 아니라 삶의 어떤 측면을 감정이입적으

비슷한 표현, 다양한 의미: 이 사진들에서 표현의 형식은 유사하다. 각 인물—오악사카의 원주민 Triqui 마을 교회의 the Virgen de Guadalupe, 마을 여인과 이 책의 저자인 외부인이 전통 Triqui 드레스인 huipil을 입고 있다. 그러나 각 표현의 내용은 다르며 형식과 함께 서로에게 상당히 다른 무엇을 의미한다. 예술기반 연구의 의미는 형식과 내용 양쪽에서 해석된다. 형식과 내용 둘 다 필요하며 서로에게서 분리될 수 없다.

로 느끼게 하기에 특히 가치 있다. 따라서 예술기반 연구는 특히 "차이, 다양성, 편견과 연관된 경험에 관한 정보를 소통"함으로써 "*아이덴티티 작업*을 수반하는 연구에 유용하다"(Leavy, 2009, p. 13). 이것은 "복종당한 입장들에 목소리를 부여하며 … 인종, 민족성, 성, 성적 성향, 국적, 종교, 장애 혹은 그 외 요소들로 인해 소외된 사람들"(Leavy, 2009, p. 13)의 목소리를 들을 수 있게 한다. 또한 예술기반 연구는 "비판적 인식 혹은 의식 고양을 만드는 수단으로 사용될 수 있다"(Leavy, 2009, p. 13). 따라서 사회 정의와 변화 문제에 주안점을 두는 연구에 이바지할 수 있다.

왜 예술기반 연구에 참여하는가?

> 만약 화가가 그림을 그리는 것과 유사한 방식으로 우리가 "읽기"와 "쓰기"를 배운다면, 인간의 행동뿐만 아니라 인간의 존재에 대한 연구가 실린 책이 될 수 있게 타인들을 표현하는 감각적 문장을 쓸 수 있을 것이다.
>
> (Stoller, 1989, p. 40)

예술기반 연구를 잘 하는 것은 여러 나라의 말을 하는 것과 유사하다. 당신은 요지를 전달하려는 좋은 의도를 갖고 있더라도 단지 몇 개의 구만을 가지고는 이중언어로 의사소통할 수 없다. 예술기반 연구를 잘 하려면 당신이 선택한 예술 형식에 대해, 이상적으로는 훈련과 연습 측면에서 어느 정도의 능숙함이 있어야 한다. 따라서 왜 전체 연구 프로젝트 혹은 부분적으로 추가되는 요구를 떠맡는가? 나는 다섯 가지 이유를 제안한다. 이유는 하나씩 논의될 것이다. 효과적인 예술기반 연구는

1. 앎에 대한 다른 방식이며 우리가 어떻게 알게 되는가뿐만 아니라 무엇을 아는가에도 기여한다.
2. 놀라게 하는 요소가 있어 종종 세상에 대한 이전의 개념을 방해하기에 추가적인 의문을 자극하게 된다.
3. 학계보다 광범위한 대중을 끌어들인다.
4. 재미있기도 하고 정치적이기도 하다. 예술기반 연구는 사람들이 타인의 입장에 서 보는 것의 의미를 "느껴 보게" 하는 방식으로 의미를 전달함으로써 사회 문제와 불공평 문제에 반응하도록 사람들을 움직이게 한다.
5. 연구자의 마음 안에 있는 창의적이고 의미 있게 세상에 참여하고자 하는 열망을 충족시킨다.

첫째, 예술기반 연구는 무엇을 아는지에 대한 다양한 방식에 기여한다. Barone과 Eisner(2012)가 말했듯 "예술기반 연구는 복잡하고 때로 예민한 상호작용을 다루며 … 눈에 잘 띄게 하는 방식으로 이런 상호작용의 이미지를 제공한다"(p. 3). 연구자가 드라마를 만들기 위해 자료를 수집하고 분석할 때 연구자는 주제 분석을 할 때와는 다른 방식으로 참여자들과 상호작용하게 된다. 피면담자들이 한 말을 들으며 이 말들을 서로에게 말하는 모놀로그나 면담자들이 서로에게 이야기하고 청중에게 이야기하는 담화의 시리즈로 만든다고 생각한다면, 독특한 방식으로 듣게 될 것이다. 연구자는 이전에는 놓쳤던 연결점과 불일치를 보게 될 것이다. 망설이는 순간에 대해 열정을 느끼게 된다. 그리고 소리의 불협화음, 침묵, 표현적 행위에 동반되는 웃음과 눈물을 전달하려고 노력한다. 연구자가 잘 하게 되면 드라마를 보는 것이 유사한 주제의 학술 보고서를 읽는 것보다 훨씬 더 오래 기억에 남게 된다.

둘째, 예술기반 연구는 연구자와 청중 양쪽이 불평형과 놀람을 경험하게 한다. 놀람은 어떤 예술 형식이든지 예술가가 종료를 암시하는 순간에 어떤 것도 완료된 것이 없음을 암시할 때 발생한다. 심지어 아주 어둡고 불쾌한 주제일지라도 이 놀람

과 함께 기쁨이 오는데, 왜냐하면 예술가는 새로운 방식으로 형식이 의미와 중요성을 전달하는 것을 알기 때문이다. Bill Jones의 안무가 "신체적 장애가 있는 사람들의 움직임의 아름다움을 보여 주었을 때"(Gergen & Gergen, 2012, p. 29)가 바로 그랬다. 이 새로운 방식은 "연구의 독자들 혹은 지각하는 사람(연구자 자신을 포함해)이 세상을 다른 방향에서 다시 방문하게 설득하고 세상을 새로운 눈으로 보게 해서 단 하나의 인습적인 관점에 의문을 제기하게 하는"(Barone & Eisner, 2012, p. 16) 점에서 불안하게 만들 수도 있다.

셋째, 효과적인 예술기반 연구는 (일반적으로) 구체적인 학문분야 혹은 이론적 범위에 있는 전문용어로 쓰인 매우 기술적인 보고서가 아니기 때문에 학계를 넘어 사람들을 끌어들인다. 흔히 대화는 이 끌어들임의 일부이며 특히 수행적인 예술 형식이다. 예를 들어 드라마, 시 낭독, 사진이나 그림 전시처럼 무대가 있다면 더욱 그렇다. 청중과의 대화를 위한 장은 공연의 일부가 될 수 있고 에스노드라마가 끝나고 대화를 이어 나가거나 비형식적으로 연구기반의 그림 앞에서 몇 명의 사람들끼리 대화를 하기도 한다. 청중은 더 이상 연구 "결과"의 수동적인 수령인이 아니고 자신들의 인식, 경험, 감정을 통해 연구에 참여하게 된다.

넷째, 예술기반 연구는 정치를 다루며 사람들을 사회 정의의 방향으로 움직이게 한다. Barone과 Eisner(2012)는 "예술가들과 예술기반 연구자들의 구성은 사람들이 간접적으로 세상을 재경험하도록 함으로써 사회 현상에 대한 담론의 새 방향을 설정한다"(p. 20)라고 했다. 이 간접적 경험은 일종의 감정이입, 동감, 불공평을 조성하며, 불공정, 편견, 불평등을 분명히 느끼고, 이에 대처하는 행동을 하도록 한다.

마지막으로 예술기반 연구는 인간의 마음에 있는 창의적 요구를 충족시키며 시간과 자아가 사라지는 연구에 참여하게 하며 머리 속에만 존재하는 연구 이상의 더 큰 의미를 제공한다. 어떻게 내가 연구와 시를 연결하게 되었는지에 대한 나의 이야기는 이 갈망에 대해 말해 준다.

> 14년 동안 나는 석사학위, 박사학위 그리고 종신재직권을 위해 연구해 왔다. 오랫동안 무시했고 보류해 왔던 다른 욕구들이 갑자기 튀어나와 관심을 달라고 떠들어대기 시작했다. 코스타 리카의 멀리 떨어진 작은 마을로 이사한 지 10일째가 되던 날 나는 발이 구멍에 빠져서 인대가 끊어지고 왼쪽 무릎의 연골도 다치고 말았다. 몇 달 동안 집에서 만든 목발에 의지해서 다닐 수밖에 없었다. 그 시간 동안에

> 나는 내 영혼과의 연결을 건드리고 표현할 매개를 찾기 위한, 보다 더 창의성을 갈망하는 저널을 광범위하게 작성했다. 그 다음해 Dona Juana와 면담을 했을 때 나는 몇 개의 시 쓰기 워크숍과 수업에 참석하고 있었다. … 내가 Dona Juana와의 면담을 할 때는 시적 전사 실험을 계획하지는 않았지만, 전사본을 받자마자 나는 기회를 놓칠 수가 없었다. 당시 나는 시에 너무나 빠져 있어서 시적 충동에 잠식되고 있었다. 시에 관여하면서 창의적 연구 제시에 대한 관심이 생기기 시작했다. 나에게 이것은 "이것 아니면/저것" 관점을 "양쪽/그리고"의 관점으로 재개념화하는 방식이 되었고 이분법적 사고보다 확산적 사고로 움직이게 했다. *이것은 다리에 대한 생각이 전혀 없이 먼지 덮인 길을 걷는 것에서 어떤 움직임도 당연하게 여기지 않는 목발에서 뛰는 전이와 같다.(Glesne, 1997, p. 205)*

내가 연구와 시를 결합하기 시작했을 때 무슨 일이 일어났는지는 이 장의 다음 부분에서 소개된다. 예술기반 연구는 정신, 상상, 희망을 연구에 불러온다. Bruner (1998)가 말했듯 예술기반 연구는 "우리가 문화를 재경험하고, 다시 살아내며, 다시 만들어 내고, 다시 말하고 재구성하며 다시 변화시키는 경험의 수행이다"(p. 11).

요약하면 예술기반 연구는 연구 참여자들, 연구 청중, 연구자에게 깊은 의미가 있을 뿐만 아니라 감정과 기억을 불러일으키며 도발적이다. 다음에서는 예술기반 연구의 몇 가지 예시를 보여 주고 어떻게 연구자들이 이런 연구에 접근하는지를 소개할 것이다.

예술기반 연구에의 접근

> 지식은 다양한 형식으로 존재하지만 지식을 형성하는 유형도 다양하다.
>
> (Eisner, 2008, p. 5)

앞서 말한 바와 같이 예술기반 연구는 연구의 표현으로 제한되지 않고 자문화기술지와 같은 어떤 유형은 연구의 모든 측면, 연구 문제부터 표현까지 예술적 절차에 의해 정보를 제공받는다. 다른 프로젝트들은 질적 연구의 보다 전통적인 접근과 유사하게 예술 형식이 자료 분석과 표현 시기에 보다 두드러지게 된다. 그렇지만 초기부터 당신이 예술적 기법을 사용하려는 의도를 어렴풋이 알아차리는 것은 도움이 된다. 예를 들어 당신이 에스노드라마를 만들기를 원한다는 것을 알고 연구 프로젝트를 시작한다면, 당신은 주제 분석할 때와는 다르게 면담 질문들을 만들게 될 가능성이 높다. 에스노드라마를 만들 때 당신은 대화, 어떻게 사람들의 말이 지지하고 도전하는지에 포커스를 두게 된다. 짧은 이야기를 만들 때라면 당신은 관찰 현장기록지에 집중해서 연구 참여자들의 말을 사용할 뿐만 아니라 연구 장소와 행동을 묘사적으로 쓰게 될 것이다. 자료를 연극, 시 혹은 내러티브로 작성할 때 당신은 여전히 자료를 읽고 다시 읽고 분석하고 해석해야 하지만, 자료를 어떻게 생각하고 어떻게 순서를 부여할 것인가는 형식에 따라 다양하며, 그 과정에서 무엇을 강조하는가는 또 다른 문제이다. 동일한 자료라도 조금은 다른 이야기를 할 수 있으며 약간 혼란스럽기는 하지만 그 자체로는 매력적인 실현이다.

다음에서는 드라마, 시, 자문화기술지, 소설, 그리고 시각적 연구를 예술기반 연구 방법으로 소개한다. 다른 형식을 고려하고 시도하기를 격려하기 위해 예시를 제공한다. 어떤 연구 경험은 특정한 형식 혹은 특정한 예술적 기술에서 가장 잘 표현되지만, 이것은 연구자가 다양한 범위의 표현 스타일과 예술적 훈련에 익숙해져 있고 잘 알고 있어야 함을 전제한다. 이제부터 나는 당신이 형식을 갖고 놀고, 어떤 표현 형식이 당신과 독자로 하여금 연구 참여자들, 연구자로서 당신, 당신이 만드는 의미에 대해 잘 알게 해 주는지 지속적으로 성찰해 보기를 권한다. 이 과정에서 당신은 시, 드라마 혹은 춤 워크숍에 참여하고 싶은 욕구를 발견하게 될 수도 있다.

에스노드라마

> 만일 우리가 타인의 담화 유형에서 살고 타인의 언어 속으로 걸어 들어가려고 한다면 우리는 타인의 개성을 발견하고 그 개성을 마음속으로부터 경험할 수 있을 것이다.
>
> (A. D. Smith, 1993, p. xxvii)

연구자들은 극적인 묘사를 통한 자료 표현에 있어서 면담 전사본을 대화로 만들기도 하고 관찰노트나 문서들을 장면이나 무대 환경으로 바꾸기도 한다. 장면을 만들거나 언제나 함께 존재하지 않았던 사람들 간의 대화를 암시하기 위해 편집을 하기도 했지만, 내러티브들은 실제였다. 자료 극화하기는 ethnodrama, performance ethnography, performative social science, ethnoperformance, 독자들의 극장(Readers'

Theater) 등으로 다양하게 불린다.

독자들의 극장을 만들고 공연하는 것은 자료를 극적으로 묘사하고자 하는 초보 연구자들이 내딛기 좋은 첫걸음이다. 독자들의 극장은 "주제별로 연결된 다른 텍스트의 부분들을 선정하거나 텍스트의 일부를 무대에서 발표"(Danmoyer & Yennie-Donmoyer, 1995, p. 406)하는 것을 칭한다. 발표자들은 행위를 하기보다 개별적으로 텍스트의 부분을 읽어 내려갔고 때로는 합창을 하기도 했다. 무대는 단순했고 대개 의자나 스툴 혹은 몇 개의 소품만 사용했다. 등장인물들은 무대를 거의 떠나지 않았지만 낭독이 끝나면 물러서거나 청중으로부터 등을 돌리기도 한다. 다음 예는 Pam Kay의 "누구의 아이인가요?(Whose Child Is This?)" (1997, p. 75)라는 제목의 독자들의 극장 극본에서 발췌한 것이다. 등장인물에는 부모인 낸시, 교사 캐롤, 연구자인 팸이 포함되었다.

팸(청중에게): 우리는 두 번째 부모-교사 실행연구 모임을 가졌습니다. 캐롤은 약간 늦게 왔고 화가 나 있습니다.

낸시와 캐롤이 서로를 바라본다. 캐롤이 낸시에게 화가 나서 말한다.

캐롤: 왜 더그가 학교에 오기 전에 더그에게 약을 먹이지 않으셨나요?

낸시(조용히): 약이 모두 떨어졌어요. 데이브 선생님에게 금요일에 가 보려고 했지만 선생님은 일주일 내내 자리에 없었어요.

캐롤(여전히 화가 나서): 학교 간호사가 약사에게 전화했더니 약사는 12일어치를 가지고 있어야 한다고 하더군요!

낸시: 글쎄, 저에게는 없었어요.

캐롤과 낸시는 청중에게 등을 돌린다.

Kay의 작품은 정서 및 행동 문제가 있는 어린이를 둘러싼 부모와 교사가 경험하는 긴장을 탐색했다. 극본 자료는 미국 교육부가 지원한 심각한 정서적 장애예방에 관한 여러 장소에서 실행된 연구의 일부 사례연구에서 나온 것이었다. Kay(1997)는 교사(캐롤)와 부모(낸시)와의 개별 면담, 팀 미팅에서 기록한 현장노트, 캐롤과 낸시가 쓴 노트, 프로젝트에 고용된 부모 연락원이 적은 현장노트 등을 통해 모은 자료를 분류하고 선정하면서 대본을 만들었다. 캐롤과 낸시의 말은 자료에서 원어 그대로를 바꾸지 않은 채 발췌했다. 팸은 설명과 전이를 제공하는 방법으로 자신의 목소리를 이용해서 해설자와 무대 감독자가 되었다.

Saldaña(2011)는 *극적* 표현과 *수행적* 표현의 차이를 설명한다. 그는 작품이 구현되거나 수행될 때만 수행적이라고 보았고, "에스노드라마(ethnodrama)"라는 용어는 극본을 칭할 때 사용했으며, "에스노시어터(ethnothreatre)"는 극장 혹은 미디어 제작의 솜씨나 예술적 기법을 지적하기 위해 사용했다(p. 12). 에스노드라마는 특히 긴장, 갈등, 서로 다른 관점을 강조할 때 좋은 매체가 된다. 에스노드라마를 만들기 위해서는 면담에서 무슨 말을 들었고 관찰 저널에 어떤 것을 기록했는지에 관한 특별한 사고가 필요하다. 연구자는 패턴 혹은 주제 대신에 *스토리 라인* 혹은 "줄거리 내에서 사건들의 진행"(Saldaña, 2005, p. 15)을 찾아야만 한다. 드라마를 제시하기에 가장 적합한 방법을 고려해야만 한다. 한 명의 인물이 독백으로 이야기를 말하기를 원하는가 아니면 여러 명의 인물이 대화를 하게 할 것인가? 스토리 라인 내에서의 행위는 무엇이며 각 행동에 따르는 장면은 무엇인가? 연구자는 전사본과 현장기록지, 저널, 그리고 다른 문서들을 갖고 무슨 말을 했을 때 그 의도를 변화시키지 않도록 자료를 감환해야 한다. 극적 영향에 가장 좋은 부분을 선택한다. 또한 어떤 소품, 의상, 조명, 테크놀러지를 사용할지에 대해서도 생각해 보아야 한다. "적을수록 더 좋다"라고 Saldaña(2005, p. 28)는 경고한다. McCall(2000)이 52명의 중서부 여성 농부들과의 면담에 기초한 그녀의 연극을 위해 영사기로 투사한 농장 풍경의 슬라이드를 무대 배경으로 활용한 것처럼 세트를 세우려고 하지 말고 특정 장소의 이미지를 투사하라.

일부 에스노드라마 연구자들은 "피면담자들의 정확한 언어를 유지"(Saldaña, 2011, p. 17)하려고 텍스트를 말 그대로 유지한다. 그림 9.1에서 Saldaña(2005, p. 21)가 그의 에스노드라마인 「Maybe Someday, If I'm Famous…」에서 어떻게 독백을 면담에서 줄여 나갔는지 보여 주듯이, 다른 연구자들은 전사본에서 선택한 부분들을 자르고 붙여내서 텍스트를 보다 간결하고 심미적으로 개작한다. 어떤 사람들은 자신의 연구 혹은 자신의 경험과 기억에 영감을 받아 자신의 말로 텍스트를 만든다. 예를 들면 Mary Gergen(Gergen & Gergen)은 그녀의 수행적 작품 「Woman as Spectacle, or Facing Off: Cavorting with Carnival Knowledge」에서 포스트모던적 아이디어, 페미니스트 이론, 자신의 경험을 보여 주었다. 그녀의 장난스럽고 도전적이며 신랄한 극본은 미국에서 여성으로 나이 들어가는 과정에 대한 독백으로 이루어져 있다.

Johnny Saldaña가 편집한 책 「Ethnodrama: An Anthology of Reality Theatre」(2005)는 자료의 극적 묘사에 있어 9개의 다른 접근의 예시를 제공한다. 일례로 Jose Casa

JOHNNY SALDAÑA의 BARRY와의 면담	에스노드라마적 독백
BARRY: **쇼를 보러 갔던 게 기억나요. 면담 후에 잔디에 앉아서 우리가 쇼,** 그리고 종단적 연구에 대해 생각했던 부분에 대해 이야기한 게 생각나요. 교실 뒤에서 우리가 연극하는 것을 지켜보던 인턴도 기억이 나요. JOHNNY: 어떤 쇼가 기억이 나요? BARRY: 어린이 연극이 많이 있었어요. *[어린이 연극은 어린이 관객들을 위해 지역에서 투어를 하던 전문가 극장 회사이다.]* JOHNNY: 어떤 특정한 제목이나 이미지가 머리에 떠오르나요? BARRY: 클라리사의 옷장이 기억이 나요. 작년에 내가 공연을 했기 때문에 흥미로웠지요. "나 이거 봤었잖아. 내가 봤던 거야. 그 어린이 연극이라고"라고 생각했어요. 한 가지 더 기억나는 것은 동양 장면에서 가면들이 있었어요. 무엇인지 잘은 모르겠지만 여행에 관한 어떤 것이었나 봐요. JOHNNY: 다른 이미지는요? BARRY: **배우들이 앞으로 나와서 인사를 하고 쇼가 끝나고 우리를 데리고 갔어요. 배우들의 에너지,** 그리고 그 노골적인 에너지와 모든 것이요. **그들은 질문에 답해 주었고 거기에 있는 게 너무 재미있었어요. 아마 그 때 내가 처음으로 배우가 되고 싶다고 결정했던 것 같아요.** 그래서 나는 그것을 보았고 놀라운 감정을 경험했고, 정말 에너지가 넘쳤고, 누구라도 쇼를 보기만 하면 그들로부터 발산되는 에너지를 느낄 수 있었어요. 그 쇼는 초등학생들을 위한 쇼였지만 여전히 쇼는 쇼인 거지요. 그때가 내가 **처음 "음, 이건 내가 알아보고 싶은 무엇인 거야."라고 생각하게 된 때였지요.**	BARRY: 쇼, 여러 가지 어린이 연극 같은 것을 보러 갔던 게 기억나요. 배우들이 앞으로 나와서 인사를 하고 쇼가 끝나고 우리를 데리고 갔어요. 배우들의 에너지! 그들은 질문에 답해 주었고 거기에 있는 것만으로도 즐거워 보였어요. 아마 그 때 내가 처음으로 배우가 되고 싶다고 결정했던 것 같아요. "음, 이건 내가 알아보고 싶은 무엇인 거야."

[그림 9.1] 에스노드라마의 제작

출처: J. Saldaña. (2005). *Ethnodrama: An Anthology of Reality Theatre.* Walnut Creek, CA: AltaMira Press, p. 21.

의 면담 분석은 '14'(2005)라는 제목이 붙은 에스노드라마가 되었다. 그는 애리조나에서 국경을 넘다가 죽은 14명의 죽음을 시작점으로 사용했다. Casa는 피면담자의 이름, 직업, 고향을 새로운 목소리로 소개하며 슬라이드를 투사하는 일련의 독백으로 공연되었다. 일부 작품은 스페인어로 만들어졌다. 그는 전략적인 방법으로 독백들을 병렬시켰다. 예를 들면 낯선 사람과 국경을 건넌 여성의 이야기를 "나는 낮에는 아무 것도 쓰지 않아요. … 밤에는 완전 다른 이야기입니다"(Casas, 2005, p. 52)라고 주장한 나이 든 목장주 이야기 다음에 배치했다. Chapman, Swedberg, Sykes(2005)는 게이, 레즈비언, 퀴어 체육교사들과의 면담에 기초한 "Wearing the Secret Out"이라는 에스노드라마 대화를 만들었다. 이들은 에스노드라마를 동성애공포증과 학교에서의 이성애주의에 관한 담론을 일으키는 포럼으로 썼다.

특히 건강과 사회사업 전문가들은 공연 문화기술지 혹은 '에스노드라마'를 연구를 표현하는 방법으로 돌리기 시작했다. 이들의 연극은 자주 면담과 협동적으로 공연되며 정보를 제공하고 교훈적일 뿐만 아니라 카타르시스적이다. "에스노드라마적인 공연은 정신병, 성적 학대, 강간, 약물 중독이나 성형 수술의 희생자들이 *건강 전문가들, 학자들과 협력하면서*, 연극적 장치를 통해 내부적인 관점을 밖으로 바라보는 일이 어떤 것인지를 탐색하고 조사한다"(Morgan, Mienczakowski, Smith, 2001, p. 164). 특히 Mienczakowski(1995)는 다양한 극장 공간에서 에스노드라마를 만드는 데 적극적이었다. 그의 의도는 연구 참여자들이 타인들에게 알코올 중독이나 정신병을 지니고 살아가는 것과 같은 자신들의 건강에 관련된 염려를 말하는 포럼을 제공함으로써 "해방적이며 교육적인 잠재력을 가진 대중의 목소리의 형식을 한 문화기술지"(Mienczakowski, 1995, p. 364)로 만드는 것이었다.

잘 알려진 극작가들도 에스노시어터의 포럼을 만들어 왔다. Anna Deavere Smith는 1990년대의 Watts 폭동 그리고 이후의 브룩클린에서의 Crown Heights 폭동(*Fires in the Mirror*)과 로스앤젤레스 폭동(*Twilight: Los Angeles 1992*)[1]에 연루된 사람들과 면담에 기초한 다큐멘터리 연극을 창작하면서 알려졌다. 극작가 Eve Ensler의 작품이며 1998년부터 매년 발렌타인데이에 하는 *버자이너 모놀로그(The Vagina Monologues)*는 그녀가 200명 이상의 세계 도처 여성들과 한 면담에 기초한 것이다.

공연을 표현하든지 읽든지 에스노드라마는 연구 참여자들의 목소리를 병렬하는 데 사용될 수 있으며 따라서 다중적 관점을 제시하고 현상의 복잡성을 보여 준다. 분명히 연구자/작가는 드라마를 구체화하지만 독자들이 예를 들면 정서 및 행동 문제를 지닌 아이의 부모와 교사가 무엇을 의미하는지를 충분히 이해하게 구성한다. Saldaña(2005)가 말했듯이 "에스노시어터는 인물-참여자를 통해 살아있는 문화를 드러내며 성공한다면 청중은 그들의 세상과 그 안에서 사는 것이 어떤 것인지를 배우게 된다"(p. 14).

시

시와 질적 연구는 좋은 파트너가 되어 왔다. Leggo(2008)는 시가 "세상을 알아가고 세상이 되는 창의적 방법들을 초대하고 만들어 내는 텍스트의 공간"(p. 167)을 만들어 낸다고 설명한다. 연구와 드라마의 결합에 여러 이름을 붙이듯 연구기반의 시에도 여러 이름이 붙는데 시적 연구, 시적 전사, 문화기술적 시, 연구 시, 공연 시, 그리고 해석적 시라는 이름이 여기에 포함된다. 에스노드라마를 만들 때처럼 연구기반 시를 쓰는 사람들은 그들의 관찰, 경험, 성찰과 피면담자들의 말에서 시를 만들어 낸다. 시는 어떤 사건 혹은 연구의 측면에 대한 연구자의 감정적 반응을 전달하기 위해 사용될 수도 있다(Leavy, 2009).

여기에 제시된 예시는 **시적 전사**[2]라고 부르는 것들인데, 시적 전사에서 연구자는 면담의 단어들로부터 시와 같은 부분들로 변형시킨다(Glesne, 1997; Richardson, 2000, 2002). 혹은 이것을 *found poetry*라고도 부른다(Butler-Kisber, 2002). 여기에서 작가는 말, 표현된 감정, 말하기 리듬의 본질을 얻으려는 열망을 갖는다. 시가 면담 전사본에 나왔을 때 연구자는 자료를 주의깊게 살펴보고 각 단어, 의미, 화자의 의도, 그 말을 하게 된 더 큰 의미 등을 생각해야 한다. 피면담자의 말의 제시를 조형함을 통해 연구자는 피면담자의 것도 아니고 연구자의 것도 아니고 이 양자의 복합인 제3의 목소리를 만들어 낸다. 이 제3의 목소리는 모든 연구 해석이 양자에 의해 결정됨을 명확히 하면서 관찰자와 피관찰자 사이의 분리가 나타나는 것을 없애 버린다.

그림 9.2는 내가 푸에타 리코의 교육자인 Doña Juana와의 10시간에 걸친 실제 면담 전사본에서 도출된 것으로, 시적 전사를 만들어 내기 위해 내가 사용한 과정의 일부를 보여 준다. 왼쪽 열은 실제 면담 사본의 일부를 포함하고 오른쪽은 연대기적 순서로 된 사본의 시적 표현, 첫 번째 버전에서 시작된다. 연대기적 표현은 관련성 있어 보이는 사본의 다른 부분들과 함께 계속된다. 그런 다음 나는 이 그림의 오른쪽에 있는 두 번째 버전에서 볼 수 있는 시를 만들기 위해 단어들을 삭제하고 이동

전사본	시적 내러티브
C: 만일 당신을 교수로서 묘사하는 은유를 사용해 달라고 부탁한다면 당신이 무엇과 같다고 말할 수 있을까요? 제가 물어본 다른 이는 자신은 다리이고 그 이유가 무엇인지 말해 줬어요. 당신은 어떤 은유가 떠오르세요? J: **나는 날아가는 새가 될 수 있어요.** C: 날아가는 새요. 더 이야기해 주세요. 어떻게 당신이 날아가는 새입니까? J: 왜냐하면 **나는 빨리 이동하길 원하기 때문이에요.** C: 음, 많은 영토를 망라하구요. J: 네. 네. C: 어떤 특정한 종류의 새인가요 아니면 그냥 아무 새나 말입니까? J: 글쎄요. 나는 어떤 특정한 새를 언급하고 싶지 않기 때문에 아무 새나요. 어떤 새는 여기에서 파괴적입니다. C: 새가 어떻다구요? J: 파괴적이에요. 이들은 파괴를 하고 나는 그러고 싶지 않습니다. C: 아니. 당신은 그 중의 하나가 되고 싶지 않군요. 아니. 당신은 그저 빨리 움직이는 새입니다. J: 빨리 움직이고 나무 위에서 보는 새. **그래서 내가 빨리 볼 수 있게** 말이에요. C: 빨리 보고. 모든 것을 보고. I: **모든 것.** J: 그래서 당신은 나를 볼 수 있나요? C: 그래요. 당신을 볼 수 있어요. 날아가는 새. J: **나는 신의 눈으로 세상을 보면 좋겠어요.** C: 누구의 눈으로요? J: 신의 눈으로요. **힘을 줄 수 있는 영력.** C: 힘을 줄 수 있니요? 힘? J: 그래요.	첫 번째 버전: 순서적으로 언어학적으로 전사본에 충실하다. **나는 날아가는 새가 될 수 있다.** **나는 그렇게 그렇게 빨리 이동하고 싶다.** **그래서 내가 모든 것을 빨리 볼 수 있도록 나는 그렇게 빨리 이동하고 싶기 때문입니다. 나는 신의 눈으로 세상을 보았으면 좋겠다.** **필요한 사람들에게 힘을 주도록.** 두 번째 버전: 면담의 다른 부분에서 발췌. 단어에 대해 보다 많은 권한을 가짐. **나는 날아가는 새다.** **빨리 움직이고 빨리 본다** **나무 위에서 신의 눈으로 바라본다.** **시골 사람들이 담배밭에서** **초록 벌레를 잡아내고** **그들의 자녀를 학교로 보내** **자신들이 고통당하는 것처럼** **자식들이 고통을 받지 않기를 바란다.** **도시 지역에서는 학생들이 밤에 일하기 때문에** **학교에서는 잠을 잔다.** **필요한 사람들에게 가르치는 것이 진짜 대학이었다.** **그래서 내가 어떻게 도울 수 있을까** **알아내려고 나는 공부하러 왔다.** **나는 여기 대학에서는 바쁘고** **거기엔 할 일이 너무나 많다.** **하지만 대학은 섬이 아니다.** **나는 날아가는 새다.** **그래서 내가 힘을 줄 수 있고** **그래서 내가 유용하다는 진기한** **느낌을 가질 수 있도록** **빨리 움직이고 빨리 본다**

[그림 9.2] 시적 전사본 만들기

출처: C. Glesne. (1997). That rare feeling: Re-presenting research through poetic transcription. *Qualitative Inquiry*, 3(2), 202–221.

시키기 시작했다.

Katie Furney(1997)는 초등학생들이 자기 학교를 묘사한 시적 전사를 창작하기 위해 그들의 목소리를 편집했다. 때로 그녀는 시제나 대명사를 바꾸거나, 연의 시작 부분에 행을 더해 어떤 구조를 만들거나, 개별 학생들에게서 나온 비슷한 의견을 서로 연결시키기 위해 접속사를 사용하기도 했다. 이외에는 단어들은 학생들이 말한 것이었다. Furney는 통합교육을 훌륭하게 잘 하고 있다는 평판이 나 있는 학교의 실제를 연구하고 있다. 그녀가 학생들이 한 말을 갖고 작업을 하면서 "나는 교사들과 행정가들의 목소리가 메아리처럼 내 귀에 들리는 것을 느껴요. 교제하고, 돌보는 관계와 적극적인 학습자인 학생들, 수용되고 상을 받는 학생들의 말을 듣기도 하지요. 자기 자신에 대한 가치와 존재를 느끼는 소리를 들어요: 돌봄을 받는 사람들에게서만 나올 수 있는 소리이지요"(pp. 119-120)라고 말했다. Furney의 시적 전사(1997, p. 120)는 학생, 부모, 교육자들이 자긍심을 가지는 학교를 묘사한다.

학교는 재미있다—그리고 배울 것도 많다

Katie Furney(1997, 120)

나는 학교가 좋아요 왜냐하면 학교는 멋지고
학교에는 친구가 많기 때문이지요.
시간을 함께 보낼 친구도 많고
걔네들도 학교를 좋아해요.
만일 학교에 가지 않는다면
학교에 가서 알게 되는 것을 많이 배울 수 없지요.
전에는 절대 몰랐던 것을 배우거든요.

선생님들은
대부분 우리가 말하는 것을 들어 주세요.
절대로 무시하지 않고
우리의 감정에 대해 설명하게끔 해 주시지요.
우리가 책을 고르게 해 주시고
읽기와 쓰기에서의 주제도 고르게 해 주세요.
읽는 법과 철자법을 도와주시고
우리가 배우는 것들을 합쳐 주시지요.

때로는 우리는 도움이 필요해요:
만일 손을 재빨리 들고 질문을 한다면
선생님은 대부분 정답을 맞추도록 도와주실 거예요.
우리 선생님은 우리가 문제를 풀고 연습하게
도와주세요-
우리는 우리 선생님에게 말할 수 있어요.

우리 선생님은 우리 말을 들어 주시고
우리의 사생활을 존중해 주세요.
그냥 앉아만 있는 것이 아니라
프로젝트도 한답니다.
나는 손으로 하는 일을 좋아해요.
컴퓨터에서 수학을 하는 것,
다른 아이들이 컴퓨터 하는 것을 돕기,
교실을 청소하기,
연극, 쉬는 시간, 휴식 시간,
내 일을 좋아해요.

그렇게 멋지지 않은 일도 있어요:
프로젝트를 마치거나
수학, 읽기, 미술, 음악, 그리고
도서관 활동은 언제나 시간이 충분치 않지요.
음식이나 점심 시간은 늘 부족해요.
식수대 물은 더 시원해야 해요.
나는 말썽을 일으키는 일을 싫어하고
여자친구와 헤어지는 것도 싫어요.

내가 무언가를 바꿀 수 있다면 나는
프로젝트를 더 많이 할 것이고
수학 시간과 과학 시간을 더 길게 만들 것이고,
내 일을 마칠 수 있게 학교 시간을 더 늘릴 거예요.
더 많은 책들이 있는 더 큰 도서관이 좋겠어요.

그리고
선생님들을 위해 더 큰 화장실도 좋겠네요.
나는 숙제가 더 많았으면 좋겠어요.
(하지만 나는 숙제가 하나도 없었음 좋겠어요!)
더 큰 운동장과 스포츠도 더 많았으면
쉬는 시간이 더 길었으면 좋겠어요.
우리는 매일 더 많은 음식과 두 그릇째 음식이 필요해요.
나는 벽에 다른 색깔의 페인트를 칠했으면 좋겠어요
—어쩌면 벽돌 같은 색깔로요.

아이들은 학교에서 뛰어야만 해요!
우리는 공간에 대해 매일 배우고
파워레인저 비디오도 볼 거예요
그리고 매일 점심으로는 피자를 먹을 거예요.
모든 아이들은 학교 밖에서 쓰레기를 주워 와서
돈을 받을 수도 있겠지요.

나는 학교가 좋아요—
나는 대개 모든 선생님이 좋고
선생님들은 나를 있는 그대로 좋아하시고 나도 그게 좋아요.
여기는 멋진 학교예요.
사람들은 학교에 다녀야 하고 멋있어져야 합니다.

Carolyn Mears는 그녀의 아들이 컬럼바인 고등학교 학생이었기 때문에 개인적으로 경험했던 트라우마, 컬럼바인 고등학교에서의 비극에서 배운 것을 기록화하고지 했다. Mears는 연구를 살아낸 경험에 근거하게 하고 그녀의 발견에 맥락적 기초를 제공하기 위해 연구에 참여한 부모들이 표현한 다양한 반응과 감정을 전달하는 시적 전사의 형식을 사용했다. 이 접근의 성공은 2006년 미국 교육연구학회에서 질적 연구에 이바지했다고 인정을 받았고, Mears는 그녀의 연구 과정을 "이 방법이 연결 수단, 은유적인 경험의 '지역사회'를 깊게 이해할 수 있게 하는 방법"(Mears, 2009, p. 9)이라며 "gateway"라고 부르며 연구 방법에 관한 책을 쓰게 되었다. 그녀의 책은 Lillian(Mears, 2009, p. 197-198)의 시에서 잘 만들어진 해석적 디스플레이를 제공하기 위해 면담 자료를 어떻게 사용하는지의 예시와 유용한 제언을 보여 준다. 긴 작품의 시작 부분만 여기에 소개한다.

4월 20일…

점심시간이었지. 나는 Wadsworth에서 내려오고 있었어.
갑자기
세 대의 경찰차가 정말 빠르게 오고 있었어—
6피트 정도 떨어져서.
죽을 정도로 무서워졌어—나는 생각했지
맙소사. 사고가 난 거야.
고등학교 아이들이 연관되어 있을 거야.
아이들이 차안에서 얼마나 난리치는지 알잖아
나는 언제나 그게 가장 두려웠어.

학교에 가 보기로 결정했지
무슨 일이 일어난 건지 알아보려고.
거리는 온통 통제되고 있었어.
아이들이 달리는 것을 보았지.
한 아이가 말했어. 저 안에 사람들을 쏘는 사람이 있어요.
저 안에 사람들이 죽어 있어요.
나는 집으로 왔지—
1마일도 채 안 되는—
제니는 괜찮은 걸까?
집에 도착해 보니
그 애의 차가 차도에 있었지.
몇 분의 끔찍했던 시간이 지나고
나는 너무나 운이 좋았지.

제니는 여기 있었고
다른 여자아이들도 있었지,
제니와 친구들,
제니는 고등학교 내내 책을 펴지 않았어.

공부하지 않았지.

그 애들은 점심을 같이 먹었고—
쇼핑센터에 가서 먹었지.
여기로 돌아와 같이 TV를 보고,
학교에 남학생을 내려 주었지.
그 애는 학교에 들어갔고,
도서관에 들어가 공부를 하려고 했지.
그 애는 총에 맞았어.

출처: C. Mears. (2009). Interviewing for education and social science research: The gateway approach. New York, NY: Palgrave Macmillan.

Faulkner(2009)는 "시인들이 시에 기초한 기록의, 역사적, 그리고 면담 연구에 참여하는 이유는 개인을 넘어선 목소리를 이용하고 창조하려는 욕망, 개인과 역사 간의 교차점을 탐색하고자 하는 바람, 그리고 '기록자로서의 시인' 혹은 행동주의자의 역할을 취해서 시를 저항의 수단으로 사용하고자 하는 바람 등 다양하다"(p. 36)라고 말한다. 내가 Doña Juana의 전사본을 갖고 작업을 할 때 나는 그녀의 말을 시적인 방법으로 풀어 나가려는 욕심 외에 다른 이유가 없었다. 그러나 그 과정은 나로 하여금 푸에르토 리코에 관한 사회문화적이고 역사적인 텍스트로 이끌었다. 내가 Doña Juana의 전사본을 갖고 시 같은 작품으로 만들어 냈을 때 나는 내러티브의 정치적이고 역사적인 맥락을 더 잘 이해하고 싶었으며 시적 전사를 통해 이 맥락을 통합하고자 했다. 시적 전사 중 하나에서 나는 Doña Juana의 개인적 삶의 연대기적 표현 만들기에서 시작했지만, 결국 스페인어와 Doña Juana와 그녀의 삶의 사건을 통해 예시된 섬에 대한 미군의 통제와 교육방법으로 끝맺게 되었다. 연구자가 어떤 의도에서 출발할 수도 있지만 시가 어떤 곳으로 당신을 데리고 갈 때 과정이 잘 진행되고 있음을 알 수 있다.

Laurel Richardson(1994a, 2000, 2002)은 시, 시적 표상, 그 외 창의적 분석 실제에 대해 썼다. 그녀는 이 분야에서 처음 시작하는 사람 누구에게나 좋은 조언을 주었다: 시 쓰기에 대한 수업과 워크숍 듣기, 시 읽기와 듣기, 그리고 "고치고, 고치고, 또 고치기"(2002, p. 882). Richardson은 이렇게 말한다.

행
구분은
시가
만드는 것이
아니다.

또한 Ricahrdson은 상상적이고 은유적 언어의 사용에 대해 이야기했다. 추상적이고 일반적인 언어로 시적 표상을 만들려고 한다면 이것은 절대 성공할 수 없을 뿐만 아니라 구체적 관찰, 이미지, 은유도 마찬가지이다. 이 모든 것은 현장기록지의 두터운 기술과 면담에서의 경험에 의한 깊이 있는 질문의 중요성을 강조한다.

연구 시(research poetry)는 좋은 시의 예술적 감수성에 도달할 수도 있고 그렇지 못할 수도 있다. 시인들은 "풍부한 거절"이라는 파일을 갖고 있다가 단어, 리듬, 느낌이 통합될 때까지 정기적으로 다시 작업을 하니 절대 두려움을 갖지 말아라. 시를 쓰는 생각만 해도 두려움을 느낀다면 연구 시를 최종 보고서에 넣지 말고 분석 연습으로 시도해 보라. 시적 전사를 하는 과정은 당신이 작가와 문화기술지 연구자로서 이야기에서 정수가 되는 것이 무엇인지 집중하도록, 다른 방법으로는 당신이 조합할 수 없었던 개념들과 아이템들을 나란히 놓을 수 있도록 해 준다. 시적 전사는 연극처럼 당신의 자료를 예술적인 눈으로 접근하게 만들며 "순서와 예술적 창작이 일치하도록"(Dillard, 1982, p. 56) 한다. 이렇게 하면서 연구자는 새로운 통찰과 다른 관점을 보상으로 받을 수 있게 된다.

Esperanza가 historias로 비유했듯이, Behar(1993)가 그녀의 작업을 "새로운 혀를 대고 조각보 만들기"(p. 19) 위한 시적 전사(poetic transcription)는 연구자가 자르고 또 자르는 작업에서 다른 사람들의 말에 많이 의존한다. 이와 대조적으로 자문화기술적 이야기—다음 부분에서 논의될—는 작가를 다른 사람을 위한 말하기로부터 자유롭게 해 준다(Ricahrdson, 2000). 그러나 자문화기술지 쓰기는 "확대경으로 보는 것처럼 감정이 사회적 실재의 고조된 순간을 표현하도록 밀어붙인다"(Leavy, 2009, p. 64)는 점에서 시적 글쓰기와 유사하다.

자문화기술지

내가 이론적인 작업을 하려고 시도할 때마다 내 경험에서 나온 요소들에 기초하게 된다.

(Foucault, Rajchman, 1988, p. 108에서 재인용)

자문화기술지(autoethnography)는 1장에서 소개되었다. 연구자들은 자문화기술적 기법을 통해 자신의 내러티브를 깊이 탐색하고, 내러티브의 분석을 통해 더 큰 사회문화적 맥락에 관해 지배적 관점에 도전하고, 토론을 확대시키며 성찰할 수 있다. 자문화기술지는 인종차별주의, 성차별과 같은 사회적 낙인과 개인적 억압의 경험, 학대, 질병, 사고와 같은 트라우마, 엄마가 되기, 사랑하는 사람들의 죽음 같은 삶의 변화처럼 개인의 경험을 탐색하는 귀중한 접근이다. 자문화기술적 글쓰기는 더 긴 연구의 일부나 한 장이 될 수도 있다. 또는 그 연구 자체를 표현하기도 한다.

"자문화기술지 연구자로서" Ellis(2009)는 이렇게 말한다. "나는 저자인 동시에 연구의 중심이고, 이야기를 말하는 사람이며 경험하는 사람이고, 관찰자이며 관찰되는 사람, 그리고 창조자와 피창조자이다"(p. 13). 자문화기술지는 연구자 자신에 대한 연구이며 광범위한 과거 사건을 다시 살아냄을 통해 수집된 자료를 갖고 글쓰기를 하고 사회문화적 환경의 맥락에서 반응과 감정을 성찰해 보는 연구이다. 다른 사람들을 면담할 수도 있고 기억을 돕기 위해 문서를 찾아볼 수도 있다(Ellis, Adams, & Bochner, 2011). 이 과정은 말하기가 내러티브를 극적으로 전달하는 문학적 기법을 사용하는 경향이 있고 독자들이 그 경험을 느끼는 방식에 정서적 경험이 동반되고 개인적 현상(슬픔, 모욕 등)에 대해 알게 한다는 측면에서 예술기반적이다.

Tillmann-Healy와 Kiesinger(2001)는 폭식증에 대한 탐색을 자문화기술지와 내러티브 문화기술지를 혼합해서 썼다. 각자 자신의 폭식증에 대한 투쟁을 자서전적으로 먼저 썼다; 그 후에 폭식증 경험에 대해 서로를 면담하고 타인의 경험에 대해 전기적으로 썼다; 마지막으로 이들은 서로의 글을 읽고 이에 대한 피드백을 주었다. 이들은 "우리는 머리뿐만 아니라 가슴으로 이 연구를 수행했다"고 연구에 대해 말했다(p. 103). 강도 높은 감정적 작업은 자료 수집에서 끝나지 않았고 글쓰기 과정의 충실한 일부가 되었다. 자문화기술적 글쓰기의 장점은 "자기인식을 높이고 그럼으로써 성찰성을 증진시키는"(Leavy, 2009, p. 40) 자문화기술지의 능력에 있지만 여기에도 위험이 따른다. 연구자가 개인적 트라우마 혹은 에피퍼니를 탐색하고자 하는 연구를 떠올렸을 때 "자문화기술지는 연구자가 스스로를 가치 있게 만들기를 요구한다"(Leavy, 2009, p. 40). 사적인 부분은 공적이 되고 논평에 개방적이 되며 때로는 비판을 받게 된다.

자문화기술적 연구의 예시로 Jacob Diaz와 Saberal Bates Oates의 학위논문을 들어 보겠다. Jacob Diaz(2004)는 멕시코계 미국인이었고 그의 집단에서 대학에 진학해 박사학위를 취득한 첫 세대였다. 그는 논문에서 멕시코계 미국인의 자아정체성 발달, 인종차별주의, 고등교육의 문제를 자신의 경험을 통해 탐색했다. Diaz는 자문화기술지를 씀으로써 그가 속했던 여러 지역사회와 관련된 "자신의 자아정체성의 유동적 속성과 싸울 수"(p. 9) 있게 되었다고 말한다. 여기에는 "나 자신의 악마-자기혐오, 성차별, 이성애주의, 무시, 성공에 관한 선입관적 생각들과의 싸움"(p. 14)이 포함된다. 그가 말했듯 그는 "모두가 볼 수 있게 이런 생각들을 논문에 드러내야만"(p. 14) 했다. 정말로 상처받기 쉬운 작업이다. 다음은 그의 논문 2장 "멕시칸이 … 미국인 … 멕시칸계 미국인이 되어 가기"에서 발췌한 부분이다.

> 매일 우리 "자석" 아이들은 2시 40분에 버스를 타서 한 시간 반 동안 졸면서 버스 안에 축 처져 있었다. 내가 절대로 잊지 못하는 몇 번의 순간 중 하나는 나의 새로운 학교에서 우리 동네까지의 너무나 눈에 띄는 물리적 변화였다. 우리는 North Park의 깔끔하게 정리된 잔디밭에서 출발해서 도시의 산업 단지를 지나, 몇 개의 "더 오래된" 마을들을 지나고 나서야 마지막으로 작은 언덕의 마을이라는 뜻을 지닌 Momita Village 우리 마을에 정차했다. 나는 우리 마을이 아름다운 곳이라고 생각했지만 매일 내가 가는 학교와는 심하게 다른 곳이었다. 나는 언제나 집에 와서 편안함을 느낄 수 있어서 기뻤다.
>
> 많은 미묘한 차이는 내가 거기 살았던 과정에서 밀려들어왔다. 내게 극명한 계급의 차이와 자원에의 접근성은 매우 분명해 보였다. 심지어 사람들마저 여러 측면에서 달리 보였다. 나는 거기에서 새로운 친구들을 사귀었는데 어떤 친구는 점심을 사는 데 5달러씩 쓰기도 했다. 나는 이런 사실이 매우 놀라웠다. 매일 아침 어머니는 샌드위치, 칩, 작은 플라스틱 컵에 담긴 주스를 싸 주시거나 그리고 나를 놀래켜 주고 싶으셨을 때는 지갑에서 75센트를 꺼내 점심을 사먹으라고 주셨다. 나는 언제나 점심을 학교에서 먹기를 좋아했는데 다른 친구들과 똑같을 수 있었고 내 점심 때문에 놀림당하지 않아도 되었기 때문이었다.
>
> 이런 차이는 과거보다 현재에 더 부각되는 것으로 보인다. 옛날에는 이 학교가 나에게 더 좋은 교육을 제공해 주는 장소라고 믿었지만 내가 6학년이 되어 졸업을 하게 되어 Magnet Jounior High School에 갈 수 있는 선택권이 있었을 때 나는 성급

> 히 그 제안을 거절했다. 나는 엄마에게 간청해서 Keiller 중학교에 가게 해달라고 했는데 그 이유는 매일 버스 타고 학교 다니는 것이 지겨웠기 때문이었다. 생각해 보면 나는 우리 동네 친구들이 가는 학교에 함께 가고 싶었던 것 같다. 나는 더 이상 이방인처럼 느끼고 싶지 않았던 것이다.(p. 28)

Diaz의 개인적 내러티브를 통해 삶의 경험이 매우 다른 독자들이 Diaz의 경험을 이해할 뿐만 아니라 이런 경험의 여러 측면을 느낄 수 있다. 남부 대학에서 박사학위를 받으려는 고등교육 행정가인 Saberal Bates Oates는 자기정체성, 인종, 교육의 문제에 초점을 둔 또 하나의 생각을 불러일으키는 예시를 보여 준다. Oates(2014)는 자문화기술지와 면담 연구를 결합하려는 계획을 갖고 자문화기술지가 얼마나 감정적으로 힘든지에 대해 성찰한다.

> 연구 프로젝트 초반부터 기억과 발견이 감정적으로 고통스러웠고 숨이 멎을 만큼 강력했다. 그렇지만 바로 그 감정들이 이 여정을 가능하게 했다.(p. 7)

Oates(2014)는 자신의 이야기뿐만 아니라 역사적인 흑인 대학과 대학교(HBCUs) 졸업생들의 이야기를 탐구하고자 했다. 그녀의 연구 문제에는 어떻게 삶의 경험이 자기정체성과 인종 의식에 영향을 미치는가에 대한 탐색이 포함되었다. 그녀는 무엇이 그녀와 다른 백인 여성들이 졸업을 하면서 모든 학생들을 가르칠 준비를 형성하게 했는지 알고 싶었다. 역사적인 흑인 대학과 대학교가 그들의 사회 정의 성향과 유색인종 학생, 가난한 학생들을 가르칠 준비를 하는 데 어떤 역할을 했는가?

다음은 Oates의 자문화기술적 연구에서 발췌한 것이다(2014).

> 나는 시민권 베이비이다. 나의 아버지는 버지니아 우리 지역사회에서 인종차별주의와 "니그로" 남성과 여성이라 불리던 차별에 반대하는 목소리를 내는 교육의 옹호자로서 역할에 적극적이셨다. 나의 대부는 아버지와 가장 가까우신 분이었는데 the NAACP를 위한 Legal Redress의 회장이셨다. 마틴 루터 킹 주니어가 1968년 4월 4일 앨라바마의 버밍햄에서 피살되고 16일이 지나서 우리 아버지는 감옥에 가셨고 이른 아침에 백인 경찰이 아버지를 데리고 오셨다. 그 다음날 아버지의 싸늘한 시신이 우리 집 앞에서 발견되었다; 아버지의 눈은 영원히 감기셨다. 나는 질문하지 말라는 말을 들었다; 조용히 기억하는 것이 최선이었다. 그래서 나는 그렇게 했

다.(p. 1)

* * * * *

"유색인종만"이라는 간판이 내가 다른 어떤 책보다 먼저 읽은 글자이다. 어렸을 때 나는 벌판에서 십자가를 태우는 것을 보았다. 내 친구의 아버지께서 자동차 바닥에 누워 있으라고 하셨지만 나는 몰래 밖을 훔쳐보았고 불타는 발과 불타는 손을 한 흑인 남자가 나무에 매달려 있는 모습을 보았다. …

내가 North Carolina 시골 지역에 교장으로 왔을 때 나는 불타는 십자가를 1989년 나의 사무실 창문에서 다시 보았다. 수위는 내게 조용히 있는 것이 최선이라고 말했고 나는 두려움에 하라는 대로 했다; 내가 무슨 말이라도 하면 어떤 일이 일어날까 하는 두려움에.(p. 2)

* * * * *

나는 유치원부터 역사적인 흑인 대학에서의 4년까지 단 한 번도 통합학교를 다니지 않았다. … 오로지 내가 바란 바는 나와 같은 사람들과 함께 일하고 싶다는 것이었다—나와 같은 인종. 나는 한 번도 통합 교실에서 일하거나 가르치겠다는 생각을 해본 적이 없다. 나는 한 번도 백인 아이들을 가르치는 것에 대해 생각해 본 적이 없다. 나는 내가 흑인이면서 나의 백인 제자들, 그들의 백인 부모들, 나와 함께 일하는 백인 교사들을 보고 이해할 필요를 생각해 본 적도 없다. … 내가 목격했던 모든 것이 지금의 나, 이 세상에서의 나의 정체성, 그리고 백인 학생들의 선생님으로서의 나의 정체성에 영향을 미쳤음을 그 때는 인식하지 못했다.(p. 5)

Oates의 이야기는 그녀의 자서전적 경험이 연구에 얼마나 중요한 부분인가를 보여 준다. 만약 그녀가 역사적인 흑인 대학과 대학교, 정체성, 교수행위, 그리고 사회적 정의 연구에서 자신의 이야기를 빼 버렸다면 무엇을 잃었을까를 생각해 보라.

소설

Barbara Tedlock(2000)은 우리에게 문화기술적 소설이나 짧은 이야기가 새로운 포스트모던적 창작물이 아님을 상기시킨다. 그녀는 여러 예들을 인용한다. 1890년에 Adolf Bandelier는 「행복을 만드는 사람(The Delight Makers)」(1890/1971)이라는 푸에블로 인디안들에 대한 소설을 출간했다. 더 많이 알려진 것은 Oliver LaFarge이 나바호인들과의 경험을 기초로 해서 쓴 1929년 소설 「웃고 있는 소년(Laughing Boy)」이다. 문화인류학자들과 사회과학자들은 학문이 시작한 이래 시, 이야기, 연극을 써 왔다. 그러나 이런 창의적인 작품은 대개 학문적인 것이 아닌 것이라고 간주되어 왔다. 하지만 새로운 경향은 연구의 수행 방법으로 점점 더 수용되고 있다는 점이다.

에스노드라마와 연구 시에서는 글쓴이가 예술적으로 표현을 만들어 내지만 일반적으로 이들은 자료에 근접해 있다. 자문화기술지와 논픽션 작품을 만드는 연구자들은 플래시백, 성격 묘사, 대화, 내적 독백과 행동과 같은 문학적 기법을 이용하지만 이들은 자료에 근접해 있다. 그러나 문화기술적 짧은 이야기 혹은 소설에서는 연구자들은 좋은 이야기하기를 위해 문화기술적 통찰과 이해를 연구자의 상상력과 문학적 기법과 결합시킨다. 이것은 일부 사회과학자들에게는 특이한 실행이 아니다. 이것은 많은 소설 작가들이 그들의 작품을 쓰기 위해 하는 일이다: 이들은 책에 대한 기본으로 자기 자신을 연구에 몰입시킨다. 이들은 스토리의 배경이 되는 다른 나라로 이주해서 장면과 장소를 관찰하고 설명하며 다양한 범주의 사람들과 광범위한 면담을 진행한다. 그러나 연구 소설 혹은 짧은 이야기는 소설과 다른 목적을 충족시키기 위해 쓰인다. 연구 목적은 대개 어떤 이해를 전달하고, 문제를 제기하고, 가정에 도전하고, 이전의 설명을 복잡하게 하려는 의도의 또 다른 반복이다.

「마시는 이, 북치는 사람, 점잖은 사람들: 트리니대드 마을의 문화기술적 내러티브(Drinkers, Drummers, and Decent Folks: Ethnographic Narratives of Village Trinidad)」에서 John Stewart(1989)는 트리니대드(Trinidad)에서의 현장작업에 뿌리를 둔 문화기술적 짧은 이야기들의 연작을 발표했다. Stewart(1989)는 그의 연구를 짧은 이야기로 쓰는 것이 그가 "내면적 문화인류학(anthropology of the inside)에 초점을 둘 수 있게 해 주었다."고 말한다.

> 외부의 문화기술지에서는 대부분의 문화기술지 연구자들이 여전히 근거해 있는 객관적인 현장과 사회적이고 문화적인 '구조'가 중요한 관심사이다. 사람이 중요한 관심사가 아니다. 내면적 문화인류학에서는 사람들이 이런 '구조들'을 어떻게 변형시키는지, 어떻게 이들이 구조를 솜씨 있게 다루고 처리하는지 혹은 이런 구조에 의해 통제되는지에 집중한다.(p. 13)

Stewart는 자신의 연구를 소설적 짧은 이야기로 쓰면서 사회적, 문화적 구조의 복합성을 소설적 기법을 통해 그가 개발한 특정한 캐릭터의 행동과 딜레마에 집중해서 묘사했다. 연구자들은 에이전시와 권력의 미묘한 관계를 탐색하는 데 소설의 사용이 특별히 효과적임을 발견했다. Leavy(2009)는 성 산업에 관한 연구에서 예시를 보여 주는데 "연구자들은 응답자들이 말한 바와 그들이 관찰한 것들, 문헌에서 주장하는 것 사이의 분열을 발견"했다. 소설적 기법의 사용을 통해 숙련된 연구자들은 이런 분열의 이유를 보여 주는 캐릭터와 시나리오를 창작해서 "인간 경험의 층이 많이 겹쳐짐을 강조하는 방법"(p. 47)을 제공한다.

따라서 당신의 연구의 일부를 소설적 이야기로 쓰는 것은 이것이 좋은 이야기가 되든 아니든 유용한 분석적 틀이 될 수 있다. 이렇게 함으로써 연구자가 사람들의 인식, 정체적, 사회문화적 구조가 교차하는 복잡한 방식을 보도록 도움을 받을 수 있다. Leavy(2009)가 지적했듯이 소설은 "연구자가 새로운 맥락에서 자신의 발견을 재조사해 보게 해서 이론적이고 다른 통찰을 정제화 혹은 정교화하게 한다"(p. 46).

버몬트 대학의 박사과정 학생인 필 스미스(Phile Smith)는 발달 장애를 가진 사람들의 삶에서 힘과 통제의 이슈를 이해하고자 하는 연구를 했다. Smith는 그의 연구의 일부를 창의적으로 짧은 이야기로 만들어 이를 박사학위 논문에 포함시켰다. 다음 이야기는 「푸드 트럭의 파티 모자(Food Truck's Party Hat)」(2003)[3]에서 발췌한 것이다.

> 그는 나를 다시 쳐다봤고, 다시 씩 웃었다. 그의 머리가 움직이면서 그의 몸 전체는 정말 계속 움직였고 한 번도 완전히 멈춘 적이 없다. 그의 몸의 일부는 언제나 남은 몸부분을 넘어서, 심지어 그의 몸 자체를 넘어서 달리고 계속해서 움직이고 또 움직이고 끊임없이 잠자면서도 절대로 멈추지 않는 듯, 끝없이 매끄럽고 지속적인 움직임으로 두드리고 흔들거리고 미끄러졌다. "Boy use jug"라고 말하고 웃었다. 눈썹이 올라갔으면 질문이다.
>
> 푸드 트럭이 어떻게 그 이름을 갖게 되었는지 혹은 그 이름을 그가 스스로 부르는 것인지 아무도 모른다. 그는 40년이 넘게 멍텅구리 저능아 간질환자 정신박약자라고 부르는 모든 사람들을 가두어 놓았던 랭돈 훈련 학교(Langdon Training School)에서 살았다. 이런 단어를 기억하는가? 어릴 적 학교에서 같은 반의 당신 옆에 앉은 어떤 아이가 우둔한 행동을 했을 때 연필을 떨어뜨리고 그 위에 올라서서 연필을 부서뜨린 후 몸을 기대서 이름이 무엇인지 중요치 않은 여선생이 들을 수 없게 한 뒤 주변의 아이들만 듣고 웃을 수 있게 "이런 박약아"라고 속삭였다. 몇 주 만에 정말 웃긴 말을 했다고 스스로의 농담을 빛내면서 "넌 정말 정신박약아야"라고 말하고 씩 웃는다. 내 동생이 내 방문을 두드리지 않고 불쑥 들어왔을 때

나 내 비행기 모형을 망가뜨렸을 때나 내 과학 소설책을 묻지 않고 읽었을 때 그의 지능을 비난하면서 나는 이 말을 여러 번 했다. "이 정신박약아!" 나는 화가 나서 소리쳤다. 그 말은 내가 그를 욕하기 위해 할 수 있는 최악의 말이었다. 그 때 나는 푸드 트럭을 알지 못했다.

푸드 트럭은 대부분 랭돈에서 자랐다. 부모들은 유아기에는 그와 함께 있었지만 더 이상은 그를 돌보지 않았다. 내 생각이다. 혹은 의사가 말했듯 그 시절에 많은 사람들은 그랬었다 — "음, 있잖아 푸드 트럭은 정말로 랭돈으로 보냈어야만 했어. 거기에서 그는 비슷한 사람들끼리 훨씬 행복할 것이니까." 그래서 그는 어린 소년일 때 랭돈으로 보내졌고 그것이 그의 전 생애이다. 그에 대해 알려진 모든 것이다. 뒤쪽 병동. 물론 이제 그는 나왔지만, 나온 지 4~5년이 되었지만. 그들 모두가 나왔다.(pp. 79-80)

문화기술적 소설은 연구자/작가의 의도의 목적과 더불어 작가와 독자가 형태 구성과 소설화 간의 차이에 대해 심각하게 고려하게 만든다. 만약 작가의 의도가 감각과 느낌, 복잡한 감정, 일상생활의 딜레마, 구조, 힘, 에이전시가 결합하는 복잡한 방식을 다시 제시하는 것이라면 문화기술적 짧은 이야기는 그 세계에 들어가는 효과적인 전달 수단이 될 것이다.

시각적 연구

예술기반 연구에서 글쓰기 유형이 지배적이지만 일부 연구자들은 그림(Clark, 1999; Clark/Keefe, 2002; Sullivan, 2008), 사진(Mitchell & Allnutt, 2008)뿐만 아니라 춤(Blumenfeld-Jones, 2008)과 음악을 사용하기도 한다. 여기에서는 간략한 설명을 제공할 것이다. 3장에서 논의된 기록화로서의 영화와 사진에 대한 부분을 다시 살펴보아도 좋다.

Clark/Keefe(2014)는 자신을 시각적 예술가/연구자로 설명한다: "다루기 힘들지만 적절한, 수천 개의 구멍에서 흘러나오는 아이디어와 논리적 산문을 내려놓을 필요성 사이의 협상 행위에서 오는 느낌과 잔향을 캔버스에 시각적 형태로 지연된 애니메이션 상태로 그려 넣기"(p. 111). Clark/Keefe는 예술가로 훈련받은 후 가족 중 대학에 진학한 첫 세대인 노동계층 배경을 가진 학계 여성들에 관한 연구에서 학위논문을 통합하는 방식으로 그림을 사용한 예술기반 연구를 탐색했다(Clark, 1999). 최근에 그녀는 "소마토그래피"에 참여하고 있는데, 이는 시각예술을 신체적 행위와 이

Kelly Clark/Keefe, *Clementina*, 1999, 캔버스에 아크릴

책의 표지에 드러난 이미지처럼 창의적인 글쓰기 모음을 통한 사고와 자료에 집중하는 특질을 칭하는 용어이다. 자신의 작품을 실질적 페미니스트 이론으로 개념화하는 Clark/Keefe는 교육과 연구에서의 신체, 주관성, 창의성의 역할을 점검하는 데 관심이 있다.

클레멘티아의 이미지와 설명해 주는 내러티브는 Clark/Keefe의 논문에서 발췌한 것이다. 그녀는 자신이 면담한 여성들의 사례연구를 창작했다. 그녀는 여성 한 명씩과 앉아서 붓을 들고 그들의 말을 그림으로 "통합"하기 시작했으며, 그 과정은 그녀들의 대화에서 정서적인 특징에 대해 더 깊이 성찰하도록 했다. 다음의 예시는 4명의 자녀를 부양하기 위해 야간 근무를 하는 웨이트리스였던 어머니를 둔 클레멘티아의 이야기에서 발췌했다. 클레멘티아는 15세에 "부모의 '전철'을 따르지 않기로 결심했다"(p. 69). Clark는 다음과 같이 말한다.

> 나는 그녀의 전기적인 표현이 움직임을 반영해야 한다고 결정했다. 어떤 형상적 요소도 지선적이 아닌, 차이점을 가리키는 모호한 수평선뿐만 아니라 명확한 테두리들이 바다 위에 떠 있어야 하는 것처럼 보였다. 그녀의 뒤 언덕에 자랑스럽게 경사지게 있는 'H'는 그녀의 'Hollywood' 자기감에 대한 은유적인 존경—그녀의 감

> 정, 생각, 영웅과 여걸, 역할 모델, 예술가와 교육자에 대한 존경을 표한다. '빨간' 머리카락('[그녀의] 어머니의 머리카락과 같은')은 까만색(그녀의 것과 같은)과 나란히 세워질 것이다. 이것은 그녀의 등뒤로 흘러내릴 것이다. … 사막과 바다를 반사하는 보완적인 색조의 배치는 보는 사람의 시선을 분산시키지 않고 단단하고 회선적인 움직임으로 둥글게 끌어들인다. 이것은 그녀가 자신, 그녀의 세계, 모든 삶의 음악과 그것을 만든 사람들의 조화와 정신적인 연결을 이해한 그녀의 방식을 반영한다.(pp. 72-73)

이 예에서 다른 창의적 표상으로서 "본질은(예술가에 의해 이해되는 것으로서) 구체적이고 압축된 형식"으로 추출되고 표현된다(Blumenfeld-Jones, 1995, p. 392). 이러한 예술의 유형은 학계를 넘어 관중에게 정보를 주고, 놀라게 하며, 의사소통하고, 자극하고, 도발하는 다른 종류의 목소리로 학술적인 논평을 대체하고 있다.

전시가 때로는 예술적 고려를 통한 연구 표현이라는 하나의 포럼으로 인식되기도 한다. "Understanding Our Past, Shaping Our Future"라는 이미지, 텍스트, 소리 녹음을 통한 체로키 언어, 문화, 역사에 중점을 둔 전시를 예로 들 수 있다. 기록보관자, 큐레이터, 박물관 교육자인 Anna Fariello 등(2013~2014)은 Cherokee, Cullowee와 North Carolina 서부 지역 인근의 팀을 꾸려 체로키 사람들의 관점에서 체로키 역사를 묘사하는 전시를 만들고자 했다. 처음부터 연구 계획서에 포함되지는 않았지만 체로키어는 연구 과정에서 가장 중요한 점이 되었다. 프로젝트 팀은 체로키어에서 시작해서 이를 영어로 번역해야 함을 진작에 깨달았다. 따라서 연구는 체로키어로 면담자와 면담을 하는 데에서 시작되었고 그런 다음 영어로 번역되었다. 변남 자료, 역사적 자료, 기록보관소의 사진 등과 현대의 자료와 사진들이 통합되어 "유럽과의 만남" 그리고 "언어 활성화"와 같은 주제로 만들어졌다. 지속적인 삭제작업을 통해 구체적 인용구, 사진, 내러티브가 패널 위에 각 주제별로 묶여 제시되었다. 벽이 없는 박물관 개념으로 세 면이 접어지는 형태의 15개의 패널이 North Carolina 서부 지역 학교, 도서관, 커뮤니티 센터, 공공장소에 전시되어 체로키의 역사와 문화에 대한 자긍심과 인식을 고양하고 교육시켰다.

Leavy(2009)는 "예술의 저항적 잠재성은 정형화를 해체하고 소외된 사람들의 목소리에 접근하려 하며 사회적 변화를 촉진하는 연구에 참여하고자 하는 사회과학자들에 의해 점점 더 많이 이용되고 있다"(p. 256). 표상과 예술의 시각적 유형은 특

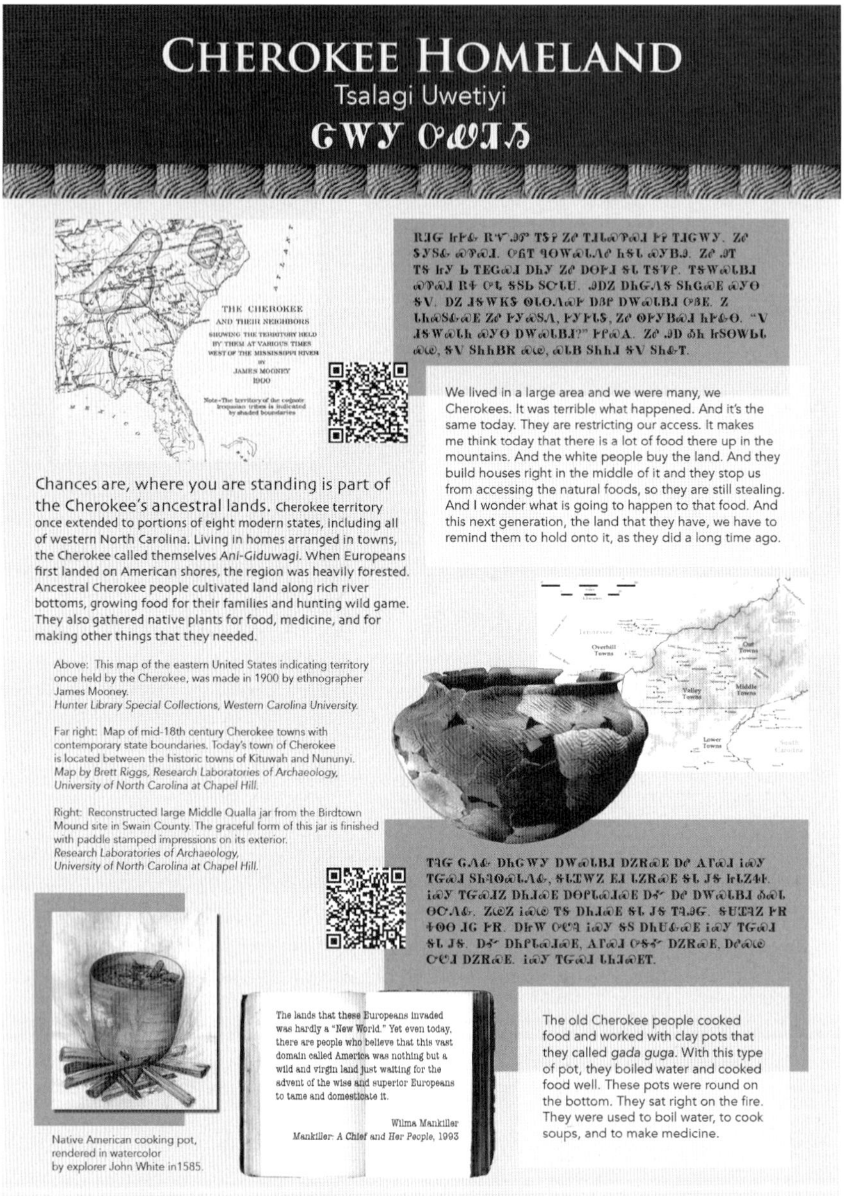

"Cherokee Homeland"는 체로키 역사와 문화를 설명하는 15개의 패널 중 하나이다. Understanding Our Past, Shaping Our Future라는 전시명의 이 전시는 the Institute of Museum and Library Services가 기금을 제공했고 the Eastern Band of Cherokee Indians, Southwestern Community College, Cherokee Central Schools, Western Carolina University의 협력을 받아 이루어졌다.

"Cherokee Homeland," 2014, 전시패널(Anna Fariello, 사진작가, 큐레이터)

히 운동가 연구의 특별한 분야가 된다. 3장과 6장에서 언급된 포토보이스 혹은 지역사회 기반의 시각적 연구는 이런 측면에서는 특히 강력한 영향을 미치고 있다. 소외된 집단의 목소리를 표현하고 사회적 변화를 촉진하기 위해 사진을 이용하는 또 다른 예시는 남부 멕시코에 거주하며 연구하는 교육자이자 운동가인 Jonathan Treat의 연구에서 찾아볼 수 있다. 그는 오악사카의 토착 지역사회인 San Jose del Progreso와 같이 대규모 광산 프로젝트의 영향을 받거나 위험에 처한 몇 개의 지역사회 연구에 참여했다. Treat(2012, 2013)는 캐나다인이 소유한 금 광산과 은 광산 채굴 계획에서 부족한 식수원을 광산에 돌려주겠다는 약속을 받았던 San Jose del Progreso 사람들의 투쟁 과정의 이야기와 사진을 기록화했다. 두 명의 지역사회 방어자들이 2012년 죽었고 이들의 죽음은 광산에 대한 저항을 지속적으로 폭력적으로 억압하는 역

San Jose del Progreso, 오악사카의 광산반대운동의 리더가 살해된 후 1주기를 기념하는 the Fortuna Silver 광산 앞에서의 전시

Jonathan Treat(사진작가), 2013

광산 채굴에 "아니오"라고 말하는 오악사카의 중부 계곡 지역사회에서의 지역 포럼 전시회

Jonathan Treat(사진작가), 2013

사의 일부로 간주된다. Treat는 지역사회 포럼에서 이 책에 실린 사진들과 같은 사진 전시를 이용해서, 지역사회의 외부 세계와의 투쟁을 전달하고 기록할 뿐만 아니라, 다른 지역의 사람들이 광산 채굴 계획이 San Jose del Progreso에 가져온 건강, 환경, 사회적, 문화적 위험을 이해하도록 교육 도구로 사용하도록 했다. 많은 멕시칸 지역사회는 숙련공이 하는 채굴 전통이 있지만 대규모의 채굴 계획 경험은 거의 없었다. 이런 채굴 계획이 가져올 수 있는 파괴적인 영향을 이해하게 된 사람들은 그들의 영토, 지역사회, 가족의 안녕에 관해 고지에 의한 결정을 내리고 이에 대해 성찰할 기회를 갖게 되었다.

책임지기와 위험 감수하기

> 신이 신성한 책을 주었을 때, Meratus 가문의 조상이 그것을 먹었고 내적 영감과 본질상 분명치 않은 원본을 지켰다고 Meratus가 말했다.
>
> (Tsing, 1993, p. 245)

책임지기

Leavy(2009)는 "예술은 사람들의 관심을 사로잡으며 지속되는 인상을 주며 … 하나의 시각 예술은 지나가는 사람들을 멈추게 하고 이들이 현상을 다르게 바라볼 수 있게 할 수 있다. 연극은 다양한 감정을 일으키며 관객을 울고 웃게 만든다."라고 설명한다. 예술 작품 각각 모두가 이런 반응을 야기하지는 않지만 설사 그렇지 않은 경우에라도 Leavy는 "예술 작품은 여전히 미적으로 흥미로운 방식으로 중요한 이야기 혹은 다양한 의미를 전달한다"(p. 255)라고 말한다. 그러나 Agar는 이런 연구를 표현하는 방식이 내용보다는 형식에 강조점을 둘 수도 있음을 경고한다.

> 의식을 높이는 개념으로서의 텍스트성(texuality)은 오래 전부터 현안이 되어 왔다. 그렇지만 나는 문화기술지가 무엇인가에 대해 중요성을 부과하는 측면의 텍스트성은 잘못된 것이라고 생각한다. 새로운 텍스트 형식이 근거한 연구 과정에 대한 많은 관심 없이 새로운 형식으로 이동하는 것은 심각한 민속적 실수(ethnomistake)이다.(pp. 128-129)

유사하게 Eisner(1997)도 “또한 할 수만 있다면 우리가 새로움과 솜씨를 내용과 바꾸지 않았음을 분명하게 확인해야만 한다”(p. 9)고 경고했다. 이러한 염려는 연구자들로 하여금 예술기반 연구를 평가하는 준거 혹은 기준을 개발하는 시도를 하게 만들었다. Barone과 Eisner(2012)가 말했듯이 이렇게 평가 기준을 만드는 것은 어려운 일이다. 왜냐하면 “예를 들어 시각 예술을 의미 있게 다루는 능력은 음악을 다루는 능력과 같지 않다. 각 유형의 표현은 각각의 요구가 있으며 나름의 요구사항을 강요하기 때문이다”(p. 62).

예술기반 연구 문헌(Barone & Eisner, 2012; Faulkner, 2009; Gergen & Gergen, 2012; Saldaña, 2011)에서는 다섯 가지 예술기반 연구 평가 기준이 눈에 띈다.

1. 연구는 존재함이 분명하다는 점에서 예술적이다.
2. 연구는 구현된 경험을 창조하며 환기적이다.
3. 연구는 사회적 문제의 정수를 건드리거나 사회적 중요성을 지닌다.
4. 연구는 발견, 놀라움 혹은 새로운 방식에서 현상의 인식을 야기한다.
5. 연구는 지역사회에서의 의사소통을 촉진시키며 행동 혹은 변형을 가능하게 만든다.

예술기반 연구의 기준을 만든다는 것은 예술 유형의 질과 사용뿐만 아니라 연구의 질과 사용을 고려함을 의미한다. 그러나 형식과 내용은 분리될 수 없다. Saldaña(2011)가 말했듯이 “우리의 임무는 본질과 스타일, 형식과 감정, 연구와 예술”(p. 203)이기 때문이다.

새로운 언어를 배울 때처럼 연구자는 연구, 연습, 인내심을 통해 예술기반 연구에 능통해질 수 있다. 연구 시(그림, 드라마 등)는 당신이 시를 쓰는 데 수반되는 기술에 익숙해지고 많은 시를 읽고, 당신이 지지를 받고 숙련된 피드백을 받을 수 있는 시 쓰기 수업이나 워크숍에 참가하여 시를 써 보았을 때 보다 미적으로 완성될 수 있을 것이다. 실제로 일부 교수들은 학생들에게 동료를 평가하는 전시, 쇼, 예술 형식의 출판물에서 역량을 보인 후 혹은 학습을 한 후에 예술기반 연구 수업을 들을 수 있게 허용하고 있다(Piirto, 2002).

예술기반 연구가 연구와 예술적 방법 양쪽의 기술을 요구한다는 경고적인 주장을 진지하게 받아들여라. 여러 유형을 갖고 놀며 표현적 형식의 범주를 확장해 보기를 권한다. 연구자가 다른 유형의 예술기반 연구와 표현에 익숙해지면서 당신과 당신의 연구 아이디어에 공명하는 유형을 찾게 될 것이다. 만약 아직 예술 유형에 숙달되어 있지 않다면 워크숍과 수업에 참여하거나 도서관의 새로운 영역을 어슬렁대지 않을 수 없을 것이다. 이것은 마치 연구 과정에서 우회하는 것처럼 보이겠지만 예술과의 상호작용은 삶을 풍요롭게 하며 연구자가 자신의 연구를 새롭고 흥분되는 방식으로 인식하고 의사소통하게 할 것이다.

예술기반 접근으로 실험하기는 결과물이라기보다는 과정임을 기억하라. 이런 접근들은 연구자가 자료를 다른 방식으로 바라보게 도와주고 연구자로서 실행을 반성해 보게 한다. 창의적인 연습을 강조하는 자료 분석과 글쓰기에 집중하는 수업이 있는 학기를 마친 후에 나는 학생들에게 더 창의적인 방식으로 연구에 상호작용함으로써 자신의 연구와 자신에 대해 배운 것이 무엇인지 물어본다. 학생들은 이 학생이 말한 것처럼 대답하는 경향이 있다: "내 감정, 다른 사람들과 나의 관계를 다른 유형에서라면 할 수 없었던 방식으로 들여다보게 했다—나를 자유롭게 했으며—어떤 일이 발생할 수 있었을까, 지금이라면 어떨까에 대해 생각해 보게 했다." 학생들의 대답은 특히 예술기반 연구 방법의 사용이 분석적 관점을 확장하도록 하며 감정에 접근하게 하는 해방적 경험이었음을 말해 준다. 자신들에 대해서 배운 점을 쓴 다음의 예시에서 한 학생이 다양한 창의적 유형으로 초안을 만들고 다시 고쳐 쓰는 작업 이후에 반응처럼 이들은 대부분 글쓰기에 대해 이렇게 언급한다: "내가 글을 쓰는 데도 더 재미있을 수 있고 다른 사람이 내 글을 읽을 때도 더 흥미를 느낄 수 있음을 배웠다."

위험 감수하기

연구자들은 표현의 위기에 대한 반응으로 무수한 새로운 논쟁을 해 왔다. 다른 사람을 기술할 권리에 대한 의문은 연구 목적, 연구자의 의무와 연구하는 지역사회에 대한 책임감을 재점검하게 이끌었다. 어떤 연구자들은 현장작업에 참여하기보다는 역사적, 철학적 혹은 이론적 탐구에 집중하기도 한다. 다른 연구자들은 자기 자신에게 시선을 돌리고 자신의 경험을 사회에 대한 성찰의 포럼으로 이용하기도 한다. 또 다른 연구자들은 사회과학 현장연구를 어떻게 하는지에 대해 부분적이고 불완전하며 특정한 지식의 상태를 드러내는 방식으로 그들의 "연구 결과"를 공유하려고 애를 쓴다. 많은 연구자들은 누구를 위해 어떤 목적으로 글쓰기를 하는가를 고려하면서 자신의 연구를 학계를 넘어선 연구 참여자들과 타인들이 접근할 수 있도록 하고 있다. 이렇게 함으로써 다른 사람들이 읽고 싶고, 보고 싶고, 듣고 싶은 유형을 만들어 내며 그 과정에서 연구로부터 느끼고 배울 수 있다.

창의적 형식과 이런 텍스트적 전략은 전통적 보고서에 대한 많은 비판들에 반격할 방안을 제공해 준다: 전통적 보고서는 권위적이며 지겹고 특정한 청중을 위해 쓰여진 것이다; 감정이나 감각을 불러일으키지 않는다; 연구자의 역할을 무시한다; 정치를 간과한다. Ellis는 "위험을 감수하세요."라고 주장한다. "머리뿐만 아니라 가슴으로 글을 쓰세요"(Bochner & Ellis, 1996, p. 42 재인용). 예술기반 연구를 통해 연구자들은 매체가 메시지의 최소한 일부가 되는지에 대해 개방적이 되도록 노력한다. 매체에 따라서 당신이 묘사하고자 하는 삶에 대해 다른 것들을 말하도록(또한 보도록) 해 준다.

추천하는 읽을거리

Barone, T. and Eisner, E. W. (2012). *Arts based research.* Thousand Oaks, CA: Sage.

Ellis, C. (2004). *The ethnographic I: A methodological novel about autoethnography.* Walnut Creek, CA: AltaMira.

Ellis, C. (2009). *Revision: Autoethnographic reflections on life and work.* Walnut Creek, CA: Left Coast Press.

Knowles, J. G., & Cole, A. L. (Eds.). (2008). *Handbook of the ARTS in qualitative research.* Thousand Oaks, CA: Sage.

Leavy, P. (2009). *Method meets art: Arts-based research practice.* New York, NY: Guilford Press.

Saldaña, J. (2011). *Ethnotheatre: Research from page to stage.* Walnut Creek, CA: Left Coast Press.

연습문제[4]

1. 극적인 회상과 당신의 삶의 이미지들을 사용해서 당신의 연구를 개인과 사회 속에 위치시키는 짧은 자문화기술지를 써서 당신의 연구 주제의 한 측면을 탐색하라. 이 연습을 통해 당신의 주제, 연구 참여자(그들이 당신의 이야기 속에 부재하더라도), 그리고 연구자 자신에 대해 알게 된 것을 곰곰이 생각해 보라.

2. 한 사람으로부터 나온 면담 전사본을 갖고 작업하고 시적인 전사를 만들어 보라. 피면담자의 단어, 구, 말의 리듬만 사용하라. 시적 전사를 통해 당신의 주제, 피

면담자, 그리고 연구자 자신에 대해 알게 된 것을 곰곰이 생각해 보라.

3. 독자들의 극장을 만들기 위해 여러 명의 피면담자의 면담 전사본과 관찰기록을 가지고 작업하라. 자료를 연극으로 쓰면서 당신의 주제, 피면담자, 그리고 연구자 자신에 대해 알게 된 것을 곰곰이 생각해 보라.

주석

1. Anna Deavere Smith의 연기를 보라. 인터넷에서 TED 사이트에 들어가 Anna Deavere Smith를 검색해 보라.

2. 이 부분은 1997년 〈Qualitative Inquiry〉에 출판된 내 논문 'The Rare Feeling: Representing Research through Poetic Transcription'에서 발췌한 것이다.

3. "Food Truck's Party Hat"의 다른 버전은 1999년에 〈Qualitative Inquiry〉에 실렸다.

4. Laurel Richardson(2000)은 「질적 연구 개론(Handbook of Qualitative Research)」 중 그녀가 쓴 "Writing: A Method of Inquiry"에서 이 책에서 소개된 것의 변형을 포함한 많은 글쓰기 실제들을 제안했다.

제10장

계속되는 탐색

결국 당신이 믿는 연구를 계속해 가는 것과 당신 삶 속에서 존재할 수 있는 글들을 쓴다는 것은 당신을 형성한 세상과는 사뭇 다른 세상에서 존재하는 법을 알아 가는 것이라 할 수 있다.

(Geertz, 1995, p. 133)

2만 년에서 4만 년 전에 호주의 원주민들은 다음 사진에 보이는 것처럼 암벽화를 그렸다. 사람들은 무한의 긴 시간 동안 그들의 삶을 지켜봐 왔고 기록해 왔다. 사람들이 기록하고 왜 기록을 했는지, 어떻게 했으며, 기록한 것으로 무엇을 했는지는 변화되었고 분명히 계속 변화될 것이다. 이 책의 목적은 연구자들과 학자들이 현재 질적 연구를 통해 삶을 해석하는 접근방식을 소개하는 것이다.

이 책에서는 질적 연구와 연관된 철학과 방법론을 소개한 후 연구 문제와 연구 설계를 다루었다. 그런 다음 자료 생성의 문화기술적 방법, 특히 관찰과 면담에 집중했다.

현장에서의 관계와 윤리에 대한 장에서는 흔히 질적 연구와 연관된 고려사항, 논쟁, 딜레마를 논했다. 자료 분석에 대한 정보는 코딩과 주제 조직에 집중했고 자료를 작업하는 여러 방법도 소개했다. 글쓰기에 대한 장에서는 텍스트를 구조화하는 전략과 글쓰기를 시작하고 글쓰기 과정을 지속하기 위한 조언을 제공했다. 마지막으로 예술기반의 연구에 대한 장에서는 "누구를 위한 연구인가" 하는 질문을 강조하

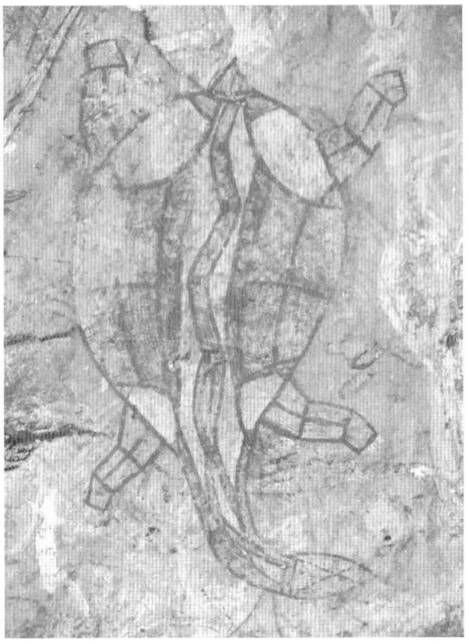

수천년간 사람들은 그들의 환경, 희망, 꿈을 지켜보고 기록해 왔다. 형태와 방법은 변했지만 과정은 지속되어 왔다.

암벽화 Ubirr, Kakadu 국립공원, 호주(Jane Amundsen, 사진작가, 2013)

고 의미 형성에 관한 논쟁을 확장하고자 했다.

이 책에서 예시, 성찰, 제안을 하는 나의 의도는 연구자가 자신만의 연구 경로를 선택하는 데 도움을 주고 그 과정에서 연구자를 격려하기 위함이다. 이 마지막 장에서는 연구의 과정과 결과물 양자를 위한 다양한 적용점을 고려할 것이다.

질적 연구자 되기

> 어떻게 하든지 간에 당신의 마음과 정신을 이 속에 넣어야 해요. 단지 개인적 이유들만을 위해서가 아니라 무슨 일이 일어나는지에 대해 정말로 이해하기 위해서이지요. 당신이 그 장소를 더욱더 사랑하게 된다면 그 관계에 대해 더 많이 볼 수 있게 됩니다.
>
> (Wilson, 1989, p. 17에서 학생의 말을 인용)

이 책을 읽으면서 예비연구를 하고 있는 연구자라면 지금쯤 자신의 연구 주제와 질적 연구자 되기에 대해 많은 것을 알게 되었을 것이다. 동시에 연구 주제와 질적 연구에 대해 더 많은 질문도 갖게 되었으리라 생각한다. 당신의 질문 중 하나는

Geertz(1995)의 성찰과 맞물려 다음과 같이 묻게 될 것이라 믿는다. 어떤 종류의, "모든 것을 고려해서 믿을 수 있는" 연구를 수행할 것인가? 당신의 질문 리스트에 있었으면 하는 또 다른 질문은 주제와 과정 둘 다를 일컫는다: 어떤 연구에 "당신의 마음과 영혼"을 쏟아부을 수 있는가?

질적 연구는 전적인 몰입이 필요하다. 질적 연구자들은 그들이 이해와 관계를 추구하면서 자신의 삶이 연구에 의해 소진되는 것을 알게 된다. 개인적인 책임, 신뢰, 시간은 충분한 자료와 유용한 해석의 열쇠가 된다. 연구자 중 그들의 연구에 쏟는 노력의 혹독한 요구를 예상하고 있는 사람은 소수이다. 예를 들면, 토니(Toni)는 병원 인턴 아내들의 자의식에 대해 면담을 하기 위한 예비 연구를 했다. 6개월이 지나고 나서 그녀는 이렇게 절규한다.

> 이 프로젝트는 정말 내가 감당할 수 있는 이상이다! 어디에나 연구가 있다. 우리는 페미니스트 방법론을 이야기하면서 사회심리학 도시락을 먹으면서도 연구에 대한 이야기를 한다. 내가 읽는 거의 모든 것에 떠오르고 내가 참가한 학회, 대화에 등장한다. … 내 머리 속에 너무나 많이 들어 있고 거기에 대해 생각할 시간이 없을 정도로 적혔다. … 이 프로젝트는 내 삶의 거의 모든 부분을 배제시킬 정도로 나를 소진시키고 있다.

다른 학생도 동의한다: "나는 며칠 전 학회에 가서 내 연구에 대한 노트를 계속해서 기록했어요. 내 프로젝트와는 전혀 상관없는 주제에 대한 그 학회에서 말이에요." 우리 대부분의 삶은 관심을 갖고 있는 실석 연구의 요구에 쉽게 적응할 수가 없고 당신의 "문제"를 어디에서나 찾게 되었을 때 당신이 어디론가 가고 있음을 확신할 수 있다.

질적 영역에 들어서기는 외로울 수 있다. 당신은 자기 연구를 동료, 친구, 연구 참여자들과 이야기할 수 있지만 일반적인 질적 연구에서 연구자는 혼자이다. 당신은 연구 장소에서 연구자의 역할 속에서 혼자이며 조각들을 맞추어 전체적인 의미를 발견해야 한다는 궁극적인 책임 면에서 혼자이다. 당신이 대부분 받아들일 수 있는 문장을 쓰면서 "투쟁하는 동안 혼자이다"(Geertz, 1995, p. 133). 토니는 작업의 외로움에 대해 반추했다.

> 소외에 대해서 할 말이 많지요! 나는 많은 부분에서 외로움을 느끼고 있어요. 우선 자료와 함께 작업하면서 자료에 압도되는 거예요. 내가 이것[병원 인턴의 아내들의 삶]에 대해 말을 할 때 사람들은 내가 의학에 대해서 말하지 말아야 할 것을 말하는 것처럼 불안해하고 나는 때때로 소외감을 느껴요. 게다가 이 여성들이 그것을 보게 되었을 때 어떻게 반응할지 궁금해요. … 그리고 그 사람들이 반응하는 것에 대해 내가 어떻게 반응해야 할지도요.

토니가 암시했듯 질적 연구는 자신에 대한 의심을 불러일으킬 수 있다. 연구자는 사람들이 자신과 이야기하기를 거부하지 않을까 혹은 관찰을 허락하지 않을까 봐 걱정한다. 올바른 질문을 던지고 있는지 궁금해하기도 한다. 산더미처럼 쌓여 있는 노트와 노트 카드, 컴퓨터 파일이 과연 무엇인가를 말해 줄 것인가, 그리고 무엇인가를 말해 준다고 치더라도 연구자가 자료 조각들을 의미 있는 방식으로 통합할 수 있을까에 대해 갑자기 공황상태에 빠지기도 한다. 어쩌면 밝혀낸 것을 연구자가 좋아하지 않을지도 모른다는 걱정을 하기도 한다.

연구자가 정확히 무엇을 찾고 있는지 모른다는 사실은 혼란과 좌절의 기간을 길게 만든다. Carlton은 과도적인 농촌 지역사회의 한 학교의 자료를 분석하는 과정에서 한숨을 쉬며 이렇게 말했다. "내 자료가 나를 혼란시키는지 아니면 내가 자료를 혼란시키는지 모르겠어." 분명 연구 프로젝트를 잘 해나가는 데에는 용기와 성실이 필요하다.

이와 같은 비연속성, "맞지" 않은 어지럽히는 조각들이 사실은 연구자가 더욱 흥미로운 발견을 하는 데 있어서 단서가 되기도 한다. 혼란을 연구자의 삶 속으로 흔쾌히 받아들이지 않는다고 하더라도, 풀어야 할 새로운 미스터리 전조로 바라보려면 연구자는 혼란과 함께 살아가는 법을 배워야 한다. Bateson(1984)은 그녀의 부모 Margaret Mead와 Gregory Bateson에 대한 연구에서 이것을 깨달았다.

> Margaret과 Gregory 두 분 모두 자료가 처음에는 아무리 풍부하거나 어리둥절하게 만드는 것처럼 보이더라도 "말이 되고" 제 자리로 찾아가는 것 같은 인식의 순간에 도달할 것이라는 기대를 갖고 관찰 자료를 수집해야 한다는 스타일을 진전시켰다. 이런 통찰의 순간을 찾기 위해 두 분은 관찰하고 있는 문화 안에서의 일치점들과 개인적 반응의 순간에 대처했다.(p. 163)

이해를 위해서는 연구 참여자들의 관점을 파악해야 하지만 사실은 그 이상의 것이 필요하다. 자기와 타인들을 포함한 집합적인 이해에 도달하는 것을 의미한다.

연구 과정이 흥미진진하고 의미 있기도 하지만 피곤한 일이기도 하다. 자료를 이해하려는 순간 피곤이 가장 강하게 엄습한다. 티나(Tina)는 이렇게 말한다.

> 나는 면담이 끝났을 때 극단적으로 피로를 느꼈다. 이 피곤함은 전사과정을 보다 진절머리나게 만들었다. 컴퓨터 앞에서 전사를 하다가 절대 마지막 페이지까지 다 하지 못할 것이라는 생각을 하면서 몇 분 동안 깜박 잠에 빠진 밤이 많았다. 어찌어찌해서 마치기는 했지만 다음날까지 미루고 싶은 유혹은 언제나 존재했다.

당신의 컴퓨터 앞에서 깜빡 잠 속으로 빠진 많은 밤에도 불구하고, 당신에게 대단히 심오한 만족까지는 아닐지 몰라도 통찰의 순간이 올 것이다. 홀리(Holly)는 글쓰기 과정이 자신에게 어떤 의미를 주었는지 설명했다: "내 생각들을 글로 변형시키는 것은 내가 누구인가, 내가 되려고 애쓰는 사람은 누구인가뿐만 아니라 독자들이 나와 연결될 수 있게 해 주었다; 인쇄된 연구를 통해 나와 일종의 관계를 형성할 수 있도록."

이제 당신의 연구의 다른 결과들과 인쇄된 연구에 대해 이야기하겠다.

질적 연구의 적용

> 쓸모 있는 적절성은 별개의 문제들에 대한 "기술적인" 해결책을 찾는 것에 달려 있는 것이 아니라 새로운 시각, 사물을 바라보는 새로운 방식을 연마하도록 하는 데 달려 있다.
>
> (Giddens, 1995, p. 277)

교사들이 새로운 학생들의 중학교 적응에 대한 연구를 할 때, 어머니들이 가족사에 대한 조사를 할 때 혹은 학생들이 대학 구내식당의 서비스에 도전하려고 할 때 이 사람들 모두는 어떤 이유를 갖고 연구 행위를 한다. 연구의 적용은 연구자들이나 그들의 갖가지 연구들만큼이나 다양하다. 사람들이 연구를 적용하는 것에 대해 이야기할 때 일반적으로 최종 보고서나 원고를 이용하는 것을 말한다; 연구의 *결과물*. 그러나 이후에 논의되겠지만 연구의 *과정*도 역시 나름의 실용성이 있다.

글의 가능성과 연구 발표의 유형

연구 원고 혹은 텍스트는 당신이 가 본 적 없는 장소에 갈 기회를 주고 다른 문화와 연구자의 고유한 삶의 특이한 측면들에 노출시킨다. 또한 텍스트는 연구자가 새로운 관점을 채택하고 어떤 것을 다른 관점에서 보게 해 주며 연구자가 원래 지녔던 이론적인 구인을 다시 점검하게 해 준다. 텍스트는 독자들을 교육시키고 고정관념과 가설에 도전하도록 도와줄 수 있다. 정책 변화를 위한 길을 제안하거나 가야 할 단계를 정확하게 기술하기도 한다. 요약하면 텍스트는 인간의 생각과 상호작용의 무수한 성질에 관한 이론을 만들기도 하고 그것에 대항하기도 한다.

해석적 연구는 다른 사람들의 삶 혹은 자서전적 문화기술지에서는 다른 사람들의 삶과 연결되는 자신의 삶을 보다 깊이 탐색하게 한다. 타인의 삶에 대한 연구자의 관점은 언제나 해석이다. Barone(1990a)은 텍스트를 도구적으로 생각하는 것에 대해 이렇게 경고한다: "질적 탐구의 텍스트는 … 도구라기보다는 기회로 보는 것이 옳다. 더 정확히 말하자면 독자들이 텍스트적 재생산과 분해의 활동에 빠지게 해주는 것이다"(p. 306). 만약 연구자가 텍스트를 도구로 본다면 연구자의 가치와 연구 설계에 있어서의 제한점들을 포함해 연구 과정에 들어간 것들은 무시하게 될 수도 있고 텍스트를 너무 쉽게 사실로 받아들일 수도 있다.

다른 사람들의 연구를 읽을 때 연구 결과물이 절대적 진리를 대표하는 것처럼 연구 결과에 반응하기보다는 연구 결과를 연구자를 둘러싼 사회적 세계에 대해 생각해 볼 수 있는 기회로 이용하라. 다른 사람들이 당신의 연구물을 읽을 때도 같을 수 있음을 예상하라. "좋은 이야기의 미학은 그 개방성이다—당신이나 나 자신 혹은 이것을 읽는 그 어떤 사람도 그것을 받아들이고 이를 우리 자신을 위해 활용할 수 있다는 것이다"(Coles, 1989, p. 47)라는 영어 교사의 말처럼, 좋은 질적 텍스트는 당신이 그 안으로 들어가도록 초대한다. 좋은 질적 보고서는 연구자가 그 서술과 분석을 연구자의 경험과 비교하도록 해 주며 어쩌면 연구자의 특수한 상황에 대해 달리 생각하도록 해 줄 수도 있다.

로나(Lorna)는 유치원 교실에서 특수아들의 통합교육에 관한 연구를 하고 있었다. 자신의 연구를 분석하고 글쓰기 작업을 하고 있던 중 그녀는 모든 문제가 "해결된" 것은 아닐지라도 자신의 텍스트를 타인들을 끌어들일 수 있는 기회로 성찰해 보았다.

> 내가 답하지 못한 문제들은 너무나도 많다. 내 글의 반을 모조리 지워 버리고 싶은 충동에 저항하면서 나는 그날 온 〈New York Times〉 잡지를 폈다. 나는 AIDS에 걸린 한부모 가정의 엄마가 그녀의 유일한 혈육을 위한 새로운 "엄마"를 찾는 것에 대한 기사로 빨려 들어갔다. 눈물을 펑펑 쏟으며 나는 이 기사를 질적 연구, 사례 연구라고 인식하지 않을 수 없었다. 그 기사에는 힘과 깊이가 분명히 존재했다. 그리고 이 저자 역시 많은 질문들에 대해 답변하지 않은 채 남겨 두었다.

관찰하고 듣고 기록하는 행위는 타인의 곤경과 승리에 관심을 갖게 되는 증언이 될 수 있다. Scheper-Hughes(1992)는 텍스트가 "역사를 가지지 못한 것으로 여겨지는 사람들"(p. 29)에게 역사를 제공하기 위해 침묵을 강요당해 온 사람들에게 목소리를 주고 증언하게 하는 기회를 준다고 설명한다.

> 소위 참여관찰은 … 문화기술자가 전혀 가고 싶어하지 않은 인간의 삶의 공간 그리고 글쓰기를 통해서가 아니라면 어떻게 그 곳에서 빠져 나와야 하는지 모르는 곳으로 들어가게 해서 다른 사람들도 그 곳에 가게 하고 증언 행위를 하는 집단으로 만든다.(p. xii)

증언을 한다는 것은 대화, 의견교환, 체계적인 변화의 장을 열어 준다. Geertz (1988)가 말했듯이 "미래에 문화기술지 텍스트가 그 어떤 용도를 갖게 된다면, 그것은 민족성, 종교, 계급, 성, 언어, 인종 등 사회적 대화를 가능하게 한다는 것이다. …"(p. 147). 주변화된 삶의 관점에서의 연구는 지배적인 집단에서는 고려하지 못한 새로운 귀중한 질문들, 당연하게 여겼던 개념적 틀을 변형시킬 수 있다(Harding, 1998).

또한 질적 연구 텍스트는 학문적, 이론적이며 개인적 추구에도 도움이 된다. 동료 심사하는 저널에 투고하는 것은 교수직을 얻거나 임용되는 데 도움이 될 수도 있는데 이는 다른 사람들이 당신의 연구를 읽을 만한 가치가 있다고 판단한 것이며 당신이 생각과 이해를 타인들과 공유하는 것을 존중함을 보여 주기 때문이다. 학술지에 논문을 게재하여 가설 형성, 이론 개발, 실제적 문제들에 대한 해결책을 제시하기도 한다. 병원 인턴의 아내들에 대한 토니의 연구는 타인과의 관계 속에서 자아 발전을 설명하는 이론을 확장시켰다. 그의 서술적인 이야기들은 연구 참여자들과 다른 인턴의 아내들을 위한 지지와 인식의 방법을 제공하기도 했다. 많은 연구 텍스트처럼 토니의 연구는 업적이 이론적이면서도 실제적인 실용성을 지녔다.

의심할 여지 없이 셀 수 없이 많은 보고서들이 감동적이고 변형적인 연구가 되는 것이 아니라 사무실 선반 위 한 구석에서 잊히겠지만 그럼에도 불구하고 연구자들의 보고서가 사람들의 삶을 변화시켜 왔다. Willis(1977)가 영국에서 한 연구는 육체노동자 계급 "소년들"의 삶을 학교 안과 밖에서 변형시킨 저항의 역할에 대한 관심을 높였다. Gilligan(1992)의 여성의 도덕성 발달에 관한 연구는 대부분 남자들에 대한 자료에서 나왔던 인간 발달 이론에 침투되어 있었던 성에 대한 편견을 탐색하는 기회가 되었다. 이런 연구들이 문제점이 없었던 것은 아니지만, 그럼에도 우리가 세상을 인식하고 세상과 상호작용하는 방식에 기여해 왔다.

학회 발표하기. 논문을 게재하는 데 도움이 되는 것은 당신의 연구를 당신의 주장과 해석에 대한 피드백을 받을 수 있는 학회에서 발표하는 것이다. 만약 당신이 시간을 내서 잘 조직된 논문을 만들고 이에 기초한 발표(혹은 예술기반의 발표)도 준비한다면 청중 중 한 명이 다가와서 논문 게재를 요청할 수도 있다. 이런 일은 실제로 일어났다. 혹은 이런 학회에서 당신과 비슷한 관심사를 가진 사람들을 만나서 당신이 끌리고 흥분하는 것들에 대해 공유할 수 있는 사람들의 네트워크를 확장해서 그들이 기꺼이 당신의 연구의 독자가 되도록 할 수도 있다. 다른 사람들의 발표를 들으면서 당신의 연구의 측면들을 재고할 수 있는 이론, 절차를 접할 수도 있다. 또한 지역적 혹은 전국적 미팅에서 당신의 생각을 발표할 수 있는 미래의 프로젝트에 대해 논의할 수 있는 편집자들과 출판인들을 만나기도 한다.

일단 지역 학회에서 시작한다면 수천 명의 참석자들이 있는 전국 학회에 비해 두려움을 덜 느끼게 될 것이다. 학회들은 구체적인 주제 혹은 주제들을 가지고 있다. 연구 계획서 제출의 가이드라인에 따라 학회의 주제에 당신의 구체적 초점을 연결시키도록 하라. 대부분의 학회는 연구 발표에 다양한 유형이 있다. 단독 연구 혹은 공동 연구를 발표하거나 패널 발표를 위한 계획서를 제출할 수 있고 포스터 세션을 할 수도 있다. 패널 세션을 위해서는 개인별 논문 발표보다 협력과 계획이 더 요구되지만 혼자서 하는 것보다는 당신이 아는 사람들과 함께 발표하기가 더 재미있고 덜 떨릴 수 있다.

당신이 속한 학문분야의 지역 학회 혹은 전국 학회에 대한 정보를 얻어 언제 어디로 연구 계획서를 제출해야 하는지를 숙지하도록 한다. 미국 문화인류학회(American Anthropology Association), 미국 간호학회(American Association of Nursing), 미국 교육학회(American Educational Research Association), 미국 사회학회(American Sociological Association)는 모두 전국 규모의 학회이다. 대안적으로 당신은 질적 연구에 집중하는 학회에 참석하기를 원할 수도 있다. 예를 들면 국제 질적 연구 학회(International Congress of Qualitative Inquiry: ICQI)는 일리노이 대학(University of llinois)에서 매해 개최되며, 질적 건강 연구 학회(Qualitative Health Research Conference: QHR)와 국제 질적 방법론 연구소(International Institute for Qualitative Methodology: IIQM)가 캐나다 에드먼턴 앨버타 대학에서 학회를 개최하며 이 밖에 문화기술적 질적 연구 학회(Ethnographic and Qualitative Research Conference: EQRC)도 매해 다른 장소에서 개최된다. 각 학회에 대한 정보는 인터넷에서 찾아볼 수 있다.

당신의 연구 계획서가 통과되면 적절히 준비할 충분한 시간을 안배하라. 몇 년 전에 나는 나의 사고와 관심사를 자극하고 빠져들게 하는 발표를 듣기 위해 얼마나 많은 발표를 들어야 하는가를 기록하기 시작했다. 이는 분명히 과학적인 조사는 아니었지만 모든 "좋은" 발표 중 다섯 개는 지루했다. 논문의 아이디어가 지루했기 때문이 아니라 그 아이디어를 전달하는 방식이 실패했기 때문이었다. 아마 당신도 비슷한 경험을 했을 것이다. 발표자 1은 논문을 발표하려고 앞에 서서 관중에게는 눈을 한 번 마주치지도 않고 한 페이지씩 읽기 시작한다. 발표자 2는 파워포인트를 시작하느라고 5분을 허비하더니 슬라이드의 주제어들을 읽는다. 당신이 일곱 번째를 읽고 있는 동안에 발표자는 세 번째 주제어를 읽고 있다. 발표자 3은 한 번의 연습도 없이 나온 듯하다. 사회자가 1분 남았다고 신호를 주자 논문을 뒤섞더니만 새로운 포인트로 뛰어넘너니 엄청난 속도로 계속 읽으며 사회자가 시간이 다 되었다고 주는 신호를 무시한다. 마침내 그가 자리에 앉았을 때 그는 이미 다음 발표자의 시간까지 써 버렸다. 이런 사람들처럼 발표하지 않도록 노력하라.

Edwards(2012, pp. 24-37)는 학회 발표에 있어서 유용한 제안을 한다. 여기에는 발표를 계획하기; 읽기보다는 말하기; 바로 서서 지속적인 눈맞춤을 하기; 그리고 연습하기가 포함된다. 우리는 1분간 100단어 정도를 편안하게 말할 수 있다. 따라서 만약 당신에게 15분짜리 발표시간이 주어진다면 6장의 더블 스페이스 종이에 들어

갈 내용 정도를 말할 수 있다(그러나 이 6장을 읽지 말고 얼마나 이야기할지를 계획하는 가이드로 활용하라). 당신의 임무는 청중을 압도시키지 않으면서도 제한된 시간 내에서 이들이 흥미를 느낄 내용이 무엇인지 선정하는 것이다. 만약 당신이 청중의 관심을 불러일으켰다면 이들은 논의시간에 당신에게 질문을 던질 것이고 당신은 더 이야기할 수 있는 기회를 갖게 되거나 발표 시간 이후에 당신의 논문을 받아볼 수 있느냐는 요청을 받게 될 것이다. 무대를 준비하는 배우처럼 당신의 발표를 연습하라. 연습하고 시간을 재고 필요한 수정을 하고 다시 친구들이나 동료 앞에서 연습하고 시간을 재 보라. 그들의 의견을 구하고 이에 따라 당신의 논문을 수정하라. 동료와 함께 패널 발표를 준비한다면 옷까지 갖춰 입고 리허설을 하면서 서로에게 피드백을 주고 특정한 순서대로 발표하는 것이 좋은지, 발표의 일부분으로 서로의 논문을 통합하거나 참조하는 것이 전체적으로 나은지에 대해 논의해 보라.

포스터 세션은 논문 발표만큼의 공식적 인정을 받지 못하기도 하지만 다른 사람들과 개인적인 대화를 나누는 좋은 방법이다. 대개 포스터를 갖고 특정한 시간과 장소에 모이게 되며 정해진 시간 동안 참석한 사람들과 상호작용하며 그 공간에 머무르게 된다. 포스터 세션은 그래프, 사진 혹은 창의적 표상이 있는 시각 자료가 있는 발표자들에게는 좋은 포럼이 된다. 포스터를 사람들이 읽을 수 있는 범위를 넘어설 정도의 글들로 채우기보다는 관심 있는 사람들을 위한 유인물을 만들어라. 여기에 당신의 이름과 이메일을 적어서 당신의 후속연구에 관심이 있는 사람들이 연락하기 쉽도록 하라. 포스터 세션에 관한 많은 제안사항은 Trainor의 「Creating and Presenting an Academic Poster」(2012)를 참조하라.

학회지에 논문 게재하기. 사회과학 분야의 많은 저널은 광범위하게 다른 연구 방법론에 기초한 연구 논문을 심사하고 게재하는 반면, 일부 학술지는 특정한 방법론을 전문적으로 게재한다(그림 10.1 참조). 예를 들어 〈국제 교육학 질적 연구지(International Journal of Qualitative Studies in Education: QSE)〉와 〈질적 탐구(Qualitative Inquiry: QI)〉는 예술기반 연구를 포함한 해석적이고 비판적이며 후기 구조주의적 질적 연구를 출판한다. 〈시각 연구와 시각 문화인류학지(Visual Studies and Visual Anthropology Review)〉는 이미지에 기반한 연구와 사진 에세이를 환영한다. 연구를 동료 심사와 대중에 접근가능한 오픈 액세스 저널을 통해 출판할 수 있는 기회들도 지속적으로 확장되고 있다. 독일 베를린에 기반을 둔 *포럼: 질적 사회*

American Educational Research Journal *Anthropology and Humanism Quarterly* *Criminal Justice Policy and Review* *Educational Studies* *Feminist Studies* *Field Studies* *Forum: Qualitative Social Review (online, multilingual)* *Human Organization* *International Journal of Qualitative Studies in Education* *International Review of Sport Sociology* *International Sociology* *Journal of Contemporary Ethnography* *Journal of Creative Inquiry* *Journal of Marriage and the Family* *Journal of Social and Behavioral Sciences* *LEARNingLandscapes(online)*	*Media, Culture and Society* *Narrative Inquiry* *Nursing Research* *Qualitative Health Research* *Qualitative Inquiry* *Qualitative Social Work* *Qualitative Sociology* *Qualitative Studies in Psychology* *Signs: Journal of Women in Culture and Society* *Sociological Perspectives* *Sociological Quarterly* *Studies in Symbolic Interaction* *Teaching Sociology* *Text and Performance Quarterly* *Visual Anthropology Review* *Visual Studies* *Western Journal of Nursing*

[그림 10.1] 질적 연구를 출판하는 저널의 예

과학 연구(Forum: Qualitative Social Research) 혹은 캐나다 몬트리얼 맥길 대학(McGill University)에 기반을 둔 *LEARNingLandscapes*를 살펴보라.

저널에 논문을 싣고 출판하는 일은 시간과 참을성을 요한다. 당신의 연구 관심과 글쓰기 스타일에 가장 잘 부합되는 저널을 찾는 일에서 시작하라, 도서관과 온라인에서 출판된 모든 종류의 각 저널 논문들을 살펴보라. 저널의 출판 목적과 출판 규정을 읽어 보라(일반적으로는 표지 안쪽이나 첫 몇 페이지에 싣는다). Goodall(2008)은 출판에 대한 유용한 가이드라인을 제공한다. 논문 게재를 위한 그의 첫 번째 충고는 "*당신이 선택한 저널의 게재 규정을 지키라*"(p. 104)는 것이다. 만약 저널의 스타일과 형식에 대한 규정이 "더블 스페이스로 25~30페이지"라고 되어 있다면 당신이 논문에서 하고 싶은 말이 너무나 중요해서 편집자들이 그 규정을 당신만을 위해 봐줄 것이라고 생각하거나 논문 게재 결정을 받은 후에 수정할 시간이 주어질 것이라고 생각하면서 35페이지짜리 논문을 보내서는 안 된다는 뜻이다. 이 다섯 쪽의 넘치는 페이지는 당신이 투고한 논문이 읽혀질 기회를 잃게 됨을 뜻할 수도 있다. 각

저널의 가이드라인은 다양하므로 규정을 꼼꼼히 읽고 규정을 지키고 당신의 원고를 출판 준비가 되도록 꼼꼼하게 써야 한다. 그러고 나서 몇 달 동안의 기다림은 예상해야 한다.

대부분의 저널은 받은 원고를 저자의 이름을 지운 상태로 "눈을 가린" 심사자들 2~4명에게 보낸다. 논문 심사자들은 저널 편집자들이 보낸 여러 개의 질문에 답을 하고 원고를 위한 추가적 제언과 논평을 해 준다. 논문 심사자들은 돈을 받고 이 일을 하지는 않지만 논문 심사를 아주 중요하게 생각하고 몇 페이지에 걸친 소견을 동봉하기도 한다. 편집자들은 논문 심사자들의 반응을 읽고 당신의 논문에 관해서 다음의 세 가지 중 하나의 결정을 내리게 된다: (1) 약간의 수정을 거쳐서 게재, (2) 심사자들의 수정 지시사항에 기초한 수정을 해서 다시 게재, (3) 게재 불가.

만약 당신이 게재 불가를 받았다고 해서 실망하지는 마라. 어쩌면 그 저널이 당신의 연구에 맞지 않았을 수도 있다. 심사자들의 제언을 신중하게 고려해서 고쳐 쓰고 당신의 원고를 또 다른 저널에 보내 보라. 그렇지만 만약 수정해서 다시 보내 보라는 반응을 받게 되면 그렇게 하라. 심사자들의 소견을 잘 따르게 되면 아마도 당신의 원고는 채택될 수 있을 것이다. 편집자들이 "우리는 당신의 원고 이대로가 좋습니다."라고 반응할 것을 기대하지는 마라. 심사자들은 언제나 더 좋은 논문을 위한 의견을 갖고 있는 듯하다. 당신의 페이퍼를 또다시 고치는 작업을 감당하기는 말할 것도 없고 다시 읽기조차도 어려울 것처럼 느낄 수도 있겠지만 당신이 시간을 들인다면 원고는 더 좋아질 것이고 또 출판될 수 있을 것이다.

협동작업을 하면 이런 과정을 견디기가 좀 더 수월해진다. 유사한 주제에 관심을 갖고 있는 동료들, 혹은 한 명이나 그 이상의 연구 참여자들과 함께 글쓰기를 고려해 보라. 협동은 질적 연구의 특징이며 다양한 사람들과의 지속적인 상호작용을 요구한다. 그러나 사회과학에서는 글쓰기와 출판하는 과정이 단독으로 진행되는 경우도 많다. 협력적인 글쓰기가 나름의 도전점을 가져오기도 하지만 글쓰기를 좀 더 즐겁게 만들고 최종 연구물이 보다 미묘한 차이를 가지고 다듬어지게 할 수 있다.

논문 출판하기. 학위논문을 출판하기는 연구자가 연구, 분석, 글쓰기에 많은 노력을 했더라도 쉽지 않다. Caro(2012)가 말했듯이 "좋은 박사학위 논문을 위한 주제와 책을 위한 좋은 주제가 언제나 일치되지는 않는다"(p. 49). Caro는 당신의 논문을 책으로 만들려는 결정을 하기 전에 "당신의 학위논문과 가장 유사한 5편에서 10편의 책"

을 찾아보고 “당신이 계획하고 있는 책에서 다른 책들에서는 찾아볼 수 없는 사항이 무엇인지 리스트를 만들어 보라”(p. 49)고 제안한다. 그래도 논문을 책으로 출판하고 싶다면 당신이 학자로서의 삶에서 상당한 시간을 보낸 논문을 다시 깊이 연구해 볼 것을 예상해야 한다. 아마도 당신은 당신의 논문이 더 광범위한 대중에게 매력적으로 다가설 수 있도록 당신의 논문을 상당히 많이 재구조화해야 할 것이다.

또한 출판사도 찾아야 한다. 당신이 쓰고 싶은 책과 유사한 5~10편의 책을 출판한 곳을 찾아보는 데에서 시작하라. 출판사의 웹사이트에는 출판 계획서에 관한 가이드라인이 있을 것이다. Goodall(2008)이 말했듯이 “당신의 논문에는 4~5명의 논문 심사위원이라는 청중이 있고 당신의 책에는 수백 혹은 수천 명의 청중이 매력을 느끼도록 해야 한다”(p. 128).

연구 과정의 적용

> 스토리텔링 행위는 강력하다. 나는 마침내 내 박사학위 논문의 과정을 참고 견디게 해 줄 무엇을 찾아냈다.
>
> (버몬트 대학생)

연구 장소에서 수천 마일 떨어진 곳에 사는 사람들에게 의미 있을 수 있는 연구 텍스트와는 달리, 연구를 수행하는 실제 과정의 실용성 혹은 적용성은 사실 이 과정에 관련한 사람들에게만 제한적으로 해당된다. 그렇지만 이 사실이 실제, 평가, 이해를 향상시키는 연구의 중요성과 공헌을 손상시키는 것은 아니다.

다른 사람이 연구 지원비를 받은 연구 프로젝트에 참여할 것을 권유받은 경우가 아니라면, 연구자는 일반적으로 스스로 자신의 학문적 혹은 응용적 학문 분야 내(예를 들면 특수교육, 간호학, 사회사업, 교육학적 리더십)에서 연구할 무엇을 찾아내게 된다. 연구를 수행하면서 당신은 실제를 향상시킬 무엇인가를 틀림없이 배우게 된다. 거의 20년의 임상 간호학에 경험이 있었던 도로시(Dorothy)는 이미 “세심하게 ‘계속하세요’라고 말하는 것과 관조적인 ‘음’의 가치”에 대해 알고 있었다고 말한다. 그럼에도 불구하고 사랑하는 사람을 양로원에 위탁하는 과정에 관한 그녀의 연구에서 그녀는 피면담자들이 “들어 주는 사람들을 간절히 원하고 있는 것처럼 보임”을 발견했다. 그녀의 개방적이고 탐색하는 질문들이 참여자들로 하여금 그들의 이야기에 대해 말하도록 했다. “어떤 사람들에게는 내가 처음으로 그들의 이야기를 들어 준 건강 관련 전문가인 것 같은 느낌을 받았다."고 도로시는 말한다. 도로시는 간호사의 역할보다 연구자로서의 역할 속에서 그녀의 고객에 대해 더 많이 알 수 있었다. 그녀의 고객이 말하기 어려운 이슈에 대해 대화를 나눌 수 있는 확장된 기회에 감사해하는 것을 보고 도로시는 더 길고 더 탐색적인 면담을 그녀의 업무 속에 통합하기로 계획했다. 이와 유사하게 Aamodt(1989)도 암에 걸린 어린이들이 보다 개인적으로 의미 있는 돌봄을 제공받기 위한 질적 면담 기법에 대해 이야기했다.

또한 도로시는 질적 탐구에서의 참여관찰의 과정이 간호에서 관찰의 잠재적인 유용성에 대한 그녀의 생각을 어떻게 확장했는지에 대해 이렇게 반추했다.

> 간호사에게 관찰을 기록하는 일은 들어 주기만큼이나 자연스럽게 다가왔다. 포착하기 힘든 세부사항에 관심을 기울이는 일은 종합적인 환자 평가에 있어서 반드시 필요하다. 그렇지만 간호학에서 관찰이 필요한 영역은 분명하게 규정되어 있다. 나는 손톱 및 점막의 색깔과 호흡의 빈도와 깊이에 대한 관찰이 폐기능에 대한 결론에 도달하게 함을 안다. 그렇지만 가족의 의사결정에 대해 궁극적으로 이해하려면 어떤 구체적인 사항들을 기록해야만 하는 것일까? 자세, 열정의 정도, 피로해 보이는가의 여부가 모두 유용한 정보가 될까? 이제 나는 내가 일반적으로 본 것을 고려한다. 아버지를 병원으로부터 데리고 나오지 못하는 아들이 그의 무능력과 관련된 분명한 불안감에 대해 기술한다.

도로시는 질적 연구를 수행하면서 간호사로서의 실제 행동에 적용할 수 있는 기술과 지식을 배울 수 있었다. 이와 유사하게 다른 학문분야에 있는 실행가-연구자들도 그들이 실제를 돕고 프로그램 평가를 수행하고 정책을 만드는 데 도움을 줄 수 있는 기술과 지식을 배우게 된다.

질적 연구에서 연구 참여자들은 탐구 행위의 여러 측면에 대해 배울 수도 있다. 면담과 관찰 과정은 연구 참여자들이 자신들의 삶의 양상에 대해 더 반성적이 되도록 한다. 참여자 중심 연구와 점점 더 많은 일반적인 연구에서도 연구가 연구 참여자들이나 그들의 지역사회를 어떤 방식에서든 조력하도록 하는 의도성을 지닌다. 이런 종류의 탐구는 연구 대상자들의 관심사에 집중하게 한다. 특정하고 지역화된 해결책을 찾아볼 수 있다. 연구 참여자들은 때로는 공동 연구자가 되어 어떻게 연구 프로젝트를 수행하는지를 배울 뿐만 아니라 자신들의 삶을 바라보는 새로운 방법,

삶을 변화시키는 방법에 대해서도 배우게 된다. 예를 들면, 경제적으로 빈곤하고 소외된 시골 버몬트 여성들은 "Listening Partner" 그룹에서 비슷한 상황에 있는 여성들과 정기적으로 대화를 나누고 협력적으로 문제 해결을 도모할 수 있는 기회를 갖게 되었고 자신의 삶을 다르게 바라보고 다르게 살기 시작했다; 학습 모임을 통한 관계는 이들이 소외를 덜 느끼게 해 주었다(Belenky, Bond, Weinstock, 1997). 이런 종류의 연구 시도에서 연구 *과정*은 연구 *결과*만큼이나(혹은 연구 *결과*보다 더) 중요하다.

기술과 자기 학습의 발달. "나는 벽에 부딪혔어요." 찰리(Charlie)가 이렇게 말한다. "나는 교실에 대해서 더 이상 한 줄도 쓸 수 없어요. 우리는 둘 다 피곤해요—내가 교실에 머무르는 것, 그리고 그녀가 그곳에서 나를 머무르게 하는 것에 대해서 말이에요." 찰리는 다연령 학급에 관한 연구를 수행하는 중에 있었다. 그는 교실 관찰을 해 왔고, 학생, 부모, 학교 직원들과 면담해 왔으며; 그의 생각들을 교사와의 강도 높은 모임에서 토론해 왔다. 짧은 휴식기를 거쳐 그는 학급으로 다시 돌아왔고 교사와 학생들은 그를 환영했다; 그러는 와중에 찰리는 연구를 하는 과정에 대한 유용한 무엇을 배울 수 있었다. 찰리는 다른 종류의 휴식을 계획하기 시작했다: 자신의 업무를 자세히 바라보도록 하는 반성적 휴식, 연구자의 역할로부터 완전히 쉴 수 있도록 하고 연구자가 아무리 사랑을 받더라도 그의 존재가 주는 방해에서 연구 참여자들이 쉴 수 있게 하는 완전한 휴식.

연구 행위는 연구자로서 당신 자신에 대해 가르쳐 준다. 당신이 잘 들어 주고 탐색적 질문도 잘 한다고 자부심을 가졌을지 모르지만 당신이 원했던 것만큼 연구자로서 관찰력이 예리하지 못함을 깨닫게 될 수도 있다. 관찰을 기록하기 위한 전략과 면담 자료를 전사할 시간을 내기 위한 전략을 개발해야 하는 필요성을 느낄 수도 있다. 연구자로서 자신에 대해 배우는 것뿐만 아니라 일반적인 당신 자신에 대해서도 배울 수 있다. 질(Jill)은 "어떤 문제가 나의 관심을 끄는지와 우리가 어떤 질문을 던질 것인지를 바라보면서 우리는 각자에게 의미 있고 중요한 것이 무엇인지에 대해 더 잘 이해할 수 있게 되는 방법을 찾게 되는 것 같아요."라고 반추했다. 당신이 선택한 연구 주제와 방법론에 당신 자신의 일부가 거울처럼 비추어진다는 면에서 당신의 연구는 자서전적이라고도 볼 수 있다. 당신의 관심이 어디에 있는가를 이해하는 것은 당신의 핵심적 가치와 신념을 더 잘 이해할 수 있게 이끌 것이다. 순차적으로 이런 이해는 미래의 연구에 대한 더 큰 방향성을 제공해 준다.

한 대학원생은 학생들이 예비연구를 계획하고 실행했던 2학기에 걸친 수업을 마친 후 이렇게 말한다: "다른 방식으로는 배울 수 없는 것을 질적 연구를 통해서는 배울 수 있다." 나는 이 말에 동의한다. 질적 현장 연구를 수행하면서 나는 다음을 관찰했는데 이는 학생들이 배울 필요가 있는 것들이다.

1. 저널쓰기의 가치를 인식하고 사고와 해석을 만들어 내고 자신을 반성하고 궁극적으로는 보고서와 논문을 만들어 내는 기술적이고 분석적 노트의 유용성을 알아야 한다.
2. 호기심을 가지고 관찰하며 섣부른 판단을 유보하고 최소한 선입견을 인식해야 한다.
3. 다른 사람의 말을 경청하며 대화에 참여하라. 즉, 한 사람이 말을 할 때 반박을 하거나 논쟁을 하는 데 집중하기보다는 그의 관점을 이해하려고 노력하며 그 입장에서 질문을 던지거나 코멘트를 하라.
4. 신념, 태도, 사회적 상호작용에 내재된 복합성을 인식하고 어떻게 이들이 맥락에 제한되고 모순된 삶을 사는지 살펴보라.
5. 권위의 원천으로 언제나 전문가들이나 출판된 연구들에 의존하는 대신 일상적 삶의 지식과 경험에 가치를 두어야 한다.

이브 크래스너(Eve Krassner)는 학부 비교 국제 교육 프로그램에서 2학기를 보내면서 멕시코에서 쓴 자신의 논문에 이런 배움에 대해 보여 주었다. 여기에 그 일부를 발췌했다.

> 자주 세계적인 것과 지역적인 것은 양립할 수 없다고 여겨진다. 한쪽이 지배적인 패러다임에 종속되거나 혹은 완전히 밖으로 나와서 살게 된다. 예를 들면 전통적인 방법의 힐링은 서구 의학에서는 특히 문제가 될 수 있다. 교육받은 의사들은 전통적인 치유자들이 "적절한" 훈련이 부족했다는 이유로 무시해도 된다고 느끼면서 그 효용성에 대해서도 냉소적이었다. 산타 클라라(Santa Clara)의 민간치료사인 조세피나(Josephina)는 매우 다른 묘사를 한다. 그녀가 자신과 "현대적" 의사의 관계를 묘사한 관계는 상호 신뢰와 이해였으며 그녀는 이를 "intercambio de trabajo"라고 불렀다. 그녀는 병원 의사들과 자신의 지식을 공유했고 그들은 대신 그녀가 접근할 수 없었던 훈련을 제공했다. 그녀가 초라한 자신의 집에서 흰 실험실 가운

> 을 입은 의사들에게 시범을 보이는 장면을 상상하거나 의사들이 혈압을 잴 때 차가운 도구 대신 환자들의 에너지를 읽어 내기 위해 향을 피우고 석탄을 태우는 장면을 상상해 보면 너무나 멋지다. 조세피나가 의사들이 제공해 주는 정보를 감사하게 여기고 의사들은 이해하지 못했던 치료과정에서의 그녀의 통찰을 기꺼이 받아들이는 모습을 보는 것도 좋다. 그녀의 이야기는 많은 사람들이 저항했던 협력을 보여 주는 것 같다.
>
> 내가 이들 지역사회에서 보낸 시간이 나에게 멕시칸 사회의 성격에 대해 보여 주었다면 동시에 여러 수준에서 많은 형식과 기능으로 존재했기 때문이다. … 이 나라는 미국에 두 번째로 큰 석유 공급 국가이며 경제적인 부흥의 예가 된다. 세상에서 가장 부자는 멕시칸이며 그의 성공은 경제 정책 덕분이지만 바로 그 법안이 중요한 사회경제적 불평등을 야기했다. 또한 멕시코는 부패와 폭력으로 괴롭다. 그러나 지역사회를 찬양하고 성장시키는 나라이다. Usos y costumbres(고유의 관습법 — 역주)는 분열보다는 다양성을 가져왔고 경쟁이 아닌 협력이 나타났다. 가족들은 전통을 살리기 위해 협력했다. 일부 사람들은 이주(out-migration)로 고통받았지만 이주했던 아들과 딸이 돌아오기도 했다. 이 두 개의 상충되는 시스템으로 인해 멕시코가 건강 문제로 고통받게 되고 기업이 사유화되고 사회조직에도 고통을 주지만 80퍼센트의 땅 공용화가 지속되도록 한다. 나는 치유자 조세피나로부터 배운 것을 나의 경험으로 취하고 싶다. 간극을 메우는 방식을 찾을 수 있다.

질적 연구자가 *되기* 위해 수반되는 기술과 태도는 좋은 학자가 되어 보다 공감적이 되고 호기심을 가져 연구자 자신과 다른 삶을 살아가는 다른 사람들과 중요한 관계를 지속적으로 형성하는 데 있어 특별히 중요해 보인다. 연구자는 자신을 다른 사람들에게 개방하면서 배우게 된다. 다른 사람들의 고통, 그들의 투쟁, 그들의 즐거움을 느끼며 세상을 새로운 방식으로 인식하기 시작한다. 다른 사람들과 연결되고 다양하고 복합적인 상호작용과 타인의 삶에 크고 작게 이바지할 수 있는 상호작용을 위한 기초를 만들 수 있게 될 것이다. 또한 당신이 지닌 가치를 점검하고 연구를 통해 배운 바에 따라 연구자 자신의 삶에 변화를 갖게 되는 결정을 내릴 수도 있다.

관계를 형성하기와 심화시키기. 미국 원주민 문화인류학자인 Terry Tafoya(1989)는 일련의 사건을 통해 시력을 잃은 코요테 이야기를 해 준다. 그는 완전히 눈이 멀었다가 생쥐가 그에게 자그마한 눈을 하나 주고 그 다음엔 물소가 그의 큰 눈 하나를 내주었다. 그렇지만 코요테는 이 시각들을 어떻게 균형 맞추어야 하는지를 배우지 못했다. Tafoya는 독자들을 위한 교훈을 이렇게 말한다. "완전한 인간(혹은 완전한 코요테)이 되기 위해서는 생쥐와 물소의 눈 사이를 왔다 갔다 하는 방법을 배워야 할 뿐만 아니라 때로는 독수리, 곰, 쿠거, 그리고 전설속의 모든 동물의 눈으로 바라보아야만 한다"(p. 32).

연구자들은 다른 눈을 통해 보는(듣고, 느끼는) 법을 배워야 한다. 그렇지만 연구 행위는 관습적인 과정이 일반적으로 연구자를 설계자, 이해하는 사람, 말하는 사람이 되도록 하기 때문에 문제점이 발생하게 된다. 그리고 연구자는 절대로 모든 사람에게 "옳은" 방식으로 바라보는 데 필요한 모든 렌즈를 통해 "볼 수" 없다. Tierney(2000)는 "미국 원주민, 레즈비언, 게이와 같이 변경에 사는 사람들의 삶을 기록"하려고 하는 사람들을 비판했던 것을 회고했으며 "변경에 있는 우리의 모습이 전통적인 텍스트에서 부재함"(p. 547)도 역시 비판했다. 계속해서 Tierney는 연구자가 "다른 사람들"을 연구하지 말라는 소리가 아니라 "연구자가 자아정체성의 분절적인 성격을 이해하는 데에서 연구를 시작해야 하며 독자들로 하여금 어떻게 저자/내레이터/화자가 논쟁이 된 의미들로 가득 찬 특정한 자기정체성을 형성했는지 볼 수 있도록 하는 텍스트를 만들어야 한다"(p. 548)고 강조한다.

질적 연구자들의 임무는 *규범*이 아닌 *복잡성*을 두드러지게 하는 것이며, 지평을 좁히는 것이 아니라 다원성에 공헌할 수 있도록 복잡성을 강조하는 것이다. 외로운 연구자의 역할에서 대화로 이동하는 것은 이 과정을 돕는다. 우리는 대화와 타인에

집단 속에서의 관계는 (공동 연구자, 연구자들, 연구 참여자들 혹은 한 학급) 예상치 못하게 연구 주제보다 배움과 성장을 위한 더 큰 기회가 될 수 있다.

게서 서로 배움으로써 우리가 의존하고 있는 렌즈를 점검하고 보다 쉽게 볼 수 있다. 우리는 대화에서 "이기거나 설득시키려고 하지 않고 우리의 상이한 견해에서 함께 탐색"(Panikkar, 1995, p. 172)하게 된다. 이 과정은 개념을 공유된 이해를 위해 축소시키거나 혹은 모든 연구 참여자들이 동의하는 새로운 개념을 만들려고 하는 것이 아니다. 그보다는 Vashon(1995)이 말했듯이 이런 종류의 대화는 "우리의 차이점 속의 조화"(p. 72)를 암시한다.

많은 진실은 나란히 공존한다. 이것은 하나의 진실이 다른 진실만큼 훌륭하다는 뜻이 아니라 세상과 우리 삶 속에 있는 많은 진실을 인식해야만 한다는 뜻이다. 상충하는 진리를 제거하는 것이 목적이 아니라 새롭고 더 깊이 있고 더 복잡한 다원적 진리를 이해하는 것이 목적이다.

우리는 대화와 협력적 연구를 통해 관계를 형성하고 그들에 "대해서"가 아니라 타인들과 함께 작업을 하면서 자신을 공유한다. Tsing(1997)이 말했듯이 "우리에게 필요한 것은 어떻게 다문화적인 제휴가 고유한 진리를 걸러 내거나 오용하거나 왜곡하지 않고 모든 이론이 세워진 창의적인 가능성을 불 붙일 수 있는지를 보여 줄 수 있는 체제이다"(p. 253).

맺음말

한 자연주의자는 "자연을 평생동안 사랑할 수 있다. 그리고 자연은 여전히 당신에게 숨긴 비밀을 갖고 있을 것이다"(Wilson, 1989, p. 18). 볼리비아의 한 마을, 중서부의 한 기독교 학교, 버몬트 시골 학교 등 무엇을 연구하든지 연구자가 그것을 완전히 이해할 수는 없다. 다만 다음에 어디를 볼 것인가, 어떤 새로운 질문을 던질 것인가, 연구자 자신과 타인들을 위한 의견을 갖게 될 뿐이다. 로나(Lorna)가 자신의 예비 프로젝트를 회상하면서 이렇게 말했듯이

> 내가 되돌아가서 원래의 목적을 살펴보았을 때 나는 통합에 대한 이해와 질적 연구를 어떻게 이용할 것인가에 관하여 아주 작은 진전, 아주 작은 발걸음들이 있었다고 본다. 마치 내가 문을 열고 안을 살짝 들여다본 듯한 느낌이다.(이것은 엄청나게 큰 방이다!) 탐색하도록 남겨진 것의 엄청난 방대함은 두려움과 흥분을 동시

> 에 느끼게 만든다. 압도되지 않도록 노력한다. 한 선생님이 한 이 말을 기억할 것이다. "당신은 일하고 일하고 일하고 일하고 또 일하지요. 그리고 … 아이는 천천히 그 노력의 결과에 도달합니다." 나는 그녀가 작은 발걸음들이 중요하다는 의미로 말했다고 생각한다.

한 걸음씩 한 걸음씩 나가면서 우리는 이해에 도달하게 된다. Scheper-Hughes (1992)는 이해는 언제나 부분적일 수밖에 없다는 사실을 받아들이고 "적당히 좋은" 문화기술지를 수행해야 한다고 주장했다. 그러나 우리는 "우리 손에 가진 제한된 자원—사려 깊게, 동감적으로, 열정적으로 듣고 관찰하는 능력—을 갖고 우리가 할 수 있는 최선을 이루려고 노력해야 한다"(p. 28).

질적 탐구는 타인의 삶, 당신의 학문분야, 당신의 실제 행위, 당신 자신으로 이끄는 탐색이다. 당신이 무엇에 도달할 수 있을지 확신할 수는 없지만 틀림없이 탐색을 마치고 앞으로 전진할 수 있을 것이다. 안드리아(Andrea)의 말은 그녀의 연구에 수반되었던 감정이입, 열정, 존중을 전해 준다.

> 내가 알고 싶은 것은 너무나 많다. 나는 각 면담이 내게 건네진 하나의 장미봉오리 같이 느껴진다. 내가 면담을 집에 가져와서 전사할 때 꽃봉오리들은 피어나기 시작하고 각 꽃잎은 새로운 아이디어나 더 심오한 이해가 된다. 이제 여기에서 나는 한 손에 3개의 아름다운 꽃송이와 함께 서서 다른 손을 뻗치고 있다.
>
> 진정한 연구는 끝나지 않는다. 그 대신 또 다른 탐색의 길을 가르쳐 준다.

추천하는 읽을거리

Caro, S. (2009). *How to publish your PhD: A practical guide for the humanities and social science.* London, UK: Sage.

Denzin, N., & Giardina, M. (Eds.). (2009). *Qualitative inquiry and social justice.* Walnut Creek, CA: Left Coast Press.

Miller, J. E., & Schmid, O. (Eds.). (2012). *How to get published in anthropology: A guide for students and young professionals.* Lanham, MD: AltaMira Press.

연습문제

1. 당신의 연구가 주는 가능성 있는 중요성에 대해 생각해 보라. 이 연구가 이론, 정책, 그리고/또는 실제에 어떤 방식으로 공헌할 것인가? 이런 생각들을 글로 표현해 보라.

2. 예비 프로젝트를 마친 후에 당신의 연구 진술문과 연구 설계, 면담 질문으로 돌아가 보라. 어떻게 고칠 수 있을까?

3. 연구 계획서를 작성하고 탐구로 가는 길에 한 걸음 전진하라.

부록 A

질적 방법론의 몇 가지 유형 설명

내러티브 연구

내러티브 연구(narrative research)는 일반적으로 사람들이 자신들의 삶에 대해 말하는 이야기에 중점을 두는 연구 과정을 말한다. 생애사(life history), 구두사(oral history), 전기(biography), 사적 내러티브(personal narrative), 내러티브 분석(narrative analysis)을 포함한 다양한 접근이 이 범주에 들어간다. "모든 것은 인간이 자신의 삶을 이야기를 통해서 이해한다는 생각에 기초한다"(Hatch, 2002, p. 28). 따라서 내러티브 연구에서는 참여자들이 자신의 경험에 대해 한 이야기가 가장 중요한 요소가 된다. 이런 목적을 갖고 내러티브 연구자들은 문화기술지 연구자와 같은 자료원에 의존하는 경향이 있다: 면담, 개인적인 편지 혹은 일기, 여러 서류들과 기록물. 문화기술지 연구자들만큼은 아니지만 내러티브 연구자들도 맥락적, 상황적인 자세한 정보를 얻고 피면담자들이 한 말의 의미를 더 잘 해석하기 위해 참여관찰을 하기도 한다. 그러나 Sara Lawrence-Lightfoot과 Jessica Hoffmann Davis(1997)가 설명한 것처럼 *초상화법(portraiture work)*은 연구자가 "중요한 이야기"를 찾아내고 "맥락에서의 복잡하고 미묘한 설명"을 전달하기 위해 연구 참여자들을 관찰하고 상호작용하면서 현장에서 상당한 시간을 보내기를 요구한다.

좋은 내러티브 연구는 사람들의 독특함, 딜레마, 복합성을 보여 주어서 독자들로 하여금 자신을 반성해 보게 하고 자신의 상황과 질문을 이야기와 연결하게끔 한다. Clandinin(2013)은 "우리는 스스로 재이야기한다"고 말하며 "아마도 우리가 자리잡은 기관적, 사회적, 문화적 내러티브를 전환하기 시작한다"(p. 34)라고 했다. 내러티브 연구자는 시간적으로 얼마간의 간격을 두고 단 한 명의 참여자와 여러 번의 면담을 수행할 수도 있다(Behar, 1993; Shostak, 1981 참고). 이런 삶에 관한 연구는 때로는 전체적 문화나 집단에 관해 이야기하는 방식이 되기도 한다. 예를 들어 멕시코에서 수행한 Oscar Lewis(1963)의 연구는 한 가정의 구성원들의 삶을 중심으로 한 문화적 기술에 가까웠다(Tedlock, 2000). 때로 삶 이야기(life story)는 Linden(1993)이 홀로코스트를 경험한 여인들에 관한 연구에서처럼 특정한 역사적 사건과 사람들의 인식을 설명하는 데 사용되기도 한다. 또한 내러티브는 예술가의 창조적 삶, 운동가의 자의식을 만든 중요한 요소와 같은 전기적 이야기, 특정한 관점과 상호작용의 예시에 중점을 두기도 한다(Bateson, 1990; Myerhoff, 1979 참고).

내러티브 연구자들은 문화기술지 연구자들이 사용하는 것과 동일한 분석 도구를 사용할 수도 있지만 보다 전체적이고 예시적으로 글을 쓰는 경향이 있다. Clandinin(2013)은 주제보다 줄거리에 집중하는 것의 차이를 구분하며 분석과 글쓰기가 어떻게 "개인의 내러티브 내의 시간과 장소에 엮여진 특정한 줄거리"(p. 132)를 따라오는지에 대해 설명했다. 사회적 이론에 전기를 연결하는 데 관심을 두게 되면서 자연스럽게 발생하는 대화 혹은 면담에서의 내레이션을 텍스트로 다루는 다른 내러티브 분석 기법에 이르게 되었다. 구두 텍스트는 녹음되고 말의 방식(시작, 중간, 끝, 줄거리, 수사학, 발언, 말의 중지, 중복, 대화의 뉘앙스 등)뿐만 아니라 사람들이 자신의 문화, 사회적 삶에 대해 어떻게 말하는지를 분석하게 된다(Gubrium와 Holstein(2009)의 「Analyzing Narrative Reality」 참고).

비판적 패러다임으로 구분될 수 있는 내러티브 연구의 유형은 *testimonio*이다. 라틴 아메리카에서 발전한 *testimonio*는 사회적 소외 혹은 억압을 이야기하는 데 사용되었다. 생애사 연구를 하는 전통적인 절차와 "testimonio는 자신의 삶에 대한 이야기가 독자들에게 감동을 주어 화자가 밝히는 집단과 협력하여 행동으로 옮기고자 하는 바람에서 증언하는 사람에 의해 발전되었다"(Tierney, 2000, p. 540)는 면에서 생애사 연구를 하는 전통적인 절차와 다르다. 예를 들면 Barrios de Chungara가 Viezzer와 공저한 「Let Me Speak! Testimony of Domitila, a Woman of the Bolivian Mines」(1978)을 참고하라.

Davies와 Gannon(2006)의 **집단적 전기(collective biography)** 연구는 후기구조주

의에 기초한 내러티브 연구의 예시이다. 푸코(Foucault)의 이론 등에 따라 여섯 명 혹은 일곱 명의 참여자들은 "주제와 관련된 사람들의 기억을 끌어내기 위해 협력한다"(p. 3). 한 주 정도의 워크숍 동안의 말하고, 듣고, 쓰기 과정을 통해 집단은 "지배적인 담론의 구조적 효과를 가시화하고 명백하게 하며 들을 수 있게" 하며 "어떻게 담론과 실제가 우리에게 영향을 주는지 조사하고" "우리 자신과 담론이 변화할 수 있는 가능성을 열게 한다"(Davies & Gannon, 2006, p. 5).

근거이론

Barney Glaser와 Anselm Strauss(1967)는 **근거이론(grounded theory)** 연구의 창시자이다. 그들의 연구는 Strauss와 Corbin(1998), Charmaz(2002)에 의해 발전되었다. 근거이론 자체는 이론이 아니고 자료에 '근거한' 이론을 개발하기 위한 방법론이다. 이 연구 접근법의 목적은 "개념적 범주 사이의 관계를 보여 주고 이론적 관계가 드러나고 변화되고 유지되는 상황을 구체화하는 것"(Charmaz, 2002, p. 675)이다. 근거이론 연구는 사회적 현상에 대한 이론을 생성하기 위해 지속적인 자료 샘플링, 코딩, 범주화, 비교를 포함한 자료 수집과 분석의 구체적 절차를 거치게 된다.

단순한 용어로 말하자면 근거이론가들은 면담과 관찰을 통해 주제에 관한 자료를 수집하고 개념적인 범주를 위해 자료를 분석하고 이 범주들을 잠정적 이론으로 연결시킨 후 더 많은 자료를 수집해서 어떻게 이론에 맞는지를 살펴본다. 이 과정을 반복하여 연구자는 새로운 자료에 따라 개념적 범주를 개발하고 이론을 수정한다. 근거이론 자체는 이론의 여러 측면들을 비교하고 대조하기 위해 다른 장소 혹은 사람들을 표본으로 제안한다(**이론적 샘플링**이라고 함). 근거이론 연구자들은 문화기술지 연구자들이 사용하는 많은 도구를 사용하여 자료를 모으지만 특별한 방식으로 사례, 코드를 선정하고 비교하여 떠오르는 개념을 시험한다.

근거이론은 사회과학 연구를 논리적 실증주의로부터 움직이도록 했고 많은 학자들이 양적 연구 방법을 신봉하던 시기에 질적 연구 방법을 지지했다. 근거이론에서 나온 **지속적 사례 비교(constant case comparison)**, 이론적 샘플링(theoretical sampling), 자료 포화(data saturation)와 같은 용어, 개념, 절차는 근거이론을 사용하지 않는 학자들에게도 자주 사용된다. 그러나 문제는 연구자들이 근거이론을 사용했거나 '근거이론'을 개발했다고 주장하면서 단순히 근거이론의 용어를 사용해서 논문 심사 위원회나 논리적 실증주의 성향을 가진 논문심사자들의 마음을 끌려고 한다는 점에 있다. 당신의 연구를 근거이론이라고 부르기 전에 근거이론에 대해 더 공부하라. Glaser와 Strauss의 「The Discovery of Grounded Theory」(1967), Glaser의 「Theoretical Sensitivity」(1978), Strauss와 Corbin의 「Basics of Qualitative Research: Techniques and Practices for Developing Grounded Theory」(1998)가 그 시작점이 될 것이다.

사례연구

사례연구(case study)는 다양한 학문분야에서 다른 의미로 사용되어 왔다. 하버드 경영대학(the Harvard Business School)에서의 사례는 경영 수업에서 토론을 위한 교육적 도구로 형성되었다. 질적 연구에서 사례연구라는 용어는 사례에 대한 철저한 연구를 말하지만 '사례'란 용어는 한 사람, 한 마을, 사건 혹은 특정한 프로그램의 실행처럼 일련의 절차를 뜻하기도 한다. 흔한 기준은 한 사람, 한 마을, 하나의 사건, 프로그램이 부분으로 구성된, 경계 지어진(bounded), 통합된 시스템이라는 것이다(Stake, 1995). 그렇지만 어떤 것을 '경계 지어진'이라고 하는 바는 연구자가 무엇을 경계 내에 포함시킬지 결정하느냐에 따라 모호할 수 있다. 어떻게 정의하든 사례의 연구는 참여 관찰, 심층 면담, 문서 수집과 분석을 통해 수집한 자료를 심층적으로 때로는 종단적으로 조사하는 과정이다. 하나 이상의 사례 비교에는 유형 탐색을 하기도 하지만, 주제보다는 기술적이며 전체적인 글쓰기를 하게 된다.

Stake(2000, p. 437)는 사례연구를 본질적 사례연구(intrinsic case study), 도구적 사례연구(instrumental case study), 집합적 사례연구(collective case study)라는 세 유형으로 구분했다. 본질적 사례연구는 ADHD 진단을 받은 유아처럼 특정한 사례를 이해하는 데 도움을 준다. 도구적 사례연구는 ADHD 진단을 받은 유아에게 집중해서 ADHD 진단과 학교생활의 상호작용에 관한 통찰을 제공하는 것처럼 '어떤 이슈에 관한 통찰을 제공하기 위해 또는 일반화를 수정하기 위해' 특정 사례를 고려한다. 도구적 사례연구에서 ADHD 진단을 받은 다수의 유아들을 살펴본다면 이것은 '집합적 사례연구'가 되며 '현상, 인구 또는 일반적 조건'에 대한 조사를 허용한다.

어떤 사람들은 사례연구를 연구 전략으로 보기도 하지만 Stake(2000)는 "사례연구는 방법론적 선택이 아니라 무엇을 연구할지에 대한 선택이다"(p. 435)라고 주장했다. 사례연구를 하는 데에는 양적 방법을 포함한 다양한 방법과 방법론이 사용될 수 있다. 그러나 Schram(2006, p. 107)의 말처럼 "사례연구를 인간의 사회적 행동을 개념화하는 방법으로 간주하든 아니면 단지 요약하는 방식으로 여기든 간에 사례연구의 전략적 가치는 하나의 사례에서 배울 수 있는 것에 관심을 이끌어 내는 역량에 있다"(p. 107). 연구자는 사례 내의 복합성, 사례의 독특함, 사례가 속한 사회적 맥락과의 연결에 집중한다.

현상학적 연구

이 접근은 현상학적 연구(phenomenological research), 해석학적 현상학(hermeneutic phenomenological) 또는 해석적 현상학 연구(interpretive phenomenological research) 등 다양하지만 Husserl, Heidegger, Gadamer, Merleau-Ponty, Sartre 등의 철학에 기초하여 연구 참여자들의 체험을 연구하는 방법론이다. 현상학이 중점을 두는 바는 인간이 어떻게 세상을 이해하고 어떤 현상의 경험과 인식의 정수(essences)가 무엇인지 이해하고자 하는 것이다. 대부분의 연구 전통처럼 현상학 연구도 일상적 대화에서 평범하게 쓰이는 의도, 직관과 같은 나름의 용어를 사용하긴 하지만 특별한 의미를 알리기 위해 현상학적 용어를 사용한다. 다른 연구 전통처럼 연구자는 현상학 연구의 개념과 절차에 익숙해지도록 광범위하게 학습해야 한다. 이 복잡한 연구 접근에 대해 간략히 소개하도록 한다.

일반적으로 **현상학적 연구**는 소수의 동질적인 연구 참여자들과 함께 하는 심층적인 연구이다. 연구자는 각 참여자들의 경험과 인식을 이해하고, 사례들의 공통점과 차이점을 조사하려고 한다. 일반적으로 첫 아이의 출신 또는 암의 발생을 알게 된 것과 같은 한 사람의 중요한 사건이나 중요한 전이 경험의 이야기는 연결된다. 연구자는 연구 참여자들이 이런 경험을 어떻게 해석하는지 이해하기 위해 현상학과 해석학적 철학에 기초한 특정한 방법을 사용한다.

예를 들면 철학자 Merleau-Ponty는 "세상에 대한 우리의 관계가 *체현적(embodied)* 속성"이라고 했으며 "개인적으로 자리매김한 관점의 탁월함"(Smith, Flowers, & Larkin, 2009, p. 18)을 언급했다. 이 **체현(embodiment)** 때문에 같은 현상을 경험한 두 사람은 완전히 같다. 또한 아무리 당신이 타인을 잘 알게 되었다 하더라도 타인의 의식은 절대 당신의 의식이 될 수 없다. Sartre는 현상학의 초점을 우리의 자아와 세계에 대한 인식의 부재에 두었고 그 부재가 현존하는 것만큼의 중요성을 가지는지에 대해 말했다. 따라서 현상학적 연구는 현존과 부재의 차원과 관련되며, 물리적으로 현존하는 타인 혹은 사물뿐만 아니라 기억 혹은 기대 속에 존재하거나 부재한 어떤 것과 사람의 의식적 관계와 관련된다(Sokolowski, 2000). 현상학적 연구의 또 다른 측면은 성서해석에서 시작해서 다른 종류의 텍스트 그리고 궁극적으로는 사회적 현상으로 확대된 철학적 이론인 해석학의 영향을 받아 Schleiermacher와 Heidegger의 현상학적 연구까지 이어져서 어떤 경험의 내용을 구성하는 부분과 전체를 조사하고 분명히 하는 데 있다. 이러한 일련의 철학적 구인을 통해 현상학 연구자들은 한 사람의 경험을 확인하는 통찰을 찾아내고자 한다.

부록 B

현장작업 노트북 가이드라인

자료와 연구에 관련된 생각들을 조직화하도록 구분해 이름 붙일 수 있는 세 개의 링이 있는 노트를 사용하라. 아래의 내용들은 연구 자료와 과정을 추적하는 데 꼭 필요한 개요이다. 당신에게 맞는 방식으로 조직할 수 있지만 아래에 열거한 모든 내용들은 반드시 포함시켜야만 한다.

1. 명료하고 자세한 목차
2. 현장작업 계획(날짜별로 정리되고 날짜가 기록된 모든 버전)
   a. 현장작업의 목적
   b. 개념지도(concept map)
   c. 연구 진술문과 연구 문제
3. 면담 질문(날짜별로 정리되고 날짜가 기록된 모든 버전)
4. 참여관찰 노트
   a. 날짜, 장소, 시작한 시간 및 마친 시간을 기록한다.
   b. 일어난 상호작용을 최대한 충실히 기록한다.
   c. 관찰 과정 중에, 과정에 대한 생각이 떠오를 수 있다. 그것을 기록하게 당신의 의견, 판단, 질문으로 표현하기
   d. 관찰을 마친 이후에 기록을 읽는다. 휘갈겨 쓴 것은 읽을 수 있게 만들고 기억나는 데 생략된 사항은 추가해 넣는다. 이 작업은 기억이 생생할 때 가

능한 한 빨리 해야 한다. 관찰 기록을 컴퓨터 파일로 입력하는 것이 이 기억 재생 과정을 돕는다.

5. 면담 노트
   a. 각 면담의 날짜, 장소, 시작한 시간 및 마친 시간을 기록한다.
   b. 녹음을 하지 않는다면 가능한 한 말 그대로 기록한다. 녹음하지 않은 면담을 마친 이후엔 당신의 기록을 가능한 한 빨리 읽어 본다. 휘갈겨 쓴 것은 읽을 수 있게 만들고 기억나는 자세한 사항을 추가해 넣는다. 이 작업도 컴퓨터에서 할 수 있다.
   c. 면담을 녹음했다면 전사본과 함께 기록된 노트를 포함해 넣는다.
   d. 면담이 종료된 후 과정이나 더 좋은 면담 질문이 떠오를 수 있다. 이 모든 것을 기록한다.
6. 반성적 저널(모든 생각과 반응은 연구의 말미가 아닌, 연구 과정 내내 기록되어야 한다. 반성적 저널의 주 목적은 당신이 연구를 하고 있는 동안에 연구 수행을 반성해 보기 위함이다. 모든 기록에는 날짜를 써라.)
   a. 당신의 연구 프로젝트를 생각하기 시작했을 때부터 반성적 저널 쓰기를 시작하라. 연구 주제의 중요성과 연구 목적에 대한 생각을 발전시켜라. 당신이 알고 싶어하는 것이 정확히 무엇인지와 그 이유에 대해 이해해 보라.
   b. 현장작업이 제기하는 모든 질문들이 떠오르는 대로 기록하라. 여기에는 당신이 다른 사람에게 묻고 싶은 질문, 실재적 질문, 방법론적 질문들이 포함된다.
   c. 연구자로서 당신 자신에 대한 생각, 그리고 연구 참여자들에 대한 느낌, 가정, 상호작용에 대한 생각을 기록하라. 당신의 현장작업에 의해 일어나는 주관성의 영역이 무엇인지에 대해 생각해 보라. 당신이 수집한 자료에 어떤 영향을 미친다고 생각하는가? 영향을 미치지 않게 하기 위해 당신이 해야 할 일에는 무엇이 있을까?
   d. 현장작업 과정에서 가질 수 있는 그 어떤 문제라도 기록하라. 이런 문제점에 있어 가능한 해결책에 대해 생각해 보라.

   수의: 이 모든 반응들은 연구를 마칠 때만이 아니라 연구 과정 전체에 걸쳐 기록되어야 한다. 주 목적은 당신이 연구를 하고 있는 동안 당신이 하고 있는 것에 대한 반성이기 때문이다. 모든 사항에 날짜를 기입하라.

7. 분석
   a. 자료 수집에 의해 도출된 사고를 조직하고 확장시켜라. 이것은 당신이 보고 있는 것에 대해 반성하고 있고 일어나고 있는 일에 대한 직관을 형성하기 때문에 분석의 단계를 시작한다고 볼 수 있다.
   b. 코드들 (날짜별로 정리되고 날짜가 기록된 모든 버전)
   c. 코딩된 자료를 보여 준다. (이것은 분류된 후에 할 수도 있음)
   d. 잠재적인 주제와 패턴의 모든 버전을 기록한다.
   e. 작업 중인 그림, 차트, 행렬표를 포함한다.

참고문헌

Aamodt, A. (1989). Ethnography and epistemology: Generating nursing knowledge. In J. Morse (Ed.), *Qualitative nursing research: A contemporary dialogue* (pp. 29–40). Rockville, MD: Aspen.

Agar, M. (1973). *Ripping and running: A formal ethnography of urban heroin addicts.* New York, NY: Seminar Press.

Agar, M. (1980). *The professional stranger.* New York, NY: Academic Press.

Agar, M. (1995). Literary journalism as ethnography. In J. Van Maanen (Ed.), *Representation in ethnography* (pp. 112–129). Thousand Oaks, CA: Sage.

Ahmed, A., & Shore, C. (1995). Introduction: Is anthropology relevant to the contemporary world? In A. Ahmed & C. Shore (Eds.), *The future of anthropology: Its relevance to the contemporary world* (pp. 12–45). London, UK: Athlone.

Altheide, D., & Schneider, C. J. (2013). *Qualitative media analysis* (2nd ed.). Thousand Oaks, CA: Sage.

American Anthropological Association. (2012). *Statement on ethics: Principles of professional responsibilities.* Arlington, VA: Author. Available at: aaanet.org/profdev/ethics/upload/Statement-on-Ethics-Principles-of-Professional-Responsibility.pdf

Anderson, N. (1923). *The hobo: The sociology of the homeless man.* Chicago, IL: University of Chicago Press.

Ashton, P., & Webb, R. (1986). *Making a difference: Teacher's sense of efficacy and student achievement.* New York, NY: Longman.

Association of Internet Researchers. (2012). *Ethical decision-making and Internet research,* version 2. Available at: aoir.org/reports/ethics2.pdf

Atkinson, R. (2002). The life story interview. In J. F. Gubrium & J. A. Holstein (Eds.), *Handbook of interview research: Context and method* (pp. 121–140). Thousand Oaks, CA: Sage.

Ball, S. (1985). Participant observation with pupils. In R. Burgess (Ed.), *Strategies of educational research: Qualitative methods* (pp. 23–53). Philadelphia, PA: Falmer Press.

Bandelier, A. F. (1971). *The delight makers: A novel of prehistoric Pueblo Indians.* New York, NY: Harcourt Brace Jovanovich. (Original work published 1890)

Banks, M. (2007). *Using visual data in qualitative research.* Thousand Oaks, CA: Sage.

Barone, T. (1990). Using the narrative text as an occasion for conspiracy. In E. Eisner & A. Peshkin (Eds.), *Qualitative inquiry in education: The continuing debate* (pp. 305–326). New York, NY: Teachers College Press.

Barone, T., & Eisner, E. (2012). *Arts based research.* Thousand Oaks, CA: Sage.

Barrios de Chungara, D., & Viezzer, M. (1978). *Let me speak! Testimony of Domitila, a woman of the Bolivian mines* (V. Ortiz, Trans.). New York, NY: Monthly Review Press.

Bateson, M. C. (1984). *With a daughter's eye: A memoir of Margaret Mead and Gregory Bateson.* New York, NY: Morrow.

Bateson, M. C. (1990). *Composing a life.* New York, NY: Plume.

Baym, N., & Markham, A. (2009). Introduction. In A. Markham & N. Baym (Eds.), *Internet inquiry: Conversations about method* (pp. vii–xix). Thousand Oaks, CA: Sage.

Bazeley, P. (2013). *Qualitative data analysis: Practical strategies.* Thousand Oaks, CA: Sage.

Behar, R. (1993). *Translated woman: Crossing the border with Esperanza's story.* Boston, MA: Beacon Press.

Behar, R. (1995). Writing in my father's name: A diary of *Translated Woman*'s first year. In R. Behar & D. Gordon (Eds.), *Women writing culture* (pp. 65–82). Berkeley: University of California Press.

Belenky, M., Bond, L., & Weinstock, J. (1997). *A tradition that has no name: Nurturing the development of people, families, and communities.* New York, NY: Basic Books.

Belmont Report: Ethical principles and guidelines for the protection of human subjects of research. (1979). National Commission for the Protection of Human Subjects of Biomedical and Behavioral Research, Department of Health, Education, and Welfare. Available at: hhs.gov/ohrp/humansubjects/guidance/belmont.html#xrespect

Benthall, J. (1995). From self-applause through self-criticism to self-confidence. In A. Ahmed & C. Shore (Eds.), *The future of anthropology: Its relevance to the contemporary world* (pp. 1–11). London, UK: Athlone.

Berg, B. (1995). *Qualitative research methods for the social sciences* (2nd ed.). Boston, MA: Allyn & Bacon.

Berlinski, M. (2007). *Fieldwork.* New York, NY: Picador.

Bishop, P. (1998). *Portraits of partnership: The relational work of effective middle level partner teachers.* Unpublished doctoral dissertation, University of Vermont, Burlington.

Bishop, R. (2008). Freeing ourselves from neocolonial domination in research. In N. Denzin & Y. Lincoln (Eds.), *The landscape of qualitative research* (3rd ed., pp. 145–183). Thousand Oaks, CA: Sage.

Bloom, L. R. (1998). *Under the sign of hope: Feminist methodology and narrative interpretation.* Albany: State University of New York Press.

Bloom, L. R., & Sawin, P. E. (2009). Ethical responsibility in feminist research: Challenging ourselves to do activist research with women in poverty. *International Journal of Qualitative Studies in Education, 22*(3), 333–351.

Bloor, M., & Wood, F. (2006). *Keywords in qualitative methods.* Thousand Oaks, CA: Sage.

Blumenfeld-Jones, D. (1995). Dance as a mode of research representation. *Qualitative Inquiry, 1*(4), 391–401.

Blumenfeld-Jones, D. (2008). Dance, choreography, and social science research. In J. G. Knowles & A. L. Cole (Eds.), *Handbook of the arts in qualitative research* (pp. 175–184). Thousand Oaks, CA: Sage.

Boal, A. (2006). *Aesthetics of the oppressed* (A. Jackson, Trans.). New York, NY: Routledge.

Bochner, A., & Ellis, C. (1996). Introduction: Talking over ethnography. In C. Ellis & A. Bochner (Eds.), *Composing ethnography: Alternative forms of qualitative writing* (pp. 13–45). Walnut Creek, CA: AltaMira Press.

Bogdan, R., & Biklen, S. (2007). *Qualitative Research for Education: An Introduction to Theories and Methods* (5th ed.). Boston: Pearson/Allyn and Bacon.

Bonfil Batalla, G. (1996). *México profundo: Reclaiming a civilization.* Austin: University of Texas Press.

Bottorff, J. (1994). Using videotaped recordings in qualitative research. In J. Morse (Ed.), *Critical issues in qualitative research methods* (pp. 244–261). Thousand Oaks, CA: Sage.

Bray, J. N., Lee, J., Smith, L. L., & Yorks, L. (2000). *Collaborative inquiry in practice.* Thousand Oaks, CA: Sage.

Bruner, E. (1984). Introduction: Opening up of anthropology. In E. Bruner (Ed.), *Text, play, and story: The construction and reconstruction of self and society* (pp. 1–16). Washington, DC: American Ethnological Society.

Bruner, E. (1986). Experience and its expressions. In V. Turner & E. Bruner (Eds.), *The anthropology of experience* (pp. 3–30). Urbana: University of Illinois Press.

Bruner, E. (1993). Introduction: The ethnographic self and the personal self. In P. Benson (Ed.), *Anthropology and literature* (pp. 1–26). Urbana: University of Illinois Press.

Bryant, I. (1996). Action research and reflective practice. In D. Scott & R. Usher (Eds.), *Understanding educational research* (pp. 106–119). New York, NY: Routledge.

Busier, H. (1997). *Beyond the yellow brick road: Educational portraits of anorexic women.* Unpub-

lished doctoral dissertation, University of Vermont, Burlington.
Busier, H., Clark, K., Esch, R., Glesne, C., Pigeon, Y., & Tarule, J. (1997). Intimacy in research. *International Journal of Qualitative Studies in Education, 10*(2), 165–170.
Butler-Kisber, L. (2002). Artful portrayals in qualitative inquiry: The road to found poetry and beyond. *Alberta Journal of Educational Research, 48*(3), 229–239.
Caro, R. (1988). Lyndon Johnson and the roots of power. In W. Zinsser (Ed.), *Extraordinary lives: The art and craft of American biography* (pp. 199–231). Boston, MA: Houghton Mifflin.
Caro, S. (2012). Publishing your dissertation as a monograph. In J. Miller & O. Schmid (Eds.), *How to get published in anthropology* (pp. 49–58). Lanham, MD: AltaMira Press.
Casas, J. (2005). Scenes from 14. In J. Saldaña (Ed.), *Ethnodrama: An anthology of reality theatre* (pp. 45–61). Walnut Creek, CA: AltaMira Press.
Cassell, J. (1987). Cases and comments. In J. Cassell & S. E. Jacobs (Eds.), *Handbook on ethical issues in anthropology* (pp. 37–75). Washington, DC: American Anthropological Association.
Cassell, J., & Jacobs, S. E. (Eds.). (1987). Introduction. In *Handbook on ethical issues in anthropology* (pp. 1–3). Washington, DC: American Anthropological Association.
Chapin, M., & Threlkeld, B. (2001). *Indigenous landscapes: A study in ethnocartography*. Washington, DC: Center for the Support of Native Lands.
Chapman, J., Swedberg, A., & Sykes, H. (2005). Wearing the secret out. In J. Saldaña (Ed.), *Ethnodrama: An anthology of reality theatre* (pp. 103–120). Walnut Creek, CA: AltaMira Press.
Charmaz, K. (2002). Qualitative interviewing and grounded theory analysis. In J. F. Gubrium & J. A. Holstein (Eds.), *Handbook of interview research: Context and method* (pp. 675–694). Thousand Oaks, CA: Sage.
Christians, C. (2000). Ethics and politics in qualitative research. In N. Denzin & Y. Lincoln (Eds.), *Handbook of qualitative research* (2nd ed., pp. 133–155). Thousand Oaks, CA: Sage.
Christians, C. (2011). Ethics and politics in qualitative research. In N. Denzin & Y. Lincoln (Eds.), *The landscape of qualitative research* (4th ed., pp. 61–80). Thousand Oaks, CA: Sage.
Clandinin, D. J. (2013). *Engaging in narrative inquiry*. Walnut Creek, CA: Left Coast Press.
Clark, K. A. (1999). *Moving beyond recognition: Voices of women academics that have experience being first-generation college students*. Unpublished doctoral dissertation, University of Vermont, Burlington.
Clark/Keefe, K. (2002). A fine line: Integrating art and fieldwork in the study of self-conceptualization and educational experiences. *Alberta Journal of Educational Research, 48*(3), CD-ROM supplement.
Clark/Keefe, K. (2014). Becoming artist, becoming educated, becoming undone: Toward a nomadic perspective of college student identity development. *International Journal of Qualitative Studies in Education, 27*(1), 110–134
Coles, R. (1989). *The call of stories: Teaching and the moral imagination*. Boston, MA: Houghton Mifflin.
Collier, J., Jr., & Collier, M. (1986). *Visual anthropology: Photography as a research method* (Rev. ed.). Albuquerque: University of New Mexico Press.
Cressey, P. G. (2008). *The taxi-dance hall: A sociological study in commercialized recreation and city life*. Chicago, IL: University of Chicago Press. (Original work published 1932)
Creswell, J. (1998). *Qualitative inquiry and research design: Choosing among five traditions*. Thousand Oaks, CA: Sage.
Creswell, J. (2012). *Qualitative inquiry and research design: Choosing among five approaches* (3rd ed.). Thousand Oaks, CA: Sage.
Crisler, L. (1958). *Arctic wild*. New York, NY: Harper & Brothers.
Crotty, M. (1998). *The foundations of social research: Meaning and perspective in the research process*. London, UK: Sage.
Dalton, M. (1959). *Men who manage: Fusions of feeling and theory in administration*. New York, NY: Wiley.
Davies, B., & Gannon, S. (Eds.). (2006). *Doing collective biography: Investigating the production*

of subjectivity. New York, NY: Open University Press.

Davies, K. (1996). Capturing women's lives: A discussion of time and methodological issues. *Women's Studies International Forum, 19*(6), 579–588.

Davis, H. (2001). The management of self: Practical and emotional implications of ethnographic work in a public hospital setting. In K. Gilbert (Ed.), *The emotional nature of qualitative research* (pp. 37–61). New York, NY: CRC Press.

Davis, J. (1988). Teachers, kids, and conflict: Ethnography of a junior high school. In J. Spradley & D. McCurdy (Eds.), *The cultural experience: Ethnography in complex society* (pp. 103–121). Long Grove, IL: Waveland Press. (Original work published 1972)

Delamont, S. (1992). *Fieldwork in educational settings: Methods, pitfalls and perspectives.* Washington, DC: Falmer Press.

Delamont, S. (2002). Whose side are we on? Revisiting Becker's classic ethical questions at the fin de siècle. In T. Welland & L. Pugsley (Eds.), *Ethical dilemmas in qualitative research* (pp. 149–163). Burlington, VT: Ashgate.

Denzin, N. (1989). *The research act* (Rev. ed.). Englewood Cliffs, NJ: Prentice Hall.

Denzin, N. (2008). Interpretive biography. In J. G. Knowles & A. L. Cole (Eds.), *Handbook of the arts in qualitative research* (pp. 117–125). Thousand Oaks, CA: Sage.

Denzin, N., & Giardina, M. (Eds.). (2009). *Qualitative inquiry and social justice*. Walnut Creek, CA: Left Coast Press.

Denzin, N., & Lincoln, Y. (Eds.). (2000). *Handbook of qualitative research* (2nd ed.). Thousand Oaks, CA: Sage.

Denzin, N., Lincoln, Y., & Smith, L. T. (Eds.). (2008). *Handbook of critical and indigenous methodologies*. Los Angeles, CA: Sage.

Diaz, J. (2004). *Marginalized narratives in the academy: One Chicano's story of his journey in higher education.* Unpublished doctoral dissertation, University of Vermont, Burlington.

Dicks, B., Mason, B., Coffey, A., & Atkinson, P. (2005). *Qualitative research and hypermedia: Ethnography for the digital age*. Thousand Oaks, CA: Sage.

Didion, J. (1988, January 19). Interview on *Fresh Air* program, National Public Radio.

Diener, E., & Crandall, R. (1978). *Ethics in social and behavioral research.* Chicago, IL: University of Chicago Press.

Dillard, A. (1982). *Living by fiction.* New York, NY: Harper & Row.

Donmoyer, R., & Yennie-Donmoyer, J. (1995). Data as drama: Reflections on the use of readers theater as a mode of qualitative data display. *Qualitative Inquiry, 1*(4), 402–428.

Dunbar, C. (2008). Critical race theory and indigenous methodologies. In N. Denzin, Y. Lincoln, & L. T. Smith (Eds.), *Handbook of critical and indigenous methodologies* (pp. 85–100). Los Angeles, CA: Sage.

Dunbar, C., Rodriguez, D., & Parker, L. (2003). Race, subjectivity, and the interview process. In J. A. Holstein & J. F. Gubrium (Eds.), *Inside interviewing: New lenses, new concerns* (pp. 131–150). Thousand Oaks, CA: Sage.

Edwards, P. N. (2012). Presenting a paper. In J. Miller & O. Schmid (Eds.), *How to get published in anthropology* (pp. 24–37). Lanham, MD: AltaMira Press.

Eisenhart, M. (2006). Representing qualitative data. In J. Green, G. Camilli, & P. Elmore (Eds.), *Handbook of complementary methods in education research* (pp. 567–581). Washington, DC: American Educational Research Association.

Eisner, E. (1981). On the differences between scientific and artistic approaches to qualitative research. *Educational Researcher, 10*(4), 5–9.

Eisner, E. (1997). The promise and perils of alternative forms of data representation. *Educational Researcher, 26*(6), 4–10.

Eisner, E. (2008). Art and knowledge. In J. G. Knowles & A. L. Cole (Eds.), *Handbook of the arts in qualitative research* (pp. 3–12). Thousand Oaks, CA: Sage.

Ellis, C. (2004). *The ethnographic I: A methodological novel about autoethnography.* Walnut

Creek, CA: AltaMira Press.
Ellis, C. (2009). *Revision: Autoethnographic reflections on life and work.* Walnut Creek, CA: Left Coast Press.
Ellis, C., Adams, T. E., & Bochner, A. (2011). Autoethnography: An overview. *Forum: Qualitative Sozialforschung/Forum: Qualitative Social Research, 12*, 1. Retrieved from: qualitative-research.net/index.php/fqs/article/view/1589
Ellis, C., & Bochner, A. (Eds.). (1996). *Composing ethnography: Alternative forms of qualitative writing.* Walnut Creek, CA: AltaMira Press.
Ellis, C., & Bochner, A. (2000). Autoethnography, personal narrative, reflexivity: Research as subject. In N. Denzin & Y. Lincoln (Eds.), *Handbook of qualitative research* (2nd ed., pp. 733–768). Thousand Oaks, CA: Sage.
Elm, M. S. (2009). How do various notions of privacy influence decisions in qualitative Internet research? In A. Markham & N. Baym (Eds.), *Internet inquiry: Conversations about method* (pp. 69–87). Thousand Oaks, CA: Sage.
Emerson, R. M., Fretz, R. I., & Shaw, L. L. (1995). *Writing ethnographic fieldnotes.* Chicago, IL: University of Chicago Press.
Ensler, E. (2001). *The vagina monologues.* New York, NY: Villard.
Erickson, F. (1973). What makes school ethnography "ethnographic?" *Council on Anthropology and Education Newsletter, 4*(2), 10–19.
Erickson, F. (1986). Qualitative methods in research on teaching. In M. C. Wittrock (Ed.), *Handbook of research on teaching* (3rd ed., pp. 119–161). New York, NY: Macmillan.
Esch, R. (1996). *Conversation between intimates, an evening of chamber music: Girls' friendship, self, and experience during the transition from childhood to adolescence.* Unpublished manuscript, University of Vermont, Burlington.
Esteva, G., & Prakash, M. S. (1998). *Grassroots post-modernism.* New York, NY: Zed Books.
Fariello, A. (Curator), with R. Belt, T. Belt, E. Conley, A. Denson, J. Eastman, H. Francis, C. Glesne, J. Marley, & Y. Wade. (2013–2014). *Understanding our past, shaping our future.* Touring exhibit. Cherokee, NC: Eastern Band of Cherokee Indians and Institute of Museum and Library Services.
Faulkner, S. (2009). *Poetry as method: Reporting research through verse.* Walnut Creek, CA: Left Coast Press.
Feldman, M. S., Bell, J., & Berger, M. T. (2003). *Gaining access: A practical and theoretical guide for qualitative researchers.* Walnut Creek, CA: AltaMira Press.
Finch, J. (1984). It's great to have someone to talk to: The ethics and politics of interviewing women. In C. Bell & H. Roberts (Eds.), *Social researching: Politics, problems and practice* (pp. 70–88). London, UK: Routledge & Kegan Paul.
Fine, G., & Sandstrom, K. (1988). *Knowing children: Participant observation with minors.* Newbury Park, CA: Sage.
Flax, J. (1990). Postmodernism and gender relations in feminist theory. In L. J. Nicholson (Ed.), *Feminism/postmodernism* (pp. 39–62). New York, NY: Routledge.
Flinders, D. (1992). In search of ethical guidance: Constructing a basis for dialogue. *Qualitative Studies in Education, 5*(2), 101–115.
Foucault, M. (1979). *Discipline and punish: The birth of the prison* (A. Sheridan, Trans.). New York, NY: Vintage Books. (Original work published 1975)
Freilich, M. (1977). *Marginal natives at work: Anthropologists in the field.* New York, NY: Harper & Row.
Freire, P. (2000). *Pedagogy of the oppressed.* New York, NY: Continuum. (Original work published 1970)
Fulwiler, T. (1985). Writing is everybody's business. *National Forum: Phi Kappa Phi Journal, 65*(4), 21–24.
Furney, K. (1997). *Caring as the cornerstone of change: A cross-case analysis of three schools' experience in implementing general and special education reform.* Unpublished doctoral

dissertation, University of Vermont, Burlington.
Galliher, J. F. (1982). The protection of human subjects: A reexamination of the professional code of ethics. In M. Bulmer (Ed.), *Social research ethics* (pp. 152–165). London, UK: Macmillan.
Gans, H. (1982). The participant-observer as a human being: Observations on the personal aspects of fieldwork. In R. Burgess (Ed.), *Field research: A sourcebook and field manual* (pp. 53–61). London, UK: George Allen & Unwin.
Geertz, C. (1973). *The interpretation of cultures.* New York, NY: Basic Books.
Geertz, C. (1988). *Work and lives: The anthropologist as author.* Stanford, CA: Stanford University Press.
Geertz, C. (1995). *After the fact: Two countries, four decades, one anthropologist.* Cambridge, MA: Harvard University Press.
Geertz, C. (2000). *Local knowledge: Further essays in interpretive anthropology* (3rd ed.). New York, NY: Basic Books. (Original work published 1983)
Gergen, M. M., & Gergen, K. J. (2012). *Playing with purpose: Adventures in performative social science.* Walnut Creek, CA: Left Coast Press.
Gibbs, G. (2007). *Analyzing qualitative data.* Thousand Oaks, CA: Sage.
Giddens, A. (1995). Epilogue: Notes on the future of anthropology. In A. Ahmed & C. Shore (Eds.), *The future of anthropology: Its relevance to the contemporary world* (pp. 272–277). London, UK: Athlone.
Gilligan, C. (1993). *In a different voice: Psychological theory and women's development.* Cambridge, MA: Harvard University Press. (Original work published 1982)
Glaser, B. (1978). *Theoretical sensitivity: Advances in the methodology of grounded theory.* Mill Valley, CA: Sociology Press.
Glaser, B., & Strauss, A. (1967). *The discovery of grounded theory: Strategies for qualitative research.* Chicago, IL: Aldine.
Glazer, M. (1982). The threat of the stranger: Vulnerability, reciprocity, and fieldwork. In J. Sieber (Ed.), *Ethics of social research: Fieldwork, regulation, and publication* (pp. 49–70). New York, NY: Springer Verlag.
Glesne, C. (1985). *Strugglin', but no slavin': Agriculture, education, and rural young Vincentians.* Unpublished doctoral dissertation, University of Illinois, Urbana.
Glesne, C. (1997). That rare feeling: Re-presenting research through poetic transcription. *Qualitative Inquiry, 3*(2), 202–221.
Glesne, C. (2003). The will to do: Youth regenerating community in Oaxaca, Mexico. *Educational Studies, 34*(2), 198–212.
Glesne, C. (2012). *The campus art museum: A qualitative study.* Report written for the Samuel H. Kress Foundation at: kressfoundation.org/research/Default.aspx?id=35388
Glesne, C. (2013). *The exemplary museum: Art and academia.* Cambridge, MA: MuseumsEtc.
Glesne, C., & Peshkin, A. (1992). *Becoming qualitative researchers.* New York, NY: Longman.
Goethals, M., & Fabing, S. (2007). *College and University Art Museum Program summary report.* Andrew W. Mellon Foundation. Retrieved from: mac.mellon.org/CUAM/cuam_report.pdf
Gold, R. (1969). Roles in sociological field observations. In G. McCall & J. L. Simmons (Eds.), *Issues in participant observation: A text and reader* (pp. 30–39). Menlo Park, CA: Addison-Wesley.
Goodall, H. L., Jr. (2008). *Writing qualitative inquiry: Self, stories, and academic life.* Walnut Creek, CA: Left Coast Press.
Grbich, C. (2013). *Qualitative data analysis: An introduction* (2nd ed.). Thousand Oaks, CA: Sage.
Green, J., Camilli, G., & Elmore, P. (Eds.). (2006). Introduction to the handbook: What's complementary about complementary methods? In *Handbook of complementary methods in education research* (pp. xv–xx). Washington, DC: American Educational Research Association.
Guba, E., & Lincoln, Y. (1989). *Fourth generation evaluation.* Thousand Oaks, CA: Sage.

Gubrium, A., & Harper, K. (2013). *Participatory visual and digital methods.* Walnut Creek, CA: Left Coast Press.

Gubrium, J. F., & Holstein, J. A. (2002a). From the individual interview to the interview society. In J. F. Gubrium & J. A. Holstein (Eds.), *Handbook of interview research: Context and method* (pp. 3–32). Thousand Oaks, CA: Sage.

Gubrium, J. F., & Holstein, J. A. (Eds.). (2002b). *Handbook of interview research: Context and method.* Thousand Oaks, CA: Sage.

Gubrium, J. F., & Holstein, J. A. (2009). *Analyzing narrative reality*. Thousand Oaks, CA: Sage.

Guest, G., MacQueen, K. M., & Namey, E. E. (2012). *Applied thematic analysis.* Thousand Oaks, CA: Sage.

Hammersley, M., & Atkinson, P. (1983). *Ethnography: Principles in practice.* New York, NY: Tavistock.

Hammersley, M., & Traianou, A. (2012). *Ethics in qualitative research: Controversies and contexts.* Thousand Oaks, CA: Sage.

Hamnett, M., & Porter, D. (1983). Problems and prospects in Western approaches to crossnational social science research. In D. Landis & R. Breslin (Eds.), *Handbook of intercultural training* (pp. 61–81). New York, NY: Pergamon Press.

Hansen, J. P. (1976). The anthropologist in the field: Scientist, friend, voyeur. In M. A. Rynkiewich & J. P. Spradley (Eds.), *Ethics and anthropology: Dilemmas in field work* (pp. 123–134). New York, NY: Wiley.

Harding, S. (1998). *Is science multicultural? Postcolonialisms, feminisms, and epistemologies.* Bloomington: Indiana University Press.

Harker, R. (1993). *Searching for trees in the postmodern forest: Tales of an educational dog.* Paper presented at the NZARE Annual Conference, University of Waikato, New Zealand.

Hatch, J. A. (2002). *Doing qualitative research in education settings.* Albany: State University of New York Press.

Hay, I. (Ed.). (2005). *Qualitative research methods in human geography* (2nd ed.). New York, NY: Oxford University Press.

Henry, J. (1992). The paradox of friendship in the field: Analysis of a long-term Anglo-Japanese relationship. In J. Okely & H. Callaway (Eds.), *Anthropology and autobiography* (pp. 163–174). London, UK: Routledge.

Hersey, J. (1988, July 18). Agee. *New Yorker*, pp. 72–82.

Hesse-Biber, S. N. (Ed.). (2007). *Handbook of feminist research: Theory and praxis.* Thousand Oaks, CA: Sage.

Higgs, C., & McAllister, L. (2001). Being a methodological space cadet. In H. Byrne-Armstrong, J. Higgs, & D. Horsfall (Eds.), *Critical moments in qualitative research* (pp. 30–43). Boston, MA: Butterworth-Heinemann.

Higgs, J. (2001). Charting standpoints in qualitative research. In H. Byrne-Armstrong, J. Higgs, & D. Horsfall (Eds.), *Critical moments in qualitative research* (pp. 44–67). Boston, MA: Butterworth-Heinemann.

Holliday, A. (2002). *Doing and writing qualitative research.* Thousand Oaks, CA: Sage.

Hollway, W., & Jefferson, T. (2000). *Doing qualitative research differently: Free association, narrative and the interview method.* Thousand Oaks, CA: Sage.

Holstein, J. A., & Gubrium, J. F. (Eds.). (2003). *Inside interviewing: New lenses, new concerns.* Thousand Oaks, CA: Sage.

Homan, R., & Bulmer, M. (1982). On the merits of covert methods: A dialogue. In M. Bulmer (Ed.), *Social research ethics* (pp. 105–124). London, UK: Macmillan.

Horowitz, R. (1986). Remaining an outsider: Membership as a threat to the research report. *Urban Life, 14,* 409–430.

Howitt, R., & Stevens, S. (2005). Cross-cultural research: Ethics, methods, and relationships. In I. Hay (Ed.), *Qualitative research methods in human geography* (2nd ed., pp. 30–50). New York, NY: Oxford University Press.

Humphreys, L. (1970). *Tearoom trade: Impersonal sex in public places.* Chicago, IL: Aldine.

Hymes, D. H. (1982). What is ethnography? In P. Gilmore & A. Glatthorn (Eds.), *Children in and out of school* (pp. 21–32). Washington, DC: Center for Applied Linguistics.

Ives, E. D. (1995). *The tape-recorded interview: A manual for field workers in folklore and oral history* (2nd ed.). Knoxville: University of Tennessee Press.

Jacobs, S. E. (1987). Cases and solutions. In J. Cassell & S. E. Jacobs (Eds.), *Handbook on ethical issues in anthropology* (pp. 20–36). Washington, DC: American Anthropological Association.

Jeske, J. (1984). *Demystifying the dissertation.* Los Angeles: University of California (ERIC document Reproduction Service no. ED 268 529; CS 209 648).

Johnson, C. (1982). Risks in the publication of fieldwork. In J. Sieber (Ed.), *Ethics of social research: Fieldwork, regulation, and publication* (pp. 71–92). New York, NY: Springer Verlag.

Kay, P. (1997). *Whose child is this? Reader's theater exploring the sociocultural tensions experienced by a parent and a teacher around a child's emotional and behavioral issues.* Paper presented at the American Educational Research Association meetings, Chicago, IL.

Kemmis, S., & McTaggart, R. (Eds.). (1988). *The action planner* (3rd ed.). Waurn Ponds, Australia: Deakin University Press.

Kinchelow, J., & McLaren, P. (2000). Rethinking critical theory and qualitative research. In N. Denzin & Y. Lincoln (Eds.), *Handbook of qualitative research* (2nd ed., pp. 279–313). Thousand Oaks, CA: Sage.

Kindon, S. (2005). Participatory action research. In I. Hay (Ed.), *Qualitative research methods in human geography* (2nd ed., pp. 207–220). New York, NY: Oxford University Press.

King, S. (2000). *On writing: A memoir of the craft.* New York, NY: Pocket Books.

Kleinman, S., & Copp, M. (1993). *Emotions and fieldwork.* Newbury Park, CA: Sage.

Knowles, J. G., & Cole, A. L. (Eds.). (2008). *Handbook of the arts in qualitative research.* Thousand Oaks, CA: Sage.

Kong, T. S., Mahoney, D., & Plummer, K. (2003). Queering the interview. In J. A. Holstein & J. F. Gubrium (Eds.), *Inside interviewing: New lenses, new concerns* (pp. 91–110). Thousand Oaks, CA: Sage.

Kopytoff, I. (1986). The cultural biography of things: Commoditization as process. In A. Appadurai (Ed.), *The social life of things: Commodities in cultural perspective* (pp. 64–94). Cambridge, UK: Cambridge University Press.

Kuhn, T. (1962). *The structure of scientific revolutions.* Chicago, IL: University of Chicago Press.

Kvale, S. (1996). *Interviews: An introduction to qualitative research interviewing.* Thousand Oaks, CA: Sage.

La Farge, O. (1929). *Laughing boy.* New York, NY: Literary Guild of America.

Lamott, A. (1995). *Bird by bird: Some instructions on writing and life.* New York, NY: Anchor Books.

Lather, P. (1996). Troubling clarity: The politics of accessible language. *Harvard Educational Review, 66*(3), 525–545.

Lather, P. (2007). *Getting lost: Feminist efforts toward a double(d) science.* Albany: State University of New York Press.

Lather, P., & Smithies, C. (1997). *Troubling the angels: Women living with HIV/AIDS.* Boulder, CO: Westview Press.

Lawrence-Lightfoot, S. (1997a). Illumination: Framing the terrain. In S. Lawrence-Lightfoot & J. H. Davis, *The art and science of portraiture* (pp. 41–59). San Francisco, CA: Jossey-Bass.

Lawrence-Lightfoot, S. (1997b). Illumination: Navigating intimacy. In S. Lawrence-Lightfoot & J. H. Davis, *The art and science of portraiture* (pp. 135–159). San Francisco, CA: Jossey-Bass.

Lawrence-Lightfoot, S. (1997c). A view of the whole. In S. Lawrence-Lightfoot & J. H. Davis, *The art and science of portraiture* (pp. 3–16). San Francisco, CA: Jossey-Bass.

Lawrence-Lightfoot, S., & Davis, J. H. (1997). *The art and science of portraiture.* San Francisco, CA: Jossey-Bass.

Leavy, P. (2009). *Method meets art: Arts-based research practice.* New York, NY: Guilford Press.
Leggo, C. (2008). Astonishing silence: Knowing in poetry. In J. G. Knowles & A. L. Cole (Eds.), *Handbook of the arts in qualitative research* (pp. 165–174). Thousand Oaks, CA: Sage.
Lewis, O. (1963). *The children of Sanchez: Autobiography of a Mexican family.* New York, NY: Vintage Books.
Lichtman, M. (Ed.). (2011). *Understanding and evaluating qualitative educational research.* Thousand Oaks, CA: Sage.
Liebow, E. (1967). *Tally's Corner: A study of Negro streetcorner men.* Boston, MA: Little, Brown.
Lincoln, Y. (1990). Toward a categorical imperative for qualitative research. In E. Eisner & A. Peshkin (Eds.), *Qualitative inquiry in education: The continuing debate* (pp. 277–295). New York, NY: Teachers College Press.
Lincoln, Y., & Denzin, N. (2000). The seventh moment: Out of the past. In N. Denzin & Y. Lincoln (Eds.), *Handbook of qualitative research* (2nd ed., pp. 1047–1065). Thousand Oaks, CA: Sage.
Lincoln, Y., & Denzin, N. (2008). Epilogue: The eighth and ninth moments—Qualitative research in/and the fractured future. In N. Denzin & Y. Lincoln (Eds.), *The landscape of qualitative research* (3rd ed., pp. 539–554). Thousand Oaks, CA: Sage.
Lincoln, Y., & Guba, E. (1985). *Naturalistic inquiry.* Beverly Hills, CA: Sage.
Lincoln, Y., & Guba, E. (2000). Paradigmatic controversies, contradictions, and emerging confluences. In N. Denzin & Y. Lincoln (Eds.), *Handbook of qualitative research* (2nd ed., pp. 163–188). Thousand Oaks, CA: Sage.
Linden, R. (1993). *Making stories, making selves: Feminist reflections on the Holocaust.* Columbus: Ohio State University Press.
Lipson, J. (1994). Ethical issues in ethnography. In J. Morse (Ed.), *Critical issues in qualitative research methods* (pp. 333–354). Thousand Oaks, CA: Sage.
Lofland, J., & Lofland, L. (1995). *Analyzing social settings: A guide to qualitative observation and analysis* (3rd ed.). Belmont, CA: Wadsworth.
Loving, C. (1997). From the summit of truth to its slippery slopes. *American Education Research Journal, 34*(3), 421–452.
Lyotard, J. G. (1984). *The postmodern condition: A report on knowledge* (G. Bennington & B. Massumi, Trans.). Minneapolis: University of Minnesota Press. (Original work published 1979)
Madison, D. S. (2005). *Critical ethnography: Method, ethics, and performance.* Thousand Oaks, CA: Sage.
Madison, D. S. (2012). *Critical ethnography: Method, ethics, and performance* (2nd ed.). Thousand Oaks, CA: Sage.
Maguire, P. (1996). Considering more feminist participatory research: What's congruency got to do with it? *Qualitative Inquiry, 2*(1), 106–118.
Malinowski, B. (1922). *Argonauts of the western Pacific: An account of native enterprise and adventure in the archipelagoes of Melanesian New Guinea.* New York, NY: Dutton.
Malinowski, B. (1967). *A diary in the strict sense of the term.* New York, NY: Harcourt, Brace & World.
Mann, C., & Stewart, F. (2000). *Internet communication and qualitative research.* Thousand Oaks, CA: Sage.
Marcus, G., & Fischer, M. (1999). *Anthropology as cultural critique: An experimental moment in the human sciences* (2nd ed.). Chicago, IL: University of Chicago Press.
Markham, B. (1983). *West with the night.* San Francisco, CA: North Point Press. (Original work published 1942)
Marshall, C., & Rossman, G. (2011). *Designing qualitative research* (5th ed.). Thousand Oaks, CA: Sage.
Martin, P., & Glesne, C. (2002). From the global village to the pluriverse? "Other" ethics for

cross-cultural qualitative research. *Ethics, Place and Environment, 5*(3), 205–221.

Maxwell, J. (2013). *Qualitative research design: An interactive approach* (3rd ed.). Walnut Creek, CA: Sage.

McCall, L. (2005). The complexity of intersectionality. *Signs, 30*(3), 771–880.

McCall, M. (2000). Performance ethnography: A brief history and some advice. In N. Denzin & Y. Lincoln (Eds.), *Handbook of qualitative research* (2nd ed., pp. 421–433). Thousand Oaks, CA: Sage.

McDermott, R. (1987). Achieving school failure: An anthropological approach to illiteracy and social stratification. In G. Spindler (Ed.), *Education and cultural process: Anthropological approaches* (2nd ed., pp. 173–209). Prospect Heights, IL: Waveland Press.

Mears, C. L. (2009). *Interviewing for education and social science research: The gateway approach.* New York, NY: Palgrave Macmillan.

Measor, L. (1985). Interviewing: A strategy in qualitative research. In R. Burgess (Ed.), *Strategies of educational research: Qualitative methods* (pp. 55–77). Philadelphia, PA: Falmer Press.

Meho, L. (2006). E-mail interviewing in qualitative research: A methodological discussion. *Journal of the American Society for Information Science and Technology, 57*(10), 1284–1295.

Merriam-Webster's Collegiate Dictionary (11th ed.). (2012). Springfield, MA: Merriam-Webster.

Michaels, A. (1996). *Fugitive pieces.* New York, NY: Vintage Books.

Mienczakowski, J. (1995). The theater of ethnography: The reconstruction of ethnography into theater with emancipatory potential. *Qualitative Inquiry, 1*(3), 360–375.

Miles, M., & Huberman, A. M. (1994). *Qualitative data analysis: An expanded sourcebook* (2nd ed.). Thousand Oaks, CA: Sage.

Miller, J. E., & Schmid, O. (Eds.). 2012. *How to get published in anthropology: A guide for students and young professionals.* Lanham, MD: AltaMira Press.

Miller, S. M. (1952). The participant observer and "overrapport." *American Sociological Review, 17*, 97–99.

Mills, M., & Bettis, P. (2006). Organizational identity and identification during a departmental reorganization. In J. Vincent Anfara & N. Mertz (Eds.), *Theoretical frameworks in qualitative research* (pp. 73–84). Thousand Oaks, CA: Sage.

Mitchell, C. (2011). *Doing visual research.* Thousand Oaks, CA: Sage.

Mitchell, C., & Allnutt, S. (2008). Photographs and/as social documentary. In J. G. Knowles & A. L. Cole (Eds.), *Handbook of the arts in qualitative research* (pp. 251–263). Thousand Oaks, CA: Sage.

Moorehead, A. (1959). *No room in the ark.* New York, NY: Harper & Brothers.

Morgan, D. (1997). *Focus groups as qualitative research* (2nd ed.). Newbury Park, CA: Sage.

Morgan, S., Mienczakowski, J., & Smith, L. (2001). Extreme dilemmas in performance ethnography: Unleashed emotionality of performance in critical areas of suicide, abuse, and madness. In K. Gilbert (Ed.), *The emotional nature of qualitative research* (pp. 163–178). New York, NY: CRC Press.

Morse, J. (1994). Designing funded qualitative research. In N. Denzin & Y. Lincoln (Eds.), *Handbook of qualitative research* (pp. 220–235). Thousand Oaks, CA: Sage.

Munoz, V. (1995). *Where something catches: Work, love, and identity in youth.* Albany: State University of New York Press.

Murray, D. (1986). One writer's secrets. *College Composition and Communication, 37*, 146–153.

Myerhoff, B. (1979). *Number our days: Culture and community among elderly Jews in an American ghetto.* New York, NY: Meridian.

Myrdal, J. (1965). *Report from a Chinese village.* New York, NY: Pantheon Books.

Nagel, P. (1988). The Adams women. In W. Zinsser (Ed.), *Extraordinary lives: The art and craft of American biography* (pp. 91–120). Boston, MA: Houghton Mifflin.

Oates, S. B. (2014). *Women in the mirror: Seeing ourselves anew.* Unpublished doctoral dissertation proposal, Appalachian State University, Boone, NC.

Oboler, R. (1986). For better or worse: Anthropologists and husbands in the field. In

T. Whitehead & M. Conaway (Eds.), *Self, sex, and gender in cross-cultural fieldwork* (pp. 28–51). Chicago: University of Illinois Press.

O'Reilly, K. (2005). *Ethnographic methods*. New York, NY: Routledge.

Ottenberg, S. (1990). Thirty years of fieldnotes: Changing relationships to the text. In R. Sanjek (Ed.), *Fieldnotes: The makings of anthropology* (pp. 139–160). Ithaca, NY: Cornell University Press.

Pachter, M. (Ed.). (1981). *Telling lives: The biographer's art*. Philadelphia: University of Pennsylvania Press.

Panikkar, R. (1979). *Myth, faith and hermeneutics: Cross-cultural studies*. New York, NY: Paulist Press.

Panikkar, R. (1995). *Invisible harmony: Essays on contemplation and responsibility*. Minneapolis, MN: Fortress Press.

Patton, M. (2002). *Qualitative research and evaluation methods* (3rd ed.). Thousand Oaks, CA: Sage.

Pelto, P. J. (2013). *Applied ethnography: Guidelines for field research*. Walnut Creek, CA: Left Coast Press.

Pelto, P. J., & Pelto, G. H. (1978). *Anthropological research: The structure of inquiry* (2nd ed.). Cambridge, UK: Cambridge University Press.

Peshkin, A. (1978). *Growing up American: Schooling and the survival of community*. Chicago, IL: University of Chicago Press.

Peshkin, A. (1982a). *The imperfect union: School consolidation and community conflict*. Chicago, IL: University of Chicago Press.

Peshkin, A. (1982b). The researcher and subjectivity: Reflections on ethnography of school and community. In G. Spindler (Ed.), *Doing the ethnography of schooling* (pp. 20–47). New York, NY: Holt, Rinehart & Winston.

Peshkin, A. (1985). From title to title: The evolution of perspective in naturalistic inquiry. *Anthropology and Education Quarterly, 16*, 214–224.

Peshkin, A. (1986). *God's choice: The total world of a fundamentalist Christian school*. Chicago, IL: University of Chicago Press.

Peshkin, A. (1988a). In search of subjectivity—One's own. *Educational Researcher, 17*(7), 17–22.

Peshkin, A. (1988b). Virtuous subjectivity: In the participant-observer's I's. In D. Berg & K. Smith (Eds.), *The self in social inquiry* (pp. 267–282). Newbury Park, CA: Sage.

Peshkin, A. (1991). *The color of strangers, the color of friends: The play of ethnicity in school and community*. Chicago, IL: University of Chicago Press.

Piirto, J. (2002). The question of quality and qualifications: Writing inferior poems as qualitative research. *Qualitative Studies in Education, 15*(4), 431–445.

Pillow, W. (2003). Confession, catharsis, or cure? Rethinking the uses of reflexivity as methodological power in qualitative research. *International Journal of Qualitative Studies in Education, 16*(2), 175–196.

Pink, S. (2007). Visual methods. In C. Seale, G. Gobo, J. Gubrium, & D. Silverman (Eds.), *Qualitative research practice* (pp. 361–376). Thousand Oaks, CA: Sage.

Pipher, M. (2007). *Writing to change the world*. New York, NY: Penguin Group.

Plante, D. (1986, November 3). Profiles: Sir Steven Runciman. *New Yorker*, pp. 53–80.

Plath, D. W. (1990). Fieldnotes, filed notes, and the conferring of note. In R. Sanjek (Ed.), *Fieldnotes: The Makings of Anthropology* (pp. 371–384). Ithaca, NY: Cornell University Press.

Plummer, K. (1983). *Documents of life*. Boston, MA: Allen & Unwin.

Potter, W. J. (1996). *An analysis of thinking and research about qualitative methods*. Mahwah, NJ: Lawrence Erlbaum.

Prasad, P. (2005). *Crafting qualitative research: Working in the postpositivist traditions*. Armonk, NY: M. E. Sharpe.

Prosser, J., & Burke, C. (2008). Image-based educational research. In J. G. Knowles & A. L. Cole (Eds.), *Handbook of the arts in qualitative research* (pp. 407–419). Thousand Oaks, CA: Sage.

Pugach, M. (1998). *On the border of opportunity: Education, community and language at the*

U.S.–Mexico line. Mahwah, NJ: Lawrence Erlbaum.
Punch, M. (1986). *The politics and ethics of fieldwork.* Beverly Hills, CA: Sage.
Purvis, J. (1985). Reflections upon doing historical documentary research from a feminist perspective. In R. Burgess (Ed.), *Strategies of educational research: Qualitative methods* (pp. 179–205). Philadelphia, PA: Falmer Press.
Rajchman, J. (1988, Spring). Foucault's art of seeing. *October, 44*, 89–117.
Rapley, T. (2007). Interviews. In C. Seale, G. Gobo, J. Gubrium, & D. Silverman (Eds.), *Qualitative research practice* (pp. 15–33). Thousand Oaks, CA: Sage.
Reed-Danahay, D. (Ed.). (1997). *Auto/ethnography: Rewriting the self and the social.* New York, NY: Berg.
Reinharz, S., & Chase, S. E. (2003). Interviewing women. In J. A. Holstein & J. F. Gubrium (Eds.), *Inside interviewing: New lenses, new concerns* (pp. 73–90). Thousand Oaks, CA: Sage.
Richardson, L. (1990). *Writing strategies: Reaching diverse audiences.* Newbury Park, CA: Sage.
Richardson, L. (1994a). Nine poems. *Journal of Contemporary Ethnography, 23*(1), 3–13.
Richardson, L. (1994b). Writing: A method of inquiry. In N. Denzin & Y. Lincoln (Eds.), *Handbook of qualitative research* (pp. 516–529). Thousand Oaks, CA: Sage.
Richardson, L. (2000). Writing: A method of inquiry. In N. Denzin & Y. Lincoln (Eds.), *Handbook of qualitative research* (2nd ed., pp. 923–946). Thousand Oaks, CA: Sage.
Richardson, L. (2002). Poetic representation of interviews. In J. F. Gubrium & J. A. Holstein (Eds.), *Handbook of interview research: Context and method* (pp. 887–891). Thousand Oaks, CA: Sage.
Robson, K., & Robson, M. (2002). Your place or mine? Ethics, the researcher and the Internet. In T. Welland & L. Pugsley (Eds.), *Ethical dilemmas in qualitative research* (pp. 94–107). Burlington, VT: Ashgate.
Roorbach, B. (1998). *Writing life stories.* Cincinnati, OH: Story Press.
Rosengarten, T. (1985). Stepping over cockleburs: Conversations with Ned Cobb. In M. Pachter (Ed.), *Telling lives: The biographer's art* (pp. 105–131). Philadelphia: University of Pennsylvania Press.
Rossman, G., & Rallis, S. (2012). *Learning in the field: An introduction to qualitative research* (3rd ed.). Thousand Oaks, CA: Sage.
Rubin, H., & Rubin, I. (1995). *Qualitative interviewing: The art of hearing data.* Thousand Oaks, CA: Sage.
Rubin, H., & Rubin, I. (2005). *Qualitative interviewing: The art of hearing data* (2nd ed.). Thousand Oaks, CA: Sage.
Runte, R. (2008). Blogs. In J. G. Knowles & A. L. Cole (Eds.), *Handbook of the arts in qualitative research* (pp. 313–322). Thousand Oaks, CA: Sage.
Ryan, G. W., & Bernard, H. R. (2000). Data management and analysis methods. In N. Denzin & Y. Lincoln (Eds.), *Handbook of qualitative research* (2nd ed., pp. 769–802). Thousand Oaks, CA: Sage.
Ryen, A. (2007). Ethical issues. In C. Seale, G. Gobo, J. Gubrium, & D. Silverman (Eds.), *Qualitative research practice* (pp. 218–235). Thousand Oaks, CA: Sage.
Said, E. (1978). *Orientalism.* New York, NY: Vintage Books.
Saldaña, J. (Ed.). (2005). *Ethnodrama: An anthology of reality theatre*. Walnut Creek, CA: AltaMira Press.
Saldaña, J. (2009). *The coding manual for qualitative researchers.* Thousand Oaks, CA: Sage.
Saldaña, J. (2011). *Ethnotheatre: Research from page to stage.* Walnut Creek, CA: Left Coast Press.
Sanjek, R. (Ed.). (1990). *Fieldnotes: The makings of anthropology.* Ithaca, NY: Cornell University Press.
Savyasaachi. (1998). Unlearning fieldwork: The flight of an arctic tern. In M. Thapar (Ed.), *Anthropological journeys: Reflections on fieldwork* (pp. 83–112). New Delhi, India: Orient

Longman.
Schaap, F. (2002). *The words that took us there: Ethnography in a virtual reality.* Amsterdam, The Netherlands: Aksant Academic.
Scheper-Hughes, N. (1992). *Death without weeping: The violence of everyday life in Brazil.* Berkeley: University of California Press.
Scheper-Hughes, N. (2001). *Saints, scholars, and schizophrenics: Mental illness in rural Ireland.* Berkeley: University of California Press.
Schram, T. (2006). *Conceptualizing and proposing qualitative research* (2nd ed.). Upper Saddle River, NJ: Pearson Education.
Schwandt, T. (1997). *Qualitative inquiry: A dictionary of terms.* Thousand Oaks, CA: Sage.
Schwandt, T. (2007). *The SAGE dictionary of qualitative inquiry* (3rd ed.). Thousand Oaks, CA: Sage.
Scott, D. (1996). Methods and data in educational research. In D. Scott & R. Usher (Eds.), *Understanding educational research* (pp. 52–73). New York, NY: Routledge.
Seale, C. (2002). Computer-assisted analysis of qualitative interview data. In J. F. Gubrium & J. A. Holstein (Eds.), *Handbook of interview research: Context and method* (pp. 651–670). Thousand Oaks, CA: Sage.
Shaffir, W. G., Stebbins, R. A., & Turowetz, A. (1980). *Fieldwork experience.* New York, NY: St. Martin's Press.
Shaw, C. (1966). *The jack roller: A delinquent boy's own story.* Chicago, IL: University of Chicago Press. (Original work published 1930)
Shostak, M. (1981). *Nisa: The life and words of a !Kung woman.* New York, NY: Vintage Books.
Shweder, R. (1986, September 21). Storytelling among the anthropologists. *New York Times Book Review*, pp. 1, 38.
Sindell, P. (1987). Some discontinuities in the enculturation of Mistassini Cree children. In G. Spindler (Ed.), *Education and cultural process* (2nd ed., pp. 378–386). Prospect Heights, IL: Waveland Press.
Smith, A. D. (1993). *Fires in the mirror: Crown Heights, Brooklyn, and other identities.* Garden City, NY: Anchor.
Smith, J. A., Flowers, P., & Larkin, M. (2009). *Interpretative phenomenological analysis: Theory, method and research.* Thousand Oaks, CA: Sage.
Smith, M. (1954). *Baba of Karo.* London, UK: Faber.
Smith, P. (1999). Food Truck's party hat. *Qualitative Inquiry, 5*, 244–261.
Smith, P. (2000). *"I know how to do it": Stories of choice, control, and power in the lives of people with developmental disabilities.* Unpublished doctoral dissertation, University of Vermont, Burlington.
Sociological Association of Aotearoa (New Zealand). (2012, updated). *Code of ethics.* Retrieved July 24, 2013, from: sites.google.com/site/nzsociology/Resources
Sokolowski, R. (2000). *Introduction to phenomenology.* New York, NY: Cambridge University Press.
Spradley, J. (1979). *The ethnographic interview.* New York, NY: Holt, Rinehart & Winston.
St. Pierre, E. (2000). Poststructural feminism in education: An overview. *International Journal of Qualitative Studies in Education, 13*(5), 477–515.
Stake, R. (1995). *The art of case study research.* Thousand Oaks, CA: Sage.
Stake, R. (2000). Case studies. In N. Denzin & Y. Lincoln (Eds.), *Handbook of qualitative research* (2nd ed., pp. 435–454). Thousand Oaks, CA: Sage.
Stewart, J. (1989). *Drinkers, drummers, and decent folk: Ethnographic narratives of village Trinidad.* Albany: State University of New York Press.
Stoller, P. (1989). *The taste of ethnographic things: The senses in anthropology.* Philadelphia: University of Pennsylvania Press.
Strauss, A., & Corbin, J. (1998). *Basics of qualitative research: Techniques and procedures for developing grounded theory* (2nd ed.). Thousand Oaks, CA: Sage.
Strike, K. (2006). The ethics of educational research. In J. Green, G. Camilli, & P. Elmore (Eds.), *Handbook of complementary methods in education research* (pp. 57–73). Washington,

DC: American Educational Research Association.
Stringer, E. (2013). *Action research* (4th ed.). Thousand Oaks, CA: Sage.
Strouse, J. (1988). The real reasons. In W. Zinsser (Ed.), *Extraordinary lives: The art and craft of American biography* (pp. 163–195). Boston, MA: Houghton Mifflin.
Strunk, W., & White, E. B. (1979). *The elements of style* (3rd ed.). New York, NY: Macmillan.
Stuhlmiller, C. (2001). Narrative methods in qualitative research: Potential for therapeutic transformation. In K. Gilbert (Ed.), *The emotional nature of qualitative research* (pp. 63–80). New York, NY: CRC Press.
Sullivan, G. (2008). Painting as research: Create and critique. In J. G. Knowles & A. L. Cole (Eds.), *Handbook of the arts in qualitative research* (pp. 239–250). Thousand Oaks, CA: Sage.
Sullivan, M. A., Queen, S. A., & Patrick, R. C. (1958). Participant observation as employed in the study of a military training program. *American Sociological Review, 23*, 610–667.
Sultana, F. (2007). Reflexivity, positionality and participatory ethics: Negotiating fieldwork dilemmas in international research [electronic version]. *ACME: An International E-Journal for Critical Geographies, 6*, 374–385.
Sunstein, B. S., & Chiseri-Strater, E. (2002). *Field working: Reading and writing research* (2nd ed.). New York, NY: Bedford/St. Martin's.
Sze, M., & Wang, K. (1963). *The Tao of painting.* New York, NY: Pantheon Books. (Original work published 1701)
Tafoya, T. (1989, August). Coyote's eyes: Native cognition styles. *Journal of American Indian Studies,* Special Issue.
Tedlock, B. (2000). Ethnography and ethnographic representation. In N. Denzin & Y. Lincoln (Eds.), *Handbook of qualitative research* (2nd ed., pp. 455–486). Thousand Oaks, CA: Sage.
Teran, G. (2002). *Conversations with Mexican nomadic storyteller Gustavo Esteva: Learning from lives on the margins.* Unpublished doctoral dissertation, University of Vermont, Burlington.
Tesch, R. (1990). *Qualitative research: Analysis types and software tools.* New York, NY: Falmer Press.
Thomas, J. (1993). *Doing critical ethnography.* Newbury Park, CA: Sage.
Tierney, W. (2000). Undaunted courage: Life history and the postmodern challenge. In N. Denzin & Y. Lincoln (Eds.), *Handbook of qualitative research* (2nd ed., pp. 537–553). Thousand Oaks, CA: Sage.
Tillmann-Healy, L. M., & Kiesinger, C. E. (2001). Mirrors: Seeing each other and ourselves through fieldwork. In K. Gilbert (Ed.), *The emotional nature of qualitative research* (pp. 81–108). New York, NY: CRC Press.
Trainor, J. K. (2012). Creating and presenting an academic poster. In J. Miller & O. Schmid (Eds.), *How to get published in anthropology* (pp. 12–23). Lanham, MD: AltaMira Press.
Treat, J. (2012). Mexico: Blood for silver, blood for gold. *Upside down world.* Retrieved October 31, 2013, from: upsidedownworld.org/main/mexico-archives-79/3545-mexico-blood-for-silver-blood-for-gold
Treat, J. (2013, March 31). Bullets fired toward protestors on the anniversary of slain activist. *Americas Program.* Retrieved February 22, 2014 from: cipamericas.org/archives/9300
Truss, L. (2003). *Eats, shoots & leaves.* New York, NY: Gotham Books.
Tsing, A. L. (1993). *In the realm of the Diamond Queen: Marginality in an out-of-way place.* Princeton, NJ: Princeton University Press.
Tsing, A. L. (1997). Transitions as translations. In J. W. Scott, C. Kaplan, & D. Keates (Eds.), *Transitions, environments, translations: Feminisms in international politics* (pp. 253–272). New York, NY: Routledge.
Tuhiwai Smith, L. (1999). *Decolonizing methodologies: Research and indigenous peoples.* New York, NY: Zed Books.
Turner, J. (1985). In defense of positivism. *Sociological Theory, 3*, 24–31.

Usher, R. (1996). A critique of the neglected epistemological assumptions of educational research. In D. Scott & R. Usher (Eds.), *Understanding educational research* (pp. 9–32). New York, NY: Routledge.

van den Hoonaard, W. C., & van den Hoonaard, D. K. (2013). *Essentials of thinking ethically in qualitative research.* Walnut Creek, CA: Left Coast Press.

Van Maanen, J. (1983). The moral fix: On the ethics of fieldwork. In R. Emerson (Ed.), *Contemporary field research* (pp. 269–287). Boston, MA: Little, Brown.

Van Maanen, J. (1988). *Tales of the field: On writing ethnography.* Chicago, IL: University of Chicago Press.

Vashon, R. (1995). Guswenta or the intercultural imperative. *International Journal of Intercultural and Transdisciplinary Research, 28*, 1–73.

Véa, A. (1993). *La Maravilla*. New York, NY: Plume.

Vidich, A., & Bensman, J. (1968). *Small town in mass society* (Rev. ed.). Princeton, NJ: Princeton University Press.

Vidich, A., & Lyman, S. (2000). Qualitative methods: Their history in sociology and anthropology. In N. Denzin & Y. Lincoln (Eds.), *Handbook of qualitative research* (2nd ed., pp. 37–84). Thousand Oaks, CA: Sage.

Waite, D. (2011). A simple card trick: Teaching qualitative data analysis using a deck of playing cards. *Qualitative Inquiry, 17*(10), 982–985.

Wang, J. (1995). *Comparisons of research methods in China and United States from personal experience.* Unpublished manuscript. University of Vermont, Burlington.

Wax, M. (1982). Research reciprocity rather than informed consent in fieldwork. In J. Sieber (Ed.), *Ethics of social research: Fieldwork, regulation, and publication* (pp. 33–48). New York, NY: Springer Verlag.

Wax, R. (1971). *Doing fieldwork: Warnings and advice.* Chicago, IL: University of Chicago Press.

Weber, S. (2008). Visual images in research. In J. G. Knowles & A. L. Cole (Eds.), *Handbook of the arts in qualitative research* (pp. 41–53). Thousand Oaks, CA: Sage.

Weis, L., & Fine, M. (2004). *Working method: Research and social justice.* New York, NY: Routledge.

Welch, D. D. (1994). *Conflicting agendas: Personal morality in institutional settings.* Cleveland, OH: Pilgrim Press.

West, J. (1945). *Plainville, U.S.A.* New York, NY: Columbia University Press.

Wieder, A. (2004). Testimony as oral history: Lessons from South Africa. *Educational Researcher, 33*(6), 23–28.

Wiles, R., Prosser, J., Bagnoli, A., Clark, A., Davies, K., Holland, S., & Renold, E. (2008). *Visual ethics: Ethical issues in visual research.* ESRC National Centre for Research Methods Review Paper. Manchester, England: Economic and Social Research Council, National Centre for Research Methods. Downloaded July 31, 2013, from: eprints.ncrm.ac.uk/421/1/MethodsReviewPaperNCRM%2D011.pdf

Wilkins, L. T. (1979). Human subjects—Whose subject? In C. B. Klockars & F. W. O'Connor (Eds.), *Deviance and decency* (pp. 99–123). Beverly Hills, CA: Sage.

Willis, J. (2007). *Foundations of qualitative research.* Thousand Oaks, CA: Sage.

Willis, P. (1977). *Learning to labor: How working class kids get working class jobs.* New York, NY: Columbia University Press.

Wilson, S. (1989, May). Alaskan journal. *Vermont Quarterly*, pp. 13–18.

Winchester, H. (2005). Qualitative research and its place in human geography. In I. Hay (Ed.), *Qualitative research methods in human geography* (2nd ed., pp. 3–18). New York, NY: Oxford University Press.

Wincup, E. (2001). Feminist research with women awaiting trial: The effects on participants in the qualitative research process. In K. Gilbert (Ed.), *The emotional nature of qualitative research* (pp. 17–35). New York, NY: CRC Press.

Wolcott, H. (1973). *The man in the principal's office: An ethnography.* New York, NY: Holt,

Rinehart & Winston.
Wolcott, H. (1981). Confessions of a trained observer. In T. S. Popkewitz & B. R. Tabachnick (Eds.), *The study of schooling* (pp. 247–263). New York, NY: Praeger.
Wolcott, H. (1990). *Writing up qualitative research.* Newbury Park, CA: Sage.
Wolcott, H. (1994). *Transforming qualitative data: Description, analysis, and interpretation.* Thousand Oaks, CA: Sage.
Wolcott, H. (1995). *The art of fieldwork.* Walnut Creek, CA: AltaMira Press.
Wolcott, H. (2009). *Writing up qualitative research* (3rd ed.). Thousand Oaks, CA: Sage.
Woods, P. (1985). New songs played skillfully: Creativity and technique in writing up research. In R. Burgess (Ed.), *Issues in educational research* (pp. 86–106). Philadelphia, PA: Falmer Press.
Woods, P. (1986). *Inside schools: Ethnographic approaches and methods.* New York, NY: Routledge & Kegan Paul.
Woolfson, P. (1988). Non-verbal interaction of Anglo-Canadian, Jewish-Canadian and French-Canadian physicians with their young, middle-aged, and elderly patients. *Visual Anthropology, 1,* 404–414.
Wright, R., & Decker, S. (1997). *Armed robbers in action: Stickups and street culture.* Boston, MA: Northeastern University Press.
Yoors, J. (1967). *The Gypsies.* New York, NY: Simon & Schuster.
Zigarmi, D., & Zigarmi, P. (1978). *The psychological stresses of ethnographic research.* Paper presented at the annual meeting of the American Educational Research Association, Toronto, Canada.
Zinsser, W. (Ed.). (1986). *Extraordinary lives: The art and craft of American biography.* Boston, MA: Houghton Mifflin.
Zinsser, W. (1988). *Writing to learn: How to write and think clearly about any subject at all.* New York, NY: Harper & Row.
Zorbaugh, H. W. (1983). *The Gold Coast and the slum: A sociological study of Chicago's Near North Side.* Chicago, IL: University of Chicago Press. (Original work published 1929)

찾아보기

역자 소개

안혜준

중앙대학교 사범대학 유아교육과 졸업 및 동 대학원 석사학위 취득. 서울 은혜초등학교 부속 유치원과 우정 유치원에서 교사로 근무, 미국 펜실베이니아 주립대학교 대학원에서 박사학위 취득. 중앙대학교 대학원, 서울여자대학교 대학원 등에서 질적 연구 방법에 대한 강의와 특강을 했으며, 현재 한양여자대학교 유아교육과 교수로 재직 중이다.

질적 연구자 되기 5판

발행일 2017년 3월 15일 초판 발행
저자 Corrine Glesne | **역자** 안혜준

발행인 홍진기 | **발행처** 아카데미프레스 | **주소** 413-756 경기도 파주시 문발동 출판정보산업단지 507-9
전화 031-947-7389 | **팩스** 031-947-7698 | **이메일** info@academypress.co.kr
웹사이트 www.academypress.co.kr | **출판등록** 2003. 6. 18. 제406-2011-000131호
ISBN 979-11-6136-000-3 93370

값 25,000원